JN409576

순암 안정복의
경학과 사회사상

순암 안정복의 경학과 사회사상

김태영·이동환 외 지음

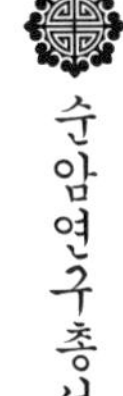

순암연구총서 — 4

성균관대학교 출판부
순암선생 탄신 300주년 기념사업회

간행사

금년은 순암順菴 안정복安鼎福 선생 탄신 300주년이 되는 해이다. 선생은 명문인 광주廣州 안씨安氏 가문에서 태어나 영특한 자질에도 불구하고 자신의 경륜을 펼칠만한 관직에 오를 기회를 얻지 못하고 평생을 재야에서 학문에 전념한 학자였다. 선생은 35세 때부터 성호星湖 이익李瀷 선생을 사사師事하여 성호 선생이 개창開創한 경세치용학經世致用學을 이어받아 근기실학近畿實學의 지평을 넓힌 실학자였다.

선생의 학문의 자취와 결과물은 다행히 초서농抄書籠과 저서농著書籠으로 남아 있어 후학들이 선생의 학문과 사상을 연구하는 데에 결정적인 자료가 되고 있다. 초서농과 저서농을 통하여 볼 때 선생은 80평생을 한 결 같이 연구와 저술에 몰두했음을 알 수 있다. 선생은 『성호사설유선星湖僿說類選』을 편찬하여 성호의 학문을 요약, 정리하는 한편, 『성호사설』에 비견되는 『잡동산이雜同散異』라는 백과전서적 찬록물纂錄物을 남기기도 했다. 뿐만 아니라 『동사강목東史綱目』, 『열조통기列朝通紀』, 『임관정요臨官政要』, 『하학지남下學指南』 등의 저술을 통하여 역사학, 지방행정, 교육 등 다방면에 걸쳐 괄목할만한 업적을 남겼다. 이 중 『동사강목』은 선생 필생의 역작으로 우리나라 민족사학民族史學의 토대가 되어 후일 박은식朴殷植, 신채호申采浩 등의 민족사학 수립에 커다란 영향을 미쳤다.

이와 같이 한국 사상사에 거대한 족적을 남긴 선생의 탄신 300주년을 맞아 2011년에 '순암선생 탄신 300주년 기념사업회'가 결성되었다. 기념사업회에서는 탄신 300주년을 기념하기 위한 여러 사업을 기획하고 있거니와 이번에 출판되는 순암연구총서順菴研究叢書는 그 기념사업의 일환이다. 순암연구총서는 지금까지 출판되었던 2권의 단독저서와 학계에 발표되었던 논문들 중에서 63편을 엄선하여 수록했다. 여기에는 1965년에 발표된 논문부터 최근의 논문들이 망라되어 있으며 외국 학자와 북한 측 학자의 논문 3편도 함께 수록되어 있다. 이제는 쉽게 찾아보기 어려운 초창기 논문을 포함해서 여기저기 흩어져 있던 순암연구 논문들을 한데 묶음으로써 앞으로의 순암연구를 위한 하나의 초석이 될 것이라 감히 자부해 본다.

이 연구총서를 간행하는 데에 물심양면으로 아낌없는 도움을 주신 광주廣州 안씨安氏 광양군파廣陽君派 종중과 논문의 게재를 허락해 주신 필자 여러분들께 깊은 감사의 뜻을 전한다. 그리고 연구총서 출판의 편집을 맡아 고생한 함영대 간사와 성균관대학교 출판부의 현상철 팀장에게도 고마운 마음을 전한다.

2012년 10월

성균관대학교 명예교수, 순암선생 탄신 300주년 기념사업회 회장

송 재 소宋載卲

차례

제1부

경학 · 성리학 분야

순암 안정복의 성리론 연구

최봉영

1. 서론

순암 안정복(1712~1791)은 숙종~정조 연간에 생존했던 조선 후기 근기실학파近畿實學派의 중심인물로서 당대의 성리학적 실학관을 집성하였다. 그는 퇴계－한강－미수－성호로 이어지는 조선조 정통성리학의 흐름[1]과 반계－성호로 이어지는 실학의 흐름을[2] 한 몸에 이어받고 있으며, 이러한 흐름을 하려下廬－성

1 李佑成(1982), 『韓國의 歷史像』, 創作과批評社, 92면.

2 위의 책, 20면에서 이우성은 성호를 반계의 학풍을 이은 계승자로 보고 있다. 순암은 성호의 학풍을 이은 인물이니, 따라서 반계의 학은 성호에서 순암으로 이어진다고 보겠다. 그러나 이러한 사실보다 더 중요한 것은 순암의 『동사강목』이 반계의 유산이었다는 점이다. 반계는 『동사강목』을 시작했다가 이루지 못하고 유산으로 남겨 두고 가게 되었으며, 이 사실을 안 순암이 반계의 유업을 계승하여 결실을 맺게 되었다. 이러한 사실은 필자가 근간에 새로 발

재省齋로 이어 주고 있다. 그는 어릴 때부터 '선비가 이 세상을 살아가면서 한 가지 재능으로만 이름을 이루는 것은 불가하다'라고 하여 경사시례經史詩禮는 물론이고 그 밖의 음양陰陽·성력星曆·의약醫藥·복서卜筮에서부터 손孫·오吳·불佛·노老의 서書와 패승소설稗乘小說 종류까지 읽지 않은 책이 없었으며,[3] 또한 『동사강목』·『열조통기』·『하학지남』·『임관정요』 등 무려 수백 권에 이르는 방대한 저서를 남겼다.

그러나 순암의 학문적 중요성이 이러한데도 순암에 관한 연구는 아직 본격화되지 않았다.[4] 순암의 주저인 『동사강목』만 하더라도 조선시대를 대표할 수 있는 최고의 사서史書이며, 한국 초유의 국사개론이라고 불리고 있지만[5] 『동사강목』의 사학정신이 무엇인가에 대해서는 구체적으로 논의되지 못하고 있다. 단지 『동사강목』의 범례와 단편적인 사론을 중심으로 『동사강목』의 사학사적 위엄만이 거론되고 있을 뿐이다.[6]

본 연구자는 이러한 점에 착목하여 순암학의 정체를 규명해 보고자 뜻하게 되었고 그 제일보第一步로서 순암의 성리학적 입장과 이론을 살펴보고자 한다. '순암은 실학자이기에 앞서서 심성학자心性學者였다'[7]라고 말해질 정도로 그는 성리학적 세계관 속에서 살았던 인물이었다. 그리고 그의 학문 또한 성리학적 세계관 내부에서 이루어졌다. 따라서 그의 학문적 토대가 되고 있는 성리학적

견한 자료 속에서 알게 되었는데 이 점에 대해서 별도의 논문을 준비 중이다.

3 『順菴集』, 「年譜」, 二十六歲條. "先生自幼少時 意謂士生斯世 不可以一藝成名 其於經史詩禮之外 陰陽星曆醫藥卜筮 以至於孫吳佛老之書 稗乘小說之類 自有書契以來文獻之可徵者無不博觀."

4 尹南漢(1977), 「東史綱目解題」, 『國譯東史綱目』, 민족문화추진회.

5 金哲俊(1976), 『韓國文化史論』, 知識產業社, 170면.

6 『東史綱目』에 관한 研究는 아직 해제적 성격을 벗어나지 못하고 있는데 김철준(1965), 「동사강목」, 『한국의 名著』; 黃元九(1970), 「實學派의 史學理論」, 『延世論叢』 第七輯; 李佑成(1970), 「東史綱目解題」, 『東史綱目』 卷首, 景仁文化社; 尹南漢(1977), 「東史綱目解題」, 『國譯東史綱目』, 민족문화추진회; 沈隅俊(1975), 「順菴 安鼎福」, 『實學論叢』 등이 있다.

7 尹南漢, 앞의 책, 2면.

입장과 이론을 살펴봄으로써 그의 학문 전체가 갖는 기본 성격과 정신이 무엇인가를 이해할 수 있을 것으로 생각된다.

2. 순암의 성리에 관한 종합적 저술 「의문답擬問答」

순암의 저술은 수백 권에 달하는 방대한 권질卷帙의 것이었다. 그는 가족이나 우인友人들의 눈에는 광인으로 비칠 정도로 독서에 몰두하고 저술에 정진하였다.[8] 그러나 그의 사후에 여러 가지 사정으로 인하여 저술들의 많은 부분이 산실되어 버렸다. 현재는 단지 원저술의 일부만이 여기저기에 흩어져 전해지고 있는 실정이다.

한편 본 연구자는 순암의 유고들에 관심을 갖고 조사를 하던 중에 국립중앙도서관 소장의 『순암일기』[9] 속에서 순암의 성리에 관한 종합저술을 하나 새로 발견하게 되었다. 처음에는 여타의 초고들과 섞여 있어서 누구의 저술인지를 분간할 수 없었으나 내용을 검토한 결과 순암의 저술임을 알 수 있었다.[10]

이 새로 발견된 저술에는 표제가 붙어 있지 않은데 『하학지남下學指南』의 권말에 붙어 있는 순암의 저술목록과 비교해 보면 일단 '의문'이라는 저술이 아닌가 하고 추측된다.[11] 주인과 손님을 설정하고 주객의 가상문답을 통해서 주인

8 『順菴集』 卷1, 「題著書籠」. "讀之積年歲 卷帙踰百千 胸中如有物 輪囷欲自宣 遂起著書意 編輯夜忘眠 家人與朋友 視之若狂癲 燕石謾自珍 子雲曾草玄."

9 국립중앙도서관에는 '順菴日記'라고 表題가 붙은 60여 책에 달하는 순암의 초고가 보관되어 있다.

10 내용의 대부분이 『순암집』 속의 書와 雜著 속에 나오는 것들이어서 순암의 저술임을 짐작할 수 있을 뿐만 아니라, 내용 중에 "今日之務當在乎下學工夫而已吾欲於下學指南二卷心抄之口讀之以待後日學進而識進也"라는 글이 있어 순암의 저술임을 확인할 수 있다.

11 『下學指南』의 권말에 순암의 저술목록이 붙어 있는데 모두 48종으로 대개 문집에 실리지 않은 독립된 저술들이다. 이 저술목록의 제일 처음에 '擬問'이라는 書名이 적혀 있다.

이 자신의 이론을 체계적으로 전개해 나아가는 의문답식의 방법은 글자 그대로 의문이라고 볼 수 있기 때문이다.

한편 순암은 이 저술에 대해서

> 독서를 하고 궁리를 하다 보면 의문이 없을 수 없고, 의문이 있으면 묻지 않을 수 없다. 그러나 내가 늙어 고통스러운 몸이며, 정자와 주자가 이미 먼 시대의 사람이니 가서 물어볼 곳이 없다. 그러니 분배憤排하고 계발하는 것을 어디에 다시 돌아보겠는가? 근일에 산재山齋에서 독서를 할 여가가 있었는데 혹 스스로 의문이 생기면 스스로 물어보고 스스로 해석해 보아서 스스로 얻은 것이 있으니, 적이 내가 스승의 자리에 앉아 있는 것으로 가정하여 의문의 간목을 적어서 강론하고 토론하는 예에 있는 듯이 하였다.[12]

라고 말하고 있다. 이와 같은 순암 자신의 설명을 검토해 보더라도 본 저술이 '의문'일 가능성은 짙다고 보겠다. 그래서 본 연구자는 이 저술의 표제를 '의문답'으로 붙여 보았다. 바로 '의문'이라고 붙이지 않은 것은 혹시 본 저술과는 다른 '의문'이라는 저술이 있을 수 있기 때문이다.

그리고 「의문답」의 체제를 살펴보면 먼저 이기심성에 관한 도설이 나오고 다음으로 이기사칠理氣四七과 인물지성人物之性에 관한 문답이 전개된다. 전체 분량은 대략 200자 원고지 30매 정도이다.[13] 그리고 「의문답」의 내용은 성리론

---

12 『順菴日記』 卷62, 「擬問答」, 人物之心性. "讀書窮理不可無疑有疑不可無問吾生苦晩程朱已遠摳衣問質旣無其所則憤排啓發於何復睹近日山齋有讀書之暇或自疑而自問之自解而自得之竊自比於當日函席上記疑問目講討之列."

13 이 「擬問答」이 판독이 용이하지 않은 草本이므로 자료화시키기 위해 원고지에 整書를 해본 결과 그 분량이 200자 원고지 30매 정도가 됨을 알 수 있었다. 정리된 자료는 현재 모 출판사에서 출간을 준비하고 있다.

의 중심개념인 태극이기太極理氣·음양陰陽·오행五行·심心·정情 등으로서 대개 『순암집』 속의 서書와 잡저雜著 속에 단편적으로 산견散見되는 것들이다. 그러나 문집 속 여기저기에 단편적으로 언급된 성리론들과는 달리 「의문답」 속에는 그의 성리론이 도설과 함께 체계적으로 종합 정리되어 있다. 이 때문에 「의문답」을 통해서 순암의 성리론을 체계적으로 이해하는 것이 가능해진다. 따라서 순암의 성리학적 세계관을 이해하는 데 있어서 「의문답」은 필수적인 자료라고 하겠다.

그러나 이 「의문답」이 왜 문집 속에 포함되지 않았는지는 그 사유를 알 수 없다. 다만 추측컨대 「의문답」이 독립된 저술로 취급되어 문집에서 제외되었거나, 아니면 순암의 방대한 초서계抄書系의 찬록물纂錄物들 속에 섞여 있어서 문집의 편자에게 발견되지 못한 것이 아닌가[14] 하고 생각된다.

3. 순암의 대성리학관對性理學觀

순암은 선유들에 의해서 이미 연구되고 밝혀진 성리학의 제반 이론들을 뒤따르며,[15] 이러한 토대 위에 자신의 학문을 구축하고 있는 독실한 성리학자임을 자처하였다. 그리고 그는 선유들 중에서도 특히 주자와 퇴계의 학설을 존신하였다. 그는 주자를 마음에 그리다 못해 꿈에서 만나 강목의 의의를 논하고 시를 지을 정도로 존경하고 흠모했으며,[16] 퇴계에 있어서는 퇴계를 동방의 주

14 순암은 買得이 불가능한 책들은 대체로 抄書를 하여 그의 鈔書籠 속에 보관하였는데 초서의 양이 방대하였다. 그리고 그의 사후에는 순암의 초서와 순암의 저술이 혼동되는 사례도 있게 되었다.

15 『順菴集』 卷3, 「與邵南尹丈書 丁亥」. "侍生性本愚魯粗率 其於性命之奧 初不硏究 只就先儒已定之說 依俙識得而已."

16 『順菴集』 卷1, 「夢作 乙卯」. "余病滯甥舘而觀朱書節要 六月廿九日 夢謁朱子 余進謁 因論

자라고 생각하는[17] 동시에 퇴계의 학설을 선입견으로 받아들임으로 해서 학문의 진전에 방해가 될 정도로 독신篤信하였다.[18] 그리고 이러한 순암의 학문하는 태도는 그가 지니고 있는 정주학적 도통의식의 소산으로서 그는 공맹으로부터 정주와 퇴계와 성호로 이어지는 성리학의 도통을 잇고 전하기 위해[繼往開來] 필생의 노력을 기울였다.[19]

그러나 그는 당대 일반 성리학자들의 학풍에 대해서는 반기를 들었다. 그는 당시 만연되어 있는 이론 중심 내지 사변 중심의 학풍을 성리학이 구이지학口耳之學이나 조언창례지귀鳥言倡禮之歸의 폐단으로 떨어진 것으로 생각하였다.[20] 따라서 그는 이러한 학풍의 폐단을 시정하기 위하여 실천 중심의 하학공부를 주장하였다.[21] 그는 이미 대체大體가 드러난 성리학의 제 문제들을 계속 왈가왈부한다는 것은 시무時務를 망각한 처사라고 생각했으며 공연한 시간과 노력의 낭비라고 보았다. 그는 당시의 선무先務는 기존의 축적된 성리학적 학문역량을 현실사회에 적용·실천하는 것이라고 생각하였다. 이 때문에 그는 장황하게 성리학을 늘어놓는 것을 싫어했으며 성리론에 관해서 자신의 견해를 표명하는 것조차 삼가는 태도를 취했다.[22] 그가 언급한 성리에 관한 논설은 「의문답」을

綱目疑義 幷未詳 朱子呼韻命賦詩 卽隨韻對."

17 『順菴集』 卷6, 「與鄭君顯書 庚申」. "牧圃諸儒 始倡性理之說 至退陶子 集其大成 而其平生爲學也 步步朱子 心心朱子 亦東方之一朱子."

18 『順菴集』 卷4, 「答李景協書 丁亥」. "陶山之語 常爲先入之主 每每纏繞難脫."

19 『下廬先生文集』 卷16, 「順菴先生行狀」. "惟吾退溪夫子 遠紹考亭之統 星湖先生直接退溪之緖 道學之傳 有自來矣 先生切磋琢磨 旣承於星湖 楷模準繩 惟在於退溪 若溯其源頭則所願學朱子也 至於衛正道闢邪說明先聖之法而道之 使斯世之人 不迷於夷狄禽獸之域者 其誰之功歟."

20 『順菴集』 卷3, 「與邵南尹丈書 庚寅」. "幸有兩程出而有格致之學 朱子申明之 於是窮理之學滿天下 而異端不能容 然而其弊多流於口耳之學 或多爲鳥言倡禮之歸."

21 『順菴集』 卷8, 「答南宗伯書 丙午」. "凡爲學 當觀時弊 今之學者 大抵不屑於下學 而徒役心於性命理氣四七之辨."; 「韓士凝書 庚寅」. "四七之說 不惟鈍根難通 大抵今世學者之弊 以此爲汲汲先務 而反忽於下學日用."

22 『順菴集』 卷6, 「答權旣明書 庚寅」. "大抵此等說話 易生枝節 雖云道理由講論而明 然人心

제외하고는 거의가 타인의 질의에 대한 응대들이다. 그는 사람들이 성리론에 관해서 왈가왈부 질의를 해올 경우에는 매우 못마땅해하는 태도를 취했다. 그는 스스로 성리지설性理之說의 갑을시비에 대해서는 불욕일언간섭不欲一言干涉[23]과 격벽지청隔壁之聽의[24] 자세를 취하고 있다고 말할 정도였다.

그러나 순암이 성리학 자체를 소홀히 생각했거나 성리학적 세계관을 부정했던 것은 아니었다. 그의 사상은 철저하게 성리학적인 것이었으며, 이러한 토대 위에서 그의 숱한 저술이 이루어졌다. 그는 다만 시의를 망각한 채 성리학적 세계관의 극히 일부에 지나지 않는 사소한 문제에 매달려 시간과 노력을 낭비하는 학문풍토를 반대하였을 뿐이다. 그는 성리학의 세계를 사단과 칠정의 시비로 축소시켜 부언중언附言重言한다는 것은 성리학의 전체성을 몰각하는 처사라고 보았으며, 이러한 폐단을 시정하기 위해서 성리학의 전체적 모습을 강조하였다.[25] 그는 이것을 위해서 선비의 본분을 일깨웠으며[26] 현공설화懸空說話가 아닌 하학공부를 주장하였다.

그리고 순암이 말하고 있는 실학・실용・무실의 개념도 바로 이러한 맥락 속에서 전개되고 있음을 알 수 있다. 그는 실리實理・실심・실용에 대해서 다음과 같이 말하고 있다.

不同 立言各異 辭說漸繁 氣像不好 此愚所以緘默而不敢言者也."

23 『順菴集』 卷5, 「答良翁李夢瑞書」. "大抵東方理氣之說 甲是乙非 各有立說 以不知爲羞吝 反成後來之弊 弟則實不欲一言干涉."

24 『順菴集』 卷6. "鄙所以平日罕言此等物事者 非有他也 盖其才分不及 而實於此有隔壁之聽故也."

25 순암은 『臨官政要』의 서문에서 天道와 王道가 본래 일체이고 修己와 治人이 無二致인 것을 강조하면서 당대의 학자들이 修己(學)와 治人(政)을 분리시켜 修己一邊으로 나아가는 경향을 경계하고 있다. 그는 특히 眞西山의 心經과 政經이 體同과 表裏의 관계에 있음을 환기시키고 있다(『順菴集』 卷18, 「臨官政要序」).

26 각주 25)에서도 언급되었듯이 순암은 선비의 본분이 修己와 治人의 양면에 걸쳐 있음을 강조하고 治人을 소홀하게 생각하는 당대의 학풍을 비판하고 있다.

성誠이 천天에 있어서 실리實理가 되고 인人에 있어서는 실심이 된다. 천에 있어서의 실리는 자연히 그러한 것이고 인에 있어서의 실심은 노력을 해서 그렇게 되는 것이다 (…) 천의 실리는 무망無妄이다. 사람이 노력하는 도道는 무망념無妄念・무망언無忘言・무망행無妄行일 뿐이다 (…) 성학의 허다한 조목들을 머리카락처럼 나누고, 실낱처럼 분석하면 머리카락 위에 머리카락이 있고, 실낱 위에 실낱이 있게 되니 비록 무호무영無毫無纓의 경지를 얻었다고 하나 한갓 기다란 사설에 지나지 않으니, 이러한 고로 나의 생각은 하학뿐이다. 하학이 그 실을 얻게 되면 안으로는 명덕明德이 밖으로는 신민新民이 그 안에 있게 된다. 고담高談하고 허원虛遠한 것이 불필요할 뿐 아니라 지리한 사설은 실용이 없다.[27]

그리고 또한 그가 주장하는 실학과 당대 학자들의 속학을 비교하여

남도南渡(남송南宋) 이후에 주자의 학이 천하에 행하게 되었고, 우리 동국은 원나라 이래에 조금 염락문자濂洛文字가 있는 것을 알게 되었다. 목은과 포은을 비롯한 제유諸儒가 처음 성리지설性理之說을 창도하였고 퇴도자退陶子에 이르러 집대성되었다. 퇴도의 평생위학平生爲學은 보보주자步步朱子하고 심심주자心心朱子하니 또한 동방의 일주자一朱子이다. 『절요節要』— 퇴계의 『주자서절요』— 는 퇴계가 정력을 다해서 이루었으니 진실로 학자의 최초용공最初用工과 종신애용終身愛用의 서이다. 그러나 근세의 사람들이 이 책을 많이 읽지 않으니 실학이 점점 어두워지고 속학이 점점 승勝해진다. 지금에 이 책을 읽고 있다는 소식을 들으니 내가 깨닫지 못하는 사이

27 『順菴集』 卷8, 「答南宗伯書 丙午」. "誠在天爲實理 在人爲實心 在天之實理 自然而然 在人之實心 用工而然 (…) 天之實理 只是無妄而已 人之實心 亦無妄而已 其用工之道 無過於無妄念無妄言無妄行而已矣 (…) 聖學許多條目 毫分縷析 則毫上有毫 縷上有縷 雖破得無毫無縷 徒長辭說 是以愚之妄意 不過下學而已 下學而得其實 則內自明德 外至新民 包于此矣 不必高談虛遠 支離辭說 無實用也."

에 기뻐진다. 내가 사람들을 만날 때마다 이 책을 읽을 것을 권한다.[28]

라고 말하고 있다. 이와 같이 순암에 있어서의 실리·실심·실용·실학이란 작게는 『주자서절요』를 읽는 것이며, 크게는 성誠에 입각한 실심의 학을 실천에 옮겨 실용을 거두는 것이다. 그는 『주자서절요』를 학자의 최초용공最初用工과 종신애용終身愛用의 실학자로 생각하면서 만나는 사람마다 이 책을 읽을 것을 권하고 있으며 또한 자신이 손수 『주자어류절요』를 만들어 주문朱門의 『논어』라고 자칭하면서, 퇴계가 편한 『주자서절요朱子書節要』와는 표리의 관계에 있다고 말하였다.[29] 그리고 그는 후배들 중에서 정주의 학설과 다른 이론을 말하는 자가 있으면 정주는 후래後來의 성인이라 하여 후배들의 이론異論을 경계하였다.[30] 또한 스스로 『천학고』와 『천학문답』을 지어 정학正學을 수호하고 이단을 배척하는 데 앞장을 섰다.[31]

이렇듯 순암이 주장하고 있는 실리·실심·실용의 학은 성리학적 세계관 내부에서의 실학이다. 그리고 그의 이러한 실학관은 사학가로서 그가 지니고 있는 역사의식의 소산으로서 그는 실학을 '각 시대에 있어서 시의時義에 입각한 당대의 선무先務를 행하는 학문'으로 보았다. 따라서 도가 불명한 시대 즉 퇴계가 살던 시기에는 도를 밝히는 것이 시대의 선무先務이자 실학이다.[32] 그러나

---

28 『順菴集』 卷6, 「答鄭君顯書」. "南渡以後 朱子之學行天下 我東則事元以來 畧知有濂洛文字 而牧圃諸儒 始倡性理之說 至退陶子 集其大成 而其平生爲學也 步步朱子 心心朱子 亦東方之一朱子 而節要一書 盡其精力 則誠學者之最初用工 終身受用者也 然而近世人多不讀之 是以實學漸晦而俗學漸勝也 今聞讀此書 不覺喜悅 每見人勸讀此書."

29 『下廬先生文集』 卷16, 「順菴先生行狀」. "揀語類全編中切於學問者爲八册 名曰語類節要 又謂是篇爲朱門之論語 庶可與書節要 相爲表裏."

30 『下廬先生文集』 卷16, 「順菴先生行狀」. "是時後進有立異於程朱說者 先生必戒之曰程朱是後來聖人 若於此不從 其流之弊 將入於無忌憚矣."

31 연보에 의하면 순암은 辛酉邪獄이 있는 해에 明正學熄邪說의 공으로 左參贊으로 증식되는 동시에 文肅이란 시호를 받았다.

32 『順菴集』 卷8, 「答南宗伯書 丙午」. "退溪之時 此道之原本不明 故必以濂溪圖說爲先 時義

이러한 '시대적 선무先務를 외면하고 일신一身이나 집단의 사사로운 명리名利에 힘쓰는 학문'은 속학俗學이며 허학虛學이다. 그는 당대는 이미 도의 대체大體가 밝혀지고 집대성된 시기로 보았으며, 따라서 시의時義는 무실역행하는 하학공부에 있다고 보았다.

4. 순암의 성리론

1) 태극太極과 이기理氣

순암은 태극을 이와 기를 총괄하고 있는 포괄자로 규정하고 있으며[33] 태극 속에 포괄되어 있는 이와 기의 관계에 대해서는

> 이理는 정靜한데 동動해서 기氣가 되며 (…) 정靜한 것은 체體가 되고 동動한 것은 용用이 된다.[34]

라고 하여 이와 기의 체용관계와 선후관계를 인정하고 있다. 그리고 이와 기에 속하는 사단·칠정 등에 대해서는

> 이를 주로 하는 것이 원형이정의 사덕과 인의예지의 사단이며, 기를 주로 하는 것이 수화목금토의 오행과 희노애구애오욕의 칠정이다.[35]

然矣 (…) 當今之世 義理之說 已爛漫矣 學者所行 實不出於南冥之語(手不知灑掃應對之節而口談天理) 僕亦閱歷多少歲月 見如此人多矣 欺天欺人欺心 而能有爲學乎."

33 「擬問答」, 圖說. "太極總理氣而."

34 『順菴集』 卷13, 「橡軒隨筆上」, 性情條. "太極総理氣 心統性情 理靜而動爲氣 性靜而動爲情 靜者體而動者用."

라고 하고 있으며, 이러한 태극·이기 등의 종합적인 관계를 다음과 같은 도圖로써 나타내고 있다.[36]

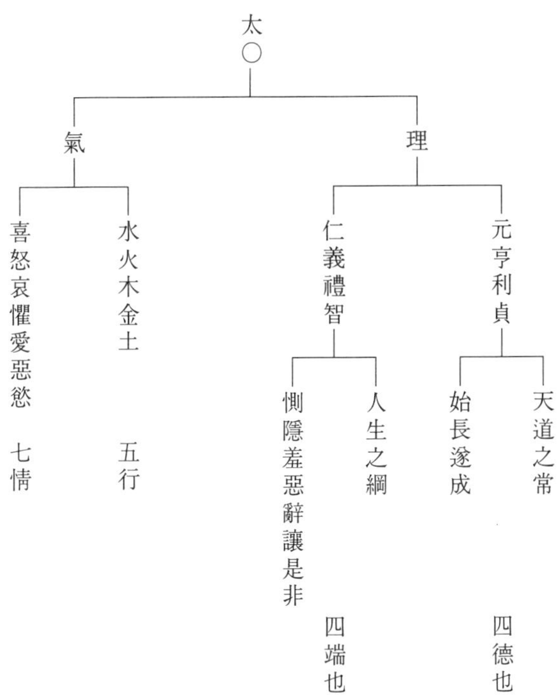

그리고 순암은 이 도圖를 설명하면서, 먼저 이기선악理氣善惡에 대해서는

이理의 변邊에는 선하지 아니한 것이 없고 기氣의 변에는 선과 불선이 있다.[37]

35 「擬問答」, 圖說. "主於理者四德也四端也主於氣者五行也七情也."

36 「擬問答」, 圖說. '太極理氣圖'.

37 「擬問答」, 圖說. "理邊無不善氣邊有善有不善."

라고 말하고 있으며, 이변理邊의 사덕四德·사단四端과 기변氣邊의 오행五行·칠정七情의 상호관계에 대해서는

> 오행五行이 사덕四德의 명을 듣는 것과 칠정七情이 사단四端의 명을 듣는 것이 가可하며 만약 오행五行이 불란不亂하여 사덕四德을 보좌하면 인도人道가 입立한다. 그리고 오행五行이 혹 괴란乖亂하게 되더라도 천天이 원형이정元亨利貞의 도로써 괴란乖亂하지 않게 하고 칠정七情이 바름을 얻지 못하더라도 인간이 인의예지仁義禮智의 성性으로써 바름을 얻게 하는데 이것은 이理가 이겨서 기氣를 제어하기 때문이다. 그렇지 않으면 매번 기氣가 이겨서 이理를 멸하는 환患이 있게 된다.[38]

라고 말하고 있다. 이처럼 순암은 천天에 있어서는 작용의 주인主因을 사덕과 오행으로 보고 있으며, 인人에 있어서는 작용의 주인을 사단과 칠정으로 보고 있다. 그리고 이때에 오행이 사덕의 명을 들어서 불란하게 되면 천도天道가 성成하고 칠정이 사단의 명命을 들어서 불란不亂하게 되면 인도人道가 입立하게 된다. 이렇게 천도가 성하고 인도가 입立하게 되면 이것이 바로 만사득정萬事得正의 상태인데 이때에는 이理가 기氣를 부리고[使之] 제어하게[拑之]된다.[39]

이렇게 볼 때 순암은 이기를 분개分開해서 이발기발로 나누어 설명하는 동시에 이존기비理尊氣卑의 주리적 경향을 띠고 있음을 알 수 있다. 특히 그는 인간의 독자적인 윤리적 근거를 이理를 주로 하여 발하는 사단 위에 설정함으로써

---

38 「擬問答」. "須使五行聽命於四德七情聽命於四端可也五行不亂則佐四德而天道成焉七情得正則佐四端而人道立焉然則五行或致乖亂則天以元亨利貞之道使之不乖情不得其正則人以仁義禮智之性使之得正此是理勝而拑氣者也不然每有氣盛滅理之患."

39 순암은 理와 氣의 관계에서 理가 主가 되어 氣를 통제하는 상태[理發而氣隨之 氣之順理 氣爲理所使 理勝而拑氣]를 正으로 보고 있으며 氣가 主가 되는 상태[氣勝而滅理 氣發而理乘之]를 부정으로 보고 있다.

더욱 그러한 경향을 띠게 된다. 그리고 그의 이러한 주리적 윤리관은 곧 그의 감계주의적鑑戒主義的 역사관과 연결된다. 이理를 위주로 천도가 성成하고 인도가 입立하는 그의 주리적 심성론은 바로 "歲周於上而天道成하고 統正於下而人道立"하는 그의 역사관과 상호 체와 용의 관계를 이루고 있다.[40]

2) 사단칠정과 이발기발

퇴계・고봉・율곡 이후로 계속 논란이 되어 온 사단칠정과 이발기발의 문제에 대해서 순암은 기본적으로 사단은 이발이기수지理發而氣隨之하고, 칠정은 기발이이승지氣發而理乘之한다는 퇴계의 입장을 지지하고 있다.[41] 그러나 그는 사단의 이발에 있어서 '사단발어리이기리용지四端發於理而氣理用之'라 하고 칠정의 기발에 있어서는 '칠정발어기이리역재언七情發於氣而理亦在焉'이라[42] 하는 등 퇴계와는 해석상에 있어서 약간의 차이를 보고 있다.

순암은 「의문답」 속에서 객이

> 이理는 무위無爲이고 기氣는 유위有爲이며, 이는 스스로 발하지 못하고 기를 기다려서야 발하게 되니, 사단도 기의 발이라고 이르는 것이 옳다.[43]

라고 주장하는 데 대해서

40 순암은 주자의 정통론적 鑑戒史觀을 계승하고 있는데 주자사관은 "歲周於上而天道成統正於下而人道立"(「資治通鑑綱目朱子序」)으로 집약된다. 이러한 주자사관은 순암의 心性論的 天道人道觀과 서로 經과 史로서 體用의 관계에 있다고 하였다.

41 「擬問答」, 四七理氣.

42 「擬問答」, 四七理氣. "四端發於理而氣以用之七情發於氣而理亦在焉."

43 「擬問答」, 四七理氣. "客問於主人曰理無爲而氣有爲理不自發待氣而發則四端亦謂之氣發可也."

무릇 인의예지는 천리天理의 본연한 성性인즉, 사단은 이理에 속하는 것이 아니겠는가? 희노애구喜怒哀懼의 기질이 품부한 성인즉, 칠정은 기氣에 속하는 것이 아니겠는가? 이의 쪽에 속하면 이것은 이가 주가 되는 것이니 이발이라고 이르는 것이 옳다. 어찌 이가 기를 기다려서 발한다 하여 사단이 또한 기발이라고 하는 것이 옳겠는가?[44]

라고 대답하고 있다. 이 문답의 내용을 검토해 보면 객은 이발기발의 '발'을 발견의 발發로 보기 때문에 사단이라 하더라도 기에 의해서만 이理의 발견이 가능하므로 따라서 사단四端도 기발氣發이라고 주장한다. 이것에 대해서 순암은 이발기발理發氣發의 '발發'을 발원의 발發로 보아서 사단은 이에서 발원하기 때문이 이발理發이라고 주장한다. 이러한 순암의 이발에 대한 견해는 다음의 글에서 더욱 분명해진다.

대개 사단과 칠정은 먼저 그 말단이 어떠한가를 본 연후에야 그 발원이 어디에 있는가를 알게 된다. 측은·수오는 확충이 가능한즉 그 발원이 본연지성에 있는 것을 알 수 있으며, 희노애구는 확충이 불가능한즉 그 발원이 기질지성에 있음을 알 수 있다. -따라서 본연지성에서 발원하는 사단은 이발이고, 기질지성에서 발원하는 칠정은 기발이다-.[45]

이처럼 순암은 발원처에 따라서 이발과 기발을 나누고 있다. 그러나 객은 기의 작용을 지칭하는 발견의 발로 이발기발을 보기 때문에 이발은 있을 수가

44 「擬問答」, 四七理氣. "主人曰夫仁義禮智天理本然之性則四端其非屬於理乎喜怒哀懼氣質所稟之性則七情其非屬於氣乎屬於理邊此理爲之主而謂之理發可也屬於氣邊者氣爲之主而謂之氣發可也豈可以理之待氣而發者因謂之曰四端亦氣發耶."

45 「擬問答」, 四七理氣. "盖四端七情先觀其末抄之如何然後可知其發源在何處惻隱羞惡可以擴充則其發源在於本然之性可知也喜怒哀懼不可擴充則其發源在氣質性可知也."

없으며 오직 기발만이 있다.[46] 이 때문에 두 사람의 논란은 계속된다. 그리고 순암 자신도 논란의 원인이 발에 대한 서로 다른 해석에 있음을 인정하고 있다. 이것이 바로 '입언각이立言各異'하고 '소견지부동所見之不同'한 것으로 반드시 서로 합치해야 할 필요는 없으며 각자는 그 소신하는 바를 높이면 된다는 것이다.[47] 그렇다면 결국 논의의 초점은 왜 각자가 자신의 주장을 옳다고 주장하는가에 있다.

순암이 이발기발의 발을 발견과 발원의 두 가지로 설명할 수 있다는 점을 인정하면서도 이발기발理發氣發의 발發은 발견보다는 발원을 중심으로 보아야 옳다고 주장하는 데에는 그만한 까닭이 있다. 그는 이理가 주가 되는 무불선無不善한 사단四端과 기氣가 주가 되는 유선有善·유불선有不善한 칠정七情과는 엄연히 서로 구별되는 것으로서 사단四端과 칠정七情을 기발氣發로 통칭한다는 것은 옳지 않으며,[48] 더욱이 사단四端은 무불선無不善하여 확충이 가능하고 칠정七情은 유선有善·유불선有不善하여 확충이 불가능하기 때문에 확충이 가능한 것과 불가능한 것이 분명하게 구분되어야 하는 것으로 보고 있다. 그리고 이러한 본원本源에 따른 이발기발理發氣發의 구분은 차후에 논의될 인물지성人物之性의 구분과 연결되어 순암에게 인간의 윤리적 당위성을 도출해 내는 근거를 제공하게 된다.

---

46 「擬問答」 속에서 客이 주장하는 이론은 氣發一途의 논으로써 대개 高峯과 栗谷의 所論들이다.

47 『順菴集』 卷3, 「答鄭南尹丈書 己丑」. "今世主李子者黜高栗 主栗谷者斥李子 … 此皆所見之不同 不必強以相合 各尊所信而已."

48 「擬問答」, 四七理氣. "七情之發於氣者熾而不節則過喜過怒過愛過懼弊將無窮然則以若無弊之四端爲之氣可乎."

3) 심성정心性情과 의지意志

순암은 심성정心性情과 의지意志의 종합적인 관계에 대해서

> 심心은 생명을 받은 후의 혈육구각血肉軀殼에 대한 명칭인데 사람이 태어날 때 천명을 받아서 그것이 성性이 되고 이 성性에 심心이 깃들게 되며, 성性이 동動해서 정情이 된다. 그리고 심은 성과 정을 총괄하고 있으며 심이 발하여 의意가 되고, 심이 발하여 나아가는 바가 지志가 된다.[49]

라고 말하고 있다. 그리고 이러한 상호관계를 순암은 다음과 같은 심도心圖 속에 요약하고 있다.[50]

〈心圖〉

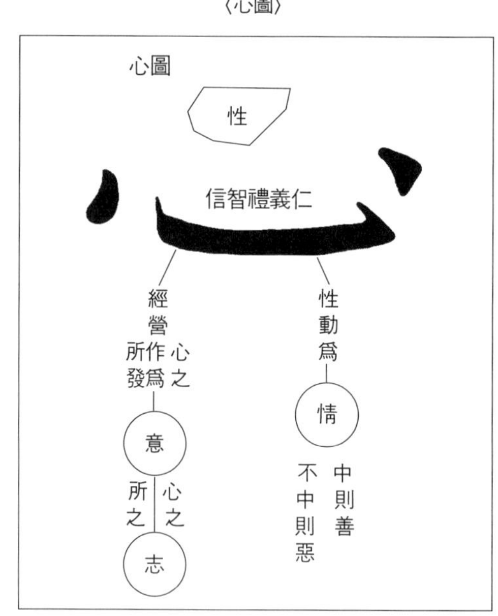

49 『順菴集』 卷12, 「橡軒隨筆」, 性情條. "心是受生後血肉軀殼之名 而人物之生 受天命而爲性 性寓於心 性動爲情 心統性情 其所發爲意 其所之爲志."

50 「擬問答」, 心圖.

한편 심도心圖 속에 나타나 있는 심성정心性情의 각각에 대해서 살펴보면, 먼저 성性에 대해서 순암은

> 성性은 사람과 사물이 품수稟受한 것의 이름으로서 형기形氣가 있고 난 후에 생긴다. 『중용장구中庸章句』에 기氣가 형形을 이루고 이理가 또한 부여되어 있다고 하는 것이 바로 이것이다. 성性이 이미 형기形氣 속에 있은 즉 기질지성氣質之性이 용用이 되고 기질지성氣質之性 중에서 본연지성本然之性을 추출하면 그것이 바로 이理의 소재이다.[51]

라고 하여 성性은 형기形氣 이후에 생긴다고 보고 있으며, 이 때문에 성性은 자연히 형기의 간섭을 받게 되고 이로써 형기 이후에 생긴 기질지성氣質之性이 성性의 전체적인 용用이 된다. 그러나 기질지성 중에서 기질지성의 본원本源이며 이理의 소재가 되는 부분을 추출해서 생각할 수가 있는데 이것이 본연지성本然之性이다. 본연지성은 형기形氣 이전의 성性으로서[52] 기질지성이 유래한 본원本源인 동시에 기질지성의 주가 된다.[53] 따라서 성性은 본연지성本然之性과 기질지성氣質之性의 둘로 분개分開해서 생각할 수 있다. 그러나 성性은 전체로서는 하나의 성性이다.

그리고 순암은 정情에 대해서

> 성性이 동動해서 정情이 되고, 정情은 또한 두 가지가 있는데 성性의 본원本源을 따라서 발發한 것이 사단四端이고, 형기形氣를 따라서 발發한 것이

51 『順菴集』 卷8, 「與韓士凝書 庚寅 別紙」. "性是人物稟受之名 是形氣以後所生 中庸章句氣以成形 理亦賦焉是也 性旣墮在形氣中 則氣質之性爲用 而氣質性中 推出本然之性 卽理之所在也."

52 『順菴集』 卷4, 「與貞山李景協書 辛未」. "氣質本出於本然之性 是一性而涉于形氣."

53 「擬問答」, 圖說. "理寓於氣性載於形本然爲主氣質爲用."

> 칠정七情이다.[54]

라고 말하고 있다. 따라서 사단四端과 칠정七情은 모두 정情인 점에 있어서는 동일하나 소종래所從來가 다르므로 해서 그 성격이 달라지게 된다. 이 때문에 칠정七情이 사단四端을 포함하는 칠정포사단七情包四端과 같은 관계는 성립되지 않는다.[55] 그러나 두 개의 정情이 독립해서 존재하는 것이 아니고 전체로서는 하나의 정情이다.

그리고 심心에 대해서는

> 심心은 성과 정을 포괄하고 있으며 심의 발發에는 두 가지가 있는데, 성명지정性命之正에 근원하는 것이 도심이고, 형기지사形氣之私에 근원하는 것이 인심이다. 총괄해서 말한다면 사단은 도심으로서 천명天命의 본성에서 출원하는 것으로 무불선無不善하여 성광聖狂에 있어서 차이가 없다. 이것을 소위 '이理는 하나이다'라고 이르는 것이다. 칠정은 인심인데 기질의 성性에 출원하는 것으로 혹선或善 혹악或惡하며, 현우賢愚가 서로 같지 않다. 이것을 '이理가 여럿으로 나누어졌다'라고 이르는 것이다.[56]

라고 말하고 있다. 이렇게 순암은 심心을 도심과 인심으로 구분하고 있으며 이

---

54 『順菴集』 卷4, 「與貞山李景協書 辛未」. "性之動爲情 情亦有二 從性本所發 謂之四端 從形氣所發 謂之七情."

55 四端이 七情 속에 포함된다고 주장하는 사람은 高峯과 栗谷의 계통이다. 순암은 퇴계의 설을 좇아 所從來가 다른 四端과 七情은 포함관계가 성립될 수 없다고 주장한다(「擬問答」, 四七理氣 참조).

56 『順菴集』 卷4, 「與貞山李景協書 辛未」. "心統性情 而其發亦有二焉 原於性命之正者道心也 原於形氣之私者人心也 總而言之 四端也道心也 其原出於天命之本性而無不善 不以聖狂而有間 此所謂理一也 七情也人心也 其本出於氣質之性 而或善或惡 有賢愚之不同 此所謂分殊也."

러한 도심과 인심을 다시 사단과 칠정에 연결시키고 있다. 그리고 이러한 구분의 근거를 이일분수理一分殊의 개념 속에서 찾고 있다.

이렇게 볼 때 순암에 있어서 심성정의 문제는 전체로서는 하나이나 성격상으로는 둘로 구분되는 혼륜混淪과 분개分開에 그 초점이 있음을 알 수 있다. 성性도 하나요, 정情도 하나요, 심心도 하나로서 모두 혼륜된 전체이다. 그러나 성은 본성과 기질로 나누어지고 정은 사단과 칠정으로 나누어지고 심은 도심과 인심으로 나누어짐으로써 성격상의 분개가 이루어진다. 그리고 분개된 것들이 '본연지성-사단-도심'과 '기질지성-칠정-인심'의 두 계통으로 구분되고, 이것이 결국 이발기발로 연결된다.

4) 인지심성人之心性과 물지심성物之心性

앞에서도 언급한 바와 같이 순암의 성리론의 중심은 인간과 사물을 구별하

〈心性圖解〉

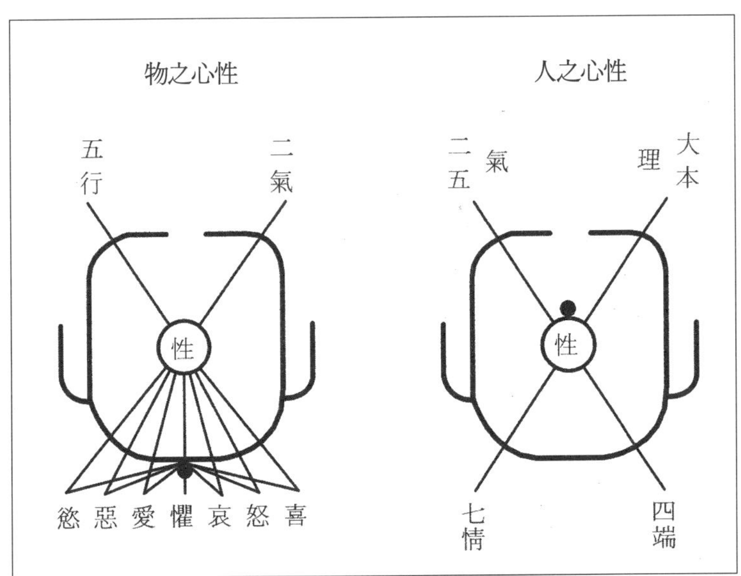

고 이러한 구별로부터 인간의 윤리적 근거를 확보하는 데 있다고 볼 수 있다. 그가 이발理發과 기발氣發을 구분하여 논하고, 도심과 인심을 구별하여 설명하는 것 등은 모두 인간과 사물의 심성적 차이를 전제하고 이로부터 인간의 윤리적 특수성을 강조하고자 하기 때문이다. 순암은 인간과 사물을 구분하여 다음과 같은 두 개의 심성도心性圖를 그리고 있다.[57]

이 두 심성도를 비교해 보면 인간과 사물의 심성에는 큰 차이가 있음을 발견하게 된다. 즉 인간의 심성에는 이오지기二五之氣, 칠정과 함께 대본지리大本之理와 사단이 관계하고 있는 반면에 사물의 심성에는 단지 이기오행二氣五行과 칠정만이 관계하고 있다. 그리고 이러한 차이점 때문에 대본지리와 사단이 관계하지 않는 사물에 있어서는 이발理發은 있을 수 없고 오직 기발氣發만이 있게 된다. 따라서 앞에서 논의한 이발기발理發氣發의 문제는 인간이냐 사물이냐에 따라서 달리 정의되어야 함을 알 수 있다. 즉 인간에 있어서는 사단은 이발이기수지理發而氣隨之이고 칠정은 기발이이승지氣發而理乘之이며 사물에 있어서는 칠정만 있으므로 오로지 기발이이승지氣發而理乘之이다.

그리고 순암은 대본大本과 이오二五, 본성本性과 기질氣質의 관계를 설명하여

> 대본지리大本之理는 본연지성이 되고 이오지기二五之氣는 기질지성이 된다. 대본지리와 음양오행을 겸득하여 성性을 이루고 있는 것이 인간이고, 단지 음양오행만으로 성을 이루고 있는 것이 금수이다.[58]

> 대개 본연지성과 기질지성을 겸유한 것이 사람이다. 단지 기질지성만을 갖추고 있는 것이 금수이다. 기질지성 중에서 각각 그 하나 둘을 얻은 것

57 「擬問答」, 圖說, 心性圖.

58 「疑問答」, 圖說. "大本之理爲本然之性二五之氣爲氣質性大本與二五兼得性者人也只得二五爲性者禽獸也."

> 이 곤충이고 단지 음양오행의 기氣만 얻어서 지각과 운동이 없는 것이 초훼목석草卉木石의 유이다. 이것이 바로 인간과 사물이 품부한 바가 편전編全의 등급이 있는 바이다. 그러한즉 인간과 사물의 차이만이 있는 것이 아니라 사물의 성性도 그 종류에 따라 성性의 내용이 서로 다르다.[59]

라고 말하고 있다. 이처럼 순암은 인간과 사물의 심성적 차이를 인정하고 있으며 사물에 있어서도 그 유에 따라 심성의 차이가 있는 것으로 보고 있다. 그리고 이러한 차이로 말미암아 지각이 있는 것과 없는 것, 자각이 있는 것과 없는 것으로 구별된다.[60] 순암은 인간이 윤리적으로 되는 것은 자각적 행위를 할 수 있기 때문이라고 주장한다. 개나 말이 주인을 사랑하여 힘을 다해 죽음에 이를지라도 그것은 본능에 의해서 그저 그렇게 행동할 뿐 행위의 의미를 자각하지 못한다.[61] 때문에 윤리적 행위가 되지 못한다. 그러나 인간은 이理에서 직출直出하는 본연지성, 즉 인의예지의 성性을 갖고 있으므로 기질에 구애되지 않는 자각적 판단과 행위를 할 수 있게 된다. 이로써 인간은 지각이 없는 초목이나 지각은 있으되 자각이 없는 금수와는 달리 당연과 당위에 입각한 윤리적 생활을 영위하게 된다.

59 「擬問答」, 人物之性. "盖本性與氣質兼有者人也只有氣質之性者禽獸也氣質性中各纔得一二者昆蟲也只得陰陽五行之氣而全沒知覺與運動者草卉木石之類也."

60 순암은 지각의 정도를 ① 지각이 없는 草卉木石類 ② 지각이 있는 禽獸類 ③ 지각과 자각이 있는 인간의 세 단계로 나누고 있다.

61 「擬問答」, 人物之性. "大馬恋其主而竭力致死此實相愛之至死而不自覺其死之惜也豈有道理之當然而然哉."

5. 결론

순암의 성리론에 관한 연구는 먼저 순암학과 성리학의 관계를 규명하는 것으로부터 시작되어야 한다고 생각했기 때문에 일차적으로 순암의 대성리학관對性理學觀을 살펴보고 다음으로 순암의 성리론을 살펴보았다.

먼저 본론에서 논의된 순암의 대성리학관이 갖는 특징을 정리해 보면 크게 다음의 두 가지 점을 들 수 있다.

첫째, 당대의 일반 성리학자들의 학풍에 대한 순암의 반발이다. 순암은 당대의 학자들이 사칠이기四七理氣나 인물지성人物之性 등의 극미한 부분에 몰두하는 처사를 당대 학풍의 가장 큰 폐단으로 보았다. 왜냐하면 이 시기에는 이미 성리학의 대체가 밝혀진 시기로서 시대의 선무는 실천・역행하는 일이었기 때문이다. 따라서 그는 시의時義를 망각하고 사설만을 일삼는 당대의 학풍을 비판하는 동시에 그 대안으로서 하학공부를 주장하였다.

둘째, 순암은 당대의 성리학자들에 대한 비판을 하면서도 성리학적 세계관 내부에 그의 학문을 구축하고 있다는 점이다. 순암이 하학공부를 주장하고 수기치인의 실학을 논했다고 해서 바로 그가 성리학적 세계관을 이탈한 것은 아니었다. 그는 다만 학풍의 경장更張을 주장한 사람으로서 그의 학문적 토대는 엄연히 성리학적인 것이었다. 이 점에서 오늘날의 실학연구가들이 자칫 실학이라는 역사적 용어에 이끌려 순암학을 곧바로 탈성리학적脫性理學的인 것으로 보고자 하는 경향은 경계되어야 할 것으로 생각된다. 그는 당대의 어느 누구보다도 정주학적 도통의식이 강했다고 볼 수 있으며 또한 철저하게 성리학적이었다.

다음으로 순암의 성리론에 있어서 그 특징을 정리해 보면 다음과 같다.

첫째, 순암의 이기심성론은 퇴계의 이론을 바탕으로 하고 있다. 따라서 그의 이기론은 이기호발理氣互發이며, 동시에 이존기비理尊氣卑의 성격을 지니고 있다. 그리고 그의 이러한 이기론을 요약하면 사단四端은 '發而理以氣以用之'하고 칠정七情은 '發於氣而理亦在焉'이다.

둘째, 순암은 인지심성人之心性과 물지심성物之心性을 구별하고 있으며, 이러한 구별로부터 인간의 윤리적 당위성을 이끌어 내고 있다. 그는 인간에게는 본연지성本然之性과 기질지성氣質之性이 겸비되어 있으며, 사물에게는 단지 기질지성만 갖추어져 있다고 본다. 그리고 이러한 차이로부터 지각과 무지각의 상태, 자각과 무자각의 상태로 나누어지게 된다. 따라서 자각적 행위를 할 수 있는 인간만이 당연과 당위에 입각한 윤리적 삶을 영위할 수 있는 것으로 보고 있다.

순암 안정복의 유교관과 경학사상

이봉규

1. 머리말

다산 정약용과 하려下廬 황덕길黃德吉은 성호학파의 학문적 지향을 이해하는 두 가지 상반된 시각을 제시한다.

녹암鹿庵 권철신權哲身의 묘지명에서 다산은 백호白湖 윤휴尹鑴, 성호星湖 이익李瀷, 녹암鹿庵, 손암巽庵 정약전丁若銓 등으로 이어져 자신에 이르는 학문적 영향 관계를 유추할 수 있게 기술하고 있다. 다산은 성호의 사상적 지향을 '낙민洛閩을 따라 수사洙泗로 소급해 가는 것'[1]으로 파악한다. 다산은 녹암의 학설로서 『대학』의 고본에 대한 인정, 명덕明德을 효孝·제弟·자慈로 해석하는 것, 『시경』

1 『與猶堂全書』 1册, 「鹿庵權哲身墓誌銘」, 324면, 경인문화사 영인본, 1981 참조. "星湖先生篤學力行, 沿乎洛閩, 溯乎洙泗, 開發聖門之扃奧, 披示來學."

국풍의 음시淫詩를 풍간諷諫으로 해석하는 것, 『상서』의 고문 25편을 위서僞書로 이해하는 것 등 성리학의 일반적 입장과 상반되는 사례들을 들고 있다. 녹암의 학설에 대한 다산의 이러한 제시는 낙민, 즉 이정二程과 주희朱熹의 해석체계를 따르는 것이 수사의 본원에 도달하기 위한 방법적 수단이며, 수사의 본 문맥과 상치될 때 이탈할 수 있는 것임을 보여 준다. 낙민을 따라 수사로 소급해 간다는 것은 곧 낙민의 한계를 넘어서 수사의 문맥을 새롭게 밝히려는 학문적 지향을 내포하고 있다.

순암 안정복의 묘지명에서 하려는 퇴계 이황이 주자의 계통을 이었고 성호가 퇴계를 직접 계승하였는데, 퇴계와 성호의 학문이 순암을 통해 드러났다고 본다. 그는 특히 퇴계가 양명을 비판하고 성호가 서교를 비판한 것을 지적하면서, 순암의 계승이 '정도正道를 지키고 사설邪說을 물리치는[衛正道闢異端]' 사업에 있음을 강조한다.[2] 즉 하려는 주자의 이론체계에서 이탈하고 서교를 수용하는 노선에 대한 비판이 성호를 계승하는 순암의 사상적 지향이었음을 드러내고 있다.

이러한 두 행장의 기술은 사상적 지향과 관련하여 상반된 두 노선이 성호 문하에서 분기하여 전개되었음을 말해 준다. 본 논문의 관심은 사상사의 측면에서 순암 안정복의 학문과 실천활동이 어떤 의미를 가지는지 살펴보는 것이다. 본 논문에서는 위 두 행장에서 기술된 것처럼 성호 문하에서 발생하는 두 노선의 분기에 주의하면서, 순암의 사상적 지향과 그 성격을 살펴보고자 한다.

성호좌파와 대비하여 순암의 학파적 성격을 조명하는 시각은 이미 학계에

2 『順菴全書』 1册, 文集, 「順菴先生行狀」, 604b~605a면. "惟吾退溪夫子, 遠紹考亭之統, 星湖先生直接退溪之緒, 道學之傳有自來矣. 先生切磋啄磨, 既承於星湖, 楷模準繩, 惟在於退溪, 若溯其源頭, 則所願學朱子也. 至於衛正道闢邪說, 明先聖之法而道之, 使斯世之人不迷於夷狄禽獸之域者, 其誰之功歟? 昔陽明之說行, 而退溪始闢其亂賊, 泰西之書出, 而星湖首斥其幻妄, 繼繼傳述, 至先生而益明, 其揆一也. 退溪之道, 待先生而傳, 星湖之學, 得先生而著, 先生盛德大業, 可謂集群儒之成矣."

제시되어 있다.[3] 그러나 순암의 학문과 실천활동을 이 시각 속에서 살펴보면서 순암의 학문적 지향이 수립되는 문맥과 그 사상사적 의미를 읽어 내는 작업은 다소 모호하게 남아 있다. 가령 성호학파의 성격을 '경세치용'으로 해석하는 관점에는 성호에서 순암으로 이어지는 노선의 성격으로 하려가 강조하는 이단에 대한 대응의 문제의식이 드러나지 않는다. 순암의 역사인식에 대한 해석에서도, 사실에 대한 합리적 고증과 실증주의적 접근방식에 초점을 두고 해석하는 것과, 유교이념에 입각하여 역사를 해석하려는 것 사이의 불균형이 관찰된다.[4] 순암의 향정론鄕政論에 관해서도 사족 중심의 사고를 벗지 못한 개량주의로 파악하는 시각[5]과 하층민을 동약에 참여시켜 정치적 실체로 인지하는 점에서 실학적 의미를 갖는 새로운 형태의 왕정론으로 이해하는[6] 상이한 독법이 관찰된다. 이러한 차이들은 근본적으로 실학적 성격을 강조하는 입장에서 성호학파를 이해하면서 순암의 학문을 자리매김할 때 생겨나는 불협화음인 것으로 생각된다.

성호 문하에서 사상적 분기가 발생하는 것에 대하여, 성호의 사상 자체가 진보와 보수의 양 측면을 모두 갖고 있기 때문이라고 보는 시각이 있다.[7] 다산과

3 李佑成(1999), 「近畿學派에 있어서의 順菴의 위치」, 『韓國實學硏究』 창간호, 한국실학연구회 참조.

4 가령 이기백은 순암이 유교이념에 확고하게 토대를 둔 이념형의 학자이지만, 그 이념은 엄격한 합리주의적 사실고증을 뒷받침해 주는 측면이 있다고 본다. 이기백(1999), 「順菴 安鼎福의 合理主義的 事實 考證」, 『韓國實學硏究』 창간호, 한국실학연구회, 71면 참조; 한영우는 이상적 국가상에 대한 순암의 가치평가와 무관하게 『동사강목』 속에는 사실 그 자체를 과학적으로 탐구한다는 실증주의적 접근이 역사를 기술하는 목적으로 투영되고 있다고 평가한다. 한영우(1988), 「安鼎福의 思想과 東史綱目」, 『韓國學報』 53, 一志社, 196면 참조.

5 한상권(1987), 「順菴 安鼎福의 社會思想 – 民에 대한 인식을 중심으로 –」, 『韓國史論』 17, 서울대학교 국사학과, 317면 참조.

6 김태영(1999), 「順菴 安鼎福의 鄕政論」, 『韓國實學硏究』 창간호, 한국실학연구회, 108~109면 참조.

7 이우성, 앞의 글, 52면 참조.

하려의 성호에 대한 상반된 독법은 성호의 사상적 작업 속에 성리학의 해석을 넘어서려는 진보적 성향과 성리학의 이념체계를 견지하려는 보수적 지향의 양 측면을 성호가 함께 포함하고 있음을 말해 준다. 여기서 성호에서 순암으로 이어지는 노선의 성격을 사상사 속에 자리매김하기 위해서는 성호와 순암이 자신의 세계를 대면하여 가졌던 문제의식을 재검토해 볼 필요가 생긴다.

기존 연구에서 흔히 성호학파의 근본 지향으로 설정하는 치용致用은 성호학파가 세계를 대면하여 가졌던 학문적 지향, 즉 유학을 공부하는 문제의식의 중요한 한 부분이다. 이 치용의 관념은 유학을 이론적 사유로부터 현실적 실천으로 이끌어 내려는 지식탐구의 방향전환에 대한 문제의식을 담지하고 있으며, 그것은 곧 실사구시를 추구하는 실학의 진보적 측면을 형성하는 것으로 보인다.

그러면 이 치용의 관념과 양립하면서 보수적 성향을 담고 있는 또 다른 문제의식은 무엇일까? 본 논문에서 필자는 본원本源에 대한 지향이 또 하나의 문맥을 이루고 있음을 제기하고 싶다. 본원을 지향하는 것은 곧 인간과 자연에 대한 성리학의 성찰에 근거하여 개인의 차원에서는 유교적 자아를 확립하고, 사회적 차원에서는 유교적 질서를 구현하는 것이다. 치용이 기존 이념에 대한 관념적 접근의 한계를 돌파하려는 문제의식을 담고 있다면, 본원은 기존 질서로부터 이탈하는 지향들을 되돌리려는 문제의식을 담고 있다.

필자는 유학의 탐구를 통해 추구하는 방향으로서 본원과 치용의 두 관념이 성호 사상 내부에 긴장을 이루고 있으며, 성호 문하의 상반된 노선이 대립하는 토대가 되고 있다고 생각한다. 그리고 순암은 본원의 확립을 우선시하는 학문적 지향을 좌파와 대립하는 가운데 더욱 강화시켜 나갔는데, 그것은 좌파의 탈성리학적 지향과 서교의 수용에 대응하면서 정립되며, 성호우파의 기본 입장이 된다고 생각한다.

순암의 학문적 탐구는 경학・역사・예학 등에 집중되어 있다. 이 가운데 『동사강목』을 중심으로 한 순암의 역사인식과 『임관정요』 및 향약의 실천을 통한 순암의 사회사상에 관해서는 연구자에 따라 시각의 차이는 존재하지만 이미 자세한 연구들이 제시되어 있다. 따라서 본 논문에서는 경학과 예학 특히 가례의 인식에 중점을 두고 순암의 학문적 지향을 살펴볼 것이다.

2. 본원本源과 하학下學

1) 본원

성호는 주지하듯이 반계 유형원과 율곡 이이의 학문에 대하여 시무에 대한 대응[識務], 즉 지식을 현실화해 내는 능력이 뛰어나다고 평가한다.[8] 반면 퇴계에 대해서는 '본원本源과 윤행倫行에 전념하였으며 정사政事를 문제 삼는 데까지 나아가지 않았다'고 평가한다.[9] 본원은 곧 학문의 본원에 대한 성찰을, 윤행은 인륜의 실천을 의미한다. 유학이념의 핵심이 인륜人倫에 있다는 점에서 볼 때, 유학이념을 정당화하는 것은 곧 인륜을 실천하는 것이 되며, 따라서 본원과 윤행은 불가분의 관계에 있는 짝 개념이라고 할 수 있다. 성호는 퇴계를 주자 이후 유학의 적전嫡傳으로 자리매김하고 있는데, 그것은 바로 이념의 정당화와 실천의 측면에서 설정하는 시각이다.[10] 성호의 『사칠신편四七新編』, 『이자수어李子粹語』, 『이선생예설유편李先生禮說類篇』 등은 바로 주자 이후 적전으로서의 위상이 퇴계에 있음을 명확히 드러내는 작업이다.

---

8 『星湖集』 卷11, 「變法」; 卷46, 「論更張」 참조.

9 『星湖僿說類選』 10, 上, 361면. "今退溪之書專功於本源倫行之間, 未及於政事."

10 『星湖全書』 1册, 「李先生禮說類編」, 607면 하단. "朱子家禮書, 是因時制宜之典. 雖曰未及完就, 當時及門之士, 以升堂記聞, 各有成說, 分門類入, 以羽翼本文. 故後來疑文錯節, 至是大定. 於是天下靡然從之, 是周禮之復明於世也, 至我東方, 退陶李先生, 崛起於荒服之外, 尋緒於蠹簡之中, 淹貫該洽, 反躬踐實, 自宋以後, 適傳不可誣也." 이와 동일한 논점은 같은 책, 「聾隱先生喪祭禮序」, 619면 상단에도 보인다.

퇴계의 사상을 드러내는 작업들을 제외할 때, 성호의 저술작업은 질서疾書와 사설僿說의 두 유형이 중심이다. 질서에서는 경전의 문맥을 정확히 드러내는 것에 주안점이 있다면, 사설에서는 백과전서적 지식의 추구가 자유롭게 개진된다. 두 유형 모두 기존의 해석체계를 고수하는 데서 벗어나 해석의 전거와 타당성에 대한 박학적博學的 탐구를 보여 준다. 이 과정에서 성호는 주자의 해석체계를 넘나들면서 경전의 문맥에 대한 자신의 새로운 성찰을 제시하는데, 낙민을 따라 수사로 거슬러 올라가려는 의지를 읽을 수 있다.[11]

성호는 서학서를 정면으로 대면하는 점에서 퇴계뿐 아니라 반계, 백호, 식산息山 이만부李萬敷 등 그가 영향을 받고 있는 전 세대와 차이를 보인다. 성호는 서양의 기예를 수용하면서 천주교의 교리를 이단으로 배제하는 입장, 즉 유교적 세계관에 입각해서 기술적 지식만을 선별적으로 수용하는 동도서기東道西器적 관점에 선다. 성호의 시기에 서교는 신앙의 대상으로 지식인 내부에 깊이 침투되지 않은 상태였기 때문에 성호의 천주교에 대한 대응은 지식론적인 논의에 머물고 있으며, 이단에 대한 이데올로기적 대응의 수준으로 나아가지는 않은 것으로 보인다. 성호의 서학에 대한 논의는 자신의 안목을 넓히려는 개방적 자세로 일관해 있다. 서학을 대면하는 성호의 태도에는 권위적 해석을 묵수하는 관성을 넘어서 자득을 중시하는 학문적 입장이 투영되어 있다.

요컨대 성호에게는 식무識務로서의 치용致用을 중시하고 권위적 해석을 따르는 것을 지양하여 개방적 자세로 박학적 탐구를 추구하고, 자득을 중시하는 현

---

11 성호의 疾書에 대한 이해는 성호 문하에서부터 엇갈린다. 가령 貞山 李秉休는 先儒가 미처 파악하지 못한 것을 드러낸 自得에 평가의 중점을 두지만, 召南 尹東奎나 順菴은 程朱의 학문방식을 실천하였다는 것에 중점을 둔다. 그러나 정주의 해석방식을 정당화하기도 하고, 때로는 새로운 해석방식을 제기하는 것을 볼 때 성호의 작업은 혼합적이다. 경전의 문맥을 엄밀하게 드러내는 작업에서 성호는 성리학의 해석방식에 갇혀 있지 않으며 개방적 태도를 갖고 있다. 성호 문하의 상이한 이해관점에 대한 선행 연구로 안영상(1998), 「星湖 李瀷의 性理說 硏究」, 고려대학교 철학과 박사학위논문, 21~24면 참조.

실적 인식과, 이단에 대응하여 본원을 고수하고 인륜의 실천을 통해 유교적 질서를 보편화하려는 이념적 인식이 함께 공존해 있다. 이 두 특성은 서학을 대면하는 자세, 즉 이념의 측면에서 서교를 비판하면서, 지식의 측면에서 서학의 기예技藝에 대하여 개방적으로 수용하는 성호의 학문방식에서 잘 드러난다.[12]

성호의 학문방식에 내포된 이중성은 순암과의 첫 대면에서부터 나타나며, 둘 사이에 일정한 긴장을 형성한다. 성호는 주자 이후 경전의 의미가 밝혀졌기 때문에 새로운 해석이 필요없으며 실천만 하면 된다는 입장이 유행하면서 초래된 당시 학문적 세태를 염려한다. 그는 경전에 대한 지식이 현실에 활용되지 않는 죽은 지식으로 전락한 학문풍토에 대하여 비판하면서, 주자의 의도가 완벽한 답안을 주려는 데 있는 것이 아니라 경전의 의미를 힘써 밝히도록 유도하는 데 있다고 재해석한다. 그리고 공부는 주어진 해석을 따르는 것이 아니라 경전의 의미를 밝히는 것이 우선되어야 하며, 실천보다 지식의 탐구가 우선되어야 한다고 말한다. 순암은 성호의 방식이 일정 수준에 도달한 사람에게 적용될 수 있지만, 초학자에게는 전통을 벗어나 신설新說을 추구하고 선배를 무시하게 될 위험성이 있기 때문에 정해진 법도를 따라 견지하는 것[謹守規矩]이야말로 학문방식의 기본이라고 대응한다. 성호는 순암의 견해에 찬동하면서도 서인西人의 학문방식이 '근수규구謹守規矩'에 전념하면서 지식이 경화된 점을 지적한다. 성호는 또한 정좌할 것과 『대학』을 읽을 것을 주문하면서 동시에 지식에 힘쓸 것을 주문하고, 지식을 먼저 밝혀야만 실천이 순탄할 것이라고 말한다.[13]

주자의 해석체계를 주축으로 삼는 학문풍토가 16세기 퇴계와 율곡 단계에서 확고히 정착된 이후, 조선의 학계는 점점 주자의 해석체계를 절대시하는 방향으로 나아갔는데, 17세기 그러한 작업을 주도해 간 것은 우암尤庵 송시열宋時烈

12 성호의 학문방식에 대한 논의는 이봉규(2000), 「유교적 질서의 재생산으로서 실학－반계와 성호의 경우」, 『철학』 65, 한국철학회 참조.

13 『국역순암집』 3책, 「函丈錄」, 162~180면, 참조.

계열이었다. 송시열은 주자의 해석체계를 가지고 경전의 의미를 완벽하게 이해할 수 있기 때문에 새로운 창작이 불필요하다고 보았으며, 따라서 남은 일은 주자가 추구하였던 사업을 일거수일투족 재현하는 것, 즉 '근수규구'라고 인식하였다.[14] 따라서 성호의 학문적 지향은 바로 '준수'에 중점을 둔 서인학파의 학문방식이 초래하는 폐단을 극복하는 것에 있음을 알 수 있다.

순암은 35세 때 성호와 첫 만남을 가진 이후 두 차례의 방문과 꾸준한 서신 교환, 『이자수어』와 『성호사설류선』의 교정과 편차 정리 등 다양한 학문적 공동작업을 통해 학문적 교류를 지속하였다. 순암은 1757년 성호에게 보낸 서신에서 『천주실의天主實義』·『기인편畸人篇』·『변학유독辨學遺讀』 등에 대한 독서 소감을 언급하면서, 마귀와 지옥에 대한 『천주실의』의 논의[15]는 곧 서교가 이단임을 의미한다고 지적한다. 이와 함께 순암은 『천주실의』에서 리가 개체의 실재에 의존해 있는 것이라고 한 마테오 리치의 논설에 대하여 기가 리보다 우선한다는 주장의 한 유형으로 파악하고 의문을 제기한다.[16] 그러나 현재 『성호전서』에 전하는 성호의 서신에는 이 문제에 대한 답변이 보이지 않는다.

순암이 지적한 리치의 견해, 즉 리가 그 자체로 존재하는 실체의 범주가 아니라 사물에 의존해 있는 속성의 범주에 속한다는 해석은 이기 개념에 대한 성

---

14 송시열의 학문방식에 관해서는 김문준(1996), 「尤庵 宋時烈의 哲學思想에 關한 硏究－春秋義理를 中心으로－」, 성균관대학교 동양철학과 박사학위논문, 63~101면; 이봉규(1996), 「宋時烈의 性理學說 硏究」, 서울대학교 철학과 박사학위논문, 30~37면 참조.

15 『국역순암집』 1책, 102~103면 참조. 그런데 순암의 논의는 『천주실의』가 아닌 마테오 리치의 라틴어 요약본에 근거한 것이다. 순암은 천주가 '輅齊拂兒'를 마귀로 변신시켜 지옥으로 보낸 이후 마귀와 지옥이 생겼다는 논의를 대상으로 지옥은 천주의 私獄에 불과한 것이라고 비판하고 있는데, '輅齊拂兒'는 라틴어 'Lucifero'의 음역어로 보이며, 이 단어는 『천주실의』에는 보이지 않고 요약본 DD 단락에 보인다. 따라서 순암은 한문으로 지어진 『천주실의』와 함께 라틴어 요약본을 한역한 것으로 추정되는 문건을 함께 보았을 것으로 생각된다.

16 『順菴集』 卷2, 「上星湖先生別紙 丁丑」, 17우면 참조. "『天主實義』 第二篇又曰, '有君則有臣, 無君則無臣. 有物則有物之理. 無此物之實, 則無此理之實.' 此所謂氣先於理之說. 此果如何?"

리학의 인식을 비판하기 위한 것이다. 주지하듯이 다산은 리와 기에 대한 리치의 범주 구분방식을 수용하여, 성리학의 해석체계로부터 벗어나 육경의 문맥을 새로 해석하는 입지점을 마련한다. 그러나 다산은 리치의 이기에 대한 논의와 관련하여 단 한마디도 언급하지 않는다. 성호는 사칠론에 대한 퇴계의 견해를 변호하는 새로운 독법을 제시하지만, 리치가 『천주실의』에서 제기한 이론적 도전에 대해서는 아무런 반응을 보이지 않고 있다. 순암은 1785년에 쓴 『천학문답天學問答』에서 한 번 더 이 문제를 논하고 있는데, 리치의 논의는 기가 리에 앞선다는 견해의 한 유형이며, 태극으로서의 리를 부정하는 것은 곧 '태극생양의太極生兩儀'라고 한 공자의 말을 부정하는 것이라고 반박한다.[17] 그러나 더 이상의 학문적 논의를 진전시키지는 않는다. 그렇더라도 뒤에 다산에게 수용되었던 리치의 논점에 대한 관심과 비판이 이미 순암 단계에서 나타나고 있음은 주목할 필요가 있다.

리치의 이기론에 대한 이론적 대응을 더 이상 진전시키지 않는 대신, 순암은 서교에 대한 대응을 지식론적 논의 수준으로부터 유교질서의 수호를 위한 '벽이단'의 차원으로 새롭게 변화시킨다. 이러한 변화는 성호 문하의 젊은 사류들 가운데 서교에 대한 관심이 증폭되는 것과 맞물려 있다. 순암은 1784년 성호학파 젊은 사류의 리더였던 권철신에게 점점 성리학적 인식으로부터 벗어나는 것에 대한 깊은 우려를 다음과 같이 전한다.[18]

> 공은 젊어서부터 공부하여 지금에 이르기까지 이미 여러 해가 되었다. 그야말로 나이로도 고참이요, 덕으로도 고참이라고 할 수 있다. 그러나 여전히 일정한 규율이 없이 새로운 견해를 제기하는 데 힘쓸 뿐, 선대 학자

17 『국역순암집』 3책, 244면; 『順菴集』 卷17, 22면 참조.

18 이 편지로 볼 때 순암이 성호좌파의 西敎에 대한 논의를 파악한 것은 매우 늦은 것 같다. 『闢衛錄』, 「安順菴乙巳日記」에 관련 내용이 보이며, 안영상, 앞의 글, 16면 주 22)에 요약되어 있다.

들의 견해를 따르는 것은 적다. 차이를 탐구할 때 침잠해서 치밀하게 공부하는 것도 없고, 함양공부에 힘쓰지 않아 본원이 확고하지 못하다. 이미 정론이 된 가르침들을 따르지 않고 자신의 견해를 마음대로 제기한다. 이 때문에 상황에 따라 변하고 대상에 따라 자신의 입장을 바꾸며 (…) 이설異說을 세우기를 좋아하는 논의들을 들으면 자세히 살펴보지도 않고 덩달아 부응한다. 공의 병통은 주경主敬과 미발未發 공부를 틀린 것이라 여기고 본원공부에 힘을 쏟지 않은 결과이다. 이제 또 공이 선교사들의 학문에 경박한 젊은 층을 유인하는 역할을 하고 있다고 들었다. (…) 지금은 세도世道가 오염될 것인지 아니면 발전할 것인지, 선비의 학문이 잘못될 것인지 아니면 바르게 될 것인지 분기될 대전환점이다. 아, 세상에 인간이 산 것이 오래되었는데, 기氣의 운행이 계속되면서 순박함이 희미해지고 흩어져 질서 있는 때는 적고 혼란한 시기는 많아지며, 군자의 도리는 시들고 소인의 도리가 번성한다. 바른 학문은 소멸되고 사설邪說이 확대되어 세상이 후대로 내려올수록 점점 비천한 곳으로 떨어진다. 어찌 답답하지 않을 수 있는가? (…) 일전에 우사于四[19]가 찾아와 하루 묵었는데, 담론이 천주교에 이르자 이렇게 말하였다. "서양에서도 천주교를 금지하여 사람을 주살한 것이 천만 인이 넘는데, 끝내 금지시킬 수 없었다. 일본에서도 이 천주교를 금지시켜 또한 수만 명을 주살하였다." 그렇다면 우리나라에서도 이런 일이 없으리라고 어떻게 장담하겠는가? 더구나 지금처럼 당론이 분열되어 서로 간에 틈만 엿보고 선은 감추고 악만 드러내는 시기에 누군가 일망타진하려는 계획을 꾸며 몸을 망치고 이름을 더럽히는 치욕을 당하게 된다면 그 때 가서 천주가 구제할 수 있겠는가?[20]

---

19 순암의 문인 權眞을 가리킨다. 『국역순암집』 4책, 275면에 순암이 쓴 그의 묘지명(「權君眞墓誌銘」)이 보인다.

20 『順菴集』 卷6, 「與權旣明書 甲辰」(1784), 29ㄴ~35ㄴ. "公自少爲學至此, 已多年矣. 可謂年高德卲, 而終無定規, 務出新意, 而少信服先儒之意, 考究同異, 而無沈潛縝密之工, 不用力於涵養之實, 而本源不固, 不遵行於已定之訓, 而私意橫出. 以是之故, 隨遇而變, 見物而遷

순암은 자신의 시대가 세도世道의 갈림길에 위치해 있다고 보며, 그 주된 원인을 서교의 유행에서 찾는다. 순암은 동아시아 주변국에서 진행되는 서교도에 대한 대응을 주목하면서, 그 위기가 성호 문하의 젊은 사류들에게 닥칠 것을 우려하고 있다. 순암의 이 우려는 예상대로 정조가 죽은 다음해 신유옥사辛酉獄事에서 현실로 나타났다.

서교를 대면하는 순암의 자세는 자신의 당이나 또는 국가의 존립에 대한 위기의식에서 출발한다. 이것은 학문적 추구에 중점이 두어진 성호의 태도와는 매우 상반된다. 서교와 서학을 구분하면서 지식의 개방적 수용을 추구하는 유연한 태도가, 순암에 이르면 이단의 확산에 대한 위기의식에 집중되면서 서학에 대한 학문적 관심은 서교에 대한 비판의식 속에 파묻힌다. 순암은 녹암에게 편지를 보낸 다음해 『천학고天學考』와 『천학문답』을 지어 서교에 대한 체계적 비판을 제시한다. 순암은 당시 조정에서 남인 측을 이끌던 번암 채제공이 서교에 빠진 젊은 사류에 대하여 소극적으로 대처하는 것을 우려한다.[21] 만년에 이를수록 더욱 강경해지는 순암의 서교 비판은 정조로부터 '불쇠不衰'라는 칭호를 받기에 이르는데,[22] 이것은 순암을 중심으로 한 성호 문하가 서교를 빌미로 정치적 공격을 당하는 것으로부터 벗어나는 데 기여하였을 것이다.

순암은 『천학고』에서 서교와의 교류에 대한 사실史實들을 고증해 낸다. 그것은 역사적으로 서교가 결코 새로운 것이 아님을 드러내기 위한 의도이다. 『천

(…) 聞人好異之論, 不復深究體察, 而從而和之. 公之受病, 全在於以主敬未發爲非, 而不能致力於本源之致也. 今又聞西士之學, 公未免爲浮躁諸少輩之所唱導. (…) 此正世道汚隆・士學邪正之一大機也. 噫, 天下之生久矣, 氣化嬗運, 醇漓樸散, 治日少而亂日多, 君子道消, 小人道長, 正學泯而邪說長, 世愈降而漸趨於下, 豈不可悶? (…) 日前于四來宿, 語到此學, 乃曰, '西國嘗禁此學, 誅殺不啻千萬人, 而終不能禁. 日本亦禁此學, 誅殺亦數萬人'云. 安知我國亦無此事乎? 況此黨議分裂, 彼此伺釁, 掩善揚惡之時, 設有人爲一網打盡之計, 而受敗身汚名之辱, 則到此之時, 天主其能救之乎?"

21 『국역순암집』 1책, 「與樊巖書 丙午」(1786), 253면 참조.

22 『국역순암집』 5책, 「연보」, 281면 참조.

학문답』에서는 리치가 『천주실의』에서 사용하였던 기술방식을 역이용하여 서교에 대한 질문에 답변하는 형식으로 비판을 가하고, 마지막에 성호가 리치를 존중하였다는 견해에 대하여 반박하고 있다. 순암은 여기서 성호의 서학에 대한 태도 가운데 서학에 대하여 보였던 개방적 관심을 줄이고, 대신 서교를 이단으로 비판한다는 점에 중점을 둔다. 이것은 성호 문하의 젊은 사류들이 성호의 서학관에 대하여 갖는 인식을 반박하기 위한 것이며, 또한 성호학파가 이단에 빠져들었다는 비판으로부터 벗어나기 위한 것으로 보인다.

여기서 녹암이 이설異說과 이단異端에 빠져든 이유를 본원에 대한 공부가 부족하기 때문이라고 진단하는 순암의 독법을 음미해 볼 필요가 있다. 아래 이론적 쟁점들에서 살펴보겠지만, 순암의 성호좌파에 대한 비판은 주로 녹암에 대한 비판을 통해서 개진되는데, 순암은 성리학의 해석체계로부터 녹암이 이탈해 가는 것을 성리학에 대한 체인體認이 부족하기 때문이라고 보고 있다. 성리학에서 주경主敬과 미발未發의 함양공부는 곧 내면에서 발생하는 의식의 이탈을 원천적으로 방지하려는 것으로 수기修己의 토대이다. 녹암은 이 공부방식에 회의하면서 성리학적 질서로부터 이탈하고 있다. 따라서 본원에 대한 순암의 강조에는 성리학적 세계관의 해체에 대한 일종의 위기의식이 담겨 있다. 이것은 본원과 치용을 함께 추구하는 성호에게 성리학적 질서가 위협받는 불안의식이 없는 것과 대조된다. 성호에게 있어 문제되는 것은 부패와 무능이지만, 순암에 이르면 자기 당의 와해와 체제이탈에 대한 불안이 우선적으로 문제된다. 이 때문에 성호에게서 강조되었던 치용의 문제의식은 순암에 이르러 본원에 대한 확립과 수호를 우선시하는 문제의식으로 변하고 있으며, 유학에 대한 탐구는 개방적인 지식론적 층차로부터 자기방어적 이데올로기의 층차로 경색되어 가는 것으로 보인다.

2) 하학下學

순암은 성호를 만나기 전 29세에 『하학지남下學指南』을 쓴다. 이것은 『소학小學』의 체제를 본따서 일상의 행위양식, 독서법, 공부하는 방법과 내용, 가례규범 등에 관해 구체적 지침으로 삼을 수 있는 중국과 한국 선현들의 발언을 담고 있다. 하학은 유학의 일반적 체제에서 볼 때, 유교적 인륜을 일상에서 실천하여 유교적 자아를 확립하는 것에 중점이 있다. 그러고 나서 이론적 천착 즉 상달로 나아간다. 순암은 서문에서 하학을 중시하는 이유를 다음과 같이 말하고 있다.

> "후세의 학자들은 도리어 하학을 수준 낮은 것으로 치부하고 거들떠보지 않으며, 항상 천인성명과 사칠이기의 설에 몰두한다. 그러나 행적을 살펴보면 일컬을 만한 것이 없는 경우가 대부분인데도 오직 상달(이론)을 모르는 것을 수치로 여기고 있다. 평생을 공부하지만 결국 덕성을 확립하지도 재주를 이루지도 못하여 여전히 공부하지 않은 사람의 행태이니 과연 무슨 보탬이 되겠는가? 이것은 하학공부에 대한 인식이 부족하기 때문에 그런 것이다."[23]

이론적 천착에 빠져 인륜의 실천을 등한시하는 것, 그로 인해 지식과 행위 사이에 괴리가 발생하는 것에 대한 경계는 공맹 이래 유학자의 공통적 문제의식이다. 16세기 이후 계속되는 사칠논쟁에 참여하는 조선 유학자들 역시 모두 이 문제의식을 가지고 있다. 그러면서도 이론적 천착, 즉 상달에 대한 몰두는 인심도심론·사칠론·인물성동이론 등을 중심으로 다양한 형태의 논쟁으로 전

23 『順菴集』 卷19, 「題下學指南」, 2우면. "後世學者却以下學爲卑淺而不屑焉, 常區區於天人性命理氣四七之說, 夷考其行, 多無可稱, 而唯以不知上達爲羞吝, 終身爲學, 而德性終不立, 才器終不成, 依然是未曾爲學者貌樣, 果何益哉? 是不知下學之工而然也."

개된다. 성호 역시 덕행을 우선시하면서도 사칠론에 대한 자신의 독법을 제시하는 것에 힘을 쏟는다. 반면에 순암은 성리설의 쟁점에 대하여 성호의 견해를 따를 뿐, 자신의 새로운 견해를 세우거나 또는 이전의 학설을 정리하려는 어떤 노력도 보이지 않는다. 순암은 하려로부터 사칠론에 대한 질의를 받고 이렇게 말하고 있다.

> "사단칠정四端七情과 이기理氣의 문제는 우리나라의 커다란 주제다. 그에 관해 논한 것이 한우충동汗牛充棟이라고 할 정도로 많지만 한갓 쟁론만 조장하였다. 비록 성명의 근원에 관련된 것이라고 하지만 실제로 실학에는 도움될 게 없다. 잠시 놔두고 하학下學공부가 이루어진 다음에 점차로 상달上達공부를 할 수 있다. 나 또한 그 문제에 관해 안다고 자신할 수 없는 처지이니 어떻게 함부로 논하겠는가?"[24]

이 편지는 녹암에게 보낸 편지에서 서교에 대한 비판을 명확히 드러내었던 그 다음해에 보낸 것이다. 이 편지는 순암이 성호보다도 하학을 더 중시하고 있음을 잘 보여 준다. 순암은 성리학에 대한 이론적 탐구가 실학에 도움되지 않는다고 지적한다. 여기서 순암이 말하는 실학은 이론적 탐구와 대비되는 점에서 '실사구시'의 실학과 공통된다. 그러나 본원에 대한 문제의식과 연관해 볼 때 순암이 말하는 실학의 내용은 인륜의 실천을 중심으로 하는 하학공부를 통해 유교적 인격을 확립하는 것이며, 식무나 기예에 대한 탐구를 통해 인륜 중심의 유학이 갖는 한계와 비현실성을 극복하는 것에 관한 문제의식은 포함되지 않는다.

---

24 『下廬集』 卷2, 「上順菴先生別紙 乙巳」(1785), 8좌우면. "四七理氣爲東方一大文字, 前後言之者, 可謂充棟汗牛, 而徒長爭端, 雖云性命之原, 實無益於實學, 姑置之以待下學功成, 然後可以漸次上達. 愚亦不敢以知自許, 則何敢妄論?"

하학에 대한 강조는 이후 계속된다. 하려에게 편지를 보낸 다음해인 1786년에 순암은 대산 이상정의 문인으로 영남에서 활동하던 남한조南漢朝에게 편지를 보내 영남의 유학자들에게도 하학의 중요성을 강조한다. 순암은 진실무망眞實無妄의 의미로서 성誠이 자연의 실리實理이며 인간의 실심實心이라는 점을 강조하면서, 당시 형이상학에 대한 탐구에 몰두하는 세태를 비판한다. 순암은 이 실심의 실현을 위한 하학공부에 명덕明德에서 신민新民에 이르는 유학의 실질적 내용이 다 포함되어 있으며, 형이상학에 대한 탐구는 실용성이 없다고 말하고 있다. 그리고 성호가 영남의 유학자들에게 기대를 걸었던 것처럼 세도가 쇠퇴한 시대에 영남이 지주가 되어 줄 것을 소망한다.[25] 요컨대 순암은 성리학에서 이탈해 가는 새로운 사조들의 확산에 맞서, 본원의 확립과 하학공부를 우선시하는 입장에서 유학을 재정립하고 있으며, 그 때문에 기예와 식무의 경세적 측면보다 유교적 인륜의 실천에 중점을 두고 있다고 할 수 있다.

3. 이론적 쟁점들

1) 이기론

정조의 세자 시절인 1774년, 서연에서 사칠논쟁에 대한 입장을 질문받고 순암은 퇴계의 설을 따른다고 답한다. 이것은 성호 문하의 공통적 입장이지만, 당시 성호 문하에서는 공정한 희노가 이발인지 아니면 기발인지를 놓고 기발을 주장하는 소남과 순암, 이발을 주장하는 신후담과 정산 등이 상반된 입장에서 논쟁하고 있었다.

25 『順菴集』 卷8, 「答南宗伯漢朝書」, 35면. 유사한 내용은 이 편지 앞의 「答南生漢濯書」에도 보인다. 이 시기를 전후로 순암은 영남 유학자들과 빈번하게 서신을 교환하고 있다.

고봉 기대승으로부터 송시열에 이르기까지 퇴계의 이발설을 비판하기 위해 제시되는 하나의 주요한 논거는 사단도 중절中節하지 못한 경우가 있으며, 칠정도 중절한 경우가 있다는 것이다. 이것은 사단－순선, 칠정－선악미정이라는 의미구분으로부터 사단과 칠정의 소종래를 이발과 기발로 구분하였던 퇴계의 입론에 대하여, 선악의 구분 기준을 정情의 중절 여부에 둠으로써 호발설의 토대를 근본적으로 와해시키는 강력한 반론이 된다.

성호는 퇴계의 이발론을 변호하기 위하여 기를 신명神明과 형기形氣 두 유형으로 구분하는 방식을 제기한다. 즉 이발기수理發氣隨의 기는 신명의 기이며, 기발이수氣發理隨의 기는 곧 형기라고 구분한다. 즉 사단과 칠정의 의미구분을 기 유형의 차이로 설명하려는 시도이다. 이 시도는 그의 문하에서 순임금의 노함과 맹자의 즐거움 같은 경우, 그것이 비록 칠정에 해당하더라도 작용하는 기의 성격이 신명의 기로서 리발인지 아니면 형기로서 기발인지에 대한 논쟁을 야기시켰다.

하빈 신후담(1702~1761)과 정산貞山은 공정한 희노 역시 형기와 상관없으며 이발이라고 주장한다. 정산은 한 걸음 더 나아가 사단－이발, 칠정－기발의 구도로부터 사단이든 칠정이든 공심公心으로부터 나온 것이면 이발理發이고, 사심私心으로부터 나온 것이면 기발氣發이라는 즉 공심－이발, 사심－기발이라는 구도로 이기론을 재편하여 주장한다.[26] 이것은 인심－형기－사, 도심－성명－공으로 인심과 도심을 구분하는 것에 근거하여 사칠론을 이해하는 것이다. 정산은 사칠론이 후대의 논의이고, 심학에 대한 유학의 성찰은 『상서尙書』의 인심과 도심에 대한 가르침에 근거하고 있기 때문에, 근원이 되는 것 즉 인심도심설에 근거하여 사칠론을 해명해야 한다고 주장한다.[27]

---

26 李秉休, 『貞山雜著』 卷4, 「召南尹丈書」. "四七不須說此理彼氣, 只察其發之公私而斷之. 其以公心發者, 則曰理發, 其以私心發者, 則曰氣發."

27 李秉休, 『貞山雜著』 卷4, 「召南尹丈書」. "吾儒心學原於帝典, 人心道心四箇字, 此爲正法要

반면에 소남召南은 수양의 측면에서 사단과 칠정의 개념을 사용하는 문맥이 다른 것에 주목한다. 그는 『맹자』에서 언급된 사단은 모든 인간이 확충해야 할 순선한 정으로 말한 것인 반면에, 칠정은 확충의 대상이 아니라 중절 여부를 살펴야 하는 선악미정의 정으로 논의되고 있다고 본다. 따라서 공정한 희노가 비록 중절하다고 해도 확충의 대상이 아니라는 점에서 사단과 근본적으로 다르다고 지적한다. 때문에 소남은 확충의 대상인 사단만이 이발이며, 칠정은 중절 여부를 따져야 하는 형기에 관련하여 발동되기 때문에 기발이라고 주장한다.[28]

순암은 40세 무렵부터 성호 문하의 이기론 논쟁을 접하게 되는 것으로 보인다.[29] 순암은 하빈·정산·소남 사이의 논쟁에 적극적으로 가담하기보다 관찰자의 입장에서 접하고 있다. 순암은 퇴계의 사칠론에 대한 발언이나 후학의 논의에 불분명한 점이 있어 밝힐 필요가 있다는 점을 인정하면서도[30] 그에 대한 이론적 해명에 관심을 기울이지 않는다. 단지 소남의 입론을 지지하고 '근수규구'의 정신에 따라 성호 만년의 설, 공정한 희노는 기발이라는 견해를 준수하는 것으로 대응한다.[31]

이기론 논쟁에 관련하여 순암은 이론적 해명의 필요성보다 우려가 더 앞선다. 그의 우려는 두 가지 측면에서다. 하나는, 이기론 논쟁이 앞서 지적한 것처럼 하학으로서의 실학에 도움이 되지 못한다는 것이다. 순암은 퇴계의 시대에는 도의 근원이 밝혀지지 않았기 때문에 남명의 비판이 있음에도 퇴계의 이

詮. 至於四七, 是後來議論. 須先覰破源頭處, 則其他迎刀而解矣."

28 소남의 주장에 대하여, 그리고 이기론에 대한 성호 문하의 논쟁에 대하여, 안영상, 앞의 글, 112면 이하 참조.

29 현재 『順菴集』에 보이는 최초의 관련된 발언은 1751년(40세) 정산에게 보낸 편지다. 『국역순암집』 1책, 「與貞山李景協(秉休)書」, 184면.

30 『국역순암집』 1책, 「與召南尹丈書」, 159면 참조.

31 『국역순암집』 1책, 「與南君玉堦書」, 246면 참조.

론적 작업들이 의미가 있었지만, 자신의 시대에는 남명의 비판이 더 의미가 있다고 본다. 그는 사칠론에 대한 공부가 기생이 예경禮經을 외우는 것처럼 유교적 지식만 가질 뿐 유교적 인격을 확립하지 못하는 결과를 초래한다고, 즉 하학에 장애가 된다는 측면에서 비판한다.[32]

또 하나의 우려는 이기론 논쟁으로 인해 성호 문하 사이에 분열을 초래하지 않을까 하는 것이다.[33] 소남과 정산 사이의 논쟁은 소남이 1773년 별세하고, 3년 뒤 1776년 정산이 별세하면서 자연히 소멸되었지만, 둘 사이의 견해 차이를 조정할 수 있는 새로운 입장이 마련되지는 않았으며, 순암 사후 다시 순암의 문하에서도 이론적 논의가 계속되었다. 이기론 논쟁의 견해 차이도 성호 문하의 분립에 한 요소가 되고 있지만, 그것이 곧 좌파와 우파의 분립과정에서 주요소는 아니다. 이기론 논쟁은 성호의 문하 가운데 소남·하빈·정산·순암 등 주로 선배 학자들 사이에 진행되었으며, 이들은 서교에 대하여 강경한 비판적 입장을 견지하는 점에서 공통적이었다. 또한 좌파의 수장격인 권철신은 공정한 희노가 이발이라는 정산의 견해에 대하여 비판적이었다.[34] 순암의 우려처럼 이기론에 대한 논쟁이 성호 문하의 분열에 주된 요인으로 작용하지는 않았던 것으로 보이며, 실질적 분열은 이들의 사후, 순암의 만년에 젊은 학자들의 새로운 학문적 경향이 표면화되면서 발생한 것으로 보인다.

요컨대 순암은 유학을 대면하여 갖고 있는 자신의 문제의식, 하학의 충실한 실현을 우선시하는 입장에서, 그리고 성호 문하의 분열을 방지하려는 입장에서 이기론 논쟁의 무익함을 주장하고 있다고 생각되며, 그것이 순암이 지향하는 실학으로서의 유학이 가지는 기본 특징이라고 생각된다.

---

32 『順菴集』 卷8, 「答南宗伯漢朝書」, 35면 참조. 이외에도 곳곳에서 이와 같은 순암의 태도를 읽을 수 있다.

33 『국역순암집』 1책, 「答召南尹丈書」, 173면 참조.

34 『국역순암집』 1책, 「與權旣明書」, 302면 참조.

2) 경전에 대한 독법

하려는 순암이 여러 서적을 많이 읽었지만 특히 『주자대전』과 『주자어류』를 전문적으로 독서하였으며, 주로 『주자서절요』에서 학문을 구축하였다고 말한다.[35] 순암은 제자에게 준 편지에서 『주자서절요』야말로 최우선적으로 그리고 평생 독서해야 할 저서라고 말하면서, 당시 지식인들이 『주자서절요』를 중시하지 않아 실학이 점점 쇠퇴하고 속학이 점점 기세를 부린다고 한탄한다.[36] 순암은 성호의 질서疾書들처럼 유학의 주요 텍스트에 대한 경학적 탐구를 별도로 진행하지 않았다. 대신 퇴계가 『주자서절요』를 지었던 것을 토대로, 순암은 1775년(64세) 『주자어류절요』를 편찬한다. 이 저서는 현재 전하지 않으며, 순암 자신의 관련된 글, 서나 발이 그의 문집에서 보이지 않는다. 다만 순암은 『주자어류절요』를 주자 문하의 『논어』와 같은 것으로 여겼으며, 『주자서절요』와 짝을 이루기 위한 것으로 편찬하였음을 알 수 있다.[37] 또한 『주자어류』를 통해 획득한 지식을 순암이 경학적 문제에 대한 논의에서뿐 아니라 『동사강목』을 편찬하는 과정에서 유감없이 활용하고 있음도 알 수 있다.[38] 경전에 대한 탐구 방식에서 순암이 주자에 토대를 두는 것은 '낙민洛閩을 따라 수사洙泗로 거슬러 올라가려는' 좌파의 입장과 대비해 볼 때 속학에 대응하는 의미에서 실학을 확립하는 것이고, 그것은 근본적으로 의미의 창신보다는 본원의 확립을 지향하는 입장에 서 있는 것이라고 할 수 있겠다.

순암이 검토하는 경학적 쟁점들은 주로 성호 시대에 논의되는 쟁점을 계속

---

35 『국역순암집』 5책, 「順菴先生行狀」, 190면 참조.

36 『국역순암집』 1책, 「答鄭君顯書」, 328면 참조.

37 위의 책 참조.

38 『국역동사강목』 3책 226면, 고려본 유교 텍스트에 대한 논의; 4책, 172면, 빈공과에 합격한 고려 지식인에 대한 논의; 4책, 246면, 고려와 여진의 관계에 대한 논의 등에서 『주자어류』를 인용하고 있다.

해서 논의하거나, 또는 녹암과 직암稷庵 권일신 형제 등 좌파의 문제제기에 대응하는 과정에서 형성된다. 이기론 논쟁이 근본적으로 성호 문하 가운데 기성층 사이에서 중점적으로 논의된 사항이었던 반면에, 경학적 문제에 대한 견해 차이는 선배 학자와 신진 학자들 사이에서 벌어지고 있으며, 그것이 좌파와 우파로 분립하는 데 크게 작용하고 있다.

먼저 성호의 문제제기를 계승하는 것은 『시경』에 대한 독법에서 발견된다. 성호는 순암에게 『시경』과 『주역』에 대한 이해가 쉽지 않음을 말하고, 『시경』의 「국풍國風」 가운데 음시淫詩로 주자가 이해한 것에 대하여 비판을 제기하였는데,[39] 그 관점은 순암에게도 그대로 계승된다. 순암은 주자의 음시설淫詩說을 대서大序와 소서小序의 관점을 떠나 시 자체의 의리義理를 충실하게 이해하려는 해석방식으로 평가한다. 그러나 그는 성호가 지적한 대로 『시경』의 시들이 노래로 연주되었다는 점을 들어 음시淫詩를 대면하여 독자가 악에 대하여 반성하도록 유도한 것이라는 주자의 해석이 무리가 있다고 여긴다. 왜냐하면 시를 음악으로 연주할 때는 시에 대한 반성보다 시를 통한 감화가 선행하는 것이 일반적이기 때문이다. 따라서 순암은 주자의 관점을 떠나 대서와 소서의 관점을 존중하면서 주자가 음시로 이해한 시들의 대의大意를 풍간諷諫의 관점에서 파악하는 것이 필요하다고 주장한다.[40] 그 예로 순암은 서산西山 진덕수眞德秀가 『대학연의大學衍義』에서 시를 인용하여 해설할 때 주자의 관점을 버리고 대서와 소서의 관점을 취하였다는 것을 들고 있다.[41]

순암은 세부적으로 작자의 불분명함, 육의六義 구분의 모호성 등을 들어서 시詩의 본래 의미를 객관적으로 드러내기가 힘들다고 본다. 따라서 그는 당시

39 『국역순암집』 3책, 「函丈錄」, 169면 참조. 성호의 『시경』 이해에 관해서는 최석기(1994), 『星湖 李瀷의 學問精神과 詩經學』, 중문 참조.

40 『국역순암집』 1책, 「答召南尹丈書 丁丑」(1757), 153면; 『국역순암집』 1책, 「與李景協書 戊寅」(1758), 191~193면; 『국역순암집』 1책, 「與鄭君懸(赫東)書」, 325~327면 참조.

41 『국역순암집』 1책, 「答召南尹丈書 丁丑」(1757), 154면 참조.

『시경』에 대한 훈고적 연구에 반감을 보이면서, 사서四書나 성리서의 경우 세밀한 훈고를 통해 각 구절의 의미를 엄밀하게 파악해야 하지만, 『시경』의 경우는 '올바른 성정'을 확립하는 데 중점을 두고 천천히 다독해야 한다고 주장한다.[42]

『시경』에 대한 순암의 독법은 그가 주자의 해석체계에 토대를 두면서도 일정한 유연성을 발휘하고 있음을 보여 준다. 순암은 올바른 성정의 확립이라는 유학의 본원을 중시하면서도 경전에 대한 경색된 해석에서 벗어나고 있는데, 이는 주자의 해석을 넘어 경전 자체의 문맥을 우선시하려는 성호의 학문방식을 계승하는 부분이며, 성호학파 실학의 한 특성이라고 할 수 있다. 그리고 이 점은 본원을 중시하면서도 주자의 해석을 절대시하려는 송시열 계열의 유학인식과 대비된다.

녹암鹿庵은 성호 문하의 젊은 사류 중에서 순암이 가장 촉망하던 학자였으며, 동생 직암稷庵은 순암의 사위가 된다. 이들과의 경학적 대립은 1766년(55세) 무렵부터 나타난다. 현존하는 저술이 없어 녹암이 제기하는 경학적 입장을 직접 파악할 수는 없지만, 순암의 비판을 통해 볼 때 녹암의 주요한 견해는, 1) 양명陽明의 치양지설致良知說을 긍정하는 것, 2) 미발시未發時 존양存養공부와 미발未發의 중中에 대한 주자의 견해를 『중용』 본래의 문맥과 상관없는 것으로 배제하고, 주자가 재편집한 『대학장구大學章句』 체제보다 고본古本 그대로의 체제를 수용하여, 주자가 격물치지에 대하여 부가한 보망장補亡章이 불필요하다고 여기고, 율곡과 마찬가지로 청송장聽訟章의 내용이 주자의 해석체제와 부합하지 않는다고 비판한 것, 3) 『고문상서古文尙書』는 위서僞書라는 것, 4) 하도河圖와 낙서洛書가 위서緯書에서 나온 것으로 가치가 없다는 것 등이다.

순암은 심心을 떠나서 따로 리理를 설정할 이유가 없다는 양명의 심즉리설心

---

42 『국역순암집』 1책, 「答召南尹丈書 己卯」(1759), 156면; 『국역순암집』 1책, 「與鄭君懸(赫東)書」, 325~327면 참조.

卽理說에 대하여 주자의 격물格物 개념에 입각하여 반박한다. 즉 마음은 지각할 수 있는 리理를 갖추고 있어 사물의 리를 파악할 수 있고, 마음이 알고 있는 리를 토대로 지각하는 사물의 리와 합치시키는 것이 곧 지식의 획득과정이라고 말한다. 또한 양명이 내 마음의 움직임이 곧 양지良知이며, 이 마음 외에 따로 리를 설정하는 것은 바로 고자告子가 의義를 마음 밖에 설정하였던 것과 다름없다고 주장하는 것에 대하여, 순암은 기질의 조건에 따라 양지의 발현이 달라짐을 무시한 견해이며, 인욕을 천리로 간주하는 폐단을 초래한다고 비판한다. 그리고 양명이 부모 상중에 육식을 허용하였다는 것을 들고 있다. 또한 양명의 지행합일 관념은 곧 불교의 견해에 빠진다고 지적한다. 이러한 순암의 비판은 벽이단의 관점에서 양명을 비판하는 방식으로, 조선 성리학자들이 양명학을 대면하는 자세의 연장이다.

『중용』에서 "희노애락이 아직 발동하지 않은 상태를 중中이라고 한다(喜怒哀樂之未發謂之中)"고 할 때의 중은 이정과 주자가 수신의 기반이자 한 착수처로 세우는 관건적 개념이다. 주자는 일생 동안 이 중의 개념과 씨름하면서 인간의 내면에 이념이 본래적으로 갖추어진 상태를 설정하고 개념화한다. 그것은 일체의 사려와 지각이 발생하기 이전이라는 의미에서 미발의 고요한 상태이고, 일체의 불균형이 없다는 점에서 중의 상태이며, 내면에 부여된 이념을 그대로 함양할 수 있는 수양의 착수처로 재해석된다. 주자는 이 상태에서의 수양공부를 존양 또는 함양 등의 개념으로 규정하고, 내면의 이념에 대한 집중[主敬]과 마음의 분열 가능성에 대한 경계[戒懼]를 주요한 방법으로 제시한다. 그리고 사려와 지각이 활동하는 상태에서의 공부인 성찰공부와 함께 수양공부의 두 축으로 세운다.

복암伏菴 이기양李基讓과 녹암은 주자가 존양공부의 근거로 삼았던 『중용』 1장의 미발과 중 개념이 심체心體가 유행流行하고 사려와 지각이 활동하기 이전으로서 미발의 상태를 지칭하는 것이 아니라, 사려와 지각 이후인 언어와 동작이 절도에 맞는[中正] 상태에서 아직 희노애락의 구체적 정서가 표출되지 않은 상태로 파악한다.[43] 그리고 계구戒懼는 주자가 말하는 거경居敬의 의미라기보다

희노애락의 구체적 정서가 발동될 때 인욕人欲이 개입하는 것을 방지하기 위한 공부, 즉 이발已發 상태의 공부라고 말한다.[44] 이것은 『중용』의 가르침이 사려와 지각의 활동이 있는 상태 즉 동시動時공부이고, 정시靜時공부는 포함하고 있지 않다고 이해하는 것이다. 복암은 중이 지각도 사려도 없는 상태를 의미한다면, 선정에 들어간 승려나 죽거나 잠든 사람도 또한 중의 상태에 있다고 해야 할 것이 아니냐고 비판한다. 따라서 주자가 제시한 미발공부를 『중용』의 문맥과 상관없는 것이고, 주경主敬공부는 선학禪學에 가깝다고 본다.[45] 이들은 또한 『대학』의 내용 역시 동시動時공부일 뿐 정시靜時공부는 포함하고 있지 않다고 여기면서, 공자의 가르침에 주경主敬과 같은 정시靜時공부 관념은 없다는 자신들의 입장을 정당화한다.[46] 복암은 『중용장구』 8장을 근거로 『중용』의 도는 곧 『대학』의 지선至善을 의미한다고 해석한다.[47] 또한 『대학』의 형태 역시 주자의 장구체제와 「보망장」이 『대학』 본래의 문맥에 부합하지 않다고 보고, 『예기』에 들어 있는 고본의 체제를 정당한 것으로 파악한다.[48]

주자의 장구체제에 맞서 『대학』의 고본체제를 긍정하는 것은 양명의 기본적 입장이다. 녹암이 양명의 설을 어느 정도까지 수용하였는지 알 수 없지만, 적어도 『대학』 고본을 수용하는 것에서도 주자의 해석체계를 벗어나 있음을 읽을 수 있다. 복암이나 녹암은 양명학을 적극적으로 수용한다기보다 주자의 해석방식에 의존하지 않고, 양명의 설도 선택적으로 함께 긍정하는 입장인 것으로 생각된다. 이들은 『대학』과 『중용』에 대한 재해석을 통해 주자가 힘써 제

43 『順菴集』 卷8, 「答李士興(基讓)書」, 10좌우면 참조.

44 위의 책, 15우면 참조. "盛諭論戒懼節, 以爲人欲間之, 則必離道而陷於惡, 故致戒懼之工, 所以防惡之嚴, 而守道之固也."

45 『국역순암집』 1책, 「答李景協書 己丑」(1769), 204면; 『국역순암집』 2책, 「答李士興書」, 68면 참조.

46 『국역순암집』 1책, 「答權既明書」, 301면 참조.

47 『順菴集』 卷8, 「答李士興(基讓)書」, 14좌~15우면 참조.

48 『국역순암집』 1책, 「答權既名書 戊子」(1768), 300면 참조.

기한 존양공부에 대한 이론을 무효화시키고 있는데, 이것은 경전 본래의 문맥에 의거하여 주자의 이론적 틀을 벗어나는 시도로서, 다산이 말했던바 '낙민을 따라 수사로 거슬러 올라가는' 학문적 지향을 보여 준다.

순암은 복암과 녹암의 미발에 대한 이해가 주자가 제시하는 본래 의미에 도달하지 못하였다고 본다. 그는 미발이 아무 지각이 없이 혼매한 상태[昏昧無知]가 아니라, 지각의 작용이 발생하지는 않았지만 지각의 이치는 내재해 있는, 심의 사려작용은 발생하지 않았지만 심의 본체가 내재된, 의식이 죽은 것이 아니라 적연寂然하면서도 심체心體가 영명靈明한 상태를 의미한다고 본다.[49] 그리고 『중용』의 수장에서 계구戒懼는 거경居敬의 의미로서[50] 정시靜時의 존양存養공부를, 신독愼獨은 동시動時의 성찰省察공부를 지시하는 것으로서 『중용』이 동정을 관통하는 공부를 제시하였다고 반박한다.[51] 순암의 반론은 주자의 견해를 친절하게 해명해 주는 방식인데, 이기론을 비롯하여 성리설에 관해 순암이 양명학을 배척하고 주자의 해석체계를 충실히 옹호하고 있음을 보여 준다. 적어도 성리설에 관한 한 순암은 주자의 해석체계에 대하여 비판적 의문을 제기하고 있지 않으며, 이견을 대면하여 주자의 해석체계를 옹호하는 것에 주력하고 있다.

녹암을 비롯한 성호좌파가 주자의 이론체계에 대하여 이의를 제기하는 부분은 『고문상서』와 「하도낙서」의 신빙성에 관해서다. 순암에 따르면, 녹암과 직암은 『고문상서』를 황보밀皇甫謐의 위작僞作이라고 주장한다.[52] 무슨 근거로 말한 것인지 모르지만, 명대明代에 매오梅鷟가 『상서고이尙書考異』를 통해, 그리고 청대淸代에 염약거閻若璩(1636~1704)가 『고문상서소증古文尙書疏證』을 통해 매색梅賾

49 『順菴集』 卷8, 「答李士興(基讓)書」, 12면 참조.

50 위의 책, 15우면 참조. "今據本文, 戒懼節內, 無'人欲間之'·'防惡'等意, 公從何據, 討此義出來耶? 戒懼只是程子所謂居敬之意."

51 위의 책, 9면 참조.

52 『국역순암집』 1책, 「與權省吾(日身)書」, 322~327면 참조.

이 조정에 올린 『고문상서古文尙書』 25편이 위작임을 밝힌 바 있었다. 특히 매오는 황보밀의 위작설을 제기하였는데, 녹암과 직암이 염씨의 저서를 보았는지는 의문이지만 적어도 매오의 설을 알고 있었던 것으로 추측된다.

순암은 『한서漢書』의 기록에 근거하여 『고문상서』가 공벽孔壁에서 나와 공안국이 교정한 것이라고 주장하면서, 중국 정사正史의 기록을 근거로 삼아 위작설의 논거가 될 것이 없음을 지적한다. 순암은 『진서晉書』 「황보밀전」에 『고문상서』와 관련한 기록이 없음을 지적하면서 반박하고 있는데, 이것은 녹암과 직암이 황보밀의 위작설을 주장한 이유를 간접적으로 알게 해준다. 현재 전하는 『진서』의 「황보밀전」에는 관련 기록이 없지만, 공영달孔穎達의 『상서정의尙書正義』 가운데 인용된 『진서』 「황보밀전」에는 황보밀이 외제外弟 양유변梁柳邊으로부터 『고문상서』를 얻어 『제왕세기』 속에 수록하였다고 말하고 있다. 즉 공영달은 현재 전하는 『진서』와 다른 종류의 『진서』를 보았던 것이고, 녹암과 직암은 바로 『상서정의』 서문 등에서 인용하고 있는 『진서』 「황보밀전」에 근거하여 주장한 것이다. 현재 『고문상서』가 위작이긴 해도 그것이 황보밀의 위작이 아니라는 점은 대체로 밝혀진 상태이다.[53] 순암은 편지를 쓰는 당시 자신에게 십삼경주소가 없어서 정현이 애당초 『고문상서』를 보지 못하였음을 밝힐 수 없어 안타깝다고 말하고 있다. 즉 순암은 공영달의 『상서정의』를 보지 못하였기 때문에 직암이 제기하는 황보밀의 위작설을 제대로 이해할 수 없었던 것이다. 순암은 단지 공영달이 공안국전孔安國傳을 수용한 것, 문장이나 필법으로 볼 때 황보밀이 지을 수 있는 것이 아니라는 것 등을 들어 황보밀의 위작설을 반박한다. 그리고 '경천동지驚天動地'할 신설新說로 육경六經을 어지럽히는 것에 대하여 심각하게 우려한다.[54]

순암은 성호를 만나는 무렵 래지덕來知德(1525~1604)의 착종설·효변설·중효

53 劉起釪(1989), 『尙書學史』, 北京: 中華書局, 171~176면 참조.

54 『국역순암집』 1책, 「與權省吾(日身)書」, 322~327면 참조.

설 등을 접하고 소남 등 동료들과 토론한다. 래지덕의 세 개념은 주자 괘변설卦變說의 난점을 극복하기 위한 상수학적象數學的 대안이다. 순암은 래씨의 종괘설綜卦說에 호감을 보이다가 건곤 두 괘로부터 나머지 괘의 생성이 이루어진다는 성호의 설에 근거하여 수용하지 않는다.[55] 또한 래씨가 호체互體 개념의 근거로 삼은 「계사繫辭」의 '중효中爻'는 중간의 4효를 가지고 괘의 의미를 논하는 것이지, 결코 위아래로 두 체體를 만들어 괘를 성립시키는 것을 의미하지 않는다고 반박한다.[56] 래지덕의 착종설은 다시 다산에 이르러 강력히 비판되고 있다.[57] 다산은 중효中爻를 호체互體의 의미로 이해하는 것을 받아들이면서도, 중효中爻는 호체괘로 성립하는 괘 가운데 그 변효變爻가 가운데 4효에 있는 것을 의미한다고 본다.[58] 이로써 래지덕의 역학이론에 대한 성호 문하의 논의가 다산에 이르러 더욱 정치하게 전개된다. 다산은 성호 문하의 논의를 거론하지는 않지만, 적어도 다산의 정치한 논의 이전에 성호 문하에서 주요한 쟁점이 논의되고 있음을 볼 수 있다.

성호는 「계사」의 공자저작설과 하도와 낙서의 존재를 부정하는 구양수歐陽修의 입장에 대하여 반대한다. 성호는 홍범洪範이 낙서에 근거하였다는 설을 따

55 『국역순암집』 1책, 「答召南尹丈書」, 131면 참조.

56 『順菴集』 卷11, 「經書疑義」, 3좌면. "來氏易變術家互卦之名爲中爻. 中爻之名出於「繫辭」, 總論六爻, 而居中四爻觀玩之義爲多, 非謂析此中爻, 合成上下體而成卦也. 其意不是."

57 다산은 호체설과 효변설에 대하여 래씨의 설을 수용한다고 밝히지 않는다. 다산은 래지덕이 비판하였던 주자의 괘변설을 지지하기 위하여 래씨의 錯綜說을 비판하는 것에 중점을 두고 있다. 그러나 다산의 기술방식은 주자의 입장을 적극적으로 지지하기 위한 것은 아니다. 왜냐하면 자신이 새로 제시하는 推移·物象·爻變·互體 등의 원리가 주자의 역학이해와 근본적으로 다르기 때문이다. 따라서 효변과 호체 등 이미 래지덕이 논의하고 있는 주자의 설과 다른 개념을 자신도 — 래지덕과 동일한 문맥에서는 아니더라도 — 사용하고 있으면서도 착종설을 중점적으로 비판하여 주자를 옹호하는 것은 자신의 新說이 주자의 입장과 다른 것을 은폐하기 위한 전략적 기술이라고 생각된다. 주자를 비판하는 입장을 다시 비판하면서 주자의 입장을 옹호하는 다산의 기술방식에 관해 그 의도를 재검토할 필요가 있다. 이상 정약용, 『易學緖言』 卷3, 「來氏易注駁」 부분 참조.

58 『易學緖言』 卷3, 21면 참조.

르고 있는데, 다만 그 논지는 일정하지 않다. 『서경질서』에서는 홍범의 원리는 본래부터 있었고, 우가 홍범을 저작하자 그것에 대한 감응으로서 낙서가 나왔다고 말한다.[59] 그러나 순암과의 첫대면에서,[60] 그리고 그가 지은 「홍범설」에서는 낙서에 근거하여 홍범구주를 연역해 냈다고 설명한다.[61] 『상서』 「홍범」에는 하늘이 우에게 홍범구주를 내려 주었다고 기술되어 있는데, 성호는 하늘이 내려 준 홍범구주가 바로 낙서를 의미한다고 보는 것이다. 정산에 의하면, 「홍범설」은 순암의 『동사강목』에 대한 서문을 쓰기 위해 초草한 글이다. 홍범을 기자箕子가 동방에서 가르쳤던 의미를 강조하고 있는 내용으로 보아, 성호는 『동사강목』의 의의를 기자의 홍범구주에 대한 가르침으로부터 이끌어 내려고 하였던 것 같다.[62] 순암은 이 「홍범설」을 매우 중요한 글로 여겨 정산에게 약간의 해명을 붙여 『동사강목』 첫머리에 싣기를 요청한다.[63] 여하튼 성호는 하도와 낙서에 대하여 유흠劉歆이 제시한 뒤로 주자와 채침이 재해석하였던 관점을 따르고 있으며, 순암은 성호의 이 논점을 그대로 계승하고 있음을 알 수 있다.

그러나 녹암은 하도와 낙서가 모두 위서緯書에서 나온 것이며, '대구리일戴九履一' 등 낙서에 대한 설명은 신빙성이 없다고 비판한다. 녹암은 하늘이 우에게 내려 준 홍범구주가 바로 낙서라는 해석에 대하여, 1부터 9까지의 숫자로 구성

---

59 『星湖全書』 3冊, 『星湖秩序』, 「洪範」, 231~234면. "愚謂九疇者元有此理, 非至禹時闡. 當堯之時始有河患 (…) 白度皆廢, 顧何暇於陳範而叙倫哉? 禹能治而奠安之, 於是九疇是擧, 是便是天錫之也. 于斯時也, 龜文感應, 亦出爲治水之瑞, 非禹見龜文而方識有九疇之義也."

60 『順菴集』 卷16, 「函丈錄」, 7면. "又曰, '洪範出於河圖, 何以知其然耶? 一二三四自坎宮左旋, 順布至巽 (…) 余讀至五事, 有肅乂哲謀聖, 至八庶徵, 又有肅乂哲謀聖, 是天人相感之意也. 故二八易位, 以著天人相感之義, 是知陰陽配合生成, 皆出於河圖也." 인용한 구절의 '河圖'는 '洛書'의 잘못으로 생각된다. 왜냐하면 동일한 문맥으로 논의되는 「홍범설」에서 '洛書'라고 말하고 있기 때문이다.

61 『星湖全書』 1冊, 『星湖集』 卷21, 雜著, 「洪範說」(33좌면~36우면), 421~422면 참조.

62 『국역동사강목』 1책, 「題東史篇面」 참조.

63 『국역순암집』 1책, 「與李景協書 癸巳」(1773), 210면 참조.

된 낙서의 내용이 하늘이 내려 주어야 알 수 있는 신비한 것이 아니라는 점을 들어 반론을 제기한다.[64] 주자는 『주역본의周易本義』에서 처음에 하도와 낙서를 싣고 「계사」를 인용하여 하도를 설명하면서, 함께 "洛書蓋取龜象, 故其數戴九履一, 左三右七, 二四爲肩, 六八爲足"이라는 낙서에 대한 정체불명의 설명도 인용하고 있다.[65] 위서緯書로부터 나왔다고 한 것으로 보아 녹암은 이 문제의 구절이 『역위易緯』 「건착도乾鑿度」의 정현주鄭玄注로부터 재구성된 것임을 알았던 것 같다.[66] 성호보다 조금 앞서 청초清初 서건학徐乾學과 함께 활동하였던 호위胡渭(1633~1714)는 『역도명변易圖明辨』과 『홍범정론洪範正論』을 통해 송대 도서학圖書學을 비판한 바 있다. 녹암은 당시 이런 학문적 경향을 접하였던 것으로 생각된다.

순암은 우禹가 낙서를 본떠 홍범구주를 만들었다는 것에 대한 직접적 논증을 제시할 수 없지만, 『대대례기大戴禮記』 「명당明堂」에 언급된 숫자를 방증으로 들고 낙서 숫자 배열의 상수적 의미를 설명하면서 성호의 견해를 옹호한다. 그리고 낙서가 위서緯書로부터 온 것이 아니라 위서가 낙서를 인용하여 사용한 것이라고 반론한다.[67]

녹암을 비롯한 성호좌파는 경전에 대한 일부 독법에서 순암과 성호의 인식을 넘어서고 있다. 『고문상서』에 대한 비판이나 하도와 낙서에 대한 비판은 이들 성호좌파가 당시 동아시아 사상사에서 진행되는 새로운 변화들을 접하고 있음을 보여 준다. 『고문상서』가 위서僞書라는 논증은 「대우모大禹謨」의 인심도심설에 이론적 토대를 두고 있는 성리학의 이론체계를 근본적으로 뒤흔드는 파괴력을 갖고 있다. 하도와 낙서에 대한 부정 역시 『주역』에 대한 주자와 채

64 『국역순암집』 1책, 「答權旣明」, 304~306면 참조.

65 『周易本義』, 「易圖」 중 河圖와 洛書 부분 참조.

66 洛書의 기원에 관해, 劉大鈞 主編, 『象數易學研究』(濟南: 齊魯書社, 1996) 3면 참조.

67 『국역순암집』 1책, 「答權旣明」, 304~306면 참조.

침의 해석체계에 내포된 비합리성을 노출시킨다. 성호좌파에 의해 제기된 이 입장은 다산에 이르러 『매씨상서평梅氏尙書評』·『역학서언易學緖言』 등으로 논증된다. 즉 성호 문하에 이르러 경전에 대한 이해와 이론체계에서 주자가 애써 확립한 입장들의 진리성이 근본적으로 무너지고 있음을 알 수 있으며, 그것은 성호가 추구하였던 진리성에 대한 개방적 자세가 결국 성호의 체계 자체도 붕괴시키고 있음을 보여 준다.

순암은 이러한 학문적 대변화의 시기에 살면서 신설新說들이 육경六經에 대한 성리학적 인식을 붕괴시키는 위기감을 갖는다. 그러나 순암의 위기감은 주자의 이론체계에 대한 회의나 또는 그 진리성의 불안정성에 대한 불안감으로부터 오는 것이 아니라, 신학新學이 자의적으로 기존의 전통을 이탈하는 것에 대한 위기감이다. 따라서 순암은 새로운 이론들에 대하여 진리성 여부를 검토하는 학문적 논의의 층차에서 대면하기보다 이미 확립된 진리성을 이반하거나 깨뜨리는 이단 또는 비진리의 사설邪說에 대응하는 벽이단의 층차에서 대면한다. 따라서 그는 새로운 변화에 휩쓸리는 후학들을 치유하기 위하여 다시 본원을 확립하는 하학공부가 절실하다는 학문적 지향을 갖게 된다. 이것은 또한 순암이 환경적으로 새로운 학문적 변화들을 접할 수 있는 환경에서 소외되고 있음을 말해 준다. 사상사 전체에서 보면, 17세기 이후 서원교육을 통해 습득하는 지식은 새로운 학문적 변화들을 담아 내지 못하고 있으며, 그 때문에 서원을 중심으로 공부하는 향촌 지식인과 새로운 환경을 접하는 서울의 지식인들 사이에 유학을 대면하는 인식의 차이를 낳고 있는데, 그 차이는 성호 문하에서 우파와 좌파의 사상적 대립으로 나타나는 것으로 보인다.

4. 가례家禮에 대한 인식

유교 지식인으로 살아가는 것은 유교이념을 이해하고, 그 이념을 실현하는 인격을 자신의 내면에 확립하여 사회적으로 실천하는 것을 의미한다. 유교이념의 핵심인 인륜은 타자에 대한 적절한 대면의식과 행동방식이 중심 테마다. 따라서 인륜으로서의 유교이념을 이해하고 자신의 내면에 확립하는 것은 필연적으로 적절한 행위방식을 실천하는 과정을 수반한다. 가족·향촌·조정 등 사적 영역과 공적 영역 모든 곳에서 유교이념을 사회적으로 실현하는 형태, 즉 유교 규범과 생활양식은 곧 예제禮制이다.

이 예제는 삼강오륜이라는 유교의 보편이념을 토대로 하고 있지만 시대의 조건에 따라, 그리고 예제에 의미를 부여하는 관점의 차이에 따라 그 표현양식이 시대마다 다르다. 따라서 시대마다 예의 본래 정신과 그 실현방식에 대한 다양한 논의가 발생하게 된다. 『주자가례』[68]는 그것이 주자 자신의 저작인지 의문이지만, 송대 성리학이 제시하는 사대부 계층의 유교적 생활양식의 전형을 담고 있다. 조선시대 지식인들은 이 『주자가례』를 바탕으로 조선의 현실에 맞는 가례의 표준을 정립하기 위하여 노력하는데, 그 기본 방향은 조선에서 실천 가능하고, 또한 예의 본래 정신에 부합하는 형태여야 한다는 것이다. 이 기본 방향은 영남학파와 기호학파 모두 공통적이라는 점에서 조선 지식인의 중심적 입장이라고 할 수 있다.

그러나 예의 본래 정신을 보여 주는 삼례서三禮書와 『주자가례』 사이에는 불균형이 존재한다. 『주자가례』는 사마광司馬光의 『서의書儀』를 토대로 송대 사대부들이 실제 실행할 수 있는 형태를 지향하였기 때문에 삼례서의 지침보다 훨씬 간소화된 형태다. 또한 삼례서와 다른 당唐의 개원례開元禮나 북송北宋의 정화례政和禮의, 달리 말하면 예의 본래 정신을 굴절시킨 내용들이 『주자가례』에 포함되어 있기 때문에 『주자가례』의 지침을 그대로 따르는 것은 예의 본래 정신과 상치될 수 있다. 더구나 주자의 예론 자체가 시기에 따라 주장하는 내용과 관점이 달라지는 부정합성을 지니고 있어서 『주자가례』의 지침을 주자의

68 원래는 『朱文公家禮』이지만, 조선에서는 일반적으로 『朱子家禮』 또는 그냥 『家禮』라고 불렀다. 여기서는 『朱子家禮』라고 부른다.

정론으로 간주하기 어려운 점도 있다.

이런 부정합성들에 대하여 조정하는 시각이 실행 가능성에 초점을 둘 때, 조선의 시속을 그대로 인정하거나 또는 『주자가례』의 간소한 형태를 그대로 용인함으로써 예의 본래 정신과 어긋나는 문제가 발생한다. 반면에 조정의 시각이 고례의 본래 정신을 회복하는 것에 주안점이 두어질 때, 예제는 『주자가례』보다 세밀해지지만 그 절차가 상대적으로 더 복잡해지고 비용이 더 드는 문제를 유발한다.

퇴계와 사계는 문제가 발생할 경우 예의 본래 정신을 충분히 실현해야 한다는 점에 중점을 두고 조정한다.[69] 반면에 성호는 『주자가례』가 관료로 진출한 사대부 계층을 위한 것이어서 일반 사서士庶[70]에게는 신분적으로 그리고 재정적으로 맞지 않는다는 점에서 재검토한다.[71] 성호는 일반 서민이 실행할 수 있는 일반 서민을 대상으로 하는 가례 규범을 재정립할 필요가 있다고 판단한다. 그는 자신의 집안에서 사용하기 위한 가례 규범을 일생 동안 재구성하였는데, 그것은 사후 『성호예식星湖禮式』으로 묶여 이후 성호 집안의 실질적 가례 규범으로서 전승된다.[72] 순암은 정산의 권유로 『성호예식』의 서문을 쓰는데, 성호의 새로운 규정이 『주자가례』에 어긋난다는 비판을 염두에 두면서, 성호의 의도가 신설新說을 세우는 것에 있었던 것이 아니라 예의 본래 정신이 자신을 낮추는 것, 즉 자신의 신분적 처지에 맞추어 검소하게 실행하는 것에 있기 때문

69 沙溪의 입장에 대해서는 이봉규(1998), 「金長生·金集의 禮學과 元宗追崇論爭의 철학사적 의미」, 『韓國思想史學』 11, 한국사상사학회, 223~227면 참조. 退溪의 입장에 대해서는 좀 더 연구가 필요하며, 추후에 별도의 논문으로 제시하겠다.

70 성호는 벼슬하지 않은 양반 가문의 지식인들, 특히 자신을 匹庶라는 말로 표현한다.

71 성호의 예설에 대해서는 裵相賢(1993), 「星湖 李瀷의 禮學思想」, 『태동고전연구』 10, 태동고전연구소; 李迎春(1998), 「星湖 李瀷의 禮學과 服制禮說」, 『국사관논총』, 국사편찬위원회 참조.

72 한편, 禮와 관련한 성호의 논의와 문답들은 貞山에 의해 『星湖先生禮說類編』으로 편찬된다.

에 자신이 서민인 이상 서민의 신분에 맞는 예를 실행하려 하였던 것이라고 변호한다.[73]

순암 역시 일생에 걸쳐 자신의 집안에 대한 가례 규범을 마련한다. 그는 가례家禮에 관하여 『가례주해家禮註解』·『가례익家禮翼』을 저술하고,[74] 1781년에는 공백당拱白堂 황덕일黃德壹 등과 함께 『가례집해家禮集解』를 완성한다.[75] 그러나 이들 저서는 현재 간행된 순암 관계 저술에는 보이지 않는다. 한편, 가례 형식에 관련하여 1757년(46세) 집안의 제식祭式을 성묘省墓보다 묘제廟祭를 더 중시하는 쪽으로 개정하며,[76] 1758년(47세) 「혼례작의婚禮酌宜」를, 1770년(59세) 「관례작의의절冠禮酌宜儀節」을, 1784년 상례喪禮 형식을 성호의 입장을 보완한 형태로 마련함으로써 집안의 가례 형식을 완성한다.[77] 그리고 1786년 제청祭廳을 건립하여 묘제墓祭를 제청에서 지내게 하고, 규모는 집안의 형편에 따라 육두육변六豆六籩과 사두사변四豆四籩 사이에서 차릴 것을 제시한다.[78] 이러한 순암의 가례 규정은 『성호예식』과 마찬가지로 18세기 이후 향촌 사족이 유교질서를 자신의 처지에 맞추어 재구성하는 한 전형을 보여 준다.

예제에서 보면, 순암 역시 기본적으로 검소한 실천을 중시하는 성호의 예학관을 계승하지만, 한편으로 예의 본의를 중시한다는 점에서 보완을 가한다. 사례四禮와 관련하여 주요한 점을 살펴보면 다음과 같다.

관례冠禮의 경우 혼례처럼 섭성攝盛의 의리가 없기 때문에 관복官服을 사용할 필요가 없다는 점에 대하여 순암은 성호와 마찬가지 인식을 갖는다.[79] 그러나

73 『국역순암집』 4책, 「星湖禮式序」, 16~18면 참조.
74 『국역순암집』 3책 「示弟鼎祿子景曾遺書」, 98면 참조.
75 『국역순암집』 5책, 「연보」, 268~269면 참조.
76 『국역순암집』 4책, 「祭禮告辭」, 112면 참조.
77 『국역순암집』 3책, 「追錄」, 101~104면 참조.
78 『국역순암집』 3책, 「墓祭儀」, 104~108면 참조.
79 『星湖全書』 7冊, 『星湖先生禮說類編』, 「附錄 : 答安順菴問目」, 283면 하단 참조.

세 번 관을 씌우는 절차와 관련해서 성호는 첫 번째 관을 씌우는 절차, 즉 치포관緇布冠을 씌우는 절차는 "예는 근본을 잊지 않는다[禮不忘本]"는 정신에 입각하여 그대로 준행하지 않을 수 없지만, 두 번째와 세 번째 절차는 『주자가례』대로 지킬 필요가 없으며, 첫 번째 절차에 통합하여 시행하는 것이 무방하다고 여긴다.[80] 반면에 순암은 성호가 『성호예식星湖禮式』에서 한 차례로 통합하였던 것은 가난한 처지의 사람들이 최소한이라도 실행할 수 있도록 하기 위해서이지, 그것이 바람직해서였던 것은 아니라고 해명한다. 따라서 순암은 세 번 관을 씌우는 절차를 실행하되, 대신 사용하는 관冠과 복장을 간소화한다.[81] 『국조오례의』와 『격몽요결』에서는 세 번째 관을 씌울 때 사모紗帽와 전령團領을 사용하도록 규정하였는데, 이는 모두 관료가 착용하는 관과 복장이다. 이처럼 뒤에 갈수록 더 좋은 관과 복장을 사용하는 것은 "세 차례 관을 씌우면서 매번 더 존귀한 관을 씌우는 것은 관례자에게 자신의 덕을 수양하는 뜻을 새기도록 가르치는 것이다(三加彌尊, 諭其志也)"라는 『의례』의 정신에 따른 것이다.[82] 그러나 순암은 관례冠禮에는 섭성攝盛의 의리가 없다는 점을 들어 당시의 관행을 따를 필요가 없다고 보며, 그 자신은 치포관 · 입자笠子 · 유건儒巾을 사용한다.[83]

혼례의 친영親迎 절차에 대하여 성호는 양가 사이의 거리가 멀 경우나 의견이 일치되지 않는 경우 굳이 시행할 필요가 없다고 보았다. 성호는 우리나라의 전통적 풍습대로 신부 집에서 혼례를 이루어도 된다고 여겼다.[84] 순암은 성호의 견해에 따르면서도 친영을 하는 것이 주자의 기본 입장임을 들어 친영을 할 수 있는 경우에는 가능한 시행할 것을 권고하고, 다만 비용의 낭비를 막아야 한다고 주장한다.[85]

80 『星湖全書』 1冊, 卷23, 雜著, 「禮式 上」, 1면 참조.

81 『국역순암집』 3책, 「冠禮酌宜儀節」, 65~70면 참조.

82 胡培翬, 『儀禮正義』 1冊, 「士冠禮」, 136면 참조.

83 『국역순암집』 2책, 「答李最壽問目 辛亥」(1791), 123면 참조.

84 『星湖全書』 1冊, 『星湖集』 卷23, 雜著, 「禮式 : 嫁女儀」(3좌면), 446상좌면 참조.

상례의 절차에 관해 순암은 기본적으로 성호의 「상위일록喪威日錄」 지침을 따르면서 다소 보완을 가한다. 가령 설치楔齒와 반함飯含은 성호의 지침대로 시행하지 않게 하였지만, 대렴大斂에 사용하는 이불은 종이이불 대신 홑이불[單衾]을 사용하게 하였다.[86] 또한 성호와 마찬가지로 조석전朝夕奠을 하지 못하게 하였지만, 한편으로 3년 동안 상식上食하는 것을 용인하였다. 퇴계와 사계는 주자의 거상 방식에 근거하여 졸곡 뒤에도 상식하는 당시의 풍습을 예의 본의를 넉넉히 실현하는 것으로 긍정하였다.[87] 성호는 주자의 거상 방식에 대하여 상식을 한 것으로 해석하는 것이 잘못임을 지적하고, 『가례』에서 연제練祭 뒤에 부제를 올리는 은례殷禮 대신에 졸곡卒哭을 한 뒤 부제祔祭를 올리는 주례周禮를 수용하였는데, 주례에는 이 뒤에 상식을 하지 않는다는 점을 들어 졸곡 뒤에 상식을 하는 것은 예법에 맞지 않는다고 본다.[88] 따라서 고례古禮에 합당하지 않기 때문에 실행할 필요가 없다고 본다. 순암은 『주자가례』에 소상小祥 뒤 조석곡朝夕哭을 그만둔다는 조항은 있지만 상식을 그만둔다는 조항이 없다는 점 등을 들어 상식을 그대로 하는 것이라고 본다. 또한 성호가 상식上食과 전奠을 합칠 것을 주장하는 데 반해, 순암은 상식을 한 뒤 해지기 전에 전을 하는 것으로 이해한다.[89]

제례에 관하여 성호는 신분에 따라 제사를 드리는 범위를 엄격히 차별화할 것을 주장한다. 사대부가 사대四代를 제사 범위로 삼는 것은 주지하는 것처럼 송대에 들어와 소종小宗 중심의 종법이 유행하면서 유교 지식인들이 수립한 것이다. 사계沙溪는 이것이 고례에 어긋나고 『격몽요결擊蒙要訣』에서도 삼대三代로

---

85 『국역순암집』 3책, 「婚禮酌宜」 親迎 부분, 78면 참조.

86 『국역순암집』 3책, 「送終錄」, 追錄, 100~104면 참조.

87 『沙溪愼獨齋全書』 上, 『家禮輯覽』 卷28, 「上食」(22좌면), 487하좌면 참조.

88 『星湖全書』 7冊, 『星湖先生禮說類編』 卷3, 「三年饋食辨」, 141~143면; 같은 책, 「附錄 : 卒哭後饋食」, 290~291면 참조.

89 『국역순암집』 2책, 「答安佐郎正進問目 癸卯」(1783), 10~11면 참조.

규정하였지만 『주자가례』의 규정에 따라 사대를 지내는 것이 무방하다고 여긴다.[90] 성호는 『주자가례』에서 고조까지 제사를 드리게 한 것은 송대의 관행일 뿐 신분에 따라 범위를 차별화한 고례의 뜻이 아니라고 보았다. 성호는 제전祭田이 있는 경우에만 제사를 드리게 하는 고례의 규정에 근거하여, 종가에서 친親이 다한 선조를 친親이 남아 있는 자손, 즉 최장방最長房에게 옮겨 제사 지내는 경우에, 제사 지내는 동안 제전祭田을 최장방最長房이 맡고, 친親이 다하면 다시 종가에게 돌려주도록 규정하고 있다.[91] 순암은 고례古禮나 『경국대전經國大典』의 규정이 있다고 해도 『주자가례朱子家禮』에 따라 고조까지 제사드리는 것은 조선에서 보편화된 현상이어서 바꿀 수 없다고 보고, 대신 순암은 제물祭物을 간소하게 차리는 방안을 제시한다.[92]

묘제墓祭의 경우 『주자가례』에는 3월에 한 번 지내는 것으로 규정되어 있다. 그러나 율곡과 사계는 우리나라 풍속에 따라 정월 초하루·한식·단오·추석 등 네 번 지내는 것을 용인하면서, 한식과 추석에는 삼헌三獻을 행하는 정식으로, 그리고 정월 초하루와 단오에는 일헌一獻만 하는 간략한 형식으로 지내도록 권한다.[93] 성호는 네 번 지내는 우리나라 풍속이 『주자가례』와 맞지 않을 뿐 아니라 너무 번다하다고 본다. 또한 설날과 추석에 양쪽으로 음식을 올리는 것은 번잡스럽고 산만한 일이라고 보고, 한식과 10월 첫 번째 정일丁日 두 번 지내는 것으로 집안의 가례에 규정하였다.[94] 순암은 성호의 견해에 따르면서 한식과 추석 두 번 지내도록 규정하였다. 10월 상정일上丁日 대신에 추석으로 정한 것은 성호의 규정보다 더 비용을 절감하는 방식이라고 생각된다.

90 『沙溪愼獨齋全書』 上, 『家禮輯覽』 卷25, 「附註祭四代已爲僭」(24좌~25우면), 426하좌~427상우면; 『沙溪愼獨齋全書』 下, 『疑禮問解』 卷41, 「祭四代」(19면), 471상면 참조.

91 『星湖全書』 1冊, 『星湖集』 卷24, 「禮式 下 : 家祭法」(15좌~16좌면), 468~469면 참조.

92 『국역순암집』 1책, 「上星湖先生 丁丑」(1757), 100~102면 참조.

93 『沙溪愼獨齋全書』 下, 『疑禮問解』 卷41, 「墓祭時日」(41우~42좌면), 752상하면 참조.

94 『星湖全書』 1冊, 『星湖集』 卷24, 「禮式下 : 墓祭式」(19좌~20좌면), 471면 참조.

『주자가례』 규정과 달리하면서 서민의 신분에 맞는 가례 규정을 새로 구성하는 성호의 작업은 17~18세기 조선사회에서 유교질서가 실현되는 양상을 보여 준다는 점에서 주목된다. 17세기 전반기까지만 해도 가례는 『주자가례』가 표준형식이 되는데, 그것을 실행하는 주요 계층은 관료로 진출하는 사대부 가문들이다. 그러나 17~18세기 관료로 진출하지도 못하고 재야에서 일생을 보내는 사대부 출신 지식인들이 양산되면서 가례의 실천은 향촌의 사족들에게까지 확대되어 가는데, 성호의 새로운 규정은 신분적 지위와 그리고 경제적 규모에서 점점 축소되는 사대부 출신 지식인들이 유교 지식인으로서의 삶을 유지하는 한 방식을 제시해 준다. 그것은 예의 본래 정신을 손상시키지 않으면서 『주자가례』보다 규모를 축소하는 것인데, 유교적 생활양식을 좀 더 실현 가능한 형태로 만들려는 매우 현실적이고 실용적인 입장을 담고 있다. 이러한 작업은 또한 유교질서가 17~18세기에 와서 동요되는 것이 아니라 점점 더 보편화되고 현실화되었음을 말해 준다.

성호의 예식禮式에 비추어 볼 때 순암의 예식禮式은 기본적으로 검소하고 실행 가능한 방식을 추구하는 성호의 입장을 계승한다. 그러나 관례 형식, 친영, 제사 범위 등 가례의 중심체제를 이루는 부분과 관련하여, 순암은 『주자가례』나 고례에 근거하여 예의 본의를 중시하는 관점에서 본래의 격식과 당시의 관행을 수용하면서 성호의 간소함을 보완하고 있다. 즉 순암은 성호의 실행 가능성을 우선시하면서도 고례의 기본 체제를 유지하는 입장에서 가례의 형식을 조정하고 있다. 이것은 순암이 만년에 성호보다 더 나은 경제적 처지에 있었기에 가능한 일이었지만, 한편으로 본원을 지향하는 순암의 학문적 지향의 반영으로 생각된다.

성호는 조선의 예학의 진전이 기호학파의 경우 사계沙溪에서, 영남학파의 경우 퇴계에서 멈추었으며, 그리고 예학을 더 진전시키기 위해서는 삼례서三禮書부터 읽어야 한다고 말한다.[95] 성호가 삼례서에 대한 독서를 강조하는 것은 성호의 실용을 중시하는 예학관에 비추어 볼 때 경제적으로 또는 형식적으로 실행하기 힘겨운 『주자가례』의 한계를 벗어나기 위한 의도가 담겨 있는 것으로 생각된다. 성호는 고례에 의거하여 『주자가례』의 틀을 벗어날 뿐 아니라 고례에 없는 서민을 위한 가례 형식을 만들어 냈다. 이것 역시 낙민洛閩을 따라 수사洙泗로 거슬러 올라가는 한 문제의식을 보여 준다. 반면, 순암은 유교적 질서의 구현을 위한 성호의 고심을 계승하면서도 되도록 『주자가례』의 형식을 존중하는 입장에 있다. 가령, 녹암이 제례에서 유식侑食과 축문祝文을 읽는 시기 등 고례古禮와 어긋난 『주자가례』의 규정을 다시 고례에 맞게 조정하고자 하였을 때에도, 순암은 고례의 번거로운 점을 『주자가례』가 간소하게 수용한 것이라고 반박하면서 정주程朱의 설을 두고 독단적으로 되돌리는 태도에 대하여 염려한다.[96] 순암은 근본적으로 주자에 의해 확립된 유교적 질서를 존중하는 '근수규구謹守規矩'의 입장에서 성호의 실용적 정신을 계승하면서도, 한편으로 기존 전통에서 벗어나는 사유를 대면하여 본원을 재확립하려는 문제의식이 예학에서도 마찬가지로 관철되고 있다고 할 수 있다.

5. 맺음말

성호와 성호 문하의 학문적 토론 속에는 유학 탐구의 관념성을 극복하려는 문제의식과 동시에 유학의 본원을 충실히 확립하려는 문제의식이 일정한 긴장을 이루고 있다. 전자는 기존의 해석체계를 무반성적으로 절대시하는 학문적 태도, 그로 인해 공부가 현실 대응에 무력한 지식을 양산하는 것에 대한 반성이 담겨 있으며, 그것은 17세기 주희의 해석체계를 절대시하는 학문적 경향에 대한 비판적 극복을 지향하고 있다. 후자는 유학 본래의 정신에 투철하지 않은

95 『順菴集』 卷16, 「函丈錄」, 13우면. "近世禮學漸亡, 西人則止于沙溪, 嶺人則止于退溪. 君若爲禮學, 先讀三禮, 而求其源."

96 『국역순암집』 1책, 「答權旣明書」, 313~314면 참조.

속물주의에 대한 반성과, 성리학적 질서로부터 이탈하는 새로운 학문적 또는 종교적 움직임들에 대한 비판과 대응의 문제의식을 담고 있다. 성호는 양자의 고심을 함께 하고 있다. 퇴계의 성리설을 고집하는 방식은 다소 편협하지만 영남의 학풍을 계승하여 속물주의를 비판하려는 입장이 저작 전체에 스며있다. 동시에 경전에 대한 탐구에서 주희의 해석체계를 자유롭게 넘나들고 시무時務에 대한 대응을 중시하며 서학에 대한 적극적 대면의식 등 실질적이고 개방적 탐구방식이 시종 견지된다.

성호 자신에게 있어 이 두 문제의식은 서로 충돌을 일으키지 않는다. 오히려 무반성적으로 주희의 해석체계를 따르는 속물적 지식을 넘어서려는 점에서 두 문제의식은 공통적이며, 상승작용을 한다. 이처럼 성호에게서 두 문제의식이 일정한 긴장을 유지하면서도 충돌하지 않는 이유는 성호가 극복하려는 문제가 유학 내부의 문제이기 때문이다. 주희의 해석체계에서 벗어나 새로운 질서를 추구하는 명·청대 학문적 움직임들에 대하여, 또는 유교적 세계관으로부터 이탈하는 새로운 교리를 내세우는 서교에 대하여, 그것이 성리학적 질서를 붕괴시킬 수 있다는 위기의식을 성호는 아직 갖고 있지 않다. 그가 문제삼는 것은 성리학적 질서 내부의 부패로서 속물주의일 뿐이며, 결코 외부에서 다가오는 새로운 사조는 아니다. 그러나 성호의 개방적 자세는 성호좌파에 이르러 탈성리학적 사유들을 수용하고 나아가 서교까지 수용하는 창신적 움직임으로 발전된다. 이로써 성호가 견지하려 하였던 성리학적 질서 자체로부터 이탈하는 세계관의 변화들이 발생한다.

순암은 본원의 확립과 하학을 학문에 대한 개방적 탐구보다 우선시하는 학문적 지향을 취한다. 이것은 순암의 본래 성향이었지만 바로 이들 성호좌파의 탈성리학적 사유들과 그리고 유교적 질서 자체에서 이탈하는 서교에 대응하면서 더욱 강화되며 그 성격 또한 달라진다. 순암은 이들 새로운 흐름을 대면하여 성호 시기에 없었던, 유교질서의 와해에 대한 위기의식을 갖는다. 따라서 성호가 지식론의 층차에서 문제 삼았던 서교와 서학을, 순암은 '벽이단'이라는 이데올로기의 차원에서 비판하고, 유교질서 내의 부패를 치유하는 차원에서 나아가 유교질서 자체의 동요를 막기 위하여 본원을 강조한다. 따라서 성호에게서 강조되었던 개방적 탐구자세는 상대적으로 약화된다.

순암은 이기론에 대한 탐구를 하학에 도움이 되지 않는다는 것과 성호학파의 분열을 초래한다는 점에 주안점을 두고 소극적으로 대응한다. 『시경』의 대서와 소서를 존중하는 점에서 주자의 해석체계에 갇혀 있지 않은 모습을 보여주지만, 성호 좌파가 제기하는 미발 개념의 부정, 대학의 고본古本 인정, 『고문상서』 위작설, 하도와 낙서의 위서緯書 기원설 등 신설新說들을 대면하여 주희의 성리학 체계를 고수함과 동시에, 성호좌파의 학문방식에 본원의 확립이 결여된 것을 비판하며 '근수규구謹守規矩'의 입장을 견지한다. 가례에서도 성호가 고례에 근거하여 『주자가례』의 틀을 벗어나는 새로운 형태의 예식禮式을 수립하지만, 순암은 성호의 실용적 입장을 계승하면서도 『주자가례』의 체제를 견지하는 입장에서 보완한다. 요컨대 순암의 학문에 일관된 본원 중시 입장은 성호좌파와의 대립 속에서 유교적 질서를 재정립하려는 시대적 문제의식을 담고 있다고 하겠다.

본 논문에서 다루지 않은 두 주제, 역사와 향약에 대한 인식에 관해 약간의 첨언을 하고 싶다. 먼저, 역사적 사실의 객관적 실체를 드러내려는 노력 속에도 사실이 은폐되거나 드러나지 않음으로써 선악이 오도되거나 모호하게 되는 것을 바로잡고자 하는 문제의식이 중심을 이루고 있는데, 이 또한 본원의 확립을 우선시하는 학문적 지향의 반영이다. 사실 자체의 객관성을 추구한다는 점에서 실학적 성격을 강조하는 것은 순암이 갖고 있는 학문적 지향과 별개의 문제인 셈이다. 『임관정요臨官政要』와 「동약洞約」에서 순암은 풍속의 퇴폐, 유교적 질서 내부의 부패만 문제 삼고 있고 벽이단의 의식은 뚜렷하지 않다. 그 이유는 이들 저작이 성호좌파와 대립하기 이전인 40대 중반의 입장이기 때문이다. 65세에 목천木川현감으로 부임하면서 급무로 앞세운 두 이념, 교화와 명분 속에도 유교적 질서의 확립에 대한 순암의 문제의식이 좀 더 분명하게 담기기는 하지만, 이때 역시 성호좌파와 서교 문제로 대립하기 전이어서 벽이단에 대한 문제의식이 전면에 내세워지지 않은 것으로 보인다.

순암 안정복의 사단칠정설

성호학파 내부 논쟁을 중심으로

안영상

1. 머리말

'퇴계를 따르면서 이기심성 문제에 독창적인 견해를 보였던 근기남인학파[1]가 영남에 안착하게 된 이유가 무엇일까?' 필자는 이 물음에 대한 대답을 모색해 보기 위해 안정복(1712~1791, 호는 순암, 자는 백순)의 사단칠정설四端七情說을 살펴

1 이우성, 「해제」, 『順庵全集』, 1면. 이우성은 성호학파를 다음과 같이 정의한다. "기실, 畿湖地域 중 近畿 일대에 퇴계를 紹術하는 한 학파가 따로 있어서, 理氣心性 문제에 독창적인 견해를 보이는 한편 實用·實證의 學을 唱導하여 우리나라 思想史에서 하나의 新紀元을 劃하게 되었는데 이것이 오늘날 우리 학계에서 각광을 받고 있는 실학의 한 유파이다. 우리는 이것을 위의 畿湖學派와 구별해서 '近畿學派'라고 부르고 실학의 다른 유파와 구별해서 '경세치용학파'라고 부르기도 한다."

보고자 한다.

퇴계와 고봉의 논쟁으로부터 시작한 사단칠정설은 조선 유학의 핵심 주제였다. 여기에는 이理와 기氣 자체가 갖는 본체론本體論, 본연지성本然之性・기질지성氣質之性이라는 인성론, 외감내응外感內應이라는 인식론, 사단과 칠정이라는 가치론, 선을 실현시키는 방법에 대한 수양론 등이 포함되어 있다. 이러한 철학적 주제에 관한 논쟁이 한때 정치 쟁점화가 되어 교조적으로 이해되는 경향이 나타나면서 이 논쟁의 공소성空疎性에 대한 비판론도 있었다. 그렇지만 유학자라고 자처하는 학자들은 여기에 대해 비판적이든 긍정적이든 자신의 견해를 피력하면서 이 논쟁의 내용은 심화되고, 또한 다양한 의견이 나타나게 되었다.

이 주제에 대하여 사승관계나 학맥에 따른 교조적 이해에서 벗어나 비교적 자유롭게 접근을 시도한 계열이 근기남인의 성호학파이다. 성호 이익(1681~1763, 호는 성호, 자는 자신子新)의 기본 의도는 감정[情]을 이원적으로 구분하려는 퇴계의 의도를 계승하면서 이를 인정하지 않았던 율곡을 비판하는 것이었다. 그러면서도 영남남인 계열에서 주장하였던 시간적時間的 호발설互發論과 상수적相須的 호발설互發論을 지향하면서 퇴계의 사칠설을 새롭게 해석하려고 하였다. 그리고 다른 한편으로 일반적인 퇴계학파에서 감정의 이원적 분리를 사단과 칠정에 두었던 것을 공公과 사私라는 개념으로 대치하려고 시도하기도 하였다. 이런 성호철학이 형성되는 과정에 제자 신후담愼後聃(1702~1761, 호號는 하빈河濱, 자는 이노耳老), 윤동규尹東奎(1695~1773, 호는 소남邵南, 자는 유장幼章)가 깊숙이 개입하였다. 특히 신후담은 성호의 새로운 사칠론 형성에 많은 역할을 하였고, 윤동규는 성호의 학설이 퇴계학의 전통을 벗어나려는 움직임에 제동을 걸었다. 그리고 이병휴李秉休(1710~1776, 호는 정산貞山, 자는 경협景協)는 성호의 사칠론을 이해하는 데 있어서 신후담의 의견을 받아들여 새롭게 해석한 부분에 초점을 맞춘 반면, 윤동규는 새롭게 해석된 부분보다는 퇴계와 일치되는 부분에 초점을 맞추면서 이들은 격렬한 논쟁을 벌였다. 그러면서 이들은 각기 안정복에게 자기 학설의 타당성을 설명하여 자신들의 학설을 지지해 줄 것을 호소하였다. 이에 안정복은 이들의 논쟁에 참여하게 되었다.

이런 과정에서 성호의 제자들인 신후담·윤동규·이병휴·안정복 등은 스승 성호의 의견을 무조건 묵수하지 않고 스승의 의도를 제각기 다른 방향에서 해석하여 자신들의 독특한 이론을 제시하였다. 그 가운데 안정복은 당시 이병휴 계열이 심해자득心解自得을 공부의 방법으로 삼아 경經의 해석에서 주자를 벗어나고 사칠론에서 퇴계의 기본 도식을 벗어나는 것을 크게 우려하고 있었다. 이러한 측면에서 안정복은 윤동규의 학설에 비중을 두면서 영남의 이상정李象靖(1711~1781, 호號는 대산大山, 자는 경문景文)의 자문을 구하여 성호의 학설을 영남의 퇴계학설과 다름없는 것으로 이해하려고 하였다.

성호의 학맥에서 이병휴·권철신으로 이어지는 계열은 후에 일어난 천주교 문제로 거의 단절되었지만, 안정복·황덕길·허전으로 이어지는 계열은 영남에서 그 뿌리를 내리게 되었다. 그러면서 성호의 사상이 그곳에서 보존되고 계승되었다. 이렇게 보면 성호사상을 영남에 안착시키는 데 결정적인 역할을 한 사람이 안정복이라고 할 수 있다. 조선시대 학파의 분기 기준으로 강력하게 작용하였던 사칠론에서, 안정복은 성호의 학설을 영남의 퇴계학파와 연계시킴으로써 영남에서 성호는 퇴계의 충실한 계승자로 받아들여졌던 것이다.

이러한 안정복의 사단칠정은 성호학파와 영남퇴계학파의 문제의식을 먼저 이해하지 않으면 그 전모를 파악하기 힘들다. 따라서 논자는 이 글에서 안정복을 중심으로 성호학파의 사단칠정설에 관한 논쟁을 살펴보고, 안정복이 성호의 사단칠정설을 영남의 대산 이상정의 설과 접맥시켜 가는 과정을 살펴보겠다.

2. 성호학파의 사단칠정 논쟁

성호는 그의 나이 30세 중반에 퇴계학파의 여러 이론을 종합하여 자신의 새로운 사단칠정설인 『사칠신편四七新編』을 발표하였다. 그 대체적인 내용은 이렇다. 성호는 율곡이 외감내응外感內應의 구조를 기발이승지氣發理乘之로 보았던 것에 반대하고, 외감내응의 구조를 이발理發로 본다. 왜냐하면 외감내응하는 주체는 어디까지나 리理[성性]이기 때문이라는 것이다. 따라서 사단과 칠정 모두가 외감내응한다는 전제에서 보면 사단과 칠정 모두가 이발理發이다. 그러나 외감내응의 구조에서 형기의 감촉(인간의 기본욕구)을 받지 않은 이발理發 — 형기形氣 매개 없는 이발理發 — 인 사단과 형기의 감촉을 받은 이발理發 — 형기形氣가 매개된 이발理發 — 인 칠정을 구분한다.[2] 그러나 한편으로 사칠의 모든 감정 발출에서는 동일한 리와 기가 함께 작용한다[相須]고 하여 형기 매개 여부에 의하여 사칠四七이 구분된다는 것과 서로 모순되는 의견을 제시하기도 하였다.

다른 한편 성호는 사단칠정의 의미를 정의하는 데 있어서, 사단을 보편적인 감정으로 보아 '공公'이라 하고, 칠정은 개별적 감정으로 보아 '사私'라고 하였다.[3] 그런데 유학에서 말하는 성인이란 인간의 기본적 욕구를 여민동락與民同樂하는 것이다. 다시 말하면 성인은 형기로부터 비롯된 개별적 욕구인 사私를 공公으로 확장시킨 사람이다. 따라서 성인의 칠정은 비록 그 처음 출발점은 형기의 감촉을 받았지만 수양을 통하여 그것을 완전히 순화하였기 때문에 표출된 내용이 공公적인 것이다. 이것을 성호는 동인지사同仁之私 — 혹은 동체지사同體之私 — 라고 하였는데[4] 이 경우 그 결과만을 따진다면 공公이기 때문에, 그것은 사단과 같은 '형기形氣 매개 없는 이발理發' — 일반적으로 말하는 이지발理之發 — 이라고 볼 수 있는 여지가 생긴다.[5]

---

2 『星湖全書』 7, 「四七新編」, 24면. "四端七情, 孰非理發, 以其緣由之分言, 則外物感而此理便應, 初無形氣之媒者謂之四端, 外物觸於形氣, 形氣爲媒, 而理於是應者, 謂之七情."

3 『星湖全書』 7, 「四七新編」, 5면. "四之隱, 非七之哀也. 隱者隱於物, 公也. 哀者哀在己, 私也."

4 『星湖全書』 7, 「四七新編」, 7면. "若向所謂孟子之喜舜之怒之類, 亦是聖賢同仁之私也. 傳曰好色, 則與百姓同之, 好貨, 則百姓同之者, 方是吾身欲惡之私, 而推向公去也. 喜善人之爲政, 怒四兇之分背者, 實以己及物之仁, 而不復見其推之之迹." 이때 同仁之私를 삼단설에서는 同體之私라고도 한다.

5 『星湖全書』 7, 「四七新編」, 7면. "聖人之私及遠, 所以遠者, 理爲之主也, 理何嘗私, 然則, 謂私可也, 謂之公亦可也."

그런데 이러한 성인의 칠정을 곧바로 사단과 같은 것이라고 하면 퇴계를 계승하는 것이 아니라 고봉을 계승하는 결과를 초래할 수 있다. 성호는 이 점을 염려하여 성인의 칠정은 결과적으로는 공公이지만 그 출발점은 어디까지나 형기形氣의 사私에 감촉받았기 때문에 '형기가 매개된 이발理發'—일반적으로 말하는 기지발氣之發—이라고 정의하였다.[6]

성호의 제자 신후담은 『사칠신편四七新編』을 보고 나서 성호에게 여기에 대한 자신의 비판적 의견을 제시하였다. 즉 성호와 같이 형기 매개 여부에 의한 사칠을 구분하면서도 모든 감정은 동일한 리理와 기氣가 함께해야 한다는 이기상수理氣相須를 말하면 사단과 칠정이 근원적으로 구분되지 않는 오류에 빠진다고 비판하였다.[7] 그것의 대안으로 사단은 '성명의 리에 지각의 기가 따르는 것'[(性命之)理發而(知覺之)氣隨之], 칠정은 '형기의 기가 발할 때 형기의 리가 타는 것'[(形氣之)氣發而(形氣之理)乘之]이라고 각각 정의하였다. 다시 말하면 리理에서는 사단 발출 때의 리理인 '성명의 리'와 칠정이 타는 리理인 '형기形氣의 리理'를 구분하고, 기氣에서는 사단 발출 때의 기氣를 '지각知覺의 기氣', 칠정 발출 때의 기氣를 '형기形氣'로 각각 구분하여 이것을 사칠론에 적용시킨 것이다.

또한 성호가 고심하였던 성인의 공칠정公七情을 사단과 동실이명同實異名이라고 하여 리理에 근원성을 둔다.[8] 이것은 이발理發-사단四端, 기발氣發-칠정七情을 부정하고 이발理發-공公, 기발氣發-사私로 보는 것이다.[9] 따라서 감정을 이

6 『星湖全書』 7, 「四七新編」, 8면. "蓋高峯, 只偏擧孟子之喜舜之怒, 公低一邊, 有此云爾. 才如此說, 便闕却欲當欲惡當惡, 正低一邊, 而又況孟子之喜舜之怒, 原其自, 則只是氣發耶."

7 『河濱集』 卷9, 「星湖李丈四七新編記疑」, 숭실대박물관 본. "然則四端發處, 所乘之氣, 是知覺之氣, 七情氣之發, 是形氣之氣. 兩氣字所主本異, 而自退溪理氣相須之說, 於此未免渾淪, 星湖誤亦然."

8 『河濱集』 卷9, 「四七同異辨」. "此正高峰所謂七情中理發一邊, 與四端同實異名者也."

9 星湖는 「四七新編」에서 "四之隱, 非七之哀, 隱者隱於物, 公也. 哀者哀在己, 私也"라고 한 것을 신후담은 "按此論四七分界甚明, 只就公私二字上, 可驗理發氣發"이라고 하여 公과 私로 理發·氣發을 규정한다. 『河濱集』 卷9, 「四七同異辨」.

원적으로 구분하는 점에서는 퇴계와 같지만, 공칠정公七情은 공公이기 때문에 이발理發로 보는 것은 고봉을 인정하는 결과를 초래한다.

성호는 그의 나이 61세(신유辛酉 : 1741)에 신후담의 의견을 받아들여 「중발重跋」(신편중발新編重跋)을 써서 『사칠신편四七新編』의 내용은 7~8할은 잘못된 것이라고 선언하였다.[10] 여기에서 성호는 신후담의 리理에 대한 이분법은 받아들이지 않지만, 기氣에 대한 이분법은 성호 자신도 염두에 두고 있었기 때문에[11] 기꺼이 받아들인다.[12] 이 기의 이분법에 근거해서 외감내응의 구조를 리발이 아닌 리발기수지理發氣隨之라고 설정하였다. 따라서 『사칠신편』에서 사단은 '형기 매개 없는 이발', 칠정은 '형기가 매개된 이발'이라는 것은, 여기서 각각 '형기 매개 없는 이발기수지', '형기가 매개된 이발기수지'라고 새롭게 정의된다.[13] 여기서 중요한 논점은 이발기수지에서 기는 '지각의 기'로 욕구의 근원[形氣]이 아니고 모든 감정을 외부로 표현해 주는 가치중립적인 기[心氣]라는 의미이다. 따라서 '형기 매개 없는 이발기수지'는 욕구의 근원인 형기와 아무런 상관이 없고, '형기가 매개된 이발기수지'만 욕구의 근원인 형기와 관련을 갖게 된다.

그리고 성호는 성인의 공칠정公七情 문제에 있어서도, 퇴계가 '고봉의 공칠정 이발公七情理發'을 인정했다는 신후담의 지적을 받아들인다.[14] 그리고 맹자의 사

---

10 『星湖全書』 2, 「答尹源明」, 1133면. "瀷之前說, 妄以爲七八分地."

11 『星湖全書』 2, 「答李汝謙 辛酉」, 1100면. "形氣之氣屬之大, 理發氣隨之氣屬之小. 大以一身言, 小以心言. 心之感應, 只有理發氣隨之一路而已, 四七何嘗有異哉. 惟其七者, 初因形氣而有, 故曰氣之發. 非謂其發之之際, 氣先動而理方來乘之也. 然其小大, 亦無間隔, 旣觸形氣而理乘, 氣發則雖謂之氣發, 理乘抑可也. 此退溪之意也." 이것은 「重跋」이 있기 전의 편지이다.

12 『星湖全書』 2, 「答愼耳老 辛酉」, 1135면. "來諭云, 四端發處, 所乘之氣, 是知覺之氣, 七情氣發是形氣之氣, 兩氣字所主本異, 而自退溪理氣相須之說, 未免混淪. 此段見得卓然, 深所欽歎. 又以鄙說爲同歸, 抑其未察矣. 瀷所主張分界專在乎此."

13 『星湖全書』 7, 「重跋」, 30면. "理發氣隨, 四七同. 然而若七情, 則理發上面, 更有一層苗脈, 所謂形氣之私, 是也."

14 『星湖全書』 7, 「重跋」, 30면. "以孟喜舜怒之類, 歸之理發, 與高峰合. 余因此重思覺前說之

단은 도가 어그러진 잘못된 사태에 대하여 도덕적 감정이 격렬하게 반응하는 역경逆境의 이발理發로서[15] 공노公怒와 차이가 없고, 도가 제대로 시행될 때 그 사태에 따라가는 것은 순경順境의 이발理發로서[16] 공희公喜와 차이가 없다고 하여 성인의 공칠정公七情을 이발理發로 보는 근거를 마련한다. 그리고 또 성인의 공칠정은 다른 사람과 하나가 되는 만물일체의 감정으로 리理에 의한 것이라고 보아야 한다[17]고 생각하여, 공칠정公七情을 사단의 경로와 같은 이지발理之發 — '형기 매개 없는 이발기수지' — 이라고 하였다.

그런데 그의 제자 윤동규는 「중발重跋」처럼 할 경우 사단과 공칠정公七情이 동실이명同實異名이 되어 사단과 칠정을 엄격하게 구분하지 않는 고봉이나 율곡의 논의에 가까운 학설이 된다고 하면서 『사칠신편』의 내용으로 돌아갈 것을 간청하였다. 그리고 또한 형기의 기와 지각의 기는 근원적으로 구분될 수 없다고 지적하였다. 이에 성호는 그의 나이 62세(壬戌 : 1742)에 다시 공칠정公七情은 사단과 다르다는 수정안을 골자로 한 이른바 「삼단설三段說」을 발표하는데 이것의 주 내용은 「중발」의 내용을 삭제한다는 것이다. 그렇지만 여기서 사단과 칠정에 대해서는 각각 '형기 매개 없는 이발기수지', '형기가 매개된 이발기수지'라고 정의한 「중발」의 내용을 그대로 유지한다.[18] 다만 성인의 공칠정 문제

猶有未詳者, 麗澤之益有如是."

15 『星湖全書』 7, 「重跋」, 30면. "此逆境也, 非君子之所願, 而緣境便發者也."

16 『星湖全書』 7, 「重跋」, 30면. "彼藹然隨感者, 亦無順境理發乎."

17 『星湖全書』 7, 「重跋」, 30면. "惻隱羞惡, 亦從萬物一體中流出. 所以然者理爲主, 而不爲形氣所屬. 然則凡喜怒之不干己私者, 莫非理發, 不可與形氣生者混稱也."

18 여강출판사에서 편집・영인한 『星湖全書』에 실려 있는 『四七新編』을 보면, 서로 다른 내용의 「重跋」이 두 개가 있다. 『四七新編』의 마지막 부분에 실려 있는 「重跋」(『星湖全書』, 30면)이 지금까지 논의해 온 「重跋」이다. 또 하나는 『四七新編』의 서문 바로 뒤에 제목 없이 작은 글씨로 '重跋略曰'로 시작하는 글이 있다. 이 글의 전반부는 四端을 '理發氣隨之', 七情을 '形氣의 매개가 있는 理發氣隨之'로 정의하는 것은 전자의 「重跋」과 똑같다. 그러나 후반부는 '辛未五月下答禹徵泰'라는 내용으로 시작하는데 이것은 「答禹大來徵泰」(辛巳 : 辛未로 고쳐져야 할 것 같음) 편지 뒷부분의 내용이다. 전자의 「중발」에서 公喜怒를 理發로 보

에 대해서는 윤동규의 정情의 삼분설三分說[19]을 받아들여 인간의 감정 발출에는 '개인의 사사로움[己私]에서 발하는 것', '동체지사同體之私에서 발하는 것', '의리義理에서 발하는 것'[有發於一己之私者, 有發於同體之私者, 有發於義理者]이 있다고 하였다.[20] 성호는 이것을 기준으로 자신은 『사칠신편』으로 돌아갔다[21]고 하였다.[22] 그런데 여기서 말하는 이 삼분법이 칠정과 사단을 모두 말하는 것인지 칠정만을 말하는 것인지가 분명하게 언급하지 않았다.

윤동규와 이병휴는 성인의 공칠정公七情 문제로 성호의 생전부터 논쟁을 벌이기 시작하였다. 그런데 성호가 죽고 나서 이병휴와 성호의 손자 이구환이 중심이 되어 성호의 글을 정리하면서 「중발」을 포함시키려고 하였다. 이에 윤동규는 삼단설을 근거로 「중발」은 성호가 삭제한 것이기 때문에 포함시킬 수 없다고 하였다. 다시 말하면 윤동규는 이 삼단설에서 개인의 사사로움에서 발하는 것은 일반적인 칠정이고, 동체同體의 사私에서 발하는 것은 성인의 공칠정公七情이고, 의리義理에서 발하는 것은 사단이라고 이해하여, 이를 기준으로 성호가 「중발」설을 폐지하고 『사칠신편』으로 돌아간 것으로 판단하였던 것이다.

았던 논의를 완전히 삭제하고, 이와 다른 水擾動器說에 대한 설명이 있다. 이것은 공희노이발설을 부정했던 쪽의 학자들이 재편집한 것 같다.

19 『邵南遺稿』 卷1, 「上星湖李先生書」(辛酉十二月). "心之知覺, 有從義理發者, 有因事發者, 有因己私發者."

20 『星湖全書』 1, 「答尹幼章 壬戌」, 222면. "有發於一己之私者, 有發於同體之私者, 有發於義理者, 必須分三段說, 究極於毫忽之際, 方可以語此矣. 綱領旣斷, 節目未合者, 自可漸至於同歸. 今不一一辨答, 瀷亦何敢自是, 惟思良友藥石之晦易說, 猝看難了."

21 『星湖全書』 2, 「與耳老 乙丑」, 1138면. "四七說論中, 舜怒孟喜一條, 高峯終守理發前見, 而退溪許之, 新編中雖不從此意, 胸裏畜疑久矣. 頃得耳老書, 更繹退溪說, 旣改轍從新, 尹幼章諸友, 疑限界之不明, 後來思之."

22 이것을 도표를 그리면 다음과 같다.

	사단	칠정	성인의 公七情	시기
四七新編	형기 매개 없는 理發	형기가 매개된 理發	사단과 다름	35세
重跋	형기 매개 없는 理發氣隨之	형기가 매개된 理發氣隨之	사단과 같음	61세
三段說	형기 매개 없는 理發氣隨之	형기가 매개된 理發氣隨之	사단과 다름	62세

즉 성인의 칠정은 『사칠신편』에서와 같이 동체同體의 사私[同仁之私]에서 발하는 것이므로 궁극적으로 칠정 기지발氣之發이라는 것이다.

그런데 이병휴는 성호의 삼단설은 모두 칠정을 설명하는 것으로 이해한다. 즉 개인의 사사로움에서 발하는 것은 「예운禮運」에서 일반적으로 말하는 칠정이고, 동체同體의 사私에서 발하는 것은 『사칠신편』에서 말하는 성인의 칠정이고, 의리에서 발하는 것은 신후담의 설을 인정하여 성립된 「중발」의 공칠정公七情 이발理發이라는 것이다.[23] 특히 이병휴는 『사칠신편』에서는 공칠정을 동체同體의 사私에서는 발하는 것으로 보아 기발로 처리했지만 「중발」에서는 이발로 처리하고 이 삼단설에서는 그것을 종합하여 말한 것으로 본다. 즉 「삼단설」은 「중발」과 다르지만 그 논리의 연장선에 있음을 주장하는 것이다. 사실 이것은 윤동규가 삼단설을 크게 칠정과 사단으로 나누어 말하는 것과 다른 것이다.

3. 공희노이발公喜怒理發과 기발설氣發說에 대한 비판적 검토

안정복은 성호학파에 늦게 참여하였지만 성호학파에서 지도적 위치에 있었다. 따라서 성호 생전에 벌어진 이병휴와 윤동규 간의 공희노公喜怒 이발理發・기발氣發 논쟁을 알고 여기에 개입하기 시작하였다. 안정복은 공희노 기발설에 대한 윤동규의 설명을 듣고 난 후 이 내용에 기초해 이병휴에게 질문을 하였다. 안정복은 퇴계학파에서 일반적으로 말하여 온 '본연지성에서 사단, 기질지성에서 칠정이 나온다는 설'로 사단칠정의 설명이 충분한데, 자득하여 '공희노 이발설'을 주장하는 것이 무슨 의미가 있느냐고 반문하면서 이렇게 말한다.

---

23 『貞山雜著』 卷8, 「答安百順」. "其曰發於一己之私者, 禮運所指是也. 其曰發於同體之私者, 新編發揮是也. 其曰發於義理者, 耳老之說是也."

만약 정당한 희노[공희노公喜怒]를 '이발理發'이라고 한다면, 사단이 정당하지 못할 경우[不中節四端](小註: 마땅히 측은惻隱하지 않아야 할 때에 측은해하거나 마땅히 수오羞惡하지 않아야 할 것에 수오하는 것과 같은 것)를 '기발氣發'이라고 할 것입니까?[24]

이것은 공희노公喜怒를 이발理發이라고 한다면 부중절不中節한 사단四端을 기발氣發이라고 할 것이냐고 반문하는 것이다. 따라서 이 질문의 핵심은 사단은 절대선으로 부중절이 있을 수 없고, 공칠정은 칠정의 중절로서 사단과 같은 절대선이 아닌 상대선임을 확인하는 것이다. 여기에서 일차적인 문제는 '부중절한 사단을 인정하느냐 하지 않느냐'이다. 만약 이것을 인정하면, 사단에도 선과 악이 있고 칠정에도 선과 악이 있게 됨으로써 사단과 칠정의 구분은 사실상 없어진다.[25] 그런 연장에서 공희노의 이발을 인정하면 칠정에 사단과 같은 절대선이 있게 되므로 사단과 칠정의 구분이 무의미하게 된다는 것이다. 이것은 사단은 절대적 선으로 확충해야 할 감정이고[26] 칠정은 선악이 있는 상대적 선으로

---

24 『順庵全集』 1, 「與貞山李景協書 辛未」, 86면. "若以喜怒之得正者謂之理發, 則其將以四端不得正者(小註 : 不當惻隱而惻隱 不當羞惡而羞惡), 謂之氣發乎."

25 고봉은 주자가 "惻隱羞惡也, 有中節不中節, 若不當惻隱而惻隱, 不當羞惡而羞惡, 便是不中節"(『朱子語類』 卷53)라고 말한 구절에 근거해서 사단은 純善하지만은 않다고 하여, 이것으로 '퇴계가 사단은 理之發로 순선하다'고 했던 논리를 배척하였다. 그런데 송시열은 성인의 칠정은 사단과 같고 사단에도 부중절이 있다는 논리에 근거해서 사단과 칠정은 아무런 구분이 없다고 하였다. 특히 남당은 '사단에 不中節이 있다'는 것과 '사단 理之發이 순선하다'는 것은 주자철학 내부에서 서로 모순된다고 보았다. 그런데 주자 전체 철학에 비추어 보면 사단 不中節의 의미가 더 많으므로 사단 理之發은 어류를 기록한 사람의 착오로 보아야 한다고 주장하였다. 남당은 사단 부중절에 근거하여 고봉이나 율곡의 사단은 칠정의 善一邊이라고 한 주장까지도 잘못된 것이라고 한다. 즉 사단은 칠정 속에 포함되는 것이 아니라 사단과 칠정은 아무런 구분이 없고, 단지 모든 情에 대한 중절과 부중절의 차이만 있다고 하였다(안영상, 「南塘 韓元震과 大山 李象靖의 理氣·心性論 비교 연구」, 『동양철학연구』 24집). 사실 성호학파의 성인의 公七情說과 사단 不中節說은 어느 정도는 송시열-한원진으로 이어지는 노론 측을 의식한 것으로 보인다.

중절해야 할 감정[27]이라는 윤동규의 주장에 근거한 것이다. 이 논리를 확대하여 안정복은 리理는 확충할 수 있으나 기氣는 확충할 수 없다는 것을 자신의 중요한 논리 기반으로 삼는다.[28] 그리고 이 원칙에 근거하면 성인의 칠정이라도 욕구의 근원인 기氣에서 출발했기 때문에 사단과 동일한 방식으로 확충하면 그때에 폐단이 생겨난다고 생각한 것이다.[29]

이러한 내용의 편지를 받은 이병휴는 자기 논리의 타당성을 안정복에게 상세히 설명하였다. 안정복은 이병휴의 논리 정연한 설명을 듣고 그럴 듯하다고 여기면서도 적극적인 찬반의 의견을 내지 않았고 이병휴도 다시 답장을 하지 않았다(辛未 : 1751).[30] 이렇게 되어 이병휴와 안정복 간의 이 문제에 대한 토론은 논쟁의 수면 아래로 가라앉은 것처럼 보인다. 그러나 이 논쟁은 성호학파 내부에서 여전히 진행되고 있었다. 이는 성호가 죽기 1년 전(壬午 : 1762)에 안정복이 이 문제에 대하여 성호에게 과감하게 질문을 하였던 사실로 알 수 있다. 안정복 자신은 사단칠정설에 전혀 아는 바가 없었는데 성호의 『사칠신편』을 보고서 그 논의의 핵심을 알게 되었다고 하면서 다음과 같은 질문을 하였다.

> 이번에 권철신權哲身을 만났더니, 그가 "친구 홍사량洪士良을 만나 이야기하던 중에 선생께서 '『사칠신편』의 말이 다소 잘못된 곳이 있다'고 하시

---

26 『邵南遺稿』 卷1, 「上星湖李先生書」(辛酉十二月). "故孟子之意, 無論當不當, 若因闖見, 則欲因其端緖, 而擴充之."

27 『邵南遺稿』 卷1, 「上星湖李先生書」(辛酉十二月). "故曰發皆中節, 旣云皆中節, 則有不中節矣. 不中節, 則不和矣, 四端亦有此貌象乎."

28 『順庵全集』 1, 「與貞山李景協 辛未」, 86면. "尹丈擴充之語, 誠爲的當, 理則可擴而充之, 氣則不可擴而充之."

29 『順庵全集』 1, 「與貞山李景協 辛未」, 86면. "若喜怒, 則雖有賢愚之不同, 而終是發於氣者也. 將擴而充之, 則弊將如何."

30 『順庵全集』 1, 「與邵南尹丈書 丁亥」, 74면. "昔在義盈直中, 景協貽書, 以聖賢之公喜怒, 謂之理發, 其言纚纚數百言, 證辨明白, 甚可喜也. 其時無書可檢, 草草答之 (…) 此友更無所答之, 鄙亦依舊膠守, 不複致疑."

> 더라"고 하던데, 그 잘못되었다는 조항이 어느 것이지 가르쳐 주시기 바랍니다.[31]

안정복은 성호로부터 이에 대한 분명한 대답을 듣지 못했다. 그렇지만 이 물음은 성호가 「중발」을 폐지했다고 하였지만, 성호학파 내부에서 여전히 '성호가 「중발」에 의미를 부여하고 있다'고 주장하는 사람들이 존재하고 있음을 방증하는 것이다. 그리고 실제로 성호가 죽고 난 후 이 문제는 윤동규와 이병휴 간에 본격적인 토론이 이루어지면서 성호학파는 분열의 조짐을 보인다.

> 사칠四七 문제는 성호 선생님의 『사칠신편』이 나온 후로는 완전해졌습니다. 얼마 전 권철신이 성호의 집에 갔다 와 말하기를 "이병휴는 성인의 공희노는 기에 간섭되지 않고 이발에서 나온 것이라고 하고, 이구환 역시 이것이 성호 선생의 만년정론이라고 하자, 이에 윤동규가 서신을 띄워 그것이 아님을 강력히 변설했다"고 하였습니다. 저는 비록 그들의 왕복 서신을 보지는 못했지만, 선생이 가신 지 얼마 되지도 않아서 동문 사이에 주장이 두 가지로 나누어져 이러한 말들이 나돌고 있으니 역시 탄식해 마지않을 일입니다.[32]

이렇듯 성호학파는 이 문제로 분열의 양상을 보이고 있었다. 안정복은 성호가 사망(1763년)한 후의 이러한 상황(1764년)을 크게 우려하면서, 이들 논의의 내용을 정확히 파악하고자 하여 윤동규와 이병휴에게 질문을 하였다. 먼저 윤동

31 『順庵全集』 1, 「上星湖先生書 壬午」, 59면. "今見旣明, 謂逢洪友士良相語, 先生以新編所論或有未安, 伏未知未安者何條, 幸乞示敎."

32 『順庵全集』 1, 「答南君玉書 甲申」, 112면. "四七之辨, 自師門新編之出, 而無餘蘊矣. 頃日旣明自星中還言, 景協以聖人之公喜怒, 爲不涉於氣而出於理發, 元陽亦爲先生晩年定論云. 故尹丈移書亦辨其非云. 雖不見其往復之書, 先生易簀未幾, 同門之議論携貳 有此一番辭說, 亦爲之興歎不已也."

규에게 다음과 같은 질문을 하였다.

> 그러나 퇴계는 성인의 희노喜怒를 기지순리氣之順理하여 발發하는 것이라고 하였으니, 이 말은 꼭 맞는 말로서 고치고 비평할 것이 없겠는데 의심스러운 것은 「고봉후설高峯後說」입니다. 고봉은 비록 퇴계의 견해에 대부분 따랐다고는 하지만 그 가운데 다음과 같은 말이 있습니다. "칠정七情이 비록 기氣에 속한 것이라도 리理가 그 속에 있기 때문에 중절한 칠정은 바로 천명지성天命之性이 — 그 모습을 온전히 드러낸 것이 고봉의 원문 근거 — 라고 할 수 있는데, 이것을 어떻게 기발氣發이라고(하여 사단과 다르다고) 하겠습니까?" 고봉은 이 말로써 퇴계의 기지순리氣之順理라는 말을 배척하였는데, 퇴계는 또 여기에 대하여 다시 반박하지 않았으니 그 이유가 무엇입니까? 「심통성정중도心統性情中圖」에 사단을 칠정 속에다 포괄시켜 놓고는, "선과 악의 기미幾微에 나아가서 선일변善一邊만 말한 것이다" 했고, 또 「답이평숙서答李平叔書」 — 「답이평숙삼서答李平叔三書」를 가리킴 — 에도 똑같은 내용으로 되어 있습니다. 지금 문집文集에 근거하면 「고봉후설」은 병인년(퇴계 66세)이고, 성학도聖學圖는 무진년(퇴계 68세)이고, 이평숙에게 보낸 편지는 기사년(퇴계 69세)의 것인데, 그렇다면 퇴계의 만년정론은 고봉의 것을 따라 그러한 것입니까.[33]

여기서 가장 문제가 되는 것은 「고봉후설」이다. 고봉은 여기서 퇴계의 사단이지발, 칠정 기지발을 인정하는 태도를 취하면서도 결국은 성인의 공칠정公七

---

33 『順庵全集』 1, 「與邵南尹丈書 丁亥」, 75면. "然而, 退溪李子, 以聖人之喜怒, 謂之氣之順理而發, 此語平正無改評, 而所可疑者, 高峯後說. 雖云爛熳同歸, 而其中有云, 七情雖屬於氣而理在其中, 其發而中節者, 乃天命之謂性, 豈可謂之氣發. 以斥李子氣之順理之語, 李子之不複辨者, 何也. 心統性情中圖, 包四端于七情之內, 曰就善惡幾言善一邊, 又答李平叔書, 又是一樣. 今據文集, 則高峯後說是丙寅年, 聖學十圖, 在戊辰年, 與李平叔書, 在己巳年, 然則晚定之論, 亦從高峯而然否."

情을 문제 삼아 자기 설을 포기하지 않으려고 하였다. 고봉 논리의 핵심은 성性에서 정情으로 발현되는 경로[所從來]는 오직 하나인데 그 과정에서 기지순리氣之順理한 중절中節과 기지불순리氣之不順理한 부중절不中節이 나누어진다는 것이다. 이 논리에 근거해서 기지순리氣之順理한 상태에서는 기가 작용하지 않기[氣不用事] 때문에 바로 리理[天命之性]의 본체가 드러난다고 하고, 이것을 '이지발'의 의미로 썼다. 그리고 기지순리氣之順理의 이상적인 상태로 성인 칠정의 예를 들고, 이것을 사단四端 이지발理之發과 같다고 하였다. 즉 기지순리氣之順理와 사단 이지발이 같다고 하여 성性에서 정情으로 발현되는 '소종래가 두 가지'라는 퇴계의 주장을 반박하고자 한 것이다.[34] 그런데 퇴계의 논리에서는 기지불순리氣之不順理는 물론이고 기지순리氣之順理도 기발이승지氣發理乘之의 영역에 속하는 것이고 사단은 이발기수지理發氣隨之로 또 다른 소종래를 갖는 것이다. 이런 논리에 입각하여 퇴계는 고봉과 토론하는 과정에서 줄곧 기지순리氣之順理를 기발이승지氣發理乘之의 영역에 놓았다. 그런데 「고봉후설」에 답하는 편지에서 이러한 고봉의 주장을 인정했다는 데서 문제가 복잡해진 것이다.[35] 그리고 성호가 『사칠신편』에서는 성인 공칠정 이발설을 부정했지만, 「중발」에서는 퇴계가 공칠정 이발을 승인했다는 신후담의 지적을 성호가 인정했기 때문에, 이 문제는 성호학파내부에서 매우 중요한 의미를 갖게 되었다. 이때 안정복은 '퇴계가 고봉의 설을 승인했다'는 것을 잘 모르고 있었던 상태에서 이런 질문을 하게 된 것이다.

「심통성정도」의 하도下圖는 사단이 위에, 칠정이 아래에 있어 서로 분리되어 있다. 그러나 중도中圖는 칠정이 사단을 감싸고 있는 형태로 그려져 있다. 「이

---

34 『高峯全集』, 「四端七情後說」, 284면. "來書謂孟子之喜, 舜之怒孔子之哀與樂, 是氣之順理而發, 無一毫有碍, 及各有所從來等語, 皆各未安. 夫發皆中節謂之和, 而和卽所謂達道也, 若果如來說, 則達道可謂是氣之發乎."

35 『退溪集』 1, 「答奇明彦」, 441면(文集叢刊). "所論鄙說中, 聖賢之喜怒哀樂, 及所從來等說, 果似有未安. 敢不三復致思於其間乎."

평숙삼서李平叔三書」에서도 칠정이 사단을 포함하는 것으로 설명되어 있다.[36] 이것은 고봉이 칠정의 중절이 사단이기 때문에 칠정이 사단을 포함한다는 것과 같은 내용이다. 그런데 성호가 이 두 가지 문제에 대하여서도 사칠四七의 구분을 흐리게 하는 퇴계의 오류라고 지적하면서부터 이 문제 역시 성호학파 내에서 중요한 의미를 갖게 되었다. 안정복의 위의 질문 내용은 이런 성호학파의 여러 논란에 대하여 퇴계의 본래 뜻이 무엇이냐를 정확히 알고자 한 것이다.

이런 안정복의 질문에 대하여 윤동규는 「중발」은 자신의 질정으로 인하여 성호가 결국 폐지해 버린 논의라는 것을 강조한다.[37] 즉 성호가 고봉의 공칠정이발설을 인정한 바탕에서 이루어진 「중발」을 버렸으므로, 성호의 제자들은 퇴계와 성호의 정론을 기지순리설氣之順理說로 보아야 한다는 의미이다. 윤동규는 또한 이병휴와 이구환이 「중발」을 문집에 실어 후인의 판단을 기다리고자 하는 의견에 대해 '있을 수 없는 일'이라고 못 박는다.[38] 그리고 윤동규는 성호가 병이 위중했을 때 안정복과 같이 토론하면서 이병휴의 학설이 성호의 학설이 아니라 신후담의 설임을 확인했던 사실을 상기시켜 자신의 설을 지지해 줄 것을 호소한다.[39]

안정복은 윤동규에게 했던 유사한 질문을 이병휴에게도 한다. 즉 「고봉후설」, 「심통성정중도」, 「이평숙삼서」에 대한 명확한 견해를 표명해 주기를 요청한다.[40] 그러면서도 '희노喜怒는 마침내 형기상形氣上의 분수가 많은 것'이라고 하

36 『退溪集』 1, 「答李平叔」, 343면. "至如七情則雖云發於氣, 然實是公然平立之名, 非落在一邊底. 故如樂記中庸好學論中, 皆包四端在其中, 渾淪而爲說."

37 『邵南遺稿』 卷6, 「答安百順」. "扶去緣由, 當時賤稟已達重跋中語, 故蒙快扶."

38 『邵南遺稿』 卷6, 「答安百順」. "四七從初無異, 謹聞命矣, 兩存而竢後人, 恐未詳丈席決斷扶去僿說中之意也. 旣蒙扶去自筆, 而欲因協陽兩人之意而幷存, 可乎."

39 『邵南遺稿』 卷6, 「答安百順」. "昔年丈席病患中, 與執事同待時, 已知景協之意, 與耳老相符也."

40 『順庵全集』 1, 「與李景協書 丁亥」, 91면. "考退溪集, 高峯後說中, 剔公喜怒之說, 以攻退陶氣之順理之語, 李先生更無所辨, 反賜許可, 此丙寅歲也. 戊辰年修聖學十圖, 心統性情中圖,

고, 또 "퇴계가 성인의 칠정을 기지순리氣之順理로 말한 것은 아마도 고치지 않고 자신의 원래 설을 고수한 것 같다"[41]고 하여 공희노이발설公喜怒理發說이 잘못되었음을 암시한다. 그리고 일반적으로 성리학에서 미발 때는 순선하고 이발已發 때 선악이 나타난다고 하는 논리로 이병휴를 비판한다. 이병휴의 논리대로 한다면 희노가 처음 발할 때는 순선하기 때문에 이발이라고 했다가 나중에 부중절했을 경우 기발이라고 해야 한다. 이럴 경우 똑같은 하나의 일로 희노가 나타날 때 처음에는 이발이고 중간에 와서는 기발이라고 말해야 하는데 그게 과연 말이 되느냐?[42]고 반문한다

이병휴는 여기에 대해 자신의 전체 철학의 내용과 아울러 안정복의 질문에 대답을 한다. 먼저 이병휴는 성호와 신후담을 계승하여 형기와 심기의 구분에 의한 그 자신의 독특한 사칠설을 설명하고 나서,[43] 성인의 공칠정에 대하여 자세히 설명한다. 어린아이가 우물에 빠지는 모습을 보고 측은지심이 있게 되는 것은 이발이라는 것이 자명하다. 그런데 그 어린아이가 무엇을 붙잡고 우물에서 나오는 모습을 보고서는 기쁜 마음[公喜]이 들고, 어떤 사람이 어린아이를 밀어 우물에 빠뜨리는 모습을 보면 마음에 분노[公怒]가 일어난다. 이러한 공희노의 발출과정을 보면 사단과 차이가 없다는 것이다. 따라서 이러한 공희노는 기발이 아니고 이발이라는 것이다.[44] 이것은 성호가 「중발」에서 말했던 순경順境

包四端於七情之中, 曰就善惡幾言善一邊. 己巳年 與李平叔書, 又申其矣, 以此言之, 則晩定之見, 亦從高峯也."

41 『順庵全集』 1, 「與李景協書 丁亥」, 91면. "朱子之言, 有曰喜怒人心也, 當喜而喜當怒而怒, 道心也, 反謂之其理發可知, 而先入之見, 卒難回頭, 喜怒終是形氣上分數多, 退陶氣順理說, 似無改評終守舊見."

42 『順庵全集』 1, 「與李景協書 丁亥」, 91면. "其始發, 未始不善, 則亦可謂之理發, 而不中節而後, 謂之氣發乎, 然則以一事之喜怒, 而始以理發言 中以氣發言, 其果成說乎."

43 뒤에 나오는 각주 71) 내용이 이것이다.

44 『貞山雜著』 卷8, 「答安百順」. "請以一事明之, 見孺子匍匐入井, 而有惻隱之心者, 旣爲理發矣. 若見孺子攀援出井, 則必有欣喜之心. 若見擠而落井, 則必有憤怒之心. 是喜是怒察其所從發, 則與彼惻隱宜無異, 此獨爲氣發, 可乎."

의 이발理發, 역경逆境의 이발理發과 유사한 것이다.

「고봉후설」에 대한 답변에서는 퇴계가 기지순리설氣之順理說에 명확한 견해를 가지지 못했기 때문에 고봉의 이론을 따랐고, 그 연장에서 「심통성정중도心統性情中圖」가 나왔다고 한다.[45] 다시 말하면 퇴계의 기지순리설氣之順理說이 잘못된 방향으로 나가 「심통성정중도」와 같이 사단이 칠정을 포함한다는 혼륜설로 나아가게 되었다는 것이다. 즉 「고봉후설」에 대한 퇴계의 답변이나 「심통성정중도」 등은 혼륜설을 인정하는 퇴계의 오류라는 뜻이다. 그에 비해 자신의 학설은 "사단에도 중절과 부중절이 있고 칠정에도 중절과 부중절이 있으니, 칠정의 중절은 기발에 불과하고 이것은 사단과 차이가 있다"고 말한다.[46] 즉 고봉은 성인의 칠정을 칠정의 중절로 처리했지만, 이병휴는 성인의 칠정은 원래부터 리에서 발하는 것이지 칠정의 중절은 아니라고 본 것이다. 따라서 공희노를 이발로 본다고 해서 반드시 고봉의 논리를 따르는 것은 아니게 된다.[47]

그리고 '미발未發 때는 이발理發이라고 했다가 이발已發 때 다시 기발氣發이 되느냐'는 안정복의 질문에 대해서는, 의리에서 발하는 것은 중간에 형기의 작용이 있더라도 끝까지 리의 발출이고, 형기에서 발하는 것은 희노의 중절이 있다고 하더라도 끝까지 기발이라고 하여[48] 이발과 기발의 근원적 이원성을 강하게 표명하여 퇴계학의 기본 의도를 계승한다. 다시 말하면 미발未發・기발已發을 막론하고 그것이 이발理發이면 끝까지 이발理發이고 그것이 기발氣發이면 끝까지 기발氣發이라는 것이다.

---

45 『貞山雜著』 卷8, 「答安百順」. "退溪氣順理之說, 固欠分曉, 高峯主張, 七情之發而中節者, 與四端初不異之論, 而退溪末乃從之, 故心統性情圖中圖云爾."

46 『貞山雜著』 卷8, 「答安百順」. "愚謂四端發於理, 而有中節不中節, 七發於氣, 而亦有中節不中節, 則七之中節者, 不過氣發之中節者, 安得與四之理發者, 無異乎."

47 『貞山雜著』 卷8, 「答安百順」. "高峯之意, 蓋以舜怒孟喜之類, 看作七之中節, 故其言如此, 然, 舜怒孟喜, 卽公喜怒之理發, 而非七之中節, 此不可不察也."

48 『貞山雜著』 卷8, 「答安百順」. "苟發於義理, 則雖過喜過怒而動了血氣, 不害理發, 苟發於形氣, 則雖喜怒中節不動形氣, 未免氣發矣."

이렇게 이병휴의 사단·칠정의 구분이 애매하고 복잡해 보이는 이유는, 성호의 「중발」이나 신후담과 같이 이발-사단, 기발-칠정의 도식을 버리고, 이발理發-공公, 기발氣發-사私라는 도식을 채택하고 있기 때문이다. 이런 이병휴의 논리대로 따라가 보면, 도심道心[공公]-이발理發-사단四端-성인聖人의 칠정七情이 되고, 인심人心[사私]-기발氣發-일반적인 칠정七情-부중절不中節한 사단四端이 된다. 이렇게 되면 도심-이발, 인심-기발은 말할 수 있지만, 사단과 공칠정公七情은 같고, 부중절한 사단은 사칠정私七情과 같게 되므로 문자적 의미의 사단과 칠정은 사실상 이발理發과 기발氣發로 분리할 수 없다.

안정복은 이병휴의 답장에 대하여 다음과 같이 말한다.

> 주신 서찰 내용이 명백하고 통쾌해서 조금도 의문스러운 데가 없습니다. 그중에서도 우물에서 어린애가 구원되는 모습을 보고 기뻐하고[公喜]어떤 사람이 어린애를 우물로 밀어 넣는 데 화를 내는 것[公怒]으로 실질적인 이발理發의 증거를 삼았으니 무엇을 다시 논하겠습니까? 그렇지만 퇴계께서 하신 말이 언제나 저에게 선입견이 되어 그 속에서 빠져나오기가 어렵고, 윤동규까지 구견舊見인 『사칠신편』을 고집하고 있습니다. 이 때문에 저는 항상 의심하게 되니, 둘 다 그대로 두어서 후인들이 채택하도록 미루어 두고자 합니다. 다만 퇴계 이후 몇백 년이 지난 지금에 와서 간곡하게 말하고 힘써 쟁변하신 퇴계의 학설이 도리어 고봉高峯 투가 되어 가고 있으니 그것이 의심스러운 것입니다. 만약 지하에 있는 퇴계가 다시 살아날 수 있다면 지금 이 상황에서 어떻게 말씀하시겠습니까? 이런 까닭에 저로서는 감히 확정적인 말을 못하고 있는 것입니다.[49]

49 『順庵全集』 1, 「答李景協書 丁亥」, 92면. "示諭明白痛快, 無一毫可疑. 而其中因孺子之援井擠井而爲喜爲怒者, 實是理發之左契, 更復何論. 然陶山之語常爲先入之主, 每每纏繞難脫, 而尹丈堅執舊說. 故愚每致疑, 而欲兩存之, 以待後人之採擇. 但陶山以後至今數百年, 古口力爭者, 還歸高峯之套, 是可疑也. 若九原可作退陶李子, 將如何云也. 是以弟, 則不敢質言

이것은 이병휴의 공희노이발公喜怒理發에 대한 설명이 논리적으로 타당할지라도 안정복 자신은 퇴계의 기지순리설만 따르겠다는 의지를 표명한 것이다. 특히 이병휴가 고봉의 칠정의 중절中節로서 공칠정이발公七情理發과 자신의 공칠정이발公七情理發이 다르다고 역설하고 있지만, 안정복은 그것의 차이가 분명하지 못하기 때문에 이병휴의 설을 인정할 수 없다고 한 것이다. 그러나 공희노이발설公喜怒理發說과 기발설氣發說을 병존시켜 후학자의 판단을 기다리자고 한 것은 어느 정도 이병휴의 견해를 수용한 것이라고 볼 수 있다. 그런데 시간이 지나면서 안정복의 인식에 미묘한 변화가 일어난다.

> 사단칠정의 공희노公喜怒설에 대하여 저는 이전까지 퇴계의 기지순리설만 굳게 믿었기 때문에 형께서 이 어리석음을 깨우쳐 주기 위하여 전후 누차에 걸쳐 말씀을 주셨지만 아무래도 의문이 풀리지 않았습니다. 그런데 얼마 전에 퇴계 본집本集을 다시 보았더니 「고봉후설」이 있은 후에 선생이 답하기를, '내가 한 말이 과연 온당하지 않은 데가 있는 것 같다'고 하고는 그 후로 다시 이것에 관한 말을 하지 않았던 것으로 보아 선생의 뜻을 알 만했습니다.[50]

안정복 자신은 퇴계의 공희노公喜怒를 기발이승지氣發理乘之에서 기지순리氣之順理로 이해했다가, 이제는 고봉의 공희노이발설公喜怒理發說을 퇴계가 인정했다는 사실을 분명히 알았으므로 자신도 이 견해를 따르겠다는 것이다. 그러나 안정복이 고봉의 공희노이발설을 인정했다고 해서 이병휴의 공희노이발설을 인정하는 것은 아니다. 안정복의 공희노이발설은 대산 이상정과의 연계 속에서

耳."

50 『順菴全集』 1, 「與李景協書 庚寅」, 96면. "四七公喜怒之說, 前日固守退陶氣之順理之言, 兄前後牖蒙非一, 而終不釋然矣. 日前更考本集, 高峯後說後先生答, 鄙說果似有未安云, 而其後更不提說, 則先生之意, 亦可知矣."

얻어진 것으로 이병휴의 공희노이발설과는 그 맥락이 다르다.

4. 영남퇴계학파와 연계에 의한 혼륜설渾淪說의 수용

사단칠정을 둘러싸고 퇴계의 본 의도가 무엇이냐 하는 것은 당시 근기남인의 성호학파뿐 아니라 영남의 퇴계학파에게 있어서도 매우 중요한 논변이었다. 그 큰 줄기는 대체로 세 가지가 있었다.

먼저 우담愚潭 정시한丁時翰－대산大山 이상정李象靖으로 이어지는 상수적相須的 호발론互發論이다. 이것은 이발기수지理發氣隨之 기발이승지氣發理乘之의 해석을 혼륜의 틀 속에서 주리・주기라는 분개로 이해하는 방식이다. 사단과 칠정은 모두 리理와 기氣의 동시적 작용[相須]에서 나타난다는 점에서만 보면 사단과 칠정은 구분되지 않고 오히려 칠정이 사단을 포함하는 관계가 되는데 이것이 혼륜설渾淪說이라는 것이다. 그리고 이것이 바로 「심통성정중도」의 중도와 「이평숙삼서」에서 말하는 내용이라는 것이다. 그리고 사단과 칠정은 주리・주기 — 이발기수지理發氣隨之: 리와 기가 동시에 작용하면서 리가 위주가 된다. 기발이승지氣發理乘之: 리와 기가 동시에 작용하면서 기가 위주가 된다 — 에 의해 구분되는 분개설이다.[51] 이 논리의 핵심은 '고봉－율곡으로 이어지는 율곡학파가 이발기수지理發氣隨之를 이선기후理先氣後, 기발이승지氣發理乘之를 기선이후氣先理後로 이해하는 것은 퇴계의 학설을 곡해하는 것'이라고 반론을 제기하는 데 있다.[52] 그러나 혼륜 속에서 주리・주기의 구분은 명확한 소종래의 구분이 아니고 관

51 『大山集』 1, 「答李希道」, 414면(文集叢刊). "四端非無氣, 而理爲主, 七情非無理, 而氣爲主. 其曰理之發, 氣之發."

52 『愚潭集』, 「四七辯證」, 325면(文集叢刊). "今栗谷, 乃以退溪爲全不知, 理氣無先後無離合, 而創爲互發之說者, 然亦可謂不知退溪者矣."

점의 차이라고 볼 수 있기 때문에 사단과 칠정이 명확히 구분되지 않는 점이 있다.

두 번째로 청대淸臺 권상일權相一의 시간적時間的 호발설互發論이다. 이것은 상수적 호발론에 내재되어 있는 혼륜설의 애매함을 극복하고자[53] 과감하게 이발기수지理發氣隨之를 이선기후理先氣後, 기발이승지氣發理乘之를 기선이후氣先理後로 해석하는 것이다.[54] ― 이발기수지理發氣隨之: 리가 먼저 발하고 나서 기가 따른다. 기발이승지氣發理乘之: 기가 먼저 발하고 나서 리가 탄다 ―. 이것은 상수적 호발론에 비해 사칠의 소종래를 뚜렷이 할 수 있다. 그러나 논리적 차원[本源處]이 아니라 실제적 현상[流行處]에서도 이선기후理先氣後를 뒷받침할 수 있는 형이상학적 근거를 마련하기 어렵다. 청대 권상일은 바로 이 점에서 성호와 대산의 공박을 벗어나지 못하였다.

세 번째는 성호의 기氣의 이분법에 의한 '형기形氣 매개 없는 이발기수지理發氣隨之'와 '형기가 매개된 이발기수지理發氣隨之'의 구분이다. ― 이발기수지理發氣隨之: 형기가 매개되지 않은 채 외감내응外感內應한다. 기발이승지氣發理乘之: 형기가 매개된 채 외감내응한다 ― 성호는 이 논리로 『사칠신편』에 내재되었던 상수설에 기인한 혼륜의 애매함을 벗어났다고 자부하고, 권상일의 시간적 호발론은 퇴계의 본의가 아니라 율곡의 오해에서 비롯된 것이라고 주장하였다.[55] 이런 논리의 연장에서 「심통성정중도心統性情中圖」[56]와 「이평숙삼서李平叔三書」의 내

53 『淸臺全書』, 「答李子新」, 127면. "若可分而不分, 渾淪爲說, 則實非退翁本意, 而於理氣原頭, 竊恐有豪釐之差也."(子新 : 星湖의 字)

54 『淸臺全書』, 「答禹大來」, 181면. "退翁於四端, 則先言理發, 而繼以氣隨二字, 於七情, 先言氣發, 而繼以理乘二字."

55 『星湖先生文集』, 「答權台仲」, 250면. "若曰, 方寸間出入之氣, 或理先而氣來隨之, 氣先而理方乘之, 寧有是義. 栗谷錯着先生之語, 遽有互發之誚, 何異隔靴爬痒耶, 互發斷無是理." 이 부분은 『星湖全書』에는 없음.

56 『星湖全書』 2, 「心統性情解」, 1241면. "且其所上三圖中, 第二第三圖卽先生自爲也, 造意之密, 則必有所存, 而於統性情之義, 亦未見十分剔發, 其排例繁複, 只益蒙學之惑亂也."

용은 퇴계의 모순[57]이라고 하였다. 퇴계의 모순까지 지적한 성호의 새롭고 신기한 학설을 이상정과 권상일은 받아들이지 않았다.

근기에서 퇴계학을 계승하고 있다고 자부하는 성호와 영남에서 소퇴계小退溪로 불리던 이상정은 직접적인 대면과 논쟁은 없었지만 서로를 잘 알고 있었다. 그런데 당시 신후담이 영남의 여러 서원을 방문하여 성호의 「중발」에 영향을 준 자신의 새로운 사칠론을 강의한 적이 있었다.[58] 특히 이상정과도 사칠론에 대하여 토론을 하였는데 이상정은 이 새로운 학설에 대하여 우려하고 있었다.[59] 따라서 이상정은 성호학파 내부에서 「중발」의 폐지를 주장한 윤동규를 높이 평가한다. 그리고 성호가 「중발」을 버리고 『사칠신편』으로 복귀한 것을 다행스럽게 여겼다.[60] 이러한 분위기에서 안정복은 이상정에게 이병휴로부터 받은 편지의 내용을 요약하여 그 견해를 묻는다.

> 그런데 근래 이쪽에는 "공희노는 이발이다"라는 주장이 있습니다. (…) 이것은 고봉의 논리와 비슷합니다 — 소주小註: 고봉은 칠정도 절도에만 맞으면 모두 이발이라고 하여 이 논리와는 조금 다름 —. 퇴계가 「고봉후론」 뒤에 답答하는 편지에서 '내 말이 잘못된 점이 있으니, 어찌 다시 자세히 생각해 보지 않을 수 있겠는가?'라고 한 말이 있습니다. 그 후 「심통성정중도」 및 「답이평숙」에서 모두 고봉의 선일변善一邊이란 주장을 따르고 있

57 『星湖全書』 2, 「答李汝謙 庚申」, 1101면. "故三書(李平叔)云爾. (…) 今以只擧七情之故, 而謂包四者在中, 可乎. 若爾, 則不獨氣隨理乘之說, 爲未通, 雖朱子本說, 亦不免爲太分析之歸矣."

58 愼新, 『河濱先生年譜』. "(英祖)二十二年丙寅先生四十五歲, (…) 訪李注書象靖於安東, 注書南岳李尙書外曾孫, 其所論學, 皆術南岳也, 訪權院長榘於安東, 講庸學易及四七說."

59 『順庵全集』 1, 「答李景協書 戊子」, 93면. "頃者韓(韓鼎運)自嶺來過, 謂見李延日象靖, 道其文行之美, 且傳其言云, 昔年愼耳老氏過嶺時歷訪, 有講論之樂, 而其理氣庸學諸說, 皆背先儒已定之論, 而自立門戶者多, 果然半平生讀書, 皆歸虛云云."

60 『大山集』 1, 「答韓士凝」, 110면. "星湖重跋與新編, 所載相反, 施卽抹去, 其不滯於一隅, 而卒歸於正, 可見用心之公, 而造理之深也."

기에 늘 의심을 품고서도 질문할 곳이 없었습니다. 그런데 영남은 퇴계 선생의 공부 자취가 남아 있는 곳이니, 그 연원을 주고받는 과정에서 문자文字 이외에 들으신 이 틀림없이 있을 것입니다. 그래서 지난번에 질문을 올려 지극히 공정한 논리를 듣기를 원했습니다.[61]

여기에 대하여 이상정은 퇴계가 고봉의 공희노이발설에 대해 자신의 잘못을 인정하고 난 후 다시 여기에 대한 언급이 없었음을 안정복에게 알려 주었다.[62] 즉 공희노이발설은 퇴계의 만년정론이라는 것이다. 사실 혼륜설을 주장하는 이상정의 입장에서 보면 퇴계가 고봉을 인정하였다고 하더라도 아무런 문제가 되지 않는다. 왜냐하면 혼륜설에서는 칠정이나 사단 모두가 이발[성발위정性發爲情]의 의미]이고 이때는 칠정이 사단을 포함하기 때문이다.[63] 그리고 「심통성정중도」는 혼륜설 중 선일변을 말하는 것이고 하도의 분개설과는 다르다고 하

---

61 『順庵全集』 1, 「與李景文書 庚寅」, 122면. "近來此中有公喜怒理發之說, 其言曰 (…) 此如高峯之論略同矣(小註: 高峯則幷與七情之中節者幷爲理發, 與此小異). 高峯後論末端所論, 退溪有鄙說未安, 敢不致思之語. 後來心統性情中圖, 及答李平叔書, 從高峯善一邊之論, 尋常抱疑無從質問, 而嶺南是先生藏脩之所, 淵源授受之際, 必有承聞於文字之外者. 故前日稟問, 欲聞至正之論也."

62 『大山集』 1, 「答安百順」, 290면. 퇴계의 "所論鄙說中, 聖賢之喜怒哀樂及各有所從來等說, 果似有未安, 敢不三復致思於其間乎"에 대한 안정복의 질문에 대하여 이상정은 "聖賢之喜怒哀樂及各有所從來等說, 果似有未安, 敢不三復致思於其間云云, 而其後未有一言之及於此. 如物格無極之說, 則其終不以高峯之說爲是也, 較然矣"라고 하였다. 즉 퇴계는 고봉의 성인 공칠정설은 인정하였다는 것이다. 그런데 「退溪先生文集攷證」[『退溪集』 3, 「文集攷證」, 360면(文集叢刊)]에서는 "聖賢之喜怒止其間大山曰 先生與高峯往復繳紛殆數萬言, 而始回頭轉腦, 變其前日之見, 蓋喜其大體之合, 而不復致詰於其餘, 後書有聖賢之喜怒哀樂及各有所從來等說, 敢不三復云, 而其後未有一言之及於此, 則其終不以高峯之說爲是也, 較然矣"라고 되어 있다. 즉 밑줄친 부분을 생략하고 재편집하여 퇴계가 고봉을 인정하지 않았다는 의미로 바꾸어 놓았다. 이것은 잘못된 것이다.

63 『大山集』 1, 「答李希道」, 412면. 이희도가 고봉의 七情의 中節은 四端과 다르지 않다고 하는 대산의 설에 불만을 품고 물었을 때, 이상정은 이렇게 대답한다. "皆不分理氣, 渾淪而言, 則七情之中四端包攝在裏, 此時何嘗言七情屬氣哉."

였다.[64] 또 「이평숙삼서」에서 사단칠정과 인심도심을 예시한 것은 분속은 같지만 이름이나 지위가 조금 다르다고 하였다.[65] 이 말은 「이평숙삼서」의 내용이 바로 혼륜설을 대표하고 있다는 뜻이다. 따라서 혼륜설에서 보면 사단이 칠정을 포함하는 것은 퇴계의 모순이 아니라 당연히 그렇게 되어야 한다는 뜻이다. 안정복은 이 편지를 받고 자신의 확고한 견해를 정립한다

> 성性이 형기 속에 떨어지면 기질지성이 작용하는데, 기질지성 가운데서 본연지성을 추출한 것이 바로 리理가 있는 곳입니다. 여기에서 기질과 서로 나누어져 두 가지 이름이 되는 것입니다 — 기질지성은 본래 본연지성에서 나온 것이다. 이는 하나의 성性이, 형기에 간섭된 후 기질지성이라고 하는 것이다 —. 이는 마치 심心은 하나이지만 나누어 말하면 인심・도심의 구분이 있고, 정情은 하나이지만 나누어 말하면 사단・칠정의 다름이 있는 것과 같은 것입니다. 리理 쪽에 속하는 것을 리에서 발현되었다 하고 형기 쪽에 속하는 것을 기氣에서 발현되었다고 하는 것이니, 혼륜과 분개는 이와 같을 뿐입니다.[66]

---

64 『大山集』 1, 「答安百順」, 290면(文集叢刊). "心統性情中圖, 蓋就渾淪言中, 拈其善一邊, 則原於天命之性而爲天下之達道, 與下圖之分開說者, 各是一義."

65 『大山集』 1, 「答安百順」, 290면. "答李平叔書論四七之與人道心類例, 分屬雖同而其名色地頭, 稍別"(참고: 「答李平叔三書」. "人心爲七情, 道心爲四端, 以中庸序朱子說及許東陽說之類觀之, 二者之爲七情四端, 固無不可, 滉前日答李宏仲云云者此也. 但若各就其名實而細論之, 則人心之名, 已與道心相對而立, 乃屬自家體段上私有底, 蓋既曰私有, 則已落在一邊了. 但可聽命於道心而爲一, 不得與道心, 渾淪爲一而稱之. 至如七情, 則雖云發於氣, 然實是公然平立之名, 落在一邊底, 故如樂記, 中庸好學論中, 皆包四端在其中, 渾淪而爲說"). 이상정은 퇴계의 이런 논리에 의해 혼륜설을 주장한 것이다. 따라서 이상정이 안정복에게 '四七人道心의 분속이 같다'고 한 것은 혼륜으로 보면 칠정이 사단을 포함하고 인심이 도심을 포함하고 있다는 의미라고 볼 수 있다. 실제로 안정복은 이상정의 이 편지를 받은 후 혼륜으로 말하면 인심이 도심을 포함하고 칠정이 사단을 포함한다는 논리를 사용한다.

66 『順庵全集』 1, 「與韓士凝 別紙」, 177면. "性既墮在形氣之中, 則氣質之性爲用, 而氣質性中, 抽出本然之性, 卽理之所在也. 於是與氣質相分爲二名(小註: 氣質本出於本然之性, 是一性,

위의 인용문은 전형적인 혼륜 분개설의 설명이다. 혼륜설로 보면 일성一性일심一心일정一情이고, 분개설로 보면 이성二性이심二心이정二情이 된다는 것이다. 안정복의 이런 논리는 바로 대산 이상정에게서 얻은 것이다. 따라서 안정복은 "퇴계의 가르침은 혼륜분개 네 글자에 불과하다는 소호蘇湖[대산]의 말이 옳습니다"라고 한다.[67] 이 혼륜 분개설을 비유로 설명하면, 사람이 말을 타고 가는 사태는 하나이지만, 이 하나의 사태에 대하여 사람을 위주로 말하는 것과 말을 위주로 말하는 것의 구분이 있다는 것이다.[68] 이것은 사단의 리와 칠정의 리가 다르지 않고 사단의 기와 칠정의 기가 다르지 않다는 것을 의미한다.[69] 이러한 논리에서는 사칠은 명확하게 구분되지 않는다. 따라서 이런 혼륜 분개설은 신후담, 성호의 중발, 이병휴 계열에서 형기와 심기心氣를 구분하여 사칠을 명확히 구분하기 위해 다양한 이론적 시도를 한 것과 다른 것이다.

5. 성호학파의 비판·종합을 통한 퇴계학의 계승

대산 이상정의 혼륜과 분개설을 따르는 안정복의 이론은 성호학파의 내부에서 쉽게 받아들일 수 없는 것이다. 왜냐하면 성호의 근본 의도 중의 하나가 바로 이 혼륜설을 벗어나 이발理發・기발氣發의 구분을 분명히 하고자 한 것이기 때문이다. 특히 이병휴를 잇고 있는 이기양과 권철신 등이 이러한 안정복의 설

而涉于形氣,然後謂之氣質之性). 是猶心一也, 分而言之, 有人心道心之別, 情一也, 分而言之, 有四七之異, 屬于理邊者謂之理發, 屬於形氣者謂之氣發, 渾淪分開如是而已."

67 『順庵全集』 1, 「與韓士凝書 庚寅」, 177면. "退溪之訓, 不出於渾淪分開四字, 蘇湖之言得矣."

68 『下廬集』, 「答李穉圭」 305면(文集叢刊). 下廬 역시 순암・대산과 같이 혼륜 분개를 따른다. 그리고 이것을 퇴계의 人乘馬 비유, 성호의 人乘馬 비유로 설명한다. 즉 사람이 말을 타고 가지만(혼륜) 그 안에서 주리・주기(분개)의 과정이 있다는 것이다.

69 『大山集』 2, 「四端七情說」, 243면. "四端所隨, 卽七情之氣, 七情之所乘, 卽四端之理也."

에 대해 두 가지 측면에서 성호의 학설을 벗어나 있다고 비판한다. 첫 번째는 공희노이발설을 부정하는 것에 대한 비판이고, 두 번째는 일성一性일심一心일정一情이라는 혼륜설에 대한 비판이 그것이다. 따라서 이기양과 권철신은 토론을 거쳐 안정복의 학설에 이중의 잘못[歧貳之中 又有歧貳者]이 있다고 판단하고 그것을 해명해 줄 것을 안정복에게 요구하게 되었다.[70] 여기에서는 비판의 핵심은 공희노에 관한 것보다는 일성일심일정론이다. 따라서 먼저 일성일심일정에 대하여 이기양과 권철신이 어떤 이론에 기초하여 안정복을 비판했는지를 추적해 보기로 하겠다. 이를 위하여 이기양과 권철신의 스승 역할을 하였던 이병휴가 안정복에게 보냈던 글을 중심으로 살펴보기로 하겠다.

> 이기理氣 두 글자는 범설汎說하는 것 — 일반적으로 말하는 것 — 이 있고, 범설汎說하지 않고 따로 가리키는 것도 있습니다. 범설로 하면 사단과 칠정의 발發은 이동기수理動氣隨가 되어 구별이 되지 않을 것입니다. 그러나 사단은 반드시 이발理發이라고 하고 칠정은 반드시 기발氣發이라고 하는 것은 각기 소속되는 것이 있어 뒤섞여지지 않습니다. 그러므로 여기에서 — 이지발理之發, 기지발氣之發 — 말하는 이기理氣는 결코 범설하는 것이

70 『順菴全集』 1, 「答權旣明書 庚寅」, 137면. "來書云 士興見與士凝書, 謂鄙說於歧貳之中, 又有歧貳者, 看來騂汗浹背, 所謂歧貳者, 似指龍湖公喜怒同歸七情之說, 其所謂又有歧貳者, 指鄙說之何句." 안정복의 一性一心一情論은 「與韓士凝書 別紙 庚寅」, 「答權旣明書 庚寅」, 「與李基讓書 庚寅」에서 집중적으로 나타나 있다. 이 편지들은 모두 이상정의 혼륜설에 대한 설명을 듣고 난 후[「答安百順 庚寅年」(1770)]에 이루어진 것이고, 내용상으로 보면 한정운·권철신·이기양의 순서로 보낸 것 같다. 한정운(士凝)은 영남의 이상정과 근기의 윤동규·안정복을 잇는 가교 역할을 하고 있었다. 그는 이상정으로부터 혼륜과 분개의 설에 대한 자세한 설명을 들었다. 마찬가지로 이상정의 편지를 받은 안정복에게도 혼륜과 분개의 설(혼륜 분개에 대한 안정복의 인용문: 「與韓士凝書 別紙 庚寅」)에 대해 자세히 들었다. 그런데 이기양은 이 「與韓士凝書 別紙 庚寅」을 보고 나서 권철신에게 안정복의 사칠설은 잘못된 것 가운데 또 잘못된 것이 있다는 식으로 말하였다. 이 말을 듣고 권철신이 이 내용을 안정복에게 편지로 알렸다는 것이다.

아니라 따로 가리키는 것이 있다는 것을 알 수 있습니다.[71]

일반적으로 우주 존재론, 감정 전체를—'이동기수理動氣隨'로 설명하는 사칠론四七論—설명하기 위해서는 리와 기가 항상 공존해야 한다. 즉 인간의 심리적 영역까지 포함한 우주 변화과정[天地理化氣化]으로 말하는 것이 범설汎說하는 리이고 범설하는 기이다. 이때의 리는 잘못된 사태에도 있어야 하는 리이고, 이때의 기는 제대로 된 사태에도 있어야 할 기이다. 따라서 이때의 이기는 가치중립적이라고 할 수 있다. 그러나 주자가 말하는 이지발・기지발은 리와 기가 각각 단독으로 쓰이면서 각각 선의 근원과 악의 근원으로 설정된 가치론적 이기론이다. 이병휴는 이 윤리적 영역이 인간심리를 포함한 우주론적 영역과 다르다고 생각한 것이다. 그리고 윤리적 영역에서는 선과 악이 이원적으로 뚜렷이 구별되어야 하는 것처럼 이지발과 기지발은 뚜렷이 구분되어야 한다고 여겼던 것이다.

이병휴는 이런 논리에 기반하여 새로운 심성론을 세우는데, 그는 먼저 성性[72]을 강충지성降衷之性・형기지성形氣之性・기질지성氣質之性으로 나눈다. 강충

71 『貞山雜著』 卷8, 「答安百順書」. "蓋理氣二字, 有汎說者, 亦有非汎說, 而別有所指者. 若汎說, 則四七之發, 理動氣隨, 似無異別, 而四必謂之理發, 七必謂之氣發, 各有修屬, 不容錯互, 則其言理氣, 決非汎說而別有所指, 可知矣."

72 퇴계는 본연지성과 기질지성을 이원적으로 분리해서 그것의 유비적 관계로 사단과 칠정을 설명하였다. 여기에 대하여 고봉과 율곡은 본연지성과 기질지성 두 성이 있는 것이 아니라 본연지성은 기질 속에 타재해 있는 것으로 성은 하나뿐이라고 하였다. 특히 율곡은 기질지성이 본연지성을 포함하고 있기 때문에 칠정이 사단을 포함하고 있다고 하였다. 여기에 대하여 정시한이나 이상정 중심으로 혼륜설을 주장하는 사람들은 성은 하나이지만 그 속에서 주리로 보는 본연지성, 주기로 보는 기질지성이 분리될 수 있다고 하였다. 그러나 성호는 주자의 논리에 근거하면 본연지성은 기질지성에 포함되는 것으로 하나의 성이 있을 뿐이라고 하여 퇴계설을 받아들이지 않았다. 그런데 신후담은 理發－公, 氣發－私라는 이원성을 확보하기 위해서 주자의 기질지성뿐 아니라 퇴계의 기질지성도 비판하였다. 즉 악의 가능성 근거가(일반적 칠정) 되기 위해서는 본연지성이 포함되어 있는 기질지성으로는 설명이 어렵다는 것이다. 따라서 그는 본연지성을 완전히 배제한 형기로만 뭉쳐진 形軀之性이라는 새

지성은 성리학에서 일반적으로 성즉리로 말하는 성[본연지성]이고, 형기지성은 본연지성[理]이 배제된 순수한 형기로만 이루어진 성이고, 기질지성은 강충지성과 형기지성을 포함하고 있는 것이라고 한다.[73] 특히 형기지성을 설정한 이유는 이 형기지성이 사단 이지발의 리와 아무런 관계가 없다는 것을 강조하기 위한 것이다. 그럼으로써 성의 차원에서 선과 악의 이원적 가능 근거를 마련하고자 한 것이다. 마찬가지로 인심과 도심 역시 이원적으로 구분한다. 인심은 신체에 대하여 형기가 작용한 것이고 도심은 성명지리性命之理에 대하여 심기가 작용한 것이라고 본다. 이런 의미에서 이병휴는 칠정의 근거인 기지발氣之發의 기氣 자가 형기인 것을 잘 모르는 데서 성리학의 개념이 복잡해진다고 생각한다.[74] 여기서 기를 구분하는 것[75]은 성호가 「중발」 이후 형기와 심기를 구분하는 방식이며, 또한 신후담의 설을 계승한 것이다. 이것은 이지발－강충지성－도심－사단[공칠정公七情], 기지발－형기지성－인심人心－칠정[부중절한 사단]이라는 도식을 칼로 자르듯이 분리하여 이들 사이의 어떤 혼륜 관계도 인정하지 않겠다는 것이다.[76] 이병휴의 이런 생각은 이기양과 깊은 교감 속에서 이루어

로운 개념을 도출하였다. 이병휴는 이러한 신후담의 설을 계승하여 자신의 심성론을 세워 나간 것이다.

73 『貞山雜著』 卷10, 「論人心道心四端七情降衷之性形氣之性氣質之性說」. "統而言之, 則四端卽道心也, 七情便是人心也. 道心原於降衷之性者也, 人心生於形氣之性者也. 所謂氣質之性, 則兼降衷形氣而言者也."

74 『貞山雜著』 卷11, 「人心道心四端七情圖」. "但氣發之氣字, 爲形氣. 形氣之爲人身, 知者蓋鮮. 後儒紛紛之辨, 皆由此誤也."

75 形氣와 心氣를 구별한 것은 성호학파만 그런 것이 아니었다. 노론의 수암 권상하도 形氣와 心氣를 구분하였다. 이 문제는 그의 학파에서 本然之氣, 氣質之氣라는 개념으로 발전하여 외암 이간과 남당 한원진 간의 未發心體 논쟁의 핵심 주제가 되기도 하였다. "人心生於形氣之私, 此氣字指耳目口鼻而言也. 七情發於氣, 此氣字指心而言也. 字雖同 所指絶異. 而從古諸賢每曰, 人心道心旣可如此說, 則四端七情獨不可如此說乎? 無乃偶失照勘而然耶?"(『寒水齋集』 卷21, 雜著, 「四七互發辨」)

76 『貞山雜著』 卷10, 「論人心道心四端七情降衷之性形氣之性氣質之性說」. "蓋上世之人, 知有一箇心, 而不知其發又有二者之殊, 故多迷於公私義理之際, 舜之告禹始判而分之, 曰人心危

진 것이었다.[77] 이기양은 아마도 혼륜을 인정하지 않는 이성二性이심二心이정二情론에 입각하여 안정복의 일성一性일심一心일정一情론이 성호의 학설을 벗어난 것이라고 비판했을 것이라고 추측해 볼 수 있다.[78]

여기에 대하여 안정복은 이상정설에 기초하여 권철신에게 일성일심일정의 혼륜설을 설명하고,[79] 일성일심일정을 직접 비판했던 이기양에게도 다음과 같이 해명한다.

> 리와 기가 합하여져 선과 악을 겸하는 곳에서는 성과 심과 정이 원래 다르지 않으니 정 역시 하나일 뿐이다. 원래 이기는 혼륜해서 말하는 것이 있고 분개하여 말하는 것이 있다. 말하는 사람들이 비록 나의 뜻을 고치려고 하지만 나의 뜻은 혼륜 분개라는 두 구절을 벗어나지 않으니 퇴계의 본설本說에서 고찰해 볼 수 있다. 그런데 지금 '정은 하나이다[情一也]'라는 구절을 혼륜으로 말한다고 하여 스승의 설을 벗어났다고 하니 나의 본의를 잘 알지 못한 것 같다. 그대는 혐의치 말고 다시 말해 주시기를 간절히 바란다.[80]

道心微, 如一刀兩段不相混淆, 使人得而審擇而行之, 何其明也."

77 『貞山雜著』 卷11, 「人心道心四端七情圖」. "余友士興嘗云, 若身者作圖, 明七情之出於此, 則人必易曉兼無辨爭, 其言甚善, 余於閑中, 重加深繹, 揭圖如右, 覽者察焉."

78 『順庵全集』 1, 「與李士興書 庚寅」, 184면. "旣明書言, 公以情一也之句, 太涉渾淪, 岐異師訓, 聞來瞿然失圖."

79 「答權旣明書 庚寅」의 내용은 「與韓士凝書 別紙 庚寅」과 「與李基讓書 庚寅」에서 설명하는 一性一心一情론의 내용과 유사하다. 다만 이 편지에는 안정복 자신이 이상정에게 보낸 편지에서 이병휴를 곡해해 전달한 것이 없다고 해명한 것이 덧붙여 있다. 즉 안정복은 '이병휴의 공희노이발설은 고봉과 조금 다르다'고 이상정에게 말했는데, 여기에도 권철신이 불만을 품은 것 같다.

80 『順庵全集』 1, 「與李士興書 庚寅」, 184면. "合理氣兼善惡, 性也心也情也, 原非有異, 則情亦一而已矣. 原來理氣, 有可以渾淪言者, 有可以分開言者. 談者雖更僕, 而不出此兩段, 退溪本說, 可考矣. 今以情一也之句謂之渾淪, 而岐貳師說, 則似未悉僕之本意也. 切願勿以爲嫌, 更乞示教也."

여기서 이기양의 질문의 핵심은 안정복의 설이 성호의 설에서 벗어난 것이 아니냐는 것이었다. 그런데 안정복은 성호의 설을 분명히 알고 있었을 것인데도 성호의 설이 어떤 것이냐에 대해서 아무런 설명이 없다. 대신에 이상정의 설에 근거한 혼륜 분개설이 퇴계의 본의에 맞다는 것이다. 이것은 성호의 설보다 퇴계의 설에 자신의 판단기준을 두겠다는 의미를 내포하고 있다. 그리고 안정복은 자신이 혼륜설을 주장하는 이유를 다음과 같이 설명한다.

> 기품지성氣稟之性도 잘 되돌리면 거기에 천지지성天地之性이 보존될 수 있는 것은 바로 성性이 하나이기 때문이고, 인심이 도심의 명령을 들을 수 있는 것은 심心이 하나이기 때문이다. 사단으로 발현된 것은 도심에 속하고, 칠정도 기지순리氣之順理에 따라 발현되면 그 또한 도심으로 돌아간다. 근래에 이병휴가 말하기를 "리에서 발현한 희노애락은 사단에서 발로된 리와 처음부터 다름이 없으니 똑같이 도심이라고 한다"고 하였는데, 칠정이 조절되어 중으로 돌아가는 것은 바로 인심이 도심을 따르는 것이다. 사단은 리에서 발현되고 칠정은 기에서 발현되는데, 기가 리에 따라 어그러지지 않으면 — 기지순리氣之順理하면 — 칠정이 사단의 명령을 듣는다고 하여도 될 것이다.[81]

이 인용문은 간단한 것 같지만 여기에 안정복 사단칠정설의 핵심 내용이 들어 있다. 첫째, 이상정으로부터 얻은 혼륜설이 들어 있다. 안정복은 사단칠정을 단순히 선악의 근원성과 그 발현 경로(소종래)만 문제 삼는 것이 아니라 이

81 『順庵全集』 1, 「與李士興書 庚寅」 184면. "蓋氣稟之性善反, 則天地之性存焉, 性一而已故也. 人心聽命於道心, 心一而已故也. 四端之發屬乎道心, 七情之順理而發, 亦當歸之道心, 而近來長川, 公喜怒之理發與四端所發之理, 初不有異, 則同謂之道心矣. 七情之節約歸中, 卽人心聽命於道心也. 四端發於理, 七情發於氣, 氣若順理而不致乖戾, 則雖謂之七情聽命於四端, 可也."

미 발현된 사단과 칠정을 수양 방법까지 포함하여 설명하고 있다. 즉 칠정이나 인심이 사단이나 도심의 명령을 듣는 관계가 되려면 사단·칠정과 도심·인심이 혼륜의 상태에 있어야 한다는 것이다. 그리고 또 칠정이 회귀해야 할 목표는 사단이고 인심이 회귀해야 할 목표는 도심인데, 이것이 그렇게 되기 위해서는 사단·칠정과 인심·도심이 혼륜의 상태에 있어야 한다는 것이다.

둘째, 윤동규의 공희노기발설이 들어 있다. 여기서 '칠정七情이 조절되어 중中으로 돌아가는 것[中節]은 바로 인심이 도심을 따른 것이다'라고 한 것은 퇴계의 기지순리설氣之順理說에 입각하여 공희노를 설명한 윤동규의 공희노기발설이다. 이것은 또한 안정복이 윤동규의 공희노기발설에 근거해 초기에 제기했던 문제의식과 같은 것이다. 즉 리에 근거한 사단은 확충할 수 있지만 기에 근거한 칠정은 중절해야 하기 때문에 성인의 칠정 역시 기지순리氣之順理에 의해 자연 중절된 칠정이므로 어디까지나 기발로 보아야 한다는 것과 같은 내용이다. 이렇게 해석하면 성인의 칠정은 결국 기지발氣之發인 것이다.[82]

셋째, 성호의 『사칠신편』과 유사한 논리방식이 들어 있다. 기지순리氣之順理한 칠정이 도심으로 돌아간다는 것은 다음과 같은 의미이다. 즉 그 출발은 기나 인심이지만 리나 도심에 의해 중절되었기 때문에 성인의 칠정은 내용적으로 이발의 사단과 같다는 것이다. 다시 말해 사단은 확충하고 칠정은 중절해야 할 감정이지만 기지순리氣之順理한 성인의 칠정은 내용적으로 사단과 같아졌기 때문에 다시 확충해야 할 감정이라는 것이다.[83] 기질지성도 잘 되돌리면 거기

82 『順庵全集』 2, 『擬問』, 520면. "主人曰 凡聖之七情, 雖有中不中之不同, 七情之所以爲七情, 一也, 則凡人之七情, 謂之發於氣, 而聖人之七情, 獨謂之發於理乎. 此理本善, 而可以擴充, 七情亦可以擴充乎, 苟使之擴充, 其弊將如何, 不可謂之理發也, 明矣. 故曰當然之七情發於正氣, 而稟氣質之淸者也, 不當然之七情發於客氣, 而稟氣質之濁者也. 雖有氣淸氣濁正氣客氣之分, 而其發於氣也, 則一也. 李子又有公七情, 氣之順理說, 實平正之論也."

83 『順庵全集』 2, 『擬問』, 522면. "然則 愛不可擴充 而仁然後 可以擴充者, 不亦宜乎 - 小註: 統以言之, 七情氣之發也, 而氣挾雜故, 不可擴充也. 分以言之, 則七情之得正者, 氣之順理者也. 順理, 則可以天理, 故 可以擴充."

에 본연지성이 보존될 수 있다고 한 것은 바로 기질지성—칠정—에서 출발했지만 기지순리氣之順理라는 수양을 통하여 다시 회복한 본연지성은 확충해야 할 감정이라는 것이다.[84] 이것은 성호가 『사칠신편』에서 성인의 공칠정은 형기에서 출발했지만 그것이 확장되어 내용적으로 공이 되었기 때문에 리발로 볼 가능성이 있다고 한 것과 유사한 것이다.

넷째, 공희노이발설의 의미가 들어 있다. '칠정도 (기지氣之)순리順理에 따라 발현되면 그 또한 도심으로 돌아간다. 근래에 이병휴가 말하기를 "리에서 발로한 희노애락은 사단에서 발현된 리와 애당초 다름이 없으니 똑같이 도심이라고 한다"라고 한 것은 '공희노가 도심 즉 이발이다'는 의미이다. 이것은 공희노 이발을 인정하는 것이기는 하지만 공희노가 근원적으로 리에서 발한 것이라는 이병휴 계열의 주장과 다른 것이다.

결국 안정복의 공희노설은 전체 구조에서는 이상정의 혼륜설을 따르고, 그 추구하는 방법에서는 윤동규의 공희노기발설을 따르고, 내용적으로는 성호의 『사칠신편』을 따르고, 결과만 놓고 보면 이병휴의 공희노이발설과 같은 것이다.

위에서 보았듯이 안정복이 공희노설에서 윤동규의 설을 완전히 따르는 것은 아니다. 뿐만 아니라 안정복이 완전히 이상정을 추종하게 되면서 혼륜설의 이해방식에 있어서도 윤동규의 설과 미묘한 차이가 난다. 특히 위에서 보았듯이 안정복은 사단칠정 인심도심이라는 이발已發 상태에서도 혼륜 관계가 성립하는 것으로 보았다. 그러나 윤동규는 미발未發 때는 혼륜설을 인정할 수 있지만 이발已發 때는 혼륜설을 인정하지 않는다.[85] 다시 말하면 미발未發 때는 심과 성은

---

84 『順庵全集』 2, 『擬問』, 522면. "且氣質之性善反, 則天理之性存焉, 天理之性, 亦不可擴充乎."

85 『邵南遺稿』, 雜著 卷4, 「四七辨記要」, 365면. "蓋理隨形氣之中, 而未發也, 豈有人心道心之別. 是所謂天命之性, 人生而靜, 渾然未發謂之中, 及其發也, 有理發氣發之異, 卽所以人心道心之分也."

혼연한 상태이지만 그 발출하여 정이 될 때는 분명히 두 가지로 나누어져 하나로 합하여 말할 수 없다고 하였다.[86] 그런데 이상정은 미발 때뿐 아니라 이발 때도 혼륜설이 성립한다고 본다.[87] 이러한 맥락에서 그는 윤동규설을 그대로 인정하지 않는다.[88] 이상정의 혼륜 분개설을 따르는 안정복도 이발已發 때 혼륜설을 인정하지 않는 윤동규를 다음과 같이 비판한다.

퇴계의 가르침은 혼륜분개 네 글자에 불과하다는 이상정의 말이 옳다. 윤동규는 혼륜설이 나올 적마다 리와 기를 하나로 보는 병통이 있을까 염려하여 반드시 배척하려고 하는데 이는 지나친 것 같다.[89]

이와 같이 안정복은 윤동규를 완전히 따르지는 않는다. 그는 퇴계의 본뜻을 가장 잘 계승하고 있는 영남퇴계학파의 이상정의 뜻을 따르겠다는 것이다. 그리고 그 이유를 다음과 같이 말한다.

사칠의 설은 둔한 사람은 깨닫기 어려울 뿐만 아니라, 지금 학자들의 폐단은 이것을 급급한 선무先務로 여기고 도리어 일상생활의 형이하학은 소홀히 여긴다. 그리고 지금 학자들 자신의 재주를 헤아려 볼 때 선배들의 백분의 일도 안 되는데 선배들도 터득하지 못한 성명性命의 근원에 관한 이치를 연구해 내겠다는 것이냐? 그 때문에 나는 퇴계의 가르침을 고수하여 감히 이를 벗어나 다시금 다른 뜻을 찾아보지 않는 것이다.[90]

---

86 『邵南遺稿』 卷7, 「答趙參逵」, 217면. “孟子所言四端原於道心, 中庸樂記禮運好學論四說, 由於人心. 蓋性與心本一也, 而其發而爲情, 分明二路, 不可强合而爲一說也.”

87 『大山集』 1, 「韓士凝」, 109면. “蓋渾淪分開四者, 蓋就發處分合看耳.”

88 『大山集』 1, 「答韓士凝」, 110면. “尹丈所引, 答胡廣仲書, 樂記動靜說, 中庸序說, 答蔡季通書, 深荷勘批之意. 然前二說所謂渾淪言者也, 後二說卽所謂分開言者也.”

89 『順庵全集』 1, 「與韓士凝書 庚寅」, 177면. “尹丈每說到渾淪處, 却恐有理氣一物之病, 必欲斥之, 此則過矣.”

안정복은 자주 사칠설에 대해 스스로는 뚜렷한 견해가 없다고 말하였지만[91] 실제로는 그가 사칠설에 관심이 없었던 것도 아니고, 거기에 대해 공부를 하지 않은 것도 아니다. 윤동규나 이병휴가 안정복에게 자신들의 학설을 설명하면, 안정복은 그 의미를 정확하게 이해한 점으로 미루어 보아도 알 수 있다. 또 그가 다른 사람들에게 함축적인 내용으로 그것을 설명하는 것으로 보면 자신의 견해가 뚜렷하지 않은 것도 아니다. 다만 그는 위의 인용문에서 말하고 있듯이 새로운 이론을 세우는 데 급급하여, 실천을 소홀히 하는 것을 염려하고 있는 것이다. 실천 없는 이론을 가지고 논쟁을 벌이면서 성호학파 내부가 분열되는 양상을 우려하고 있었던 것이다. 실천을 기준으로 한다면 퇴계설로도 충분하다는 것이다.

사실 성호학파 내에서 문자 그대로 성호를 따르는 인물은 아무도 없었다. 모두가 성호의 의도를 자기 나름대로 재해석했던 것이다. 그 가운데 안정복은 성호의 의도가 궁극적으로 퇴계의 계승에 있었던 것으로 보고, 성호의 학설을 퇴계의 전통이 가장 잘 보존되어 있던 영남의 퇴계학파와 다르지 않다고 해석한 것이다.

6. 결론

성호학파 내부 논쟁은 크게 두 가지로 나누어 볼 수 있다. 첫 번째는 공희노公喜怒 기발氣發・이발설理發說이다. 윤동규의 공희노기발설은 이발－도심－사단

90 『順庵全集』 1, 「與韓士凝書 庚寅」, 177면. "四七之說, 不惟鈍根難通. 大抵今世學者之弊, 以此爲汲汲先務, 而反忽於下學日用, 此自量己之才分, 不及先輩十百之一二, 則至如性命原頭, 能究得先輩之不得之理也. 是以固守退溪之訓. 不敢外此而更求別意也."

91 『順庵全集』 1, 「上星湖先生書 壬午」, 59면. "四七之義,小子蒙不知之, 但見李子說而好之, 後見栗谷說而疑之, 及見先生新編, 而後始釋然."

이고 기발-인심-칠정이라는 퇴계의 기본 도식이 끝까지 지켜져야 한다는 신념이 내포되어 있다. 따라서 내용적으로 이발처럼 보일 수 있는 공희노는 기지순리氣之順理한 기발이다. 이병휴의 공희노이발설은 이삼환을 거쳐서 정약용에게 명확히 나타나는데,[92] 그것은 이발-도심-중절한 사단-공칠정, 기발-인심-부중절한 사단·사칠정이라는 도식이다. 이들 논쟁의 핵심은 이발·기발의 기준이 사단·칠정이라는 명목이냐 아니면 공과 사라는 개념이냐 하는 문제이다.

여기에 대해 안정복은 기본적으로는 윤동규의 기지순리설氣之順理說을 따라서 공희노를 칠정의 명목으로 보았다. 그러나 다른 한편 공희노의 실제적 내용은 리理에서 발현한 사단과 같이 확충해야 하는 것이라고 한 것은 개념적 의미에 의해서 그렇게 본 것이다. 따라서 안정복의 공희노설이 갖는 성격은 공희노 이발·기발의 절충론이라고 할 수 있다. 이런 절충론은 이상정의 혼륜설을 받아들여 성립한 것이다.

두 번째는, '혼륜설을 어떻게 볼 것이냐' 하는 것이다. 윤동규는 이것을 미발 때만 인정하고 이발 때는 인정하지 않는다. 그렇지만 안정복은 미발 때와 이발 때 모두 혼륜설을 인정한다. 이병휴 계통은 미발과 이발을 막론하고 혼륜설은 결코 인정하지 않는다.

여기에는 '퇴계설을 어떻게 계승해야 하느냐'라는 문제의식이 깔려 있다. 퇴계는 고봉과의 논쟁과정에서 일반적 감정인 칠정과 순수 도덕적 감정인 사단을 명확히 구분하고자 하였다. 그렇지만 한편으로 분리의 의도와 모순될 수 있는 「이평숙삼서」, 「심통성정중도」와 같은 내용의 혼륜설이 있다. 여기서 이병휴 계열은 퇴계의 감정의 이원적 분리 의도를 명확히 하는 것이 퇴계를 계승하

92 안영상, 「성호학파의 우주론과 도덕실천적 심성론의 분리」(『민족문화연구』 32호)에 의하면 다산의 「西巖講學記」, 「理發氣發辨一」, 「理發氣發辨二」에 나타난 다산의 사단칠정론은 이병휴의 설이 이삼환을 거쳐 다산에게로 전달되어 형성된 것으로 본다.

는 것이라고 생각하여 혼륜설을 철저히 배제한 것이다. 이 과정에서 「이평숙삼서」, 「심통성정중도」를 퇴계의 모순으로 처리한 것이다. 퇴계의 오류를 지적하면서 퇴계의 의도를 명확히 계승하려는 것이다.

여기에 비하여 안정복 계열은 퇴계 철학을 무오류적으로 이해하는 것이 퇴계를 계승하는 것이라고 생각한 것이다. 때문에 감정의 이원적 분리 의도와 모순적으로 보일 수 있는 것을 혼륜 속의 분개로 이해하여 「이평숙삼서」, 「심통성정중도」를 무오류라고 본 것이다. 즉 퇴계의 감정의 이원적 분리 의도보다 무오류를 강조한 것이다.

또 여기에는 '율곡철학을 어떻게 보아야 하는가' 하는 문제의식도 들어 있다. 먼저 혼륜설을 주장하면 칠정이 사단을 포함한다는 율곡의 칠포사七包四를 인정하는 것이다. 그렇지만 분개설에서 주기, 주기에 의한 사단칠정을 구분한다. 따라서 이 계열은 퇴계철학이 율곡철학을 포함 — 혼륜 — 하고 있으면서, 동시에 율곡학파가 보지 못한 사칠 구분의 논리 — 분개 — 를 가지고 있다는 것이다. 즉 퇴계철학은 율곡철학보다 더 종합적이라는 것이다.[93] 이들은 또한 혼륜설에서 전체 감정 발현의 길을 기발이승지氣發理乘之라고 하지 않고 이발 — 성발위정性發爲情의 의미 — 로 설명함으로써 리理의 우위성을 확보하려는 노력을 유지한다. 이는 후에 사단과 칠정이 이발일도설理發一途說이라는 이진상의 주장의 근거가 된다.

반면에 이병휴가 우주변화와 사칠의 전체 감정 발현을 설명할 때 처음에는 이동기수理動氣隨 — 범설汎說하는 이기理氣 — 라고 하였지만 후에는 기발이승지氣發理乘之라고도 바꾸어 설명한다. 이것은 인간심리 현상을 포함한 우주론은 율곡의 기발이승지의 설이 옳다는 것이다. 그리고 이것은 다산에게 이어져 '천지만물을 총괄하는 곳에서는 기발이승지가 옳다'는 식으로 나타난다.

---

93 『大山集』 1, 「答李希道」, 24면. "自夫文成之徒, 專主渾淪之論, 則後之議者, 不得不摘其偏而訂其謬."

이러한 안정복과 이병휴 계통의 사칠론 이해에는 '우주관과 심성론의 관계를 어떻게 보아야 할 것인가?' 하는 철학적 문제가 깊숙히 개입되어 있다. 먼저 안정복은 일성一性·일심一心·일정一情은 사단과 칠정이 구분되지 않는다고 하였다. 마찬가지로 이병휴의 범설하는 이기론에서는 사칠이 모두 이동기수理動氣隨로 구분되지 않는다고 하였다. 따라서 안정복의 혼륜설과 이병휴의 범설은 사칠을 막론한 전체 감정의 발현을 기계적으로 설명하는 심리학적 설명이라고 할 수 있다. 우주의 변화과정도 여기에 속한다. 그리고 여기서는 둘 다 사단과 칠정을 이원적으로 구분하지 않는 율곡을 인정한다.

다른 한편 안정복의 이발기수지와 기발이승지는 혼륜설에 근거해 있다. '리理와 기氣가 상수相須하는 관계에 있다[理與氣相須而爲體 相待而爲用]'에서 주리냐 주기냐를 따지는 것이다. 우주론으로 설명하는 리理, 가치론으로 말하는 사단의 리理와 칠정의 리理는 같은 것이다. 또 우주론적 기氣, 사단의 기氣와 칠정의 기氣는 양적 차이는 있지만 질적으로는 같은 것이다.[94] 다시 말하면 심리학적 현상을 포함한 우주론적 이기理氣의 바탕 위에 사단칠정의 이기가 성립되어 있다. 다시 말하면 우주론과 가치론적 심성론이 일치되어 있다.

그런데 이병휴나 '범설이 아닌 이기理氣 — 리지발 기지발이라고 단독으로 쓴 이기 —' 혹은 다산이 말하는 인심상에서 전칭專稱하는 이기는 우주론이나 심리학적 설명을 벗어나 있다. 즉 사단의 리는 우주론적 설명의 기발이승지의 리가 아니고, 칠정의 기 역시 우주론적 설명의 기발이승지의 기가 아니라는 것이다. 즉 인간의 심리현상까지 포함한 우주론과 도덕가치 영역은 구분된다는 것이다. 이들은 주자의 이기심성 개념으로 이것을 설명하고 있지만, 사실 우주론과 심성론의 일치라는 주자학의 대전제를 벗어난 것이다.

---

94 黃德壹, 『拱白堂集』, 「書四七新編後」, 174면(文集叢刊). "故曰非但同理, 亦同氣, 又曰所謂人心血氣合做成, 何嘗以一氣或諸心, 或屬諸形."; 『大山集』 2, 「四端七情說」, 243면. "四端所隨, 卽七情之氣, 七情之所乘, 卽四端之理也."

이들의 논쟁을 한국사상사의 전체 흐름에서 살펴보면, 그들의 주장은 하나의 큰 분기점을 형성한다. 이병휴의 학설은 주자학을 벗어나려는 성호학파의 신진 학자들 사이에서 지지되었다. 즉 이병휴의 학설은 제자 이기양, 권철신, 이병휴의 양아들 이삼환, 이병휴의 조카 이가환, 이벽 등이 뒤를 이었고, 특히 이삼환은 서암사에서 강학회를 열고 이병휴 계열의 학설을 다산에게 전수한 것으로 생각된다. 그러나 이 계통의 대부분은 잇달아 일어나는 천주교 사건과 관련되어 탄압을 받음으로써 학맥의 흐름이 거의 이어지지 않게 되었다.

반면에 윤동규－안정복 계열은 자득적 경敬의 해석에 따른 탈주자학에 대한 우려감, 천주교 유입에 따른 경계심이 복합적으로 작용하여 성실하게 주자와 퇴계의 도를 지키는 것을 자기 학문의 목표로 삼았다. 그 과정에서 대산 이상정과 연계가 이루어지면서 성호의 학문은 영남에서 뿌리를 내릴 수 있는 근거를 마련한 것이다. 이후에 이 계열은 안정복의 제자 황덕일·황덕길 형제를 통해 허전에게 전수되고, 허전이 김해부사가 되면서 안정복 계통의 성호학파 학문은 경상남도 밀양·김해 쪽에서 뿌리를 내리게 된다. 이런 과정을 통해 성호 학문의 명맥이 끊어지지 않고 보존된 것이다. 이 점에서 안정복의 사단칠정론이 가진 사상사적 의의를 찾을 수 있을 것이다.[95]

95 이우성(1999), 「近畿學派에 있어서의 順庵의 위치」, 『한국실학연구』 창간호, 53면. 이우성은 이러한 의의를 "성호좌파가 당시 집권층에 의한 피의 숙청과 끊임없는 탄압으로 학맥이 단절된 뒤에 순암의 제자인 하려 그리고 하려의 제자 성재가 근기학파의 학통을 이어받아 남인 중의 일대 종장이 되었던 것은 성호학통을 위해 적이 다행한 일이 아닐 수 없었다"고 평가한다.

도학과 실학 그 이분법의 극복

순암 안정복은 실학자인가

이동환

1.

우리는 조선 후기 사상을 논구할 때 도학과 실학 이분법으로 재단하는 관점을 은연중 가지고 있다. 도학에 대해 조금만 색다른 점이 있어도 곧잘 실학에다 연결시키려는 충동을 받고, 또 실제로 연결시키기도 한다. 계량적인 조사는 안 해봤지만 엄밀히 따지면 실학사상이라 하기 곤란하거나 아닌 사상에 '실학' 또는 '실학적'이라는 성격이 부여된 경우가 허다할 것이라. 이는 도학과 실학 이분법에만 집착하고 제3의 갈래가 존재한다는 생각에 미처 이르지 못한 탓일 터이다.

실학의 개념이 형성되고 실학사를 보는 큰 틀이 놓아지던, 실학의 본격적인 연구의 초기에 이런 현상이 있는 것은 용혹무괴容或無怪다. 그러나 실학 연구의 성과가 수월찮게 쌓이고, 따라서 여러 이론적인 문제도 상당히 정련精鍊되었을 것이 기대되는 지금에 와서도 그런 현상이 있다는 것은 하나의 문제다. 실학사 내지 사상사가 실제와 괴리되고 왜곡되어 실학사 내지 사상사의 갈래를 청초하게 파악하지 못하기 때문이다.

오늘 학술회의에서는 순암 안정복의 경우를 예로 들어 이 문제를 한번 시론試論하고자 한다.

2.

모든 사상사가 대개 그러하듯 실학사도 이념의 역사다. 이제까지 대체로 학계에서 명시적 혹은 묵시적으로 합의된 실학의 핵심 이념들을 열거해 보면 대개 이러할 것이다. 민생의 경제적 안정, 사상의 자유, 생활의 일정한 향유, 민족주체성, 궁극적으로 계급 타파에 도달 등의 지향이 될 것이다. 그리고 방법적으로 실사구시와 결합이 될 것이다. 모두 앞 도학시대에서 소홀히 하거나 금기하거나 자각하지 못한 이념들이다.

민생의 경제적 안정 지향은 경세치용학파와 이용후생학파가 내세운 실학의 제1의적인 이념이다. 농촌적인 분위기의 경세치용학파는 주로 토지제도 및 행정기구 기타 제도상의 개혁에 치중함으로써 민생의 안정을 도모했고, 도시적인 분위기의 이용후생학파는 주로 상공업의 유통 및 생산기구 일반 기술면의 혁신을 목표로 하여 민생의 안정을 도모하였다(이우성). 실학이 근본적으로 민생의 피폐함 앞에서 도학의 이기理氣 · 심성心性 논의가 현실성을 잃어 갔기 때문에 민생문제의 현실을 떠맡아 일어난 학문이고 보면 이 민생의 안정 지향은 실학 여부를 검증하는 데 있어 중요한 지표의 한 가지가 된다.

그 중요도에 있어서는 위의 민생 관련 지향에는 못 미치지만 거의 그것에 준하는 지표가 사상의 자유 지향이다. 훈구파와 오랜 정치투쟁 끝에 사림파가 승리, 집권한 16세기까지는 도학의 건전한 성장기였다. 이래 도학은 조선사회를 지배했다기보다 오히려 조선사회에 지배당했다는 표현이 더 적절할지 모른다. 그러나 하나의 사상이 거의 일원적一元的으로 한 사회를 율律하는 데서 오는, '다른 것'에 대한 원망願望 내지 욕구는 자각적인 인간의 한 본능이다. 더구나 17세기 중기에 접어들면서부터 행해지기 시작한 주자주의의 교조적 군림은 이러한 원망 내지 욕구를 오히려 조장하였다. 그래서 지식인 중에는 주자학을 이탈하여 양명학 또는 노장老莊으로 가는 이도 생겨났다. 그리고 마침내는 천주교로까지 가는 사람도 있게 된 것이다. 그러나 하나의 사상이 실학사상이기 위해서는 주자학을 벗어나되 어디까지나 유학, 주자학 이전의 유학의 원리에는 위배되지 않는 한에서임은 물론이다. 전형적으로 다산의 사상이 원시유학과 천주교의 경계선까지 진출했다. 연암의 상대주의적 인식 태도 등은 유학의 범위를 벗어난 사상이나 그의 이용후생 등 다른 부면의 유학적 요소가 이를 보충해 주었다.

다음으로는 생활의 일정한 향유 지향의 지표다. 극히 제한적이기는 하나 도학에서도 생활의 향유 지향이라 할 만한 것이 있어 왔다. 일례로, 공자의 '여점지탄與點之歎'의 고사를 이어받은 산림에서의 소요逍遙·음영吟詠이나 거문고의 탄주彈奏 같은 것이 거기에 해당한다. 그러나 실학에서 생활의 향유 지향이란 그런 소수의 특정 계층에 한하지 않고, 향유 매재媒材도 가급적 일정 정도 광범할 것을 요구한다. 그러기 위해서는 먼저 도학의 엄숙주의와 완물상지玩物喪志의 한제限制로부터 대중의 욕망·욕구가 일정 정도 자유롭게 되기를 요구한다. 대표적으로는 연암과 박제가의 서화書畵·고동古董에 대한 향유론을 들 수 있다.

다음으로는 민족주체성 지향의 지표다. 주지하듯이 동아시아의 중세는 주자학을 기반으로 하나의 세계주의 양태를 드러내고 있었다. 17세기 초엽 청조의 건국 주체와 적대관계가 되면서, 그리고 주자학도 일면 이완되어 가는 지점에서 중국도 점차 객관화되어 갔다. 이에 동아시아의 세계주의에는 균열이 왔고, 이 균열을 메우기 위해 사라진 명조의 여맥이 우리 동방에 있다는 왜곡된 민족주체의식이 확산되는 가운데 정상적인 민족주체의식도 일정 정도 함께 성장하고 있었다. 그런데 민족주체의식이 보편 현실이 되기에는 아직도 요원한 가운데 담헌·연암·다산은 단순히 주체의식을 넘어 민족'주의'로까지 접근한 조짐이 있다.

다음으로는 궁극적으로 계급 타파에 도달 지향의 이념이다. 이는 연암의 「의청소통소擬請疏通疏」, 다산의 「통색론通塞議」 같은 논설에 제시된 바, 아직 조정의 용인用人 차원에서 적서嫡庶·지역의 차별을 없애자고 주장했으나, 그러한 주장의 연장선은 마침내 계급 타파에 귀착된다. 실제로 정조正祖는 노비제를 혁파할 계획까지 했다.

끝으로 실사구시의 방법 문제다. 일반적으로 방법이 이념에 선행되지는 않는다. 그러나 도학이 내면주의를 강조하고, 따라서 그 논의가 너무 관념적으로 흐른 나머지 문제를 대하고 처리함에 있어 실제 상황으로부터 출발하여 과장이나 축소하는 일 없이 정확하게 결과 또는 결론에 도달하는 실사구시의 방법만으로도 여간 소중하게 생각되지 않을 수 없다. 예를 들어 유형원의 『반계수록』은 삼대三代 때 시행되던 왕도정치의 강령綱領만 남아 있고 절목節目은 다 인멸되었다는 문제의식에서 그 절목을 다시 부활시킨다는 이념으로 쓰여졌다. 이 이념은 탁고개금托古改今의 수사修辭로 보이기도 하지만 설령 작자의 말 그대로 믿는다 하더라도 가령 정전제井田制를 가급적 우리나라의 실정에 가깝게 하려고 4경頃을 1전佃으로 하는 전전제佃田制로 수정하는 등 실사구시의 방법으로 관철시키려 했다는 점에서 매우 실학적이다. 그러나 유형원은 이기理氣·사칠四七 논의가 도학의 테두리를 넘으려 하지 않았고, 독실한 배명주의자拜明主義者이기 때문에 그의 사상을 바로 실학사상이라 하기에는 곤란하다.

이상에서 이미 의심의 여지없이 실학자로 판명된 사상가의 사상에서 실학의 이념으로 학계가 대체로 공인하는 이념을 추출하여 열거해 보았다. 그러한 이념들이 다 현실화되면 바로 근대다. 그런데 이들 이념들이 모두 묘맥苗脈으로서 성장을 시작하는 듯하다가 사라지고, 19세기로 들어와서는 18세기의 열정이 시들어 갔다. 어쨌든 묘맥인 채로 이들 이념을 비교적 두루 갖추고 있는 사상가는 현재까지 연구된 결과로는 연암과 다산 정도일 것 같다. 나머지 판명된 실학자들은 위에 열거한 이념 중 일정 부분을 그들의 사상에 보유하되 상대적으로 이념성의 정도가 높거나, 또는 보유한 이념과 관련하여 그 하위 양식의 관념들을 비교적 풍부하게 증식增殖하고 있기 때문이다.

이제 이들 이념을 지표로 하여 순암의 학문을 검증할 차례다. 물론 지표를 계량적으로 적용한다는 것은 불가능하다. 그러나 실학사상의 핵심적 이념들을 지표로 설정하여 검증하는 것이 정황 조건에만 의존하여 판단하는 것보다 더 실상에 접근하는 길일 터이다.

3.

순암의 저작은 대개 네 부류로 나누어 볼 수 있다. 도학에 관련되는 부류, 사학에 관련되는 부류, 행정에 관련되는 부류, 그리고 시문 기타 부류가 그것이다. 그는 초서롱抄書籠과 저서롱著書籠을 비치해 두고 남의 저작은 베껴서 초서롱에, 그 자신의 저작은 저서롱 속에 담았는데, 초서롱 계系의 것으로는 현존 찬록물纂錄物인 『잡동산이雜同散異』를 포함한 60종이 되며, 저서롱 계의 것으로는 문집 외에 『하학지남』·『동사강목』 등 48종이 되나 현재 그 소재가 확실한 것은 6, 7종뿐이다(이우성). 사실 안정복의 저작은, 현재 그 전존 여부가 불확실하지만 『호유록戶牖錄』 한 가지가 더 있어 보인다. 위의 분류는 이 48종의 서명書名을 대상으로 하여 유별한 것이다. 확실히 방대한 양의 저작이다.

그런데 앞에서 열거한 지표로 검증해 본 바에 의하면 순암은 실학자로 보면 보수적이나, 도학자로 보면 진보적인 사상가이다. 하나하나 검증해 보자.

먼저 민생의 경제적 안정 지향의 이념이 어느 정도인가? 여기에 관련되는 저작으로 문집의 「정전설井田說」 외에 『하학지남』의 치도장治道章, 『임관정요』 「정어편政語篇」의 진제장賑濟章·권농장勸農章·부역장賦役章, 속편續編 「시조편時措篇」의 농상장農桑章·부역장賦役章·전정장田政章·조적장糶糴章·진휼장賑恤章이다. 특히 『임관정요』는 전적으로 치민의 책이다. 치민에 관한 성현의 훈어訓語와 기왕의 행적을 사례로 모으고, 조선 법전의 수준을 참작하여 자기의 견해를 꼼꼼하게 기술해 둔 책이다. 『반계수록』이 주로 제도적인 문제에 대한 기술記述인 데 대하여 『임관정요』는 실무적인 문제에 대한 기술이다. 다산 『목민심서』의 선하先河가 되었음직한 책이다. 이 한 가지로서도 순암의 애민의식의 정도는 십분 짐작된다. 더구나 『하학지남』은 '상달천리上達天理'의 의도가 담긴 하학 공부를 위한 책인데, 여기에 치도장治道章까지 넣어 박세렴薄稅斂 · 경요역輕徭役 · 이재理財 문제를 유념한 용심用心에 이르면 그의 애민의식의 도저到底함을 거듭 확인할 수 있다.

애민의식은 정도의 차이는 있어도 도학자 일반에게도 있었다. 그런데 애민의식과 민생의 문제에 대해 실무의식을 가지고 뭔가 조시措施의 방략方略을 강구하는 문제는 일단 별개다. 도학자들의 애민의식은 주로 민생의 윤리적인 안정의 측면에 발로되었다. 물론 순암도 그러하였다. 그러나 순암은 민생의 윤리적인 안정의 측면과 함께 경제적인 측면에서도 현실적인 조시의 방략을 강구했다. 다른 도학자 일반과 순암의 변별점은 바로 여기에 있다.

경제적인 측면에서 민생의 안정을 위한 조시의 방략을 강구했다 하나 농본사회인 중세 조선사회의 상식을 깨뜨릴 만한 놀라운 것은 없다. 『임관정요』 속편 「시조편」의 제 장章을 제하고는 대개 중국 제도의 평면적인 해명이거나(「정전설」), 중국의 유가 고전에서 뽑아 온 훈어訓語로 채우거나(치도장 · 진제장 · 권농장 · 부역장) 한 것이다. 다만 「시조편」의 제 장은 당시 농본경제에 의존한 백성들의 물질생활에 관련한 여러 문제들이 당시 상식의 수준이 닿는 데까지 구체적인 방략을 강구해 두었다. 농상장 한 절節을 보이면 다음과 같다.

> 수령이 된 이는 마땅히 법전에 의거하여 각 동洞에 권농관勸農官 1인씩을 둔다(1면面은 너무 넓어 검찰檢察을 두루 하기 어렵기 때문에 지금 각 동 단위를 따른다). 부실富實하며 부지런하고 성실한 자로 차임하되 다른 요역徭役은 면제해 주어 전적으로 농상農桑을 권면하는 데 신경을 쓰도록 한다. 수령은 그와 함께 다음과 같이 약정約定을 한다. "전지田地에 묵히는 땅이 있으면 죄를 받고, 갈고 김매기하는 때를 놓치면 죄를 받는다. 씨앗

곡식이 부족한 자에게는 네가 수령에게 고하고 주고, 소를 빌려 주지 않는 자는 네가 수령에게 고하고 다스린다. 수축修築해야 할 못과 보[堤堰]가 있으면 미리 수축하고, 손질해야 할 도랑이 있으면 농사철을 당하여 손질한다. 만약 제대로 하지 못하는 점이 있으면 너는 중벌을 받는다." 약조約條를 열거해 쓰고 권농관으로 하여금 봉초俸招(죄인이 공초供招를 받음)의 예例에 따라 서명을 하게 하여 약정서를 간수한다. 그가 부지런하냐 게으르냐를 따져 보아 권장하고 징계하는 정사를 행한다. 『경국대전』「장권奬勸」조에 이르기를 "힘써 업業을 하여 특이한 자는 매년 세말에 본조本曹에서 계록啓錄하여 권장하기를 농상農桑·종식種植·축목畜牧의 유와 같이 한다"고 했으니, 조종조祖宗朝에서 농업에 힘쓰기가 대개 이와 같다.

이「시조편」제 장에 드러난 바, 민생의 경제적 안정의 이념에 매우 적극적이었던 순암은 여실히 한 사람 실학자의 면모를 보여 준다. 비록 농본주의에 의거한 민생의 안정에만 생각이 미치고 상공업 등 좀 더 적극적인 민생 안정의 이념에는 상상력이 미치지 못한 한계가 있기는 하지만 그의 도학자적 체질과 당시 농업 일반의 체질상 어찌할 수 없는 일이다. 하지만 위의 인용문에서 보는 바, 실사구시적인 면모는 그의 다른 저작에도 드러나 있어 이 점까지 감안하면 그를 실학자라 하기에 인색할 필요가 없는 것같이 보인다. 그러나 다른 지표들에서 워낙 부족함을 드러낼 뿐만 아니라 그의 저작에는 도학 계열의 저작이 사학 계열 다음으로 많은 비중을 점하고 있기 때문에 역시 실학자라 할 수는 없을 것 같다.

다음으로 사상의 자유 지향의 이념을 보자. 여기에 관해서는 이우성 선생의 정핵한 논의가 있기에 이를 인용해 대신하고자 한다. 당초 이우성 선생의 논의의 관점은 녹암鹿菴 권철신權哲身과 대조되는 순암의 체질과 학문하는 자세를 말한 것인데 나는 그것을 사상의 자유 추구 여부와 관련지어 해석하려 한다.

"일찍이 안순암安順菴이 제자가 되기 위해 처음으로 찾아왔을 때 성호는 주자를 독신하는 순암에게 학문은 '자득'이어야 하며 스스로 새 지식을 넓히는 데 힘써야 한다고 역설하였다. '자득'이란 자기의 체득을 말한다. 옛 성현의 말씀을 그대로 따르는 것이 아니라 자득을 통해 그것을 확인해야 하는 것이니, 이 확인의 과정이 '치지致知'이며 이리하여 얻어지는 것이 '지식知識'이라는 것이다. 이 확인의 과정에서 옛 성현의 말씀이 얼마든지 의문시될 수 있기 때문에 성호의 '지식'주의는 다분히 비판적 성향을 내포하고 있는 것이다. 그런데 순암은 성호에게 배움을 청한 첫날부터 이 지식주의를 받아들이려고 하지 않았다. 순암은 오직 옛 성현의 말씀을 그대로 따라 성실히 실천에 옮기겠다고 하였다." (「녹암 권철신의 사상과 그 경전 비판」)

새로운 지식이 발전하여 새로운 사상이 생겨난다. 새로운 사상이 빚어지는 원천이라 할 수 있는 묵은 지식 혹은 사상에 대한 회의의 자세를 거부하는 순암에게 사상의 자유 추구란 당초에 의미가 없다. 새로운 사상에 대한 탐색이 다름 아닌 사상의 자유이기 때문이다. 천주교에 접한 녹암에게 그토록 규계規戒의 말을 해 마지않았던 사실도 새로운 사상에 대한 그의 금기禁忌의 태도를 단적으로 말해 준다.

소수의 특정 계층에만 한하지 않은 생활의 일정한 향유 지향도 그의 저작에서는 거의 볼 수 없다. 순암 자신은 산림에서의 소요·음영을 그런대로 향유했지만 여기에서 발전하여 그 밖에 다중多衆의 향유와 관련하여 하나의 객관적인 이념으로 성립시키는 데까지는 이르지 못했다. 그의 도학적 체질이 가진 한계다. 그에게 있어 욕망·욕구는 여전히 엄숙의 통제를 받아야 하는 대상인 것이다.

다음으로 민족주체성 문제다. 이 문제도 역시 이우성 선생의 논의에 빚을 지고자 한다. 선생은 「동사강목해제」에서 『동사강목』은 애국적 그리고 애민적 사상이 관류貫流하는 역사서로서 "오늘 민족주체의식이 문제되고 있는 때(1970년 전후의 상황을 가리킴) 이 『동사강목』을 고전으로서뿐 아니라 새로운 가치를 지니고 있는 것"이란 요지의 논의를 폈다. 여기서 선생은 순암의 민족주체의식과

『동사강목』을 정면으로 연결시키지 않고 피해 간 듯한 서술을 하였다. 이를 나는 『동사강목』에서 순암의 민족주체의식 파악에 다분히 유보적인 태도를 보인 것이라고 아전인수 식으로 해석하지는 않겠으나, 이 문제와 관련하여 한 가지 마음에 걸리는 것이 있다. 순암은 『천학문답』에서 '아조我朝'라는 말을 1차 쓰면서 '아중국我中國', '오중국吾中國'이란 말을 4차나 쓰고 있으며, 이에 따라 서술 시점이 문답자와 '중국'이 일체로 되어 있다는 것이다. 당시 천주교 문제는 순암에게 있어 성호학파에 잠복해 있는 하나의 뇌관과 같은 존재여서 일부러 중국으로 돌려 문답을 전개시킨 것이라 해석해 보지만 종시 석연치는 않다.

궁극적으로 계급 타파 도달을 지향하는 이념도 거의 검증되지 않고 보면 순암의 사상에서 실학의 다섯 가지 핵심적 이념 중 두 가지가 있는 셈이다. 핵심적인 두 가지 이념만으로도 실학사상으로 성립하지 말란 법은 없다. 앞에서도 말했지만 이념성의 정도가 강하고 그 하부에 증식된 같은 유형의 관념을 많이 거느리고 있는 경우라면 실학사상으로 보아도 무방하다. 그러나 순암 사상의 경우 민족주체성 지향의 이념을 『동사강목』 이외에는 그 하부관념들이 다분히 빈약한 증식을 보이고 있다. 말하자면 민족주체성 지향의 이념이 있어도 다분히 고단孤單한 형세로 있는 셈이다.

게다가 역시 앞에서 지적했듯이 그의 저작 중 도학 계열의 저작이 차지하는 비중이 있다. 그런데 그의 도학 이론은 주자와 퇴계의 이론을 넘어서지 못했다. 아니 넘어서려 하지 않았다. 다음 일단의 글은 저간의 소식을 잘 알려 준다.

> 황덕일黃德壹이 처음으로 선생[순암]을 덕곡德谷에서 뵙고 가르침을 받잡기를 청했다. 선생이 말씀하셨다. "학자의 규준規準은 마땅히 주자를 위주爲主해야 하고, 주자를 배우되 맨 먼저 퇴계를 배워야 한다." 그러고는 『이자수어李子粹語』를 주시면서 "이 책이 사람을 감발케 하는 데에 더욱 절실하다. 내가 받은 바 있다"라고 말씀하셨다. (『덕곡격언德谷格言』)

주자와 퇴계의 학설에 고착된 그가 저술한 도학 또는 도학적인 분위기의 서적은 다음과 같다.

『동열녀전東烈女傳』, 『의행가례擬行家禮』 3권, 『내범內範』 2권, 『영남선현전嶺南先賢傳』, 「성현도聖賢圖」 1장, 『논맹의문論孟擬問』, 『대학경설大學經說』, 『하학지남下學指南』 2권, 『어류절요語類節要』, 『가례집해家禮集解』, 『희현록希賢錄』(『삼성전三聖傳』·『양현전兩賢傳』·『희안록希顔錄』의 합집), 『홍범연의洪範衍義』 60권, 『소학강해小學講解』, 『동국근사록東國近思傳』, 『사시양성서四時養性書』 1권, 「도통도道統圖」

그가 실학자가 아님은 그에 대한 그의 제자들의 인식, 그리고 제자들 자신의 학문적 성향 내지 체질이 또한 웅변한다. 대표적으로 수문인격인 황덕일·덕길 형제의 『공백당집拱白堂集』과 『하려집下廬集』을 보면 알 일이다. 그리고 황덕길은 「순암 행장」의 마지막에서 "선생의 심학心學이 세상에 밝아지지 않음을 두려워 한다[懼夫先生之心學, 不明於世]"고 분명히 말했다. 그의 제자들은 그를 도학자로 인식하고 있었던 것이다.

그러나 실제 저작이 말해 주듯 순암은 도학자만도 아니다. 그렇다면 순암은 도학과 실학을 겸했는가? 외견상은 그렇다. 그러나 담헌이나 정조의 사상에서처럼 도학의 난숙爛熟한 발전 위에 그 발전의 필연적인 결과로서 실학을 겸유兼有하게 되는 경우와는 다르다 — 이동환, 「홍담헌 세계관의 두 국면」, 「정조의 성학과 그 성격」, 이 경우 도학은 실학의 철학적 기반으로 기능하고 도학과 실학의 논리가 통일적으로 파악된다 —. 그런데 순암은 도학과 실학 논리가 내재적인 연계 없이 무매개적으로, 우연히 한 실체 위에, 도학 논리의 우세 속에 병존한다. 말하자면 도학과 실학의 완충지대에 있는 사상가, 이런 유형의 사상가를 뭐라 이름해야 할까? 순암은 바로 이런 유형의 사상가다(순암에 대한 나의 이 견해는 아직 하나의 가설이다. 더 깊이 궁구해 가면 순암 나름의 도학과 실학 논리의 연계가 나올지 모른다. 그러면 순암은 담헌이나 정조의 유형이 될 것이다).

4.

조선 후기에는 순암 유형의 사상가가, 현재 실학사상가로 판명된 사람보다 월등히 많을 수도 있다. 도학과 실학의 완충지대를 포지抱持한 사상가들의 사상, 이 사상들은 이 사상들대로의 특색과 체계가 있고 많은 가능성을 내포하고 있다. 그래서 이 사상 자체대로의 접근은 조선 후기 사상사의 지형에 좀 더 많은 다양성과 활력을 제공할 것이다. 그런데 이러한 사상을 가진 사상가를 어느 한 쪽으로 억지로 몰아서 규정하려고 하면 사상의 다른 한 쪽을 희생시키거나 그 사상 전체의 모습이 일그러지고 만다. 이런 일이 반복되면 마침내는 사상사가 왜곡된다. 더욱 우려스러운 것은 실학의 정체성마저 무너진다는 점이다. 그야말로 실사구시적으로 접근하여 있는 그대로 규정해서 도학과 실학 이외 제3의 갈래의 존재를 정직하게 직시할 필요가 있다. 그래서 조선 후기 사상사를 보다 다양한 유형으로 파악해야 할 것이다.

순암 안정복의 학문적 연원과 그 특징

김인규

1. 머리말

순암 안정복(1712~1791)[1]은 우리에게 『동사강목』의 역사가로 널리 알려져 있다. 이는 지금까지 순암과 관련된 연구 성과만 보더라도 잘 설명해 주고 있다.[2] 그러나 순암은 역사가 이전에 탁월한 철학자요, 경세사상가였다.

순암은 35세에 당시 실학의 대가였던 성호 이익을 뵙기 이전에 『임관정요』(27세)의 초고본과 『하학지남』(29세)을 저술하였다. 이는 그가 성호에게 배우기

1 본관은 廣州, 자는 百順, 호는 順菴 외에도 漢山病隱・虞夷子・橡軒 등으로 불렸으나 순암이 가장 널리 쓰였으며, 시호는 文肅이다.

2 지금까지 논자가 읽어 본 28편의 순암 관련 논문은 사학 관련 논문이 13편, 정치 및 지방행정 5편, 서학 4편, 생애와 사상 일반 3편, 철학 2편, 기타 1편이 있다.

이전부터 이미 그의 사상 전반에 흐르고 있는 학문의 기본정신은 하학 중심의 실용지학이라고 하겠다. 이러한 학문의 기본정신은 그의 대표적인 저서인 『이리동약二里洞約』은 물론이고, 『동사강목』에도 그대로 녹아 있다고 하겠다.

순암의 경세론은 크게 두 갈래로 이해할 수 있다. 첫째는 향촌교화론이요, 둘째는 지방행정론이라 할 수 있다. 전자는 『이리동약』을 통해 향촌 사대부의 시각에서 자치적으로 유교적 향촌질서를 실현하고자 하였다면, 후자는 『임관정요』를 통해 지방 수령의 위치에서 모범적인 목민상을 정립하려고 하였다. 즉 『임관정요』가 지방행정의 책임을 맡은 수령의 책임을 통감하고 위정爲政의 지침을 마련한 것이라면, 『이리동약』은 주자의 『여씨향약呂氏鄕約』을 본떠 향촌 교화에 대한 구체적인 방안을 기술한 것이다.

특히 순암은 이러한 학문관을 바탕으로 그의 역사서술에 있어서도 철저하게 하학에 바탕으로 두고 『동사강목』을 저술하였다. 그는 종래의 사대주의적 사고와 중국 중심의 역사관을 배제하고, 스승인 성호의 삼한정통론三韓正統論에 입각하여 우리 민족사의 주체적 발전을 체계화시켰다. 뿐만 아니라 외래의 침략자를 격퇴한 역사적 사실에 유의하여 이를 적극적으로 서술하고 충신과 명장들의 훌륭한 업적들을 높이 평가하였으며, 무엇보다 국가의 대민시책에 있어서 백성들의 생활을 돌보지 않았던 시책에 대해서는 매우 비판적인 입장을 견지하였다.

본고에서는 순암의 대표적인 저서인 『하학지남』과 『임관정요』, 『동사강목』 등을 중심으로 학문관의 특징과 경세사상에 끼친 영향에 대해 고찰해 보고, 그 의의에 대해 살펴보고자 한다.

2. 학문의 연원과 사유체계

순암은 1712년 충북 제천현提川縣 유원楡院에서 아버지 안극安極과 어머니 전주이씨 사이에서 장남으로 태어났다. 그의 가계는 광주안씨로 조선조 초·중엽에 걸쳐 비교적 현달하였으나, 조선 후기에 이르러 당색이 남인인 관계로 점차 권력으로부터 소외되어 조부 안서우安瑞羽가 울산부사에 오른 것이 가장 현달하였으나 그나마 노론의 배척을 받아 곧 파직되고, 부친 때부터 벼슬길이 끊겨 관직과는 먼 불우한 선비 집안이 되었다.

이러한 불우한 가정으로 인해 어렸을 때부터 경향京鄕은 물론 외가와 본가를 오가며 생활하였다. 즉 순암은 4세 때는 서울 건천동의 외갓집에서 살았으나, 6세 무렵에는 어머니와 함께 전라도 영광 월산의 외갓집 농장에서 3년 간 기식하였다. 이어 9세 때 서울로 올라와 남정동에 살다가, 14세 때 조부를 따라 경상도 울산으로 이사를 갔으나 1년 만에 조부가 파직된 뒤 온 식구가 전라도 무주 적성산 아래 주계朱溪에서 살았다. 이처럼 경향京鄕 각지를 전전하며 생활하였던 까닭에 10세가 되어서야 비로소 『소학小學』을 읽었다고 한다. 그는 이때부터 박학에 관심을 두고 경經·사史·시詩·례禮 외에도 음양陰陽·성력星曆·의약醫藥·복서卜筮·병서兵書·노불老佛·패관소설稗官小說 등에 이르기까지 일찍이 읽지 않은 것이 없다고 하였다.[3]

그러나 순암이 본격적으로 학문에 뜻을 둔 것은 1736년 25세 때부터였다. 1735년에 조부가 세상을 떠나자 그 이듬해 경기도 광주廣州 덕곡德谷, 지금의 중대리 텃골의 선산으로 정착한 것을 계기로 생활의 안정을 얻어 학문에 정진할 수 있었던 것이다. 그가 스승인 성호에게 보낸 편지에서 젊은 시절의 독서에 대해 "본원이 두텁지 못하고 입심立心이 지나치게 조급하여 끝내 얻은 바가 없었다"고 술회한 데서 알 수 있듯이 박학추구의 한계를 인정하고, 광주에 정착한 뒤 "이때에 이르러 비로소 성리학에 뜻을 두고는 탄식하여 말하기를 '처음에는 한 가지 사물이라도 알지 못하는 것을 부끄럽게 여겼으나, 끝내는 몸과 마음의 귀함을 몰랐으니, 이것이 이른바 눈썹이 눈앞에 바짝 있는데도 사람들

3 『順菴先生文集』, 年譜, 「順菴先生年譜」, 3a면. "先生自幼少時, 意謂士生斯世, 不可以一藝成名. 其於經史詩禮之外, 陰陽星曆醫藥卜筮, 以至於孫吳佛老之書, 稗乘小說之類, 自有書契以來文獻之可徵者, 無不博觀, 自十五六歲, 已稱其該洽."

이 보지 못하는 것과 같다'고 하면서 드디어 마음을 가라앉히고 깊이 궁구하면서 손으로 베끼고 입으로 외웠다"[4]고 하여 비로소 성리학에 뜻을 두고 본격적으로 매진하였다. 뿐만 아니라 이곳 덕곡으로 이사 온 지 8년째 되던 33세 때(1744년) 서울 나들이를 갈 기회에 남대문 밖 도저동桃楮洞에 살고 있던 반계 유형원(1622~1673)의 증손 유발柳發(1683~1775)과 친교를 맺고 어려서부터 익히 들었던 『반계수록磻溪隨錄』을 접할 기회를 가졌으며,[5] 35세 때는 덕곡과 가까운 안산安山 성촌星村에 우거寓居하였던 성호 이익(1681~1763)을 사사師事함으로써 그는 자신의 학문경향에 대해 확신을 가지고 반계－성호로 이어지는 경세치용의 학문을 계승하는 계기가 되었던 것이다.[6]

특히 순암은 청년기에 독학으로 실학적인 학문관을 형성하였다고 하나, 그가 35세 때부터 성호와 사제관계를 맺으면서 성호－퇴계로 이어지는 영남학파와 학적 연원이 닿아 있다. 이러한 경향은 그의 성리설에서 엿볼 수 있는데, 그는 『의문擬問』이라는 글에서 태극과 이기의 관계를 다음과 같이 도식화하였다.

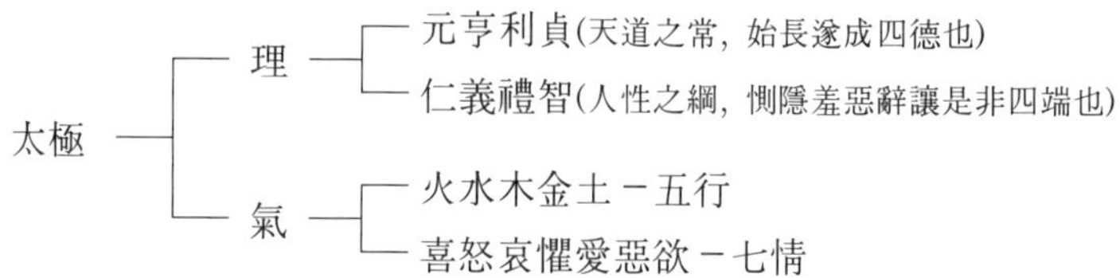

4 『順菴先生文集』, 年譜, 「順菴先生年譜」, 3a면. "至是始留意於性理之學而歎曰, 始焉恥人物之不知, 終焉不知心身之貴, 則所謂睫在眼前, 人不見也. 遂潛心玩究, 手鈔而口誦."

5 특히 순암은 유발과의 만남으로 인해 반계 선생 연보를 찬하였는데, 그는 반계선생을 "학문의 정밀함과 지조와 국량의 원대함은 후세에서 능히 일컬을 수 있는 선비가 아니다(其學問之精密, 志量之遠大, 非後世能言之士)"라고 하였다.

6 순암은 성호 선생과 맺은 사제의 연으로 인해 邵南 尹東奎(1695~1773), 貞山 李秉休(1710~1776), 河濱 愼後聃(1702~1761), 茯菴 李基讓(1744~1802), 鹿庵 權哲身(1736~1801) 등과 친교를 맺었다. 그러나 순암은 천주학에 경도되어 있는 성호좌파들을 설득하는 한편 『天學考』와 『天學問答』을 통해 천주교 배척에 심혈을 기울였으며, 성호의 학문을 서울을 비롯한 영남지방에 공고히 하는 데 크게 기여하였다.

즉 순암에 의하면 '태극은 리理와 기氣를 총괄하는데, 리에서 주관하는 것은 사덕四德과 사단四端이고, 기에서 주관하는 것은 오행五行과 칠정七情'이다. 이어 순암은 "리理의 주변에는 불선함이 없고, 기氣의 주변에는 선함도 있고 불선함도 있다. 모름지기 오행은 사덕으로부터 명령을 듣게 하고, 칠정은 사단으로부터 명령을 듣는 것이 옳다"고 하였다.[7] 이로 미루어 보면 순암의 성리설은 이기불상리理氣不相離의 입장보다는 이기불상잡理氣不相雜의 입장에 근거하여 리理가 보다 근원적임을 알 수 있다. 이러한 성리학적 입장은 다분히 퇴계 이황(1501~1570)의 학설을 전적으로 수용한 것이다. 이는 다음의 문장에서 알 수 있다.

> 대저 인의예지는 천리 본연의 성性인 사단四端으로 리理에 속하지 않는가? 희노애구喜怒哀懼는 기질로서 품수받은 성性인 칠정七情으로 기氣에 속하지 않는가? 리理의 주변에 속하여 이 리理가 주인이 되니 이발理發이라고 말하는 것이 옳다. 기氣의 주변에 속하는 것은 기가 주인이 되니 기발氣發이라고 말하는 것이 옳다. 어찌 리가 기를 기다려 발하는 것으로 '사단 역시 기발이다'라고 말할 수 있겠는가? 리가 기를 기다려 발하는 것은 리를 위해 기를 부리는 것일 뿐이다. 이것이 리가 발하고 기가 따른다는 것이다. 사단이 리에서 발하는 것은 분명하다.[8]

즉 순암은 퇴계・성호와 마찬가지로 인의예지의 사단은 천리이며 본연의 성

---

7 『疑問』. "太極總理氣, 而主於理者, 四德也四端也. 主於氣者, 五行也七情也. 理邊無不善, 氣邊有善有不善, 須使五行聽命於四德, 七情聽命於四端, 可也." 『疑問』은 강세구(1996), 『순암 안정복의 학문과 사상』(혜안)에 실려 있는 부록편을 참고하였다.

8 『疑問』. "夫仁義禮智, 天理本然之性, 則四端, 其非屬於理乎. 喜怒哀懼, 氣質所稟之性, 則七情, 其非屬於氣乎. 屬於理邊, 此理爲之主, 而謂之理發, 可也. 屬於氣理邊者, 氣爲之主, 而謂之氣發, 可也. 豈可以理之待氣而發者, 因謂之曰, 四端亦氣發耶. 理之待氣而發, 則氣爲理所使而已. 此是理發而氣隨者也, 事端之發於理, 則明矣."

으로서 이발理發이며, 희노애구의 칠정은 기질의 성으로서 기발氣發에 해당한다고 하였다. 이는 퇴계의 이발이기수지理發而氣隨之의 설을 그대로 따르고 있다고 하겠다. 이어 순암은 "대개 사단이 발하는 데 기氣가 아니면 할 수 없다면 기발이라고 하는 것이 옳을 것이다. 그러나 기는 혹 폐단이 있는데 사단은 없다. 혹 폐단이 있다면 사단을 기발이라고 말할 수 없다. 칠정이 발하는 데 리가 그 가운데 있으면 이발이라고 하는 것이 옳을 것이다. 그러나 리理는 확충할 수 있고 칠정은 확충할 수 없다면 칠정을 이발이라고 말할 수 없다. 그래서 이제 나는 리가 발함에 기가 따르며, 기가 발함에 리가 타는 뜻을 알겠다"[9]라고 하여, 순암의 이기론은 퇴계의 이발이기수지理發而氣隨之와 기발이이승지氣發而理乘之의 설을 전적으로 따르고 있다. 그렇다면 순암은 어떤 근거를 가지고 사단四端 이발理發, 칠정七情 기발氣發를 주장하였는가?

> 리理의 주변에는 본래 폐단이 없는데 기氣의 주변에는 폐단이 쉽게 생기니 어찌하겠는가? 천리는 본연의 성으로 불선함이 있지 않은즉, 리理에는 폐단이 없다고 말할 수 있다. 기질은 주어진 성으로 선함도 있고 불선함도 있다면 기氣에는 폐단이 있다고 말할 수 있다. 그러므로 사단四端이 리理에서 발한다는 것은 넓혀서 채우는 것인즉, 인仁이 지극한 의義를 다하여 만세가 폐단이 없게 된다. 칠정七情이 기에서 발한다는 것은 달아올라 절제하지 못하는 것인즉, 희喜·노怒·애哀·구懼가 넘쳐 폐단이 장차 끝이 없게 된다. 그러므로 폐단이 없는 사단을 폐단이 있는 기에서 발한다고 말하는 것이 옳은가? 리가 폐단이 없으니 사단 또한 폐단이 없다. 사단이 폐단이 없다는 것을 본다면 사단이 폐단이 없는 리에서 나온다는 것을 알 수 있다. 어찌 칠정과 더불어 기발이라고 하겠는가?[10]

9 위의 책. "蓋四端之發, 非氣無以, 則謂之氣發, 可也. 然而氣或 有弊而四端無, 或有弊, 則四端不可謂氣發也. 七情之發, 理在其中, 則謂之理發可也. 然而理可擴充, 而七情不可擴充, 則七情不可謂理發也. 而今以後, 吾乃知理發氣隨氣發理乘之義也."

즉 순암에 따르면 리理의 주변에는 선함만 있고 기의 주변에는 선善와 불선不善이 있기 때문에 사단에 폐단이 없고 칠정에는 폐단이 있다는 것이다. 또 사단은 리理에서 발하여 폐단이 없을 뿐 아니라 확충할 수 있는 데 비해, 칠정은 불선할 수도 있는 기氣에서 발하기 때문에 끝이 없게 된다고 하였다. 그러므로 사단은 이발이 되고 칠정은 기발이 된다고 보았던 것이다. 이러한 사단 이발, 칠정 기발은 전적으로 퇴계의 설을 따른 것이다. 자신도 일찍이 "사단・칠정・이발・기발은 오직 노선생[퇴계]의 정론을 따라야 함을 알 뿐이고, 다른 뜻이 있는 것은 알지 못하였다"[11]고 하였다. 그리고 심・성・정의 관계를 순암은 다음과 같이 파악하였다.

> 대저 하늘이 명한 바가 성性이 되는데, 성에는 두 가지가 있다. 천명의 바름을 좇아오는 것을 일러 본연의 성이라 하고, 성품의 차이를 좇아서 말하는 것을 일러 기질의 성이라고 한다. 성이 움직여 정이 되는데, 정에도 또한 두 가지가 있다. 성본性本이 발한 것을 따르는 것을 일러 사단이라 하고, 형기가 발한 것을 따르는 것을 일러 칠정이라 한다. 심이 성과 정을 통솔하는데, 그 발함에 또한 두 가지가 있다. 성명의 바름에 근원하는 것은 도심이고, 형기의 사사로움에 근원하는 것은 인심이다.[12]

10 위의 책. "理邊本無弊, 氣邊易生弊, 何者. 天理本然之性, 無有不善, 則理可謂無弊也. 氣質所稟之性, 有善有不善, 則氣可謂有弊也. 故四端之發於理者, 擴而充之, 則仁之至義之盡, 而萬世無弊. 七情之發於氣者, 熾而不節, 則過喜過怒過哀過懼, 弊將無窮. 然則以若無弊之四端, 謂之發於有弊之氣, 可乎. 理無弊, 而四端亦無弊, 觀四端之無弊, 則四端之亦出於無弊之理, 可知也. 烏可與七情混, 謂之氣發耶."

11 『順菴先生文集』 卷5, 「與李景文書」, 33b면. "四七理氣之發, 唯知從老先生定論而已, 不知有他義在."

12 『順菴先生文集』 卷4, 「與貞山李景協秉休書 辛未」, 1ab면. "夫天所命爲性, 性有二, 從天命之正而來者, 謂之本然之性, 從稟受之差而言者, 謂之氣質之性. 性之動爲情, 情亦有二, 從性本所發, 謂之四端, 從形氣所發, 謂之七情. 心統性情, 而其發亦有二焉. 原於性命之正者, 道心也. 原於形氣之私者, 人心也."

위의 문장에서도 알 수 있듯이, 순암은 성에는 본연지성과 기질지성이 있고, 성이 움직여 정이 되는데 정에도 사단과 칠정이 있다는 것이다. 그리고 심이 성과 정을 통솔하는데 심에도 또한 도심과 인심이 있다는 것이다. 그리고 도심은 본연지성과 사단으로 순선純善하지만, 인심은 기질지성과 칠정으로 선악이 혼재해 있다고 보았다.[13]

순암은 『의문』에 '사칠이기'와 함께 '인물지성'을 별도로 둘 정도로 인간의 성과 사물의 성을 중요하게 다루었다. 우선 '인물지성'의 첫머리에 있는 다음 견해를 보자.

> 주자가 말하기를 '만물이 하나의 근원임을 본다면 리는 같고 기는 다르다. 만물이 몸[體]을 달리함을 본다면 기는 오히려 서로 가까운데 리는 전혀 같지 않다'라고 하였다. 리가 같고 기가 다르다 함은 하늘에서 받아 생겼으므로 곧 같고, 기는 청탁清濁과 수박粹駁을 받았으므로 곧 다름이 있다. 기가 오히려 서로 가깝고 리는 전혀 같지 않다 함은 기질의 성은 사람과 사물이 각각 지닐 수 있으나 본연의 성은 사람만 받는 것이다. 그렇다면 사물이 얻은 것은 치우치고 사람에게 주어진 것은 온전한 것이다. 어떤 이가 희·노·애·구·애·오·욕은 칠정으로 기질의 성인데 금수에도 역시 많이 있다 하고, 인·의·예·지는 사단으로 본연의 성인데 금수는 일찍이 지니고 있지 않다고 하였다. 이것은 '사물은 그 반쪽을 얻었다'라고 말하는 것이다. 사람은 그렇지 않아서 본연의 성도 있고 기질의 성도 있다. 본연의 성은 리理에서 발하여 사단이 된다. 기질의 성은 기氣에서 발하여 칠정이 된다. 이것으로 사람은 그 온전함을 받았다고 말하는 것이다. 사람과 사물의 성품을 어떻게 비교하여 같다고 할 수 있는가?[14]

13 위의 책. "四端也道心也, 其原出於性命之本性, 而無不善, 不以聖狂而有間, 此所謂理一也. 七情也人心也, 其本出於氣質之性, 而或善或惡, 有賢愚之不同, 此所謂分殊也. 推理一分殊之義, 理發氣發, 在其中矣."

즉 순암은 인간은 본연의 성과 기질의 성을 모두 지니고 있으나 금수를 포함한 사물은 기질의 성만 지니고 있다고 하였다. 본연의 성은 리理에서 발하여 사단이 되고 기질의 성은 기氣에서 발하여 칠정이 되는데 인간은 이를 모두 갖추고 있어 기질의 성만 갖추고 있는 금수와 다르다는 것이다. 그리고 사단은 도심으로 천명의 본성에 근원하였기 때문에 절대로 불선함이 없으나[理一], 칠정은 인심으로 본시 기질의 성에서 나와 선함도 있고 불선함도 있으며 어질고 그렇지 못함이 있다[分殊]는 것이다.

특히 순암의 성리학에 있어서 가장 핵심이 되는 것은 희노喜怒가 기발氣發이냐 이발理發이냐의 문제라 할 수 있다. 성호 문인들 중에 윤동규와 안정복은 기발의 편에, 신후담과 이병휴는 이발의 편에 서 있었다. 순암은 1751년에 이병휴에게 보낸 편지에서 다음과 같이 말하였다.

> 만약 희노喜怒가 올바름을 얻은 경우에 이발이라고 한다면 그것이 장차 사단이 그 올바름을 얻지 못할 경우, 측은함을 부당하게 하여 측은하게 여기고, 수오함을 부당하게 하여 수오하는 따위 같은 것을 기발이라고 말할 것입니까? 성인의 희노는 발하되 스스로 맞고[自中], 군자의 희노는 발하되 맞는 것을 구하며[求中], 일반 사람의 희노는 발하되 중절을 잃게[失中] 마련입니다. 비록 맞고 맞지 않는 차이가 있을지라도 그것이 형기에서 발하는 것은 다름이 없습니다. 그것은 기의 발임에 의심이 없습니다.[15]

14 『疑問』, 「人物之性」. "朱子曰, 觀萬物之一原, 則理同而氣異. 觀萬物之異體, 則氣猶相近, 而理絶不同. 理同氣異者, 稟生於天則同, 而稟氣之淸濁粹駁則有異也. 氣猶相近, 而理絶不同者, 氣質之性則人物各得有焉, 而本然之性則人所獨稟也. 然則物所得者偏, 人所稟者全, 何者. 喜怒哀懼愛惡欲七情, 氣質之性, 而禽獸亦多有焉. 仁義禮智四端, 本然之性, 而禽獸未嘗有焉. 此之謂物得其偏者也. 人則不然, 有本然之性, 有氣質之性, 本然之性發於理, 而爲四端, 氣質之性發於氣, 而爲七情, 此之謂人稟其全者也. 人物之性, 豈可比而同之哉."

15 『順菴先生文集』 卷4, 「與貞山李景協秉休書 辛未」, 1ab면. "若以喜怒之得正者, 謂之理發, 則其將四端之不得其正者, 如不當惻隱而惻隱, 不當羞惡而羞惡之類, 謂之氣發乎. 聖人之喜

순암은 희노가 발함에 있어 성인과 군자, 중인에 이르기까지 '희노'가 절도에 맞느냐 맞지 않느냐의 차이는 있을지라도 모두 형기에 발하므로 당연히 기발로 보아야 한다고 하였던 것이다. 이러한 순암의 견해는 성인의 희노도 기氣가 리理를 따라 발한다는 이황의 견해를 따른 것이라 하겠다.[16]

그러나 순암은 기본적으로 그의 사유체계에 있어서 퇴계의 이원론의 입장을 전적으로 수용하지만, 성리학적 논쟁 그 자체에 대해서는 매우 못마땅한 태도를 보였다. 이는 다음 장에서 상론하기로 하자.

3. 하학 지향의 학문관

1) 하학 추구의 학문경향

앞에서 살펴본 바와 같이 순암의 성리학에 대한 이해의 폭은 상당히 깊었다. 그는 자신의 견해를 피력할 적에 대개 주자와 퇴계의 견해에 이론적 배경을 두고 있다. 그러나 앞에서도 잠시 언급한 바와 같이, 그는 이기론에 대해 언급하였지만 논쟁 그 자체에 대해서는 매우 못마땅한 태도를 보였다. 그는 『의문疑問』「사칠이기四七理氣」 끝부분에 다음과 같이 언급하였다.

> 천하의 의리義理가 무궁하고 사람마다 말한 바가 같지 않은즉, 천박한 내가 어찌 감히 성리性理 하나하나를 논설하여 지극한 근본을 얻겠는가. 요즈음 어려서부터 개발하여 익혀 쌓으려 하지만 터럭 위에 터럭이 일어

怒, 發而自中也. 君子之喜怒, 發而求中者也. 衆人之喜怒, 發而失中者也. 雖有中不中之不同, 而其發於形氣則無異, 其爲氣之發, 無疑矣."

16 『順菴先生文集』 卷3, 「與邵南尹丈書 丁亥」, 29a면. "然而退陶李子, 以聖人之喜怒, 謂氣之順理而發, 此語平正, 無可改評."

> 나고 실오라기 위에 실오라기가 일어나 얽히고설켜 있으니, 천하에 지극히 정밀하지 않으면 그 누가 그것을 변별하겠는가? 옛 사람이 이르기를 '하학이상달下學而上達'이라 하였으니, 하학을 그치지 않는다면 청명함이 몸에 존재하고 지기志氣가 신神과 같아 자연히 상달의 경지에 이르게 되는 것이다. 그런 후에 가히 터럭이나 실오라기에서 의미를 가려낼 수 있고 천지에서 심적心迹을 판별할 수 있을 것이다. 그런즉 오늘날 마땅히 힘쓸 바는 하학에 둘 따름이다.[17]

순암은 하학을 그치지 않는다면 청명淸明함이 몸에 있고 지기志氣가 신神과 같아 자연히 상달上達의 경지에 이르게 될 것이라고 생각하였다. 즉 순암은 이해하기 어려운 성리학과 같은 형이상학보다는 형이하학에 매진할 것을 강조하였던 것이다. 그렇다면 안정복이 『의문』에서 기껏 이기론을 장황하게 설명한 다음, 어찌하여 결론 부분에 가서 '하학하여 상달해야 한다'는 것을 힘주어 말하였을까? 위 사료와 『하학지남』의 하학에 나타나 있듯이, 하나는 후세 사람들이 일상생활에 소용되는 하학을 소홀히 하고 공허한 성리철학에 매진함으로써 일생을 공부해도 실제로 얻는 것이 없다는 것이고, 다른 하나는 사람마다 견해가 달라 혼란스럽고 끝내 이해하기가 어렵다는 것이다.[18]

그는 노년기에 접어들면서 후학들에게 성리학에 심취하지 말고 하학에 더욱 전념할 것을 권장하였다.

17 『疑問』, 「四七理氣」. "天下之義理無窮, 人人之所見不同, 則以吾淺薄, 安敢論說性理箇箇, 歸至當之科乎. 近日少欲開發蘊奧, 則毫上起毫, 縷上起縷, 毫毫縷縷, 非天下至精, 其孰能辨之哉. 古人曰, 下學而上達, 不學不已, 則淸明在躬, 志氣如神, 自然及上達之境矣. 然後, 可以辨義於毫縷, 判心迹於天與壤者也. 然則, 今日之務, 當在乎下學工夫而已."

18 강세구, 앞의 책, 266면 참조.

이는 비록 성명性命를 근본으로 하는 것이 심신에 간절한 공부라 하겠지만, 하학으로 쉽게 찾아지고 실천할 수 있는 것과 비교된다. 일상 쓰이는 이륜彝倫에도 혹 선후가 있는 것과 같다.[19]

대저 오늘날 공부하는 사람들의 폐단은 이것[理氣四七論 : 필자주]에 급급하여 먼저 힘쓰고 도리어 하학하여 일용함에는 소홀히 한다. 또한 자신의 재주와 분수를 스스로 헤아려 보아도 선배들의 천분의 일・이도 미치지 못하는데, 성명性命을 근본으로 함에 이르러서는 선배들이 얻지 못한 이치를 능히 궁구하여 얻을 수 있겠는가?[20]

순암은 첫 번째 인용문에서 성명을 근본으로 하는 성리학이 심신에 간절한 공부라는 것을 인정한다. 그러나 두 번째 인용문에서 오늘날의 학자들이 일상생활에 소용되는 하학을 소홀히 하고 선현들도 깨닫지 못한 성명・이기사칠론에 몰두하는 폐단을 지적하였다. 그리고 능력이 선배들에게 천분의 일에도 미치지 못하면서 성리학에 매달리는 것은 오히려 시간만 낭비할 뿐이라는 것이다. 사실 그 자신도 "사단칠정에 관하여는 소자로서는 전혀 알지 못합니다. 다만 이자李子의 설을 좋아했다가 그 후 율곡의 설을 보고는 의심이 있었는데, 급기야 선생의 『사칠신편』을 보고 나서야 비로소 모든 것이 확 풀렸습니다"[21]라고 하여, 성리학에 대한 확실한 견해를 갖지 못하다가 퇴계와 성호의 저서를 읽고 어느 정도 이해하게 되었다고 털어놓은 바 있다.[22] 그는 특히 하학의 중

19 『順菴先生文集』 卷8, 「答韓士凝書 庚寅」, 2b면. "雖云, 性命原頭, 心身切緊之工, 而較之下學, 易見處. 若日用彝倫間, 似有先後."

20 『順菴先生文集』 卷8, 「答韓士凝書 庚寅」, 3ab면. "今世學者之弊, 以此爲汲汲先務, 而反忽於下學, 日用且自量己之才分, 不及先輩十百之一二, 則至如性命原頭, 能究得先輩, 所不得之理也."

21 『順菴先生文集』 卷2, 「上星湖先生書 壬午」, 36b면. "四七之義, 小子蒙不知之. 但見李子說而好之, 後見栗谷說而疑之. 及見先生新編而後始釋然."

요성과 실용성을 다음과 같이 강조하였다.

> 위로는 천인·성명으로부터 초목·금수와 같은 미물에 이르기까지 궁구하지 못할 이치가 없으되, 나의 심신으로 일용하는 인륜상으로 보건대, 과연 완급의 구별이 있으니 실로 그 마땅히 먼저 할 바를 빨리 하여 하나하나 몸소 행하면 그 진전을 어찌 헤아릴 수 없겠습니까?[23]

순암은 천인·성명로부터 초목·금수에 이르기까지 궁구하지 못할 이치는 없지만 하학에 힘쓰고 일상생활에서 먼저 하고 뒤에 할 것이 있으므로 마땅히 먼저 할 바를 힘쓰라는 것이다. 그리고 순암이 말하는 하학이란 주로 사서四書의 내용을 익히고 몸소 실천하는 것이라 하겠다.[24]

순암은 학문을 하는 요체는 '무실務實' 두 글자를 벗어나지 않는다고 함으로써,[25] 그가 중요시하였던 하학의 정신과 목표가 어디에 있는지를 짐작하게 한다. 순암은 이러한 학문관을 문인들뿐 아니라 가족들에게도 강조하였으며, 그가 익위사익찬翊衛司翊贊으로 왕세자를 교육할 때도 하학의 중요성을 역설하였다. 따라서 하학에 힘써야 한다는 순암의 학문적 신념은 매우 확고했다고 할 수 있다. 이는 순암의 학문적 성향이 성리학보다 정통 수사학洙泗學에 깊이 뿌리내리고 있음을 알 수 있다.

---

22 강세구, 앞의 책, 267면.

23 『順菴先生文集』 卷8, 「答李士興基讓書 乙酉」, 8a면. "上自天人性命, 至於草木鳥獸之微, 無不可窮之理, 而自我心身日用人倫上觀之, 果有緩急之別, 誠能急於其所當先者, 而一一體行, 則其進, 豈可量哉."

24 『順菴先生文集』 卷8, 「答沈士潤潵書 乙未」, 33a면. "幸望着工于四書, 緊要之語, 要以體驗實行, 爲意行著習察, 必有所得, 而大事不難透矣."; 『順菴先生文集』 卷19, 「題下學指南」, 1ab면. "故所謂學者, 只是下學而已. 聖人言行, 具於論語一書, 其言皆是下學卑近處易知易行之事, 而無甚高難行之事矣."

25 『順菴先生文集』 卷8, 「與柳敬之議書 乙未」, 41b면. "爲學之要, 不過務實二字."

후세에 학문을 논할 때 반드시 '심학心學'이니 '이학理學'이니 하는데, 심心과 리理 두 글자는 형태나 그림자가 없어서 더듬거리거나 잡을 수 없는 것이니 모두가 공중에 매달린 말이다. 공자가 말하기를, "평소 거처할 때 공손히 하고, 일에 임하여 공경히 하며, 남과 사귈 때는 충성을 다한다"고 하였고 또 말하기를, "말은 충성스럽고 미덥게 하고, 행실은 독실하고 공경스럽게 하라" 하였으니, 과연 여기에 힘을 쏟아 잠시도 놓지 않고 오랫동안 익혀 나간다면 청명이 몸에 있어서 지기가 신통하여 마음을 잡으려 하지 않아도 저절로 지켜지고 이치를 연구하려 하지 않아도 밝아져서 저절로 상달의 경지에 이르는 것이다. 후세의 학자는 하학을 비천하다 하여 탐탁히 여기지 않고 항상 천인성명과 이기사칠의 말에만 얽매이며, 가만히 그 행실을 따져 보면 일컬을 만한 것이 없으면서도 상달을 모르는 것만 부끄럽게 여긴다. 그리하여 종신토록 학문을 해도 덕성이 끝내 성립되지 못하고 재기才器가 끝내 성취되지 못하여 여전히 학문을 하지 않은 사람의 모양으로 하고 있으니, 과연 무슨 유익함이 있겠는가. 이는 하학의 공부를 몰라서 그런 것이다.[26]

순암에 의하면 진정한 학문이란 공자가 『논어』에서 말한 "평소 거처할 때에 공손히 하고, 일에 임하여 공경히 하며, 남과 사귈 때는 충성을 다한다"는 것과 "말은 충성스럽고 미덥게 하고, 행실은 독실하고 공경스럽게 하라"는 일상생활에서 유용한 학문인데도, 당시 학자들은 하학을 비천하다 여기고 형이상학에만 얽매여 종신토록 학문을 해도 덕성과 재기가 끝내 성취되지 못한다고 하였다.

26 『順菴先生文集』 卷19, 「題下學指南」, 1b~2a면. "後世論學, 必曰心學曰理學, 心理二字, 是無形影無摸捉, 都是懸空說話也. 子曰, 居處恭, 執事敬, 與人忠, 又曰, 言忠信行篤敬. 果能於此下工, 斯須不舍, 積習之久, 淸明在躬, 志氣如神, 心不待操而存, 理不待究而明, 自能至於上達之境矣. 後世學者, 却以下學爲卑淺而不屑焉. 常區區於天人性命理氣四七之說, 夷考其行, 多無可稱, 而唯以不知上達爲羞吝. 終身爲學, 而德性終不立, 才器終不成, 依然是未曾爲學者貌樣, 果何益哉. 是不知下學之工而然也."

즉 순암이 강조한 하학 중심의 학문이란 실생활과 직결되어 실사實事에 힘쓰는 공부라고 하겠다. 이러한 학문관을 가지게 된 것은 스승인 성호의 영향에 힘입은 바가 크다. 그는 "지금 세상은 학술이 지리멸렬하고 당론이 들끓고 있습니다. 한쪽 편은 비록 연원이 있다고 하나 그 학문이 단지 훈고와 소주小註에만 얽매이고 송습誦習하는 바가 『중용』·『대학』·『심경』·『근사록』에 불과하여 대부분 이록利祿에 이끌리고 있는 실정입니다. 한쪽은 궁하고 피폐하여 겨를이 없이 이 일에 뜻을 두지 못하고 있습니다. 학문이 강명講明되지 못하고 도리가 밝혀지지 않는 것이 실로 여기에 원인이 있으니, 원컨대 학문하는 요지를 듣고 싶습니다"[27]고 한 데 대해 성호는 다음과 같이 말했다.

> 이것은 모두 양쪽 사람들의 폐단이다. 그러나 이것만으로 단정하여 논하는 것은 안 된다. 지금 세상에 어찌 호걸의 선비가 없겠는가. 다만 아직 보지 못했을 뿐이다. 한 쪽에서 세도世道를 주장하여 스스로 의리를 만들어 상대를 얽어 넣는 수단으로 삼고 있으니 참으로 두려운 일이다. 학문이란 다만 뜻을 겸허히 지니는 데 있는 것이다. 뜻을 겸허히 하여 오랫동안 학습하면 의리가 절로 성숙하여 마음이 평안하고 기운이 화평해질 것이다. 그 요지는 전적으로 자신에게 달려 있지 남과는 상관없다. 비록 훈고에 매달리는 것이 옳지는 않지만, 만약 학문의 근원을 추구하고자 한다면 여러 선유들이 터득하여 이룬 말씀들이 없이 어떻게 그 시비를 가릴 수 있겠는가. 그러나 학문이 실제가 여기에만 있는 것은 아니다. 또 저들은 이록利祿을 좇아가더라도 나는 그 실상만을 추구하며, 저들은 곤궁하고 피폐하여 배우지 않더라도 나는 자로子路나 원사原思처럼 배움에 열중하여 스스로 노력한다면 이것이 이른바 선악이 모두 나의 스승이라는 것이다. 남의 단

27 『順菴先生文集』 卷16, 「函丈錄」, 7a면. "今世學術蔑裂, 黨議橫流. 一邊雖謂淵源有自, 而其學惟繳繞於訓詁小註之間. 其所誦習, 不過庸學心近而已, 而多爲利祿所誘. 一邊窮弊不暇, 無意於此事. 學之所以不講, 道之所以不明, 實由於此, 願聞爲學之要."

점을 지적하여 시비만 따져서는 안 된다.[28]

성호는 당시 학자들의 학문태도를 비판하면서도 타산지석으로 삼아야 한다고 하였다. 그리고 장횡거가 사람을 가르친 바와 같이 먼저 일상생활에서 예를 실천할 것을 강조하였고, 이를 위해서는 『소학』을 읽고 자득하는 학문자세를 가질 것을 권고하였다.[29] 특히 성호는 순암에게 "여러 학문에 있어서는 어려움이 없으나 오직 경학은 매우 어렵다. 그러나 경학에는 문자가 있으니 오히려 의존할 바가 있으나, 사무事務에 이르러서는 본래 형체가 없으니 가장 알기 어려운 것이다"[30]고 하여, 경전의 지식과 사무의 중요성을 일깨워 주었다. 이러한 성호의 가르침은 그에게 하학을 중시하면서도 경전을 중심으로 학문적 근거를 확고히 하도록 하였던 것이다.[31]

순암의 학문관은 수기와 치인, 학學과 정政을 분리시켜 보는 것이 아니라 이를 합일시킬 것을 주장하였다.

---

28 『順菴先生文集』 卷16, 「函丈錄」, 8ab면. "先生曰, 此皆兩邊人之弊, 不當以此斷定立論也. 今世豈無豪傑之士, 但余未及見耳. 一邊之主張世道, 自成義理, 以爲鉗勒之手段, 誠可畏也. 學惟在于遜志, 遜志學習之久, 義理自熟, 心平氣和. 其要都在于自己身上, 不關他人. 雖以繳繞訓詁爲非, 若欲泝流求源, 無諸儒見成說話, 何以求得其是非乎. 然學實不在于此耳. 具彼以利祿, 我以其實. 彼以窮弊不學, 我以子路原思事自勵, 是所謂善惡皆師. 不可指摘彼短, 徒致曉曉也."

29 『順菴先生文集』 卷16, 「函丈錄」, 8b면. "曰橫渠教人, 必先以禮, 禮有所據, 而日用之切, 莫過於是. 故孔子曰, 立於禮, 朱子小學書, 卽橫渠之意也. 必先於小學中, 爛熟體行, 涵養有素, 德性自固, 此最是作人根基."

30 『順菴先生文集』 卷16, 「函丈錄」, 10b~11a면. "又曰, 諸學無所難, 而惟經學最難. 經學有文字, 猶可憑依. 至若事務, 則本無形體, 最爲難知也."

31 장승희(1999), 「順菴 安鼎福의 性理說 考察」, 『유교사상연구』 제11집, 한국유교학회, 223면 참조.

일찍이 살펴보건대, 선유가 나서서 백성을 다스림에 정교政敎의 베풂과 주도면밀함이 세인世人에 비할 바가 아니었다. 또 역대 순리전循吏傳을 보면 비록 유가의 사업으로만 요구한 것은 아니고, 모두가 '널리 경사를 통했다' 또는 '모경某經을 연구했다'는 등으로 말하고 있으니, 일찍이 배우지 않고서 정치를 잘한 사람은 없었다. 그런데 후세에는 학문과 정사가 둘로 나누어져 유리儒吏와 속리俗吏의 구별이 있는가 하면, 법률의 학을 항시 중하게 여기고 있으니 슬픈 일이다.[32]

즉 순암은 선유들은 정교政敎를 베풂이 주도면밀하여 후세 사람들이 견줄 바가 아니며, 배우지 않고는 정사를 베풀 수 없다고 하여 학문의 중요성을 역설하였다. 이어 후세에서 학문과 정사가 분리되었음을 비판하고 학문과 정사의 합일을 주장하였다. 이러한 인식하에 저술된 것이 바로 『임관정요』라고 하겠다. 다음 절에서 『임관정요』를 비롯한 그의 경세사상에 나타난 학문관을 살펴보기로 하자.

2) 경세사상에 나타난 학문관

순암의 정치관은 "대저 위정의 근본은 오로지 돈교화敦教化·정명분正名分에 있다. 이 두 가지가 행하여지면 소소한 절목은 스스로 실마리를 얻어 다스림에 어려움이 없다"[33]고 한 데 잘 나타나 있다. 그에 의하면 정치가 잘 행해지기 위해서는 먼저 '교화가 돈독'해지고 '명분이 확립'되어야 한다는 것이다.

---

32 『順菴先生文集』 卷18, 「臨官政要序」, 5b~6a면. "嘗觀先儒出而臨民, 政教之設施, 規模之詳密, 非世人所比. 亦觀歷代循吏傳, 雖非專責以儒家事業, 而無不曰博通經史, 曰治某經, 未嘗以不學而能政者也. 後世學與政爲二, 有儒吏俗吏之別, 而法律之學, 恒爲重焉, 悲夫."

33 『順菴先生文集』 卷16, 「木州政事」, 到任初論各面文.

이러한 정치관을 바탕으로 한 순암의 경세론은 크게 두 가지로 구분할 수 있다. 첫째는 향촌교화론이요, 둘째는 지방행정론이라 할 수 있다. 전자는 『이리동약二里洞約』을 통해 사대부의 시각에서 자치적으로 유교적 향촌질서를 실현하고자 하는 목적이었다면, 후자는 『임관정요』를 통해 지방 수령의 위치에서 모범적인 목민상을 정립하려고 하였다. 즉 『임관정요』는 지방행정의 총책임을 맡은 수령의 책임을 통감하고 위정의 지침을 마련한 것이라면, 『이리동약』은 주자의 『여씨향약』을 본떠 향촌교화에 대한 구체적인 방안을 기술한 것이다. 양자가 모두 학學과 정政을 합일시키려는 실천적 학문관에서 도출된 것임에는 다름이 없지만, 그 시행 주체와 시행 범위에 있어서 차이가 있을 뿐이다.

지방행정론이 체계적으로 제시되어 있는 저술은 두말할 나위 없이 『임관정요』로, 크게 세 부분으로 구성되어 있다. 중국 성현의 위정에 관한 언설을 모은 「정어政語」와, 중국 역대의 위정의 실효를 적은 「정적政績」, 그리고 우리나라 지방행정의 실태와 개선책을 제시한 「시조時措」가 그것이다. 따라서 순암의 지방행정사상은 이 「시조」편에 잘 드러나 있다고 하겠다.

그리고 「시조」편은 모두 21장으로 구성되어 있는데 1. 위정爲政 2. 지신持身 3. 처사處事 4. 풍속風俗 5. 임민臨民 6. 임인任人 7. 접물接物 8. 어리御吏 9. 재용財用 10. 농상農桑 11. 호구戶口 12. 교화敎化 13. 군정軍政 14. 부역賦役 15. 전정田政 16. 조적糶糴 17. 진휼賑恤 18. 형법刑法 19. 사송詞訟 20. 거간去奸 21. 치도治盜가 그것이다.

원래 국초 이래로 수령이 수행해야 할 임무로서 이른바 '수령칠사守令七事'라는 것이 『경국대전』에 규정되어 있다. 수령칠사는 1. 농상번農桑繁 2. 호구증戶口增 3. 학교흥學校興 4. 군정수軍政修 5. 부역균賦役均 6. 사송간詞訟簡 7. 간활식奸猾息을 말하는 것으로서, 『임관정요』의 내용도 기본적으로는 수령칠사의 범위를 벗어난 것은 아니지만 이를 21장으로 확대시켰다는 것은 그만큼 수령의 책무가 크다는 것을 강조한 것이다. 특히 종전에 없던 것이 여기서 새로이 강조되고 있는 것은 수령의 위정의 기본자세와 관련되는 위정・지신・처사・수령의 대민교화와 관련되는 풍속・임민・교화・수령의 인사행정과 관계되는 임인・어사, 그리고 민생의 질고와 관련되는 전정·조적·진휼이 추가된 사실이다. 이것은 18세기 당시에 있어서 가장 심각하게 제기되고 있던 문제점들을 반영하는 것이다.[34]

순암은 수령이 백성에게 임하는 자세로 '고인들이 말한 정치는 애민에 불과'하지만, 너무 지나치게 사랑해서 명을 복종치 않는다면 그 또한 사랑이 아니라고 하고, '백성이 좋아하는 것을 좋아하고, 백성이 싫어하는 것을 싫어해야 백성의 부모이다'라고 했듯이 위정자는 민심의 호오好惡를 살펴야 한다는 것이다.

특히 수령은 대민교화에 있어서 인심과 풍속을 헤아려 위정爲政하는 것이 중요하다고 하였다. 인심과 풍속은 산천의 구별이나 풍기에 따라 달라지게 마련인데, 우리나라는 동방에 위치하여 목기木氣가 많고 인仁이 승하여 나약懦弱과 고식姑息에 빠지기 쉽다는 것이다. 또 우리나라는 팔도마다 풍속이 다르기 때문에 이에 맞추어 각기 다른 방법의 교화정책이 필요하다고 하였다.

그러나 순암은 당시 농촌사회의 가장 모순이라고 할 수 있는 토지제도에는 별로 관심이 없었던 것 같다. 경세치용학파인 유형원·이익·정약용은 물론이고 북학파인 박지원도 전제제도田制制度에 깊은 관심을 보였던 것과는 대조적이라고 할 수 있다. 그는 29세 때 「정전설井田說」을 지어 중국의 정전제에 관한 이론적인 이해는 가지고 있었지만, 우리나라 현실의 문제로서 전제개혁론을 제안하지 않았다. 그의 주된 관심은 현실의 토지제도를 그대로 놓고 그 수취관계의 모순을 완화하는 동시에 국가의 재정 수입원을 확대하는 데 있었다.

순암은 당시 인구가 호적에 누락되는 경우가 많고, 지역적으로는 삼남三南이 가장 심하다고 하였다. 그는 호구는 백성의 수를 파악하는 첩경이고, 백성의 수를 파악하지 못하면 균형을 잡을 수 없기 때문에 면面-리里(5統)-통統(5戶)의 제도를 면面-보保(10里)-갑甲(2統)-통統(5戶)의 제도로 바꾸고, 단위마다 호적을 작성하되 인적사항뿐 아니라 재산 규모와 세금 액수까지 모두 기록한다는 것

34 韓永愚(1988), 「安鼎福의 思想과 東史綱目」, 『한국학보』 제53집, 93~94면.

이다. 그리고 이러한 사정작업은 풍헌風憲의 주도하에 이루어져야 하고 위법자에 대한 징벌도 마땅히 있어야 한다고 하였다.

그리고 순암은 『임관정요』에서 당시 전정田政·군정軍政·환곡還穀의 삼정三政의 문란에 대해 시정 방안을 제시하였다. 먼저 전정에 대해서는 무엇보다 조세의 공정성을 기하기 위해 전안田案의 정확한 작성과 풍흉豊凶의 조사를 엄격히 할 것을 강조하고, 그에 대한 여러 방안을 제시하였으며,[35] 이어 군역의 균등을 위해서는 수천 명에 달하는 군역 도피자를 조사해서 색출하되, 이들을 한꺼번에 갑자기 수괄搜括하지 말고 차근차근 조사하는 것이 상책이라고 하였다. 이러한 이유는 '군정은 나라의 대사로서 인정人丁를 수괄하는 것은 천하의 대폐大弊'이기 때문이라는 것이다. 더군다나 흉년을 만났을 때나 큰 전쟁을 치른 뒤에는 인정人丁이 조상凋喪하는 까닭에 갑자기 떠들썩하게 군액을 보충하는 것은 옳은 일이 아니라고 보았다.[36] 그리고 환곡제도에 대해서는 소극적인 대안으로는 환곡출납 과정상의 감독 기능을 강화하고 부정행위자에 대한 엄벌을 강조하였으며,[37] 적극적인 대안으로는 환자還上의 폐지와 상평창제도常平倉制度 및 주자사창제朱子社倉制의 시행을 역설하였다.[38]

특히 순암은 빈민에 대한 구호의 문제는 사창보다는 국가에서 시행하는 진휼의 차원에서 다루었다. 진휼은 흉년이 들었을 때의 빈민대책으로, 순암은 기민饑民들로 하여금 나무해 오기, 짚신 삼기, 채소 채취 등과 같은 노동을 시켜 노임을 받게 하고 부민富民으로 하여금 기민구제를 맡게 한 다음 그 공의 많고 적음에 따라 상을 주는 제도를 제안한 것이다.[39] 이는 오늘날의 취로사업과 같은 취지로, 18세기의 새로운 사회현상으로 나타난 임노동의 유행과 부민의 성

35 『臨官政要』, 「時措」, 田政章 참조.

36 『臨官政要』, 「時措」, 軍政章 참조.

37 『臨官政要』, 「時措」, 糶糴章 참조.

38 『臨官政要』, 「附錄」, 鄕社法 및 朱子社倉事目 참조.

39 『臨官政要』, 「時措」, 賑恤章 참조.

장을 진휼제도에 반영한 것이라 하겠다.[40]

무엇보다 순암은 국방에 있어서 매우 현실적인 대안을 제시하였다. 삼면이 바다로 둘러싸인 우리의 지리조건에서 '해방海防'의 문제는 그에게 매우 절실한 것으로 인식되었다. 그는 '해방'의 긴급성을 여러 글에서 피력하고 있는데,[41] 그 요지는 첫째로 강화도를 해방의 중심처로 삼아 이곳에 대한 방어체제를 강화하자는 것이다. 그 이유로는 종전의 방어 중심지인 남한산성보다 땅이 넓고 인민도 많아서 장기적으로 방어할 수 있을 뿐 아니라, 남북으로 수많은 도서들이 별처럼 나열되어 있어서 이들을 연결한 방어망 구축이 가능하다는 것이다. 뿐만 아니라 육지로 연결된 북방의 경비에 대해서도 그 강화책을 제시하였다. 그는 북방의 방비를 강화하기 위해서 의주義州에서 경원慶源에 이르는 1천여 리에 요새지마다 상수리 열매를 두껍게 심어 자연성自然城를 이루게 하고, 그 안에 토성을 쌓아 이중성二重城를 이루게 하자는 것이다.

이와 같은 순암의 국방관은 일차적으로는 방어에서 출발하였지만, 장기적으로는 만주에 대한 실지수복失地收復의 염원도 깃들어 있었다. 그는 47세에 쓴 「동국지계설東國地界說」에서 요동지방을 둘러싼 중국과 우리나라 사이의 쟁탈전이 무상하였음을 회고하면서 "요동 땅의 반벽半壁과 오라烏喇 이남은 모두가 우리 땅이었다. (…) 애석하게도 신라 문무왕 이후로는 멀리 사려함이 없이 백제와 고구려를 병합한 것에만 만족하고 고구려의 옛 땅을 수복하지 않았다. (…) 두만강과 압록강이 하나의 큰 철한鐵限이 된 것은 유지지사有志之士가 길게 한숨짓고 탄식하는 이유이다"[42]고 하여, 만주를 잃은 데 대한 아쉬움을 피력하였다.[43]

---

40 韓永愚, 앞의 글, 97~99면.

41 그는 「東史問答」에서도 "海防의 疎闊와 島嶼의 無管은 매우 可惜하다"고 개탄하고 있다.

42 『順菴先生文集』 권19, 44ab 「東國地界說」, "遼地半壁烏喇以南, 皆我地也. (…) 惜乎. 新羅文武以後, 皆無遠慮, 幷濟平麗, 志願已足, 不能收復句麗舊疆. (…) 豆滿鴨綠, 作一大鐵限, 此有志之士, 所以長吁短歎者也."

43 韓永愚, 앞의 글, 97~99면 참조.

이처럼 순암은 백성들에 대한 애민정신으로 일관하고 있음을 알 수 있다. 이러한 정신은 공자와 맹자의 애민정신과도 그 맥을 같이한다고 하겠다. 앞에서도 언급한 바와 같이 순암은 성리학을 비롯한 형이상학形而上學에도 일가견一家見를 가지고 있었지만 그의 주된 관심은 오로지 백성들의 실생활과 밀접한 하학下學에 있었으며, 바로 실용지학實用之學이었던 것이다.

4. 맺음말

이상에서 순암의 학적 연원과 그의 하학 추구의 학문관에 대해 살펴보았다. 순암은 성리학의 이해에 있어서 퇴계退溪의 이원론을 수용하여, 이기론에 있어서는 사단과 칠정의 발發에 대해 이발이기수지理發而氣隨之와 기발이이승지氣發而理乘之를 주장하고, 심성론에 있어서는 성을 본연지성과 기질지성으로 나누고, 성이 움직여 사단과 칠정으로 나눈다고 하였다. 그리고 심을 도심과 인심으로 나누고, 심이 성과 정을 통솔한다고 보았다. 그러므로 도심인 본연지성과 사단은 순선純善한 데 비해 인심인 기질지성과 칠정은 선과 악이 혼재해 있다고 보았다. 그는 스승인 성호와 마찬가지로 '성리학적 논쟁'을 바람직하게 여기지 않았으나, 성인의 희로喜怒에 대해서는 단연코 기발의 입장을 견지하였다.

특히 순암은 사서四書를 비롯한 경전공부를 강조하면서 말년에는 문인들은 물론이고 가족들에게도 하학공부에 매진할 것을 당부하였다. 앞에서도 살펴본 바와 같이 그의 이러한 하학 중심의 학문관은 이미 20대 후반에 확립되었다. 이러한 학문관을 바탕으로 33세에 『반계수록』을 접하고, 35세에 안산에 은거하던 성호에게 문도聞道하면서 자신의 학적 체계가 완성되었던 것이다.

그러나 순암은 하학적인 학문관을 가지고 있으면서도 천주교 교리에 대한 비판적 입장을 넘어 서양과학에 대해서조차 매우 배타적인 태도를 고수하였다. 당시 권철신·이가환 등 이른바 성호좌파의 동문지우同門知友와 그 영향을 받은 남인계 소장학자 층에서 천주교 교리를 연구하고 신봉하는 움직임이 점차 확대되고 있었는데, 안정복은 이들에게 몇 차례 장서長書를 보내 천주교 교리를 비판하고 장차 닥쳐올 당화黨禍를 피해 개심改心할 것을 간곡히 충고하였다. 그러나 그들은 순암의 말을 듣지 않았고 오히려 스승의 「발천주실의跋天主實義」을 인증하여 성호도 일찍이 천주교도였다고 선전하는 등 자기들의 신앙활동에 권위를 붙이려는 움직임을 보였는데, 순암은 이를 크게 염려한 나머지 정조 9년(1784) 마침내 『천학고天學考』와 『천학문답天學問答』[44]을 지어 보다 적극적인 비판활동을 전개하였다.[45] 그의 이러한 노력으로 인해 이황→정구→허목→이익→안정복→황덕길→허전으로 이어지는 기호남인의 학맥을 열었던 것이다.

44 『順菴先生文集』 卷17, 雜著 所收.
45 최영성(1998), 『한국유학사상사』 IV, 아세아문화사, 107면 참조.

순암 안정복의 학문적 지향과 『맹자의의孟子疑義』

함영대

1. 문제제기

순암 안정복은 『동사강목』의 저자이다. 『동사강목』은 조선 후기 사학 분야에서 실학적 성과로 첫손 꼽히는 저술이다. 엄격한 합리주의적 사실 고증이나 사실 그 자체를 과학적으로 탐구한다는 실증주의의 획득은 『동사강목』을 조선 후기 역사서 가운데 가장 높은 수준의 위치를 차지하게 만들었다.[1] 현대의 탁월한 역사학자인 이기백은 순암의 『동사강목』 「고이」에 실린 '고구려의 건국 연대', '백제의 국호', '신라 원성왕의 왕위계승과정에 대한 변증' 등에 대해서

1 순암의 『동사강목』에 대한 연구는 한영우(1988), 「安鼎福의 思想과 東史綱目」, 『한국학보』 제53집; 이기백(1999), 「順庵 安鼎福의 合理主義的 事實 考證」, 『한국실학연구』 창간호, 한국실학연구회 참고.

이렇게 평가했다.

> 순암의 이 같은 고증은 놀라운 것이다. (…) 위에서 거론한 세 가지 사례는 모두 필자 자신과 관련된 부분에서 취한 것인데 비록 순암의 이해가 사소한 부분에까지 모두 완벽했다고 할 수는 없을지 모르겠지만 그의 주장의 대지大旨는 그대로 믿고 따라야 할 것이다. 실제로 현대의 역사가들도 대체로 그와 같은 결론을 내리고 있는 것이다. 그리고 그 같은 정당성은 그의 합리주의적 사실史實 고증의 결과라고 믿는다.[2]

그러나 그 동안 『동사강목』을 제외한다면 순암의 학문에서 실학적 면모는 그다지 선명하게 제시되지 못했다. 순암의 20대 저술인 『하학지남』과 『임관정요』에 대한 연구가 진행[3]되어 그 실학적 성격이 일부 규명된 것은 최근의 일이다. 실천지향과 구체적인 방략이 제시되었다는 점이 포착된 것이다. 이동환의 다음과 같은 지적은 순암의 학문적 지향에 대한 논란이 현재진행형임을 말해 준다.

> 실제 저작이 말해 주듯 순암은 도학자만도 아니다. 그렇다면 순암은 도학과 실학을 겸했는가? 외견상은 그렇다. 그러나 담헌이나 정조에서처럼 도학의 난숙한 발전 위에 그 발전의 필연적인 결과로서 실학을 겸유하게 되는 경우와는 다르다. 이 경우 도학은 실학의 철학적 기반으로 가능하고, 도학과 실학의 논리가 통일적으로 파악된다. 그런데 순암은 도학과 실학의 논리가 내재적인 연계 없이 무매개적으로, 우연히 한 실체 위에, 도학 논리의 우세 속에 병존한다. 말하자면 도학과 실학의 완충지대에 있는 사상

2 이기백, 위의 글, 57~64면.

3 순암의 『하학지남』과 『임관정요』에 대한 연구는 심우준(1985), 『순암 안정복 연구』, 일지사; 강세구(1996), 『순암 안정복의 학문과 사상』, 혜안 참고.

가, 이런 유형의 사상가를 뭐라 이름해야 할까? 순암은 바로 이런 유형의 사상가다.[4]

순암에 대한 이러한 평가는 순암의 사상이 실학적 토대보다는 '도학의 논리', 적어도 그 우세 속에서 구축된 것이라는 관점에서 제출된 것이다. 도학과 실학이 구분되어 인식된 것이요, 완충지대라는 표현 역시 그러한 인식하에서 요청된 것이다. 그런데 도학과 실학의 인위적인 구분이 도리어 이러한 완충지대의 필요를 요청하고 있는 것은 아닐까? 실학적 성과는 도학의 토대 위에서는 성립할 수 없는 것인가? 순암은 정녕 '실학자로 보면 보수적이고, 도학자로 보면 진보적인 사상가'[5]로밖에는 파악될 수 없는 것인가? 근래의 학계에서 통용되는 실학의 개념은 역사적 개념으로 포착된 것이다. 즉 영·정 시대 이래의 신학풍으로 조선 봉건사회의 하향기·해체기에 등장한 학문[6]으로 인식된 것이다. 실학시대가 우리 역사상에서 도학의 융성기 이후로 포착되었기 때문에 도학과 실학의 연결은 무의미한 것이 아니다. 그러나 실학이라는 개념은 당대의 학술용어가 아니라 후대에 학술사를 정립하는 과정에서 포착되어 부여받은 용어이

---

4 이동환(2004), 「도학과 실학, 그 이분법의 극복」, 『한국실학연구』 8호, 한국실학학회, 1~12면. 이동환은 이 논문을 통해 도학과 실학의 접점에 있는 사상가들을 어느 한쪽으로 억지로 몰아 규정하지 말고, 도학과 실학 외의 제3의 갈래의 존재를 정직하게 직시할 필요가 있다고 주장했다. 이동환은 이와 관련한 일련의 논문(2004) 「실학의 철학적 기반」, 『한국실학연구』 8호, 한국실학학회, 285~298면에서 도학과 실학의 경계선상에 있는 학자로 홍대용과 정조를 지목했다. 그는 이 두 학자들에게서 도학의 발전이 실학의 흥기를 가져오게 한 국면을 볼 수 있다는 견해를 제시했다. 이는 도학과 실학을 단절이 아닌 연속선상의 발전적 학술흐름으로 이해하려는 시도이다.

5 이동환, 위의 글 참고.

6 이우성(1982), 「조선후기 근기학파에 있어서 정통론의 전개」, 『한국의 역사상』, 창작과비평사; 이우성(1982), 「실학연구서설」, 『한국의 역사상』, 창작과비평사. 아울러 이우성은 우리나라의 실학을 마땅히 17~18세기 이후의 사회경제적 변화라는 역사적 조건에서 그 발생·발전의 계기를 찾아야 하며, 또 그것이 몇 개의 구체적 정책대안에 그치지 않고 근원적·전반적 체계로서의 학문성이 있어야 진정한 실학이 된다고 주장하였다.

기 때문에 이 논점에 대해서 해명하자면 더 많은 논증이 필요하리라 생각된다. 여기서는 다만 순암의 경우, 그의 학문의 성격이 실학이라는 범주와 관련하여 쟁점으로 남아 있는 학자라는 것을 짚어 두는 데서 그친다.

한편 실학과 도학을 이분법적이고 단절적 논리가 아닌 '유교적 질서의 재생산'이라는 관점[7]에서 보면 성호학파의 실학은 유교 자체의 본원지향과 개혁지향 두 국면의 긴장 속에서 배태된 것으로 파악되었다. 그 관점에서 순암의 학문적 성향은 개방적인 탐구보다는 본원本源의 확립과 하학下學에 대한 관심을 보여 주었다고 이해된다. 순암의 본원을 중시하는 학문적 지향은 이른바 성호학파 내에서 좌파의 탈성리학적 지향과 서교의 수용에 대응하면서 정립되었으며, 그것은 유교적 질서를 재정립하려는 시대의 문제의식을 담고 있는 우파의 기본입장으로 이해된다.[8] 이러한 이해는 진보와 보수의 이분법적인 구별에서 진전하여 성호학파의 각 지향이 가진 의미에 좀 더 구체적으로 다가서려는 시도였다는 점에서 의미가 있다.

순암의 학문은 성리학적 토대에 깊이 자리 잡고 있다는 것이 일반적인 평가다.[9] 그러나 주지하다시피 순암은 여느 도학자처럼 관념적인 탐구의식을 견지하지는 않았다. 오히려 누구보다도 하학을 중시한 실천주의자였다. 다만 그 지반은 확고한 성리학적 이념이었다. 그는 서학의 풍조가 강해지고 그에 대한 비판의 목소리도 높아졌던 당대 상황에 대응해야 했다. 유교질서 자체의 동요를 막기 위하여 본원을 강조하는 방향을 취할 필요가 있었던 것이다.[10] 그러나 분

---

7 이봉규(2001), 「유교적 질서의 재생산으로서 실학」, 『철학사상』 12, 서울대 철학사상연구소, 63~94면 참고

8 이봉규(2000), 「순암 안정복의 유교관과 경학사상」, 『한국실학연구』 2호, 한국실학학회, 55~90면 참고

9 이기백(1999)은 순암에 대해서 '그의 사상적 밑바탕에는 유교적 이념이 확고하게 자리잡고 있다'며 그를 '이념형 학자'라고 규정했다.

10 이봉규(2000)는 순암의 경학사상을 본원지향으로 파악하여 그 내면을 자세하게 검토하였다. 그는 순암의 본원지향의 경향이 좌파와의 대립을 통해 강화되었다고 보았다. 이는 시대와

명한 것은 순암이 자신의 학파 내에서의 형편 때문에 마지못해 좌파와 대립한 것이 아니라 신념에 찬 행동으로 자신의 의지를 관철시키려 하는 면모가 적지 않게 포착된다는 점이다. 즉 순암의 '보수성'에는 순암이 처한 학파 내의 상황과 개인의 지향이 절묘하게 결합되어 있는 것이다.

물론 이러한 시도가 순암의 학문사상 방면의 업적, 곧 역사 방면에서 대표적인 실학적 업적으로 인정받는 『동사강목』에 대한 평가를 절하시키는 것은 아니다. 역사에 대한 체계성의 구축과 역사적 사실에 대한 충실하고 철저한 고증으로 한국사의 수준을 한 단계 올려놓은 『동사강목』의 업적은 누구도 부인하기 어려운 것이다. 그러함에도 전통적인 관점에 확고하게 뿌리내리고 있는 순암의 자세는 녹암과 다산으로 이어지는 성호좌파의 진취적이면서 적극적으로 시대의 정신을 담아내려는 치열함에 비해 보수적으로 보이는 것이 사실이다. 이는 순암의 실학자상과 관련하여 충분히 검토해 볼 필요가 있다.

본고에서는 이러한 문제의식을 바탕으로 순암의 학문 형성기의 저작과 그 핵심적인 발언의 내용을 검토하여 학문적 성격과 그 지향을 재검토해 보고, 경학방면의 저작인 『맹자의의』에 대한 고찰을 시도해 보겠다. 『맹자의의』에서 보여 준 경전에 대한 시각과 주석의 방법, 특정한 논점에 대한 견해는 순암이 견지한 학문의 성격을 경학 연구라는 구체적 국면에서 증언해 줄 것이다.

그 시대에 처한 학파 내의 자신의 입지가 중요한 요인으로 파악된 것이다. 순암과 녹암의 서간에서는 이 점이 분명하게 보인다. 그러나 본고는 더 근본적인 요인을 순암의 삶의 궤적에서 확인할 수 있듯이 그의 학문적 지향에 있다고 판단한다.

2. 학문적 지향과 경학관

1) 하학下學의 논리

이미 여러 논자들에 의해 지적된 바[11]와 같이 순암은 성호를 만나기 이전 이미 자신의 학문적 성향을 상당 부분 확립하고 있었다. 그는 15~16세부터 이미 박학하다는 평가를 받았다. 그는 어려서부터 선비가 이 세상에 태어나서 한 가지 재예才藝로 이름을 이루어서는 안 된다고 여겨 경사經史와 시詩·예禮 이외에 음양陰陽·성력星曆·의약醫藥·복서卜筮 등의 서책과 손자孫子·오자吳子의 병서, 불가·도가의 서책, 패승稗乘이나 소설류에 이르기까지 구해 볼 수 있는 것이면 두루 다 보았다. 박학에 대한 순암의 젊은 시절의 열정은 이처럼 대단한 것이었다.

그러나 순암의 학문 여정은 25세에 『성리대전』을 본 이후로 일변했다. 그는 『성리대전』을 접한 이후 박학에서 몸과 마음에 대한 학문으로 그 관심을 전환시켰고, 이때부터 순암은 침잠하는 공부에 전심했다. 『심경』을 읽으면서는 평상시에 심법心法을 자세하게 궁구하면 일에 직면하여도 그 마음의 수양을 경험하게 될 것이라고 확신[12]할 정도로 도학적인 수양에 철저했다. 그는 이때의 공부를 바탕으로 「치통도治統圖」와 「도통도道統道」라는 저작을 남겼는데 의리의 관점에서 역사사실에 대한 포폄褒貶과 도통道統의 전수를 밝힌 것이었다. 순암의 학문은 이때 이미 성리학적 의리에 기반한 도통론을 확고히 하고 있었던 것이다. 『임관정요臨官政要』의 초고본인 『치현보治縣譜』[13]나 29세에 저술한 『하학

11 심우준(1985), 앞의 책; 한영우(1988), 앞의 글 참고.

12 『順菴先生文集』, 『順菴先生年譜』. "平居細討危微法, 遇事方能驗此心."

13 이후 『치현보』는 순암 본인에 의해 『임관정요』로 개명되었다. 이후는 『임관정요』로 표기한다.

지남下學指南』, 「정전설井田說」, 30세의 저작인 『내범內範』은 성리학적 지향을 구체적으로 드러낸 일련의 저작물이다.[14]

『임관정요』는 가학을 통해 익힌 목민행정의 분야에 자신의 경륜을 선보인 것으로 이후 다산의 『목민심서』에도 적지 않은 영향을 끼쳤다. 수기修己와 치인治人은 둘이 아니요, 학문 밖에 정치가 있는 것이 아니라는 것이 이 책을 관통하는 저술정신이다. 그 서문에서 밝힌 바와 같이 이 책은 성현의 가르침을 기록한 「정어政語」, 옛적의 본보기가 되는 행적을 기록한 「정적政蹟」, 자신의 견해를 시세時勢에 비추어 논한 「시조時措」의 세 편으로 구성되어 있다. 이때의 구상은 이후 그의 대표작이 된 『동사강목』의 안설按說에 상당 부분 반영되었다.[15] 『임관정요』가 목민관의 자세에 중점을 둔 것임에 비해 『하학지남』은 사대부의 생활자세와 관련한 지침서로 저술된 것이다. 옛날부터 학자들의 근심은 대부분 먼 것을 힘쓰고 가까운 것을 소홀히 하는 데 있다는 데 주의해 몸과 마음 및 일상생활에서 마땅히 행해야 할 도리를 조목별로 분류하여 옛 성현들의 가언嘉言과 선행 가운데 하학에 속하는 것들, 즉 실천에 소용되는 말들만을 발췌하여 배열한 것이다. 체제는 『임관정요』와 유사하다고 볼 수 있다. 「정전설」은 『주례周禮』를 위주로 『맹자』·『춘추공양전』의 하휴何休의 주註, 반고가 지은 『한서漢書』의 「식화지食貨志」, 그리고 주자의 학설을 참고하여 지은 것이며, 『내범內範』은 여성들의 일상생활에 대한 지침서로 성리학적 관습에 충실한 것이다.

14 순암의 생애는 『順菴先生文集』의 「順菴先生年譜」에 자세하다. 이에 대한 연구서로는 심우준(1985), 앞의 책; 한영우(1988), 앞의 글; 강세구(1996), 앞의 책 참고.

15 『順菴先生文集』 卷18, 「臨官政要序」 참고. 이곳에서 순암은 天德과 王道는 본래 일체이고, 修己와 治人은 두 가지 뜻이 없다고 밝혔다. 그는 진덕수가 경전을 편집하면서 정사에 대해 논한 『政經』이란 책을 만든 사례와 傅琰이 『治縣譜』를 만들어 자손에게 전한 일을 거론하면서 학문과 정치가 둘이 아님을 강조하였다. 『임관정요』와 『동사강목』의 연관에 대해서는 강세구(1996), 앞의 책 참고.

이렇듯 30세까지의 순암의 학문을 재구성해 보면 목민행정과 경제, 수신과 제가에 대한 체계가 형성되어 있음을 알 수 있는데 그 저변은 『성리대전』과 『심경』, 「치통도」와 「도통도」라는 성리학적 정통론과 주자의 학문체계였다. 다만 두드러진 점은 그 가운데서도 유독 하학에 대한 관심, 즉 실질적이고 실천적인 것에 쏟아진 관심이었다. 이후 순암은 33세에 반계의 저작을 접하면서 학문에 대한 저변을 넓히고, 35세에 성호를 만나 자신감을 얻게 된다. 성호와의 학문적 교유를 통해 『이자수어李子粹語』를 주도적으로 편찬하고, 필생의 저작인 『동사강목』을 찬술하게 되지만 그의 학문에 대한 기본적인 지향과 성격은 이미 『하학지남』에서 견지한 그 틀을 크게 벗어나지 않았다. 순암도 물론 사단칠정이나 성리설에 대한 견해가 있었지만 그것은 그의 큰 관심 분야가 아니었다. 순암은 오히려 그러한 문제에 골몰하는 당대의 학문풍토를 비판했다.[16]

학문의 성립기에 순암의 관심은 하학에 집중되어 있었다. 그리고 그 관점은 대체로 말년까지 유지되었다. 하학은 순암의 학문적 지향이자 방법론으로 제출된 것인데 그 배경에는 당대 학술에 대한 문제의식이 담겨 있다.

> 공자가 말하기를, "평소 거처할 때에 공손히 하고, 일에 임하여 공경히 하며, 남과 사귈 때는 충성을 다한다" 하였고 또 말하기를, "말은 충신忠信하게 하고, 행실은 독경篤敬하게 하라" 하였으니, 과연 여기에 힘을 쏟아 잠시도 놓지 않고 오랫동안 익혀 나간다면 청명이 몸에 있어서 지기志氣가 신통하여 마음을 잡으려 하지 않아도 저절로 지켜지고 이치를 연구하려 하지 않아도 밝아져서 저절로 상달의 경지에 이르게 될 것이다. 후세의 학자는 하학을 비천하다 하여 탐탁히 여기지 않고 항상 천인성명天人性命과 이기사칠理氣四七의 말에만 얽매이며, 가만히 그 행실을 따져 보면 일컬을

16 『順菴先生文集』 卷3, 「答邵南尹丈書 己丑」. "大抵自有理氣說後, 其言可以充棟, 爲今世學者最初立言之資, 便成一弊. 竊意人之爲學, 不過去惡從善而已. 此雖云性命原頭, 似無關于實用, 說來說去, 徒作紙面上閑話, 轉成層激角勝未已者, 亦何光景."

만한 것이 없으면서도 상달을 모르는 것만을 부끄럽게 여긴다. 그리하여 종신토록 학문을 해도 덕성이 끝내 성립되지 못하고 재기才器가 끝내 성취되지 못하여 여전히 학문을 하지 않은 사람의 모양을 하고 있으니 과연 무슨 유익함이 있겠는가. 이는 하학의 공부를 몰라서 그런 것이다.[17]

평소 일상의 행동거지, 일에 임할 때나 남과 사귈 때 미덥고 돈독하게 하는 것, 하학下學을 생활 속에 실천해 간다면 내게 있는 청명淸明으로 인해 지기志氣가 신통해져 저절로 상달上達에 이르게 된다는 논리이다. 이는 실천적인 덕행, 즉 하학을 극도로 강조한 것으로 이를 통하면 상달上達은 자연스럽게 따라오게 된다는 것이다. 매우 적극적인 실천의 논리이자 성리학의 핵심 공부법인 조존操存과 치지致知의 비중을 극도로 낮추었다는 점에서 주목된다.

그런데 순암의 말을 잘 뜯어보면 이러한 하학의 논리는 당대의 학술, 즉 천인성명天人性命과 이기사칠理氣四七론에 대한 폐단을 극복하려는 자정노력임을 알 수 있다. 상달에 치우쳐 볼 만한 행실이 없고, 덕성德性을 이루지 못하여 결국 학문의 성과가 없는 것에 대한 통렬한 반성이 담겨 있는 점에서 그렇다. 그러나 그 반성의 지반이 성리학의 범주를 벗어난 것은 아니었다. 이 점은 순암의 '실학實學'인식과 경학관에서 뚜렷하게 포착된다.

---

17 『順菴先生文集』卷19, 「下學指南題」. "子曰, 居處恭, 執事敬, 與人忠, 又曰, 言忠信行篤敬, 果能於此下工. 斯須不舍, 積習之久, 淸明在躬, 志氣如神, 心不待操而存, 理不待究而明, 自能至於上達之境矣. 後世學者, 却以下學爲卑淺而不屑焉, 常區區於天人性命理氣四七之說, 夷考其行, 多無可稱, 而唯以不知上達爲羞吝, 終身爲學, 而德性終不立, 才器終不成, 依然是未曾爲學者貌樣, 果何益哉! 是不知下學之工而然也."

2) 순암의 '실학實學'인식과 경학관

순암은 학문의 요점은 무실務實임을 강조했다. 『대학』 명명덕明明德의 해석에서 순암은 내 마음의 명덕明德은 실심實心으로 구하고 행할 때 발휘될 수 있을 것이라고 역설했다. 지식과 실행을 병행할 때 명덕의 본체는 지켜질 수 있으며, 그것이 실학이라는 것이다. 순암은 그러한 자신의 논리를 이렇게 전개했다.

> 학문하는 요점은 '무실務實' 두 글자에 불과합니다. 공께서 『대학』을 읽으셨으므로 한번 『대학』의 장구로 말해 보겠습니다. 이른바 '명덕明德'이라는 이것은 하늘에서 얻어 사람마다 모두 가지고 있는 것입니다. 그러나 만약 어둡고 가려지도록 방치하여 밝히는 공부를 하지 않으면 인욕人欲을 따르게 되어 천명天命을 실추하고 마는데 그렇게 되면 금수와 별로 차이가 나지 않게 됩니다. 이 때문에 반드시 그 명덕을 밝혀 하늘이 부여한 나의 참된 본성을 지켜 보존하고 함양하려는 것입니다. 앞의 '명明' 자는 치지致知의 공부이고, 뒤의 '명明' 자는 하늘에서 부여한 밝은 명을 받아 내 덕의 본체로 삼는 것입니다. 명덕을 밝히는 공부만 하고 존성存省하는 공부를 소홀히 할 경우 한쪽으로 편벽된 학문이 되어 버리고 명덕의 본체도 보존하지 못할 것입니다. 이것이 지식과 실행이 서로 뒤따라야 하고 분리되어서는 안 되는 이유입니다. 그러므로 이 구절을 읽을 때는 한 번 읊조리지만 말고 반드시 실심實心으로 찾고 실심實心으로 행해야 합니다. 다양한 책들을 읽는 방법은 모두 이렇게 해야만 자신의 소유가 됨과 동시에 '실학實學'이라고 할 수 있을 것입니다.[18]

18 『順菴先生文集』 卷8, 「與柳敬之譤書 乙未」. "爲學之要, 不過務實二字. 公向讀『大學』, 試以『大學』首句言之. 所謂'明德', 是得之於天, 人皆有之. 若任其昏蔽, 不下明之之工, 則循人欲而墜天命, 其違禽獸不遠矣. 是以必欲其明其明德, 以保守我惟天所降之衷而存養之. 上明

하늘이 나에게 준 명덕을 밝히는 것은 인욕人欲을 따르지 않게 하여 금수禽獸와 구별되는 인간다움의 공부이다. 하지만 그렇게 밝힌 본성을 보존하고 함양하지 않는다면 편벽된 학문이 되어 명덕의 본체도 보존하지 못할 것이다. 이것이 치지致知의 공부와 존성存省의 공부는 동시에 이루어져야 한다고 보는 순암의 관점이다.

그리하여 순암은 학문이라는 것은 앎과 행함이 총체적으로 결합된 이름이라고 주장했다. 여느 도학자들처럼 배워야 할 대상을 성인으로 설정하였지만 순암이 생각한 성인의 도는 일상·일용의 도덕을 넘어가지는 않는 것이었다.[19] 일상·일용의 도덕을 알고 실천하는 것은 어려운 것이 아니지만 순암은 당대에 실질적인 학행學行이 이루어지지 않는다고 보았다. 순암은 그 까닭을 이렇게 설명했다.

> 공부는 앎과 실천이 함께 이루어져야 한다는 것을 누구나 다 알고 있습니다. 다만 참으로 알기가 실로 어렵고 참으로 실천하기가 쉽지 않으니 이것이 끝내 덕을 이룰 수 없는 이유입니다. 맹자 이후 1천 5백 년이 지나도록 이 학문은 침체되어 있었습니다. 양한兩漢 시대에 선비들은 독실하게 행하는 데 힘썼지만 지혜가 분수分數를 이해하는 데 부족했기 때문에 많이 이단으로 빠져 들어가 스스로 뛰쳐나오지 못했습니다. 다행히도 두 정씨程氏가 나타나 격치格致의 학문을 열었고 주자가 거듭 밝히니 이에 궁리의 학문이 천하에 가득하여 이단은 발을 붙일 수 없게 되었습니다. 그러나 그

字, 卽致知之工也, 下明字, 卽所得乎天之明命而爲我德之本體者也. 徒下明之之工而忽於存省, 則爲偏枯之學, 而明德之本體, 不能自保矣. 此知行之所以相須而不可離者也. 故讀此句, 不徒一番吟詠而已, 必以實心求之, 實心行之, 諸書讀法皆如此, 然後庶幾爲我之有而眞可謂之實學也."

19 『順菴先生文集』卷19, 「題下學指南」. "學者, 知行之總名, 而其所學, 學聖人也. 聖人生知安行, 而爲人倫之至, 學聖人之道, 不過求聖人之知與行, 而不出於日用彝倫之外也."

폐단은 적잖이 구이지학口耳之學으로 흘러 때때로 알아듣지 못하는 말로 기생이 예禮를 말하는 형국에 귀결되었습니다. 남명이 퇴계를 비난했던 것이 그때에는 꼭 그럴 것이 아니었지만 오늘에는 실로 약석藥石이 됩니다. 학문을 함에는 반드시 그 폐단이 있는 곳을 알아 구제하여 바로잡아야 하니 수신과 남을 가르치는 데에는 다른 방법이 없습니다. 다만 참된 힘을 쓰면서 내실 없이 자부하는 습관을 없애는 것이 참으로 어려운 일입니다.[20]

참으로 알고 참으로 행하는 것이 어렵기 때문에 하학이 쉽지 않다는 것이 순암의 판단이다. 한유漢儒들에게는 행동의 독실함이 있었으나 참으로 의리를 알지 못했기 때문에 이단에 빠졌던 것이다. 그런데 다행히도 정자와 주자에 의해 격치의 학문이 일어났고, 그 결과 궁리는 이미 충분하게 이루어졌다. 참으로 알게 된 것이다. 다만 궁리를 통한 앎이 실천되지 않고 있을 뿐이다. 이것이 순암이 진단한 당대 학문의 폐단이었다. 그렇다면 이제 순암이 추구해야 할 학문적 지향은 선명해졌다. 정자와 주자가 궁리를 통해 찾아낸 이치를 충실하게 참으로 실천하면 되는 것이다.

순암이 새로운 견해 제시를 부정적으로 보고 독실한 실천에 더욱 많은 관심을 보인 것은 이러한 문제의식에 비추어 볼 때 당연한 것이었다. 49세에 녹암 권철신에게 보낸 다음의 편지에서도 이러한 경향은 선명하게 드러난다. 순암은 분석적인 경전의 탐구를 통해 새로운 견해를 제시하는 것보다 선유先儒가

20 『順菴先生文集』 卷3, 「與邵南尹丈書 庚寅」. "工夫之知行交修, 人皆知之. 但眞知實難, 實行不易, 此終無以成德矣. 孟子以後千五百年, 此學寥寥者. 兩漢之際, 士務篤行而, 知解分數不足, 是以多陷溺于異端而不自拔. 幸有兩程出而有格致之學, 朱子申明, 於是窮理之學, 滿天下, 而異端不能容. 然而其弊多流於口耳之學, 或多爲鳥言倡禮之歸. 南冥之譏退溪, 在當時未必然, 而在今日實藥石. 爲學必知其弊之所存而救正之, 則自修敎人, 無異道矣. 但實然用力而無虛矯之習, 誠難矣."

밝힌 의리를 충실하게 수행하는 것으로 학문의 방향을 정한 것이다.

> 성현들의 말씀은 모두가 평이하고 명백하므로 굳이 굽은 길로 찾아들어가서 스스로 의문 속에 자신을 얽어맬 필요는 없습니다. 퇴계 이자李子는 "독서를 함에 있어서는 굳이 다른 뜻을 캐려고 하지 말고, 그 본문에서 있는 뜻만 구해 보면 된다"고 했습니다. 그 말이 간결하면서 이치에 합당하니 한번 생각해 보십시오. 경문經文은 두 가지 뜻이 있게 마련이니 후세 사람들이 해석할 때에는 반드시 잘 헤아려 이치에 가장 가까운 쪽을 취해야 합니다. 지금 군이 글을 읽을 때에 전의傳義와 다른 곳이 있다면 그 다른 곳에 나아가 경중輕重을 헤아리고, 읊조려 자세히 완미하다 보면 스스로 구별할 수 있게 될 것입니다. 자신의 사의私意를 마음속에 걸어 두고서 도리어 선유先儒의 견해를 자기에게 맞추려고 한다면 그것은 절대로 안 되는 일입니다. 만약 그렇게 하려면 차라리 내 글을 지을 것이지 하필 괴롭게 고서古書를 읽을 필요가 있겠습니까?[21]

성현의 글은 평이・명백하므로 굳이 어렵게 생각하지 말고, 의견이 갈리는 것도 본문에서 이치에 가까운 것으로 잘 헤아려 보면 자연스레 이해될 것이라는 판단이다. 공연히 자신의 주관적인 해석을 바탕으로 이미 충분히 궁리하여 제시된 의견을 시비하는 것은 적절하지 않다는 것이다.

이것은 순암이 35세에 성호를 만났을 때에도 견지되던 견해였다. 순암은 성호와의 첫 만남에서 학문은 자득이 중요한 것이니 선배들의 말에 얽매일 필요

21 『順菴先生文集』 卷6, 「答權旣明哲身 別紙」. "大抵聖賢言語, 皆平易明白, 不可探曲以求, 自致纏繞于疑亂之中矣. 退溪李子曰, '讀書不必深求異意, 當於本文上, 求見在之義.' 此語的當簡易, 試入思議也. 經文固有兩般義, 後人解釋時, 必量度而取其最近者. 今君讀書, 有與傳義不同者, 試就其不同處, 劑量輕重, 諷詠詳玩, 則自有可別之道矣. 我之私意, 橫在肚裏, 却以先儒之說, 求合於己, 是甚不可, 若然則我去自做一般文, 何必苦苦讀古書乎?"

는 없다는 말을 듣고서 궁리와 격물도 제대로 하지 않은 상태에서 미리 주견을 세우는 것은 경박부조輕薄浮藻한 기상을 더할 뿐 덕을 쌓는 일에 도움이 되지 않는다고 대답한 적이 있었다. 순암은 경전의 해석에 대해서 "별다른 뜻을 억지로 캐기보다는 선유들의 교훈을 그대로 지키면서 잃어버리지 않는 것이 차라리 낫다"는 의견을 최종적으로 제시했다.[22] 여기서 선유들의 교훈이라는 것은 주자의 견해를 중심으로 한 주자학적 해석이다.

그러나 순암은 『시집전』에 대한 토의에서 "주자 이후로 구서舊序는 다 버려버리고 오로지 의리義理로만 단정을 하고 있는데, 의리가 좋기는 좋은 것이지만 시인의 뜻도 과연 그랬던 것인지 그것은 모를 일입니다"라고 하여 주자의 견해를 전적으로 옳다고 판단하지는 않았다.[23] 아울러 주자의 견해만이 교조적으로 추숭되는 것에도 다음과 같이 반대했다.

> 우리나라는 중국과는 규모가 우선 다른데다 기상이 좁고 각박하여 누구나 강론을 할 때면 그냥 있는 그대로 그려 넘기기만 하는 것입니다. 만약 구설舊說과 위배되는 말을 했다가는 가부를 따질 것 없이 일제히 일어나 공격을 퍼부어 구덩이에 빠뜨리고야 마니, 이 점이 매우 두렵습니다. 후생들이 독서하다가 선현들이 하신 말씀에 의심나는 부분이 있으면 기록해 두는 것은 지하에 계신 선현을 일으켜 세울 수가 없고 또 옷자락을 여미고

---

22 『順菴先生文集』 卷4, 「答李景協書 己丑」. "前日愚嘗承聞吾先生語矣. 曰, '聖王之治天下, 首開言路, 明道講學, 是何等大事, 而杜閉後生之言議耶? 是以學貴自得, 不必泥滯前人言議.' 愚起而對曰, '下教誠然. 但恐專以自得, 先立主意, 則未免私意橫生, 流弊不少. 若後生少年窮格未到, 志慮未定, 略有所見, 卽自執己意曰, 古人之所不知者. 此習漸長, 則徒益其輕浮躁淺之氣, 而無益於進德之業.' 先生笑而答曰, '此語誠是.' 故愚意每爲少年有才氣, 徒言說者, 矯其弊而已. 誠於自得處, 有眞的之見者, 何敢一例麾斥, 然此豈易者哉! 是以與其強究別意, 不若守先儒之訓而不失之耳." 이때의 문답에 대한 구체적인 정황에 대해서는 卷16, 「函丈錄」 참고.

23 『順菴先生文集』 卷4, 「與李景協書 戊寅」. "詩經, 前日尹丈謂『集傳』多有窒碍難通處. 僕答以老生常談曰, 朱子以後棄舊序, 專以義理斷定, 義理固好, 而詩人之志, 果如此否也."

배울 길도 없기 때문에 자기 혼자 기록해 놓은 것에 불과하니, 말하자면 그 당시 문생들이 작성했던 문목問目과 비슷한 예인 것입니다. 그런데 그게 무슨 큰 죄라고 이 나라 풍속이 이렇단 말입니까? 형은 혹시 이 점을 생각해 보셨습니까?[24]

합당한 지적이다. 이 정도의 판단에 성호학파의 학파 내 분위기라면 충분히 주자의 해석 지반을 벗어날 수 있었을 것이다. 그러나 순암은 그러지 않았다. 왜일까? 다음의 진술은 그러한 의문 해소에 단초를 제공한다.

그러나 그렇다고 해서 점점 의아심이 생겨 다른 말을 하게 되면 갈등만 더 생기고 근본은 더 어두워질 것이니, 다시 쓴다 해도 시인의 근본 취지를 충분히 살려 내지 못할 바에야 차라리 옛것을 따라 그 의리의 지당至當함을 구하는 것이 오히려 낫지 않겠습니까. (…) 지금 형은 현재 입장이 다른 사람과는 다릅니다. 독서를 하거나 강의를 하거나 간에 구설舊說을 그대로만 따르고 신의新義를 발표하지는 마십시오. 그렇게 하다가 잘못 전해지면 남의 입질에 오를까 두렵습니다.[25]

주자의 『시집전』 해석에 대한 의문을 제기하였지만 결국은 다시 주자의 견해에 의지하고 있는 양상과 주자 위주의 해석에 비판을 하면서도 당시 풍토에서 분란을 일으키지 않으려는 태도를 잘 보여 주고 있다. 이는 순암의 온건한

24 위의 책. "我東與中夏, 規模不同, 氣象窄迫. 凡人講論, 只知依樣畫葫, 若有背于舊說者, 則不計當否, 羣起攻之. 至于坑塹, 是甚可畏, 後生讀書, 於先賢所論, 有疑箚錄, 是九原難作, 摳衣請問, 亦不可得, 故不過私記, 便是當日門生問目之例, 顧何深罪, 而東俗如此, 兄或念此耶?"

25 위의 책. "漸生疑貳而爲之說, 則葛藤多而本根晦, 與其復作而不可必得詩人之本意, 不如因舊而求其義理之至當也. (…) 且兄今所居之地, 亦非他比, 凡於讀書講授之際, 惟循舊訓, 勿發新義, 恐傳說之誤, 致費唇舌也."

성향을 보여 주는 것이면서 동시에 의문을 가지고, 비판의식이 있었으면서도 주자학적 지반에 머문 이유를 보여 준다. 주자의 해석이 그래도 가장 합당한 견해라는 판단이 그 하나요, 구설에 휩쓸리기를 좋아하지 않는 성격이 그 하나이다. 아울러 그토록 비판했던 이단 속학에 물들어 가는 성호좌파의 움직임은 순암의 정학正學에 대한 신념을 더욱 굳건하게 만들었다.[26]

그런데 순암의 학문적 성격은 도학과 실학의 연계라는 관점에서 좀 더 세심하게 살펴볼 필요가 있다. 순암이 강조한 하학의 논리나 성인의 학문은 일상을 벗어나지 않는다는 주장, 『대학』의 명덕에 대한 지식과 실천의 동시적이고 합일에 가까운 해석은 상당히 실학적인 요소를 많이 내포하고 있는 것이 사실이기 때문이다. 특히 효제를 학문의 지극한 요결로 이해하는 다음의 대목에서는 녹암이나 다산의 효제자孝弟慈에 대한 인식과 거의 방불함을 확인할 수 있다.

> 일전에 갑자기 성현의 참된 지결旨訣이 무엇일까 하고 생각해 보았더니 다른 것을 구하면 용납될 것이 없고 오로지 효제・인륜이 그것이라고 생각했습니다. 「요전堯典」은 처음에 나온 문자이고 또 천하라는 대기大器를 남에게 전하려 하면서도 그 추천 이유를 재능이나 경륜이 아니라 다만 "능히 효도로 화합하고 차츰 다스려 간사함에 이르지 않았다"고만 말했고, 제帝가 시험해 본 것 역시 두 딸을 통해 상대의 사람됨을 관찰하는 데 불과했습니다. 그리고 그 후 『맹자』도 "요순의 도는 '효제' 그것뿐이다" 했고, 『대학』의 '치국평천하'도 그 효과가 여기에서 벗어나지 않으니 고인들의 학문을 상상할 만하지 않습니까. 이러한 뜻을 과거엔들 어찌 몰랐겠습니까마는 그때는 겉으로만 알고 있다가 이제 와서야 비로소 참되고 절실하게 깨달아 참으로 부지런히 그대로 본받고 싶으나 병이 또 부쩍 심하여 진보될 가망이 없을 듯하니 어쩌겠습니까.[27]

26 이 점에 대한 자세한 내용은 이봉규(2000), 앞의 글 참고.

순암에게서도 효제가 중요한 학문의 덕목으로 포착된 것을 확인할 수 있다. 이 효제에 대해 녹암이나 다산은 『대학』의 명덕을 해석하면서 강조한 바가 있다. 즉 명덕을 효제자孝弟慈로 파악한 것이다.[28] 이는 명덕을 구체적 실천 덕목으로 설정하여 곧장 실천 가능한 착수처를 확보하려는 해석적 시도이다.

순암은 효제를 학문의 지결이라고 여겼지만 그것이 명덕이라고 말하지는 않았다. 주자의 해석[29]을 따라 하늘에서 부여받아 나에게 있는 것으로 이해했다.[30] 그러나 순암은 주자의 해석처럼 명덕을 밝힌다는 문제를 이론의 문제에 중점을 두어 해석[31]하지 않고 이론과 실천을 연결선상에서 파악하여[32] 본체를 보존하는 궁극적인 방법인 '존성'을 공부법으로 매우 강조하였다. 그것은 전술한 바와 같이 지식과 실천이 구분되어서는 안 된다는 관점으로, 실심으로 찾는 이론적 탐구와 실심으로 행하는 실천적인 태도를 하나의 동시적 과정으로 이해한 것이다. 이것이 이른바 순암의 '실학'인식이었다.

이는 처음부터 '명덕'에 대한 주자의 추상적인 해석을 반대하며 실천도덕적인 원시 공맹의 경학세계를 추구한 녹암이나 다산의 경우와는 분명 차이가 있

---

27 『順菴先生文集』 卷3, 「與邵南尹丈書 庚寅」. "日前忽憶聖賢眞的旨訣, 不容他求, 亶在孝悌人倫上. 「堯典」是首出文字, 而以天下之大器, 欲傳之于人, 而其所薦, 不言才能經綸, 而但曰'克諧以孝, 烝烝乂, 不格姦', 帝之所試, 亦不出于觀厥刑于二女. 其後『孟子』曰, '堯舜之道, 孝悌而已.' 『大學』治平之效, 亦不出於此, 則古人爲學, 盖可想知矣. 此意思, 舊時豈不曉解, 而都是皮膜看得, 今始覺得眞切, 誠欲孜孜效法, 而疾病又此添重, 似無進益之望, 奈何?"

28 『與猶堂全書』 1集, 卷15, 「鹿菴權哲身墓誌銘」. "以孝弟慈, 爲明德."; 같은 책 2集, 卷1. "孝悌弟慈三字, 則明明德正義也."

29 주자는 『대학』의 明德을 이렇게 설명했다. 『大學章句』 經1章. "明德者, 人之所得乎天而虛靈不昧, 以具衆理而應萬事者也."

30 『順菴先生文集』 卷11, 「經書疑義」, 大學. "經文明德專言性, 而章句釋之曰, '人之所得乎天者' 是也."

31 『大學章句』 經1章의 주자 주. "但爲氣稟所拘, 人欲所蔽, 則有時而昏, 然其本體之明, 則有未嘗息者. 故學者當因其所發而遂明之, 以復其初也." 특히 '當因其所發, 而遂明之'라는 발언에서 지식론적 관점이 강하게 투사된 것을 확인할 수 있다.

32 『順菴先生文集』 卷11, 「經書疑義」, 大學. "上明字, 雖格致之義, 而行亦包在其中."

다. 순암은 주자를 넘어서려고 하지 않았기 때문에 순암이 최초에 추구한 목표가 원시 공맹의 경학세계였는지도 분명하지 않다. 그러나 순암은 주자의 이론에서 부족한 실천의 관점을 강조하여 보완함으로써 결론적으로는 실천성이 강하게 내포된 경학인식에 도달하였고 효제를 학문의 지결로 포착할 수 있었다. 이것은 마치 근대이성비판에서 인간 이성의 발달이 가져온 병폐를 극복하고자 신과학이나 노장·불교 사상으로 전환한 일군의 움직임에 제동을 걸며 이성 자체에서 문제를 극복하고자 한 프랑크푸르트학파의 대응과 흡사하다. 그들은 이성을 도구적 이성과 성찰적 이성으로 구분하고 도구적 이성을 무분별하게 사용하여 생긴 근대이성의 문제를 성찰적 이성의 운용을 통해 극복하려고 했다.

성리학의 문제를 인식하되 그 지반을 버리지 않으면서 실천성을 보완하려고 한 순암의 대응도 이와 같은 맥락으로 볼 수 있다. 주자 성리학의 내부에서 일어난 실천지향의 온건하지만 투철한 반성은 적지 않은 의미가 있다고 판단된다. 또한 이것은 도학과 실학이 무매개적으로 연관된 것이 아니라 점차적인 계기 속에서 전환되어 간 것임을 분명하게 확인시켜 준다.

3. 『맹자의의孟子疑義』의 분석

1) 『맹자』에 대한 관심과 맹학관

순암은 자신의 나이 41세가 되던 5월에 성호에게 편지를 올려 『맹자』 7편 가운데 의심스러운 뜻에 대해 조목별로 열거하여 질문하였다.[33] 지금 순암의

33 『順菴先生文集』, 「順菴先生年譜」. "先生四十一歲, 五月, 上星湖先生書, 以孟子七篇中疑義, 條列稟質."

문집에는 그때의 조목별 문목이 남아 있지 않아 당시 순암의 자세한 맹학 수준을 헤아리기는 어렵지만 평소 순암의 여러 언급을 종합해서 보면 순암이 맹자를 매우 깊이 있게 탐구하려는 열의를 가졌고, 맹학과 관련한 활발한 토의를 즐겼다는 것을 알 수 있다.

> 있는 힘을 다해 『맹자』를 한번 파고들고 싶은 생각은 있으나 병중이라 정력이 미치지 못하고 또 깊이 생각하기가 어렵습니다. 다만 의리가 명백한 곳이면 나도 모르게 희열을 느끼곤 하는데, 형이 말씀하신 여러 조항, 그리고 뜻을 가지고 있으면서도 기운을 혹사하지 말라고 한 말 같은 것에는 항상 깊이깊이 생각은 하는데도 잘 안 되고 있습니다. 그리고 "천하 중간에 서서 사해四海의 백성을 안정시키는 일을 군자가 좋아하긴 하지만 원천성天性은 거기에 있는 것이 아니다"라고 한 말 같은 것에도 역시 감격되는 바가 있지만 힘이 거기에 미치지 못하니 이 일을 어찌합니까. 언해諺解의 토吐가 잘못된 곳, 다시 한번 생각해 봐야 할 글귀 뜻 같은 것도 상당히 많지만 미처 여쭈어 보지 못합니다.[34]

순암은 만년에 정신력이 고갈되어 경전을 파고들면서 연구하지 못하게 되자 입에 순하고 눈에 익은 것들을 외웠다. 그러면서도 각 경전의 핵심적인 문제의식에 대해서만큼은 철저하게 이해하려고 노력했다. 순암이 판단한 『맹자』의 대의大義는 인욕人欲을 막고 천리天理를 보존하는 것이었다.

> 시험 삼아 『맹자』부터 시작해 보았더니 그 정미하고 오묘한 뜻은 감히

34 『順菴先生文集』 卷4, 「答李景協書 己丑」. "鄒書誠欲刻意肆力, 而病中精力不及, 且難用思慮. 惟於義理明白處, 不覺喜悅, 如兄所示諸條及持志無暴之語, 常常體念而有不能焉. 中天下而立, 定四海之民, 君子樂之, 所性不存焉. 亦自激昂而有不及焉, 奈何奈何? 至如諺吐之疑誤, 句義之合商量者, 不爲不多, 而不暇仰禀焉."

알 수 없으나 인욕人欲을 막고 천리天理를 보전하는 대의大義만은 보기에 눈에 훤해서 바로 이대로 실천하기만 하면 되니 꼭 허다한 글을 읽어 늘그막의 부족한 정력을 분산시킬 필요가 없겠다고 생각했습니다.[35]

존천리알인욕存天理遏人欲을 『맹자』의 대의로 파악하는 것은 주자학적 이해에 충실한 관점이다. 순암의 이러한 관점은 『맹자』를 읽고 있는 정군현에게 보낸 두 편의 절구[鄭君顯[36]讀孟子示以二絶]에서도 관철된다. 이 시는 순암이 『맹자』를 통해 무엇을 읽어내려고 했는가를 짐작케 해준다.

사람을 대할 때는 지언知言의 교훈 늘 되새기고	接人常驗知言訓
혼자 있을 때는 응당 양기장養氣章을 생각하네	處獨宜思養氣章
동정動靜에 어김이 없어야 터득함이 있는 것이니	動靜不違方有得
이 마음은 언제나 살피기 좋은 때에 있는 것이네	此心都在好商量

공부자의 교훈은 실천을 강조했고	洙泗教從行處說
『맹자』는 곧바로 사람의 마음을 가리켜 보였다네	鄒書直指見人心
뭇 선비들 훈석訓釋은 헤아릴 수 없이 많으나	諸儒訓釋牛毛似
모름지기 본문에서 자세히 찾아야 하네	須把本文仔細尋

첫 수의 지언과 양기는 맹자가 부동심不動心의 근거로 말한 두 가지 덕목으로 양기는 호연지기浩然之氣를 잘 기르는 것을 말한다. 『맹자』에서 사단四端의 확충을 통한 적극적인 수양법으로 제시된 것이다. 여기에서 주목되는 것은 순

35 『順菴先生文集』 卷4, 「答李景協書 戊子」. "試自『孟子』始, 精義妙旨不敢知, 而遏欲存理之大義, 炳然易見, 行之卽在此, 不必讀許多書, 以分老來精力也."

36 鄭君顯은 본명이 鄭赫東이다. 卷6에는 『朱子書節要』를 읽고 있다는 그를 격려하는 순암의 서신 「答鄭君顯書」가 보인다.

암이 지언과 양기의 수양법을 개인적이고 정적인 방식인 묵상좌선을 통해 기르려고 하지 않고 동적이고 사회 실천적인 방식으로 사람을 대하거나 혼자서 생활할 때에 체험을 통해 기르려 했다는 점이다.

둘째 수에서는 실천지향의식을 더욱 뚜렷하게 드러내어 공맹의 교훈이 실천에 있음을 강조했다. 아울러 경전의 학습은 주석을 통해서가 아니라 곧장 본문상에 나아가서 이루어져야 한다는 점을 역설했다. 본문상에서 경의經義를 파악하려는 태도는 성호와 퇴계에서도 강조되는 중요한 경전독법이다. 이것은 경전의 본지를 주석이 아닌 독자의 자득에 의해서 깨달을 수 있는 가능성을 열어 놓는 것이다. 이러한 순암의 관점은 친구에게 보내는 편지에서도 반복적으로 나타난다. "장부丈夫는 지절志節을 굳세게 할 뿐이니 눈동자를 보면 마음에 지킬 바를 안다네. 도의 근원은 진실로 내게 있으니 내 구하는 것은 으리으리한 집 아니었지. 맹자의 교훈은 호연지기浩然之氣와 지언知言이었으니 본체는 이렇게 드러나고 긴요한 말은 조금도 번거롭지 않다네"[37]라고 하여 본문의 간결하고 선명한 이해를 통해 자신의 삶에 직결된 실천적 교훈으로서 맹자의 가르침을 수용하고 있는 면모를 잘 보여 준다.

순암은 도의道義의 생활은 대로大路와 같아 일상의 법도에서 잠시도 떠날 수 없는 것이라고 확신했고, 그 밖의 것은 모두가 다 허깨비일 뿐이니 부질없는 생각으로 양지良知를 그르치지 말라고도 권면했다.[38] 이와 함께 그가 하학을 가장 우선시되는 학문의 방법론으로 이해한 것도 『맹자』에서 소개된 "요순堯舜의 지혜로도 모든 사물을 두루 살피지 않은 것은 먼저 힘쓸 일이 급했기 때문이다"[39]라는 구절에 대한 사색의 결과였다. 순암에게 있어서 맹자학孟子學에 대한

37 『順菴先生文集』 卷1, 「次李性之命老贈鱗伯韻」. "丈夫勵志節, 眸子驗所存, 窮餓子何傷, 古賢亦艱屯."

38 『順菴先生文集』 卷1, 「次退溪集韻示趙生英如學俊 庚寅」. "道如大路子何疑, 日用須臾不可離, 此外萬端都幻妄, 莫敎浮念誤良知."

39 『孟子』, 「盡心」 上, 46章. "堯舜之知, 而不徧物, 急先務也."

독실한 공부와 성리학적 이해의 토대 속에서도 실천을 지향하는 관점은 순암 학문의 근저인 하학관下學觀에 중요한 밑바탕이 되고 있는 것이다.

2) 주자와 선학들의 견해에 대한 수용과 비판

순암의 『맹자』 관련 저술로 문집에 정리되어 있는 것은 『맹자의의孟子疑義』다. 이것은 이곳저곳에 흩어져 있던 경의를 모아 놓은 『경서의의經書疑義』의 일부분이다.[40] 『맹자의의』는 그 가운데 가장 많은 분량으로 거의 60조에 해당하는 경의에 대하여 견해를 제시하였다.[41] 이는 세 경經 가운데서도 『맹자』에 대한 순암의 높은 관심을 보여 주는 것이다. 「양혜왕」 상 1장과 「공손추」 상 1장에 대한 해석을 살펴보면 순암의 『맹자』 해석의 전반적인 관점과 해석 방법상의 특징을 헤아려 볼 수 있다.

> 「양혜왕」 상 수장首章의 주에, "천자의 공경公卿으로, 채지采地가 사방 백 리로 수레 천 대가 나올 수 있는 것이다[天子公卿 采地方百里 出車千乘]" 하였는데, 이것은 잘못 상고한 듯싶으니 『질서疾書』에서 밝힌 것이 온당하다. 봉강封疆의 제도는 정전井田에서 나왔다. 사방 1리里가 정井이 되고, 10정이 통通이 되고 10통이 성成이 된다. 성은 사방 10리인데 10성이 종終이 되고 10종이 동同이 된다. 동은 사방이 백 리로서 수레가 백 대가 나오는데, 이것은 경대부卿大夫의 채지인 것이다. 10동이 봉封이 되는데, 길이 백

40 『順菴先生文集』 卷11, 「經書疑義」의 細註로 다음과 같이 기록하고 있다. "條例不多, 諸經合附."

41 「經書疑義」에 수록된 경학 해석을 수록 순서별로 조목 수와 함께 배열하면 다음과 같다.

易	書	詩	論語	孟子	中庸	大學	禮記	其他
28	7	5	16	56	1	13	3	2

리와 너비 천 리를 개방開方하면 사방 330여 리가 되고 수레 천 대가 나오는데, 이것은 제후의 채지인 것이다. 10봉이 기畿가 되고 기는 사방 천리인데, 이것은 천자의 방기邦畿 천 리로서 수레 만 대가 나오는 것이다. 『한서』「식화지」와 주자의 정전설에 그 설이 아주 명백한데, 『집주集註』에서는 '10분의 1을 취한다'는 뜻만 범연히 보고서 이런 오류를 범하게 된 것이다.[42]

'하가당야何可當也'에 대하여, 내가 『맹자』를 읽을 때 이 구절 끝에 '유猶'자가 있기 때문에, '文王을 何可當也리오'로 토를 하고 해석하기를 "맹자가 문왕을 당할 수 없는 것으로 여겼다" 하였다. 왜냐하면 은殷나라의 풍교風教가 점점 물들어서 이처럼 변하기 어려웠는데 문왕은 오히려 사방 백 리를 가지고 일어났으니, 이것은 문왕의 한 바가 실로 어려운 것이라 다른 사람은 미칠 바가 아니기 때문이다. 그러므로 '시이난야是以難也'의 토를 '역이난야亦以難也 ㅣ니라'로 하였는데, 김사계金沙溪의 설을 보고서 드디어 자신하였다. 그런데 뒤에 『질서』를 보았더니 "'이 때문에 어려웠던 것이다[是以難也]'는 위의 '아직 천하에 교화가 젖지 못하여[猶未洽於天下]'라는 물음에 응한 것이다" 하였고, 또 퇴계의 『석의釋義』를 보았더니 "'文王을 엇지 可히 當ᄒᆞ리요'라는 이 말은 잘못된 것이다. 마땅히 '文王은 엇지 可히 當ᄒᆞ시리요'라고 해야 한다"고 하였다. 상고하건대 이것은 문왕이 능히 은나라를 당하지 못함을 말한 것이다. 『집주』에 "當은 敵자와 같다" 하였으니

---

* 기타 2조는 六經과 諸經始末에 대한 내용이다.

42 『順菴先生文集』 卷11, 「經書疑義」, 孟子. "梁惠王上首章註, 天子公卿采地方百里, 出車千乘, 此恐欠考. 『疾書』辨之當矣. 封疆之制, 出於井田. 方里爲井, 井十爲通, 通十爲成, 成方十里, 成十爲終, 終十爲同. 同方百里, 出車百乘, 此卿大夫采地也. 同十爲封, 長百里廣千里, 開方則方三百三十餘里, 出車千乘, 此諸侯之采地也. 封十爲畿, 畿方千里, 此天子邦畿千里, 出車萬乘. 『漢書』「食貨志」及朱子「井田說」, 其說較然明白, 而『集註』泛然看以十分取一之意, 而有此誤也."

> 그 뜻이 분명하다. 또 '왕자가 나오지 않음[王者之不作]'이란 아래의 집주를 가지고 보면, "이것은 그때의 쉬움을 말씀한 것이다. 문왕·무왕으로부터 이에 이르기까지는 7백여 년이 지났으니, 상商나라의 어질고 성스러운 군주가 이어 나온 것과는 다르며, 백성들이 학정虐政을 괴롭게 여김이 심하니, 주왕紂王 때에 오히려 선정善政이 있었던 것과는 다르다"고 하였다. 이것으로 보면 문왕이 능히 은나라를 당할 수 없었으매 왕업王業의 어려움을 알 수 있을 것이니, 마땅히 퇴계의 「석의」와 성호의 「질서」 및 「언해」를 의심 없이 따라야 하겠다.[43]

주로 주자를 기준으로 삼고 퇴계와 성호의 해석의 바탕 위에서 기타 여러 견해를 종합하여 결론을 도출하려는 양상을 보여 주고 있다. 순암이 서술하고 있는 위의 두 주석에서 특히 주의 깊게 볼 것은 해석과정에서 보여 주는 해경解經의 근거이다. 「양혜왕」 상 1장에 대한 이해에서 순암은 '천승의 수레를 낸다[出車千乘]'는 고대 전장제도典章制度의 고증에서 『집주』의 오류를 인정하고 그 잘못을 지적한 『질서』의 견해를 따랐다. 그런데 거기에서 그치지 않고 다시 주자의 이 부분에 대한 다른 주자의 저술에서의 해석을 찾아내어 이 『집주』의 주석이 주자가 몰라서 그런 것이 아니라 실수로 발생한 오류라고 변호했다.

한편 「공손추」 상 1장에 대한 이해에서 순암은 먼저 자신의 관점으로 본문을 이해한 다음, 선유들의 견해를 참조하는데 사계와 성호의 견해가 충돌하자

43 『順菴先生文集』 卷11, 「經書疑義」, 孟子. "公孫丑上當路於齊章, 何可當也, 余讀『孟子』, 以此節末有猶字, 故以文王을 何可當也리오爲吐, 而釋之曰, 孟子以文王爲不可當, 何也, 殷之風教漸染, 如是難變, 文王猶以方百里起, 是文王之所爲實難, 非他人所及也, 故是以難也吐, 亦以難也ㅣ니라爲吐. 及見金沙溪說, 遂以爲信矣. 後見『疾書』, 云是以難也, 應上猶未洽於天下之問, 又見退溪『釋義』, 曰文王을 엇지可히當ᄒ리요此說誤. 當云文王은엇지可히當ᄒ시리요? 按此言, 文王不能當殷也, 『集註』當猶敵也, 其義曉然. 且以王者之不作下, 集註觀之, 云此言其時之易也. 自文武至此七百餘年, 異於商之賢聖繼作, 民苦虐政之甚, 異於紂之猶有善政, 觀此則文王之不能當殷而王業之難可知矣. 當從退溪『疾書』說及今『諺解』無疑."

다시 퇴계의 설을 검토하여 경의經義에 부합하는 이해의 잣대를 찾으려고 했다. 그런데 퇴계의 해석에 대한 판단의 근거는 바로 주자의 주석이었다. 퇴계의 설명도 어느 정도는 설득력이 있지만 역시 최종적인 단안은 주자의 주석에 의지한 것이다. 결국 주자의 주석은 논란이 되는 해석의 중요한 기준으로 작용했다.

이를 통해 순암의 경학관의 일면을 볼 수 있다. 가장 기본적인 해경解經의 기준은 물론 본문상의 의미이지만 논란이 되는 구절에서는 성호와 퇴계의 견해가 판단의 주된 근거가 되고 있고, 그 견해와 비교 대조본으로 사용한 것은 사계 김장생의 해석과 언해본 등 당시 유행하던 대표적인 주석서들이다. 순암은 자기 학파의 견해에 비중을 두면서도 당시 논란이 되는 구절에 대해서는 다양한 의견을 비교·검토하는 노력을 배제하지 않고 있는 점이 흥미롭다. 다만 참고한 서적이 당시 대표적인 견해들이긴 하지만 여전히 제한된 자료를 참고하고 있는 점이나 주자의 해석에 대해서는 거의 전적으로 옹호하거나 매우 중요시한다는 점에서 그 성과는 제한적이라고 할 수 있다.

3) 존주의식尊周意識의 표출과 그 근저

『맹자의의』에는 이 외에도 언해에 대한 검토, 본의本義에 대한 변석, 선유들의 견해에 대한 변증 등 맹자학 일반의 쟁점에 대한 논란이 적지 않게 보인다. 그중에서도 가장 주목을 끄는 것은 맹자가 제후들에게 왕도정치를 권유하는 문제의 쟁점 가운데 하나인 '존주尊周와 행왕行王'에 대한 변증이다.

순암은 경전 본문의 내용도 아닌 정자와 주자의 이 구절에 대한 해석에 의문을 제기하면서 자신의 견해를 상당히 긴 문장으로 강력하게 개진했다. 쟁점이 되는 『맹자』의 본문은 「양혜왕」 상 3장이다. 그 장의 내용은 양혜왕이 진휼 등 애민책을 강구함에도 자국 백성이 더 늘어나지 않아 하소연하는 것에 대해서 맹자가 답변한 것이다. 여기에서 맹자는 처음으로 왕도정치의 요체와 그 구체적인 시행방법을 진술했다. 정자와 주자는 이 단락의 문맥에서 맹자가 권하는 왕도는 '존주'가 아닌 '행왕'의 관점이라고 이해했다.

정자는 그 주석에서 "공자 때엔 천하가 아직도 주나라를 높임이 대의大義가 됨을 알고 있었다. 그러므로 『춘추』에서는 주나라를 높임을 근본으로 삼았는데, 맹자의 때에 이르러서는 천하가 다시는 주나라가 있음을 알지 못하였다. 이때에는 제후들이 능히 왕도王道를 행한다면 왕 노릇을 할 수 있었다. 그래서 맹자께서 제齊와 양梁의 임금에게 권고하신 것이다"라고 하였고, 주자는 그 대목의 소주에서 "공자께서는 주周를 높이셨고 맹자께서는 주를 높이지 않으셨는데, 처지를 바꾸면 다 그렇게 하실 것이다"고 했다.[44] 문맥의 흐름상 이해할 만한 해석이다. 그런데 순암은 그러한 해석을 강한 어조로 비판했다. 순암은 맹자는 존주尊周하지 않을 수 없다고 주장했다. 강한 정통론의 관점을 투영한 것이다.

임금은 천리天理요 신하는 인욕人欲에 비유할 수 있다. 인욕이 아무리 방사하더라도 1푼 정도의 천리만 민멸되지 않는다면 그 민멸되지 않은 것으로 회생시킬 수 있다. 같은 논리로 제후들이 아무리 전횡하더라도 천자가 존재한다면 마땅히 그 존재한 것으로 인하여 바로잡아 보익할 수 있을 것이다. 또 옛날 사람은 임금을 어버이에게 비유하고 신하를 아들에게 비유하였으니, 아버지가 비록 어리석더라도 아들이 갑자기 아버지를 쫓아내고 그 집을 대신할 수 없는 것이다. 맹자 때에 주 왕실이 비록 미약하지만 그래도 천하가 종주宗主로 여겼다. 제위왕齊威王은 주 왕실에 조회함으로써 어질다는 칭찬을 받고, 사마조司馬錯가 주를 침으로써 악한 이름을 얻은 것

44 『孟子集註大全』, 「梁惠王」 上, 3章. "程子曰 孔子之時, 周室雖微, 天下猶知尊周之爲義. 故, 『春秋』 以尊周爲本. 至孟子時, 七國爭雄, 天下不復知有周, 而生民之塗炭, 已極. 當是時, 諸侯能行王道, 則可以王矣卷. 此 孟子所以勸齊梁之君也." 小註에 朱子曰, "孔子尊周, 孟子不尊周, 易地則皆然也."

> 은 주실이 비록 세력이 궁박하여 능히 스스로 떨치지 못하였으나 천하 사람은 여전히 천자로 지목했기 때문이다. 천자로 지목하였으면 이는 천하의 임금이 있는 것이다. 천하의 임금이 있는데 제후로서 다시 천자의 일을 하려고 하는 자가 있다면 이는 찬역簒逆이다. 어찌 찬역의 일이 있는데 맹자가 왕도를 행하라고 권했겠는가? 하물며 주실의 약함은 특히 제후들의 강세에 밀린 것이 아닌가? 걸주桀紂 같은 포악도 있지 않고 누구나 베어 죽일 수 있는 죄도 없는데 무단히 버리고 갑자기 천자의 일을 행한다면 이는 제환공齊桓公과 진문공晉文公의 죄인이다.[45]

순암은 맹자 시대에는 주 왕실이 걸주桀紂와 같은 폭정이 없었고, 제후의 주에 대한 위협은 부당하다는 부연적인 근거를 덧붙였지만 주周가 존재만 하고 있다고 하더라도 천자로서의 그 의미는 유효한 것이기 때문에 행왕行王을 하려는 것은 찬역簒逆에 해당한다고 주장했다. 왕자의 정통이 아니면서 왕의 자리에서 왕도를 행하려는 것은 찬역이기 때문이다.

순암은 왕도라는 것은 천자만이 행하는 것을 말하는 것이 아니라 선왕이 천하를 다스리던 도리라고 보았다. 이를테면 농상農桑・교양敎養 등이 그것으로 문왕이 기岐에서 행한 것이다. 문왕이 행한 왕정은 바로 이런 것이었으며 천하

45 『順菴先生文集』 卷11, 雜著, 「經書疑義」, 孟子. "君譬之天理也, 臣譬之人欲也, 人欲雖肆, 一分之天理未泯, 則當因其未泯者而接續之, 諸侯雖橫, 一日之天子猶存, 則當因其猶存者而匡扶之, 奈何因天下陷溺之見, 逐波而同之乎? 又古人以君喩父, 以臣喩子, 父雖愚騃, 子不可以遽逐而代其家也. 孟子之時, 周室雖卑, 而猶有共主之名, 故齊威王以獨朝得賢稱, 司馬錯以伐周爲惡名, 雖勢窮力迫, 不能自振, 而天下之人, 猶以天子目之. 目之以天子, 則是天下之君也. 有天下之君, 而諸侯更有欲行天子之事者, 則是簒逆也. 安有簒逆之事, 而孟子勸之行哉? 况周室之弱, 特因諸侯之強凌, 非有桀紂之暴也, 無一夫可誅之罪, 而徒然棄之, 遽行天子之事, 則是桓文之罪人也. 仲尼之徒, 不道桓文之事, 而反爲桓文所不行之事乎? 所謂王道者, 非謂天子獨行之也, 卽先王治天下之道也. 其道不過農桑敎養等事, 文王之治岐是也. 文王亦曷嘗有行是政而利天下之心乎? 王者之政, 固自如此, 而以天下居二之勢, 服事殷紂, 此其所以爲盛德也."

를 차지하는 이욕을 가지지 않았다고 보았다. 순암은 문왕의 탁월한 점을 능력을 갖추고도 은殷을 섬긴 사실에서 찾았다.[46] 순암은 맹자가 제후들에게 권한 왕도王道 역시 이러한 맥락이라고 생각했다. 그래서 순암은 맹자가 제후들에게 행왕을 권했다는 주장은 잘못된 것이라고 확정하였다.

> 맹자가 왕정을 권한 것은 이와 같은 것에 불과하다. "백성들을 굶주리지 않고 춥지 않게 하고서도 왕 노릇 하지 못할 자는 있지 않다"고 하고, "백성을 보호하면서 왕 노릇을 한다면 이를 막을 자가 없을 것이다"라고 한 것은 왕정의 효과이니 주나라를 높이지 않았다는 뜻과는 자연히 상관이 없다.[47]

즉 왕정王政의 효과를 권했을 뿐 존주尊周하지 않았다는 것과는 전혀 상관이 없는 논의라는 것이다. 순암은 혹시 『맹자』 전 편에서 주나라를 높이는 뜻이 없다고 주장하는 사람들에 대해서도 설득할 말이 있다고 했다. 그것은 시세론時勢論으로 당시 겨우 한 고을에 불과한 주 왕실의 형편과 이미 주 왕실을 마음에서 잊은 제후들의 마음을 고려하여 시세에 대한 판단으로 그랬다는 것이다. 즉 맹자가 드러내 놓고 '주 왕실을 일으키고 천자를 회복시켜야 한다'고 주장하였다면 이루어지지 못할 것이 뻔하기 때문에 점진적으로 먼저 왕정을 가지고 권했을 뿐 존주의식이 없었던 것은 결코 아니라고 보는 것이다.[48]

---

46 『順菴先生文集』 卷11, 「經書疑義」, 孟子. "仲尼之徒, 不道桓文之事, 而反爲桓文所不行之事乎? 所謂王道者, 非謂天子獨行之也, 卽先王治天下之道也. 其道不過農桑敎養等事, 文王之治岐是也. 文王亦曷嘗有行是政而利天下之心乎? 王者之政, 固自如此, 而以天下居二之勢, 服事殷紂, 此其所以爲盛德也."

47 위의 책. "孟子之勸行王政, 不過如此, 而其曰 '然而不王者未之有也.' 又曰, '保民而王, 莫之能禦者.' 卽王政之效也. 與不尊周之義, 自不相管."

48 위의 책. "或疑七篇之中, 無尊周之義, 則此亦有其說矣. 先儒曰, 知時識勢, 學『易』之大方. 又曰, 孟子善用『易』, 孟子之不言尊周, 識時勢也. 當此之時, 周室之大, 不過一小縣, 而寄名

그런데 이러한 인식은 적어도 순암에게 있어서 경전 해석에서 우발적으로 제시된 것이 아니라 통계統系를 중시하는 정통론의 시각에서 도출된 것이다. 순암이 『동사강목』에 적용한 정통론의 대의大義는 정통을 존중하고 절의를 숭상하고 필례筆例를 조심하는 것이었다.[49] 왕통의 전개에서 혈통을 중시하고 정통왕조에 대한 충절을 절의의 기준으로 평가하였다. 그 결과 신라의 신하로서 고려를 도운 혐의가 있는 최치원이 폄하되었으며, 고려 태조의 아버지인 왕륭王隆과 그 아들 왕건王建 역시 자기 군주를 누르고 왕이 되었으므로 반역의 당으로 지목받았다. 장보고는 정식으로 명을 받아 활동하다가 피살되었으므로 높이 평가했다.[50] 이는 순암 스스로 사가史家의 대법이라고 여긴 통계統系를 밝히고, 찬적을 엄히 다루며, 충절을 포장하고, 시비를 바로잡는 사필史筆을 엄격하게 적용한 것이다.[51]

於鞏洛河南之間, 雖謂天下之共主, 而其心之無也久矣. 使孟子卒然對齊梁之君曰, 周室可興也, 天子可復也云爾, 則其不可成也必矣. 聖人爲事, 必有其漸, 故先以王政言之." 그런데 맹자가 尊周했다는 주장은 성호학파 내에서 일관되게 강조된 것이다. 이 점에 대해서는 충분한 논의가 요청되므로 別稿로 검토한다.

49 『順菴先生文集』 卷10, 「東史問答」, 與李貞山書 戊寅. "東史非敢擔當, 丈席有敎, 故不量己力, 率爾爲之, (…) 其大意則尊正統・崇節義・謹筆例."

50 위의 책. "崔孤雲位至阿飡, 則雖云不遇, 寵任亦至矣. 鵠嶺青松之句, 爲密贊祖業之功, 至於贈諡褒奬, 人臣之義, 果如此乎? 後世惟以佞佛爲誚, 而未嘗及此者, 何也? 今書以崔致遠以罪去, 繼而論, 有曰楊雄皓首窮經, 只得莽室大夫, 孤雲文章動世, 竟作麗朝功臣. 又曰, 小有才而未聞大道, 不自重而終累輕脫, 此皆史家之所未論而論之, 無乃不可乎? 麗祖之父王隆首叛降弓裔, 故書云弓裔將金城太守王隆死, 卽范增死之例也. 麗祖寬仁大度, 有類漢高, 終是叛賊之黨, 諸史皆云泰封諸將立王建爲王, 今改云弓裔將王建稱王, 裔走死, 卽綱目不義而得國稱皇帝之類也. 盜殺淸海鎭大使張保皐者, 卽盜殺李輔國之例也. 此皆與前輩所論相反, 僭妄之罪, 固已難逭, 而未知知道者以爲如何? 悚慄以俟耳."

51 순암이 다루고 있는 바로 이 문제는 송대에 존왕과 존주의 관점을 내세웠던 왕안석과 사마광의 대립과 매우 흡사하다. 『자치강목』의 저자 사마광은 맹자의 존왕론을 비판하면서 존주의 의리를 매우 강력하게 역설하였는데 순암은 사마광의 논조와 매우 흡사하다. 이에 대한 자세한 논의는 황준걸(2004), 「伊藤仁齋 對孟子學的 解釋」, 『東亞儒學史的新視野』, 132면 참고.

순암의 정통론에 충실한 이러한 견해는 존주론의 근저가 되는 것이면서 동시에 화이의 구분을 엄격하게 적용한 것이었다. 순암은 정통론의 논리구조를 그대로 화이론華夷論에 적용시키면서 '중국의 임금은 하늘이고 이적은 강도'라고 주장하였다. 그는 화이론에 대해 부정적인 입장을 보이는 견해를 반박하며 다음과 같이 화이의 질서는 확고한 천리天理이며 지극한 선善이라고 말했다.

> 말하는 사람들이 '사람의 입장에서 본다면 비록 화이華夷의 구분이 있으나 하늘의 입장에서 본다면 어찌 피차의 구별이 있겠는가? 원元·청淸은 송宋·명明의 계통을 이은 나라라고 할 수 있고, 몰래 훔친 나라라고 할 수 없다'고 하였는데 이는 옳지 못한 말이다. 대개 하늘이 만물을 낼 때 중국 사람을 먼저 내고 이적은 그 다음에 내며 금수는 그 다음에 낸다. 이적은 절반은 사람이고 절반은 금수인 중간에 놓인 것이니 이것은 천리天理이다. 리理는 바로 지극한 선이 있는 것이다. 하늘이 일찍이 지극한 선을 하려고 마음먹지 않은 것은 아니나 기화운행의 순행이 고르지 못하면 다스림과 어지러움이 서로 이어지고 중화와 이적이 번갈아 주고받게 마련이니 이것은 형세이다. 형세가 있는 곳에는 하늘도 어찌할 수가 없는 것이다.[52]

하늘이 만물을 낼 때 중국 사람을 먼저 내고 이적夷狄은 그 다음에 내며 금수禽獸는 그 다음에 낸다는 주장이나 이적은 절반은 사람이고 절반은 금수인 중간에 놓인 것이라는 주장, 나아가 그것이 천리天理라는 인식은 순암의 역사인식으로서의 정통론과 문명론으로서의 화이관이 아직 확고한 중국 중심의 중세

52 『順菴先生文集』 卷12, 「橡軒隨筆」, 華夷正統. "說者曰, '以人觀之, 雖有華夷之分, 自天視之, 豈有彼此之別乎, 元淸直可繼宋明之統, 而不可以陰削之也.' 此亦有不然者, 夫天之生物, 中夏人物爲首, 夷狄次之, 禽獸次之, 夷狄在半人半獸之間, 天理也, 理卽至善之所在也. 天之爲心, 未嘗不欲其至善, 而氣化運行, 醇漓不齊, 則治亂相因而華夷迭嬗, 勢也. 勢之所在, 天亦莫奈何矣."

보편의식에 견인당하고 있음을 확인시켜 준다. 순암은 "이적들이 중국에 들어와서 주인 노릇 하는 것이 하늘의 뜻이 아님을 어떻게 아는가?"라는 질문에 대해서 "성인은 곧 하늘이며 나는 성인을 통해서 그것을 알았는데 『서경』에서는 오랑캐가 중국을 어지럽힘을 경계하였고, 『춘추』에서는 중화와 이적의 구분을 엄격하게 적용하였기 때문에 성인인 하늘은 본디 이적을 인정하지 않았다"고 대답했다.[53] 성인의 경전에 근거하여 그 경전에서 해당하는 내용을 통해 논증하고 있는 순암의 화이관은 무너뜨릴 수 없는 확고한 신념이었다.

순암은 그러나 조선에 대해서는 이적이라고 여기지 않고 '소중화小中華'라는 인식을 가지고 있었다. 하늘이 우리나라를 중국과는 다른 지역에 내셨지만 하늘에서 부여받은 것은 전혀 다를 것이 없다고 생각했다. 단군을 앞세우고 기자箕子의 치적을 표창했다. 조선에서는 문화와 교육이 발달하여 소중화의 칭호가 있으니 이 도道는 실추되지 않았다고 보았다.[54]

살펴본 바와 같이 순암의 경학 해석에 드러난 존주의식은 역사에 있어서는 정통론과, 문명의식에 있어서는 화이관과 깊은 의식적 친연성 속에서 제출된 것이다. 이것은 순암의 정통 성리학적인 토대와 보수적인 입장을 확연하게 파악할 수 있는 지표가 된다. 이는 자국사에 주목하고, 그 철저하고 합리적인 고증적 성과에 의해 주목받았던 『동사강목』의 성과를 이제 그 역사기술의 근본정신이 되었던 강목체綱目體의 성격에 비추어 재독할 필요가 있음을 확인시켜 준다.[55]

53 위의 책, "說者又曰, 子曷知夫夷狄之入主中夏, 非天意也? 曰聖人卽天也, 吾以聖人而知之. 『書』戒蠻夷猾夏, 『春秋』謹華夷之分, 推此言之, 天之於夷狄, 固有不許者矣."

54 『順菴先生文集』 卷1, 「效邵康節經世吟」. "天生我東, 區域殊異, 本禀之同, 原無所貳, 檀君尙矣, 箕聖致治, 八政昭揭, 三條垂示, 韓濊交亂, 三國旋熾, 道理重明, 爰自麗季, 聖朝勃興, 文敎四曁, 小華有稱, 吾道無墜." 이 시에 보이는 순암의 논의는 성호학파의 역사인식에 비추어 세밀한 검토가 요청된다.

55 순암은 「東史綱目序」에서 『東史綱目』이 朱子의 成法을 따라 만든 것임을 분명히 했다.

4. 맺음말

순암은 과거에는 노불老佛의 폐단이 양묵楊墨보다 더 심하다고 우려했지만 지금은 천주교의 폐단이 노·불보다 심하다고 보았다. 하지만 순암이 가장 우려했던 것은 정작 그 천주교의 폐단이 아니라 속학俗學의 해로움이었다. 그래서 순암은 선비가 학문을 할 때에는 그 당시의 폐단을 보아 바로잡아야 한다고 생각했으며 천하의 의리는 둘이 아니라 하나의 근원에서 나온다고 보았다.[56] 그 하나의 근원은 무엇일까? 검토한 바와 같이 그것은 확고한 성리학적 토대 위에서 형성된 실천적 지향이었다. 이른바 하학이다.

박학적 학문에 대한 열정이 25세에 『성리대전』을 읽고 전환된 이후, 순암은 성리학의 순정한 본원지향의 학문을 전 생애를 통해 관철시켰다. 그러나 순암의 본원지향적 학문의 성격은 관념적인 성리 논쟁이 아니라 인식과 실천을 일치시키는 방향으로 진행되었으며 순암에게는 그것이 실학이었다. 그것은 분명 추상적인 관념상의 추구에서 오는 폐단을 보완해 주는 역할을 할 수 있는 것이며 실천에 대한 견고한 지향은 도학에서 실학으로 전환되는 계기의 단초를 마련해 주는 것이기도 했다. 그러나 여전히 확고한 주자학적 학문체계나 투철한 도학적 의리는 순암의 전 생애에 변함없이 견지된 신념이었다.

이러한 학문에 대한 기본적인 지향과 경학관은 『맹자』의 독법에도 굴절 없이 적용되었다. 순암이 파악한 『맹자』의 대의大義는 '존천리存天理 알인욕遏人欲'의 실현이었다. 철저한 성리학적 이해다. 순암은 경전의 해석에서 본문에 대한 대의의 이해에 집중했지만 세부적인 해석에서는 스승 성호와 퇴계의 해석에 근거했고, 궁극적인 근거는 주자의 해석에 의지했다. 그는 특히 맹자의 왕도정

56 『順菴先生文集』 卷8, 「答李注書休吉基慶書 庚戌」. "大抵今世學術歧異, 古人云佛老之害, 甚於楊墨, 今則天學之害, 甚於佛老, 俗學之害, 甚於天學. 士之爲學, 當觀時弊而矯之, 凡天下之義理, 本出一源, 豈有二孔哉."

치를 존주尊周의 관점에서 파악했는데 이는 검토된 바와 같이 역사인식인 정통론과 문명의식인 화이론의 관점과 연관되어 있는 순암의 근원적인 가치관이었으며 순암의 보수성을 결정짓는 근본적인 이유가 되었다.

순암은 스승 성호의 『사설』을 성호의 학문의 정채로운 것이라고 보지 않았다.[57] 『사설』을 가지고 성호를 비난하는 것은 망녕된 것이라고까지 했다.[58] 아울러 순암은 성호가 존중한 사람은 공맹정주孔孟程朱였고, 배척한 것은 이단異端과 잡학雜學이었다고 평가했다. 경서經書에서도 선유先儒들이 발견하지 못한 뜻을 많이 발견하였는가 하면 이학異學에 대해서는 반드시 그 진상을 적발하여 도피할 수 없도록 하였다[59]고 하여 성호 학문의 공로를 벽이단론에 그 가중치를 두었다.

물론 이것은 성호의 일면임에 틀림없지만 후대의 연구자에 의해 밝혀진 것에서 알 수 있듯이 성호의 온전한 면모는 아니다. 성호는 양명의 인격에 우호적인 관점을 가졌다. 순암도 인정하였듯 서교의 물리·천체 등 이학적인 면모는 긍정적으로 생각하였다. 순암이 변론한 성호 학문의 성격은 순암이 보고 싶어한 스승의 일면이었을 뿐 전모는 아니었다. 순암은 자신의 학문적 범주에서 스승 성호의 상을 변화시켜 이해한 것이다. 성호가 자신의 노쇠함으로 인해 순암이 완성한 『동사강목』을 최종 검토하지 못하는 것에 대해서 '이것도 천명天命이다'라고 하며 아쉬워한 것은 그만한 이유가 있을 것이다.[60] 성호의 개입으로 획득한 역사이해의 진보적인 측면도 아직 순암의 근원적인 보수적 입장을 완전히 변화시키지 못했던 것이 아닐까?

---

57 『順菴先生文集』 卷8, 「答黃莘叟書 戊申」. "故曰僿說, 其爲無用之空言, 定矣."

58 위의 책. "傳聞某人之誚毁, 專在於「僿說」云, 執此說而斷人之平生, 厚加誣辱則妄矣."

59 위의 책. "先生以明睿之姿, 加勤篤之工, 所尊者孔孟程朱, 所斥者異端雜學, 經義多發未發之義, 異學必摘其眞贓而使無所逃."

60 『星湖全書』 卷15, 「答安百順 己卯」. "亦見往往有未甚安者. 雖欲附見愚見, 精力旣疲, 無緣照閱勘定. 不免閣筆長嗟, 是天分有定, 使不得藉手大業耳."

이제까지의 고찰을 통해 본고는 순암의 학문성향은 본원을 중시하고 하학의 실천을 통한 유교적 질서의 확립이었다는 견해에 동의한다. 아울러 그의 역사인식의 대표적인 관점 가운데 하나인 정통성의 관점은 존주의리와 철저한 화이관과도 깊은 친연성을 가지는 것으로 파악했다. 이것은 일면 순암이 처한 학파 내의 위치와 역할에 의해 강화된 것이기도 했지만 그 저변은 학문에 대한 기본적 신념에 의한 것이었다. 따라서 순암에게서 간취할 수 있는 실학적 요소는 엄정한 사료선택과 고증을 통해 체계적인 역사이해의 관점을 제시했다는 점과 실천지향의 학문을 통해 당대 성리학의 폐단을 보완하려는 노력에서 찾을 수 있는 것이요, 그 정신적 지반에서는 상당 부분 성리학의 전통적인 세계관을 벗어나지 못했다는 평가를 내릴 수밖에 없다.

순암 안정복의 『주역』 인식과 상수의리론

엄연석

1. 서론

본 논문은 성호 이익(1681~1763)의 문인으로서 조선 후기 학문계에 커다란 영향을 끼친 순암 안정복(1712~1791)의 상수象數와 의리義理의 조화론을 중심으로 하는 『주역』에 관한 인식과 특징을 고찰하고자 한다. 안정복은 성호 이익의 문하에서 늦게 학문을 시작하여 경사經史와 백가서百家書를 두루 섭렵하면서 자신의 학문체계와 규모에 다양한 학문분야를 포괄하여 연구하였다. 그는 먼저 성리학을 중심으로 하는 철학에서 『주서절요』를 심도 있게 연구하였고, 『주자어류절요』를 편찬하였다. 유학에 관한 저술로는 『하학지남』·『가례집해』·『희현록希賢錄』 등이 있으며, 『주역』에 관한 저술로는 「잡괘설」이 있다. 그리고 그의 학문적 특색이 잘 드러나는 역사지리 분야에서는 『동사강목』과 『열조통기』, 「지리고」가 있다. 뿐만 아니라 행정에 관한 저술로서 『임관정요』, 천주교에 관한 『천학문답』 등이 그의 저술에서 특수한 지위를 차지한다.[1]

안정복의 학문에 관한 연구는 그동안 여러 분야에서 다양한 논문과 단행본이 작성되고 출간되어 그 내용을 비교적 상세히 살펴볼 수 있다.[2] 하지만, 그의 학문 가운데서도 『동사강목』을 중심으로 하는 역사분야에 관한 연구[3]가 두드러지고, 경학과 철학사상 분야의 연구[4]도 일부 이루어지고 있다. 이 밖에도 안정복의 학문에 관한 연구는 『열조통기』를 중심으로 하는 사론史論, 천주교 및 천학天學에 관한 연구, 사회사상, 일본인식, 문학사상, 영사시詠史詩와 관련한 연구 등의 분야에서 연구가 이루어졌다.[5]

본 논문은 안정복의 학문에 관한 다양한 연구 성과가 있었음에도 그동안 연

---

1 李丙燾(1987), 『韓國儒學史』, 亞細亞文化社, 430면.

2 안정복에 관한 단행본으로는 심우준(1985), 『순암 안정복 연구』, 일지사; 강세구(1996), 『순암 안정복의 학문과 사상연구』, 혜안; 김문식(1996), 『조선후기 경학사상연구』, 일조각 등이 대표적인 저작들이다. 이들은 초기에 안정복의 학문에 대한 전체적인 연구를 개괄하고 있으나, 김문식의 경우 안정복의 학문에 토대가 되는 경학사상에 관한 학위논문을 작성하여 이를 단행본으로 출간하였다.

3 안정복의 『동사강목』에 관한 연구는 다음과 같은 논문과 단행본이 있다. 이우성(1970), 「동사강목 해제」, 『순암전집』, 경인문화사; 정구복(1987), 「안정복의 사학사상－동사강목을 중심으로」, 『한일근세사회의 정치와 문화』; 한영우(1988), 「안정복의 사상과 동사강목」, 『韓國學報』 53, 일지사; 강광원(1991), 「동사강목 연구」, 『력사과학논문집』 16, 1991; 차장섭(1992), 「안정복의 역사관과 동사강목」, 『조선사연구』 1, 1992; 강세구(1994), 『동사강목연구』, 민족문화사; 황현숙(1999), 「순암 안정복의 역사관 연구」, 성균관대학교 석사학위논문; 전제현(2007), 「『여사제강』과 『동사강목』 자료의 분류와 비교」, 국민대학교 석사학위논문.

4 경학과 철학사상에 관한 논문으로는 먼저 서현석(1995), 「안정복 철학사상의 연구」, 고려대 석사학위논문; 김문식(1996), 『조선후기 경학사상연구』, 일조각; 이봉규(2000), 「순암 안정복의 유교관과 경학사상」, 『한국실학연구』 2; 안영상(2001), 「순암 안정복의 사단칠정설」, 『한국실학연구』 3; 정순우(2003), 「순암 안정복의 공부론과 그 의미」, 『한국실학연구』 6 등이 대표적인 연구 성과이다. 이들 논문은 기존에 경세론과 역사・문학 등의 분야를 중심으로 하는 안정복의 학문에 관한 연구에 철학적・사상적 기초를 정립시켜 주는 의미를 가진다.

5 김세윤(1986), 「순암 안정복의 조선시대 인식－『열조통기』의 史論을 중심으로－」, 『부산여대사학』; 금장태(1978), 「안정복의 서학비판론」, 『한국학』 19; 이원순(1986), 「안정복의 천학논고」, 『조선서학사연구』, 일지사; 한상권(1987), 「순암 안정복의 사회사상」, 『한국사론』 17; 김귀혁(1999), 「순암 안정복의 문학과 실천」, 연세대학교 석사학위논문; 김영숙(2006), 「안정복의 영사시에 나타난 역사문학성과 역사의식」, 『퇴계학과 한국문화』 38 등이 있다.

구가 이루어지지 않았던 그의 『주역』에 관한 인식이 어떤 특성을 가지고 있으며, 그의 학문체계에서 어떤 의미를 가지는가를 규명하고자 한다. 안정복의 학문체계 가운데 철학적 기초를 이루는 측면에서의 연구는 경학사상・사단칠정론・공부론 등을 중심으로 전개되었다. 본 논문에서 안정복이 『주역』에 관하여 어떻게 이해하고 있었는가를 살펴보는 것은 그의 이기론理氣論과 함께 성리학적 우주론의 또 다른 한 축을 점검하는 것이 된다. 뿐만 아니라 본 논문에서 안정복의 『주역』 인식의 특징으로 강조하고자 하는 '상수象數와 의리義理의 조화와 균형'이라는 시각은 안정복의 경세론 및 역사인식과 연관하여 역철학적 기초를 정립시켜 주는 의미를 가진다.

안정복이 『주역』에 관하여 전문적으로 연구한 저술이나 주석서가 없는 만큼 『주역』의 구체적인 괘효사에 관한 상세한 주석과 설명을 살펴볼 수는 없다. 하지만 그는 성호 이익 선생에게 올리는 서신을 비롯하여 여러 교우들과 나눈 서신에서 『주역』에 관하여 여러 견해를 피력하였다. 또한 그가 『주역』과 관련하여 비교적 상세한 논설을 행한 것으로 「잡괘전」에 관해 문제를 제기한 「잡괘설」과 「잡괘후설」이 있다. 그리고 부분적으로나마 그가 『주역』 괘효사의 내용에 관하여 주석과 같은 역할을 하는 내용을 『경서의의經書疑義』에서 제기하였다.[6] 이러한 자료들은 안정복의 『주역』에 관한 인식의 특징을 규명하는 데 충분치는 않지만 매우 필요한 내용을 포함하고 있다고 할 수 있다. 본 논문에서는 이런 자료들을 중심으로 안정복이 『주역』을 주로 상수와 의리를 종합하고 통섭하는 관점에서 이해하고 있다는 것에 초점을 맞추어 그의 『주역』 인식의 특징을 살펴볼 예정이다.

이런 목표를 가지고 다음 장에서는 안정복이 『주역』에 관하여 일반적인 내

6 이 가운데 「雜卦說」과 「雜卦後說」 그리고 「經書疑義」는 안정복의 『주역』에 관한 인식과 그 특징을 살펴보는 데 매우 중요한 자료라고 할 수 있다. 「經書疑義」는 『順菴集』 11권에, 「雜卦說」과 「雜卦後說」은 19권에 실려 있다.

용에 대하여 어떻게 이해하고 있었는가 하는 점을 고찰하고자 한다. 그리고 제3장과 제4장에서는 안정복의 『주역』에 관한 관심을 주로 의리역학과 상수역학의 관점에 의거하여 각각의 방법론에 따라 『주역』을 이해하는 구체적 내용을 검토할 예정이다. 먼저 제3장에서는 의리역학적인 『주역』 해석방법론에 의거하는 것으로서 괘명卦名과 비응比應 관계를 중시하는 안정복의 견해를 중점적으로 고찰할 예정이다. 다음 제4장에서는 호체설・효변설 등과 같은 상수역학적인 방법에 따라 『주역』을 해석하는 내용에 대하여 검토할 예정이다. 다음으로 제5장에서는 안정복이 특히 커다란 관심을 가지고 설명한 「잡괘」에 관한 학설로서 「잡괘설」과 「잡괘후설」에서 제기되는 문제의식에 대하여 해명해 볼 예정이다. 마지막으로 결론에서는 본문의 내용을 정리하고 안정복의 『주역』 인식이 지니는 특징을 본문을 중심으로 정리하고자 한다. 그리고 그의 이러한 인식이 그의 역사사상과 경세론에 철학적 토대를 정립시키는 등 그의 학문 전체에서 차지하는 지위를 평가해 보고자 한다. 나아가 안정복의 『주역』에 관한 인식이 당시의 역철학사적 견지에서 어떤 의의를 가질 수 있는가 하는 점을 전망해 볼 예정이다.

2. 변화의 체계로서 『주역』에 관한 기본 인식

안정복은 음양陰陽과 강유剛柔의 변화와 불변, 상수와 의리 등 『주역』에 관한 기본적 인식을 피력하고 있다. 그의 역에 관한 기본적 관점은 『주역』이 의리적 목표를 가지면서도 상수를 통하여 의리가 실현될 수 있는 것으로 이해하면서 상수와 의리 양자를 동등한 중요성을 가지는 것으로 보고 있다. 이러한 시각은 『주역』의 본래 의미를 잘 이해하고 있는 것으로 『주역』에 관하여 가장 보편적인 인식을 하는 것으로 볼 수 있다. 그러면 구체적으로 그가 『주역』에 관하여 어떻게 말하고 있는가 하는 점을 살펴보기로 한다.

안정복은 무엇보다도 '역'을 음양이 번갈아 교차하는 이치로서 교역交易과 음양이 교차하면서 변화하는 변역變易을 일컫는 것이라고 보았다. 그래서 그는 '(사물을) 끊임없이 낳는 것을 역이라고 말한다[生生之謂易]' 할 때의 '끊임없이 낳는 것'은 바로 교차적으로 변화함을 뜻하는 것이라고 하여, '역易'이라는 글자는 이미 '움직임[動]'의 의미를 가지는 것으로 보았다. 그는 이런 교호적 변화를 뜻하는 역易은 '음양을 헤아릴 수 없는 것을 신神이라고 말한다'고 할 때의 신神과 글자 뜻이 일관된다[7]고 언급하였다. 그는 여기에서 「계사」에서 언급하는 생생의 역易과 음양을 예측할 수 없는 변화를 뜻하는 신神의 동적인 측면을 교역과 불역의 측면에서 설명하고 있다. 이것은 안정복이 교역과 변역을 포괄하는 역의 기본적 의미를 운동의 관점에서 음양의 신묘한 변화와 사물의 끊임없는 생성을 일관된 것으로 이해하는 것이라 할 수 있다.

안정복은 「설괘전」의 구절을 인용하여 이를 근거로 음양과 강유를 각각 괘와 효를 성립시키는 것으로 구별하고 있다. 「설괘전」에는 "음양에서 변화[變]를 보고 괘를 세우고, 강유로 움직이고 펼쳐서 효를 낳는다"[8]는 구절이 있다. 이 구절에 대하여 절재채씨節齋蔡氏는 "변화[變]는 곧 18변이고, 음양은 7·8·9·6이다. 7·8·9·6의 변화를 보면 괘를 세울 수 있다. 음양의 변화가 곧 효가 되는 것인데, 다시 강유를 발휘하여 효를 낳는다고 한 것은 대개 아직 작용하지 않은 것은 음양이라고 말할 뿐이지만, 작용에 들어가면 강유라고 말한다"[9]고 하였다. 여기에서 채씨는 음양이 7·8·9·6으로 노소老少를 포함함으로써 변역과 불역 그리고 교역을 포괄하는 것으로 이해하고 있다. 그리고 음양과 강유를 작용 여부로 판단하는 것은 변역變易이 이루어지는 체로서 불역不易의 체體

7 『順菴集』 卷11, 「經書疑義」, 1면. "交易變易. 易者, 交易變易之名. 故曰生生之謂易. 生生卽交變之義也. 然則易字已帶動意. 與陰陽不測之謂神. 字義相貫."

8 『周易傳義大全』 卷24, 「說卦傳」, 3면. "觀變於陰陽而立卦, 發揮於剛柔而生爻."

9 위와 같은 면, 小註. "節齋蔡氏曰, 變卽十有八變之變也. 陰陽, 七八九六也. 觀七八九六之變, 則卦可得而立矣. 陰陽之變卽所以爲爻, 復言發揮剛柔而生爻者, 蓋未入用則謂之陰陽, 已入用則謂之剛柔也."

를 음양의 괘라고 한다면, 이 체體를 근거로 변역하는 용用이 곧 강유剛柔가 되는 것으로 이해하는 것이다.

안정복 또한 음양과 강유에 대하여 「설괘전」과 채씨의 견해와 부합하는 취지의 설명을 제시하고 있다. 그는 강유를 말하는 것은 모두 효爻로써 말하는 것이고 음양의 괘를 가리키는 것은 아니라고 하면서, 「설괘전」에서 '강유를 움직이고 펼쳐서 효를 낳는다'고 하였다는 것을 인용하고 있다.[10] 안정복은 여기에서 역을 구성하는 요소로서 괘와 효를 음양과 강유로 구별하면서 교역과 변역의 측면에서 이들이 구분되는 것임을 인식하고 있다. 곧 그는 효는 음양이 교차하는 변화 상태라고 생각하고 있다. 이렇게 볼 때 안정복에 있어서 음양으로 이루어지는 괘는 강유의 변화 상태로 효를 낳는 토대로서의 의미를 가지는 것이라 하겠다.

이어서 안정복은 「계사」에서 언급하고 있는 비고卑高・음양陰陽・실득失得과 같은 개념을 말하면서, 장재의 견해를 인용하여 '비卑'・'음陰'・'실失'을 앞에 말한 이유를 다음과 같이 설명하였다.

> 「계사」에서 '낮은 것과 높은 것이 펼쳐진다[卑高以陳]'고 말한 것에 대하여, 장재는 '고비高卑'라고 말하지 않고 '비고卑高'라고 말한 것에는 그 취지가 있는데, 높은 것[高]은 낮은 것[卑]을 기초로 하기 때문이다'고 말하였다. 이것으로 미루어 보면 '음양'이라고 말한 것은 양陽이 음陰을 근본으로 하기 때문이라 말할 수 있다. 「계사」에서 '잃고 얻는 것[失得]'이라고 말한 것은 비록 얻었더라도 상실할 것을 경계하는 것으로 사람에게 경계시키는 것이 아님이 없다.[11]

10 『順菴集』 卷11, 『經書疑義』, 2면. "易言剛柔皆以爻言. 指陰陽卦者非也. 說卦發揮於剛柔而爻生."

11 위와 같은 면. "繫辭曰, 卑高以陳. 張子曰, 不言高卑而曰卑高者, 亦有義. 高以下爲基. 以此推之, 曰陰陽者, 陽以陰爲根也. 又繫辭曰, 失得者, 雖得而以失爲戒, 莫非戒人之辭也."

안정복은 비고卑高・음양陰陽・실득失得과 같은 상호보완적인 의미를 가진 쌍으로 이루어진 말이 사실은 보다 근본 또는 기초가 되는 말을 앞에 두었다고 생각하였다. 특히 그는 '실득'이라는 말에서 '실'을 앞에 둔 것은 어떤 것을 잃는 것에 대하여 사람들에게 경각심을 가지게 하는 취지가 있는 것이라고 주장하였다. 안정복의 이러한 해석은 사태 자체의 변화 양상이나 길흉보다 특정한 상황에서 인간의 실천적 태도를 문제 삼는 의미가 크다는 점에서 의리역학적 함의를 가진다고 하겠다.

안정복은 이처럼 『주역』 괘효를 구성하는 음양과 강유의 변화와 불변, 생생生生의 작용을 하는 역의 특성 등과 같은 『주역』의 기본적 사항에 대하여 인식하고 있었다. 뿐만 아니라 그는 역철학사에서 학설상 주요 이론적 차이를 드러내는 상수역학과 의리역학에서 각각 강조하는 상수와 의리 사이의 상관관계에 대해서도 어느 한쪽으로도 치우쳐서는 안 된다고 하여 두 가지 사이의 관계에 대하여 매우 균형감각을 가진 시각을 제시하고 있다.

안정복은 『주역』에 대해서 기본적으로 상수와 의리를 함께 아울러 보아야 한다고 생각하였다. 곧 그는 「성호 선생에게 올린 편지」에서 상수 또는 의리 중 어느 한쪽으로도 치우쳐서는 안 되며 상수와 의리를 동등한 중요성을 가지는 것으로 보아야 한다는 시각에서 다음과 같이 강조하였다.

> 『역경』에 대해서는 전년年前에 도상圖象에 유의하여 간혹 깨달은 점이 있었던 것 같습니다. 그러나 괘효사의 뜻은 심오하여 이해하기 힘들었는데 오로지 의리만 구해서도 안 되고 상수만 추구해서도 안 됩니다. 공자는 『역』에 「전」을 지었는데, 「문언文言」에서는 의리만 말하였고 「계사繫辭」에서는 상수만 말하였으니, 그 말하게 된 은미한 뜻을 미루어 알 수 있습니다. '어찌 역이 오로지 복서를 위해서 써진 것이 아니겠는가?'라고 한다면, 아마도 술수에 흐를 염려가 있기 때문에 「문언」의 가르침이 있습니다. 만약 『역易』을 그저 의리만을 위해 지은 것이라고 해도 이것은 『역』의 본래 뜻이 아닙니다. 그래서 「계사」의 가르침이 있는 것입니다. 그러므로 역은 반드

시 상수와 의리를 함께 읽은 후에야 비로소 한쪽으로 치우치는 데서 오는 문제점이 없을 것이니, 이것이 『역』이 고정된 전범이 될 수 없는 까닭입니다. 삼가 가르침을 내려주시기 바랍니다.[12]

안정복은 여기에서 공자가 「문언」과 「계사」를 지은 목적을 각각 상수와 의리에 치우쳐서는 안 된다는 점을 가르치기 위한 것으로 보고 있다. 곧 그에 의하면 역이 복서卜筮를 목적으로 하는 것으로만 생각하면 술수에 흐르기 쉽고 의리만을 목적으로 한 것이라고 보면 역의 본래 취지가 아님을 들어 상수와 의리를 함께 연결해 보아야 문제가 없어질 것이라는 것이다. 안정복은 상수象數에 치우치는 것의 문제점과 의리를 함께 보아야 한다는 것을 명대明代 말기 래지덕來知德(1525~1604)의 역설易說에 대한 비판적 시각을 통해서도 표명하고 있다.

래지덕은 '착종' 개념을 핵심으로 하여 「문왕서괘도」, 「복희선천괘서착종도」와 같은 괘도와 괘변, 그리고 괘상을 설명하고 괘를 해석함으로써 자신의 상수역학 체계를 세웠다. 그에게서 '착종'은 음양 변화의 근본이 되며, 이러한 음양의 착종 변화의 기초 위에서 다시 상을 이끌어 내어 괘를 해석하고 있다.[13] 안정복은 '착종' 개념을 중심으로 하는 래지덕의 역학易學이 상象을 주로 하면서 「설괘」와 구절마다 부합하는 것으로 착종錯綜, 변효變爻, 그리고 중효中爻의 뜻을 설명하는 것에 지나지 않는 것으로 해석하고 있다. 곧 그에 의하면 "래지덕 역설의 대의大義는 상象을 위주로 하는 것으로 글자나 구절마다 「설괘」와 합치

12 『順菴集』 卷2, 「上星湖先生書」, 38면. "易經年前頗留意于圖象, 似或有悟, 而卦爻辭義窅奧難通, 專以義理求之不可, 專以象數求之不可. 孔子傳易, 文言專言義理, 繫辭專言象數, 其立言微意, 可以推知矣. 豈非以易專爲卜筮而作, 則恐其流於術數, 故文言有訓. 若以易專爲義理而作, 則又非易之本義, 故繫辭有傳耶. 然則易須兼二義而讀之, 然後無偏係之患. 此易所以不可爲典要者也. 伏乞下敎焉."

13 徐志銳(1997), 『宋明易學概論』, 遼寧古籍出版社, 103~105면.

하여 모두 근거하는 것이 있다. 그것은 언뜻 볼 때는 창발하는 말이 많은 듯이 보이지만 조용히 생각해 보면 성인이 한 말이 반드시 이처럼 얽매일 필요는 없을 것이다. 그것이 천명하여 밝히는 것은 착종·변효·중효의 뜻에 불과하다"[14]는 것이다. 여기에서 안정복은 래지덕의 역설이 성인이 『주역』을 지은 취지를 착종·괘변·호체 등으로 얽어맴으로써 상수에 치우쳐 있음을 비판하고 있다. 이러한 관점은 곧 "『역』의 의리는 무궁하기 때문에 착종에 의한 괘의 변화 또한 의리의 한 사례에 불과한 만큼, 문장을 붙여서 상象을 미루는 데 있어서 반드시 일일이 모두가 착종괘에서 나온 것이라고 볼 필요는 없다"[15]는 것이다.

이어서 안정복은 래지덕이 말하는 '종괘綜卦'는 괘변卦變과 합치하는 것으로 '기제괘'와 '미제괘', '손괘'와 '익괘'에 보이는 동일한 괘효사를 종괘의 관점에서 해석하다가 성호 이익의 견해를 듣고 이를 수정하고 있다. 그는 다음과 같이 언급하였다.

> 나는 이른바 '종괘綜卦'가 괘변과 합치하는 것이 아닌가 생각하였다. 대개 '기제괘'와 '미제괘'의 삼사효三四爻는 모두 '귀방을 정벌한다[伐鬼方]'고 되어 있는데, 이 삼사효는 서로 종괘로 그 뜻이 같다. '손괘'와 '익괘'의 이오효二五爻도 모두 '열 명의 붕우가 있다[有十朋]'고 하였으니, 이 이오효는 서로 종괘로서 그 상象이 같다. 이런 유형의 괘가 많기 때문에 나는 강유가 왕래하는 것이 모두 종괘에서 오는 것이라고 여겼다. 그러나 최근 성호 선생께서 주신 서신에서 괘변卦變은 건곤 삼효에서 나오는 것이라는 글을 읽고 비로소 이전의 견해가 잘못되었음을 깨달았다.[16]

---

14 『順菴集』 卷3, 「答邵南尹丈書」, 2면. "來氏易說, 雖未究竟, 而大義以象爲主, 字字句句, 湊合說卦, 皆有下落. 乍見之, 似多警拔之語而靜而思之, 則聖人立言, 必不若是之拘拘也. 其所以闡明者, 不過是錯綜變爻中爻之義而已."

15 위와 같은 면. "易中義理無窮, 錯綜亦其一例也. 立辭推象, 恐未必一一皆出於錯綜也.

안정복은 곧 성호 선생의 편지를 읽기 전까지는 위에서 예를 든 두 괘에 같은 괘효사가 있게 된 것에는 종괘綜卦의 관점에서 한 괘가 다른 괘로 변한 데 그 이유가 있다고 생각하였다. 그러나 그는 괘변은 기본적으로 건곤 삼효에서 나오는 것이라는 성호 선생의 견해를 읽고 괘변에 관한 래지덕의 종괘설을 떠났다.

이어서 안정복은 주희가 원형이정元亨利貞을 사덕四德으로 본 것을 공자의 해석으로, 대형정大亨貞을 문왕의 본래 취지로 파악하여 두 성인의 생각이 같지 않은 것으로 본 것을 이해할 수 없다고 의문시한 것에 대하여 두 성인의 취지가 다른 것이 아님을 다음과 같이 피력하고 있다.

> 『역』이란 책은 복서卜筮를 전문으로 하였기에 원형이정은 모두 점을 위주로 하는 뜻이 되지만, 사덕四德의 리가 실로 그 속에 깃들어 있다. 공자는 그것이 복서만을 위주로 하게 되면 때로 술수에 빠져서 『역』의 이치가 드러나지 못할까 염려하여 사덕을 나누어 말한 것이지만, '크게 형통하되 곧다[大亨貞]'고 하는 뜻은 문왕의 취지와 처음부터 다르지 않다. 주희는 그 비교적 중점을 둔 곳에 나아가 문왕은 점占을 위주로 공자는 리理를 위주로 하였다고 말한 것이다. 원래 점占은 리理에서 벗어나지 않았고, 리理 또한 점占에 깃들어 있으니 두 성인聖人의 『역易』은 같지 않은 적이 없다.[17]

16 위와 같은 면. "愚疑所謂綜卦, 合於卦變. 蓋旣未濟之三四爻, 皆爲伐鬼方, 是三四相綜而其義同也. 損益之二五, 皆有十朋, 是二五相綜, 而其象同也. 此類亦多, 故妄意剛柔往來者, 皆自綜卦而來. 頃拜星湖下書, 卦變出於乾坤三索, 始覺前見妄耳."

17 『順菴集』 卷3, 「答邵南尹丈 別紙 辛卯」, 41면. "問: 元亨利貞之文, 皆是文王之係, 四德大亨貞之解. 亦皆孔子之文, 而本義以四德爲孔子之解, 以大亨貞爲文王本義, 晦翁緣何必謂二聖之意不同. 此實平生未得解蒙者, 幸爲明賜快釋. / 答: 易之爲書, 專爲卜筮, 故元亨利貞, 皆爲主占之義, 而四德之理, 實寓於其中. 孔子恐其專主卜筮, 則或流於術數而易理不顯, 故分言四德. 而大亨貞之義, 與文王初不異矣. 朱子就其較重處言之, 謂文王主占, 孔子主理. 元來占不外於理, 理亦寓於占, 則二聖之易, 未嘗不同矣."

위에서 안정복은 원형이정을 점과 리理의 측면에서 모두 해석할 수 있으며, 점과 리의 관계에 대하여 점은 리에서 벗어나지 못하며, 리 또한 점에 깃들어 있어 이 두 가지는 긴밀하게 결합되어 있는 것으로 해석하였다. 이러한 입장에서 안정복은 공자가 원형이정의 사덕을 리로 말했다고 하더라도 이것은 문왕의 복서를 목표로 하여 말한 것으로 대형정大亨貞의 취지와 다름이 없는 것으로 보았다.

요컨대 안정복은 주역을 상수와 의리가 유기적으로 결합되어 있으며, 리는 점에 의지하고 점 또한 리를 벗어난 것이 아니라는 견지에서 이해하고 있다고 할 수 있다. 이러한 그의 시각은 기본적으로는 의리역학적 목적을 가지는 입장에서 상수역학의 이론을 수단으로 수용하고 있다고 할 수 있다. 그러면 그가 상수역학과 의리역학적인 시각에서 『주역』을 이해하는 구체적 내용은 어떻게 설명할 수 있는가? 이 점에 대하여 다음 두 장에서 이어서 살펴보기로 한다.

3. 『주역』에 관한 의리역학적 해명

위의 장에서 말한 바와 같이 안정복은 기본적으로 『주역』을 이해하는 데 있어서 상수와 의리는 어느 것도 소홀히 할 수 없는 『주역』을 이해하는 필수적인 두 요소라고 강조하였다. 그러면서도 안정복은 상수를 통하여 의리적 목표를 추구한다는 방향을 가지고 『주역』을 이해했다고 할 수 있다. 중국 역학사에서 『주역』을 의리적으로 이해하고자 한 학파는 한대漢代 이래 왕필王弼을 거쳐 송대 정이程頤에 의해 성대하게 이루어질 때까지 오랜 기간을 거쳐 전개되어 왔다.

이들이 『주역』을 이해하는 가장 핵심적인 목표는 하나의 괘 속에 내포되어 있는 보편적 의미를 어떻게 파악하느냐 하는 점이었다. 이들은 무엇보다도 괘의 보편적 의미를 가장 단적으로 드러내는 괘명을 중시하였다. 그리고 이를 위하여 이들은 『주역』 괘효사를 의미 있게 이해하기 위한 여러 해석방법론을 이용하였다. 이런 괘효사 해석방법론에는 중정中正·비응比應·주효主爻·효위爻位 등이 있다. 안정복 또한 이러한 의리역학에서 원용하였던 『주역』 괘효사 해석방법을 수용하였다. 그러면 이제 그가 이 방법들을 어떻게 설명하고 있는가에 유의하면서 그가 의리역학적 시각에서 『주역』을 해석하는 측면을 살펴보고자 한다.

먼저 안정복은 이병휴와 주고받은 서신에서 '가인괘家人卦'에 대하여 이병휴가 '괘명卦名'이 지어진 근거를 설명하는 내용을 비판하였다. 이병휴는 '가인괘'의 '가인'이란 괘명과 관련하여 이효와 오효가 음양으로 제자리를 얻고 서로 호응하는 괘들을 열거하면서 이들이 모두 바른 자리를 얻은 괘인데, '가인괘'는 여기에 속하면서도 특히 두 여자가 함께 살면서 그 뜻이 같은 것으로 괘의 이름을 짓는 뜻으로 삼았다[18]고 보았다.

그러나 안정복은 두 여자가 함께 살면서 그 생각이 같은 것으로만 괘명을 지은 뜻으로 간주한다면 이런 종류의 괘는 많다고 '가인괘'의 괘명이 지어진 이유를 의리역학적 관점에서 설명하고 있다. 그는 "가인괘를 살펴보면, 내괘內卦가 '문명文明'을 이루고 외괘外卦가 손순巽順한 것이 가정이 화목한 것과 같고, 불이 타오르고 바람이 아래로 부는 것이 가정의 일이 화합하는 것과 같으며, 이효와 오효가 바른 자리를 얻으며 서로 호응하는 것이 가정의 도가 바른 것과 같다"고 하였다. 그리하여 안정복은 많은 괘 중에 이 괘만이 '가인'이라는 상징적 의미가 있으며 어떤 다른 괘도 이만큼 밀접하고 친절하지 않기 때문에 '가인'이라고 이름 지었다[19]고 하였다.

---

18 『順菴集』 卷4, 「答李景協書 癸酉」, 2면. "夫六十四卦卦名, 以反對推之, 其自相爲用也, 明矣. 觀於損益否泰晉明夷剝復之類, 可以知之. 然則睽爲二女不同志之卦, 以家人爲二女同志之卦."

19 위와 같은 면. "愚謂不必如此說. 伏羲名卦之時, 必觀其象有如此之義, 故隨而名之. 竊觀家人卦, 內文明而外巽順, 猶人之家政和矣. 火炎上而風下行, 猶人之家事合矣. 二五得位而相應, 猶人之家道正矣. 諸卦中惟此卦, 果有家人之象, 而其他則終不如此卦之切近明著者, 故

상수역학에서는 괘효의 변화 양상에 관심을 가지고 특히 소성괘의 상징성에 따라 괘효사를 해석하는 것이 일반적이며, 괘명에 대한 관심은 상대적으로 적다고 할 수 있다. 반면 의리역학에서는 한 괘의 보편적 의리가 괘효사를 해석하는 데 매우 중요하기 때문에 '괘명'에 대한 관심이 매우 크다. 특히 각각의 괘효사의 의미는 한 괘 전체의 의미에 제약을 받으면서 해석된다. 안정복이 괘명에 대한 관심을 가지고 그 의미의 유래와 근거를 따지는 것은 기본적으로 의리역학적인 측면에 관심을 가지고 있음을 보여 주는 것이다. 특히 안정복은 '가인'이라는 괘명을 이끌어 내는 근거로 내괘・외괘의 괘덕과 함께 중정비응론을 적용하고 있다. 곧 그는 괘명이 지어진 유래를 괘의 성질로 괘덕과 중정비응론을 이용하여 의리적으로 해석하고 있는 것이다. 이것은 안정복이 의리역학적 괘효사 해석방법론을 원용하여 '괘명'의 근거를 설명하는 것으로 『주역』을 의리역학적 관점에서 바라보고 있음을 뜻한다.

안정복이 『주역』을 의리역학적 관점에서 이해하고 있음을 보여 주는 또 다른 중요한 방법은 그가 효들 사이의 비응관계를 중시하여 괘효사를 해석하고 있다는 점이다. '비응比應'이라는 것은 『주역』의 한 괘의 상하괘에서 천지인 각각의 자리에 대응하는 효나 서로 인접하고 있는 효 사이에 음양으로 서로 호응하는가 혹은 인접하고 있는가의 여부로 특정 효의 괘효사를 해석하고 그 길흉을 판단하는 방법이다. 곧 '비응'은 괘효 사이의 인접 혹은 호응관계에 따라 그 괘효사를 해석하고 그 길흉을 평가하는 기준으로서 의리역학에서 『주역』 괘효사를 해석하는 주된 방법이었다. 의리역학에서 괘효사를 해석하는 방법에는 중정・비응・주효・효위 등의 기준이 주로 이용된다.

이 중에 안정복은 특히 두 효 사이의 호응관계를 중시함으로써 『주역』을 의리역학적 관점에서 이해하였다. 그러면 그는 비응관계를 통하여 구체적으로 『주역』 괘효사를 어떻게 해석하였는가? 안정복은 '규괘睽卦' 육삼효가 절도를

名之曰家人."

잃지 않을 수 있는 이유를 삼효가 상구효와 호응하는 것에서 찾고 있다. 그에 의하면 규괘 육삼효는 양의 자리에 있어서 성급하게 행동하는 마음을 가지고 있는데, 구이효와 구사효의 양효 사이에 끼여서 뒤에서 당기고 앞으로 나아가는 것을 제지당하여 손상을 받을 상황에 있다고 보았다. 하지만 이 육삼효는 밝은 덕을 가진 상구효와 바르게 호응하기 때문에 손상당하거나 절도를 잃지 않을 수 있다고 말하고 있다.[20] 이처럼 안정복은 육삼효가 절도를 잃지 않는다고 말함으로써 '끝에는 유종의 미가 있다'고 하는 괘효사의 의미를 호응관계를 통하여 설명하였다.

그런데 안정복은 내괘와 외괘에 속한 효 사이의 호응관계에서 강유효의 동정의 성질에 따라서 호응하는 것이 운동성을 가지는 강유剛陽의 효爻가 고요하게 머물러 있는 음유陰柔의 효爻로 호응한다고 하여 호응이 일정한 방향성을 가지는 것으로 이해하기도 하였다. 그에 의하면, 강중剛中의 덕을 가지고 오효에 호응하는 것은 안에서 밖으로 호응하는 것으로 사괘師卦·임괘臨卦·승괘升卦가 있는데, 이들은 구이효가 육오효에 호응하는 것들이고, 밖에서 안으로 호응하는 것은 무망괘无妄卦와 췌괘萃卦가 있는데, 이들은 구오효가 육이효에 호응하는 괘들이라고 언급하였다.[21] 이것은 안정복이 음양이 호응하는 것이 동등한 입장에서 단순하게 호응하는 것이 아니라, 양이 주도적이고 능동적으로 작용하는

20 睽卦 육삼효는 "수레가 끌리고 그 소가 제지당하며, 그 사람이 머리를 깎고 코가 베어짐을 보게 되어 처음에는 무시당하지만 끝에는 유종의 미가 있는 것이다(見輿曳, 其牛掣, 其人天且劓, 无初有終)"라고 말하였다. 여기에 대해 程頤는 "삼효는 두 개의 강한 양 사이에 끼여 편안한 자리에 머무르지 못하니, 그들의 침해를 받음을 알 수 있다. 육삼효는 상구효와 바르게 호응하고 있어서 나아가 상구효와 뜻을 합하고자 하지만, 구사효가 그것을 앞에서 막고 구이효가 뒤에서 당긴다(三居二剛之間, 處不得其所安, 其見侵陵, 可知矣. 三以正應在上, 欲進與上合志, 而四阻於前, 二牽於後)"고 말하고 있다.

21 『順菴集』 卷11, 「經書疑義」, 2면. "剛中而應五, 有自內而應外者, 師臨升象, 指九二之應六五也. 有自外而應內者, 无妄萃象, 指九五之應六二也. 柔道主靜, 剛道主動, 故是剛者, 動而應乎柔也."

반면, 음은 수동적인 입장에서 호응하는 측면에 유의하여 음양의 호응관계를 이해하는 것이다.

안정복은 또한 강효든 유효든 막론하고 오효에서 모두 이효에 호응하는 관계에 있는 괘 중에 육자괘로서 장남장녀괘(恒卦)·중남중녀괘(未濟), 소남소녀괘(咸卦) 등은 모두 남녀가 서로 감응하는 도리이므로, 이것과 저것의 구별이 없이 모두 호응하는 것이라고 보았다.[22] 여기에서 그는 이효와 오효가 호응하면서도 특히 남녀 육자괘 사이에 호응하는 관계에 있는 괘에 있어서는 오효가 음이든 양이든 이효와 호응할 때 남녀를 구별하여 일정한 방향으로 일방적으로 호응하는 것으로 보지 않고 동등하게 호응하는 것으로 이해하는 것이다.

의리역학에서 호응관계를 설명할 때, 경우에 따라서는 양효와 양효, 음효와 음효로서 같은 성질을 가진 효 사이에도 호응관계가 성립하는 것으로 언급하는 때가 있는데, 이런 경우를 정이는 '동덕상응同德相應'이라고 말하고 있다. 안정복은 세자와의 서연書筵에서 '중부괘' 구이효를 이처럼 동덕상응의 관점에서 설명하였다. 중부괘 구이효의 효사는 "우는 학이 그늘에 있어서 그 새끼가 화답한다. 내가 좋은 벼슬이 있으니 내 그대와 함께 그것을 행하리라"[23]로 되어 있다. 여기에서 구이효가 두 번째 자리에 있는 것을 우는 학이 그늘에 있는 것으로, 그 새끼가 화답하는 것을 구오효가 이 구이효에 감응하는 것으로 볼 수 있다. 안정복은 이것에 대하여 곧 "부孚는 미더움이다. 이효가 오효와 서로 호응하므로 미더움을 가지고 서로 감응하는 것이 이와 같다"[24]고 언급하였다. 곧 그는 이효와 오효가 모두 양효인데도 서로 호응하는 것으로 보아 동덕상응의 관점에서 이해하고 있다.[25]

---

22 위와 같은 면. "剛柔皆應二, 恒是長男長女之卦, 未濟是中男中女之卦, 男女相感之道, 故無彼此之分. 故皆應. 咸彖亦曰柔上而剛下. 二氣咸應以相與. 此爲少男少女之卦, 故亦如此."

23 『周易傳義大全』 卷21, 「中孚卦」, 九二爻, 7면. "鳴鶴在陰, 其子和之, 我有好爵, 吾與爾靡之."

24 『順菴集』 卷16, 「甲午桂坊日記」, 26면. "孚者, 信也. 二爻與五爻相應. 孚信相感如此."

25 여기에서 세자가 『주역』을 읽지 않아서 二爻와 五爻 사이의 互應이라는 것이 무슨 뜻인가

안정복은 도덕적 지향과 실천 여부로 인격을 구별하는 군자와 소인의 개념을 통하여 괘효사를 의리역학적으로 해석하기도 하였다. 그는 '구괘' 초효에 대하여 정이 『역전』과 주희 『역본의』의 득실을 평가하면서 의리적 관점에서 효사를 해석하고 있다. 구괘 초효는 "쇠말뚝에 매어서 곧으면 길吉하고 가는 바가 있으면 흉凶하게 된다. 수척한 돼지가 날뛴다"[26]라고 되어 있다. 이 효사에 대하여 정이의 『역전』에서는 '쇠말뚝에 맨다'는 것을 군자가 소인의 악을 통제하는 것으로 보는 반면, 주희는 정길유왕貞吉攸往을 소인을 경계하는 일로 보았다.[27] 이들 주석에 대하여 안정복은 설명하는 문장이 통하지 않는 면이 있다고 주장하면서 자신의 견해를 피력하고 있다.

그에 의하면, 이 효의 내용은 문장의 흐름상 '쇠말뚝에 맨다는 것은 당시 일이 소인에 의해 통제되는 것이 마치 수레가 쇠말뚝에 매여 굴러가지 못하는 것과 같기 때문에 군자가 바름을 지키면 길하지만, 움직이면 흉하다'는 뜻이라는 것이다. 그는 이 효의 의미를 부연하여 미약한 음陰이 아래에 있어서 비록 수척한 돼지이기는 하지만, 그 마음은 실로 들이받는 데 있어서 끝에는 반드시 양陽을 소멸하고야 말 것이니, 그 두려워할 만한 것이 이와 같으므로 가벼이 움직일 수 있겠는가![28] 하며 경계를 하고 있다. 여기에서 안정복은 구괘 초효의 효사를 군자가 바름을 지키고 소인은 그것을 해치는 취지에서 해석하고 있는데, 이러한 해석방법은 바로 의리역학에서 주로 취하고 있는 도덕의리적 해

를 질문하자, 안정복은 내괘와 외괘 사이에 초효와 사효, 이효와 오효, 삼효와 상효 사이에 내재해 있는 음양의 조화관계를 '호응'이라고 설명하였다.

26 『周易傳義大全』 卷21, 「姤卦」, 初爻, 7면. "繫于金柅, 貞吉, 有攸往, 見凶. 羸豕, 孚蹢躅."

27 『順菴集』 卷4, 「與李景協書 戊寅」, 6면. "若如程傳, 以繫金柅爲君子禁制小人之惡, 則有字上必加使之字, 文義可通. 若如朱熹以貞吉攸往, 爲戒小人事, 則羸豕以下, 又文不相連, 必加然其以下十餘字, 然後文義亦通."

28 위와 같은 면, "以文勢觀之, 則繫金柅者, 似謂時事爲小人所制, 如車輪爲金柅所繫而不行, 故君子守正則吉, 往則凶. 蓋微陰在下, 雖若羸豕, 其心誠在於躑躅, 終必消陽而後已. 其可畏如此, 其輕有所往乎!"

석방법론과 다른 것이 아니다.

이 밖에 안정복은 성호 선생에게 올린 편지에서 『주역』 '췌괘'와 '손괘巽卦'의 괘사를 이용하여 당대의 사람들이 부귀하여 경제적으로 여유 있는 사람이나 빈천한 사람들이 모두 조상에게 제사를 지내는 공경과 효에 소홀하다는 취지의 말을 하고 있다.[29] 그가 『주역』 괘효사를 이렇게 선조에게 제사를 올리는 것에 적용하고 있는 것은 괘효사의 내용에 의거하여 『주역』을 도덕적 의리실천의 관점에서 해석하는 것이라 할 수 있다. 요컨대 안정복은 '괘명'에 대한 관심을 가지기도 하고, 괘효사 사이의 호응관계에 따라 『주역』 괘효사를 해석하거나, 도덕적 의리실천의 관점에서 괘효사를 이해함으로써 의리역학적 관점을 보여 주고 있다.

4. 『주역』에 관한 상수역학적 이해

안정복은 1761년 「권철신에게 답하는 편지」에서 권철신이 「하도낙서」가 괴이하고 근거 없는 도서라고 하는 구양수歐陽修의 설에 의거하여 이 도서를 믿지 못하는 것에 대하여 문제를 제기하면서, 「하도낙서」는 『역전』에 근거를 두고 있는 것으로서 믿을 수 없는 것이 아님을 강조하고 있다. 이것은 안정복이 「하도낙서」의 수리가 『역전』에 근거하고 있음을 신뢰하는 것으로서, 그가 『주역』을 상수적 측면에서 이해하고 있음을 드러내 주고 있다. 그는 「하도낙서」의 신빙성을 다음과 같이 설명하고 있다.

만약 (「하도낙서」가) 괴이하고 근거가 없어서 믿지 못할 도서라면 어떻게

29 『順菴集』 卷2, 「上星湖先生書 丁丑」, 14면. "易在萃, 則用大牲吉. 當損則二簋用享. 朱子之義亦本於此矣. 今人或富厚貴顯, 陰食若流, 而反薄於奉先. 或貧窶無賴, 不能備籩豆之數, 則亦公然不祭, 二者均爲不是矣."

> '황하에서 그림[圖]이 나오고 낙수洛水에서 무늬[書]가 나와 성인聖人이 그것을 본떴다'고 말하였겠는가? 복희伏羲가 「하도」를 본떠서 팔괘를 그린 것은 『역전』에서 살펴볼 수 있다. 거기에서 '천일天一에서 지십地十에 이른다'고 말한 것은 지금까지 전해 온 「하도」와 꼭 일치하여 어긋남이 없으니, 이것이 과연 근거 없이 이상하여 믿을 수 없는 것인가? 우禹는 「낙서」를 본떠서 구주九疇를 펼쳤는데, 비록 경經에서 보지는 못하였지만 『대대례』 「명당」에 이구·사칠·오·삼육·일팔 등의 글자가 있고, 또 그 일에서 십에 이르는 수는 일반적으로 수를 배열하는 것이 아니다. (…) 「낙서」는 숫자는 비록 구九에서 멈추지만 십의 수가 그 속에 포함되어 있으므로 또한 오십오가 되어 「하도」와 합치된다. 이것은 종횡으로 헤아려도 모두 십오가 되는데, 이것이 자연의 법상法象이다. 그것을 인위적으로 만들었다고 말하면서 괴이하여 믿기 어려운 도서라고 지적할 수 있겠는가?[30]

안정복은 여기에서 『역전』의 두 구절에 근거해 볼 때 「하도낙서」가 복희씨 이래의 연원을 가지는 것으로서 믿을 만한 것이라는 점을 강조하고 있다. 특히 그는 『대대례』 「명당」편에 나오는 숫자를 단순한 숫자가 아니라 「낙서」를 본떠서 배열한 숫자로 보고 있다. 그리고 그는 이 숫자가 자연의 법상을 드러내는 것으로 보고 있는데, 이것은 자연의 상象들을 수리적 원리에 의거한다고 생각하는 것으로 그가 『주역』에서의 상수적 요소를 중시하고 있음을 시사하고 있다.

안정복은 복희와 우가 획괘畫卦하고 구주九疇를 펼치려는 상황과 「하도낙서」가 상서祥瑞를 드러내는 상황 사이의 상관관계를 언급함으로써 「하도낙서」가

---

30 『順菴集』 卷6, 「答權旣明書 壬辰」, 19면. "若是怪妄不信之書, 則何以曰河出圖洛出書, 聖人則之云耶. 伏羲則河圖而畫八卦, 易傳可考. 其曰天一至地十云者, 與今所傳河圖, 沕合不忒. 此果爲怪妄而不信乎? 大禹則洛書而布九疇. 雖不經見, 而大戴禮明堂篇, 有二九四七五三六一八之語, 且其自一至十, 非汎然列數之也. (…) 落書雖數止於九, 而十數包在其中, 則亦爲五十五而與河圖合. 此縱橫數之, 皆成十五, 是法象之自然. 其可謂以人爲之, 而指爲怪妄不信之書乎?"

복희와 우禹가 하고자 했던 작업에 보조수단이 되었음을 드러내고 있다. 그는 "복희가 하늘과 땅을 우러르고 굽어 살피고, 우가 치수공사를 이루려고 할 즈음 괘를 그리고 구주를 구획지음으로써 사물을 열어 힘쓸 바를 이루는 과업으로 삼고자 하였는데, 도서가 상서를 드러내어 그 위치와 숫자에 의거하여 밝힐 수 있는 점이 있었다. 그래서 그 자리와 숫자에 의거하여 그것을 본떴을 뿐이다. 두 성인은 뛰어나게 영명하여 예지에 한계가 없으니 비록 도서가 아니라고 하더라도 어찌 괘와 구주의 구획이 없었겠는가? 마침 우연히 상서를 드러내는 것을 보고 그것을 본떴을 뿐이다"[31]라고 말하고 있다. 안정복은 곧 「하도낙서」를 복희와 우가 괘를 그리고 구주를 구획짓는 데 있어서 수리적 원리를 드러내준 우연적이면서도 보조적인 수단으로 이해하고 있다.

이러한 입장에서 안정복은 결론적으로 「하도낙서」는 수리를 드러내는 근본인데, 참위설을 제시하는 저술은 오로지 술수만을 위주로 하기 때문에 (당연히) 그것을 인용하여 쓰는 것도 이상하게 여길 것은 아니라고 보았다. 뿐만 아니라 그는 참위서에서 인용했다고 하여 믿지 못할 것이라고 생각하면서 『역전』에서 분명히 한 말을 무시하는 것은 무슨 까닭인가? 라고 하여 권철신의 「하도낙서」에 대한 태도를 이해할 수 없다고 생각하였다. 여기에서 안정복은 권철신에게 "마음을 기울여 「하도낙서」의 문文을 세밀히 살펴서 그 지극히 당연한 취지를 찾아보고, 경솔하고 쉽게 말하는 의론을 행함으로써 스스로 이색적인 것을 좋아하는 부류로 돌아가지 말기 바란다"[32]고 말하였다. 안정복은 「하도낙서」의 수리가 참위서에 흘러 들어간 것은 참위서가 술수를 주로 하는 것이므로 자연

31 위와 같은 면, "伏羲仰觀俯察, 大禹治水成功之際, 將欲畫卦布疇, 爲開物成務之業, 而圖書呈瑞. 其位數有可據而明之者也. 故因寓其位數而則之耳. 二聖人靈襟不測, 睿視無涯, 雖非圖書, 豈無卦疇, 適値禎祥之出而爲之耳."

32 위와 같은 면, "幸公潛心密察于河洛之文, 以求其至當之歸趣, 勿遽爲率易快口之論而自歸好異之科如何. 公書河洛出於緯書系辭之外, 又見於何等緯書耶. 河洛爲數之宗, 而讖緯之書, 專主術數, 故引而用之, 亦不異矣. 以緯書之所引, 而指以爲不信, 舍易傳分明之語者何也."

스런 현상이라고 보면서, 『역전』에 분명한 근거를 가지는 도서의 신빙성과 그 수리를 깊이 살필 것을 강조하였다.

안정복이 상수역학의 관점에서 『주역』을 이해하는 것에는 호체괘를 이용하여 괘효사를 해석하는 방법이 있다. 호체괘는 본래 하나의 괘에서 초효와 상효를 제외한 나머지 네 효 가운데 2·3·4효와 3·4·5효를 취하여 새로운 괘를 만들어 그 괘효의 상을 관찰하는 것으로, 상수역학적으로 『주역』의 괘효사를 해석하는 기준이었다. 안정복은 이러한 호체괘 전체보다는 그것을 구성하는 하나의 소성괘로서 '호괘互卦'를 중심으로 하여 『주역』 괘효사를 해석하였다. 그는 "래지덕의 역변과 술수가가 말하는 '호괘'라는 명칭이 중효가 된다. '중효中爻'라는 이름은 「계사」에 나오는 개념으로서 육효를 전체적으로 논하면서도 가운데에 있는 네 효로써 음미하고 살피는 뜻이 많지만, 이 중효를 쪼개어 상하체로 결합하여 새로이 괘를 형성하는 것을 말하는 것은 아니다"[33]라고 주장하였다. 안정복은 역의 괘에서 중간에 있는 네 효에 교차적으로 내재되어 있는 소성괘의 괘상을 관찰하는 데 '중효'의 의미가 있는 것이며, 대성괘로서의 호체괘에 중효의 의미가 있는 것이 아니라고 본 것이다.

안정복은 성호 선생에게 올리는 서신에서 이병휴李秉休와 주고받았던 논의를 거론하며, 어떤 사람이 '혁괘革卦'에 풍로風爐의 상象이 있다고 했다는 이병휴의 언급에 동의하는 취지로, 호체괘 이론을 적용하여 이 혁괘에는 금金이 화목火木의 위에 있는 것으로서 불로 주물을 만들어 내는 상象이 있는 것으로 설명하고 있다. 그는 혁괘에서 상괘上卦 '태괘兌卦'가 금金을 상징하고, 하괘가 '이괘離卦'로 불을 상징하며, 중간의 호체괘인 '손괘巽卦'는 나무를 상징하는 것으로 보아 나무로 불을 때 금을 녹여 주물을 만드는 상으로 해석하였다.[34] 이처럼 호체괘를

33 『順菴集』 卷11, 「經書疑義」, 2면. "來氏易變術家互卦之名, 爲中爻. 中爻之名, 出於繫辭. 總論六爻而居中四爻. 觀玩之義爲多. 非謂析此中爻, 合成上下體而成卦也."

34 『順菴集』 卷2, 「上星湖先生書 癸酉」, 6면. "頃日景協書, 或言鼎象也. 反鼎爲革, 革有風爐

이용하여 『주역』을 이해하는 방법은 한대 상수역학에서 괘효사를 해석하는 전형적인 방법이었다.

또한 안정복은 소성괘 '태괘'에는 '무당[巫]'이라는 뜻이 있는데, 여기에서 귀신과 접하는 상이 있다고 언급하면서 '승괘升卦' 사효, '대유괘大有卦' 삼효를 예로 들고 있다.[35] 이 괘들은 효사에서 '왕이 기산岐山에서 제사를 올린다', '제후가 천자에게 조공하는 제사를 올린다'고 하여 귀신과 교감하는 이야기를 하고 있다. 이들 괘의 괘효사를 호괘의 관점에서 해석하는 것은 상수역학적인 방법으로 괘효사를 해석하는 것을 의미하는 것이다.[36]

안정복은 '규괘睽卦' 상구효에 대해서도 호괘를 통하여 그 의미를 해석하고 있다. 규괘 상구효에는 "돼지가 진흙을 뒤집어쓰고 귀신을 수레에 한 가득 실은 것을 본다"[37]고 하는 내용이 있다. 이 효사에 대하여 안정복은 "돼지가 진흙을 뒤집어썼다는 것은 사효四爻의 감체坎體를 가리키고, 귀신을 수레에 실었다는 것은 이효二爻의 태체兌體를 가리키는데, 감坎은 '돼지[豕]'가 되고, 태兌는 무당이 되기 때문이다"[38]고 말하였다. 여기에서 안정복은 감괘는 돼지를 상징하고 태괘는 무당을 상징하는 것으로 언급하는 「설괘전」의 물상의 예를 적용하

象. (…) 而愚見風爐之象, 革果有言. 下體火中巽木. 上兌金, 金在木火之上, 有風火鼓鑄之象. 正似風爐然矣."

35 위와 같은 면, "兌爲巫, 有交接鬼神之象, 困五隨六升四大有三, 是也."

36 이 밖에도 안정복은 "'艮卦'가 산이 되고 文闕이 되어 종묘에서 제사를 지내는 상이 있는데, 호괘를 적용해 볼 때 '萃卦' 이효, '益卦' 삼효가 이런 괘에 해당하고, '坎卦'는 물이 되는데 음식은 물이 있어야 이루어지기 때문에 『易』에서 음식을 말하는 괘에는 감괘가 많은데, '수괘' 오효, '곤괘' 이효, '점괘' 이효가 그렇다(艮爲山爲文闕, 有宮廟祭祀之象, 萃二益二是也. 坎爲水, 飮食有水而成, 故易中言飮食多坎. 若需五困二漸二未濟六, 是也. 又有坎四家人二是也. 『順菴集』 卷11, 「經書疑義」, 2면)"고 말하였다.

37 『周易傳義大全』 卷14, 「睽卦」, 上九爻, 14면. "睽孤, 見豕負塗, 載鬼一車. 先張之弧, 後說之弧, 匪寇婚媾, 往遇雨則吉."

38 『順菴集』 卷11, 『經書疑義』 2면. "睽上九見豕負塗, 指四爻坎體, 載鬼一車, 指二爻兌體, 坎爲豕而兌爲巫也."

고, 규괘 가운데 3·4·5효가 감괘로 이루어져 있는 것을 호괘로 보아 상구효의 효사를 해석하는 것이다. 뿐만 아니라 이 효의 마지막 효사인 '가서 비를 만나면 길할 것이다'고 한 부분도 상하체가 섞여서 감괘를 이루는 것으로부터 설명할 수 있다고 보았다.

안정복은 호괘뿐 아니라 팔괘의 물상과 효변설을 결합하는 방법을 통해서도 괘효사를 해석하고 있는데, 이 또한 상수역학적 시각으로 『주역』을 해석하는 것이라 할 수 있다. 그는 '중부괘中孚卦' 구이효를 해석하는 방법을 다음과 같이 설명하였다.

> 응대하여 아뢰었다. '공자는 『역전』을 지을 때도 상象을 취하여 말을 했는데, 단지 말만 하지 않고 행동을 하였사옵니다. 이 중부괘는 내괘가 태괘가 되는데 괘는 '기쁨[悅]'을 뜻합니다. 사람이 기뻐하면 말이 있게 되기 때문에 또한 태괘에 입이라는 상징이 있으며, 그래서 말이 되옵니다. 또 이효二爻가 움직이면 '진괘震卦'가 되는데, 진震은 움직임[動]을 뜻하며, 행동은 움직임에 속합니다. 그래서 공자는 사람에게 가깝고 절실한 것 중에 말과 행동을 넘어서는 것은 없는 것으로 보아, 상象에 나아가 뜻을 취함으로써 그것을 밝혔사옵니다. 언행을 신중히 할 수 없는 것이 대체로 이와 같은 것이니, 임금된 사람은 더욱 조심하여 한마디라도 잘못되는 것이 있어서는 안 될 것이옵니다.'[39]

공자는 중부괘中孚卦에 대하여 「계사상」에서 "언행은 군자의 중추적 관건으로 핵심 중추가 발휘되는 것은 영예와 치욕의 주인이 된다. 언행은 군자가 천

---

39 『順菴集』 卷16, 「甲午桂坊日記」, 26면. "對曰, 孔子作傳, 亦取象而言. 非徒然但言言行也. 這內卦爲兌. 兌, 悅也. 人悅則有言. 且兌有口象, 故爲言. 且二爻動則爲震. 震, 動也. 行屬動, 故孔子以人之切近, 莫過於言行, 卽象取義而明之. 言行之不可不愼蓋如此, 而爲人君者. 尤當警惕, 不可使一言有所失措."

지를 움직이는 수단이니 신중하지 않을 수 있겠는가!"[40]라고 하여 언행을 군자의 본모습을 보여 주는 핵심적 관건이 된다고 보았다. 안정복은 공자가 이처럼 중부괘를 설명하면서 군자의 핵심 관건으로 '언행'을 말한 것에 대하여, 중부괘 속에 있는 내괘로서 태괘의 성질인 '기쁨'으로부터 '말[言]'을 이끌어 내고, 효변을 통해 나오는 괘로서 진괘가 움직임을 상징하는 것으로부터 '행동[行]'을 도출하고 있다. 여기에서 안정복이 「설괘전」에서 말하는 팔괘의 물상을 적용하고, 다시 효변을 통하여 효사의 의미를 해석하는 것은 상수역학에서 주로 이용하는 방법에 따라 『주역』을 이해하고 있음을 드러내는 것이다.

나아가 안정복은 『역학계몽』의 「원괘획原卦畫」·「명시책明蓍策」·「고변점考變占」 등의 장에서 제시한 내용으로서 팔괘로부터 육십사괘를 형성하는 방법, 산가지로 18변의 과정을 거쳐 괘효를 도출하는 과정, 점을 칠 때 변효의 숫자에 따라 점치는 법 등과 관련한 상수역학적 측면에 관심을 가지고 일정한 견해를 표명하고 있다. 먼저 안정복은 팔괘로부터 육십사괘를 형성하는 데 있어서 소옹의 가배법加倍法은 팔에서 십육, 십육에서 삼십이로 미루어 가는데, 여기에서 십육과 삼십이는 단지 텅 빈 그림자로 명명할 내용이 없다고 말하면서 팔괘를 중첩하여 육십사괘를 만드는 것이 간결한 것만 못한 것 같다[41]고 말하고 있다. 그는 또한 산가지로 효를 도출하는 것과 관련하여 대체로 주희의 견해를 그대로 따르면서, 한 효가 삼변三變으로 이루어지는 것, 삼세일윤三歲一閏이 일변一變이 되는 것을 도표로 그리고 있다. 이어서 그는 어떤 사람이 팔괘八卦가 소성괘가 된다는 문장은 한 효가 육변六變이 되기 때문에 세효가 십팔변이 되어 삼획괘가 됨으로써 팔괘의 문장에 대응하는 것이 아닌가 생각한 것에 대하여, 이런

---

40 『周易傳義大全』 卷22, 「繫辭」 上-8, 51면. "言行, 君子之樞機, 樞機之發, 榮辱之主也. 言行, 君子之所以動天地也, 其不愼乎?"

41 『順菴集』 卷11, 「經書疑義」, 5면. "邵子只以加倍推去. 故八爲十六, 十六爲三十二. 所謂十六三十二云者, 只是虛影而無所名. 似不若八卦以重之爲六十四之簡也."

견해는 생각이 짧은 것으로 십팔변十八變은 당연히 주희의 일효삼변설一爻三變說을 따라 육효六爻가 십팔변이라고 보아야 한다[42]고 주장하였다.

안정복은 「고점변」장의 점을 칠 때 변효의 숫자에 따라 점을 치는 방법에 대해서도 주희의 견해에 이해할 수 없는 부분이 있다고 문제를 제기하였다. 그에 의하면, 주희는 「고변점」장에서 네 효와 다섯 효가 모두 변하면 변하지 않는 효爻의 효사로 점을 친다고 한 점에 대하여 의심하였다. 곧 이것은 노음노양老陰老陽으로서 구九와 육六을 쓰고 소음소양少陰少陽으로서 칠七과 팔八을 쓰지 않는다는 뜻과 같지 않은 것으로 의심스럽다는 것이다. 그는 이어서 '구육을 쓰고 칠팔을 쓰지 않는 것은 역의 중요한 뜻으로서 주희가 어찌 이것을 고려하지 않았겠는가?'라고 추측하면서, 여기에는 반드시 그 이유가 있을 것인데, 주희가 살았던 당시 문하의 제자들 가운데 질문하여 변론한 것이 없는 것이 유감이라고 아쉬워하고 있다.[43] 주희는 『역학계몽』 「고변점」장에서 점을 칠 때 변효가 네 효 또는 다섯 효가 나오면 변하지 않는 두 효의 효사로 점을 친다고 하였다. 이것에 대하여 안정복은 점은 기본적으로 변효를 뜻하는 노양노음의 용구用九·용육用六으로 점을 치는 것이라는 입장을 가지고 주희의 견해를 의문시하는 것이다. 이러한 안정복의 문제의식은 기본적으로 상수역학적인 관심사를 보여 주는 것이다.

요컨대 안정복은 「하도낙서」가 자연의 법상法象을 드러내는 것으로서 일정한 수리적 원리를 가지는 것으로서 믿을 만한 전거가 『역전』에 있다고 보면서 상수학적 측면에 대한 관심과 인식을 보여 주었다. 그리고 그는 호체괘互體卦(호

42 위와 같은 면. "然則十八變者, 當如朱子一爻三變之說, 而六爻爲十八變矣. 或者, 疑於八卦小成之文, 以一爻有六變, －三變各有揲扐－ 三爻爲十八變而爲三畫卦, 以應八卦之文, 却恐意短."

43 위와 같은 면. "考變占, 四爻五爻俱變, 則占不變爻辭. 此與用九用六, 不用七八之義不同, 爲可疑也. 用九六, 不用七八, 乃易中大義. 朱子豈不慮此耶. 是必有其說, 而當時及門之士, 恨不問卞."

괘互卦)를 이용하여 『주역』의 괘효사를 해석하는 사례를 보여 주고 있는데, 이 점 또한 그가 상수역학적 해석방법에 의거하고 있음을 증명해 주는 것이다. 그리고 그는 이어서 주희의 『역학계몽』의 여러 장에서 언급하고 있는 상수역학적인 문제들에 대하여 일정한 견해와 문제를 제기함으로써 상수역학에 관하여 비교적 세밀한 인식을 보여 주고 있다.

5. 「잡괘전」에 관한 분석적 이해와 해명

안정복은 음양陰陽·강유剛柔로부터 괘가 형성되고 변화하는 교역交易과 변역變易으로서 '역'에 관한 기본적인 내용에서부터, 「하도낙서」와 『역학계몽』의 상수적 원리, 상수와 의리 사이의 관계에 대한 견해, 그리고 호응·호체괘 등 괘효사를 구체적으로 해석하는 방법론 등 다양한 시각에서 『주역』을 이해하고 있다. 그러나 그는 이들 학설을 대체로 단편적인 언급이나 간명한 내용을 통하여 설명하고 있다. 이에 비하여 그는 「잡괘전」에 대해서는 유례없이 커다란 관심을 가지고 「잡괘설」과 「잡괘후설」이라는 상당히 자세한 논설을 제시하고 있다. 이들 논설에서 안정복은 「잡괘전」의 함축된 의미와 특징, 그리고 괘 사이의 상관관계나 배열 등에 관하여 전에 보기 드문 해설을 하고 있다. 이제 안정복이 「잡괘전」에 커다란 관심을 가지고 자세하게 분석한 이유와 그 구체적 내용을 검토해 보기로 한다.

「잡괘전」은 「십익十翼」의 하나로서 주역의 괘의 순서에 대한 이유를 제시하는 「서괘전」과는 달리 기본적으로 육십사괘를 두 개의 괘씩 쌍을 지어 결합하여 비슷한 뜻 또는 반대되는 뜻에 따라 괘를 섞어서 괘들이 가지는 상관적 의미를 밝히는 내용으로 이루어져 있다. 한강백韓康伯은 「잡괘」라는 제목하에 '여러 괘를 섞어서 그 뜻을 착종시키는데, 때로는 같은 것을 서로 무리 짓고 때로는 다른 것을 상대적으로 밝혀 주도록 하였다'고 주석을 달고 있다. 여기에서 건곤·감리괘와 같은 경우는 여섯 효가 모두 상반되는 두 괘를 대립시키고, 다시 비괘比卦와 사괘師卦, 태괘泰卦와 비괘否卦 같은 경우는 상하上下가 상반되는 두 괘를 대립시킨 것으로 그 조합되는 것은 완전히 지금 상하경上下經과 동일하다.[44] 요컨대 「잡괘전」은 천지만물이 뒤섞여서 자리 잡고 있는 상태 및 그렇게 된 이유를 설명하는 전傳이라 할 수 있다.[45] 그러면 안정복은 이러한 특성을 가지는 「잡괘전」을 어떻게 해명하고 있는가?

안정복은 먼저 「잡괘설」 서두에서 『주역』 상하경을 기준으로 볼 때 건괘·곤괘와 함괘咸卦·항괘恒卦가 '서괘'의 순서와 같은 상하편의 첫머리에 있으면서 섞이지 않는 이유를 언급하고 있다. 여기에서 그는 건괘·곤괘와 함괘·항괘가 각각 기화氣化와 형화形化의 시원이 된다는 점에서 상하편의 첫머리에 있다고 하면서 다음과 같이 설명하고 있다.

> '잡괘' 가운데 건·곤·함·항 괘만이 섞이지 않고 다른 괘들은 모두 순서가 섞인 것은 무슨 이유인가? 건곤은 기화의 시원이 되어 상편의 첫머리에 있고, 함항咸恒은 형화形化의 시원이어서 하편下篇의 첫머리에 있어 여

---

44 戶田豐三郞(1968), 『易經注釋史綱』, 東京: 風間書房, 82면. 戶田豐三郞은 「雜卦新考」에서 "「雜卦傳」이란 명칭은 『史記』 「孔子世家」에 보이지 않는데, 아마도 그것의 출현이 『사기』보다 이후이기 때문인 것 같다. 필자는 「잡괘」를 『論衡』에서 말한 '뒤에 얻은 한 편[後得一篇]'이 아닐까 생각하고 있다. 곧 『논형』 「正說」편에 河內의 여자가 老屋으로부터 세 篇의 古書를 얻었다고 하는 것 중의 한 편으로서, 宣帝가 博士에게 내려 보여 주어 검토해 보도록 명령한 결과 易 가운데 산일된 편으로 판단되어 그것을 「序卦」 뒤에 붙였던 것 같다. 漢志에 '雜卦'라는 이름이 보이지 않지만, 아마도 후에 출현한 단편이므로 「서괘」에 포함시켜 그 이름을 드러내지 않았던 것 같다"고 말하고 있다(81면). 李鏡池는 잡괘가 괘를 암송하기 편하게 하기 위해 운율을 고려한 계몽서라고 말하고 있다. 그의 의혹에 의하면, 공자가 「역전」 10편을 지었다고 선전하던 유흠이나 반고와 같은 학자도 「잡괘」를 반드시 본 것이 아니다. 그것은 한강백이 '여러 괘를 잡다하게 섞어 놓아 그 뜻을 착종시킨 것이라고 주석한 머리에 '六十四卦歌訣'이라고 한 것으로 보아 단지 여러 괘의 운을 사용하여 노래가사로서의 의미를 가지는 것으로 외우기 편리하게 하기 위한 계몽서라는 것이다[黃壽祺·張善文(1987), 『周易研究論文集』 第1輯, 北京師範大學出版社, 211면].

45 金碩鎭(1994), 『大山 周易講解』(下), 大有學堂, 451면.

러 괘의 벼리[綱領]가 되기 때문에 섞이지 않았으나, 다른 괘들은 작용이 되므로 섞였다. 그것을 섞고 나서야 역도易道의 신묘한 작용이 끝이 없음이 다시 드러날 것이다. '서괘'를 기준으로 보면 건·곤 괘에서 열 개의 괘를 거치고 나서 체體를 바꾸고 서로 대립하여 비괘否卦·태괘泰卦를 얻으니, 부괘·태괘는 건괘·곤괘가 작용한 결과이다. 또 함괘·항괘에서 열 개의 괘를 거치고 나서 역시 체體를 바꾸고 서로 대립하여 손괘損卦·익괘益卦를 얻으니, 손괘·익괘는 함괘·항괘가 작용한 결과이다. 그래서 비괘·태괘와 함괘·항괘는 서로 (상하편의 자리를) 바꾸었다.[46]

안정복은 건괘·곤괘와 함괘·항괘가 상하편의 머리가 되는 까닭은 각기 기화氣化와 형화形化의 시원이 되기 때문이며, 다른 괘들은 모두 이들 괘가 작용한 결과이기 때문에 섞였다고 주장하고 있다. 특히 건괘·곤괘과 함괘·항괘로부터 각각 열 번째 괘를 거치면 비괘·태괘와 손괘·익괘가 나오는데, 이 괘들은 이들 짝이 되는 괘들이 서로 교차하거나 그들의 반대괘가 된다. 이것을 안정복은 건괘·곤괘와 함괘·항괘의 체體가 작용하여 후자의 괘들이 나온 것이라고 보았다. 그리하여 안정복은 비괘·태괘가 상편에서 하편으로, 손괘·익괘가 하편에서 상편으로 바뀐 것은 바로 역의 도리의 무궁한 변화를 위하여 괘를 섞는 「잡괘전」의 목적 때문이라 추론하고 있다.

이어서 안정복은 건괘와 곤괘를 각각 따르는 육자괘六子卦를 상하 편에 둔다면 육자괘 중 건괘를 따르는 괘는 상편에, 곤괘를 따르는 괘는 하편에 두어야 하지만, 육자괘 중 각각 건괘 곤괘를 따르는 괘들을 (「잡괘전」에서) 상하 두 편에 교차시켜 배치한 것은 천지가 서로 교감하는 뜻을 취한 것이라고 주장하였

46 『順菴集』 卷19, 「雜卦說」, 35면. "雜卦惟乾坤咸恒不雜, 餘皆雜之者, 何也. 乾坤爲氣化之始而居上篇之首, 咸恒爲形化之始而居下篇之首. 爲衆卦之綱領, 故不雜. 而餘卦爲用, 故雜之. 雜之而後, 易道之妙用不窮又顯矣. 序卦, 乾坤歷十卦而換體相對, 得否泰. 否泰, 乾坤之用也. 咸恒歷十卦而後, 亦換體相對, 得損益. 損益, 咸恒之用也. 然則否泰與損益相換矣."

다.[47] 그리하여 그는 예컨대 '소축괘'는 장녀長女로 아버지를 따르는 괘이며, '대유괘'는 중녀中女로서 아버지를 따르는 괘인데 이 두 괘는 (「잡괘전」에는 하편에 있는데) 상편으로부터 온 것이고, '쾌괘夬卦'는 소녀少女로서 아버지를 따르는 괘로 본래부터 하편에 있어서 움직이지 않은 것이라고 설명하였다.[48] 그러나 이런 규칙에 예외가 되는 괘들에 대해서도 안정복은 그 이유를 붙이고 있다. 예컨대 '대축괘'는 『주역』의 괘의 순서에서 상경上經에 속하지만, 소남少男으로 아버지를 따르는 괘이기 때문에 「잡괘전」에서는 하편下篇에 바뀌는 것이 천지 사이의 교감이라고 하는 취지와 규칙에 맞는 것이다. 그러나 대축괘는 「잡괘전」에서 상편上篇에 그대로 있다. 대축괘가 이렇게 상편에 그대로 있는 이유를 안정복은 대축괘는 '간괘'를 상체로 가지고 있어서 '고요하게 머물러 쌓아야 하는 상황'에 있는 괘이기 때문에 움직이지 않는 것이라고 해석하고 있다. 여기에서 안정복은 「잡괘전」의 기본원리를 천지가 교감하면서 이루는 무궁한 변화의 측면에 초점이 있는 것으로 해석하고 있는 것이다. 하지만 그는 이러한 변화 속에서도 하나의 괘가 지니는 특수한 성질은 나름의 고유한 의미를 가지고 자신의 위치를 결정할 수 있는 것으로 보았다.

안정복은 또한 손·익 괘와 비괘·태괘가 각각 진괘·간괘와 규괘·가인괘 다음에 오는 이유를 각각 자연과 인사의 변화를 통하여 설명하고 있다. 그는 「잡괘」에서 괘卦의 차례가 만들어지는 이유와 형식을 다음과 같이 설명하였다.

> 손괘·익괘가 진괘·간괘 다음에 오는 까닭은 한편으로 움직이고 한편으로 고요하여 거기에서 손괘·익괘가 생겨나기 때문이고, 비괘·태괘가 규괘·가인괘 다음에 오는 것은 한편으로 가까이 하고 한편으로 소원하게

---

47 위와 같은 면. "乾坤爲衆卦之主, 而六子從乾坤者也. 以上下篇分屬乾坤, 則乾當屬乎上, 坤當屬乎下. 而六子之從乾坤換居二篇者, 天地相交之義也."

48 위와 같은 면. "小畜長女從父也, 大有中女從父也, 二卦從上篇而來, 夬少女從父也, 下篇自存故不動. (…) 大畜爲少男從父之卦, 而不動者, 何也. 艮體靜而當畜止之時, 不動也."

> 하므로 거기에서 비괘·태괘가 생겨나기 때문이다. 이것으로 미루어 보면 괘 상호간의 차례도 그 순서가 만들어진 이유를 말할 수 있다. 다른 괘는 비록 같지 않더라도 그 반대괘가 서로 바뀐 것—서괘에서 '사비師比'로, 잡괘에서 '비사比師'라고 한 형태—이 상편에 여덟 괘이고 하편에 스물두 괘, 바뀌지 않은 것이 상편 스물두 괘, 하편 열두 괘이다. 또한 그 뜻은 있으나 추구할 수 없는 것은 아마도 운율에 구애되어 그렇게 한 것 같다.[49]

안정복은 「잡괘전」에 보이는 괘의 순서는 기본적으로 「서괘전」에서처럼 반대괘를 그대로 또는 앞뒤로 바꾸어서 정렬한 것으로 보았다. 그리고 특히 그는 손괘·익괘가 각각 움직임과 고요함을 상징하는 진괘·간괘가 동정한 것의 결과이기 때문에, 그리고 비괘·태괘는 각각 친소를 상징하는 규괘와 가인괘가 작용한 결과가 되므로 바로 뒤에 왔다고 보았다. 이 괘들을 안정복이 특별히 언급한 것은 이들 괘가 건곤·감리의 작용으로부터 도출되는 괘로서 동정하는 자연과 친소를 따지는 인사人事의 원리를 설명하는 기준이 되기 때문이라고 하겠다.

안정복은 「잡괘설」에서 주로 고정된 전범이 없이 움직이는 천지자연의 무궁한 변화에 따라 「서괘전」에서 정렬된 상하편으로의 괘의 위치가 섞이고 바뀌는 측면을 주로 설명하였다. 여기에서 고려되었던 것은 천지의 교감, 부모와 육자괘六子卦, 체용, 동정친소動靜親疎와 같은 기준이었다. 하지만 안정복은 이후 다시 「잡괘후설」을 써서 또 다른 측면에서 잡괘의 의미를 해설하고 있다. 이 「잡괘후설」에서 그가 중점을 두어 논의하고 있는 내용은 반대괘로 쌍이 이루어지지 않는 '대과괘大過卦'로부터 마지막 여덟 괘의 순서가 정해진 이유를 호체괘互體卦 이론을 통하여 설명하고자 하는 것이다.

---

49 위와 같은 면. "損益次于震艮者, 一動一靜而損益生焉. 否泰次于睽家人者, 一疎一親而否泰形焉. 推此以求之, 則其相次之序, 亦有可言者矣. 其他卦雖不同, 而其反對之耦相換, －序卦師比此云比師之類－. 者, 上篇八卦, 下篇二十二卦, 不換者, 上篇二十二卦, 下篇十二卦, 亦有意義而不可推究. 其或拘於韻語而然歟?"

안정복은 「잡괘전」에서 다른 괘들은 모두 반대괘를 쌍으로 하여 이루어지는데 반해 대과괘 이후 여덟 괘들이 이런 규칙에서 벗어나는 점을 의문시하면서 새로운 규칙이 숨어 있는 것을 해명하고 있다. 단적으로 말하여 안정복은 이 '대과괘' 이후의 괘들은 호체괘에 의해 서로 연결되어 있다고 보았다. 그에 의하면, 「서괘전」에 따라 살펴보면 건・곤은 중괘衆卦의 머리가 되고, 기제旣濟・미제未濟는 중괘衆卦의 마지막에 있기 때문에 대과 등의 여덟 괘는 모두 호체로 건・곤・기제・미제를 취하여 역괘의 처음과 끝을 드러낸 것이다.[50]

뿐만 아니라 안정복은 「잡괘전」에서 이처럼 마지막에 건곤과 기제미제가 호체로 포함되어 있는 괘들을 배치하여 끝을 맺은 의미를 감괘・이괘의 중요성과 연관하여 다음과 같이 설명하고 있다.

> 감괘와 이괘는 천일天一과 지이地二로서 기화氣化의 머리가 되며 건곤의 작용이 되기 때문에, 사람과 사물이 태어남에 이것을 품부받아 자라지 않는 것이 없다. 그래서 역괘 가운데 감坎・리離를 가장 중시하여 「서괘」에서는 상편을 감리로 마쳤다. 하편은 기제旣濟・미제未濟로 마침으로써 그 감・리가 중첩된 것으로 돌아가는 뜻을 보여 주며, 「잡괘」가 끝에 기제・미제와 건・곤을 함께 일컫은 것도 그 뜻이 같다.[51]

안정복은 곧 「잡괘전」에서 대과괘 이후 마지막 여덟 괘를 기제미제와 건곤의 호체괘로 마친 것은 감괘・이괘가 건곤의 작용이 되면서, 동시에 기제・미제 괘의 상하체를 이루기 때문에 역易의 시종始終을 이루면서 생생生生의 작용

---

50 『順菴集』 卷19, 「雜卦後說」, 38면. "以序卦考之, 乾坤爲衆卦之首. 既未濟居衆卦之末, 故大過等八卦, 皆取互體之乾坤既未濟. 以著易卦之終始."

51 위와 같은 면. "坎離者, 天一地二, 氣化之首而爲乾坤之用. 人物之生, 莫不稟是而育焉. 故易卦最重坎離. 序卦上篇, 以坎離終焉. 下篇以既未濟終焉, 以示其歸重之意. 而雜卦之以既未濟與乾坤竝稱于末者, 其意同矣."

을 포괄하는 의미를 가지기 때문인 것으로 추론하고 있다. 이처럼 그는 호체설을 적용하여 「잡괘전」 속에 숨어 있는 시종을 거치면서 생생하는 역易의 원리를 이끌어 내고 있다. 안정복은 「잡괘전」에 관한 해설을 통하여 천지자연의 교감에 의한 역의 무궁한 변화에 관심을 가지고, 또 호체설을 통하여 역의 생생과 시종의 원리를 해명하고 있다. 안정복의 이러한 입장은 상수역학과 의리역학을 기준으로 평가한다면 상수역학적 관심에 근접하다고 할 수 있다.

6. 결론

본 논문에서는 상수와 의리를 조화와 균형의 시각에서 이해하는 순암 안정복의 『주역』에 관한 인식과 특징을 고찰하고자 하였다. 안정복은 상수를 중시하는 입장에서는 호체괘와 효변설과 같은 방법적 기준을 중시하였으며, 의리를 중시하는 입장에서는 괘명과 함께 괘효 사이의 비응관계와 같은 방법적 기준을 중시하였다. 하지만 안정복은 『주역』은 상수와 의리가 유기적으로 결합되어 있으며, 리는 점에 의지하고 점 또한 리를 벗어난 것이 아니라는 견지에서 『주역』을 이해하였다. 이러한 그의 시각은 기본적으로 의리역학적 목적을 가지는 입장에서 상수역학의 이론을 수단으로 수용하고 있다고 할 수 있다.

안정복은 '괘명'을 중시하고 괘효사 사이의 호응관계에 따라 『주역』 괘효사를 해석하거나, 도덕적 의리 실천의 관점에서 괘효사를 이해함으로써 의리역학적 관점을 보여 주고 있다. 그는 도덕적 지향과 실천 여부로 인격을 구별하는 군자와 소인의 개념을 통하여 괘효사를 의리역학적으로 해석하기도 하였다. 그는 구괘 초효에 대하여 정이 『역전』과 주희의 『역본의』의 득실을 평가하면서 의리적 관점에서 효사를 해석하고 있다.

다른 한편 안정복은 상수에 중점을 둠으로써 상수역학적 견지에서 『주역』을 이해하고 있다. 그는 「하도낙서」가 자연의 법상法象을 드러내는 것으로서 일정한 수리적 원리를 가지는 것으로 믿을 만한 전거가 『역전』에 있다고 보면서 상수학적 측면에 대한 관심과 인식을 보여 주었다. 나아가 그는 호체괘(호괘)를 이용하여 『주역』의 괘효사를 해석하는 사례를 보여 주고 있는데, 이것은 그가 상수역학적 해석방법에 의거하여 『주역』을 이해하고 있음을 보여 주는 것이다. 그는 또한 주희의 『역학계몽』의 여러 장에서 언급하고 있는 상수역학적인 문제들에 대하여 일정한 견해와 문제를 제기함으로써 상수역학에 관하여 비교적 세밀한 인식을 보여 주고 있다.

안정복은 또한 「잡괘설」에서 주로 고정된 전범이 없이 움직이는 천지자연의 무궁한 변화에 따라 「서괘전」에서 정렬된 상하편으로의 괘의 위치가 섞이고 바뀌는 측면을 주로 설명하였다. 특히 「잡괘후설」에서 그는 호체설을 적용하여 「잡괘전」 속에 숨어 있는 시종을 거치면서 생생하는 역의 원리를 이끌어 내고 있다. 안정복의 이러한 입장은 상수역학과 의리역학을 기준으로 평가한다면 상수역학적 관심에 근접하다고 평가할 수 있다.

이렇게 볼 때 상수와 의리의 조화를 지향하는 안정복의 『주역』에 대한 인식은 기본적으로 『주역』을 미래를 예측하는 점서로서의 기능과 함께 특정한 실천 상황에서 인간이 어떻게 행해야 할 것인가 하는 의리적 목표를 함께 통섭하는 의미를 가지는 것이다. 그리고 이러한 관점은 인간이 실현하고자 하는 보편적 의리와 함께 구체적이고 특수한 상황의 특성[吉凶]에 대한 객관적 평가를 함께 중시하는 것을 의미한다. 이처럼 상수와 의리를 조화와 균형의 시각에서 바라보는 안정복의 『주역』 인식은 경세론이나 역사사상과 관련하여 특수한 시대적 상황에 대한 구체적 인식의 중요성과 같은 측면을 중시하는 것과 연결될 수 있다. 이것은 바로 안정복의 상수와 의리의 조화를 추구하는 『주역』에 대한 인식이 그의 경세론과 역사관의 철학적 토대가 될 수 있음을 의미한다. 나아가 안정복의 『주역』에 관한 이러한 인식은 의리역학적 측면보다 수리 또는 상수역학적 흐름이 역철학사의 경향을 이루던 조선 후기에 『주역』에서 '의리'가 지니는 중요성을 강조했다는 점에서 커다란 의의를 가진다고 할 것이다.

제2부

사회사상 분야

순암 안정복의 향촌자위론 연구

반윤홍

1. 서언

조선 후기는 군사체제상 지방향촌의 자체 방위 문제가 별로 강구되지 못하였다. 중앙의 오군영五軍營과 지방의 속오군束伍軍으로 운용되는 후기군제는 차츰 수포군화收布軍化됨으로써 전체적으로 전력상의 문제가 있었고, 향촌자위체제가 구축되지 않은 처지에서 지방의 속오군이 유사시 영장營將의 영솔領率로 접전지에 부전赴戰하고 나면 지방의 관아나 향촌은 수령 예하의 이노대吏奴隊가 정비되기는 하지만 이것은 어디까지나 군아郡衙를 수비하는 정도에 그치고 정작 향촌의 인명과 재산을 수호하며 지연전을 전개할 수 있는 대책은 전무한 상태였다. 더구나 향촌에서는 일신양역一身兩役의 고역苦役에다가 중앙과 지방 정규군을 충원하기 위해 번상군番上軍이 차출되고 나면 보인保人이나 부녀자·노약자만 잔존하는 형편이 되어 불의의 외침이 있을 경우 앉아서 수모를 당해야 할 처지였다. 18세기 말엽 영·정조연간에 활약했던 안정복[1]은 특히 이러한 상황에 대처하기 위하여 민간방위대 같은 향촌자위단의 군사체제를 구상하게 되었다. 그는 종래에 시행되어 온 향촌자치교화조직인 향약적 체제에 송宋나라 시대의 자위단이었던 보갑법적保甲法的 성격을 접목하여 강력한 향촌자위론을 제기하였으니, 그 내용은 그의 저술인 『임관정요』 부록의 「향사법鄕社法」에서 잘 드러나고 있다. 따라서 본고에서는 이 향사법의 내용을 중심으로 순암 안정복의 향촌자위론을 고찰하고 나아가 조선 후기 향촌자위대책의 일반을 규지窺知해 보기로 하겠다.

2. 향촌자위대책

조선시대의 군제상 실제 국토방위의 핵심적 군사력은 북방양계北方兩界의 익군翼軍과 삼남연해三南沿海의 영진군營鎭軍 및 해상의 기선군騎船軍 등이었고 이들 군대는 각도 병수사兵水使의 지휘 아래 진관체제鎭管體制로 편성되어 유사시 외적에 대처하였다.[2] 이들은 평소 거주지 방수防守의 유방군留防軍으로 있다가 유사시에는 적의 침입이 있는 접전지역으로 부전하게 되므로 지방에는 잔류 전투부대가 없을 뿐만 아니라 군현에서 수령이 양병養兵할 수도 없는 처지이기 때문에 당해當該 향촌은 자연히 허소虛疎하게 되며 불시에 적의 침구侵寇가 있을 경우 그대로 적도賊盜의 수중에 들어가게 될 형편이었다. 임진왜란으로 일

1 18세기 말엽 英·正祖연간에 활약한 南人系 실학자이다. 星湖의 문하였고(35세 때인 영조 22년, 1746년에 입문) 뒤에 茶山에게도 영향을 준 經世致用派이다. 『東史綱目』 때문에 사학 방면으로 익히 알려졌으나 정론가로서의 진면목은 별로 살펴지지 못하고 있다.

2 조선시대 전반적인 軍制 내용으로는 다음과 같은 논저가 참고된다.
육군본부편, 『한국군제사』, 근세조선전기편(1968) 및 동 근세조선후기편(1977); 천관우(1962), 「조선초기 5衛의 형성」, 『동빈김상기박사화갑기념사학논총』; 허선도(1973~1974), 「『制勝方略』 연구(상, 하)」, 『진단학보』 36, 37호, 1973~4 및 허선도(1970), 「'鎭管體制復舊論' 연구」, 『국민대논문집』 1; 차문섭(1973), 『조선시대군제연구』, 단국대학교 출판부.

부 의병의 활약을 제외하면 이러한 경우는 익히 경험한 바였으며, 순암도 "그 고을을 책임진 수령은 오로지 패배한 장수가 될 뿐이었다"[3]라고 지적할 정도였다.

임진왜란을 겪으면서 전국적인 방위체제인 진관체제나 이의 보완책인 제승방략분군법制勝方略分軍法 등도 실효를 거두지 못하고 군사체제의 허구성이 드러나자 주지한 대로 척계광戚繼光의 『기효신서紀效新書』를 준용準用한 삼수三手·속오군을 중앙과 지방에 설치하였는데, 양천혼성良賤混成으로 편성된 속오군이 조선 후기 지방군의 근간이 되었음은 물론이다. 이 속오군은 영營-사司-초哨-기旗-대隊-오伍의 편성과 분오법分伍法에 의거하여 초哨 단위單位로 운용되었으며 평상시에는 각 초관哨官의 지휘 아래 각 촌村 각 면面에 설치된 교장敎場에서 훈련하다가 유사시에는 영장의 영솔 아래 접전지역에 부전하는 체제였다. 만약의 경우 이 속오군이 다른 전투지역으로 이동하고 나면 앞서 말한 대로 향촌이 무방비일 뿐만 아니라 전략상 종심縱心 깊은 방어진防禦陣도 구축할 수 없었다. 순암은 이러한 유사시의 문제뿐 아니라 평시에도 적극적인 향촌의 치안대책이 강구되어야 민생이 안정되고, 이러한 내우외환이 방비된 연후에야 소위 "성왕聖王의 정치가 부흥될 수 있다"[4]고 보았던 것이다.

이와 같은 실정을 염두에 둔 순암은 다음과 같은 향촌자위대책을 강구하였으니, 그것은 첫째, 교화 위주의 향약시행체제를 자위 위주로 확대 강화시키고, 둘째, 향촌조직을 자위단 성격으로 개편시키며, 셋째, 조직단위별로 정기적 훈련을 실시하여 실질적인 전력을 강화시키고, 넷째, 비상식찰조非常識察組를 운용하여 평시는 물론 유사시에 적극 활용하며, 다섯째, 단위별 병기준비와 요해처에 성벽을 수축하는 내용들이었다. 기본적으로 향촌을 향민 스스로 방위하는

3 『臨官政要』, 軍政章. "國制 面邑無兵 是法之不善也 是以匹夫跳梁 列郡瓦解 損國家之威 而長賊人之勢 專百里之責 而爲奔北之將 天下豈有是理哉."

4 『臨官政要』 附錄, 「鄕社法」 序文.

체제로 개편하고 운용하자는 목표였다. 순암의 국방정책은 당시에 활약했던 일군의 실학자들과 별로 다를 바 없었으니, 병농일치적인 개혁이라든가 호포제적戶布制的 개선책 등 양민養民을 바탕으로 한 양병을 주장한 내용과 기본적으로 궤를 같이하고 있지만, 특히 향촌에서 향촌 단위로 자위조직을 편성하여 운용하려 했던 구상이 주목의 대상이 된 것이다.

순암의 「향사법」을 일반 향약과 달리 자위단적 성격으로 본 이유는 그 서문序文에 '유종주劉宗周[5]의 보갑설保甲說'을 참고했다는 것 외에 향사법의 편성이 보통 향약사목事目과 다르다는 점이다. 통례의 향약이 조광조趙光祖 이래 실시되어 온 『주자증손여씨향약朱子增損呂氏鄕約』의 사대강령四大綱領, 즉 덕업상권德業相勸·과실상규過失相規·예속상교禮俗相交·환난상휼患難相恤의 세부 항목을 증감 부연하여 실정에 맞게 정비한 것에 그쳤으나,[6] 순암의 향사지적鄕社之籍·향사지정鄕社之政·향사지교鄕社之敎·향사지례鄕社之禮·향사지양鄕社之養·향사지비鄕社之備·향사지금鄕社之禁의 7개 조목과 말미에 향사패식鄕社牌式을 부록하여 그 구성 자체가 다르게 되어 있다. 일반 향약이 권선징악이나 상부상조의 향약체제가 교화나 덕풍 진작에는 효과가 있다고 하더라도 적극적인 향촌자위대책으로서는 미진하기 때문에 순암은 그의 향사법에서 단결법적인 편오방법編伍方法을 제시하고 적극적인 향촌자위대책을 강구하게 되었다. 따라서 기존의 자치교화조직을 자위조직으로 전환시켜 효과적인 향촌자위대책으로 삼으려 했다고 볼 수 있다. 그것은 그의 「향사법」 서문에서,

> 이 제도가 성립된 후에 생활경제가 이룩될 수 있고 사회교육이 시행될 수 있으며 풍속을 순화시킬 수 있고 옥송獄訟사건을 그치게 할 수 있으며

---

5 明나라 浙江 사람으로 자는 起東, 호는 念臺이며 正義 先生이라 불렀다. 進士에 급제하여 官은 工部侍郞에까지 이르렀고 劉忠賢의 탄핵사건으로 유명하다. 저서는 『聖學宗要』·『學言』·『人譜類記』·『論語學案』 등이 있다.

6 유홍렬(1938), 「조선향약의 성립」, 『진단학보』 9, 86~144면.

> 도적을 막을 수 있고 외적의 침략을 막을 수 있어 성왕의 정치를 일으킬 수 있다.[7]

고 한 것에서 잘 나타나고 있다.

이러한 향촌자위대책은 지방수령의 지도육성이 전제되지만 수령 스스로도 적극적인 응변용병책應變用兵策을 강구해야 할 것이라고 주장하면서 일반 군읍郡邑에서도 '양병養兵'할 것을 조심스럽게 제시하였다. 순암은 국가제도상 군읍에서 양병할 수 없게 되어 있음을 잘못된 것으로 지적하면서 겨우 있다는 이노작대吏奴作隊나 군관관속軍官官屬 등도 전자는 평시에 훈련도 하지 않은 '미끈한 시정배市井輩'요, 후자는 군포軍布를 거두어 사용私用함에 그칠 뿐이었다고 보고, 이런 유가 있다 하더라도 난을 당하면 적을 막을 수가 없을 뿐만 아니라 막는다고 하더라도 단순히 군아郡衙 정도를 수비할 뿐 향촌방호鄕村防護 능력에는 도움이 되지 못해 결국 그 고을을 책임진 수령은 '패전지장敗戰之將'으로 전락될 수밖에 없다고 보았다. 이러한 형세를 그는 "천하에 이런 이치가 어디에 있겠는가"라고 비판하면서 수령의 양병을 거론하였던 것이다. 수령의 양병은 국법에서 금지하고 있었다. 따라서 사법私法으로 병졸의 조련을 시도하면 자칫 잘못하다가는 죄를 덮어쓰게 되므로 '형세를 헤아려서' 해야 할 것이라고 하였는데, 여기에서 형세를 헤아린다는 것은 당쟁으로 역모에 몰릴 것을 의식한 것이다. 안정복이 재세在世한 18세기 영英·정正 연간은 탕평책蕩平策이 시행되어 당쟁이 어느 정도 완화되었다고 하지만 그 여폐는 상존하여,

> 지금도 당론이 엇갈려 서로 털을 헤치고 흉터를 찾으려 하는 이때에 사사로이 병졸을 조련한다고 죄를 씌울 것이니 형세를 살펴서 처리하되 알

7 「鄕社法」 서문. "此制成而後 可以遂生養 可以行敎令 可以同風俗 可以止獄訟 可以弭盜賊 可以禦外侮 而聖王之治與矣."

맞게 하도록 힘써야 한다."[8]

고 하였으며, 이것은 임진壬辰 이후 당의당략黨議黨略 때문에 진정한 국방대책의 강구가 얼마나 어려웠던가를 예리하게 지적한 일례로 볼 수 있다.

이런 형세에서 과도적인 응변용병책으로서 수령예하의 '이노작대'를 정비하고 이를 활용할 방안도 생각했으니,

이노대吏奴隊 등 (…) 각 읍 군병軍兵으로 경내境內에 있는 자들을 같은 마을 같은 면 단위로 차례로 편성하여 군기軍器 등을 구비하고 부오部伍를 단단히 하며 각 면에 산정散定치 말도록 하면 난을 당했을 때 부산하게 다니면서 소집할 걱정이 없을 것이다.[9]

라고 한 이것은, 즉각 응변應變에 대처할 용병책으로 생각한 내용이라고 한다. 이상과 같은 것은 수령의 군정軍政에 관한 임무와 군읍자수郡邑自守에 관한 견해를 피력한 것이지만 각향사로 자위단적 조직과 평소 훈련 및 어적대비기구禦賊對備器具를 갖추는 일이었다. 전민개습全民皆習의 사술射術훈련에 관해서는 「향사법」의 향사지례에서 전체적으로 제시하였는데, 이 향사지례 항목은 일반 향약과 같이 향촌예속장려에 대한 관冠·혼婚·상喪·제祭·음飮(향음주례鄕飮酒禮)·사射 등의 세목으로 되어 있으나 마지막 사례射禮(습사례習射禮)를 제외한 관·혼·상·제·음례는 모두 주자가례朱子家禮의 사목을 준용토록 하여 별도의 실천요목을 제시하지 않았고 단지 사례항射禮項에서 매 향사를 기준으로 향민조련에 관한 구체적인 사항을 제시하였다. 이에 따르면,

8 『臨官政要』, 「軍政章」. "當此黨論橫潰 吹毛求疵之時 以私試兵卒爲罪 亦可怕也 當量勢處之 務得其宜."

9 위의 책. "今各邑 惟以吏奴作隊 (…) 各邑軍兵之在境內者 當以同里同面 次第編伍 勿使散定各面 臨難庶無奔走呼召之患."

매월 초하루와 보름에 사士는 학궁學宮에서 사격연습[習射]을 하고 서민庶民은 별포別圃(사격장소인 사포射圃는 반드시 사社의 곁에 정함)에서, 서인庶人으로 재관자在官者는 공서公署에서, 농민은 농한기에 사격을 연습하되 모두 사격에 능한 자가 가르친 다음 본관本官이 향사鄕師와 같이 감독한다. (이때 사격에 능한 자를 사격교사로 선정하여 가르치게 하고 그 열심의 여부를 보아 상벌로써 권면한다). 간혹 사격대회(향사례)를 행하며 매 향鄕은 넓은 빈 땅을 택하여 교장으로 삼고 단壇을 설치하여 시행한다.[10]

는 것이었다. 일반 향약에서도 향사례가 있으나 사 중심으로 육례六禮를 구현하기 위한 수단이 강하고, 재향민在鄕民의 습사에는 미진하였다. 그러나 순암의 사례항에는 전민개습을 지향하여 매월 2회에 걸쳐 재향민의 정기적인 사격연습을 제도적으로 실시할 것을 주장하고, 향사법의 향촌조직인 통統－갑甲－사社－향鄕의 편제 중 최종 향촌자치의 장長인 향사鄕師의 책임 아래 자체적으로 실시하고 간혹 사격대회도 개최하여 이를 고무하여 평소에 지속적인 훈련을 통해서 유사시에 전투력을 제고시킬 구상을 한 것이다.

또 그의 저서인 『치군요법治郡要法』에서는 각 면(향사법에서의 향에 해당)에 사계射契를 결성하여 운용할 것을 구상하였으니 면 단위로 사계를 조직하여 월 2~3회 정도 사술을 연습케 하고 농사가 끝난 10월에는 한 면이 모여 사술을 시험하고 아울러 검소한 주찬酒饌으로 하루를 즐기면서 단합토록 하고 이때에 본관이 사령射令에 임석하여 관람하고 격려토록 하였다. 이와 같은 향촌의 자발적인 사격연습을 관에서 지도・격려한 보완책이 강구되었는데 이와 관련하여,

본 읍의 장교들을 정・이월과 칠월, 그리고 겨울철 3개월에는 매월 수

10 위의 책. "每月朔望 士習射于學宮 齊民習射于別圃(別圃必定于社傍) 庶人在官者 習射于公署 農民每以農隙習射 皆令能教不能 而官與鄕師 提督之."

삼차數三次 사술을 시험하며, 또 매월 초하루에는 초관 이하 기총旗摠에 이르기까지 모두 소집하여 『병학지남兵學指南』의 습조편習操篇 1장씩 등사하여 나누어 주되, 만일 문학文學을 해독하지 못한 자는 언서諺書로 등사하여 지급하고 다음달 초하루 아침에 외어 바치도록 하며 또 그 다음의 1장을 주어 매월 외워 바치게 해서 그 책을 끝내게 되면 다시 반복 숙지토록 한다. (…) 사격술 시험에서 우등자와 습조편을 잘 외우는 자에게는 궁弓 · 늣 · 전錢 · 포布 등으로 상을 주고 만약 사술이나 강독이 말석末席인 자는 옷을 벗기고 얼굴에 먹칠을 하여 읍내를 순시케 함으로써 상벌의 전법典法을 보이도록 한다.[11]

는 것이다. 여기에서 사격교사의 근만勤慢에 상벌제를 채용하여 훈련의 질을 높인다거나 향촌 단위의 사계운용 및 감독자의 수준을 향상시켜 사술의 정예를 통한 효과적인 지역방위의 체제를 구상하였음을 알아볼 수 있다.

다음에 내우외환에 대한 적극적 대비책으로서 향(면) 단위에 영장領將이란 직책을 두어 군정이나 금령을 전관專管케 하고 특히 각 조직 단위별로 비상근무조를 편성하여 평시는 물론 유사시에 적극 대처하려는 구상이었다. 영장이란 직무는 『임관정요』의 임인장任人章에 각 면 향임鄕任을 정비하려는 구상에서 제시된 내용으로 향사鄕師가 향내 정사를 총관하기 때문에 향촌군정을 전담할 보좌원을 설정한 것이며, 비상근무조는 향사법에서의 구상이었다. 이것은 매 갑(10호戶 단위)에서는 건정健丁 3명을 조로 편성하고 매 사(100호 단위)에서는 예사藝士 2명을 조로 편성하며 매 향(면 단위)에서는 도략사韜略士 1명을 선정하여 적도

11 『臨官政要』, 附錄, 「牧民心鑑」, 治君要法. "本邑將校之類 如正二月七月冬三朔 每月數三次試射 又每月朔 招哨官以下至旗摠 謄給兵學指南習操篇一張 若不解文學者 以諺書謄給 至後月朔朝講納 而又受其下文一張 每月如此講誦 至畢講 則循環熟復 或有試射優等考講純通 以弓矢或錢布之類 若干給賞 如有射講居末者 脫其衣服 以墨漆而循示邑底 以示賞罰之典."

의 추포追捕와 비상기찰非常譏察 및 기계마필器械馬匹 등을 지키는 임무를 부여하였다.[12] 이들은 각급 조직 책임자의 지휘와 최종으로 향사鄕師나 관의 감독을 받게 되어 있다. 건정이란 건실하고 날랜 장정으로 유사시 적을 즉각 추포할 수 있는 자이며, 예사란 정확한 지칭은 없으나 전평시戰平時를 막론하고 수사·순찰병적 성격으로 유추되며, 도략사란 육도삼략六韜三略에 능한 사람으로 일종의 작전참모에 해당한 직책으로 보이는데 순암은 이들의 임무를 '추포와 비상기찰'로 규정하였다. 이 건정·예사·도략사는 추포나 기찰 외에 전체적으로 볼 때 향내의 치법·감찰·사정伺偵(정찰)·작전 등의 성격이 있는 것 같아 필자는 편의상 이들을 비상근무조로 호칭하였거니와 이러한 특수조직을 상시常時에 대기 운용코자 하는 방안은 순암의 향사법에 자위단적 성격을 강하게 부각시켜 준 내용이 될 것이다.

마지막으로 향사지비에서는 유사시에 필요한 병기나 전구戰具를 분명히 제시하여 향촌 단위별로 항상 유지·보관토록 조치하였으며, 각기 요해처에 성보城堡를 쌓아 장차에 대비하며 불리할 경우 지구전을 펼 수 있는 구체적인 대책을 마련하였다. 그 몇 가지 내용을 적시摘示하면 다음과 같다.

- 매호每戶 : 궁弓·창·검 가운데 하나의 병기와 목곤木棍(곤봉) 1조를 갖추되, 단 빈자는 목곤 1조만을 갖춘다.
- 매통每統 : 횃불용 거炬 2조와 적을 포박할 포승(휘삭徽索) 2건과 적을 추포하는 데 필요한 마구麻屨 2건 및 도적을 경계하는 쵀발鋍鈸 1개箇를 갖춘다.
- 매갑每甲 : 징(라鑼) 1면面을 갖춘다. 건정 3명을 선정하여 적의 추포를 담당케 한다.
- 매사每社 : 북(중고中鼓) 1면과 대중을 경계할 나팔 1개 및 기旗 1면을 갖춘

12 「鄕社法」, 鄕社之備項.

다. 예사藝士 2명을 선정하여 비상기찰을 위임시킨다.

- 매향每鄕 : 큰북(대고大鼓) 1면과 우牛 2척隻, 마馬 3필을 갖춘다. 도략사 1명을 선정하여 비상기찰 등의 일을 위임시킨다.

이상과 같이 각급 조직 단위별로 구체적인 병기물건을 준비토록 제시하였다. 집집마다 활・창・대검 중에서 반드시 한 가지 이상과 곤봉을 갖추게 하여 최소의 임전태세를 갖추게 한 것이라든가, 다섯 집의 지휘부인 '통'에는 횃불・포승줄・밧줄 등을 갖추어 야간을 대비하거나 적의 포박에 대처한 것인데, 사실 이러한 물건들은 평소에 별로 의식되지 않는 것이나 유사시 촌각을 다툴 때는 이것 때문에 낭패를 맛보기 십상인 것이다. 그 다음 10호의 지휘부인 '갑'에서는 신호용 징을 준비하고 건정을 대기시켰으며, 100호의 지휘부인 '사'에서는 지휘용 북과 나팔 및 기를 준비하고 예사를 대기시키고 마지막 '향'에서는 큰 북과 소와 말 등을 비축하여 지휘・수송・연락에 대처하며 도략사를 선정하여 비상기찰을 위임시키도록 한다.

또한 매향의 요해처에 성보를 쌓고 농한기에 보수하여 완급시緩急時에 이를 활용토록 하였다. 열읍列邑에서 치성雉城・옹성甕城을 쌓고 심호深壕・정지井池를 파는 등 성지수축城池修築과 해도海道의 편부便否와 관방關防의 이해利害 및 인국隣國의 밀찰密察 등은 해당 수령의 소관이나 순암은 예하隷下 각 향촌에서도 필요한 성보를 수축토록 하였으니,

매향에서는 지형의 요해처에 하나의 성보를 쌓고(해마다 농한기에 훼손된 곳을 완전히 수축한다) 만약 완급시에는 향민들이 그곳에 들어가 몸을 보존하는 한편, 기계나 식량을 모두 운반해 버리면 적이 들어왔다 하더라도 들판에 약탈할 물건이 없으므로 능히 오래 주둔하지 못한다.

매향 각사는 서로 성원하여 적이 소수일 때는 소멸하고 적이 대군일 때는 성보에 들어가 보존한다. 이럴 때에 또 관군이 형세를 엿보아 추격하고 절도사節度使・진관鎭管이 대군을 이끌고 임하면 적은 반드시 부지하지 못

하고 도망갈 것이다.[13]

라고 하여, 적세賊勢가 대단치 않을 경우는 자전자수自戰自守할 것이나 적세가 심할 경우는 일단 그 예봉을 피하고 성보에 들어가 정규군이 올 때까지 지연전을 펴 소위 선수후전先守後戰의 전략을 구상하였던 것이다. 이 선수후략 전략은 기본적으로 지방정규군인 속오군의 허소화虛疎化와 군비미완에 기인한 것이다. 18세기 말엽은 군기의 이완과 더불어 속오군마저 수포군화收布軍化됨으로써 실제 전투력은 극도로 허약해졌다.[14] 한 예로 속오군이 돈을 내고[收布] 빠져 버린다거나 훈련시에 거지들을 대신시키는 사례가 비일비재하여 전력상 그야말로 유명무실한 상태였다. 이런 형세를 순암도 지적하였지만 순암보다 반세기 뒤에 살았던 다산茶山 정약용丁若鏞에게는 더욱 통감痛感되어,

> 지금의 남방군세南方軍勢는 싸울 만한 군졸도 없고 싸울 만한 병기도 없으며, 싸울 만한 기강도 없고 싸울 만한 약속도 없다.[15]

고 혹평하였고, 이렇기 때문에 '不得不 先守而後戰'할 수밖에 없다고 하여, 종국에 유명한 『민보의民堡議』 체제가 종합적으로 구상되었던 것이다.[16] 순암과

---

13 「鄕社法」, 鄕社之備. "每鄕 就地形要害處 築城一堡(年年農隙 隨毁完築) 若有緩急 則鄕民入保 器械粮資 盡爲輸送 則賊來 野無所掠 不能久屯矣 每鄕各社 相爲聲援 賊小則勦滅之 賊大則入保之 又有官軍 乘勢追擊 節度鎭管 以大軍臨之 賊必無所容而遁去矣." 『牧民心書』 「兵典」 練卒項에서 다산은 束伍軍의 虛疎化 현상을 痛駁하였다.

14 육군본부편(1997), 『한국군제사 근세조선후기편』, 192~202면; 차문섭, 「군사조직」, 『한국사 10』, 국사편찬위원회, 68~72면.

15 『與猶堂全書』 補遺3, 「總義五則」. "兵法或戰或守 本無定算 惟今日南徼之勢 不得不先守而後戰 何也 無可戰之卒 無可戰之器 無可戰之紀綱 無可戰之約束."

16 『여유당전서』 시문집 「田論7」과 『여유당전서』 보유3 「民堡議」에 다산의 閭田論的 민보방위체제가 종합적으로 구상되었다. 다산의 민보의에 관한 것으로는, 조광(1976), 「정약용의 민권의식 연구」, 『아세아연구』 제56호와 정경현(1978), 「19세기의 새로운 국토방위론 – 다산

다산은 성호학맥으로 같은 근기학파에 속하며, 순암의 『임관정요』나 『치군요법』 등이 다산의 『목민심서』에 선하先河가 되었다는 점을[17] 감안할 때 순암의 소박하고 초보적인 향촌자위론은 다산의 『민보의』에 많은 영향을 주었으리란 점을 간과할 수 없다.

3. 향촌자위조직

향촌조직은 일반적으로 국가통치상에 있어서 두 가지 기능을 갖고 있다. 그 하나는 관치행정官治行政의 보조기관으로서 세역부과稅役賦課의 행정집행수단이요, 또 하나는 향촌자위단으로서 치안유지나 외적방어에 대처하기 위한 수단이었다.[18] 향촌조직이 본래 자위단적 성격이 앞선다[19] 하더라도 향촌논오鄕村論伍는 기본적으로 국가의 세정稅政과 군정軍政을 효과적으로 집행하고 운용하기 위한 면이 강했으니 그 예로 조선 초기 태종 때 호패號牌 실시의 목적을 '민서民庶의 유망지심流亡之心을 근절하고 호구가 증손되는 폐단을 없애기 위한 것'[20]에 두었다거나 세종 때 오가작통五家作統의 인보隣保 목적을 '도망자로 하여금 숨을 바를 없게 하며 천사遷徙한 자를 용납지 못하게 하여 서로 보호하며 서로 지키도록 한 것'[21]에 두었음에서 잘 드러나고 있다. 민서가 유망할 마음이 생기고 호구를 정확히 파악하지 못하면 세역 문제뿐 아니라 통치의 근본이 흔들리게

의 민보의를 중심으로－」, 『한국사론』 4 등이 있다.

17 이우성(1970), 「해제」, 『順菴叢書』, 대동문화연구원 印 영인본, 9면.

18 和田清(1939), 『中國地方自治發達史』, 東京: 汲古書院, 15~16면; 川勝守(1981)), 『中國封建國家の支配構造－明淸賦役製度史の硏究－』, 東京大學出版會, 17~21면.

19 宋의 保甲法의 경우가 농촌의 치안유지를 목적으로 출발하였다.

20 『太宗實錄』, 6년 3월 甲寅條. "民庶絶流亡之心 戶口無增損之弊."

21 『世宗實錄』, 10년 윤4월 己丑條. "使奔忙者無所匿 遷徙者無所容 相保相守."

되니 이를 막기 위해 유망할 마음을 근절하고 증손되는 폐단을 없애야 할 것이며 이에 따른 인보조직을 강화하려 했던 것이다. 물론 이것은 고래古來로 '寓兵於農' 즉 병兵을 농農에 붙이는 농병일치農兵一致의 광의적 군사정책이기도 하지만, 이러한 목적을 충족시키기 위한 기초사업은 말할 것도 없이 호적사무의 확립과 편오방법의 정비였던 것이다.[22] 그러나 국가통제력이 향촌 말단에까지 획일적으로 미치지 않는 한 이러한 사업은 지난한 것이어서 항상 어려움을 겪었던 것이다. '오가통사목五家統事目'이 조선 후기 숙종 때 가서야 겨우 완정完定되었음도[23] 이러한 연유에서 기인하였다.

조선시대 일반적인 향촌조직은 주州·현縣 이하에 면面(사社·방坊)－리里(동洞·촌村)－통統으로 편제되는 것이 상례였다. 이는 전통적인 지방조직으로 시대적으로 명칭과 규모가 약간씩 다르나 대체로 큰 변함이 없다. 대전大典에 "경외京外는 오호五戶를 일통一統으로 하고 통에는 통주統主가 있으며 매 오통五統에 이정里正을 두고 매 일면에 권농관勸農官을 둔다"[24] 하여 통·리·면의 향촌조직이 명시되어 있다. 그러나 구체적인 편오방법과 향촌조직은 조선 후기까지 논의가 일치되지 못해 오래도록 완정이 되지 못하다가 숙종연간에야 비로소 정당停當하여 별단別單에 써 넣었으니 이것이 21개조의 오가통사목이었다.[25] 여기에 편오방법 즉 향촌지배조직이 구체적으로 명기되었으니 우선 그 내용을 살펴보겠다.

이에 따르면 조선시대 향촌조직은 통－리(규모에 따라 소리小里·중리中里·대리大

---

22 號牌·戶籍에 관해서는 다음과 같은 논문이 참조된다. 이광린, 「號牌考－그 실시변천을 중심으로－」, 『용재백낙준박사화갑기념국학논총』; 有井智德, 「李朝初期の戶籍法について」, 『조선학보』 39·40호 참조.

23 『肅宗實錄』, 원년 9월 辛亥條. 여기에 21개조나 되는 장문의 향리편오방법과 이에 따른 향촌편오방법이 규정되어 있다.

24 『大典會通』 권2, 戶典 戶籍.

25 "備邊司言 五家統事目 緣論議不一 久未完定 今始停當 別單書入 凡二十一條."

里로 구분) - 면(大面 · 小面)으로 되어 있는바, 편오방법으로는 오가로서 작통하되 기본적으로 인취隣聚에 따르며 가구家口의 다과多寡나 재력의 빈부를 논하지 않고 오가로 작통하며 오가가 되지 못한 여호餘戶는 타면他面과 월합越合하지 않고 첨통添統한다. 그 다음의 리는 규모에 따라 소리小里 · 중리中里 · 대리大里로 구분하되 5개 통에서 10개 통까지를 소리로, 11개 통에서 20개 통까지를 중리로, 21개 통에서 30개 통까지를 대리로 편제하고 마지막의 면도 많은 리를 통활하면 대면大面, 적은 리를 통활하면 소면小面으로 하였다. 통에는 통주 1인을 뽑아 통무統務를 관장하고 리에는 리정 1인과 유사有司 2인을 두어 이사里事를 장악케 하며, 면에는 면윤面尹 즉 도윤都尹과 부윤副尹 각 1인을 두어 지방자치를 장악하고 수령과 계통系統되어 지방말단행정의 주축을 이루게 되었다.[26] 이상은 법전法典과 숙종 때의 오가통사목으로 확정되어 시행되었던 대체적인 지방향촌조직이었다.

본고에서 주로 논하게 되는 순암의 향사조직은 이와는 달리 통-갑-사-향제로 구상하였다.[27] 즉 오가위통五家爲統의 방식은 같으나 이통위갑二統爲甲, 십갑위사十甲爲社, 취사위향聚社爲鄕의 체제가 다르다. 따라서 '갑'은 10호, 사는 100호, '향'은 10개 사일 경우 1,000여 호를 넘는 규모였다. 오가통사목의 이제里制에서 소리(25~50호)와 중리(51~100호) 및 대리(101~150호)로 구분된 것을 향사법에서는 '갑'과 '사'로 독립단위의 편제를 설정한 것이 차이점이다. 이 이유는 고래로 향제의 규정이 불분명하여 순암 자신이 '시의時宜에 맞도록' 구상한 것으로 보이며, 더욱이 행정조직을 자위단조직으로 전환시킬 구상으로 보인다.

---

26 "五家統事目, 一曰凡民戶 隨其隣聚 不論家口多寡財力貧富 每五家爲一統 而擇統內一人爲統首 以掌統內之事, (…) 一曰每五家作統 而或有餘戶 未進五數 不必越合他面 只以餘戶添統, 一曰每一里 自五統以上至十統者 爲小里 自十一統以上至二十統者 爲中里 自二十一統以上至三十統者 爲大里 里中又差里正有司二人 以掌一里之事, 一曰有統有里 屬於本面 面有都尹副尹各一人 大面則所統里多 小面則所統里少…."

27 「향사법」, 鄕社之籍, 본문 중의 '향사조직표' 참조.

순암이 향리제도의 불분명을 지적하면서,

> 우리나라의 향리제도는 분명치 못하고 (…) 한 가지 제도도 고법古法과 같은 것이 없으며 (…) 지금의 알맞은 것으로 말미암아 옛적의 제도를 참작해서 이 조목을 만들었다."[28]

라고 향사법 제정의 소이所以를 밝히고 있듯이 우리나라가 중국에서도 향촌조직의 수치폐패修治廢敗가 무상無常하였다. 중국의 경우를 몇 가지 예시하면 향촌조직은 대사도大司徒의 비려법比閭法에서 비롯하여 관자·상앙의 십오법什伍法, 수·당을 거쳐 송나라 왕안석의 보갑법保甲法, 그리고 명나라의 이갑법里甲法, 청나라의 총갑법總甲法 등으로 명칭·규모·성격이 서로 달리 변천해 왔다. 주나라 때의 비려법의 목적은 상보相保(비比)·상수相受(려閭)·상장相葬(족族)·상구相救(당黨)·상주相賙(주州)·상빈相賓(향鄕)으로 향촌에서 상부상조의 성격이 강했으며, 송나라의 보갑법은 향촌자위단적 조합으로, 명나라의 이갑법은 자치조직이면서도 부역최징賦役催徵의 기구로, 청나라의 총갑법은 인보조직이면서도 한인漢人통치수단으로 그 성격들이 각이各異하였다.[29]

순암이 또 향촌제도의 분명치 못한 사례를 지적한 가운데,

> 옛적에는 인호人戶를 가지고 향리를 정했으니, 즉 『주례周禮』에서는 2천5백 가로 향을 삼고 『관자管子』에서는 2천 가로 향을 삼았으며 후세에는 1천 호로 향을 삼았다. 우리나라의 면은 옛적의 향과 같은 것인데 인호로써 설정하지 않고 지역을 구획해서 설정하였기 때문에 각 면에 인호의 다과가 같지 않다.[30]

28 「鄕社法」, 서문. "我國鄕制不明 不能一如古法 故此因今之宜而倣古之制 略其條…."

29 和田清 및 川勝守, 앞의 책 참조.

고 하여 인호 기준이 아닌 지역 기준의 불합리성을 지적하기도 하였다. 이러한 이유들과 특히 내우외환에 대처할 효과적인 향촌의 단결을 위해 향리제도의 정비를 구상하면서 '지금에 알맞은 것(因今之宜)'으로 여긴 통－갑－사－향의 향제를 편성하게 되었던 것이다. 위정爲政에 뜻을 둔 선비의 궁극적인 목표는 옛날 '성왕지치聖王之治'를 부흥시키는 데에 있으므로 순암도 이를 실현하기 위해서는 향리 제도가 수치修治·정비整備되어야 할 것을 강조하였다.

순암의 향촌조직은 다음의 조직표에서 보듯이 5가를 1통으로, 2통을 1갑으로, 10갑을 1사로, 여러 사를 모아 향으로 삼았다.

향사鄕社 조직표

명칭	규모	책임자	책임자 신분	책임자 조건
統	5家	統 首	良 賤	年長優産者
甲	2統	甲 長	良 賤	智慮勤幹者
社	10甲	社 正	中 庶	公正解事者
鄕	聚社	鄕 師	士 族	齒德俱優者

통을 조직할 때는 인비隣比의 상차별相次別로 편성하되 영호零戶는 따라붙이고[31] 통統 내의 양천인良賤人 가운데 연장우산자年長優産者를 통수統首로 선정하여 통 내의 정사를 주관케 하고 차상次上 갑장甲長의 명령을 받게 하였다. 통의 조직에 있어 '영호는 따라붙인다'는 것은 숙종 때의 오가통사목과 같아서 5가로서 작통한 다음 여호餘戶가 있더라도 다른 지역으로 넘기지 않고 첨통添統하게 되어 있다. 통 다음의 갑은 2개 통으로 편성하며 갑甲 내의 양천良賤 중에서 지

30 「鄕社法」, 서문(行間細注). "古以人戶定鄕 如周禮 二千五百家爲鄕 管子 二千家爲鄕 後世又二千戶爲鄕之類是也 我國之面 卽古之鄕也 不以人戶 而畫地以定 故各面人戶 多寡不同."

31 "統必以隣比相次爲之 零戶隨寄 戶有戶票."

려근간자智慮勤幹者를 택하여 갑장으로 삼고 갑 내의 정사를 주관케 하며 차상 사정社正의 명령을 받게 하였다. 갑 다음인 사의 편제는 10개 갑으로 구성하고 사社 내의 중서인中庶人으로서 공정해사자公正解事者를 골라 사정으로 삼고 사 내의 정사를 주관하여 차상 향사鄕師의 지휘를 받게 하였다. 오가통사목에서는 통 다음에 리로 편제하고 리의 규모가 최소 5개 통(25가)에서 최대 30개 통(150가)에 이르는 방대한 편제였다. 이 이제는 단결법적으로 적용치 못하고 갑과 사의 편제로 세분화한 것으로 보인다. 마지막 향은 사를 모아 편성하고 책임자는 향 내 사족 중에서 나이와 덕망이 갖추어진 자를 택하여 향사로 삼고 향 내 정사를 총관總管하며 관사官司의 명령을 받게 하였다. 이 향사는 향촌자치자위 조직에 있어 실제 최종책임자이므로 신분도 사족으로 한정하고 덕망이 있는 자를 선정토록 하였다. 이들 각급 단위책임자는 후술할 향사의 정사를 여행勵行할 책임이 있을 뿐만 아니라 향촌적鄕村籍을 작성하여 조직별로 표를 비치하였으니 통수는 매호의 호표戶票를 붙이고, 갑장은 매통의 통표統票를 붙이며 사정은 매갑의 갑표甲票를 붙이고 향사는 매사의 사표社票를 붙여 일사불란하게 소관을 장악토록 하였다.

이러한 조직표의 비치는 향촌의 조직장부라 할 수 있는 향사적이 정확하게 먼저 작성되어야만 한다. 따라서 순암은 '향사지적'이란 항목을 통해 향사적에 관한 구체적인 작성 요령을 제시하였고 향사패식의 사례를 부기附記하기까지 하였다.

향사적의 작성은 조직 관내의 향민 전체에 대한 구체적인 신분・직역職役 등을 정확히 파악하여 향촌을 통제하고 자치운영의 실實을 거두기 위한 방편이었다. 향사적은 우선 민民과 군軍으로 대별大別하여 작성하되 민은 각급 신분을 조사 파악하고 군은 각종 군역을 조사 파악하려는 조치였다. 민은 사족士族・품관品官・중서中庶・서인재관자庶人在官者・양민良民・공사직公私職・공장工匠・상고商賈・승니僧尼・화사化士・창우倡優・무격巫覡・유걸流乞로 구분하여 어떠한 신분인지를 조사 작성하되 크게 토착土着인지 유우流寓인지를 구별하고, 승니에 있어서 요승妖僧은 금하며, 유걸에 대해서는 특별히 그 대책까지 제시되어 있으니, 즉 간세奸細한 자는 조사하며 특별히 면임面任이 내력을 조사해서 겨울철이면 관곡으로 구호하다가 봄이 되면 본읍에 통고하고 귀농시키되 거류居留하기를 원하는 자에게는 그 생활터전을 알선해 주며 사자死者는 공동묘지에 묻어주고 병자는 양로원에 입송入送시키도록 하였다. 다음으로 군역을 지는 향민에 대해서는 어영군御營軍・금위군禁衛軍・총융군摠戎軍・속오군束伍軍・아병牙兵・기병騎兵・보병步兵・각보인各保人・열읍잡색군列邑雜色軍(조군漕軍이나 봉수군烽燧軍 같은 류)으로 구분하여 어떠한 군역 병종兵種인지를 조사 작성하되 전시 및 국가유사시 외에는 한결같이 유사의 절제節制를 받게 하였다. 이와 같은 조사를 통해서 호적에 올라 있는 향민이 재향인지 부재인지의 여부를 쉽게 알 수 있고 재향자라 하더라도 어떤 직역인가가 확인되어 향촌자위운영에 동원할 수 있는지 그 여부를 쉽게 판별할 수 있는 것이다.

조선시대 호적작성 과정은 일반적으로 각 호주가 호구식戶口式에 따라 호적단자戶籍單子를 작성하면 호적색리戶籍色吏가 이를 기준으로 호적대장戶籍臺帳을 작성하여 제 몇 통, 제 몇 호의 가좌家坐를 정하게 되고 이를 토대로 준호구식準戶口式에 의거하여 별급호적別給戶籍이 각 개인에게 지급되도록 되어 있다. 3부部가 작성된 이 호적대장은 1부는 본읍에, 1부는 본도本道에, 1부는 호조戶曹에 보관되어 국가통치의 기본이 되었다. 그런데 순암의 향사패식을 보면 상기 호적대장과는 별도로 각 갑호・갑장・사정・향사가 모두 패식을 작성하되 갑인이 작성한 패식은 차상급자인 갑호가 이를 준하고 갑호가 작성한 것은 갑장이, 갑장이 작성한 것은 사정이, 사정이 작성한 것은 향사가 이를 준하는데 각기 차상급자의 통제를 받음으로써 패식의 정확을 기하도록 조치되었다. 이 패식을 작성할 때 각호는 향장이 분급한 표로 사기私記를 쓰게 하였고 각장은 관표를 쓰게 하였는데 각 패식의 작성 요령은 다음과 같다.[32]

32 鄕社牌式의 모형 4종이 부록되었는데 이 가운데서 몇 가지만 예시하였다.

• 각호各戶

모성某城(주州 · 부府 · 군郡 · 현縣) · 방坊 · 향鄕 · 사社 · 갑甲 · 인人은 연 월 일 내경來京하였는데 모방某坊으로부터 이사왔음. 부父는 모某(고故 모관某官), 모母는 모씨某氏 존存, 형兄은 모某(모처某處 모업某業), 제弟는 모某(기세미성정幾歲未成丁), 처妻는 모씨某氏, 자子는 모모某某, 기객寄客은 모某(모친某親 모처에서 왔음), 모某(모우某友 모처에서 왔음)의 종은 모모某某, 성정成丁은 몇 명, 행세行稅는 얼마, 문면門面은 몇 간(임모인방賃某人房), 월량月糧은 몇 석, 호세戶稅는 얼마, 기계器械는 몇 건.

년 월 일 갑호甲戶는 이를 준準함

• 갑호甲戶

모성某城 · 방坊 · 향鄕 · 사社 · 갑장甲長 · 인人(모업某業 계모적係某籍) 연 월 일 모방某坊으로부터 이사왔음.

일호一戶 갑장, 이호二戶 모인(모업某業), 삼호三戶 모인(모업某業), 사호四戶 모인(모업某業), 오호五戶 모인(모업某業), 육호六戶 모인(모업某業), 칠호七戶 모인(모업某業), 팔호八戶 모인(모업某業), 구호九戶 모인(모업某業).

불은 서로 경계하고 도적은 서로 방어하며 희경은 서로 축하하며 덕업은 서로 권면하며 과오는 서로 규간한다.

년 월 일 갑장甲長은 이를 준함

이와 같은 형식으로 갑호 · 갑장 · 사정이 작성하고 각기 차상급자의 인준을 받아 패식을 확정하여 보관 사용하게 하였다. 순암이 이 향사패식 작성의 의의를 두고 "유사시에 군오를 대비할 수 있고(有事可以備什伍), 참으로 나라를 튼튼하게 하고 외적을 방어할 수 있는 요술要術이다(誠固國禦侮之要術)"고 강조하는 바와 같이 향촌자위체제의 편성에 큰 관심을 가졌다고 하겠다.

4. 향촌자위운용

순암이 구상한 향촌정사운용은 기본적으로 향약법 체제를 바탕으로 한 향촌자치에 위임하고 간접적으로 관의 감독을 받게 하는 일반적인 형태였다. 단지 향촌자위 면에서 볼 때 향촌체제가 소극적인 것이므로 적극적인 향촌방어를 위해서 엄격한 공동연대책임을 지우는 보갑법적 성격을 가미해서 운용하려 했던 것이 차이점이다. 이것은 조선시대의 향약 실시가 그 근본 목적에서 벗어나 재야 사림세력의 권익 옹호로 악용됐다거나 또는 국가적 차원에서 제도적으로 시행되지 못했다는 것을 차치하고서라도 근본적으로 향약법이 적극적인 어모책禦侮策으로 부적不適하다는 고려에서였다. 그러나 순암의 "모든 정교政敎는 반드시 동약이 행해진 후에야 쉽게 행할 수 있다"[33]고 하는 이상적 향약에의 회귀성 때문에 향촌자위에 대한 혁명적 구상은 창출될 수 없었다. 어떻든 순암의 향사법은 그 구성이나 운용 면에서 새로운 의의를 부여하지 않을 수 없다.

순암의 향촌정사운용은 향(면) 단위 책임자인 향사 이하 사정・갑장・통수의 자치에 위임했는데, 특히 '향사법'의 시행은 이를 조직 책임자가 주관하여 향촌교화 및 자위를 운용케 하였다. 조선시대 향촌 통치조직과 통솔 계통을 순암의 향사조직과 합쳐서 도식화하면 대략 다음과 같은 표가 되는데 순암은 이 가운데서 향 내의 교화・쟁송을 포함한 일체의 정사는 향사에게 위임하여 결행토록 하고 면임인 풍헌風憲은 관령을 봉행하고 문서를 관찰管察케 하였다.[34]

33 『臨官政要』, 敎化章. "一切政敎 必待洞約之行而後 可以易行."

34 「鄕社法」. "列邑旣置各面風憲 則奉行官令 管察之書 令風憲掌之 一切敎化爭訟 委鄕師決之 鄕師若有報官者 當具由直報."

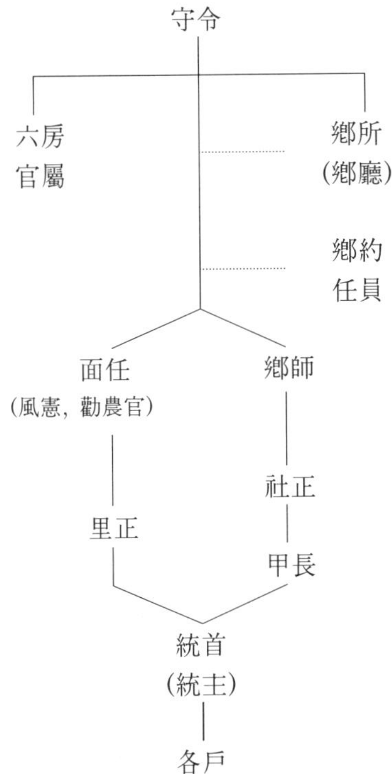

여기에서 면임에 대한 것을 잠시 살펴보면 수령 예하 관령봉행자官令奉行者로서 면 단위의 임원인 이들은 시대에 따라 그 명칭과 임무가 다기하였으니 가령 권농관이라든가 풍헌·약정約正·사장·존위尊位·집강執綱·서원書員 등이 그 예이다. 순암은 면마다 풍헌 1원員, 약정 1인, 영장領將 1인, 권농관 1명을 두고 기타 각색각목各色各目은 모두 없애자는 것이었다.[35] 또한 이들의 구체적 직무도 명시하였으니 그 요지는 다음과 같다.

35 『臨官政要』, 任人章.

• 풍헌 : 1면의 대소사를 맡기되 민간소송 중에서 소소한 것은 스스로 처리하고 매월 초하루에 반드시 길흉에 대한 모든 일과 민물民物의 도고逃故에 관한 일을 보고하며 효열이나 민간급무民間急務·군국중사軍國重事 같은 일은 수시로 직접 수령에게 보고한다.
• 약정 : 전정田政 및 수세收稅·적조糴糶·가색稼穡 등의 일을 맡게 한다.
• 영장 : 군정 및 금령을 맡고 도적을 추포하는 일을 맡긴다.
• 권농관 : 관령대소官令大小를 전유傳諭하고 기한독납期限督納 등의 일을 맡긴다.

이것은 『임관정요』 임인장에서 면임의 임무를 규정한 것인데 향촌법의 향사 임무와 유사한 것이 있지만 그것은 향촌정사에서 그 직임을 확연히 분화할 수 없는 상태일 뿐만 아니라 견제牽制·상유相維하는 통치기술상의 방편으로도 여겨진다. 어떻든 향사법을 기준으로 볼 때 향사는 향촌자치에 관한 사항을 총체적으로 주관하는 직임이었다.

향사 이하 통수에 이르기까지 각 지도책임자는 향사의 6가지 정목政目 즉 화촉상계火燭相戒·도적상어盜賊相禦·우환상휼憂患相恤·희경상하喜慶相賀·법령상외法令相畏·조부상근租賦相謹의 실천사항을 평소 상부상조로 여행勵行토록 하고 이에 대한 사항을 각각 결재하여 통리統理하였으며 화촉이나 도적이나 우환 같은 사건이 발생했을 때는 조직기준 4단계 순으로 보고함과 동시에 각 단위별로 책임자의 주도 아래 전 조직원이 동원되어 자체적으로 처리토록 하였다. 즉 일호一戶에 사건이 발생하면 같은 통 내의 사호四戶가 달려가고(一戶有事 四戶趍之), 일통一統에 사건이 발생하면 같은 갑 내의 구통九統이 달려가고(一統有事 九統趍之), 일갑一甲에 사건이 발생하면 같은 사 내의 구갑九甲이 달려가고(一甲有事 九甲趍之), 일사一社에 사건이 발생하면 같은 향 내의 여러 사가 달려가(一社有事 諸社趍之) 이를 처리케 한 운용체계이다. 이때 통수·갑장·사정 등 조직장은 소소한 것은 향사에게 보고한 후 자체 처리하고 대단한 일은 관에 보고하여 처리토록 하였다. 이 소관정사의 처리결과는 각 책임자가 서명하고 또 인장을 찍어 관에

앙달仰達케 함으로써 책임을 가지고 운용토록 하였다. 이 과정에서 태만하거나 부정이 있는 경우에는 일단 향사가 예하 책임자를 문책하고 향사 자신이 죄가 있을 때는 관의 제재를 받게 하였다. 또 향촌교육에 관해서도 반시頒示되어 있는 6개 조목[36]에 대해 갑장은 매일 신칙申飭하되 불초자를 가려내어 가르치고 사정은 매 순旬에 한 번 신칙하되 불초자를 가려내어 가르치며 향사는 매월 한 번씩 신칙하되 역시 불초자를 가려내어 가르치도록 하였다. 또한 향사는 사맹삭四孟朔마다 사정·갑장을 모아 강독하며 깨우쳐 주도록 하였다. 이와 같은 사항은 향촌조직을 평시나 유사시를 막론하고 각급 조직장의 장악하에 들게 하여 조직장 중심의 향촌자치자위체제를 운용코자 하는 형태였다. 조광조趙光祖 이래 실시되어 온 제 향약을 볼 때 사대강령에 대한 조목정비에는 관심이 많았으나 조직적으로 운영하는 데 대한 관심은 많지 않았다.[37] 퇴계退溪·한강寒岡·율곡栗谷 등 제가가 실시했던 향약을 보더라도 기본적으로 『주자증손여씨향약』을 준행하면서 세목의 분화시행이 주류였고 임원규정도 관례상을 넘지 못하였다.

예를 들어 과실상규의 강목에 벌목罰目이나 벌종罰種이 세분화되었다고 해서 향약집행의 조직안까지 발전했다고 볼 수 없기 때문이다. 순암도 그의 향사법에서 이 과실상규에 해당한 향사지금을 설정하여 '금지해야 할 일'을 많이 제시하였으나 특히 그 말미에 다른 향약에서 볼 수 없는 벌칙이 제시되어 있는 것이 특색이다. 즉 무릇 일호가 범금하면 구호가 들어내고(凡一戶犯禁 九戶擧之), 일갑이 간인奸人을 숨기면 구갑이 들어내고(一甲容奸 九甲擧之), 일사가 간인을 숨기면 구사가 들어내고(一社容奸 九社擧之), 일향이 간인을 숨기면 각향各鄕이 들어내고(一鄕容奸 各鄕擧之), 사방司坊이 간인을 숨기면 상관上官이 들어낸다(司坊容奸 上官擧之)고 한 것이다. 이는 엄중한 연대책임제 아래 적극적 향촌단결을 도모하고 운용의

36 "一曰孝順父母 二曰尊敬長上 三曰和睦鄕里 四曰教訓子孫 五曰各安産理 六曰毋作非僞."
37 유홍렬, 정형우 앞의 논문 참조.

결실을 거두기 위한 구상으로 볼 수 있다.

향촌의 교육에서도 각장이 주관하여 실시하며 관 내에 효孝·열烈·정행자貞行者가 있을 경우 관에 보고하여 본호를 급부給復(세금면제)시키며 간세자奸細者나 도적등사等事가 있을 경우 관에 보고하고 본호를 엄치嚴治할 뿐만 아니라 각장 자신도 논상피죄論賞被罪의 대상이 되게 하여 각급 조직 책임자를 제도적으로 규제하여 향촌정사를 운용하려 하였다. 향촌자치에 있어 각장 책임으로 방임해 버린 것이 아니라 관이 상벌로써 독려하여 태만을 방지하려는 운용책이었다. 목민관으로서 치정의 요법이 어중馭衆과 용인用人에 있으므로 향촌자치를 위해서는 향소나 면임을 적임자로 골라 이들로 하여금 촉매 역할을 하게 하여 소기의 성과를 기대하기도 하였다.

따라서 그는 이 향소나 면임들을 '보통 백성보다 다르게 대우하는 한편, 상으로 권면하고 형으로 징계해야 한다'고 한 바와 같이 각 조직의 장을 이러한 조종을 통하여 향정을 운용하려 했던 것이다.

이와 같이 순암은 광범한 향촌정사와 향촌자위를 위해 실정에 맞는 조직을 편성하고 각급 책임자의 주관 아래 유사시 전 조직이 동원되어 이를 처리하며 각장의 통제를 통한 지속적인 향촌자치가 이루어질 수 있도록 구상하였다. 그는 자기가 주장한 향촌조직체계에 대해,

> 이것은 곧 옛적 보갑법의 유제遺制로서 진실로 나라를 굳건히 하고 백성을 편안케 하는 요술이다. 일체의 교화와 일체의 정사가 모두 여기에 있는 것이니 만약 여씨향약 및 우리나라 선배인 퇴계·한강·율곡이 이미 행하였던 향약법의 규략規略을 참작하여 서로 비교 수행한다면 한 달 사이에 벌써 효과가 나타날 것이다.[38]

38 「향사법」. "右 卽古保甲法之遺制 而誠爲固國便民之要術也 一切教化 一切政事 皆寓于此 若參以呂氏鄕約及我朝先輩 退溪寒岡栗谷 皆有鄕約法條 已行之規略 相櫽括而遵行之則期

라고 확신까지 하였다.

5. 결론

이상에서 순암 안정복의 향사법을 중심으로 한 조선 후기 향촌자위론의 일단을 살펴보았다. 조선 후기에는 군사운용의 부실과 지방군의 작전체제 및 수령이 양병할 수 없는 처지 등으로 지방의 향촌은 매우 허소화되었으며, 지방향촌의 자체 방위력도 없는 상태였기 때문에 유사시 향촌방위는 매우 어려운 실정에 있었다. 이러한 현실에서 순암은 내우외환에 대처할 적극적인 향촌자위론을 구상하게 되었으니 종래의 향약법적 체제에 중국의 보갑법적 성격을 가미한 자위단적 향촌편제가 그것이다. 향촌 자체의 효과적인 방위책을 통해 향촌의 치안유지와 유사시 외적을 방어할 수 있는 자전자수적 기반을 구축하여 민생을 안정시키고 나아가 국방에 일익一翼이 되도록 강구하였다. 그가 구상한 향촌자위대책은 향촌조직을 자위단적 성격으로 바꾸고 조직 단위별 책임자의 주도 아래 전민재습의 훈련을 강화하며, 비상근무조를 운용하여 유사시에 대비하고, 각 편제별로 성격에 맞는 병기나 물건을 상시 비축하며, 향촌요해처에 성보를 수축하는 것 등이었다.

이러한 목적을 위해 향촌편제를 종래의 면－리－통 조직에서 향－사－갑－통제로 바꾸고 각기 향사・사정・갑장・통수의 책임자를 두어 이들의 주관 아래 인보단결적 형태로 향촌정사와 향촌자위를 운영케 하되 많은 권한을 위임받은 대신 차상급자의 지휘감독도 철저히 받게 하였다. 특히 유사시 조직 단위별로 전체가 동원되는 공동연대책임방위제의 채택이라든가 성보를 이용한 지

月之間 斯已有效矣."

연전 전개 및 선수후전 전략의 구상은 조선 후기 지역방위론에 있어서 그 계도적啓導的 의의를 부여하지 않을 수 없다.

순암의 향촌자위론은 조선 후기 실학자들의 농병일치적 양병책과 향촌자치 교화조직의 활성화를 통한 지역방어의 견해 등과 맥을 같이하며 나타나게 되었는데, 그의 구상은 다산의 『민보의』보다 대책이나 운용상에서 훨씬 미숙하고 초보적인 것이었으나 다산에 선행된 구상이었다는 점과, 종래 소극적 향촌치안 유지론에서 적극적 외침방위론까지 그 구상이 진전되었다는 데 특색이 있다.

안정복의 『대록지大麓誌』

김수태

1. 머리말

주지하다시피 읍지邑誌의 편찬은 조선 후기에 나타난 새로운 한 유행이었다. 조선 초기 이래로 중앙에서 총지統志로서 편찬되던 것과는 달리, 이제 각 지방에서 관찬官撰 혹은 사찬私撰에 의하여 많은 읍지가 편찬되는 경향이 나타난 것이다. 그러므로 이러한 당시의 읍지는 조선 후기 지방사회를 이해함에 있어서 그 중요성이 매우 크다고 하겠다.

그런데 조선 후기에 이와 같이 집중적으로 편찬된 읍지에 대하여는 전체의 성격을 개괄적으로 살핀 연구가 있지만[1] 그 밖의 경우 대부분 해제 정도의 설

1 조선 후기의 읍지에 대하여 집중적으로 연구하고 있는 양보경의 논문 중에서 그 대표적인 것을 들 수 있다. 양보경(1982), 「경상도읍지편찬의 추이」, 『한국지리지총서－읍지』 1, 아세

명[2]에 그치고 있는 것 같다. 그래서 읍지의 이용을 통하여 조선 후기 지방사회의 단면을 파악하는 데에는 아직까지 약간의 어려움을 주고 있는 실정이다.[3] 그러므로 각각의 읍지에 대한 보다 자세한 검토가 필요한 것으로 보인다.

따라서 본고에서는 조선 후기 지방의 읍지편찬 추이를 가장 잘 살펴볼 수 있는 것으로 생각되는 목천木川지방의 읍지를 분석의 대상으로 택하여 보았다. 그것은 목천지방에서처럼 40여 년 간에 걸쳐서 연속적으로 읍지가 편찬된 예를 다른 곳에서는 찾기가 드물며, 그 결과 한 지방에서의 읍지의 발달·변화과정을 잘 파악해 볼 수 있기 때문이다.

한편 이와 같이 목천지방에서 편찬된 읍지에는 조선 후기 대표적인 실학자의 한 사람인 안정복이 관여하고 있어 특히 관심을 끌었다. 일반적으로 안정복은 『동사강목』과 『열조통기』의 역사저술로 널리 알려져 있는데, 이 밖에도 그는 지지地誌 편찬에 대하여 그에 못지않은 관심을 가지고 있었다. 지지에 속하는 저술로서는 『동사강목』의 부록인 「지리고地理考」라든지, 본고에서 다룰 『대록지大麓誌』 그리고 『광릉지廣陵誌』·『광주부지廣州府誌』와 같은 읍지를 들 수 있다. 그런데 이러한 지지 관계 저술에 잘 나타나 있듯이 안정복에게 있어서 읍지 편찬에 대한 깊은 관심은 또 다른 하나의 특징적인 사실이라고 지적할 수 있을 것이다. 그러나 안정복의 이러한 모습은 지금까지 행해진 그에 대한 연구에서 제대로 부각되지 않았다.[4]

아문화사; 양보경(1983), 「전라도읍지에 대한 소고」, 『한국지리지총서－읍지』 4.

2 그러한 해제의 예로 다음의 논문들이 있다. 최영희(1973), 「與地圖書解題」; 김동수(1982), 「新增昇平志解題」, 『역사학연구』 9; 윤용혁(1981), 「조선후기 공주읍지의 편찬과 『公山誌(1859)』－지방읍지의 연구(I)」, 『공주사대논문집』 19.

3 물론 읍지의 부분적인 이용을 통하여 검토한 예를 찾아볼 수 있기는 하다. 특히 『대록지』를 이용하여 조선 후기 鄕權의 추이를 살핀 연구가 바로 그것이라 할 수 있다[김인걸(1981), 「조선후기 향권의 추이와 지배층동향－충청도 목천현사례－」, 『한국문화』 2].

4 안정복의 경우 지금까지 다른 실학자들보다 개별적인 연구가 적었던 것 같다. 그에 관한 연구에 있어서도 대체로 그의 역사저술에 집중되어 왔다고 할 수 있다. 그래서 그의 지지 편

그러므로 본고에서는 안정복이 목천 지방에서 편찬한 『대록지』를 중심으로 편찬동기, 편찬과정, 그리고 체재상의 특징을 포함한 『대록지』의 전반적인 성격 등에 대하여 살펴보고자 한다. 이러한 검토를 통하여 안정복과 조선 후기의 읍지에 대한 새로운 이해의 계기가 되었으면 한다.

2. 『대록지』의 편찬동기

안정복은 그의 말년인 정조 즉위년(1776) 목천현의 수령으로 부임하자마자 읍지를 새로이 편찬하고자 하였다. 그것은 당시 목천현에 소장되어 있던 구읍지에 대한 불만에서였다. 즉 안정복은

> 本縣所藏有邑誌 爲名者一卷 草木苟簡 無足考信 當職莅任之初 卽有志於釐正.[5]

라고 하여, 구읍지가 잘 만들어지지 못하여 그 내용을 믿을 수 없기 때문에 부임 후 곧 구읍지를 고치고자 하였던 것이다.

그런데 이때 안정복이 목천지방의 구읍지에 대하여 불만을 갖고 새로이 읍지를 편찬하고자 한 것은 평소 그가 가지고 있던 읍지에 대한 깊은 관심과 연결시켜 이해해 보아야 할 것으로 생각된다. 왜냐하면 그와 같은 불만이 안정복의 읍지에 대한 남다른 관심에서 비롯된 것이기 때문이다. 안정복의 읍지에 대

찬에 대하여는 강세구의 「地理考」에 대한 연구(「순암 안정복의 『동사강목』 「지리고」에 관한 일고찰」, 『역사학보』 112, 1986)만 찾아질 뿐, 읍지 편찬에 대한 관심은 전혀 주목받지 못하였던 것이다. 그 결과 안정복의 역사서술과 지지 편찬의 상호관계에 대한 이해는 제대로 이루어질 수 없었다.

5 『順庵全集』 1, 「木州政事」, 鄕校下帖, 1984.

한 관심은 그가 이가환에게 보낸 편지를 통하여 읍지의 중요성을 역설하고 있다든지,[6] 혹은 정자상에게 보낸 편지를 통해서 새로 편찬된 『강화지江華誌』에 대한 그의 의견을 밝히고 있는 점[7]등으로 미루어 볼 때 쉽게 짐작할 수 있다.

더욱이 안정복은 읍지에 대한 단순한 관심의 표명에만 그치지 않고, 실제로 일찍부터 읍지 편찬에 직접 참여한 일도 있었다. 그는 『대록지』 편찬 이전에 이미 『광릉지』와 『광주부지』를 편찬한 일이 있었던 것이다. 『광릉지』에 대하여는 자세히 살필 수 없지만,[8] 『광주부지』는 그의 나이 42세인 영조 29년(1753)에

> 癸酉夏留守李公 慨然于斯 以不佞爲士人 而習于故事 發書問之 委以撰述之役 不佞以非其人屢辭而不得遂屬筆.[9]

라고 하여, 광주유수廣州留守의 부탁을 받아서 편찬한 것이다.[10] 그러므로 안정복은 평소 그가 갖고 있던 읍지에 대한 관심, 그리고 그가 읍지 편찬에 직접 관여했던 경험을 바탕으로 이제 수령으로서 목천지방에서 새로이 읍지를 편찬하려고 했던 것이라고 할 수 있다.

그러면 안정복이 이와 같이 읍지 편찬에 대하여 남다른 관심을 갖게 된 것은 무엇 때문일까. 그 이유를 살펴보면 『대록지』의 편찬동기 또한 보다 구체

6 『順庵全集』 1, 「與李家煥書」. 이것은 특히 안정복의 읍지에 대한 견해를 살필 수 있는 중요한 글인데, 우리나라의 읍지 편찬에 대한 비판이 주목된다.

7 『順庵全集』 1, 「與鄭子尙別紙」.

8 이것은 현전하고 있지 않지만, 『下學指南』의 卷尾에서 『광릉지』 2권의 편찬 사실을 언급하고 있다.

9 『順庵全集』 1, 「廣州府誌序」.

10 그런데 안정복이 『광주부지』를 편찬할 때 "是書 雖欲詳而有不得詳者 雖欲實而有不得實者 此非余之罪也 勢使然也 (序)"라고 밝히고 있는 점으로 보아, 그의 의도대로 『광주부지』를 편찬하지 못한 어려움을 겪었던 것 같다.

적으로 드러날 것으로 보인다. 그것은 무엇보다도 안정복이 읍지의 중요성을 인식하고 있었기 때문이다. 따라서 안정복의 읍지에 대한 인식을 보다 자세히 검토할 필요가 있다

안정복은 "郡邑之誌 史之餘例也"[11]라고 하여, 읍지를 역사에 속하는 한 유형으로 파악한 다음, "郡邑之有志 源于國史"[12]라고 하여, 군읍의 지지地誌를 국사에서 유래하는 것으로 보았다. 그래서 안정복은

> 古者 列國各有史 後世郡邑之誌 卽其遺也.[13]

라고 하여, 옛날 열국에서 각기 국사를 편찬했던 것과 마찬가지로 군읍에서도 그 뜻을 이어받아 지지를 편찬한 것이라고 생각하였다. 즉 안정복은 읍지를 한 지방의 역사서로 파악하고 있는 것이다. 그래서 나라와 마찬가지로 군현에서도 각각 자기의 역사서로서 읍지를 편찬해야 된다고 생각한 것이다.[14]

한편 안정복은 이와 같이 각 지방의 역사서로서 편찬된 읍지를 통하여 읍에 대한 상세하고도 구체적인 지식을 가질 수 있다고 보았다. 왜냐하면 안정복은 읍지를 통하여

11 『順庵全集』 1, 「大麓誌序」.

12 『順庵全集』 1, 「廣州府誌序」.

13 『順庵全集』 1, 「木州政事」, 鄕校下帖.

14 읍지에 대한 안정복의 이러한 견해는 중국의 장학성과 비교될 수 있을 것이다. 청대에 활동한 역사가 장학성의 경우에도 지지를 역사서에 포함시켜, 지지 편찬에 그의 온 힘을 기울인 것으로 널리 알려져 있기 때문이다. 그런데 장학성(1736~1795)과 안정복(1712~1791)의 생존 연대를 비교해 볼 때 안정복이 활동한 시기가 장학성보다도 오히려 조금 빠르다는 사실은 주목된다. 왜냐하면 이것은 안정복의 읍지에 대한 인식이 어떠한 과정을 거쳐서 형성되었는가 하는 문제에 도움을 주는 한 단서가 될 수 있기 때문이다. 따라서 안정복의 이러한 읍지에 대한 견해는 좀 더 높이 평가되어야 하지 않을까 한다.

是以人物之賢愚 法制之沿革 山川之險易 道理之遠近 疆域之廣輪 靡得以考焉.[15]

라고 하여, 읍의 인물 · 법제 · 산천 · 도리 · 강역에 관한 사정을 알 수 있으며, 그 밖에도 "山川 · 疆域 · 民風 · 謠俗 · 法制沿革 · 人物賢愚 莫不周知"[16]라고 하여, 민풍 · 요속 등에 이르기까지 두루 알 수 있어 읍에 대하여 파악되지 않는 사실이 없다고 생각했기 때문이다.

그러므로 읍지를 통하여 이러한 사실들이 정확히 파악될 때, 읍지는 바로 "地誌盖有經國之謀"[17]라든지 "自此以後 列邑各有志 傳故實而垂後代 其有關於治道也"[18]라고 하여, 경국 · 치도에 직결된다고 보았던 것이다. 따라서 안정복은 이러한 읍지의 중요성을 깊이 인식하고 있었기 때문에 일찍부터 읍지 편찬에 남다른 관심을 보인 것이 아닐까 한다.[19]

그런데 이와 같이 읍지의 중요성을 인식하고 있던 안정복에게 있어서 그 당시 우리나라의 읍지는 커다란 불만의 대상이었다. 우리나라의 경우 안정복은

15 『順菴全集』 1, 「大麓誌序」.

16 『順菴全集』 1, 「木州政事」, 鄕校下帖.

17 『順菴全集』 1, 「與李家煥書」.

18 『順菴全集』 1, 「大麓誌序」.

19 한편 이러한 읍지의 중요성에 대한 안정복의 인식은 중국지지에 대한 그의 풍부한 지식과도 관련이 있는 것으로 보인다. 안정복은 『대록지』의 序라든지 『광주부지』의 序 등 여러 곳에서 중국지지에 대한 그의 이해를 밝히고 있다. 중국지지의 기원 · 발달에 대하여 언급하고 있는 그의 견해를 간단히 정리해 보면, 우선 안정복은 읍지의 기원이 周代에까지 소급되는 것으로 보고 있다. 이때의 읍지 편찬 역시 역사서로서 치국과 관련되어 이루어졌음을 강조하고 있다. 그래서 이후 이러한 읍지의 편찬이 후대에 이르기까지 끊이지 않고 계속되었는데, 특히 명대에 들어와서 『一統志』가 만들어지면서 더욱 발달 · 성행하였음을 말하고 있다. 그러므로 안정복의 우리나라 지지에 대한 비판은 이러한 중국지지에 대한 이해를 통해서 이루어졌다고도 할 수 있다.

至于大明 令各省有志 又摠之于上 而爲一統志 地誌之盛 於斯至矣 本朝因一統志之盛規 撰輿地勝覽一開卷.[20]

라고 하여, 중국의 영향을 받아서 통지인 『동국여지승람』이 만들어지기는 하였지만, 그 내용에 있어서 "東方輿地書 實多訛誤"[21]라고 하여 오류가 많았고 "而若勝覽等書 詩文過半 詩文果何益於經國乎"[22]라고 하여 시문이 내용의 과반을 차지하다 보니 경국·치도에 전혀 도움을 주지 못하였다고 비판하였다.

그러나 안정복에게 있어서 통지보다도 더 큰 불만은 바로 읍지에 대한 것이었다. 안정복은

至于皇明宣詔天下 令郡邑有志 令各省有志 總之于上 而爲一統志 法至善也 惜乎東方文獻無徵 惟有一部輿地勝覽 而疏略甚矣 此無繼之者 則古今之別 而遺佚多.[23]

라고 하여, 우리나라의 경우 중국과는 달리 처음에는 읍지를 전혀 찾아볼 수 없었다고 한다. 그래서 군현에 관계되는 사실은 오직 『동국여지승람』을 통해서만 일부를 알 수 있었을 뿐인데 그 내용의 소략함이 매우 심했다고 한다. 더욱이 그러한 기록조차도 계속되지 못하여 문제가 되었던 것이다.

이러한 까닭에 안정복은

撰輿地勝覽一開卷 而郡縣之事 載若列眉 自此以後 列邑各有志.[24]

20 『順庵全集』 1, 「大麓誌序」.
21 『順庵全集』 1, 「與李家煥書」.
22 위와 같음.
23 『順庵全集』 1, 「廣州府誌序」.
24 『順庵全集』 1, 「大麓誌序」.

라고 하여, 그 후에 비로소 각 읍에서 읍지를 만들기 시작하였지만 조선 후기에 이르러서도 "自餘域內 三百餘邑有志者少 而各道之有志 無聞焉"[25]라고 하여 그 수가 결코 많지 못했음을 지적하고 있다. 뿐만 아니라 통지와 마찬가지로 읍지의 내용에 있어서도 목천현의 구읍지에서 보여 주듯이 믿을 수 없어 불만이었던 것이다.

그래서 안정복은 당시의 이러한 상황 속에서 자신이 수령으로 부임한 목천현의 읍지를 이제 그의 의도대로 새로이 편찬함으로써 한 지방의 역사서인 읍지 편찬의 중요성을 강조하려고 했던 것이 아닐까 한다.[26] 또한

> 後來者 若繼此博考而修之 是亦與人爲善之意 而實一邑之幸也.[27]

라고 하여, 그 이후에도 읍지 편찬이 끊이지 않고 계속되기를 바랐던 것이다.

3.『대록지』의 편찬과정

안정복은 앞에서 언급한 것처럼 목천현에 수령으로 부임한 후 곧 새로운 읍지를 편찬하려고 하였으나 그것은 그의 뜻대로 빨리 이루어지지 못하였다. 왜냐하면 안정복은 목천현에 부임한 후

> 而喪戚疾病 無暇他事 而至于今 而一念未嘗忘也.[28]

25『順菴全集』1,「廣州府誌序」.

26 김인걸은 士族 회유의 필요성에서 안정복이『대록지』를 편찬한 것으로 보고 있다(앞의 논문, 109면 및 225면).

27『順菴全集』1,「大麓誌序」.

28『順菴全集』1,「木州政事」, 鄕校下帖.

라고 하여, 아파서 다른 일에 신경을 쓸 겨를이 없었기 때문에 읍지 편찬의 일을 뒤로 미룰 수밖에 없었다. 그래서 상당한 시일이 경과한 후인 정조 3년(1779) 정월에 이르러서야 비로소 시작할 수 있었다. 이러한 사실은 이때 안정복이 내린 「향교하첩」을 통해서 자세히 살펴볼 수 있다.

안정복은 새로이 읍지의 편찬을 위한 일차적인 작업으로서 먼저 광범위한 자료수집에 착수하였다. 그래서 안정복은 읍 중의 사족들에게 읍지 편찬의 중요성을 설명한 다음, 자료수집을 위하여

> 公家百事 自有官家文簿 可以考取 其他非廣 採則不可 故自錄于左方 依託採取 務盡詳悉 期于歲前.[29]

라고 하여, 이 해(1779)가 끝나기 전에 그가 작성한 목록에 따라 자세히 그 내용을 기록하여 제출해 주기를 바랐다. 당시 안정복이 기록할 것을 요구한 항목은 성씨姓氏·산천山川·학교學校·총묘塚墓·불우佛宇·누정樓亭·인물人物·고적古跡·잡사雜事·문한文翰 등이었다.[30]

이때 안정복이 자료를 요구한 항목을 보면 그는 구읍지를 참고·이용하였지만 그것과 완전히 다른 새로운 체재의 읍지를 편찬하려고 한 것으로 생각된다. 구읍지는 현전하지 않아서 그 자세한 모습은 알 수 없지만 대체로 『여지도서』의 부본으로 만들어진 것이 틀림없는데,[31] 이러한 구읍지의 항목 가운데 하나

29 위와 같음.

30 위와 같음. 이러한 각 편목에 대하여 어떠한 점을 각별히 기록해야 되는지를 아울러 언급하고 있다. 예를 들면 성씨의 경우 各面의 大姓과 그 本貫을 기록하여 줄 것을 요구하고 있다.

31 영조대 읍지의 경우 지방에서 독자적으로 그 이전의 읍지를 증보한 것도 있지만, 대체로 그 밖의 읍지들은 『여지도서』의 부분으로서 『여지도서』의 편찬과정에서 만들어진 것으로 보인다(양보경, 「전라도읍지에 대한 소고」, 17면). 그것은 구읍지 가운데에서 남아 있는 풍속항을 『여지도서』와 비교할 때 그대로 내용이 일치하고 있다는 점에서 확인된다고 하겠다.

인 풍속항風俗項은 안정복이 편찬한 『대록지』에도 그대로 반영되어 있는 것이다. 그러나 나머지의 경우 『여지도서』를 통해서 비교해 볼 때 총묘・잡사・문한・누정・학교 등의 항목은 새로이 첨가된 것으로 보이기 때문이다.

그런데 안정복에 의하여 『대록지』의 서序가 같은 해 중춘仲春 즉 6월에 쓰여진 것으로 보아 예정보다 빨리 자료수집 작업이 이루어진 것 같다.[32] 그러므로 적어도 약 6개월 동안의 자료수집을 끝내고 『대록지』의 편찬에 본격적으로 착수한 것으로 보인다.

한편 이러한 광범위한 자료수집 작업을 거친 후 『대록지』는 안정복에 의하여 필사筆寫・간행刊行의 여러 단계를 거치면서 그때마다 수정・보완 작업을 계속해 가며 만들어진 것으로 생각된다. 이러한 사실은 현선자료에 대한 면밀한 검토를 통하여 살펴볼 수 있을 것이다.

A－『목천현읍지』, 규장각도서 No.17382, 정조 3년(1779) 1권, 필사본筆寫本

B－『대록지』, 규장각도서 No.3259, 순조 17년(1817) 2권, 간본刊本

그런데 이들 두 자료에 대하여는 명칭에서부터 각 자료와 안정복의 관련, 이들 자료의 상호연관성 등에 대하여 현재 제대로 이해되고 있지 않은 실정이다.[33]

명칭은 A의 경우 『목천현읍지』라고 하면서도 책 속에는 『대록지』 하下라는 기록이 나오고 있으며, B의 경우에도 『대록지』라고 하면서도 간본 속에서는 『목천현읍지』라고 나오고 있다. 그러나 안정복의 서序에서 『대록지』로 나오고 있

32 『順庵全集』 1, 「大麓誌序」.

33 특히 A의 자료는 안정복과 관련해서 전혀 설명되고 있지 못하다(예컨대 김인걸, 앞의 논문, 168면). 그것은 규장각도서 해제에 나오는 설명을 의문 없이 그대로 따랐던 데에서 기인하는 것으로 보인다.

는 것으로 보아 본래의 명칭은 『대록지』였을 것으로 생각된다.

그리고 A와 B의 상호연관성이나 안정복의 관련 등은 이들 두 책의 체재라든지 내용을 비교해 봄으로써 보다 분명히 알 수 있을 것이다. 제일 먼저 제작된 것은 A의 필사본이다. 그런데 A는 편찬된 시기가 정조 3년(1779)이고, 사환조仕宦條에서 안정복의 재임 사실을 기록하고 있는 점으로 보아 안정복에 의하여 직접 만들어진 것으로 보인다. 그것은 B의 자료를 증보편찬되기 전의 안정복이 만든 간본 내용과 비교할 때 거의 일치하고 있다는 점에서도 그러하다.

A는 1권으로 상・하의 체재를 갖추고 있다. 그러나 하에서는 단지 보유만을 기록하고 있다든지, 인물의 항목에서도 심한 혼란을 주고 있는 점으로 보아 완전한 형태의 것은 아니라고 생각된다. 또한 안정복이 요구한 자료의 항목 중에서도 총묘・문한 등이 기록되어 있지 않다는 점에서 볼 때 처음의 계획과 달리 일단 수정을 거친 후 만들어진 것으로 보인다. 그러므로 A의 자료가 필사본이라는 점과 관련시켜 이해할 때 이것은 안정복에 의하여 간행을 위한 저본으로서 만들어진 것이 아닐까 한다.

따라서 안정복은 이러한 초고 성격의 필사본을 바탕으로 지속적인 간행작업을 추진하였다. 이러한 사실은 B에 실려 있는, 증보편찬 시 조국인趙國仁에 의하여 쓰여진 서序에 잘 나타나 있다.[34] 즉 안정복의 간본을 바탕으로 순조 17년 (1817) 조국인이 증보편찬한 것이 B라는 것이다. 그러므로 안정복에 의하여 처음 만들어진 간본은 현재 남아 있지 않지만, B에서 조국인에 의하여 증보편찬된 부분을 제외시켜 보면 그 대체적인 것을 짐작할 수 있다.[35]

B의 간본은 A의 필사본과 비교할 때 체재라든지 내용에 있어서 좀 더 완전

34 『순암전집』 3, 「증보대록지서」(조국인). 여기에서 조국인은 안정복이 간행한 예를 따라서 증보 편찬했음을 밝히고 있다. 그런데 안정복이 간행한 『대록지』의 제작 시기는 분명하지 않다. 그러나 대체로 필사본이 만들어진 같은 시기에 이루어졌던 것으로 보인다.

35 증보편찬된 부분은 증增・속續으로 구분하여 기록하고 있어 본래의 간본과는 쉽게 구분된다.

한 형태를 취하고 있다. 상·하의 구성은 일치하고 있지만 상 부분과 하 부분에 싣고 있는 항목은 각기 달리하고 있다. 즉 순서의 배열을 달리하고 체재를 정비하고 있는 셈이다. 그래서 상은 행정·경제·군사 등 목천현의 특성을 소개하고 있고, 하는 모두 인물에 관한 부분만을 싣고 있다.

한편 A의 필사본 이후에도 계속해서 수정작업이 이루어졌음은 A와 B 두 자료의 항목을 비교하면 쉽게 알 수 있다. 안정복의 자료제출 요구 시 있었던 항목 중에서 잡사는 고사故事로 바뀌게 되고, 비로소 총묘의 항목이 설정되었다. 또한 보유 부분은 없어지고, 지도라든가 군명이 새로이 만들어지고 과환科宦에서 수직壽職의 부분이 추가되고 있는 것이다. 그리고 기록의 내용을 전달함에 있어서도 필사본보다는 간본이 비교적 축약적이라고 할 수 있다.[36]

이와 같이 여러 단계를 거쳐서 완성된 안정복의 『대록지』는 B에 보이듯 1817년 조국인에 의하여 다시 증보편찬된다. 이때 조국인은 안정복의 『대록지』에 대하여, '一邑之良史'[37]라고 하여 크게 칭찬한 다음 항목에 대한 별다른 수정 없이 특히 인물 부분에 중점을 두어 증보편찬하였다. 그러므로 현전하는 목천지방의 읍지들은 『대록지』의 편찬과정을 잘 반영해 준다고 하겠다.

4. 『대록지』의 성격

무엇보다도 우선 『대록지』는 통지와의 관련성보다 개별 읍지로서의 성격이 아주 강하다는 사실을 들 수 있다. 통지인 『여지도서』의 부본으로 만들어졌던 목천지방의 구읍지와는 완전히 성격이 다르다. 통지와 비교를 통하여 그것을 보다 자세히 살펴보자.

---

36 예를 들면 道理나 面里를 설명할 때 가장 작은 단위 숫자는 탈락시키고 있다.

37 『順庵全集』 1, 「大麓誌序」.

조선시대의 대표적인 통지였던 『동국여지승람』과 『여지도서』를 『대록지』의 편목과 비교하여 표로 만들어 보면 다음과 같다.

大麓誌		輿地圖書	東國輿地勝覽
卷上	地圖	○	×
	郡命	×	○
	建置沿革	○	○
	官員	官職	○
	疆域附道里	○	×
	面里	○	×
	風俗	○	×
	形勝	×	×
	山川	○	○
	土產	物產	○
	進貢	○	×
	樓亭	×	○
	公廟	○	×
	校院附鄕塾	×	學校
	壇廟	○	祠廟
	田結	○	○
	倉穀	倉庫	×
	賦稅	○	×
	徭役	×	×
	廩俸	○	×
	軍器	×	×
	戶口	○	×
	軍額	軍兵	×
	堤堰 附川防	○	×
	驛院 附酒店	○	○
	橋梁	○	○
	壚市	×	×
	佛宇	寺刹	○
	古蹟	○	○
	古事	×	×
	題咏 附序記	×	○

卷下	邑先生案任官	×	×
	姓氏	○	○
	人物附寓居	○	○
	儒行	×	×
	文藝	×	×
	孝子	○	○
	烈女	○	×
	忠義	忠臣	×
	科宦	×	×
	文科	×	×
	司馬	×	×
	蔭仕	×	×
	武職	×	×
	壽職	×	×
	塚墓	×	×

위의 표에서 살펴볼 수 있는 것은『대록지』가 모든 면에서 통지보다 상세한 편목을 설정하고 있다는 사실이다. 조선 초기에 편찬된『동국여지승람』과 달리 경제 · 군사 · 행정적 측면이 강조되면서 [38] 좀 더 많은 편목을 갖추고 있는『여지도서』와 비교해 볼 때에도 나타나고 있다. 물론『여지도서』에서 강조된 편목들을『대록지』에서도 그대로 찾을 수 있어『대록지』가『여지도서』의 편목을 기본적으로 따른 측면이 있음을 알 수 있기는 하다. 그러나『대록지』는『여지도서』에서 찾아볼 수 없는 편목을 새로이 넣는 등『여지도서』보다도 더 세분화되고 상세한 편목을 마련하고 있기 때문이다. 그런데『대록지』에서 이와 같이 통지와 달리 상세한 편목을 설정한 것은 지방의 사정을 잘 설명해 줄 수 있는 지방의 역사서로서 읍지를 편찬하려고 한 본래의 목적에 충실하기 위함이 아닐까 한다.

38 양보경,「전라도읍지에 대한 소고」, 21면. 그래서『여지도서』는 세종대의 지리지에 좀 더 가깝다고 지적하고 있다.

한편 이렇게 통지와 비교해 볼 때 두드러지게 드러나는 특징은 통지보다 인물에 관한 부분을 매우 강조하고 있다는 점이다. 『대록지』의 경우 하편을 완전히 인물에 관한 부분으로 하여 별개의 체재를 만들고 있다. 그리고 통지에서 찾아볼 수 없는 임환任宦과 과환科宦에 대한 편목이 추가로 신설되고 있다든지, 인물에 관한 편목 내에서도 또한 세분화되고 있는 것이다.

『대록지』에서 나타나고 있는 이러한 특징은 조선 후기에 들어와서 만들어지기 시작한 지방 읍지들이 가지고 있는 추세를 반영하고 있다고 할 수 있다. 당시 지방에서 편찬된 읍지들이 각자의 필요성에 따라 강조한 부분이 다르기 때문에 일률적으로 『대록지』와 비교해 보기는 어렵다. 그러나 16세기 이래로 많이 만들어진 읍지들은 대체로 인물에 대한 부분을 좀 더 세분하여 상세히 기록하고 있는 것이다.[39] 그런데 18세기에 편찬된 『대록지』의 경우 그러한 추세를 반영하고 있다고 하더라도 항목이라든지 체재의 면에서 좀 더 정제되어 가고 있음을 알 수 있다. 명환名宦 대신에 읍선생안邑先生案이 마련되고 있고, 과환의 경우 생원生員·진사進士를 탈락시키고 수직壽職을 새로이 넣는다든지, 인물의 편목 내에서도 유행儒行·문예·충의를 기록하고 있는 점 등이 그러하다.[40] 더욱이 『대록지』의 인물기록에서 나타나고 있는 이러한 변화는 그 이후의 읍지에 계승되고 있는 것이다.[41] 그러므로 『대록지』는 18세기 읍지 편찬의 추이를 잘 파악할 수 있는 모범적인 읍지라고도 할 수 있다.[42]

이와 같이 『대록지』는 통지와의 관련성에서 살펴볼 때 독자성이 강한 점으로 보아 뚜렷이 개별 읍지로서의 성격을 가지고 있다고 하겠다. 그 결과 모든 부분에 걸쳐서 내용이 상세하고 풍부해졌으며,[43] 호구戶口나 전결조田結條 등에

39 위의 논문, 13~21면.
40 『龍城誌』 및 『玉川郡誌』를 『대록지』와 비교해 보면 쉽게 알 수 있다.
41 정조대에 만들어진 『順天府邑誌』를 보면 잘 나타나 있다.
42 『순암전집』 3, 「목천현지 해제」(이우성), 3면.
43 편목만이 아니라 내용에 있어서도 상세·풍부함을 강조하고 있음은 안정복이 "淸人盛京通

서는 변동사항까지 기록하여[44] 변화를 파악할 수 있도록 하여 조선 후기 향촌사회의 모습을 잘 반영해 주게 되었다.

다음으로 들 수 있는 『대록지』의 성격은 이 읍지가 사찬읍지私撰邑誌의 특징을 가지고 있다는 점이다. 즉 국가의 명령에 의하여 작성된 것이 아니라 지방의 수령이 중심이 되어 재지사족在地士族과의 협력 속에서 독자적으로 이루어졌다는 점이다. 안정복이 자료수집 시 사족들의 협력을 요청했다는 사실이라든지, 유몽인의 6세손이 안정복의 읍지 편찬에 관한 시를 올려 언급하고 있는 점[45]에서 이러한 사실을 엿볼 수 있다.

그러나 『대록지』 권하에 실린 인물에 관한 부분을 상세히 살펴봄으로써 사찬읍지로서의 성격을 분명하게 알 수 있을 것이다. 여기에서 제일 먼저 임관任官을 마련하고 있는데, 이것은 읍선생안邑先生案으로 명종 이후 목천에 부임한 수령들의 재임 사실을 모두 기록하고 있다. 이것은 향촌사회를 다스림에 있어서 수령이 중심이 된다는 사실을 강조하기 때문이 아닐까 한다. 한편으로 성씨・인물・과환조를 보면 인물과 과환에서 서로 중복되어 나타나는 사람이 많기는 하지만,[46] 대부분 저명한 가문에 속하는 사람을 기록하고 있어 향촌사회에 있어서 수령 못지않게 재지사족의 역할이 중요함을 강조한 것으로 보인다.

그런데 읍지 편찬이 이와 같이 관찬이 아니라 사찬으로 수령과 재지사족에

志 凡二十卷 想在閣中矣 此書規模 亦好試閱之如何 物産亦有土者之所詳知 而勝覽只錄其俗名 而亦多遺漏 魚之美者 無過於度美魚 而勝覽不載至如目魚・明太魚・蔑魚之屬 皆亦之何也 盛京志則鳥獸蟲魚穀菜花果草木之類 莫不注其形貌 及所出時節 一見可知其爲某物 此不善哉"라고 말한 데에서도 알 수 있다.

44 田結條는 1669년(현종 10년), 1719년(숙종 45년), 1769년(영조 45년)과 1778년(정조 2년)의 기준 근거를 명시하고 있고, 戶口條도 1768년(영조 44년)과 1777년(정조 1년)의 기준근거를 명시하고 있어 시간의 흐름에 따른 전결수와 호구수의 변화를 파악하는 데에 도움을 주고 있다.

45 『대록지』, 文藝條.

46 인물의 편목에서 세분되고 있는 유행・문예・효자・충의 등에 기록되는 사람들은 과환에 나오는 사람들과 많이 겹치고 있다.

의하여 주도되었다는 것은 무엇을 의미하는 것일까. 그것은 그 당시 향촌사회의 상황과 관련시켜 이해해야 할 것이다. 『대록지』에서 드러내고 있는 목천지방의 실정은 크게 악화되고 있었다. 당시 목천의 상황은 양정 확보의 어려움이나 모칭유학冒稱儒學의 만연에서 드러나는 신분질서의 문란,[47] 수많은 기민饑民의 발생과 호구의 감소 및 인구의 이동[48] 등으로 말미암아 향촌사회의 안정을 불가능하게 만들고 있었다.[49]

따라서 이러한 상황에 대하여 어떠한 방식으로든지 대처할 필요를 안정복은 느끼지 않았을까. 그 결과 안정복은 읍지 편찬을 통하여 지방의 실정을 정확히 파악하고, 또한 그러한 상황을 개선시키기 위하여[50] 수령과 재지사족의 협력과 역할을 강조하려고 한 것이 아닐까 한다. 즉 안정복은 이러한 노력을 통하여 향촌사회의 질서를 회복하려고 했던 것으로 생각된다.[51]

5. 맺음말

이상에서 안정복의 『대록지』를 중심으로 편찬동기와 편찬과정 그리고 그 성

47 『대록지』, 軍額條.

48 『대록지』, 호구조 및 『순암전집』 1, 「순암선생연보」.

49 이 당시 목천현의 상황에 대하여는 김인걸의 상세한 연구가 있다(앞의 논문, 224~225면).

50 사실 목천지방은 안정복에게 있어서 매우 의미 있는 곳이기도 하다. 왜냐하면 그는 이곳에서 여러 가지로 의욕적인 개혁을 실시하려고 했던 것 같기 때문이다. 그가 목천지방에서 보인 활발한 움직임－防役所의 설치, 鄕約의 勸行, 司馬所의 부설 등－은 그것을 잘 말하여 준다. 그러므로 안정복이 목천지방에서 실시하려고 했던 여러 정책들 또한 당시 향촌사회의 상황을 개선해 보려는 그의 의도에서 나왔다고 할 수 있다.

51 그런데 안정복이 향약 실시를 통하여 '正風俗·敦教化'하려고 한 점이나, 인물 편목에서 유교적인 항목을 더욱 세분화시킨 점 등을 볼 때 이때 유교적인 측면을 특히 강조한 것이 아닐까 싶다.

격 등에 대하여 알아보았다. 그 대강을 요약하여 맺음말에 대신하고자 한다.

안정복이 목천현에 부임하자마자 읍지를 새로이 편찬하고자 한 것은 그가 갖고 있던 읍지에 대한 남다른 관심의 결과였다. 안정복은 읍지란 국사에서 유래하는 것으로, 국가와 마찬가지로 군현에서도 자기의 역사서로서 읍지를 편찬해야 된다고 생각한 것이다. 그것은 읍지를 통하여 읍에 대한 상세한 지식을 가질 수 있을 때 바로 경국·치도에 도움이 된다고 보았기 때문이다.

그런데 당시 우리나라의 읍지는 그에게 있어 커다란 불만이었다. 통지와 마찬가지로 내용이 소략하였으며 또한 오류가 많아서 믿을 수 없었던 것이다. 뿐만 아니라 조선 후기에 이르러서도 읍지가 있는 곳이 결코 많지 않았기 때문이다. 따라서 안정복은 자신이 수령으로 부임한 목천현의 읍지를 이제 그의 의도대로 새로이 편찬함으로써 한 지방의 역사서인 읍지 편찬의 중요성을 강조하려고 했던 것이 아닐까 한다.

그러나 안정복의 『대록지』 편찬은 부임 후 상당한 시간이 경과한 뒤인 정조 3년(1779)에 시작되었다. 이때 그는 먼저 광범위한 자료수집을 하였는데, 약 6개월의 시간이 걸렸던 것 같다. 이후 『대록지』는 안정복에 의하여 필사·간행의 단계를 거치면서, 그때마다 이루어진 수정·보완 작업과 함께 만들어진 것으로 보인다. 이러한 사실은 현전하는 목천지방의 읍지들이 잘 반영해 주고 있다. 그러므로 『대록지』는 읍지의 발달·변화 과정을 잘 파악할 수 있는 모범적인 읍지라고 할 수 있다.

이러한 단계를 거쳐서 만들어진 『대록지』는 우선 개별 읍지의 성격을 강하게 지니고 있음을 지적할 수 있다. 그것은 『대록지』가 통지보다 상세한 편목을 설정하고 있는 데에서 잘 알 수 있다. 그 결과 모든 부분에 걸쳐서 내용이 풍부·상세해졌으며, 더욱이 변화까지를 파악할 수 있도록 하여 조선 후기 향촌사회의 모습을 잘 반영해 주고 있다.

다음으로 『대록지』가 국가의 명령에 의하여 작성된 것이 아니라 수령이 중심이 되어 사족과의 협력 속에서 만들어진 사찬읍지의 성격을 지니고 있다는 점을 들 수 있다. 이것은 『대록지』에서 통지와 달리 임관과 과환에 대한 편목을 새로이 마련하고 있다는 점과 관련시켜 볼 때 주목된다. 왜냐하면 당시 향촌사회의 안정이 불가능한 목천지방의 상황에서 수령과 재지사족의 역할과 협력을 강조하려 했다고 생각되기 때문이다. 즉 안정복은 이러한 노력을 통하여 향촌사회의 질서를 회복하려고 했던 것이다.

순암 안정복의 사회사상

민에 대한 인식을 중심으로

한상권

1. 머리말

사회사상[1]에 대한 연구는 자기 시대의 사회모순을 어떻게 인식하였으며 그 모순을 어떠한 세력을 주체로 하여 어떠한 방법과 방향성을 지향하며 해결하려 하였는가를 규명하는 것이 과제가 된다. 이를 위하여 본고에서는 사회사상을 파악하는 기축을 '민에 대한 인식의 시각'에 설정하였다.

'민'이라 함은 이를 광의의 개념으로 파악할 때에는 당시 사회에 존재하는 모든 신분을 통칭하는 용어가 된다. 이러한 의미의 민으로는 조선 후기에는 양

1 본고에서는 '사회사상'이라는 개념을 '사회모순을 인식하는 시각과 이를 해결하는 방법 및 해결 방향 등에 대한 사유체계'라는 의미로 사용하고자 한다.

반·중인·양인·천민 등이 있었다. 순암順菴이 향사적鄕社籍 작성 대상자로서 사족·품관 등의 양반, 중서中庶·서인재관庶人在官 등의 중인, 양민·공사천公私賤·공장工匠·상고商賈·승니僧尼·화사化士·창우倡優·무격巫覡 등의 평천민을 민으로 열거한 것이 이를 잘 말해 준다.[2] 반면에 민은 협의의 개념으로 사용되기도 하였다. 이때에는 평·천민만을 지칭하는 것이 된다. 순암이 수령으로 하여금 소지所志·백활白活과 같은 민소民訴를 중요시할 것을 당부하는 내용에서 사용한 민의 개념이 여기에 해당한다.

> 소지所志는 제출되는 즉시 받아들인다. (우리나라에서는 민의 정황을 소지라 한다). 민으로 하여금 반드시 직접 관전官前에 나와서 정첩呈牒하도록 한다.[3]

관아에 직접 나와서 소지를 바치는 민은 평·천민에 해당한다고 보아야 할 것이다. 본고에서 사회사상 파악을 기축으로 삼고자 하는 민은 후자의 협의의 개념이다. 이들은 양반과 함께 통칭될 때에는 대소민·반상이라 하였으며 관속과 함께 호칭될 때에는 이민吏民이라 불렀다. 독자적으로 쓰일 때에는 하인·소민·인민·상한·상민·백성·평민 등 다양하게 표기되었다.[4]

이들 민은 중세사회에서는 정치적으로 통치 대상인 피통치자였으며 신분적으로 가장 하위에 있는 피지배층이었으며 경제적으로 각종 생산활동을 담당하는 직접 생산자층이었다. 이들은 계급적 관점에서 보면 피지배계급에 속하였

---

2 『臨官政要』, 附錄, 「鄕社法」.

3 『臨官政要』, 「時措」, 詞訟章.

4 가장 많이 쓰이는 용어는 民·下人·常漢·常民 등이다. 백성으로 쓰인 예는 『臨官政要』, 「時措」, 御吏章의 "待官屬待百姓切勿先事憤疾", 用財章의 "剝害百姓" 등이 있다. 平民으로 쓰인 예는 『頤齋續稿』 권4, 「木川西面秣院洞約案序」의 "有以平民恃强而凌僭者 士夫而守士夫之道 平民而守平民之道"가 있다.

다. 그러나 이들은 생산활동의 담당 주체로서 역사발전의 원동력이었다. 따라서 이들 민의 사회적 존재 형태는 역사발전의 단계를 지시하는 지표라고 할 수 있다. 이러한 점에서 볼 때 민에 대한 인식을 기축으로 하여 사회사상의 성격을 규정하려는 시도는 설득력을 지닐 수 있으리라 본다.

본고에서는 순암을 대상으로 하여 그의 민에 대한 인식을 분석하고자 한다. 순암을 연구의 대상으로 삼은 이유는 그가 향촌의 사회문제에 대하여 체계적인 견해를 지닌 사상가일 뿐만 아니라 목민관으로 부임하여 지방행정을 수행한 경력이 있는 실천가라는 점 때문이다. 그의 사회사상이 당시의 사회현실과 밀접한 관련을 맺으면서 형성된 것인 만큼 사실성이 높을 것이라고 판단하였다. 실제로 사회문제와 관련된 그의 저술들을 읽어 보면 사회 실정이 풍부하게 반영된 독창성 높은 것임을 알 수 있다.

순암의 생애를 크게 4시기로 나누어 그의 사상을 이해해 보고자 한다.[5] 1기(1712~1754)는 그의 나이 43세까지의 시기로서 수학기인 동시에 초기사환기이다. 2기(1755~1771)는 60세까지의 시기로서 향촌에 복거하면서 저술활동에 몰두하였다. 그의 사상체계는 이 시기에 거의 완성된다. 3기(1772~1779)는 그의 나이 68세가 되는 시기까지이다. 1772년부터 1775년 사이에 병조판서 채제공의 추천으로 당시 동궁으로 있던 정조의 서연書筵에 두 차례 입참入參하였다. 이를 계기로 정조의 지우知遇를 받아 1776년부터 1779년까지 목천현감을 역임하였다. 4기(1780~1791)는 80세의 말년까지로서 향리에 은퇴하여 서학西學의 배척에 주력하였다.

본고에서는 2기에 보이는 그의 사회사상을 주요 분석의 대상으로 삼았다. 이 시기는 그가 향촌에 반거하면서 사회사상을 이론적으로 구상하였던 시절이었다. 따라서 그의 사회사상이 지니는 성격을 보다 분명히 이해하기 위하여서는 그것이 당시의 사회현실과 어떠한 관련이 있었는가 하는 점이 함께 고려의

---

5 『順菴先生文集』 중 「順菴先生年譜」에 의거하여 구분하였다.

대상이 되어야만 할 것이다. 순암이 살던 시기인 18세기 중·후반은 중세 사회가 동요를 일으키면서 사회적 모순과 경제적 모순이 첨예한 형태로 표출되고 있었으며, 동시에 이러한 움직임을 주도하는 민이 역사의 주체세력으로서 사회 전면에 부상하고 있었다. 이러한 역사적 현실에 직면하여 순암은 자기 시대의 모순을 어떻게 인식하였으며 어떠한 세력을 주축으로 하여 이를 어떠한 방향으로 해결해 나아가려 하였는지 본고에서는 이런 점들을 밝히고자 한다.[6]

2. 사회문제에 대한 인식

1754년(영조 30) 부친 참판공의 상을 당하여 광주廣州 덕곡리德谷里에 낙향하게 된 것을 계기로 하여 순암은 이후 거의 20년 간 조양造養과 저술에 전념하였다. 그는 향리에 우거하면서 향촌의 사회문제와 동국 역사에 대한 자신의 평소 관심을 체계화하는 작업을 본격적으로 시작하였다. 그의 향촌 사회관은 동약洞約과 목민서牧民書로, 동국 역사관은 『동사강목東史綱目』과 『열조통기列朝通紀』의 저술로 정리되었다. 이로 볼 때 순암은 사회사상가인 동시에 역사가였다. 그럼에도 지금까지의 순암 연구는 후자의 측면만 부각시켰을 뿐 전자의 측면에 대하여서는 거의 주목하지 못하였다. 순암의 사상을 종합적으로 파악하기 위하여서는 이들 양측면이 지니는 상호 보완관계를 염두에 두면서 연구가 이루어져야만 할 것이다.[7]

순암이 작성한 동약은 『광주부경안면이리동약廣州府慶安面二里洞約』으로서[8] 그

---

6 본고를 작성하는 데 다음의 연구에서 많은 시사를 받았다. 金仁杰(1981), 「조선후기 鄕權의 추이와 지배층 동향－충청도목천현사례－」, 『한국문화』 2; 安秉旭(1981), 「조선후기 民隱의 一端과 민의 동향－正祖代應旨民隱疏를 중심으로－」, 『한국문화』 2.

7 이러한 문제제기를 하였음에도 본고에서는 그의 사적에 대한 검토를 하지 못하였다. 이 점이 본고가 지니는 중대한 결함이다.

의 나이 45세 되는 해인 1756년(영조 32)에 입약立約하였으며 1765년(영조 41)에 중수重修하였다. 이듬해에는 목민서인 『임관정요』를 탈고하였다. 그는 일찍이 목민서 저술에 뜻을 지녀 27세 되는 해(1738년, 영조 14)에 『치현보治縣譜』라는 초고를 작성하였다. 이후로 약 20년 간 초고에 증산增刪을 가하여 1757년(영조 33)에 『임관정요』를 완성시켰다. 이는 순암이 일찍부터 향촌 사회 통치문제에 대하여 깊은 관심을 보이고 있었으며 이러한 문제의식을 이후에도 계속 견지하여 왔음을 보여 주는 것이다. 뿐만 아니라 『임관정요』는 『동사강목』과 함께 당시에 순암의 가장 대표적인 저술로 공인받고 있었다.[9] 따라서 그의 사회사상은 역사관 못지않게 많은 이들에게 주목을 받고 있었음을 알 수 있다.

그런데 『이리동약二里洞約』과 『임관정요』는 1년 간격으로 작성되었다. 이는 이들 양 저술 사이에 상호 밀접한 연관성이 있음을 암시하는 것이다. 다른 목민서와는 달리 『임관정요』에서는 향촌 통치에 있어서 동약을 활용할 것을 눈에 띄게 강조하고 있는 점을 통하여서도 이를 확인할 수 있다.

순암의 사회사상 체계에서 볼 때 『임관정요』가 향촌 사회 전반 문제에 대한 통치론을 피력한 저술이라고 한다면 『이리동약』은 이러한 통치이념을 실현시킬 수 있는 구체적인 방안으로서 제시된 것이었다. 순암은 동약 실시를 통하여 당시 향촌의 사회문제를 해결할 수 있다고 인식하였으며, 자신이 목민관으로 부임한 이후에는 이와 같은 생각을 적극적으로 실천에 옮겼다.[10]

이런 관점에서 『이리동약』과 『임관정요』를 분석함으로써 순암의 향촌 사회 문제에 대한 인식의 핵심에 이를 수 있다고 하겠다.

---

8 『순암선생문집』 권15, 잡저에 수록되어 있다. 이하 「二里洞約」으로 약칭하며 수록처 명기는 생략하겠다.

9 黃胤錫, 『頤齋集』 卷6, 「跋安侯鼎福大麓志」[1779년 10월]. "不佞舊艷安矦名聞 其著述甚富如東史綱目臨官政要者 已爲世所稱." 『臨官政要』는 여러 판본이 현전한다. 본고에서는 驪江出版社에서 간행한 『순암문집』 제3책에 수록된 『臨官政要』를 대본으로 하였다.

10 『順菴先生文集』 卷16, 「木州政事」, 到任初諭各面文; 諭各面結洞文.

1) 교화론

순암의 위정관은 애민 이념의 실현에 있다. 그는 애민・편민便民을 실현하는 것을 통치론의 중심과제로 삼았다.[11] 그의 사회사상은 이러한 이념을 실현하기 위한 방안을 모색하는 과정에서 구축된 것이었다. 순암의 목천현 정사를 평한 이재 황윤석의 글에서 이러한 점을 확인할 수 있다.

> 또 내가 듣건대 전구관前舊官인 안정복은 진실로 애민하기를 갓난아기를 돌보듯이 하였다고 한다. 애민이 지나쳐서 이로 인하여 위의가 없는 지경에까지 이르게 되었으며 민습이 교만하게 되었다.[12]

순암의 목천현 치정은 애민정신의 실현으로 일관하였다는 지적이다. 『임관정요』 「시조時措」 지신장持身章에서 '애민이혁폐정위수愛民以革弊政爲首'라고 지적한 바와 같이 그는 폐정의 혁파가 애민의 이념을 실현하는 첩경이라고 인식하였다. 그가 지칭하는 '혁폐정革弊政'이란 물론 목전의 민막民瘼을 일시적으로 무마하는 임시적인 미봉책을 의미하는 것이 아니라 좀 더 근본적인 제도개혁 내지는 운영상의 개선을 뜻하는 것이었다.[13] 따라서 혁폐정론에 대한 분석은 애민관의 구체적인 실상, 더 나아가서는 그의 사상이 지향하고자 하는 사회체제를 파악하는 관건이 된다. 이에 대하여서는 2)절에서 언급하기로 하고 여기서

---

11 『臨官政要』, 「時措」, 臨民章. "爲政者 當以不忍人之心 行不忍人之政 如保赤子 雖不中不遠矣", "古人言治不過曰愛民".

12 『頤齋亂稿』, 己亥(1779) 9월 3일. 頤齋 黃胤錫은 순암이 1779년 6월에 遞歸한 이후 柳漢奎에 이어서 1779년 10월에 木川縣監으로 부임하였다가 1780년 6월에 貶歸하였다. 그의 木川縣治政은 『이재난고』에 수록되어 있으며 이 책은 延世大學校 國學硏究院에 소장되어 있다.

13 『臨官政要』, 「時措」, 臨民章. "古人言 治不過曰愛民 愛民有多般 目前之害 雖不可不救 而當思永遠之圖 煦煦小仁 不足爲惠 且愛之過而慢不從令 亦非愛也."

는 그의 혁폐정론이 교화론과 밀접한 관련을 맺으면서 제기되고 있다는 점을 우선 지적하고자 한다. 순암은 교화가 실현되기 위하여서는 먼저 민폐가 제거되어야 한다고 주장하였다. 해정害政의 혁파 없이는 교화도 이루어질 수 없다는 것이다.[14]

순암에게 있어서 교화는 위정의 요체였다.

> 대저 위정지본爲政之本은 오로지 돈교화敦敎化・정명분正名分에 있다. 이 두 가지가 행하여지면 소소한 절목은 스스로 실마리를 얻어 다스림에 어려움이 없게 된다.[15]

정치가 행해지기 위해서는 먼저 교화가 돈독해지고 명분의 확립이 이루어져야만 한다는 주장이다. 당시 사회를 받쳐 주는 이념이 지배력을 상실하게 되면 사회질서의 유지는 불가능해지며, 따라서 정치도 제대로 행하여지기 힘들다고 파악한 것이다.

이러한 점에 비추어 볼 때 순암이 목도한 당시의 실정은 만족할 만한 것이 못되었다. 그는 『이리동약』을 작성하면서 광주의 실정을 다음과 같이 토로하였다.

> 수십 년 이래로 오동吾洞의 풍속이 두패斁敗하여져서 호향지난언互鄕之難言이라는 분위기가 형성되었다. 활임猾任・완교배頑校輩 들은 관권을 빙자하여 자횡恣橫하니 어찌 민이 곤궁하고 습속이 투박渝薄하여지지 않을 수 있겠는가.[16]

---

14 「二里洞約」, 論下契文. "洞中爲民弊者盡除之 今日所欲爲者 只是去惡爲善而已."

15 『順菴先生文集』 卷16, 「木州政事」, 到任初諭各面文.

16 『順菴先生文集』 卷18, 「慶安二里洞約序 丙子」(1756년).

풍속은 날로 퇴미하여 가고 간리奸吏들은 횡행하며 '민궁속투民窮俗渝'한 것이 당시의 현실이라는 것이다. 이러한 문제에 직면하여 그는 다음과 같은 해결책을 모색하였다.

> 대저 법을 만들고 사람을 이끌기 위하여서는 먼저 민심이 순해야 한다. 민심이 불순함은 항상 해정害政에서 말미암는 것이다. 지금 동중에서 민해民害가 되는 것들을 철저히 제거하여 민심이 귀의하는 바가 있게 되면 이러한 연후에 교화도 또한 가히 행하여질 수 있는 것이다.[17]

먼저 민폐를 혁파하여 순민심順民心을 이루고 이를 바탕으로 교화를 실행한다는 내용이다.

이로 볼 때 순암의 위정관은 제일 먼저 폐정을 혁파하여 민산民産을 확보하고 민궁民窮을 해결한 연후에 교화를 행하여 민심을 순치하며 그래도 위범자가 발생할 시에는 이들을 형정을 통하여 다스린다고 하는 내용으로 이루어져 있다고 할 수 있다.[18] 다시 말하면 혁폐정론이 교화론의 전제가 된다는 것이다. 순암이 『이리동약』을 작성하면서 사창론社倉論을 부설한 것, 목천현감으로 부임하면서 향청에 하첩下帖을 내려 관폐와 민폐를 신속히 치보馳報하도록 한 것, 동약의 결성을 효유曉諭하면서 방역소防役所를 창설하여 양자를 상호 연결시켜 운영할 수 있도록 한 점 등은 모두 이와 같은 위정관에서 도출된 조치들이었다.

이상 교화와 폐정의 관계에 대하여 살펴보았다. 이제 교화와 형정의 관계에 관하여 살펴보도록 하겠다.

순암은 교화와 형정을 체體와 용用의 관계로 이해하였다. 교화가 본本이 되고

---

17 위와 같은 조.

18 위와 같은 조. "遂革弊政敦教化申禁令明勸懲 遵此而行 不我矛而爾盾 其亦有補我聖上化理之一端矣."

형정은 말末이 되는 것이다. 따라서 교화가 전제되지 않은 형정은 그에게 있어서는 무의미하였다. "정령이 밝고 형법이 엄해야 한다. 만약 교화에만 힘쓰면 민심이 옛과 같지 않아서 홍행興行하기 어렵다"라고 하면서 형법의 필요성을 강조하는 당시 유자들의 주장을 순암은 다음과 같이 논박하였다.

> 이 말은 그럴듯하나 사실은 틀린 주장이다. 왜냐하면 교화敎化와 정형政刑은 본래 이사二事가 아니기 때문이다. 교화는 체體이고 정형은 용用이다. 용이 가행可行한데 체가 불가행不可行한 이치는 천하에 없다. 단지 용만 행하고 체를 행하지 않으면 민은 외모로만 따를 뿐이요 진심으로 따르지 않으며, 민이 복종하는 것은 위엄 때문이며 덕치 때문인 것은 아니다. 이러한 까닭에 다스림에 있어서는 반드시 교화를 우선해야 한다.[19]

형법만을 강조하는 법치주의적인 통치론은 교화와 정령政令이 체와 용의 관계에 있다는 것을 이해하지 못한 데서 발상된 오류라는 것이다. 그는 '고금이의古今異宜'를 내세우며 형벌의 필요성을 강조하는 동료 유자들의 주장을 논박하고 유교의 전통적인 통치이념인 '선교화후형정론先敎化後刑政論'이 당시에도 적용될 수 있다는 입장을 피력하였다. 이렇게 볼 때에 교화는 필수불가결한 것으로서 그의 사회사상의 핵심이 된다. 따라서 교화를 실현하기 위한 방법이 문제시되지 않을 수 없다.

순암이 제시한 교화의 실현 방법은 향약과 동약의 시행이었다. "교화지정敎化之政의 요체는 수령 일신에 있으나 그 법은 향약으로부터 시작한다"라고[20] 한 지적이나 "홍학교興學校는 교화의 선무先務가 된다. 그런데 동리의 향약이 이루어지면 학교가 가히 홍하여질 수 있다"라고[21] 언급한 것에서 그가 향약과 동약

19 『臨官政要』, 「時措」, 敎化章.
20 위와 같음.

을 대단히 중시하였음을 엿볼 수 있다. 향약과 동약은 동일 성격의 것으로서 다만 이를 실시하는 지역의 규모에서 차이가 날 뿐이었다. 순암은 양자 중 동약이 좀 더 시행 가능성이 높다고 보았다.[22]

이상 순암은 교화를 위정의 본으로 인식하였으며 동약의 실시를 통하여 교화가 달성될 수 있다는 견해를 지니고 있었다. 따라서 동약의 실시는 향촌 사회를 효과적으로 통치하기 위한 선행 작업이 된다.

> 일체의 정교는 반드시 동약이 행하여지는 것을 기다린 후에야 가히 쉽게 이루어질 수 있다. 목민관으로 부임한 후 동리에 동약의 유·무를 순문詢問하여 거약居約이 있으면 동헌洞憲을 수합하여 약조約條가 미비한 것은 이정釐正하고 폐정 중 제거되지 못한 것은 성혁省革한다. 본동에 거하는 사족과 더불어 상의하여 민심에 순하도록 힘쓴다. 동약이 없을 경우에는 약조를 설립하여 행하도록 권장한다.[23]

모든 정사를 행함에 있어서 동약이 중심적인 위치를 차지하므로 목민관은 이를 수학하는 데 전력을 기울여야만 한다는 내용이다.

따라서 『이리동약』에 나타난 하민관과 양반관에 대한 분석을 통하여 순암이 추구하고자 하는 교화의 구체적인 내용과 성격을 도출하여 볼 수 있는 것이다.

21 위와 같음.

22 「二里洞約」, 呂氏鄕約附條. "然而鄕與洞有大小之分 此爲洞約設 故其條不廣 若欲推行鄕約 亦當依此而廣之耳." 그가 향약보다는 작은 지역 규모인 동약의 실시 가능성이 높다고 인식한 것은 사족들의 향촌사회 지배력의 약화를 반영한 것으로 보인다.

23 『臨官政要』, 「時措」, 敎化章.

2) 하민관

일반적으로 동약에서 추구하는 교화란 유교이념의 사회실현을 의미한다. 이 경우 교화의 주체는 양반이며 하민은 교화의 대상에 불과하였다. 이러한 점은 순암에게서도 동일하였다. 그는 동약을 통하여 추구하고자 하는 이상적인 하민관을 다음과 같이 제시하였다.

> 오늘의 뜻은 진실로 너희들로 하여금 기악棄惡 종선從善하게 하고자 하는 것뿐이다. 악에는 여러 가지가 있지만 부형에게 불효제不孝弟라고 국가의 정령에 불복종하며 동약을 불준행不遵行하는 것이 이 중의 특히 심한 것이다. 선에도 또한 여러 가지가 있지만 사부형事父兄하고 국가의 정령에 복종하며 동약을 준행하는 것이 이 중의 중요한 것이다.[24]

하민들에게 가를 중심으로 하는 가족윤리와 동・향을 단위로 하는 사회윤리 그리고 국가를 대상으로 하는 국가윤리를 각각 제시한 것이다. 순암은 이를 충실히 준수하는 하민을 '가지현자家之賢子'・'향리지선인鄕里之善人'・'국지양민國之良民'이라 하여 포장하였으며, 이를 거역하는 하민을 '가지패자家之悖子'・'향리지기인鄕里之棄人'・'국지완민國之頑民'이라 하여 낙인을 찍었다.[25] 이에 대한 좀 더 구체적인 내용은 '유하계문諭下契文'에 자세히 제시되어 있으므로 이의 분석을 통하여 그의 하민관을 살펴보도록 하겠다.

먼저 가의 윤리에 대해 살펴보면 이는 인륜의 질서를 가르치는 것으로서 유교의 가장 기본적인 덕목이 된다. 이에는 효제가 제일의 가치규범으로서 동시대적으로 강조되었다. 따라서 효의 개념이 외연적으로 확대된 상장喪葬・제사

---

24 『順菴先生文集』 卷19, 「題慶安二里下契名帖」.

25 위와 같음.

등과 같은 것들이 내용의 대부분을 이루고 있다.[26] 이러한 덕목들은 유교사회의 가장 기본적인 가치규범들이었으므로 이를 거역하는 자에게는 반드시 강력한 처벌이 수반되었다. 이러한 덕목들은 양반·하민 모두에게 공동으로 요구되었으며 또한 통시대적으로 적용될 수 있는 이념으로서 초신분적·초시대적인 가치로 이상화되어 있었다.

다음으로 동·향을 중심으로 하여 이루어지는 사회윤리이다. 순암의 하민관이 여기에서 극명하게 드러난다. 양반과 하민 간의 신분적 갈등·대립관계를 조정하는 것이 동계의 일차적인 목적이었기 때문이다. 인간관계가 수직적으로 이루어진 중세사회에서의 교화란 신분적·계급적 지배를 강화시켜 주기 위한 외피에 불과하므로 동약에서 신분간의 차별성을 강조하는 것은 당연하다. 다만 신분적 지배를 관철시켜 나아가기 위하여 제시되는 논리와, 지배를 달성하기 위하여 사용되는 방법이 시기별로 다를 뿐이다. 그리고 이와 같이 하민지배의 논리와 방법 면에서 변화를 초래하게 한 근본 동인은 하민의 저항과 성장에 있는 것이다. 동약에는 이러한 변화가 잘 반영되어 나타난다. 본고에서 동약을 분석하면서 주목하고자 하는 점은 양반 지배의 변화를 야기시킨 하민들의 성장이라는 측면이다.[27]

『이리동약』에서도 다른 동약과 마찬가지로 양반·노주奴主에 대한 하민의 복종을 강조하였다. 하민에게 지위의 존비를 내세워 수분守分을 강요하였으며 존귀자에게 공순하며 노주에게 충성을 바치도록 강압하였다. 양천인良賤人이 신분질서를 극복하려는 시도를 죄악시하고 처벌함으로써[28] 기존 체제에 안주하

26 이를 범한 하민에게는 최하가 중벌이며 대부분 次上罰 또는 상벌이 가해졌으며 告官黜도 적지 않았다.

27 양반의 하민에 대한 지배 논리와 방법의 구체적인 변화 내용은 양반관에서 자세히 다루었다.

28 '論下契文'에 제시된 신분질서 犯約者에 대한 처벌 내용은 아래 표와 같다.

관계	綱	目	處罰	處罰量	비고
下民 ↔ 兩班	凌辱尊長	辱買同里兩班	上罰 告官黜	笞 30	

도록 강요하였다. 반면에 공순하며 진충盡忠하는 자에 대해서는 '초치론상招致論賞'·'상의문관相議聞官'·'선제동역先除洞役' 등의 회유책을 구사하기도 하였다.

18세기의 하민 문제가 반드시 신분제와 관련하여 제기되는 것만은 아니었다. 하민이 신분적으로 양반과 구별된다는 점에서는 공통점을 지니고 있었지만, 그 내부에서는 경제적 분화가 극심하게 이루어져 있어서 다양한 존재 형태를 보이고 있었기 때문이다. 따라서 하민 내부에서 야기되고 있는 빈부 갈등의 심화현상도 동약에서 해결하여야만 하는 주요 현안이었다.

당시에 하민의 상층부에 있는 부민들은 경제력을 발판으로 하여 향촌사회의 말단 권력기구에 흡수, 편입되어 나아가고 있었다. 이들은 이러한 세력을 배경으로 하여 향리에서 각종 호횡豪橫을 자행하여 빈민을 더욱 궁핍한 지경에 몰아넣었으며, 더 나아가서는 양반들의 권위에 다반사로 도전하였다.[29] 동약에 나타난 하민들의 각종 호횡과 비위非爲를 정리하여 보면 다음 표와 같이 된다.

『이리동약』에 나타난 하민들의 각종 作弊

綱	No	目	處罰	處罰量	備考
豪橫閭里	1	怙勢作亂	上 罰	笞 30	
	2	招諭人物	上 罰	笞 30	
	3	身爲公任 潛訴官府 暗害小民	中 罰	笞 20	事大告官
	4	給債過徵	中 罰	笞 20	
	5	憑藉官令 謀避洞約	中 罰	笞 20	累犯加罰至黜
	6	奪人買賣	次中罰	笞 15	
下民 ↔ 兩班	尊前無禮	兩班見處 踞坐及騎過	次上罰	笞 25	
		不拜上契	中罰	笞 20	
		兩班家前騎過	次中罰	笞 15	
奴 ↔ 主	不忠	不從敎令欺罔取利怨罵他處辱罵毆打	重罰 告官正罪		邦有重律

29 『治郡要訣』, 「民訴」에는 양반이 頑漢들에게 침욕을 당하여 내정하는 것에 대하여 수령이 내려야 할 題辭의 서식을 제시하고 있다. 이는 그만큼 하민의 양반침욕이 일상화되어 있음을 반증하여 주는 사례라 할 수 있다.

	7 8	好訟不已 恃富凌人	次中罰 下 罰	笞 15 笞 10	
多作非爲	9 10 11 12 13 14	偸竊人財 草竊禾穀 侵耕人田 放牛穀田 盜人溝水 僞造洞中文記	上 罰 次上罰 中 罰 下 罰 下 罰 上 罰	笞 30 笞 25 笞 20 笞 10 笞 10 笞 30	輕則次罰 輕則次罰 輕則次罰 輕則次罰
不遵約憲	15 16 17 18	自衒其能 非議約憲 使衆心不定 自知有罪 故避不參 好生異議 不從約令	次上罰 中 罰 次中罰 隨輕重施罰	笞 25 笞 20 笞 15	

이들 작폐를 몇 가지로 유형화하여 이해해 볼 수 있다. 첫째 부민들이 자신이 소유한 부력을 매개로 하여 자행하는 작폐이다. 고리대적 수탈로서의 '급채과징給債過徵'(4), 매매과정에서의 불법적인 강탈인 '탈인매매奪人買賣'(6), 부력富力을 빙자한 능멸행위인 '시부릉인恃富凌人'(8), '침경인전侵耕人田'(11), '방우곡전放牛穀田'(12) 등이 여기에 해당한다고 할 수 있다. 둘째는 권력기구에 기생하여 자행하는 비합법적 작폐이다. 이의 주체도 역시 부민이라고 할 수밖에 없다. '호세작난怙勢作亂'(1), '초유인물招誘人物'(2), '신위공임잠소관부암해소민身爲公任潛訴官府暗害小民'(3), '호송불이好訟不已'(7), '신위공임의세침릉身爲公任倚勢侵凌', '위조동중문기僞造洞中文記'(14), '위조관문僞造官文' 등을 이에 포함시킬 수 있다. 이들은 권력에 의세하거나 관령에 가탁하여 각종 비리작폐非理作弊를 일삼았을 뿐만 아니라 회뢰賄賂를 통하여 부세 체계로부터 도탈하기도 하였다.[30] 이들 부민들의 1차적인 침학 대상은 물론 하층 빈민이었지만 양반이라 할지라도 실세하였을 경우에는 이들로부터 침욕을 당하였을 것이다. 부민들의 이와 같은 침탈에 대

30 『臨官政要』, 「時措」, 軍政章. "今日軍額之難充 其害不一 土豪留鄕輩之養戶 校院生之額外僧居士之逃役 各司奴婢之投入者 各里富人之賂免者 無慮數千."

하여 빈민들이 강구한 자구책은 '투절인재偸竊人財'(9), '초절화곡草竊禾穀'(10) 등의 불법적인 행위였다. 빈민들은 자신들을 침해하여 몰락시키는 사회세력에 대하여 계급적 연대감을 형성하여 집단적이면서도 정면적인 대결을 하는 것이 아니라 허위·투절 등 소극적이며 분산적인 형태로 대응하는 수준에 머무르고 있었다. 즉 빈민들의 계급적 연대의식은 아직 형성되지 못하였다고 할 수 있다. 그런데 빈민들의 불법행위에 대한 처벌이 상벌·차상벌 등으로 상당히 강도가 높다는 점이 주목을 요한다. 이는 부민들의 각종 호횡과 비리에 대한 처벌이 대체로 중벌 이하로 규정되어 있는 점과 대비하여 볼 때 더욱 확연히 드러난다. 순암은 향리에서 부민들의 각종 비리를 금제함으로써 하민 내에 가속화되어 가고 있는 계층분화를 조금이라도 완화시켜 보고자 하면서도 빈민들의 불법행위에 대하여서는 부민에 대한 것보다 더 강력한 처벌을 행사하였다. 이는 그가 빈민보다는 부민들의 이익에 더 치중하는 입장을 견지하고 있었음을 반증하여 주는 사례라 하겠다.

셋째는 동약의 권위에 대한 도전이다. '자현기능비의약헌사중심부정自衒其能非議約憲使衆心不定'(15)은 동약의 이념에 대하여 체계적으로 비판할 수 있는 유식하면서도 세력 있는 이들을 지칭한다. '자지유죄고피불참自知有罪故避不參'(16), '호생이의好生異議'(17), '부종약령不從約令'(18), '무고불참無故不參' 등도 동약의 기구가 지니는 권위에 대하여 대척적인 입장을 견지할 수 있는 세력을 지닌 자들에게만 가능한 행위들이다. 이들은 하민 중에서 부민이라고 할 수밖에 없다. 이들 부민은 동약에서 추구하고자 하는 질서에 대하여 비판적 입장을 견지함으로써 양반 중심의 신분질서에 도전하는 사회세력으로 자기 위치를 설정하여 나아갔다.

이상 사회윤리에 나타난 하민관에 대하여 살펴보았다. 마지막으로 하민의 대 국가윤리를 알아보고자 한다. 순암은 하민들에게 부세 납부의 의무를 성실히 수행하여 줄 것을 요구하였다. 이 점에 대하여 '유하계문'에서 다음과 같이 주장하였다.

근조부謹租賦는 인민이 더욱 마땅히 척념惕念하여야 할 바이다. 전삼세田三稅는 실로 국가의 유정지공惟正之供이며 잡역의 견감蠲減이 모두 이 안에 들어 있으니 인민에게 혜택 됨이 크다. 조적糶糴의 대법大法이어서 세난시世亂時에는 군수軍需로 쓰고 평상시에는 민기民饑를 구휼하여 그 관계되는 바가 지중至重하니 가히 소홀히 할 수가 있겠는가.

조부租賦 중 전세田稅와 조적의 중요성을 설명하면서 국가를 운영하는 데 이들이 없어서는 안 될 필수적인 것이므로 하민들은 근납謹納하여만 한다는 점을 강조한 것이다.

이상에서 살펴본 순암의 하민관은 다음과 같이 정리할 수 있다.

양반과의 관계에서 볼 때 하민은 유교적 이념을 통한 교화의 대상이며 신분적으로 하급 피지배계층이다. 국가와의 관계에서 볼 때 하민은 자신이 생산한 잉여물을 성실히 납부할 의무를 지니는 부세 담당층이었다. 하민 상호간의 관계에서 볼 때 부민들의 각종 비리 침탈로 인하여 야기되는 빈부 갈등을 동약에서의 처벌을 통하여 완화시키고자 하였다. 그러면서도 처벌 강도에서 볼 때 빈민들의 불법을 더 강력히 다스림으로써 결과적으로 부민들의 이익을 우선시하는 입장을 표방하는 셈이 되었다.

3) 양반관

『이리동약』의 체계는 동회의洞會儀, 유하계문諭下契文, 여씨향약부조呂氏鄕約附條, 사창社倉의 4부문으로 구성되어 있다. 순암이 동약 작성 경위를 "여씨향약의 본조를 주로 삼고 동현의 의론을 참조하며 금속今俗의 의당함을 참작하여 우右와 같이 간략하게 부조附條를 덧붙였다"라고[31] 언급한 것처럼 『이리동약』은 주자향약朱子鄕約과 동방제현의 의론과 시속의 참작參酌 등의 3가지 흐름이 복합되어 이루어진 것이다. '동회의'는 한강寒岡의 「월삭강계月朔講契」, '유하계문'은 퇴계退溪의 「예안향약禮安鄕約」과 율곡栗谷의 「사창계약속社倉契約束」, 상계문上契文에 해당하는 '여씨향약부조'는 주자향약과 후천朽淺 황종해黃宗海의 「동내립의서洞內立議序」, '사창'은 「주자사창사목朱子社倉事目」과 율곡의 「사창계약속」의 영향을 받은 것이다. 그러나 『이리동약』은 주자향약을 모방하거나 동방선현들의 의론을 답습한 것이라기보다는 순암이 시의時宜를 참작하여 독창적으로 작성한 측면이 훨씬 강하다. 다시 말하면 『이리동약』은 순암이 18세기 중엽 당시의 사회현실에 바탕을 두고 독창적으로 입약한 것이다. 이는 동약을 구성하는 각 부문의 내용이 이전 시기에서는 찾아볼 수 없는 새로운 것일 뿐만 아니라 동방선현에 영향을 받은 부분이라 할지라도 그 실질적인 내용에 있어서는 양자 사이에 현저한 차이를 보이는 점을 통하여 확인된다.

『이리동약』의 외형상의 특징은 하인약조下人約條인 '유하계문'을 독립시켜 양반약조인 '여씨향약부조'보다 앞에 배치하였다는 점이다. 이러한 체제는 여타 동약에서는 좀처럼 찾아보기 힘들다.[32] 이러한 체제로 입약한 데 대하여 순암은 "이 동은 사부입약자士夫入約者가 적고 서민이 많기 때문이다"라고 설명하였다. 그러나 동약 형식의 이와 같은 변화에는 양반의 하민에 대한 인식 변화가 반영되어 있는 것으로 볼 수도 있다. '여씨향약부조'의 내용을 구체적으로 검토함으로써 이 점을 보다 분명히 밝히고자 한다.

순암은 교화가 행하여지기 위하여서는 양반의 솔선수범이 필요하다는 점을 강조하였다.

> 무릇 교법의 홍행은 반드시 재상자在上者로부터 시작된다. 명색이 사부이면서 지신·거가의 도와 대인待人·처사處事의 절節이 서민으로 하여금

31 「二里洞約」, 呂氏鄕約附條.

32 16세기까지의 향약·동약은 대체로 양반을 대상으로 하는 약조가 중심이 되고 하인에 관한 것은 필요한 사항만 부분적으로 첨가되는 형식이 일반적이었다. 그러다가 임란을 전후로 하여 하인약조가 독립되어 설정되기 시작하였으나 양반약조 뒤에 배치되는 것이 통례이다.

복비심소腹非心笑하도록 하는 점이 있다면 서민이 취중관법取重觀法할 수 있겠는가.[33]

양반이 가의 윤리인 지신·거가의 도와 향·국의 윤리인 대인·처사의 절에서 모범을 보여야만 비로소 교법이 하민에게서 홍행될 수 있다는 주장이다.

양반의 가의 윤리는 앞서 하민관에서 검토한 것과 그다지 큰 차이가 없다.[34] 향의 윤리는 양반의 대하민對下民 자세가 중심을 이루고 있다. 동약은 양반이 하민을 지배하기 위하여 작성한 것이므로 지배자의 논리와 지배 방식이 비교적 사실성 높게 반영되어 있다. 그리고 동약에서 규정하는 양반관은 하민과의 역학관계가 변화됨에 따라 변모한다. 따라서 양반관에 대한 분석을 통하여 그와 대립적인 관계에 있는 하민이 동약에서 차지하는 위치를 도출해 낼 수 있다.

『이리동약』에서는 양반들의 '비리겁제非理劫制'를 비판하였다.

> 장자는 소자에게, 적자는 서자에게, 양반은 하인에게 각각 도를 다하여 대우해야 할 것이다. 혹자는 비리로 겁제劫制하려 하다가 뜻대로 되지 않으면 노하여 소능장少凌長·서능적庶凌嫡·하인능양반下人凌兩班의 죄목을 씌워 강제로 과죄科罪하려 한다. 그러나 시비가 스스로 있으며 중인의 눈을 속이기는 어렵다. 따라서 이러한 행동은 또한 패리悖理가 심한 것이니 경계하지 않을 수 없다.[35]

장유·적서·반상 사이의 수직적인 사회관계에서 일상적으로 자행되고 있

---

33 「二里洞約」, 諭下契文.

34 嫡庶之分·婚喪奢侈·惑信風水說 등의 내용이 추가되었다.

35 「二里洞約」, 呂氏鄕約附條.

는 '비리겁제'를 패리라고 비판, 금제하였다. 『이리동약』의 이 규정은 1641년(인조 19)에 작성된 후천 황종해(1579~1642)의 「동내립의서」의 내용을 그대로 전사한 것이다. 이로 볼 때 양반들의 이러한 반성의 움직임은 17세기 중엽부터 이미 나타나고 있었다고 할 수 있다. 더 거슬러 올라가면 17세기 초에 향약에서 하인약조가 독립되어 설정되는 변화 양상과 상호 연관성이 있는 것이다.[36] 동약에서 이처럼 양반들이 스스로 자제를 촉구하지 않을 수 없게 된 까닭은 다음과 같은 데에 있었다.

> 상하의 명분이 분명하나 근래에 풍속이 퇴패하여져 양반을 능욕하는 자들이 자주 있다. 심지어는 양반을 구타하는 지경에 이르기까지도 한다.[37]

하민들의 도전에 의하여 양반들의 신분적 권위가 부정당하는 추세가 점점 일반화됨에 따라 양반들도 충·제와 같은 수직적인 윤리규범을 일방적으로 강요하는 방식을 지양하지 않을 수 없게 된 것이다. 이러한 추세는 시기가 내려올수록 하민의 성장이 보다 현저해짐에 따라 더욱 강화될 수밖에 없었다.

18세기 중엽에는 양반들의 일방적인 패리에 대하여 비판적이었던 지금까지의 입장에서 한 걸음 더 나아가 양반 범약자犯約者에 대한 처벌론을 제기하기 시작하였다. 이러한 점은 황종해의 동약과 순암의 동약을 비교하여 보면 선명히 드러난다.

황종해 동약의 하민관은 다음과 같다.

> 양반은 비록 과오를 범한다 할지라도 지식과 염치가 없지 않으니 어찌 동벌洞罰을 받지 않겠는가. 하인은 무지·무치하여 교화로 천개遷改되지

36 한상권(1984) 「16, 17세기 향약의 기구와 성격」, 『震檀學報』 58, 진단학회.

37 黃宗海, 『朽淺先生集』 卷7, 「洞內立議序」.

않을 뿐만 아니라 반드시 동벌을 받지 않고자 하는 자가 있을 것이다.

하민은 무지·무치하므로 유식·유치한 양반과는 달리 관가의 처벌로 다스려야만 한다는 것이다. 이는 양반보다는 하민에 대한 처벌을 강조하고자 하는 입장이다.

위와 같은 내용이 순암의 동약에서는 다음과 같이 기술되었다.

> 약중約中에서 말하는 바는 모두 고현古賢의 훈계이다. 그러한즉 양반은 비록 과오를 범하는 자가 있다 할지라도 그 지식과 염우廉隅가 상인常人과 다르므로 반드시 잘못을 끝까지 고집하고 과오를 꾸며서 동벌을 받지 않고자 할 리가 없을 것이다.

양반은 상인과는 달리 지식과 염우가 있으므로 범약하였을 시에는 마땅히 동벌을 받고자 할 것이라는 내용이다. 양반의 지식·염치가 17세기 중엽에는 양반의 면책 특권을 정당화시켜 주는 근거로 제시된 반면, 18세기 중엽에 이르러서는 이들도 처벌을 받아야만 한다는 주장을 개진하는 근거로 변모하였다. 이러한 변화는 하민의 성장으로 동약의 운영을 둘러싸고 야기되는 신분간의 갈등·대립이 갈수록 첨예화됨에 따라 동약의 처벌권 행사도 보다 설득력 있게 이루어지지 않으면 안 되게 된 당시의 사회 실정을 반영하는 것이다.[38]

> 양반은 상인常人의 표준이다. 과오가 있음에도 벌하지 않으면 어떻게 서맹庶氓을 규솔糾率할 수 있겠는가.[39]

38 『二里洞約』 呂氏鄉約附條. "鄉約之難行 恒由於過失相規 規之則嫌隙易生 不規則善惡混淆 此先儒所以難之也."

39 위와 같은 조.

양반에 대한 처벌은 하민의 통솔을 위하여 필수불가결하다는 주장이다. 신분적 권위가 퇴색되어 가는 상황에 직면하여 동약에서 양반들이 행사할 수 있는 권한도 축소되어 가고 있었으며, 이러한 변화의 이면에는 민이 신분제의 질곡을 돌파하면서 성장해 가는 사회변화가 있었다.

동약 운영 과정에서 하민의 의사가 존중되고 있는 점을 통하여서도 새로운 변화를 확인할 수 있다.

> 무릇 창선규악彰善糾惡 등의 일은 마땅히 삼노三老와 더불어 상의하여 처리한다. 만약 치죄자가 있을 경우에는 동약의 오등벌五等罰에 의거하여 삼노가 제 촌장村長과 열좌列坐하여 치죄하도록 한다. 이는 대중과 함께 하고자 하는 뜻이다.[40]

하민의 포장褒獎·치죄를 종전처럼 동집강洞執綱이 독단적으로 결정할 수 없으며 하민의 대표인 삼노와[41] 반드시 상의를 거쳐야만 한다는 것이다. 처벌권의 집행도 하민 대표인 삼노와 촌두목村頭目에게[42] 위임하였다. 이러한 조치가 양반의 하민에 대한 처벌 과정에서 야기되는 마찰을 극소화시킴으로써 하민에 대한 통제를 좀 더 원활히 수행하고자 하는 의도에서 행하여진 것임은 물론이다. 그러나 이전과는 다른 동약 운영 방식이 이 시기에 이르러 나타난다는 점이 주목된다. 동약에서 피지배층의 의사가 존중되고 이들의 의견이 반영되기 시작하였다는 사실은 하민들이 동약의 운영과 집행 과정에까지 관여할 수 있을 정도로 성장하였음을 반증하는 것으로밖에 볼 수 없기 때문이다.

순암은 조선 후기에 이르러 민이 성장하여 사회 전면에 서서히 부상하고 있

---

40 위와 같은 조.

41 「二里洞約」. "擇中下契中年最高者三人 稱爲三老 身死後次老代陞 凡洞會時 有犯約者 皆令三老與諸村頭目決罪 是與衆同之意也."

42 이들은 民政資料에서 자주 나오는 頭頭人과 동일한 존재인 것으로 보인다.

는 당시의 실정을 예리하게 파악하고 있었다. 이는 그가 향촌 통치를 수행하는 과정에서 민의를 존중하고 있는 점에서 잘 드러난다. 그는『임관정요』에서 민의를 정확히 파악하는 방법은 항통법缿筒法보다[43] 좋은 것이 없으므로 이를 적극적으로 실시하여야 한다고 주장하였을 뿐만 아니라 자신이 목천현감에 재직할 때에는 직접 항통법을 실시하였다. 항통법을 실시함으로써 '하정상통下情上通'을 이루어 면임面任·활리배猾吏輩의 '자의준언恣意蠢言', 간세지도奸細之徒의 '후주투홍호행비의酗酒鬪鬨好行非義', '관정불편官政不便' 등의 각종 민폐를 해소하고자 하였다.[44] 또한 잡역 문제를 해결하기 위한 기구인 방역소를 창설하는 과정에서 다음과 같이 고시告示하였다.

> 이들 대사大事(방역소를 창설하는 일 : 필자)를 매연昧然히 할 수는 없다. 그러므로 먼저 고시하노니 너희 민인들은 서로 함께 상확商確하여 편·불편을 각각 논보論報하라. 만약 민심이 원하지 않는다면 또한 이를 억지로 하도록 하지는 않겠다.[45]

민의를 존중하고 수렴하여 이를 정책 결정에 반영시키겠다는 입장을 표명한 것이다.

18세기 중엽의 하민은 단순히 통치대상에 불과한 지위에 머물러 있었던 것은 아니었다. 이들은 지금까지의 피통치자의 위치로부터 서서히 탈피하여 자신들의 이해와 직접적으로 결부된 정책의 결정 과정에 참여할 수 있을 정도로 성장하였다. 동약의 운영 과정에서 이들의 의견이 반영되기 시작하는 것도 이러한 추세와 상응하여 나타나는 현상이었다. 이러한 변화 양상은 앞서 양반에

43 관아 앞이나 장서 같은 곳에 설치한 일종의 민원함.

44『順菴先生文集』卷16,「木州政事」, 令邑內風約諸里任.

45『順菴先生文集』卷16,「木州政事」, 刱設防役所傳令.

대한 처벌의 불가피성을 거론한 점과 이를 결부시켜 고려해 볼 때 중요한 의미를 지닌다고 하지 않을 수 없다. 왜냐하면 신분제가 비록 외형적으로는 유지되고 있었지만 그 실질적 내용을 이루고 있는 양반과 하민 간의 지배·피지배 관계는 서서히 변모하여 나아가고 있음을 보여 주기 때문이다. 권위에 바탕을 둔 양반의 일방적인 지배와 이에 대하여 맹목적으로 복종하는 하민의 피지배 관계는 서서히 극복되고 있었다. 수직적인 관계에서 수평적인 관계로 전환하기 위한 움직임이 이루어지고 있었던 것이다.

이상에서 본 것처럼 순암이 당시에 성장하고 있는 하민의 실체를 포착하고 이들의 입장을 강화시켜 주고자 노력한 것이 사실이기는 하지만, 그렇다고 하여 사족 중심의 신분질서를 고수하는 자신의 계급적 입장 자체를 극복한 것은 아니었다.

> 근세에 명분이 효난殽亂하여 상하가 서로 해치고 있다. 풍속이 일투日渝하고 국맥이 잠삭潛削하는 것은 모두 이로 말미암은 것이다. 일종의 사람은 강자를 억압하고 약자를 부양하자는 논의를 창출하기도 하나 이는 교왕矯枉이 너무 지나친 것이다. 이들은 항상 존귀자가 천미자를 친학하고 상위자가 하위자를 침탈하는 것을 염려하기는 하지만 그 반대로 천자가 귀자를 능멸하고 하자가 상자를 해치는 것에 대하여서는 근심하지 않는다. 그 폐단이 확대되면 반드시 토붕호해土崩互解하여 수습할 수 없는 지경에까지 이르게 될 것이다.[46]

순암은 '억강부약론抑强扶弱論'을 주장하는 것이 하민을 부당한 침학으로부터 보호한다는 점에서 일정한 의미를 지니는 것은 사실이지만, 당시에 더 심각한 문제는 존귀자와 상위자인 양반이 하민들에게 능멸당하는 점에 있다고 보았다.

---

46 『臨官政要』, 「時措」, 爲政章.

양반의 이익은 어느 계층의 이익보다도 우선적으로 옹호되어야만 하였으며 이것이 부정되면 곧 사회 전체가 파탄의 지경에 빠지는 것으로 그는 인식하였다. 이로 볼 때 순암은 양반을 당시 사회를 유지하고 운영하는 중추세력으로 파악하고 있었음을 알 수 있다. 당시 사회의 중심은 어디까지나 양반이며 앞으로도 그래야만 된다고 인식하였다. 하민의 성장을 인지하고 이들의 입장을 강화시켜 주기도 하였지만 이러한 조치는 하민을 양반 중심의 사회질서 속에 수용하기 위한 양보에 불과하였다. 즉 그는 하민의 성장을 포착하였으면서도 이들이 앞으로의 새로운 사회를 담지해 나아갈 주체세력이라고까지는 인식하지 못하였다. 40대 재야 시절에 지니고 있었던 순암의 이러한 입장은 말년에 이르러 더욱 경화硬化되었다.

> 대저 근래 억강부약抑强扶弱의 논의가 승勝하다. 그러나 하릉상체下凌上替하며 무지상한無知常漢이 사대부와 더불어 항형抗衡하며 심지어는 능욕후매凌辱詬罵하는 지경에 이르렀으니 이는 오로지 동헌이 불명하고 풍교가 불명한 데서 말미암은 것이다. (…) 그윽이 생각해 보건대 풍교가 불명하고 명분이 부정한 것은 모두 사대부가 실권한 데서 연유한 것이다.[47]

18세기 후반 사대부들의 지배력이 허구화되어 가는 사회현실에 직면하여 순암은 '억강부약'과 같이 하민의 이익을 옹호하는 논리를 발전적으로 계승하기보다는 동약 실시를 통하여 사족 중심의 사회질서를 재구축하려는 퇴영적인 사고로 대응하였다. 중세사회를 해체시키면서 성장하고 있는 민의 실체를 예리하게 포착은 하였지만 이들 사회세력을 중세적인 사회질서 속에 재편입시키코자 노력하였을 뿐이었다. 민에 대한 이와 같은 자세가 그의 사상이 지니는 한계이다.

---

47 『順菴先生文集』 卷16, 「木州政事」, 到任初諭各面文 丙申(1776).

마지막으로 양반의 국가에 대한 윤리에 관하여 살펴보도록 하겠다. 붕당의 폐습을 목도한 순암은 당론을 철저히 배격하고자 하였다.

> 혹자는 사론士論이 마땅히 이와 같아야 한다고 한다(당론의 형성을 지칭함 : 필자). 그러나 사론이 어찌 일찍이 망국忘國하면서 순당殉黨한 적이 있단 말인가. 혹자는 당론을 주장하는 기절이 가히 볼 만하다고 한다. 그러나 (선비의) 기절이 어찌 일찍이 동자同者는 당으로 하고 이자異者는 벌하면서 성립된 적이 있단 말인가. 일체의 소론은 인심에 골닉汨溺한 것으로 구지救止할 수 없으니 가히 탄식할 만하다.[48]

'망국순당忘國殉黨'하며 '당동벌이黨同伐異'하는 당론은 맹목적이고 비합리적인 것으로서 망국과 패가의 길로 인도할 뿐이므로 이를 사론이나 기절로 미화시켜서는 안 된다는 것이다. 당론을 타파하기 위하여서는 '평거독서'하고 '강명의리'를 하여 합리적이며 객관적으로 시비를 판단하는 분위기가 조성되어야 할 것임을 강조하였다. 당론의 고폐痼弊를 비판한 순암은 사족들의 공론형성을 통하여 향촌 사회를 이끌어 나가고자 하였다. 이러한 점은 그가 위로는 수령을 보도하여 순문에 응하고 아래로는 일읍의 민사를 총괄하는 향소의 향임鄕任을 공론에 의하여 택정하도록 하는 데서 잘 드러난다.

> 읍사를 처리하는 데 유식한 향소를 얻으면 수령이 많은 도움을 받을 수 있다. 반드시 일읍의 공론을 취하여 택정할 것이다.[49]

유능한 향소를 얻기 위하여서는 공론에[50] 의거하여야만 한다는 것이다. 순암

---

48 「二里洞約」, 呂氏鄕約附條.
49 『臨官政要』, 「時措」, 任人章.

은 지방통치에 있어서 향소의 역할을 대단히 중시하였다. 『임관정요』「시조」 임인장任人章에서 '친민우막여향소親民尤莫如鄕所'라 하여 향소가 대민 업무에 일차적으로 관계하고 있는 점을 강조하였다. 또한 향소가 수령에게 있어서는 고굉이나 이목에 비견될 수 있는 존재라고 주장하였다. 이처럼 막중한 직임을 지니는 향소를 양반들의 공론에 의하여 차정하도록 한 점을 통해 볼 때 그가 공론을 얼마만큼 중요시 여겼는지를 알 수 있다.[51] 이는 또한 그가 지방통치는 관치보다 양반들에 의한 자치가 보다 효과적이라고 생각하고 있었음을 나타내주는 것이기도 하다. 풍헌風憲도 일면의 공로에 의하여 공렴公廉하고 근간勤幹한 자를 택정하도록 하였다.[52] 이들의 임무는 '봉행관령奉行官令'하고 '관찰문서管察文書'하여 일면의 대소사를 관장하는 것이었다.[53]

순암은 양반의 공론에 의거하여 향촌사회를 운영하고자 하였다. 이를 통하여 관리들의 관권 남용과 양반들의 호강豪强 행위를 견제할 수 있으며 더 나아가서는 하민에 대한 양반지배도 실현시킬 수 있다고 인식하였기 때문이다.

---

50 『臨官政要』, 附錄, 「牧民心鑑」. 공론을 형성하는 세력은 前任鄕所・吏輩・邑內兩班들이 된다. 즉 一鄕의 양반이 공론 형성의 주체가 되는 것이다.

51 목천현감으로 부임하여서는 鄕員之子들이 鄕勸을 世執하여 지금까지의 관례를 비판하고 앞으로는 향중공론에 의하여 鄕任을 차정하도록 하라고 鄕廳에 下帖하였다.

52 『臨官政要』, 「時措」, 任人章.

53 『臨官政要』, 「時措」, 任人章. "每面置風憲一員 掌一面大小事 民間訴訟之小者 使之自決 每月朔必論報吉凶諸事民物逃故 若事關孝烈及民間急務軍國重事 不時來報."

3. 경제문제에 대한 인식

1) 전제론田制論

순암은 29세(1740년, 영조 16)에 「정전설井田說」을 지어 젊은 시절부터 토지문제에 대한 관심을 나타내었다. 이 시기에 지은 「정전설」은 유교경전에 대한 훈고학적 고찰로서 토지제도를 본격적으로 모색하기 위한 기초작업에 해당하는 것이었다.[54] 그는 정전제 실시의 목적이 다음과 같은 데에 있다고 보았다.

> 정지井地가 입立한 후에야 정경계正經界·설봉건設封建이 가능해지며 전田에는 상제常制가 있게 되고 민은 항산恒產이 있게 되어 이로써 학교가 흥하고 군제軍制가 입立할 수 있다.

'정전제定田制'를 이룸으로써 '균민산均民產'·'정부세定賦稅'·'흥학교興學校'·'제군병制軍兵'도 아울러 달성할 수 있다고 생각한 것이다. 이로 볼 때 정전제의 실시는 곧 유교이념의 실현을 위한 관건이 된다. 그러나 순암의 정전설은 제가의 설을 기초로 하여 작성한 초보적인 수준에 머무르는 것으로서 독창성은 찾아보기 힘들다. 다만 이를 통하여 그가 지니고 있었던 관심의 방향을 확인할 수 있을 뿐이다.

> 분전법分田法은 민년民年 20이 되면 1부夫의 토지를 수전受田하도록 한다. 부모·처자를 중심으로 하여 5구부터 8구까지를 1부로 하고 지품地品의 등급을 상·중·하로 구분하여 각각 100묘, 200묘, 300묘의 토지를 지

---

54 『順菴先生文集』 卷19, 「井田說」. "以周禮爲宗 兼取孟子公羊傳何休註班志及朱子說以成之."

급한다. 이렇게 함으로써 비요肥饒한 토지를 지급받은 사람은 독락獨樂하고, 교학磽确한 토지를 받은 사람은 독고獨苦하는 폐단이 없도록 한다.

가족이 5구 내지 8구가 되는 1부에게 균등한 혜택을 부여하기 위하여 상경전常耕田 100묘를 기준으로 1역전易田은 200묘, 재역전再易田은 300묘씩을 지급한다는 내용이다. 토지 분급의 기준이 가족노동력의 다과에 있는 것이 아니라 가족소비량의 다과에 있다. 토질의 비척을 구분하여 지급하도록 한 것도 생산량이 균등하게 배분될 수 있도록 하기 위한 것이다. 가용노동력을 많이 보유할수록 좀 더 비옥한 토지를 받을 수 있도록 하는 원칙은 아니었다. 이로 볼 때 순암이 「정전설」에서 추구하고자 하는 목표는 생산성의 제고가 아니라 민산의 균등화에 있다고 할 수 있다. 치전治田보다는 제산制産에 관심을 보이고 있었다. 순암은 사・공・상의 재관자에게 농부의 1/5 정도의 토지를 지급하도록 하였다. 사에 대한 특별한 배려를 하지는 않은 것이다.[55]

젊은 시절에 「정전설」을 지어 균민산에 대한 관심을 피력한 이후로 순암이 토지문제에 대하여 어떠한 생각을 지니고 있었는지를 확인할 수 있는 자료가 아직은 없다. 다만 『잡동산이雜同散異』라는 저서에 「정전구혁제법井田溝洫諸法」이라는 글이 수록되어 있어[56] 그의 생각의 편린을 엿볼 수 있을 뿐이다. 이 기록은 순암이 독창적으로 작성한 것으로 보이지는 않는다.[57] 순암이 자신의 관심분야를 초록하여 후일 연구 수행을 위한 기초자료로 삼기 위하여 작성한 초서抄書가 아닌가 생각된다.[58] 이 글은 순암이 낙향하여 저술에 힘쓰던 시기인

55 『順菴先生文集』 卷19, 「井田設」. "士工商之以事入在官者 其家所受田 五口乃當農夫一人." 여기서 士가 工商과 동일하게 취급되고 있는 점은 납득이 잘 안 간다.

56 『雜同散異』, 「論制民之産」에 있다.

57 중국의 토지제도에 관한 기록인 점, 朱熹라고 표기한 점, 토지 면적을 頃으로 표기한 점, 자신의 주장을 臣按이라 하여 왕을 상대로 한 내용이라는 점 등으로 볼 때 순암의 저술이라고 간주하기는 힘들다.

1755년부터 1771년 사이의 것으로 추정된다.[59]

「정전구혁제법」에는 중국 토지문제에 관한 제 설을 소개하면서 작자 자신의 견해를 '신안臣按'이라 하여 피력하였다. 이 글을 초서한 순암도 암묵적으로 '신안'의 견해에 공감하였다고 볼 수 있다. 본고에서는 '신안'의 설이 순암의 입장이라고 간주하면서 논지를 전개시켜 나가겠다.

「정전구혁제법」에서는 먼저 토지문제를 개혁하는 원칙을 제시하였다.

> 주희가 이르기를 인시제의因時制宜하도록 하여 합인정合人情하고 의토속宜土俗하면서도 선왕의 말에 어긋남이 없도록 해야 한다고 하였습니다(안按컨대 경지耕地뿐 아니라 천하의 정치도 모두 마땅히 주희의 이 말을 기준으로 삼아야 한다).

개혁은 경전의 본의에서 일탈하지 않는 범위 내에서 시세의 변화가 고려되면서 이루어져야만 한다고 주장한 것이다. 이어서 기존의 토지제도를 다음과 같이 비판하였다.

> 신이 안按컨대 진秦 이후로 민전이 다시 관에 주어지지 못하고 민전이 있는 곳은 모두 서인에게 천점擅占당하였습니다. 유재자는 민전을 매입하였고 유세자는 점탈占奪하였으며 유력자는 개간하였습니다. 토지를 소유한 자가 반드시 토지를 경작하는 것은 아니었으며 경작자가 반드시 토지를 소유하는 것도 아니었습니다. 관에서는 1/10을 취하나 사인私人은 5/10 이

58 이우성(1984), 「順菴先生文集解題」, 『순암전집』 1, 여강출판사. "선생은 책 살 돈이 없었기 때문에 '抄書籠'을 두어 많은 책들을 남의 집에서 빌려다가 손으로 베껴서 그 농 속에 쌓아두는 한편, 따로 '著書籠'을 두어 자기의 수많은 저술들을 담아 놓기도 하였다."

59 이 글이 『잡동산이』에 수록되어 있으므로 『잡동산이』 저술 연대를 통하여 작성 시기를 추론해 볼 수 있다. 『잡동산이』의 저술 연대는 수록된 여러 기록을 통하여 볼 때 영조 말년인 것으로 추정된다.

상을 취하였습니다.

호강들의 토지 겸병과 지주들의 과도한 지대 수취에 대하여 비판적인 자세를 견지하였다. 이어서 이와 같은 토지제도의 모순을 해결하기 위하여 제시된 각종 방안을 차례로 비판하였다. 먼저 정전제는 '합인정合人情', '의토속宜土俗'하지 못하므로 부설復設할 수 없다고 보았다. 한전론限田論・균전론均田論・구분세업지법口分世業之法도 역시 '불인정拂人情'하며 '불의토속不宜土俗'하여 시세에 역행하는 개혁안으로 간주하였다. 개혁안이 항구적으로 실현되려면 역사적 추세에 합당하여야만 하였다. 당시의 실정에 합당하다고 생각한 토지제도 개혁안은 다음과 같은 것이었다.

> 신은 청컨대 1년을 기한으로 하여 민가의 소유전이 비록 많아서 100경頃이 된다 할지라도 금년 정월 이전의 것은 관부에서 불문에 부치십시오. 다만 금년 정월 이후로 1정은 전 1경만 허점許占하도록 하십시오(여수는 50묘를 넘는 것을 허락하지 않는다). 이에 이정배전以丁配田하도록 하고 이를 기준으로 하여 차역差役하는 법을 정하도록 하십시오.

기존의 사적 토지소유권을 인정한 위에서 토지 소유의 상한선만을 재조정하도록 하였다. 앞으로는 경작 노동력을 지닌 자만이 토지를 소유할 수 있도록 하며, 소유 범위는 1경에서 1경 10묘로 제한한다는 주장이다. 이 개혁안이 시행될 수 있으려면 토지 소유의 재조정이 이루어져야만 하였다.

> 정丁은 다多하나 전田이 소少한 자에게는 새로이 토지를 매입하는 것을 허락하여 그 수가 족하여 정과 전이 상당하면 다시 매입하는 것을 불허하며 그래도 매입하는 것은 몰입하십시오. 정은 소하나 전이 다한 자는 제한을 설정하기 이전에 소유한 토지는 추궁하지 않으며 단지 파는 것만을 허락하고 사들이는 것은 증오하십시오. 사들일 경우에는 그의 소유를 아울러

삭탈하십시오(민가에서 생자生子하여 장차 정이 될 경우에는 즉시 예매를 허락하여 장성함을 기다리게 한다).

자유로운 매매를 통하여 정과 전이 상당할 수 있도록 조정하고자 하였으며 유아 몫의 예매도 허용하였다. 토지 소유는 부역차정의 기초가 되었다. 전 1경을 인 1정에 배당하는 것을 기준으로 하여 '전다정소가田多丁少家'는 출재出財하고 '전소정다가田少丁多家'는 출력出力하여 '균부역均賦役'을 이루도록 하였다. 이러한 개혁안이 초래할 수 있는 성과에 대하여 다음과 같이 전망하였다.

이미 민의 소유를 탈취하지 않은즉 유전자有田者는 오로지 자손이 많지 않을 것을 두려워하게 되므로 정을 은닉하여 보고하지 않는 일이 없을 것입니다. 민은 항산이 있을 뿐만 아니라 심빈甚貧과 심부甚富의 불균不均이 없으며 관의 차역差役도 또한 노동력이나 재력[粮]에 의거하게 될 것입니다. 이를 시행한 지 수십 년이 지나면 관에 제한이 있어 부자는 다시 매전하지 않을 것입니다. 홍폐가 무상하여 부실이 재산을 팔지 않을 수 없어 토지 가격은 날로 떨어지고 민산은 날로 균등하여질 것입니다. 비록 정전제를 갑자기 부활할 수 없다 할지라도 겸병의 병폐는 날로 소멸하게 될 것입니다.

자신이 새로이 제시한 개혁안인 '배정전법配丁田法'이 실시되면 겸병의 폐단이 사라지고 민산의 균등화가 달성될 수 있다는 주장이다. 이상 '배정전법'의 토지 개혁안이 지니는 성격을 정리하여 보면 다음과 같다.

첫째, 대토지 겸병을 비판하고 노동력에 따른 토지 소유의 상한선을 규정한 점에서 한전론의 성격을 지니는 동시에, 하한선을 규정하여 민산의 균등화를 지향한 점에서 균전론의 성격을 띤다.

둘째, 기존의 토지소유권을 인정한 기반 위에서 매매를 통하여 토지 소유 규모를 재조정하려고 시도한 점에서 점진적인 방법의 개혁안이라고 할 수 있다.

셋째 경작 능력을 지닌 자만이 토지를 소유할 수 있도록 하는 '경자유전耕者有田'의 원칙을 내세움으로써 생산력의 제고를 도모하였다.

순암은 중국의 역대 토지제도 개혁안 중에서 '배정전법'을 시의에 합치되는 개혁안으로 간주하였다. 이 개혁안은 기존의 사적 토지소유권을 인정하는 기반 위에서 토지 소유 규모의 상한선을 제정하여 민산의 균등화를 이룩하고자 한 것이었다. 뿐만 아니라 가경 노동력을 지닌 자에게만 토지를 소유할 수 있도록 허락함으로써 생산력의 제고도 도모하였다. 이로써 순암이 초기에 「정전설」에서 구상한 균산에만 국한되었던 문제의식을 한 단계 극복할 수 있었다. 그가 정전제 시행 불가론에 암묵적으로 동의한 것도 이러한 이유 때문인 것으로 보인다. 그러나 이상과 같은 중국의 토지개혁안을 기초로 하여 순암이 이를 자국의 토지문제와 연결시켜 자신 나름대로의 개혁안을 제시한 흔적은 보이지 않는다. 이로 볼 때 순암은 당시의 토지제도가 지니는 모순을 인식하고는 있었지만 이를 적극적으로 타개하는 데까지 나아가지는 못하였다고 할 수 있다. 그는 젊은 시절부터 토지문제에 대하여 깊은 관심을 지니고 있었으며 이러한 문제의식을 이후에도 지속적으로 지녀 왔다. 그러나 어디까지나 이론적·관념적 차원에 머물러 있었을 뿐이며 자신의 문제의식을 구체적이고 실천적인 수준으로까지 진전시키지는 못하였다. 토지문제에 대한 이와 같은 소극적인 자세가 그의 사상의 한계를 규정하는 하나의 기준이 되는 것이기도 하다.

2) 빈민관

18세기는 농업생산력의 발달에 따라 농민층의 분화가 심하게 이루어지고 있었으며 그 결과 빈민층이 대량으로 창출되면서 빈부의 갈등이 심화되어 나아갔다. 이러한 점을 인식한 순암은 빈민문제를 해결할 수 있는 방안의 하나로서 1757년(영조 33)에 사창론을 입약하였다.[60]

순암은 27세(1738년, 영조 14)의 젊은 나이에 이미 사창제에 대하여 나름대로의 구상을 지니고 있었다.

지금 나라에 환자법還上法이 있는데 만약 또 사창을 설치하면 이는 관곡官穀 위에 다시 사곡私穀이 있게 되어 민이 소식所食하는 것이 심히 많게 되며 수봉受捧할 때에 분나紛拏의 폐단이 반드시 심하게 나타날 것이다. 국가가 만약 환자를 혁파하고 그 곡식을 옮겨서 상평창을 만들며, 각 면에 있는 환자모곡還上耗穀을 민간에게 획급劃給하고 아울러 민으로 하여금 각각 맥속麥粟을 출급하게 하여 수나라 의창제義倉制처럼 100호마다 1사社를 삼아서 사회를 세우도록 한다면 흉황凶荒 시 의뢰하고 급할 때에 돕는 제도가 되어 공사 모두가 편하게 될 것이다. 그러나 이 법은 반드시 마땅한 사람을 얻고 관가에서 때때로 수학의 뜻을 신칙申飭하되 간여하지 말아야 폐단이 없을 것이다.[61]

여기에서 순암이 제시한 사창제의 시행원칙은 두 가지로 정리된다. 하나는 환자還上를 혁파하여 구황救荒의 기능을 상평창과 사창으로 하여금 대체하도록 한다는 것이며, 다른 하나는 적임자를 구하여 관권이 배제된 가운데에서 사창 운영을 자치적으로 이루도록 한다는 것이다. 먼저 '혁파환자론革罷還上論'에 대하여 살펴보겠다. 순암은 환자법을 "生民之愁嘆失所 實由於此"라[62] 하여 민폐의 근원으로 인식하였다. 즉 환자와 사창을 대립된 관계에 있는 것으로 파악, "還上不廢 則社倉法不可行"이라[63] 하여 사창법의 실시를 위하여 환자가 폐지되어야만 한다고 주장하였다. 환자가 생민의 수탄愁嘆이 되는 까닭은 관리들의 침

---

60 「二里洞約」, 社會約憲. "自今丁丑年 同約納穀"이라 하여 1757년에 立約하였음을 암시하였다. 「二里洞約」을 입약한 지 1년째 되는 해이다.

61 『臨官政要』, 附錄, 「鄕社法」.

62 『臨官政要』, 附錄, 「朱子社倉事目」.

63 위와 같음.

탈 때문이었다. 순암은 당시에 성행하고 있는 환곡의 폐단을 상세히 파악하고 있었다.

그는 관리·면임面任·사족·품관 등이 주축이 되어 행하는 각종 폐단을 다음과 같이 제시하였다. '환자곡병탄還上穀併呑 및 거납拒納', '분급시두량간람分給時斗量奸濫', '허첨가록虛添加錄', '농간환출弄奸換出', '각기독봉刻期督捧', '봉상시남봉捧上時濫捧', '무곡무전貿穀貿錢', '유고곡범수留庫穀犯手', '민곡어탈民穀漁奪' 등의 작폐를 지적한 것이다.[64] 이들 폐단은 공통적으로 관권을 남용하는 관리와 향촌에서 발호하는 호강자豪强者들이 무세빈궁無勢貧窮한 빈민들을 침탈하는 것들이었다. 따라서 이러한 폐막을 제거하기 위해서라도 사창곡의 운영 방식은 환자의 그것과 달라야만 하였다. 순암이 사창 운영에 있어서 자치적 운영을 강조한 것은 이러한 사정에서 말미암은 것이었다. 순암은 사창의 운영을 행의行義 있는 사족이 주관하도록 하였다. 관권은 다만 외곽에서 '권조흥수勸助興修'할 뿐이며 절대로 간예干預하거나 구관句管해서는 안 된다고 주장하였다. 이러한 원칙을 지키면서 사창을 운영하면 백리百利만 있고 일해一害도 없을 것이라고 보았다.

> 다만 혹시 마땅한 사람을 잃으면 토호들이 전리專利하여 궁민窮民들이 실양失養하는 환患이 있을 수 있다. 그러나 이는 입법을 엄명히 하여 수시로 수거하여 마땅함을 얻으면 될 것이니 이 때문에 사창법에 폐단이 있다고는 할 수 없다.[65]

사족에게 사창 운영을 맡기는 과정에서 실인失人을 하여 토호전리土豪專利의 위험성이 있는 것이 사실이지만 이는 경계만 하면 방지할 수 있는 폐단이므로 이 때문에 자치적인 운영의 원리가 부정되어서는 안 된다는 주장이다. 이상 사

64 『臨官政要』, 時措, 糶糴章.
65 『臨官政要』, 附錄, 「朱子社倉事目」.

창제에 대한 순암의 초기 구상은 '혁환자설사창革還上設社倉'의 혁신성을 띠는 것이었다. 그는 이와 같은 개혁안이 사족을 중심으로 하는 자치적인 운영을 통하여 실현될 수 있다고 확신하였다. 그러나 1757년(영조 33)에 사창의 운영을 위한 약헌約憲을 제정하면서 순암의 초기 구상은 후퇴하였다. 그는 파환자罷還上하고 이를 상평창과 사창으로 대체하여야만 공사가 구편俱便하고 민은 소식蘇息할 수 있는 희망이 있다는 초기의 입장을 이때까지도 계속 고수하였다. 그러면서도 이러한 개혁안의 시행 가능성에 대하여서는 회의적인 태도를 표명하였다.

> 이는(파환자罷還上 설사창設社倉을 지칭함 : 필자) 조령朝令에 관계되니 민서民庶가 가히 의론할 바가 아니니다. 그런 까닭에 이제 고제古制를 약방略倣하고 본동민호本洞民戶의 형세를 참작하여 아래와 같이 조론條論한다. 만약 호고好古하는 군자가 가행可行의 시기를 당하여 행한다면 고례古例가 구존具存하므로 이를 다시 논하지 않겠다.[66]

환자의 혁파는 국가의 법령을 개폐하여야 이루어질 수 있는 것이므로 민서들이 의론할 수 있는 성질이 못된다는 주장이다. 초기의 개혁안은 현실적으로 실현 불가능한 방안이라고 간주한 것이다. 이에 따라 순암의 사창론은 부세제도를 개혁하여 민폐를 근본적으로 해소한 바탕 위에서 실시한다는 초기의 혁신적인 성격을 탈피하여 이를 환자제도와 병행하여 실시하면서 빈농의 유리를 방지할 것을 꾀한다는 현상유지적인 성격을 지니는 것으로 변질되어 버렸다.

이제 약헌에 대한 분석을 통하여 순암의 사창제가 지향하고자 하는 바를 도출해 내고자 한다. 사창에서 운영하는 사창곡에는 기본곡과 식리곡이 있다. 먼저 기본곡의 운영을 살펴보도록 하겠다.

---

66 「二里洞約」, 社倉.

> 매년 분급分給하여 빈핍함을 구한다. 거두어들일 때에는 50%의 식리를 취한다. 마땅히 30%를 취하여야 하나 곡식이 적기 때문에 증액하여 50%를 취한다. 100석이 차면 마땅히 30%의 이율로 감한다.

대여한 사창곡을 회수할 시에는 30~50%의 식리를 취하도록 하였다. 이는 16세기 후반 율곡이 사창에서 제정한 20~30%의 식리와 비교하여 볼 때 엄청나게 높은 고율이다.[67] 사창곡의 식리율息利率은 17세기 말까지만 해도 20%를 유지하는 것이 통례였다가[68] 18세기에 들어오면서부터 이처럼 30~50%로 고율화되는 것으로 보인다.[69]

이처럼 거의 고리대와 맞먹는 고율의 식리가 17세기 당시의 사창곡 운영에서 자연스럽게 통용될 수 있었던 까닭을 다음의 몇 가지로 나누어 생각해 볼 수 있다. 첫째 농업생산력의 증대로 농가 경제가 성장하게 됨에 따라 이처럼 고율의 식리가 관행화되었다고 볼 수 있다. 사창곡의 식리율은 농민들의 부담능력을 전제로 하지 않는 한 무의미하기 때문이다. 둘째로 당시에 고리대가 날로 가혹화됨에 따라 비록 이 정도의 고율 식리라 할지라도 농민층을 고리대적 수탈로부터 보호하는 데 기여할 수 있었다는 점이다. 사창곡의 운영이 농민의 이익을 보호하는 데 기여한다고 생각하지 않는 한 사창론은 무의미하기 때문이다. 이는 순암이 법적으로 10%의 식리를 취하도록 되어 있는 환자보다도 30~50%를 취하는 사창이 농민에게 유용하다고 생각하고 있는 점과 결부시켜 보면 더욱 분명해진다. 마지막으로 농민층 분화가 격심해져 빈농층 창출이 늘

---

67 『栗谷全書』 卷16, 雜著, 「社倉契約束」. "社倉穀 (…) 收時取息 每一斗加二升 倉穀未殖前則收息每一斗加一升."

68 李端夏(1625~1689)의 「論社倉疏」(1684년, 숙종 10). "社倉什二之息 視官糴則加一分矣 視私債則減三分矣."

69 『百弗庵先生文集』 卷7, 「夫仁洞洞約」(1739년). "須皆齊心用力 數年長息 歲可剪息 百餘斛然後 卽以什三出息 以便斂散 兼濟約中人事"라 하여 18세기 전반에는 30~50%의 식리를 받았음을 알 수 있다.

어나면서 사창곡의 수요도 증대하게 되었고 이에 따라 식리율의 고율화도 이루어지게 되었다는 점이다. 당시 사창곡 운영과정에서 여러 요인이 복합적으로 작용하였기 때문으로 보인다. 사창곡의 용도를 통하여 이를 보다 자세히 살펴보도록 하자.

> 민호가 받을 수 있는 양은 많아도 15두斗를 넘지 못한다. 반드시 그 인구를 헤아려 연명延命할 수 있게 하며 지나치게 받지 않도록 한다.

사창곡은 빈민의 연명을 위하여 지급하였으며 곡식을 대여받을 수 있는 상한선은 15두였다. 상한선을 책정한[70] 이유는 다음과 같은 사정 때문이었다.

> 창곡倉穀은 동약인同約人이 아니면 수식受食할 수 없다. 곡식은 적고 민호가 많기 때문이다.

사창곡의 수요가 많아서 이를 보다 많은 사람에게 균배均配하기 위하여 상한선을 책정한 것이다. 이는 곡소민다穀少民多를 이유로 사창곡을 동약인同約人만 분급받을 수 있도록 한 까닭이기도 하였다.[71] 순암의 사창법이 율곡의 「사창계약속」의 영향을 받았음에도 이처럼 상한선 책정이나 동약인에게만 분급하도록 한 규정들이 새로이 첨가된 것은 16세기와는 다른 사회현실 때문이었다. 즉 18세기에는 농업생산력의 발달에 따라 농민층의 분화가 격심하게 이루어지면서

---

70 율곡의 사창법에는 사창곡 분급의 상한선이 없다. 따라서 상한선 책정이 단순히 사창곡 관리를 기술적으로 하기 위한 것이라고 볼 수만은 없다. 오히려 거기에는 사회적 요인이 내재되어 있다고 보아야 할 것이다.

71 율곡의 「사창계약속」에서는 비록 同契人이 아니라 할지라도 契員의 이름을 빌려서 사창곡을 受食할 수 있도록 하였다. "社倉之穀 非同契人 則不得受食 若有切親及奴僕 未參契而有求食者 則契員自以其名受糶 秋後自督以納 未納則契員自備以納."

사창곡을 수요로 하는 빈천호가 다량으로 창출되었던 것이다. 사창곡의 수급 대상자는 이들이었다.

> 3, 4월 사이를 당하여 민간에서 식량이 궁핍할 때에 빈호를 택하여 분급한다. 또 농사를 헤아려서 보리가 불렴不斂하면 약간을 남겨 두었다가 7월 사이에 반급頒給한다(3순으로 나누어 분급한다).

민간의 절량기絶糧期를 당하여 환자의 지급도 중단되었을 시기에 빈호들의 구황용으로 사창곡을 지급하도록 한다는 것이다. 사창곡의 분급 대상이 되는 빈호는 최소한의 재생산 기반을 보유한 영세 소농이었다.

> 비록 동약에 들어가 있는 사람이라 할지라도 재력이 넉넉하지 못하여 사창제에 입약入約하기를 원하지 않는다면 허락하여 준다. 비록 타동인他同人이라 할지라도 입약하고자 하면 허락한다.

사창제의 기본곡을 납부할 능력이 없거나 식리를 부담할 능력이 없는 계층은 사창 운영에서 제외시키고 있다. 따라서 사창제에서 운영 대상으로 삼은 사회세력은 최소한 기본곡을 납부하고 자신이 대여받은 곡물에 대한 식리를 부담할 수 있는 경제적 능력을 보유한 농민층이었다. 이들은 독립적인 생활기반을 확보하고는 있지만 독자적으로는 재생산이 어려운 영세한 소농민들이라고 할 수 있다. 사창제에서 사창곡 분급 대상이라고 지칭한 빈호란 이들 영세 소농들이었다. 따라서 토지로부터 유리된 유리지민流離之民이나 사창곡을 납부할 능력조차도 없는 극빈농들은 사창제의 실시 대상에서 제외되었다. 이들에 대한 배려는 별도로 마련하여야만 하였다. 이들은 진휼의 대상이었다.

순암은 무전기민無田飢民이나 유리민들에 대한 진정賑政을 실시하기 위하여 사족·품관과 부민들의 힘을 적극적으로 활용하고자 하였다.[72] 그리고 자신이 목민관으로 부임하여서는 견봉蠲捧을 하여 기민을 진휼하였다. 그러나 당시 목천현과 같은 소읍에서도 불과 3개월 사이에 2,000여 명의 기민이 발생할 정도로 이들에 대한 대책도 시급히 요청되는 실정이었다.[73] 그럼에도 이들 극빈농이 지속적으로 재생산 기반을 확보하여 안집할 수 있는 방안에 대하여서는 체계적으로 제시하지 못하였다. 순암은 목민관들에게 기민에 대하여 '以民飢己飢民死己死爲心'하는 애민정신을 지니도록 촉구하면서도 구체적으로는 '모기민흥공작募飢民興工作'이나 '절신직구折薪織屨'와 '도채야적挑菜夜績'을 통한 공가工價의 수급을 활용하는 방안 등 고식적인 미봉책을 제시하는 데 그치고 말았다.[74] 그는 영세 소농에 비하여 극빈농에 대한 문제는 상대적으로 소홀히 하고 있었다. 이러한 점은 그가 당시에 진행되고 있었던 농민층 분화의 심각성을 제대로 인식하지 못한 데서 연유하는 것으로 보인다.

사창곡 운영에는 양반 빈민도 포함되어 있었다. 이들 잔반殘班들이 신분적 권위를 빙자하여 저지르는 폐단에 대하여 철저히 금단하였다.

> 재곡財穀의 모손耗損은 항상 상원上員이 인용하는 데서 말미암는다. 비록 상원이라 할지라도 과수過受하지 못하며 이를 범하면 시임時任을 논벌論罰한다. 상원이 만약 위약違約하여 사창곡을 불납하면 또한 논벌하며 끝내 불납하면 본촌인本村人에게 징납徵納하도록 한다.

양반의 남수濫受와 거납拒納을 급제함으로써 이들로 인하여 사창곡의 운영이 파탄에 빠지는 위험이 없도록 하고자 하였다. 사창 운영에 한하여서는 양반들의 신분적인 특권을 거의 배려하여 주지 않은 것이다. 사창곡 운영에 있어서 부민을 적극적으로 활용하고자 하는 의도도 보이지 않는다. 적곡積穀을 위하여

---

72 『臨官政要』, 「時措」, 賑恤章.

73 『順菴先生文集』, 「年譜」. "(正祖) 三年 己亥 先生六十八歲; ○二月 蠲俸賑邑中饑民 自二月至四月 所賑者幾二千餘人."

74 『臨官政要』, 「時措」, 賑恤章.

민호 초실처稍實處에 축창築倉하도록 하거나 고직庫直을 실호중實戶中 근간자勤幹者로 차정하도록 함으로써 주로 사창곡을 관리하는 데 부민들이 활용되었을 뿐이다.

이상 사창곡의 기본곡 운영에 관하여 살펴보았다. 다음은 식리곡에 대하여 알아보도록 하겠다. 기본곡 운영을 통하여 얻어지는 식리곡은 1년에 미 240두가 된다. 이 중 20두는 춘추동회의春秋洞會儀 비용으로, 20두는 고직·사령使令·장무掌務들의 수고비로 지급하였으며, 나머지 200두는 동중상하인洞中上下人의 길경흉화 시의 부조비로 충당하도록 하였다. 그러나 흉화도 그러하지만 특히 길경은 양반층에만 해당하는 내용이 대부분이었으므로,[75] 식리곡은 결과적으로 양반층에게 편중되어 사용될 수밖에 없었다. 식리곡 활용에서 양반층의 이익이 더 많이 반영된 면이 나타나기도 하지만 이는 기본곡을 상원은 10두, 하원은 5두씩 차등 납부하도록 규정한 것과 관련시켜 본다면 그다지 큰 문제가 되지 않는다.

순암의 사창법은 최소한의 재생산 기반을 확보하고 있는 영세한 소농민층의 유리를 방지하기 위하여 고안된 제도였다. 사창은 빈민을 구제하기 위하여 설치되었을 뿐만 아니라 운영의 중심도 빈민이었다. 양반의 특권은 거의 반영되지 않았으며 부민을 적극적으로 활용하지도 않았다. 이로 볼 때 순암이 구상한 사창제는 빈민들이 중심이 되어 자신들을 자구할 수 있도록 운영한 제도로서 여기에는 경제적 평등성의 원리가 관철되고 있었다고 말할 수 있다.

반면에 무토기민無土飢民이나 유리민과 같은 극빈농은 사족과 부민들의 지원을 통한 임시적인 미봉책으로 진휼하고자 하였다. 순암은 토지로부터 유리된 이들이 귀농하여 안집安集하도록 요구하였을 뿐 이들을 위한 구체적인 방안을 강구하지는 못하였다.[76]

---

75 扶助記에 文科·生進·壽席·年八十陞資·冠子·嫁女·迎婦 등 吉慶事에 대하여 각각 백미 3斗 내지 4斗씩 지급하도록 규정되어 있다.

3) 부민관富民觀

순암은 동약에서 양반 부민들의 호강豪强 행위를 규제하였다. 이들의 비리로서 첫째, 경제적 침탈을 거론하였다. 도량형 위조와 고리대 수탈 및 민에 대한 각종 침구侵求 등이 여기에 해당한다. 둘째, 권력의 남용을 경계하였다. '수뇌청촉受賂請囑', '거관탐묵居官貪墨', '천작위복擅作威福', '망론정령妄論政令' 등을 구체적인 비리로서 거론하였다. 셋째, 부력을 통하여 신분이 상승된 신흥 양반 혹은 하급 양반이 구양반에 대하여 도전하는 풍토를 비판하였다. 이러한 사례로서 납속가자納粟加資나 한량초관閑良哨官들의 '항례사부抗禮士夫'를 제시하였다. 순암은 호강 양반들이 향리에서 무단武斷하는 것을 엄금하고 이들을 '근구필치根究必治'하여 '양백성養百姓'의 이념을 실현하고자 하였다.[77] 이처럼 양반 토족들의 향곡鄕曲에서의 무단을 엄금한다는 입장을 표명하면서도 이들에 대한 치죄는 소극적인 자세로 임하였다.

> 근래에 명분이 퇴패하여 상하가 서로 침해한다. 향곡의 사족이 조금 능히 자립하면 리·민이 반드시 유언流言하여 호강이라 칭한다. 리·민의 말을 마땅히 잘 살펴서 (사족이) 모만을 당하여 명분을 추락시키는 일이 없도록 해야만 할 것이다.[78]

양반의 호강에 대한 리·민의 고발을 처리하는 과정에 있어서 민의 이익을 보호한다는 입장보다는 명분의 혼효를 일차적으로 고려하라는 것이다. 민익보다는 명분을 우선시하여 양반들의 이익을 침해하지 않고자 하는 입장을 드러

---

76 『臨官政要』, 附錄, 「鄕社法」. "凡流乞之類 面任査其來歷 冬月官養之 至春移文本邑 遺還歸農 願留者 聽其生理 死則埋之義塚 殘疾者 入送養濟院."

77 『臨官政要』, 「時措」, 去奸章.

78 위와 같음.

낸 것이다. 하민 부민의 '호횡여리豪橫閭里'와 '비위작폐非爲作弊'도 금단하였다.[79]

한편 순암은 하민부민들을 적극적으로 사회질서 속에 편입시키고자 하였다. "至若約正里長之輩 別擇富民中勤幹者"라[80] 하여 근간한 부민을 약정約正·이장 등과 같은 향촌 사회 운영조직의 말단 실무직에 차정하도록 하였다. 이들의 임무는 전정·수세·조적·가색 등 부세제도 운영의 실무직을 수행하는 것이었다.[81] 앞서 향소鄕所·풍헌風憲을 공론에 의하여 차정하도록 하였다는 점을 지적하였다. 반면에 이들의 지휘를 직접 받는 하위 실무진인 약정·이장 등은 부력을 기준으로 임명하도록 하였다. 순암은 부민을 향촌 통치의 협조자 내지는 동반자로 간주하였다.

> 부민은 조금 능히 외법畏法하고 자애할 줄 알며 사리를 판별하고 어탈漁奪함이 드물다. 따라서 이들을 접우接遇하는 것이 범민을 상으로 권장하고 형으로 징계하는 것과는 다르게 마련이다.[82]

순암은 민을 다시 부민과 범민으로 구분하였다. 그리고 범민에 대하여서는 상권賞勸과 형징刑懲 사용의 불가피성을 강조하였다. 이들은 교화와 통치의 대상에 불과한 존재라고 인식하였다. 중세적인 하민관을 그대로 반영한 것이다. 반면에 부민은 외법·자애할 줄 아는 인격체라고 인정하여 하민 중에서도 이들을 분리하여 통치의 협조자 내지는 동반자로 격상시켰다. 중세적인 하민관에 균열이 생기기 시작한 것이다. 이러한 점은 그의 신분관에서도 찾아볼 수 있다. 순암이 양반 중심의 신분질서를 조금도 부정한 것은 아니다. 그러나 이를 유지하는 방식에 있어서는 당시의 유자들과 반드시 일치하지는 않았다. 그

---

79 이 점에 대하여는 앞서 하민관에서 자세히 살펴보았다.

80 『臨官政要』, 「時措」, 任人章.

81 『臨官政要』, 「時措」, 任人章. "又置約正一人 掌田政及收稅糶糴稼穡事等."

82 『臨官政要』, 「時措」, 任人章.

가 목천현감으로 부임하여 향소세습鄕所世襲의 관례를 파기하고 앞으로는 공론에 의거하여 향임을 차정하도록 한다는 입장을 표명한[83] 것에서도 볼 수 있듯이 신분제를 보다 합리적인 방식에 의거하여 유지하고자 하였다.

순암이 이정莅政할 당시 목천현에서는 청금록靑衿錄 입안入案을 둘러싸고 사림과 부민 중에서 상승한 세력인 파총把摠・선무관選武官 등 말단 무관과 향전鄕戰이 발생하였다. 순암은 향전을 중재하면서 청금록에서 문벌 자제로서 유문학유생有文學儒生들이 입록入錄하여만 한다는 점을 인정하면서도 "비록 한산寒産・미품微品이라 할지라도 만약 자려위학自厲爲學하고 지행입명砥行立名하는 자가 있다면 어찌 문벌이 부족하다고 하여 이들을 제한할 수가 있겠는가"라는 견해를 표명하였다.[84] 신분 상승을 도모하는 신흥세력의 도전에 대하여 문벌만 고수하는 폐쇄적인 방식으로 대응하는 것은 설득력이 없다는 것이다. 따라서 좀 더 개방적인 원칙에 의거하여 이들에게도 신분 상승의 기회를 부여해 주어야만 한다는 주장이다. 그는 양반 중심의 사회를 고수하려는 입장에 있었지만 이를 유지하는 방식에 있어서는 당시에 성장하고 있는 하민의 상층세력을 탄력성 있게 수용하려는 전진적인 입장을 견지하였다. 각종 특권이 혈통과 문벌에 의하여 세습화되는 것을 비판하고 능력 있는 자에게도 개방될 수 있도록 하였다.

한편, 그는 부민을 권농관으로 차정하여 이들로 하여금 농업기술의 개발을 담당시키고자 하였다.

> 수령은 마땅히 법전에 따라 각 동에 권농관 1인을 둔다(면은 태광太廣하여 순검巡檢하는 데 어려움이 있다. 따라서 지금은 각 동마다 둔다). 부실富實하며 근간勤幹한 자를 택하여 차정差定한다. 다른 요역은 제除하여 주어 이들로 하여금 무농務農에만 전력하도록 한다.[85]

---

83 각주 51) 참조.

84 『順菴先生文集』 卷16, 「木州政事」, 鄕校下帖(1777년).

역농力農하는 부농을[86] 권농관으로 차정, 이들을 동 단위로 배치하여 농업기술 개발의 실효를 거둠으로써 생산력을 제고시킬 수 있도록 한 것이다. 이는 그가 민빈民貧의 원인을 다음과 같이 파악한 데서 연유한다.

> 이제 본읍(목천현: 필자)으로 말할 것 같으면 평소에 의식지향衣食之鄕이라 일컬어지나 토지가 희귀하고 민호가 빈잔貧殘하다. 그 이유를 궁구해 보니 이는 전적으로 농사에 힘쓰지 않는 폐단에서 말미암은 것이다.[87]

당시에 민호가 빈잔하게 된 까닭은 불농의 폐단 때문이라는 주장이다. 그는 당시의 농업문제를 토지제도의 모순에서 야기되는 소유관계의 모순이라는 측면에서 파악한 것이 아니라 불농의 폐단에서 야기된 생산력의 부진이라는 측면에서 이해하였다.[88] 따라서 순암은 농업기술의 개발을 이루어 생산력을 제고시키는 것이 당시의 농업문제 해결을 위한 급선무라고 인식하였으며 이러한 과제를 수행할 수 있는 적임자는 역농하며 근간한 부농이라고 생각한 것이다. 이로 볼 때 순암에게 있어서 권농은 당시 사회문제를 해결하는 방안으로서 중요한 의미를 지닌다. 그는 당시의 권농정책이 단지 문구에 그치고 실효가 없음을 비판하면서 그 대안으로서 종래에 면 단위로 설치하던 권농관을 동 혹은 리 단위로 설치할 것을 주장하였다. 또한 재야지식인 시절에 권농방책을 연구하여 이를 목민서에 수록하였으며[89] 수령으로 부임하여서는 권농문을 반포하여 자신의 구상을 그대로 실행하고자 하였다.[90] 이러한 점들을 통하여 순암이 농

85 『臨官政要』, 「時措」, 農桑章.

86 순암이 勸農官으로 차정하고자 한 '富實勤幹者'란 자신의 직접 노동에 기초하여 부를 축적하여 나가는 부농들을 지칭하는 것으로 여겨진다.

87 『順菴先生文集』 卷16, 「木州政事」, 勸農文(1777년).

88 순암이 생산력에 대한 문제의식을 지니고 있었음은 앞서 전제론에서 살펴보았다.

89 『臨官政要』, 「時措」, 農桑章.

업기술에 대하여 깊은 관심과 조예를 지니고 있었음을 알 수 있다. 그가 생산력 제고를 위하여 주력한 것은 진황전陳荒田의 기경起耕·조경早耕을 통한 실기失期의 폐단 방지, 곡종穀種의 반급頒給, 우경牛耕, 수리水利시설의 수축修築 등이었다. 이 중에서도 순암은 특히 우경과 수리를 중요시하였다. 농우農牛를 확보하기 위하여 우금牛禁을 신명申明하고 매매를 통제하였다. 유우인호有牛人戶를 중심으로 10호 단위로 성책成冊하여 무우자無牛者가 차경借耕할 수 있도록 하였다. 수리시설을 확보하기 위하여서는 제언·피당·구거 등을 미리 수축하는 것이 중요하다고 하였다. 특히 "欲興水利 莫先於水車"라 하여 수거의 적극적인 활용을 권장하였다.[91] 무농뿐 아니라 잠농蠶農에도 힘쓸 것을 권장하였다. 종상種桑을 장려하기 위하여 식상植桑을 독찰督察하거나 연호역烟戶役을 감제하는 혜택을 주었다. 이상 순암은 조경·우경·수리수축 등의 농업기술 개발을 이루어 불농의 폐단을 극복하고 민빈을 해결하고자 하였다. 이처럼 농업기술을 계발하고 농업생산력의 제고를 이룩하는 데 주도적인 역할을 담당하는 사회세력은 역농자인 부농층이었다. 순암은 당시에 성장하고 있는 부민을 발전적으로 적극 수용하고 이들을 활용함으로써 당시의 농업문제를 해결하고자 하였다. 그의 사상 중에서 부민은 그만큼 중요한 위치를 차지하고 있었다.

그러면 이들 부민이 향촌 사회에서 차지하는 위상은 어디에 있을까? 이를 정확히 파악할 수 있는 자료는 제시되어 있지 않다. 따라서 본고에서 『이리동약』의 '동회의'에 있는 회집좌차도會集坐次圖를 원용하여 이에 대한 추론을 해보고자 한다. 회집좌차도에서는 신분에 따라 좌정하는 위서位序를 당堂·계階·정庭으로 삼분하여 이를 엄격히 준수하도록 하였다. 당에는 사, 계에는 중인, 정에는 양·천이 각각 좌정하여 신분간의 위서에 상혼이 일어나지 않도록 구분

90 각주 84)와 같음.

91 『臨官政要』, 「時措」, 農桑章. "水車之利 莫先於泰西水法"이라 하면서 다음의 5가지를 소개하였다. "一曰龍尾車 二曰玉衡車 三曰恒升車 四曰雙升車 五曰水車."

하였다. 이를 통하여 18세기 당시 향촌 사회에서 관행화되고 있던 신분간의 구별을 명확히 알 수 있다.

순암의 이중동약의 삼분법은 16세기 율곡향약에서의 이분법과 대비가 된다. 율곡의 「사창계약속」에서는 신분을 사족과 하인(양·천인)으로 이분하였다.[92] 이들 양자를 비교하여 보면 『이리동약』에는 상계·하계 외에 중계가 새로이 구성되어 이들이 동회의시洞會儀時에 독자적인 위서를 확보한다는 사실이 차이점으로 드러난다.

그런데 『이리동약』의 내용을 보면 '유하계문'과 '여씨향약부조'로만 되어 있다. 이로 볼 때 신분간의 위서를 구분 지을 때에는 중계를 독립시켜 독자적인 위치를 부여하여 주었지만 동약의 운영은 크게 상계·하계로 나누어 행하여지고 있음을 알 수 있다. 그러면 동약 운영 시에 중계는 어디에 속하였을까 하는 점이 다시 문제가 된다. 하계에 속한 것으로 보인다. 그 이유로서는 첫째로 신분이 삼분법으로 이루어져 있지만 이들간의 1차적인 구분은 사족과 중·하인이 된다는 점을 들 수 있다. 이러한 사실은 동좌목洞座目인 명적名籍을 크게 상계책과 중·하계 1책으로 양분한 후에 중·하계 1책을 다시 상·하편으로 구분한 점을 통하여 확인된다. 선·악적 관리도 역시 상계와 중·하계로 구분하였다. 이로 볼 때 상계와 중·하계의 구분이 1차적이며 중계와 하계 사이의 구분은 2차적인 것에 불과한 것임을 알 수 있다.

둘째는 하계인 중에서도 연치최고자年齒最高者로서 삼노가 되거나 선행을 하여 '별석수예別席殊禮'의 예우를 받을 경우에는 중계의 좌차인 계에 올라가 좌정하도록 하였다. 역으로 중계인이라 할지라도 유과有過 시에는 하계인의 좌차인

---

92 『栗谷前書』 卷16, 「社倉契約續」. 한편 「西原鄕約」의 鄕會讀約法에서는 신분간의 坐次를 三行으로 구분하였다. 一行 士族과 人有職者(校生·忠贊·別侍衛), 次行에 約中鄕吏, 末行에 公私賤과 庶人無職이 각각 坐定하도록 하였다. 향리를 구분한 점이 눈에 띄나 이들이 독자적으로 中契를 구성한 것은 아니었다. 따라서 18세기의 三分法과는 근본적으로 다르다.

정에 강등되어 '무석면계無席面戒'하였으며 그래도 개과하지 않을 때에는 '불입회위정외별좌不入會位庭外別坐'의 처벌을 받았다. 중·하계 사이에는 연치나 선악 등과 같은 도덕을 매개로 하여 위서의 상승과 하강이 이루어지고 있었다. 이상에서 볼 때 중계와 하계 사이의 구분은 상계와 중·하계 사이의 구별처럼 절대적인 것은 아니라고 할 수 있다.

그러면 18세기에 새로이 등장하면서 상계의 양반 사족과는 절대적으로 구별되며 하계의 양천인과는 상대적으로 구분되는 중계를 구성하는 사회세력은 누구일까? 순암은 중계를 구성하는 이들을 중인이라고만 하였을 뿐 이에 대한 구체적인 언급을 하지는 않았다. 앞서 순암이 향사적에서 분류한 민 가운데 중서와 서인재관이 중인에 해당한다고 볼 수 있다. 기존 연구에 의하면 조선 후기의 중인은 자칭 중인과 공칭 중인으로 나누어진다. 후자는 중앙 관변에서 칭하는 기술관들을 지칭한다. 반면에 전자는 향촌에서 행세하는 중인으로서 서얼·교생·향리 등이 여기에 해당된다.[93] 필자는 중계를 구성하는 중인세력으로서 부민 중에서 상승하여 말단 통치기구에 흡수·편입된 약정·이장이나 권농관 등이 포함될 수 있으리라고 본다. 목천현에서 청금록 입안을 둘러싸고 사림과 향전을 벌였던 파총·선무군관 등의 하품한산자下品閑散者들도 역시 부민 출신자들이었다.[94] 이들도 중계를 구성하는 사회세력으로 보인다. 이처럼 중계를 부민과 연결시킬 수 있는 이유로 다음과 같은 점을 들 수 있다. 동약에서 부민의 역할이 적극적으로 평가되기 시작하는 시기는 18세기 이후이다. 이와 비슷한 시기에 하계가 중·하계로 구분된다는 점을 상기시켜 볼 때 양자 사이에 밀접한 연관성이 있다고 하지 않을 수 없다. 따라서 필자는 중계를 구성하는 중인에는 다양한 세력이 있었겠지만 부민 중에서 상승한 향정·이장과 같은 면·이임, 권농관 그리고 파총·선무군관과 같은 무임들이 서인재관자로서

---

93 韓永愚(1986), 「조선후기의 '中人'에 대하여」, 『韓國學報』 45.

94 『順菴先生文集』 卷16, 「木州政事」, 論本邑士林削黜分哥青衿錄報狀(1777년).

중계를 구성하는 중요한 사회세력들이었다고 보고자 한다. 이처럼 부민이 중계를 구성하는 주요한 사회세력이었다고 할 때 이들이 향촌 사회에서 차지하는 위상을 다음과 같이 정리해 볼 수 있다.

하계를 구성하는 범민이 단순한 통치 대상이나 교화 대상으로 파악된 것과는 달리 중계를 구성하는 부민들은 향촌 사회에서 자신의 독자적인 위서를 뚜렷이 확보하였다. 이들은 양반 사족과 뚜렷이 구별되었지만 하민 중의 범민과도 구분되었다. 이들은 향촌사회 운영의 실무진이었으며 동약의 운영 과정에도 적극적으로 참여하였다.[95]

순암은 하민 상층부를 구성하고 있는 이들 부민을 발전적으로 수용하여 향촌사회 내에서 중계라는 독자적인 위서 속에 편입시켰다. 그리고 이들이 청금록입안靑衿錄入案, 향안입록鄕案入錄 등의 방법을 통하여 신분 상승을 이룩하려는 추세에 대하여서도 개방적인 자세로 임하였다. 그러나 그가 사회를 인식하는 계급적 기반은 어디까지나 사족 중심적인 데에 두고 있었다. 이러한 점 때문에 그가 하민의 상층부인 부민의 성장을 인식하는 데에는 한계를 지니지 않을 수 없다.

4. 맺음말

순암의 사회사상은 향촌사회에 우거하는 동안 체계화되었다. 그는 젊은 시절에 '파환곡설사창론罷還穀設社倉論'을 제기하여 민폐의 근원이 되는 환자제도를 혁파하고자 하였다. 또 토지문제에 대하여서는 정전론을 작성하여 균산에 관심을 표명하였다. 이러한 근본적인 개혁안은 빈민 이하 계층의 이익을 보호하고자 하는 성격을 지니는 것들이었다. 그의 초기 구상이 지니는 혁신성은 이후

95 副尊位 1인은 중인에서, 耆老(三老) 3인은 중인·良賤 중의 최고령자를 差定하였다.

로 가면서 점차 퇴색되었다. 사창제의 입약을 하는 과정에서 환자의 폐단을 여전히 지적하면서도 환곡제도가 지니는 모순을 타개하려는 의지는 약화되었다. 따라서 그의 사창법은 환자제의 실시를 전제로 하면서 이와 병행하여 운영하는 성격의 것으로 변질되어 버렸다. 순암은 사창법을 창설하여 빈농의 이익을 옹호하고자 한 반면에 극빈농에 대해서는 이들을 귀농시키려 하였을 뿐 적극적인 보호책을 마련하여 주지 못하였다. 이는 그가 당시에 진행되고 있었던 농민층 분화의 심각성을 정확히 인식하지 못하였을 뿐만 아니라 사회적 분업의 발달에 대한 관심도 미약하였음을 보여 주는 것이다.

토지문제에 대한 관심도 초기의 사상을 한 단계 심화시키는 방향으로 나아가지 못하였다. 그는 민빈을 해결하기 위하여 토지제도가 지니는 문제점을 근본적으로 개혁하기보다는 농업기술의 개발에 주력하고자 하였다. 생산관계의 변혁보다는 생산력의 제고에 초점을 맞춘 것이었다. 당시의 농업문제를 이러한 방향에서 해결하려고 하는 한 토지문제에 대하여 적극적인 관심을 가질 수는 없는 것이었다. 그가 중국의 토지개혁안들을 초록하는 관심을 보였으면서도 이를 자국의 문제와 결부시켜 구체화시키지 못한 까닭은 이러한 이유 때문이었다.

18세기 당시에 성장하고 있는 하민을 비교적 정확히 인식한 순암은 이에 조응하여 양반들의 특권유지 방식도 전환되어야만 한다고 생각하였다. 즉 그는 양반들이 특권을 세습하는 것을 비판하였으며 문벌 중심의 폐쇄적인 신분제 운영에도 비판적이었다. 양반들의 지배체제는 공론에 입각하여 구축되어야 하며 하민들의 성장에 대하여서도 좀 더 개방적이어야만 한다고 하였다.

순암은 하민 중에서도 이들의 상층부를 구성하는 부민의 역할에 주목하였다. 그는 이들을 범민과 구분하여 약정・이정 등의 향촌 통치기구의 말단 실무진으로 발탁하여 부세제도 운영에 활용하고자 하였다. 또한 권농관으로 차정함으로써 농업기술을 개발하는 데 이들이 주도적인 역할을 수행할 수 있도록 배려하여 주었다. 이들 부민은 중계를 구성하여 향촌사회에서 독자적인 위상을 확보하고 있었다. 중계에 참여한 부민 중에는 약정・이정 등의 면・이임,

권농관 그리고 파총·선무군관 등의 무임武任이 포함되었다.

이상에서 볼 때 순암은 초기의 빈민 위주의 성격을 지니는 사회사상가에서 이후 부민 위주의 성격을 지니는 사회사상가로 변모하여 갔다고 할 수 있다. 그의 사회사상은 초기에는 부세문제·토지문제 등 중세사회의 근본문제에 대하여 관심을 표명하였던 반면에 이후로 가면서 사창론·농업기술 문제 등 주로 중세사회의 운영문제에 관심의 초점이 맞추어지는 성격의 것으로 변질되어 나아갔다. 중세사회의 운영원리가 한계에 부딪히면서 도처에서 모순의 본질이 노정되어 나아가고 있는 사회발전 단계에 직면하여 그는 사회제도를 근본적으로 개혁한다는 혁신적인 태도를 취하기보다는 운영을 합리적으로 개선하려는 현실적인 태도를 표명하였다.

그의 민에 대한 인식도 이에 규정받지 않을 수 없었다. 그의 애민사상이 민익을 보호하고 민의를 존중하며 민부를 이룩하고자 하는 것이었지만 다음과 같은 한계를 지니고 있었다. 민익은 빈민 이하의 계층보다는 부민의 이익이 중시되었으며, 민의를 존중하였지만 민을 주체로 인식하는 민권의 단계에까지 나아가지 못하였으며, 빈부는 중세사회 체제의 모순을 온존시킨 채 생산력의 발달을 통하며 달성하고자 하는 것이었다. 이와 같은 한계는 그가 자신의 계급적 기반인 사족 중심의 사고를 극복하지 못한 데서 말미암은 것이었다. 이는 역으로 민이 당시의 사족 중심 사회체제를 돌파할 수 있을 만큼 성장하지 못한 채 기존 체제에 흡수, 편입되어 버리는 역사발전 단계의 한계 때문이기도 하였다. 이러한 점은 다산이 19세기에 이르러 중세사회가 전면적으로 해체되는 것을 목도하면서 토지제도에 대한 개혁을 구상함으로써 중세사회의 기본 모순에 대한 인식을 심화시켜 나아가는 점과 대비가 된다.

이상에서 살펴본 바와 같이 순암은 사회제도의 제반 모순을 혁신적으로 변혁하려는 개혁사상가는 아니었다. 그렇다고 하여 각종 모순을 묵수하려는 맹목적인 보수주의자도 아니었다. 그는 당시의 사회모순을 제도개선 내지는 운영의 합리화를 통하여 점진적으로 해결하려는 개량주의자였다.

안정복의 지방자치사상

김유혁

1. 안정복의 현실적 자치사상 개요

안정복安鼎福은 1712년(숙종 38)에 충북 제천에서 출생하였다. 그의 호는 순암順菴이다. 37세 되면서 벼슬길에 나서 43세에는 사헌부감찰에 이르렀다. 그러나 그는 그후 18년 동안이나 재야의 몸으로 학문에 전념하면서 많은 저술을 남겼을 뿐만 아니라 그의 연구이론은 역사·사회제도·지방정치·주민자치 등 다방면에 걸친 방향제시를 해주고 있다.

61세 때부터 그는 다시 관계官界에 불려나가 세자익위사 익찬世子翊衛司翊贊과 위솔衛率을 역임하기도 하였다. 그러다가 그는 1791년(정조 15)에 80세를 일기로 서거하였다.

그는 실학자로서 현실적인 상황을 직시하고 사리事理를 구명究明하여 최적의 방법으로써 문제를 풀어 가기 위하여 노력하였음이 역력히 엿보인다. 특히 그의 많은 저술 중에서도 벼슬길에 나선 관리들의 처신하는 방법과 일을 다스리는 데에 필요한 집사執事의 요령 등을 밝혀 놓은 『임관정요臨官政要』를 비롯하여, 지역자치체제 등을 제시해 주고 있는 「향사법鄕社法」은 참으로 명저 중의 명저라고 말하지 않을 수 없다.

그리고 오늘날 우리들이 외쳐 대고 있는 자연보호 또는 국토연화國土綠化에 비견되는 '금송작계절목禁松作契節目'과 한 고을을 다스려가는 치도治道의 요결을 시사해 주는 '치도요법治都要法' 등은 그 모두가 오늘의 지방자치 사상과 밀접한 관계를 지닌다.

조선왕조 시대를 가리켜 흔히들 말하기를 거의 절대적인 중앙집권적 통치시대였다고 하지만 반드시 그 같은 시각에서만 역사적인 사실을 보아 넘겨서는 안 될 것이다. 물리적인 형태를 갖춘 모든 사물에는 본말本末이 있고 시종始終이 있으며 내면과 외면이 있듯이, 역사적인 사실에 있어서도 반드시 득실의 구분이 있다는 것을 부정해서는 안 될 것이다.

거의 절대적인 중앙집권형의 체제가 바로 조선시대의 통치형태였다고 이야기들 하지만 당시 실학자들의 개혁의지는 그 같은 상황하에서도 서슴없이 발표되곤 하였다. 뿐만 아니라 지방행정을 맡고 있던 이른바 수령방백守令方伯은 거의 자주적인 판단과 독자적인 행동결정 방법으로 치도의 선악이 무엇인가를 스스로 판가름하였으니 이는 어떤 의미에서 보면 위임정치였으며 자율행정이라는 뜻의 자치방법이었다고 이야기해도 좋을 것이다.

그 지방의 행정 또는 정치가 선정善政이었느냐 악정惡政이었느냐 하는 것은 중앙의 직접적인 영향에 의해서 좌우되었다기보다는 그 지방행정 책임자의 성격과 거의 직결되어 있었다 해도 과언이 아니다. 덕망이 있고 교양이 있으며 그리고 애민애향愛民愛鄕의 뜻을 지닌 치자治者는 거의 선정을 베풀었는가 하면, 그렇지 못했던 치자는 이른바 가렴주구형의 수탈과 압박을 가하는 혹정酷政을 거듭했다. 그 같은 행정 현상은 오늘날에 있어서도 정도의 차이가 있을 뿐 치도의 선악 비판 여지는 얼마든지 있다.

안정복의 지방자치사상 속에 흐르는 맥락은 인본주의적인 관점에서 치도의 원리를 밝히고 있다는 데서 찾아볼 수 있다.

그는 '천덕과 왕도는 본시 하나[天德王道本一體]'라는 기본 관점에서 수기치인은 두 개의 이치에 따름이 아니라 하나의 이치에 바탕을 두는 것임을 천명하고 있다.

즉 수기修己는 자기완성을 의미하며 치인治人은 인간교화를 의미한다. 수기가 미흡하면 치인도 미흡하며 치인을 잘하는 사람 치고 수기가 되어 있지 않은 사람 없다는 지론은 곧 수기와 치인은 일치한다 하여 그의 수기치인은 무이치無二致라 하였다.

수기는 율기(律己 : control)의 의지를 바탕으로 하며 치인은 애민사상을 바탕으로 한다. 바꾸어서 말하면 '컨트롤(control)'이 사회정의를 바탕으로 하였을 때 그것은 자신에게는 도덕적 자율의 의미를 지니며 대민관계에 있어서는 신상필벌적인 교화의 의미를 지닌다. 그와 같은 견지에서 보면 수기와 치인은 곧 사회정의의 양면을 현창하기 위한 노력의 계속과정이라고 이야기할 수 있다.

안정복의 말 그대로 풍속風俗에는 서로 다름이 있고, 인심人心도 예와 지금이 다르며, 세도世道도 음흉하거나 쇠잔하는 다름이 있고, 법제法制도 치란의 구분이 있지만 그런 것들을 여하히 잘 조정하느냐 하는 이른바 변통지의變通之宜는 어디까지나 사람에게 있다[存乎其人]고 하였다.

2. 『임관정요』를 통해서 본 그의 정관政觀

『임관정요』는 글자 그대로 관직에 부임했을 때 정치를 펴가는 요결要訣이라는 뜻이다. 안정복의 『임관정요』는 행정 연구에 있어서 참으로 값진 문헌적 의미를 느끼게 하는 명저임에 틀림이 없다.

현대행정이론은 그것이 중앙행정이든 지방행정이든 일반적으로 능률의 극대화 내지는 기술성의 개발 등을 중시하는 성향을 지니지만 『임관정요』에서는 인간으로서의 덕성과 사리구명의 능력과 자기의 최선을 다한다는 진기지도盡己之道가 무엇인가를 추구해 가는 삼대원리三大原理에 바탕을 두는 행정철학이었음을 엿볼 수 있다. 그러면 여기에서는 먼저 『임관정요』가 내포하고 있는 그 뜻을 음미해 볼까 한다. 잘 알려져 있는 바와 같이 『임관정요』는 21개 장으로 나뉘어 쓰여진 대명작大名作 논문이다.

1) 위정론의 주요 내용

나라가 잘 되고 못 된다는 홍망은 국민들이 잘살 수 있느냐 없느냐에 따라 판가름이 나고, 국민들이 잘살고 못사는 것은 지방행정 책임자(수령守令)의 인간 됨됨이(현부賢否)에 달려 있다고 하였다. 선정이라는 것은 물과 같다. 물이 수평을 유지해 가면서 언제나 조용하고 잔잔하여 제방을 무너뜨리지 않는 것처럼 백성들로 하여금 안정한 생활을 할 수 있도록 한다면 지켜야 할 법도를 어길 리가 없다는 것이 그의 지론이기도 하다. 나라 또는 지방관서에서 가르치는 바에 따르고 사회정의 실현에 함께 참여한다면[服敎從義] 그릇된 악습을 고쳐 나가고 퇴폐풍조를 바로잡아 갈 수 있다[易俗移風]. 그러기 위해서는 늘 어진 인물을 본받아야 한다고 하였다. 일반적으로 '풍속'을 단일 용어처럼 이해하고 있는 경우가 많지만 따지고 보면 풍風과 속俗은 다르다. 풍은 글자 그대로 바람인바, 이는 상위 계층 사회의 생활 모습을 뜻하는 것이며 속은 불위不位 계층 사회의 생활 모습을 의미한다.

『논어論語』의 기록을 보더라도 군자君子는 여풍如風하고 소인小人은 여초如草라 하였다. 군자는 지도급 인사를 뜻하며, 소인은 일반 민중을 말한다. 즉 바람이 동쪽으로 불면 풀들은 동쪽으로 쓰러지듯이, 윗사람들의 생활풍토 여하에 따라 민중 생활의 풍토도 뒤따라 나타나게 된다는 것을 비유하고 있다. 국민은 나라와 백성이라는 뜻인 것처럼 풍속도 국풍國風과 민속民俗으로 구별된다.

도풍道風을 등지고 환속還俗한다는 어휘 속에 담긴 뜻을 낮추어서 음미해 보면 풍과 속의 구분이 더욱 명백해진다. 그런가 하면 자신을 낮추어서 표현할 때 민초民草라 하거니와 이는 속중俗衆을 나타내는 말이다. 그렇기 때문에 안정복은 공직에 있을 때 꼭 필요한 덕목이 5가지 있다 하여 충忠·공公·렴廉·근勤·근謹을 강조하고 있다. 이것을 가리켜 거관지지요居官之至要라 하였다.

첫째, 충성스러우면 나라를 배반하지 않는다[不負國].

둘째, 공명公明스러우면 사욕에 끌려들지 않는다[不循私].

셋째, 청렴하면 마음이 편안하여 초조하거나 비굴해지지 않는다[心安].

넷째, 근면하면 일을 잘 분별하여 훌륭히 처리해 갈 수 있다[事辨].

다섯째, 근신하면 몸가짐과 일처리에 있어서 경망스럽지 않는다[持身處事, 皆不妄矣].

이와 같은 필수 구비 덕목을 바탕으로 하여 관료의 행태를 살펴볼 때 이른바 탐관오리가 무엇인가를 쉽게 알 수 있다. 동·서양 대부분의 학자들은 관료의 그릇된 행태를 유형적으로 분류할 때 일반적으로 탐관貪官과 오리汚吏로 양대분兩大分한다.

탐관이란 재물취득 등 사복私服을 채우기 위하여 관기官紀를 문란케 하는 비교적 상위직 관료의 거관행태居官行態를 말하며, 오리란 이도吏道를 지키지 아니하고 권력 등을 이용하여 좋지 않은 짓을 감행하는 비교적 하위직 관료군의 생활행태를 말한다.

그러나 오늘날 신문지상을 더럽히는 관료의 비리와 부정·부패 현상은 탐관과 오리 이외의 행태에 의하여 저질러지고 있는 경우도 많다. 그럼에도 현대행정학에서는 그 유형에 관하여 뚜렷이 정의되어 있지 않은 채 종래의 탐관과 오리의 개념을 광범위하게 응용하고 있는 듯이 느껴진다.

안정복은 이미 그의 『임관정요』에서 그 개념을 유형별로 뚜렷이 밝혀 놓고 있는데 세리勢吏와 능리能吏와 탐리貪吏가 그것이다. 그는 일찍부터 '속리유삼俗吏有三'이라 하여 저속한 관리의 유형은 크게 3가지로 나뉨을 이야기하고 있다.

첫째, 세리勢吏라는 것은 세도勢道를 부릴 수 있는 자리에 앉아서 그 권력을 자의적으로 행사하며 지방행정기관의 입을 막고 고발하지 못하게 억누르며, 다른 한편으로는 암행어사까지도 발을 들여놓지 못하게 하고 자기에게 아첨하는 무리에 대하여는 세금도 감해 주고 부역도 면제시켜 주면서 그로부터 얻어지는 모든 명예를 독점하기 좋아하는 유형의 관료를 말한다(원문 소개 생략).

둘째, 능리能吏라는 것은 권력층에 아주 잘 보이며 자신의 재주와 능한 수단이 있음을 과시하여 남들은 안 된다는 것도 된다는 듯이 나서서 어떠한 방법으로든지 자신의 재능을 자랑하려 하며, 동쪽의 문제를 서쪽으로 옮겨 놓고 서쪽은 숨긴 채 동쪽만을 과대선전하는[能辨無而爲有, 能破東而補西] 방법을 구사하며 명예를 독점하려 하는 관료를 말한다.

셋째, 탐리貪吏라는 것은 교묘하게 명목을 만들어 내어 그 명목으로 백성들에게 약탈과 수탈을 감행하며[巧作名目, 百計侵民] 오직 사리사욕만을 추구하여 재물 모으는 데 정신 팔고 있는 자[惟利是求, 專事肥己]를 가리킨다.

그와 같이 3가지 유형의 속리를 논평한 다음 안정복은 말하기를 ① 세리와 같은 짓은 양심상 할 수 없는 일이며[勢吏, 不能爲也], ② 능리와 같은 짓은 양심상 해서는 안 되는 일이며[能吏, 不可爲也], ③ 탐리와 같은 짓은 양심상 차마 하지 못할 일[貪吏, 不忍爲也]이라고 하였다.

그러면서 그는 세도가 없거든 법을 잘 지키면 되는 것이고[無勢則謹法], 재능이 없으면 자기 생긴 대로 성실히 봉직奉職하면 되는 것이며[無能則守拙], 탐욕을 부리지 않으면 청렴하게 살아갈 수 있다[不貪則廉矣]고 하였다. 따라서 그는 말하기를 선비다워질 수 있는 것은 근謹과 졸拙과 렴廉의 3가지 덕목을 갖출 수 있을 때 가능한 것이며, 또한 그 3가지 덕목을 바탕으로 하여 나타나는 것이 선비로서의 참다운 본색이라고 하였다.

벼슬길에 나선 사람은 모두가 선비로서의 기질을 갖추어 지녀야 하고 또한 선비답다는 품성을 바탕으로 하여 중앙관료이든 지방관료이든 거관자居官者로서의 치도를 펴가야 한다는 것이 안정복의 관료인격관이기도 하다.

그리고 그는 말하기를 법제가 비록 아름다울 만큼 훌륭한 것이었다 하더라도 그 제도를 바르게 쓰지 않는다면 아무런 효험이 없을 뿐만 아니라 사회적인 폐해가 뒤따라서 발생한다고 하였다[法雖至美, 用之不善, 則不但無效, 弊亦隨生]. 그렇기 때문에 법을 적용하고 해석할 때에는 반드시 형편을 참작하여 헤아릴 줄 알아야 하고[必爲隨便商量] 어떠한 특정 법만을 지나치게 편신하는 일이 있어서는 안 된다는 것이다[毋或偏信別法].

그리고 거관자는 언제나 민정을 바르게 살필 줄 알고 민정을 이끌고 나갈 수 있는 사표師表가 되어야 한다고 역설하고 있다. 왜냐하면 백성들은 예부터 고속古俗이나 구습舊習에서 벗어나기를 꺼려하며 아울러 어떠한 변화를 받아들이고자 할 때에는 전례를 중시하면서 크게 그르치는 일이 없을 것이라고 신인信忍한 다음에야 행동으로 옮기기 때문이다[民情, 安於古俗, 每事, 必先問前例, 如非大不可之事, 則仍而行之].

관료인격관에 특히 관심을 기울이고 있는 안정복은 근謹·졸拙·렴廉과 더불어 특히 근勤과 렴廉에 대하여 강조를 되풀이하고 있다. 즉 청렴이라는 것은 따지고 보면 나의 분수라는 의미 내에서 정의해야 할 일이다[廉是分內事]. 그러므로 자기통제로서의 율기심律己心(self-control)을 전제로 하지 않으면 안 된다. 때문에 꼭 지켜야 할 일은 검소함을 숭상하는 것보다 더 앞세울 것이 없으며[要莫如崇儉], 백성들에게 다가갈 때에는 평상시 집안에서 생활하는 마음가짐으로써 해야 하고[涖民之時, 無異處家之時] 공적 재물이나 공금을 쓸 때에는 나의 재물과 나의 돈을 쓸 때처럼 절제할 줄 알아야 한다[用官之財, 不啻用己之財]. 이것이 청렴해지는 옳은 길인 것이다.

그리고 인간은 왜 근면해야 하는가?

첫째는 자신에게 주어진 직분을 다하기 위해서 취해야 할 너무도 당연함 때문이요[是職當然也], 둘째는 사람이 발휘할 수 있는 총명함은 한계가 있지만 사람에 의해서 다루어져야 할 일들이 지니는 그 기틀로서의 사리는 무궁무진하기 때문이다[聽明有限, 事機無窮]. 그러므로 이 한 몸이 다할 수 있는 정신을 쏟아야 한다는 것이다[竭一己精神]. 그와 같은 자세로 스스로의 할 일에 정진한다면 이른바 지나친 간섭[上之侵下]이라든가 하극상[下之賊上] 같은 것도 일어나지 않을 것이다. 안정복은 상하간의 갈등이 일어나면 그 폐해는 수습할 수 없을 정도의 토붕와해土崩瓦解, 즉 사회가 무너지는 어려움에 이르게 된다는 것을 경고하고 있다.

뿐만 아니라 그는 말하기를 일단 관직에 부임하게 되면, 먼저 각면各面에 훈령訓令을 전하여 민폐가 되고 있는 것을 살펴 고치게 하는 한편, 헤아려 보살펴야 할 일은 보살피고 혁신해야 할 일은 개혁해서 그곳 주민들로 하여금 깨달아 알 수 있게끔 해야 한다고 하였다[使民曉然知之可也].

이와 같은 경륜을 쌓아 가기 위해서는 수기치인의 도가 무엇인가를 깨달아야 한다는 것이 그의 지론이다. 그 같은 지론을 보다 뚜렷이 해 가기 위해서는 옛 것을 뉘우쳐 익힌다는 이른바 계고력稽考力을 길러야 하는데 안정복은 이른바 계왕개래繼往開來의 이치를 누구보다도 소중히 여겼다.

그의 위정론에 나오는 일례를 소개한다면 다음과 같은 것들이 눈길을 끌기도 한다.

잘 인용하는 사례

定州府員奉行六條(高麗)	守令考績法五事(前同)	經國大典(朝鮮)
1. 察民疾苦	1. 田野闢	1. 農桑省
2. 察長吏能否	2. 戶口增	2. 戶口增
3. 察盜賊奸猾	3. 賦役均	3. 學校興
4. 察民犯禁	4. 詞訟簡	4. 軍政修
5. 察民孝悌廉潔	5. 盜賊息	5. 賦役均
6. 察民錢穀放失		6. 詞訟簡
		7. 奸猾息

첫째, 정주부원定州府員으로서 받들어 지켜야 할 6가지 조항은 민생안정과 사회기강 확립 등에 역점을 두었고, 둘째, 지방장관地方長官 등 지방행정 책임자에 대하여 그 고과考科 평가면에서 중요시했던 5가지 기준조항은 생산부문의 성과와 인구파악 행정의 실효성과 민력동원의 원칙이라든가, 주민 또는 지역간의 분규사건 및 도적 등 사회 범죄사건의 내용을 바탕으로 하여 그 능력을 평가하는 척도의 하나로 삼았음을 시사해 준다. 셋째, 『경국대전經國大典』의 내용은 수령고적법守令考績法의 것과 대동소이하나 2가지 요소가 추가되어 있다. 하나는 교육문제로서 학교를 일으키는 일이며 다른 하나는 자위自衛 역량을 척도할 수 있는 군정軍政을 여하히 확립해 가고 있는가에 관한 문제이다.

종합적으로 생각해 보건대 안정복의 위정론은 지방 정치문제에 주안점을 두고 있지만 그가 밝히고 있는 치도에 관한 논리는, 그것이 오늘에 주는 사훈적史訓的 의의가 대단히 크다는 것을 느끼게끔 한다. 그 당시 사회는 비록 오늘날의 사회처럼 조직운영의 기법이라든가 행정관리의 기술성 등은 일반적으로 뒤져 있었을 것은 재론의 여지가 없다. 그러나 다음 몇 가지 점에서 각성을 촉구하는바 그 시사가 크다는 것을 지적해 두지 않을 수 없다.

첫째는 관료로서 지녀야 할 행정 및 치세철학이 무엇보다도 중요시되고 있었다는 점이다. 철학이 없는 곳에 행정 또는 통치의 논리가 성립되어 있을 리 없고, 또한 백성들에게 비전을 줄 수 있는 설득력이 있을 리 없다.

둘째는 권치權治보다는 덕치德治가 더 선위개념으로 존중되고 있었다는 점이다. 오늘날에는 관료조직이라는 그 메커니즘이 지니는 힘을 바탕으로 하여 치세의 도를 펴 가는 경우가 많지만 그 당시에는 치자의 덕망을 더 중요시하였다. 제도가 지니는 기능구조적인 역량을 바탕으로 하여 정치를 펴가는 것도 중요하지만 금상첨화 격으로 거기에 덕망 있는 지도자가 스스로의 철학을 가지고 치세의 길을 펴간다면 이른바 물리적인 충돌방법으로써 민주화를 이룩하려던 우리의 지난날 태도가 얼마나 어리석었던가를 다시 느끼게 된다.

셋째는 치자군治者群이 지니는 학덕學德의 수준에 관한 문제이다. 천자문千字文에도 나오는 말이거니와 학우등사學優登仕가 지니는 어의語義는 시험 합격자가 관계에 진출한다는 데에는 이의가 없다. 그러나 학우學優는 곧 덕우德優가 아니라는 점이다. 안정복도 그랬거니와 그가 존경하는 퇴계退溪도 덕우를 학덕보다 훨씬 높이 평가하고 있었다.

2) 지방장관으로서의 몸가짐(지신론持身論)

어느 시대를 막론하고 수령방백은 지방장관으로서의 처신을 잘해야 한다. 왜냐하면 지방장관은 중앙의 고위직과 달라서 지역주민들과 직접적인 접촉 기회가 거의 일상적으로 이루어지고 있기 때문이다. 선정善政을 베푸는 이의 경우이든 비정秕政을 범하고 있는 이의 경우이든 그 어느 것을 막론하고 이른바 지방정치의 담임자라는 것은 언제나 관하의 주민생활정서와 호흡을 함께한다는 기본입장에서 벗어날 수 없다. 비정을 범하고 있는 관료가 권세를 믿으면서도 민심을 두려워하는 까닭은 바로 주민정서에 배치되고 있음을 의식하기 때문인 것이다.

안정복 선생은 이와 같은 점을 고려하여 몸가짐의 준칙이라고 이야기할 수 있는 지신론持身論을 펴고 있다. 그 내용을 요약한다면 다음과 같다.

첫째는 앞장서서 규범을 보이는 처신법을 체득해야 한다는 점이다[居官者, 當先修身]. 지방장관의 일거일동은 어떤 경우에 있어서도 주민생활의 준거가 됨은 재론의 여지가 없다. 때문에 ① 제일 먼저 실천해야 할 것은 스스로가 탐내서 즐기던 일[嗜欲]을 버려야 한다는 것이다. 일례를 들어서 이야기하면, 요즈음 말로 골프를 즐기기 위한 기욕을 버릴 수 없어서 지방유지들과의 어울림이라는 구실을 앞세우는 것은 주민대중의 정서와는 맞지 않는다.

② 다음에는 주민에게 애정을 베풀며 주민들로 하여금 그 애정에 감싸임을 받고 있다는 마음을 지니게 하는 일이다. 형식적으로 연설을 통하여 외쳐 대는 사랑[愛民]은 침투력이 약하다. 예부터 환과고독鰥寡孤獨에게 정치적인 주의력을 기울여 온 것은, 즉 농도 짙은 애정의 표현방법이라 해서 그릇된 말이 아니다. 늙어서 부인이 없는 것을[老而無妻] 홀아비[鰥]라 하고, 늙어서 남편이 없는 것을[老而無夫] 홀어미[寡]라 하며, 어린 나이에 어버이가 없는 경우를[幼而無親] 외로운 사람[孤]라 하고, 늙어서 자녀가 없는 경우를[老而無子] 고독한 사람[獨]이라고 한다.

③ 그리고 또 한 가지는 그릇된 정사는 과감히 고쳐 가야 한다는 것이다[革弊政]. 폐정弊政이 무엇이냐 하는 개념규정은 쉽지 않은 경우도 있을 수 있다. 그러나 사리에 어긋나는 일은 비록 악정惡政은 아닐 수 있을지라도 선정일 수 없는 것만은 분명하다. 명석한 판단이라는 것은 논리적으로 명백한 측면을 중시하여 애매모호하다는 입장에서 벗어날 수 있을 때의 태도를 의미한다. 경우에

따라서는 법제적 규정논리로 말미암아 또는 인습적인 관행논리에 얽매여서 방황할 수도 있다. 그러나 그로 인하여 이것이냐 저것이냐 하는 확실하고도 자신 있는 판단을 내리지 못하는 경우가 있다면 그것은 분명히 말해서 선정지향적인 명판단일 수는 없는 것이다.

그렇기 때문에 안정복 선생은 거관자의 수신조건으로서 ① 기욕을 버릴 것[棄慾], ② 주민을 사랑할 것[愛民], ③ 그릇된 정사를 고칠 것[革弊] 등 3가지를 지적하였던 것이다.

둘째는 대인자세 정립에 관한 일이다. 사람마다 지니는 기질은 서로 같지 않기 때문에 강유剛柔를 겸비해야 한다는 것을 이야기하고 있다. 치민治民을 하여야 할 거관자로서 강성剛性만을 내세우게 되면 부러지기 쉽고[太剛則折], 너무 유성柔性만을 지니게 되면 폐정을 면키 어렵다[太柔則廢]고 하였다. 때문에 강·유 양면을 갖추어서 중용의 길을 택해야 한다는 것이다[柔得中]. 그래야만 그것이 이른바 정사를 펴가는 기본이 된다고 한다. 피치자인 주민들의 기질도 같지 않기 때문에 이른바 지나치게 강한 재[過剛者]에 대하여는 늘 부드러움으로써 달래고 사회통념상 지나치리만큼 기강이 해이하여 규율을 따르지 않거나 또는 규범을 지켜 가지 못하는 이[過柔者]에 대해서는 늘 엄하게 제재하여 중용지도中庸之道를 저울대 수평을 유지해 가듯 강·유의 경중도를 조절해 갈 것을 언제나 연구하여 체득하기를 게을리해서는 안 된다는 것이다.

셋째는 민심 관리에 관하여 치자로서 익혀야 할 일이다. 안정복 선생은 고현古賢의 경험을 인용하여 말하기를 민심을 관리하기 위해서는 적어도 ① 베풀 수 있는 관용성과 ② 받아들일 수 있는 홍통성弘通性과 ③ 쉽게 펴갈 수 있는 간편성과 ④ 자기 마음의 바탕을 튼튼히 지닐 수 있는 중정성重鄭性 등을 갖추어야 한다면서 이를 관寬·홍弘·간簡·중重이라고 약칭하고 있다.

치인지도治人之道 중 제일도第一道는 사회적 정의가 현창되는 차원에서의 관용을 베풀 수 있을 때 중심衆心을 얻을 수 있다는 데 있다. 이는 일찍이 율곡栗谷 선생이 말한 바 있는 국시國是가 바로서면 민심은 저절로 하나가 된다[國是歸正, 衆心可一矣]는 그 뜻과도 상통한다.

제이도第二道는 거관자 자신이 남의 뜻[民意]을 수용함으로써 주민의 입장에서 볼 때 다양한 민의民意가 폭넓게 통용된다는 홍통성을 지닌다는 데서 찾아야 한다는 것이다.

일반적인 경우 관료는 자신의 뜻이 백성들에게 잘 전달되기를 바라고 또한 자기 뜻대로 순종해 줄 것을 기대한다. 이것은 아마도 관료가 지니는 치자적 생리현상의 일단면인지도 모른다. 그러나 치자는 그 지위의 고하를 막론하고 백성을 제일로 삼는다는[以民爲天]의 뜻을 바로 새긴다면 폭넓은 수용력으로서의 홍통성은 큰 의미를 던져 준다 하겠다.

왜냐하면 비위를 맞추어 주고 아첨하는 무리들의 교언영색巧言令色은 당장은 사탕처럼 달지만 그것은 결국 비정의 불씨가 될 뿐이기 때문이다.

충언은 쓰디쓴 약물에 비유되기도 하거니와 후일에 나타나는 약효와도 같은 고언苦言과 직언直言이 홍통돼야 함을 시사하고 있는 것이 바로 홍弘의 뜻인 것이다. 제삼도第三道는 어려운 일도 쉽게 풀어 나가고 복잡스런 일도 간결하게 처리해 간다는 데서 찾아야 한다. 이것이 간簡의 원리인 것이다. 『주역周易』이라는 책에서 설명되고 있는 내용을 인용해서 그 뜻풀이를 해보면 더욱 쉽게 이해할 수 있다. '易則易知하고 簡則易行[從]'이라는 말이 있다. 무슨 일이든 쉽게 풀어 놓으면 누구나 알기가 쉽고 복잡한 사물에 관한 내용도 간편하고 간결하게 가다듬어 놓으면 누구나 실행하기가 쉽다는 뜻이다. 반대로 쉬운 일도 어렵게 만들어 놓고 간편하게 풀릴 일도 복잡하게 만들어 가게 된다면 이는 치자로서는 차마 할 수 없는 일임을 밝히고 있다. 다시 말하면 쉬운 것도 어렵게 만들고 간편한 것도 복잡하게 만든다는 것은 관료로서 백성들의 무지를 악용하는 악덕이 되는 동시에 주민들이 미처 깨닫지 못한 몽매함을 정치적 또는 행정적으로 남용하는 관폐官弊임을 의미하고 있다.

제사도第四道는 매사에 신중해야 한다는 중重의 원리를 늘 공부하고 연구하는 자세 속에서 추구해 가야 한다는 것을 밝히고 있다. 어떠한 일이든 그것을 가볍게 생각하면 경거망동의 결과를 빚기 쉽고 심사숙고하지 않으면 큰일을 해내기도 어렵거니와 작은 실수로 말미암아 큰 불행을 자초하는 일이 얼마든지 있을 수 있기 때문에 매사에 정중할 것을 요구하고 있다.

이와 같은 4가지의 치인지도를 제대로 펴가기 위해서는 시간을 쪼개서라도 선현의 경험을 탐구하고 제왕학帝王學을 탐독하는 데 공사의 여력을 쏟아야 한다고 안정복 선생은 말하고 있다. 틈이 난다고 해서 연악宴樂 등을 좋아하다 보면 자신도 모르는 새에 심지가 유탕流蕩한다고 경고하고 있다. 그리고 풍류를 즐기는 것도 운치가 있고 좀 더 높은 고관에게 동반되어 공사간의 일을 함께 즐기는 것도 좋을지 모르나 그 같은 일이 거듭되어 가다 보면 결국에는 정사에 치중한다는 전념이 쇠퇴하여 나중에는 스스로의 성심誠心이 어디에 자리하고 있느냐에 관한 의문을 낳게 된다는 것을 지적하고 있다.

넷째는 지방장관의 경우일수록 자계명自戒銘을 뚜렷이 해야 한다는 것을 말하고 있다. 행정상의 재량권을 지닌다는 것은 권력의 전용범위를 말한다. 스스로 행사할 수 있는 권한이 있다면 그 권한이 있는 만큼 자기통제를 하기 어렵다는 논리가 성립된다. 스스로 행사할 수 있는 전용 권한이 공익관公益觀에 의하여 발휘된다면 그것은 바람직한 것이지만 만약의 경우 그것이 사적 감정에 의하여 쓰인다면 그것은 말할 나위 없이 악정의 원인인 동시에 비정의 근인近因이 된다. 왜냐하면 사적 감정을 위장하기 위한 명분설정을 하는 데는 시간이 필요하기 때문이다. 그리하여 안정복 선생은 다음 몇 가지의 자계명을 정해 놓고 그것을 거듭 되뇌이는 방법으로써 자제력을 기르는 율기명律己銘으로 삼을 필요가 있음을 시사하고 있다.

① 청렴해야 한다. 관리가 되었다는 그 자체는 나라의 공무를 위임받았음을 의미하는바 공명정대해야 한다. 공명정대하기 위해서는 청렴해야 하고 청렴해야만 백성들로부터 죄를 짓지 않게 된다[廉然後可以不得罪於民]고 하였다.

② 체면치레를 삼가야 한다. 체면 때문에 형식주의에 빠져들게 되고 그 형식 때문에 거짓과 낭비를 자행하게 되는바, 이는 곧 풍속과 습관을 더럽히는 악폐가 된다[習俗之陋]고 하였다.

③ 여색을 조심해야 한다. 여색을 앞세우는 자의 마음속에는 흉악한 계략이 숨어 있고 그 계략은 어떤 내용의 것이든 적敵의 비수와 같기 때문에 몸을 망

치게 된다[色必敗身]고 경고하고 있다.

④ 말을 삼가라고 하였다. 관료로서 지니는 지위는 곧 대사회적 책임성의 경중을 뜻하는 동시에 대민신뢰 설정의 척도가 된다. 실행하지 못한 말의 남발도 조심해야 하지만 꼭 하고 넘어가야 할 말을 침묵 속에 묻어 두는 것도 좋은 일이 아니다. 때문에 안정복 선생은 말은 자신을 해치기 쉽다 하여 '言能害己'라고 표현하고 있다.

⑤ 술을 삼가라고 하였다. 술을 가리켜 흔히들 약주藥酒라고 한다. 술은 알맞은 계제에 알맞게 마시면 양약良藥이나 다름없다는 뜻에서 약주라 한다. 그러나 그것을 과음하거나 난음亂飮한다면 마음도 일도 함께 무너진다[心荒事廢]고 경고하고 있다. 그러면서 안정복 선생은 말하기를 친구라며 외쳐 대는 사람들에게 끌려가서 주연酒宴을 갖는 일은 절대 조심하라[切勿爲賓友所挽而肆飮]고 하였다.

⑥ 알맞은 긴장을 유지하라고 하였다. 긴장에는 생리적인 공포를 수반하는 긴장도 있고 상황적인 대응을 필요로 하는 긴장도 있다. 그러나 여기에서 말하는 긴장은 어떠한 미래 가능성에 도전하기 위한 긴장을 유지하라는 뜻이다. 그 이유는 보통 백성들은 일반적인 경우 편안히 지내게 되면 마음이 간사하게 되기 쉽다는 데 있다. 즉 뜻을 정해 놓지 않고 하는 일 없이 놀고 지나게 되면 남자들은 싸우면서 지내기 쉽고 여자들은 음란해지기 쉽다고 하면서[久處逸樂, 則男鬪女淫] 그로 말미암은 사회적인 폐단은 참으로 막아 가기가 어렵다고 지적하였다. 그렇기 때문에 사람마다 무슨 일을 해야겠다는 뜻을 지니게 함이 중요하고 또한 향락을 일삼지 않도록 하는 것이 필요하다 하였다[皆有定業, 勿令優遊].

⑦ 탐명貪名을 하지 말라고 하였다. 관리로서 너무 이름을 드날리려고 한다면 남달리 재주를 부려야 하는데 그러자면 먼저 양식良識을 버리지 않으면 안 된다. 이미 언급한 바 있는 세리勢吏와 능리能吏와 탐리貪吏는 그 모두가 탐명욕貪名慾을 지니는 데서 싹트는 병폐인 것이다. 간재艮齋(최규서崔奎瑞 : 1650~1735)는 영조조에서 영의정을 지낸 명인이거니와 그는 자신이 전라감사로 재임할 때 '삼한三閑'의 별명을 들었다는 것을 『간재집艮齋集』에서 귀띔해 주고 있다. '삼한'

이란 부서한簿書閑·공방한工房閑·기악한妓樂閑을 말한다. 부서한은 요즈음 말로 이야기한다면 민원서류 등 일체의 결재서류를 쌓아 놓고 미루는 일이 없기 때문에 결재함에는 늘 미결서류가 없음을 뜻한다. 공방한은 주민들을 부역이나 노력동원 해야 할 일을 되도록 줄였기 때문에 그 업무를 맡아야 할 공방은 늘 한가로웠다는 뜻이다. 기악한은 지방장관이었으면서도 이른바 단골 기방이 없었고 단골 주옥酒屋이 없었을 뿐만 아니라 그런 곳을 출입해야 할 일을 만들어 내지 않았기 때문에 기방과 주옥은 요즈음 말로 불경기였으며 파리 날릴 만큼 한가로웠음을 의미한다.

이는 곧 안정복 선생의 지신론을 말해 주는 내용 요목要目들이다.

3) 안정복의 임민철학臨民哲學

안정복 선생의 임민철학臨民哲學은 곧 대민정신의 확립문제와 직결되어 있다. 그는 말하기를 위정자의 기본자세는 거관자 자신의 애정이 주민들 가슴에 가 닿는 수준의 것을 목표로 해야 한다고 역설하고 있다. 그처럼 자기 성실을 다하게 된다면 비록 그 힘입음은 만족스럽게 되지는 않을지라도 기대에 어긋나지는 않을 것이라고 이야기하고 있다[雖不中, 不遠矣]. 그러기 위해서는 다음 몇 가지 사항을 철칙으로 삼아야 한다고 하였다.

① 백성 보기를 늘 안쓰럽게 보아야 한다는 것이다. 즉 '視民如傷'하라는 뜻이다. 백성들을 안쓰럽게[如傷] 볼 수 있을 때 위정자로서의 소임이 중대함을 느끼게 되고 더 좋은 일을 해야겠다는 자기 채찍질이 가능하다. 흔히들 애민愛民이라는 말을 많이 쓰지만 애민하기 위한 첫 지름길이 있다면 그것은 즉 애물愛物에서 찾아야 한다. 애물한다는 것은 근검절약을 의미하며 거기에는 백성들로부터의 가렴주구를 요구하지 않는다는 뜻이 담겨 있다. 뿐만 아니라 근검절약의 결과는 사회적인 환난사까지도 구제해 갈 수 있다는 점에서 강조되고 있음을 시사하고 있다.

② 물흐름의 원리를 통해서 백성들의 정서를 이끌어 가야 한다고 말하고 있다. 인심이 좋아지고 나빠지는 것은 모두가 거관자인 치자의 행태에 달려 있다 한다. 선을 좋아하고 악을 미워하는 것은 사람의 상정常情이기 때문에 그와 같은 상정을 이끌어 가는 방법은 곧 치수자治水者가 수세水勢를 인도하는 것과 다름없다고 비유하고 있다. 물을 다스려야 할 사람이 수세를 어기게 되면 물은 범람하게 되듯이 치민자治民者가 민정을 살필 줄 모르면 순박했던 민심은 원망의 형태로 바뀌게 된다는 것이다. 옛날에 치수제왕治水帝王으로 이름이 전해지고 있는 우왕禹王은 황하黃河를 13년 간 답사한 끝에 수세에 따라 치수를 하였던 결과 제왕의 자리에 오르게 되었다고 하거니와 그는 13년 간 답사의 결론을 다음과 같이 간단히 내리고 있다. 즉 '觀水有術하니 必觀其瀾'하라는 것이었다. 이 말은 "물을 보는 데에는 술법이 있으니 반드시 그 물결이 어디로 가려는지를 살피라"는 뜻이다.

③ 위협행정은 피하라는 것이다. 치자는 흔히 말하기를 인심이 나빠져 가고 있다는 말을 곧잘 한다. 그리고 그것이 치자의 탓이라고 믿으려는 거관자는 거의 없다. 인심이 나빠질수록 행정과 치민방법은 형벌을 앞세워 주민들을 위협하기가 일쑤이다. 안정복 선생은 이 같은 방법이야말로 졸관拙官의 생각이며 비정秕政자의 자기호도自己糊塗임을 심하게 꾸짖고 있다.

그는 말하기를 이는 백성을 가르치는 길은 찾지 아니하고 민심과 더불어 맞서서 싸우겠다는 어리석은 이의 소행이라고 지적하고 있다. 백성을 가르치는 길을 찾기 위해서는 먼저 백성들이 치자인 자신을 신뢰할 수 있게 한 다음, 그 신뢰를 바탕으로 하여 주민교육을 펴가야 한다는 것이다. 너무도 당연한 이야기이다. 그러나 그 당연함을 실현시켜 가지 못한다는 데 풀기 어려운 문제점이 숨겨져 있음을 알아야 할 것이다.

④ 민심이 좋지 않다고 느껴지거든 먼저 그 원인을 구명하라는 것이다. 흩어진 민심을 수습하려는 수단으로서 감언甘言을 써서 회유한다든가 형벌로 다스린다는 식의 위협 등은 결국 국민을 속이는 것이나 다름없는 바[罔民], 그 같은 방식으로는 아무런 실혜實惠를 거둘 수 없다는 것이다. 그러므로 거관자는

언로言路를 폭넓게 열어 가며 민생민사民生民事를 바르게 들을 수 있는 총명력과 역지사지할 줄 아는 도량을 지녀야 한다. 그래야만 군자에 관한 일은 군자에게 묻고 듣고 해서 그를 가까이하고 소인에 관한 일은 소인에게 묻고 듣고 해서 또한 그들과 어울릴 수 있는 길을 찾아야만 일의 본말을 알아서 문제를 풀어갈 수 있다고 안정복 선생은 이야기하고 있다.

⑤ 공명성公明性을 생명처럼 여겨야 한다. 이 세상의 모든 일은 인심을 근본으로 삼지 않으면 안 된다. 왜냐하면 인심을 소외하고서는 인화人和를 이룩해 갈 수 없기 때문이다. 옛말에 천시天時는 지리地利만 같지 못하고 지리는 인화만 같지 못하다고 하였거니와 인화가 이룩되지 않으면 모든 일은 옳게 다루어질 수 없다[苟失人和, 萬事皆非矣]. 하나의 지방 현縣이 비록 작은 것이기는 하지만 거기에는 관료조직의 상하질서가 있고 사회적 체제를 갖추고 있는바, 그곳에서 인심을 순화하고 인화를 이룩해 가기 위해서는 백성을 사랑하고 물자를 아껴 쓰는 것을 으뜸으로 삼아야 한다[先以民愛物爲主]. 그러면서 지공무사至公無私해야 한다. 그렇게 하여야만 주민들이 현령縣令을 따르게 된다고 하면서 유공唯公이라야 가이복인可以服人이라고 그 뜻을 명백히 밝히고 있다.

4) 처사處事에 있어서의 지론

정치라는 것은 백성을 위해서 하여야 할 일을 처리해 가는 치자의 노릇을 의미하며 처사處事라는 것을 사물을 순리順理에 따라 최선의 방법으로 관리해 감을 말한다. 사事에는 끝맺음과 시작이 있다[事有終始] 하고, 물物에는 본말이 있다[物有本末]고 한다. 물物은 근본이 있어야 생성할 수 있기에 본本과 말末이 있다고 하는 것이지만, 사事는 인간에 의하여 창조되는 경우가 많기 때문에 매듭을 잘 지어야 완결형의 일이 존재하는 것이므로 일이라는 것은 끝맺음이 더 중요하다. 따라서 시始보다는 종終을 앞에 놓는다.

우리 속담에는 "시작이 반이다"라고 하지만 그것은 계속적인 진행이 있을 것을 전제로 할 때 하는 말이다. 그러나 끝맺음이 없는 일을 가리켜 이른바 용두사미라고 하거니와 어떤 경우에 있어서도 끝맺음이 좋지 않으면 그것은 성사成事 개념에 들지 못한다.

예로부터 전하여 오는 말이라고 안정복 선생은 이야기하고 있거니와 원래 이 세상에는 문제될 일이 없다. 그러나 용렬한 사람[庸人]들은 북새를 떨면서 어지러움을 만들어 낸다[擾之爲亂]. 그러므로 늘 조심하고 경계하여야 할 것은 일거리를 만들어 내는 사람들이라고 하였다[喜事者戒]. 때문에 안정복 선생은 일을 새로 만들어 내는 것보다는 도처에서 수시로 일어나고 있는 일을 잘 살펴서 풀어 나가는 것이 벼슬자리에 몸담고 있는 관료로서의 수신요법修身要法이라고 하였다. 그렇지 않을 경우에는 다음과 같은 내용의 병리적인 현상이 쉴새없이 꼬리를 이어가게 될 것이라고 경고하고 있다.

첫째, 일을 감당해 가지도 못하면서 그 일이 커져 가는 것만을 좋아하다 보면 그로 말미암은 폐단이 가시기도 전에 백성들은 먼저 병고病苦를 당하게 된다는 것이다[弊未及祛, 民先受病].

이렇게 된다면 그 벌려 갔던 일은 백성을 위함이었던가 아니면 일거리를 빙자한 호사욕好事欲을 충족받기 위함이었던가? 사안事案이 지니는 가치기준이 혼미해진다. 이는 다른 말로 비유한다면 예산을 쓰기 위해 만드는 일임에 지나지 않으며 목적가치 없는 현실 호도적糊塗的인 것에 불과한 것일 뿐이다.

둘째, 일을 했다는 자랑거리를 만들기 위하여 서두르는 버릇을 지닌 수령들이 많다는 것을 지적하고 있다. 일을 잘 처리해 갈 수 있는 능력을 지닌 수령보다는 그렇지 못한 수령이 더 많다는 것을 안정복 선생은 개탄스럽게 지적하고 있다. 왜냐하면 재주도 갖추고 있지 않으면서 고을의 수령이 되면[居官行宰], 백성들로부터 일 못한다는 조롱을 받을까 두려워하여 앞뒤의 두서도 잘 알지 못하면서 무엇이든 한 가지 일을 만들어 그것을 실적으로 자랑삼으려 하기 때문이다. 사람의 능력과 일의 질량은 서로 등비례하는 것이니만큼 능력이 없거든 차라리 옛것을 존중하고 따르는 것이 옳다고까지 안정복 선생은 지적하고 있다.

셋째, 평소에는 한가롭게 소일하다가 일이 생겼을 때 떠들썩하는 것은 일을 그르치기 쉽다고 한다. 수령방백이 된 사람은 늘 깊은 사려를 가지고 언제나 궁리를 거듭해 간다면, 어떤 일을 당하여도 아무런 일 없는 듯이 처리해 갈 수 있으며[當於有事時, 若無事], 큰 일이 있어도 작은 일처럼[大事時, 若小事] 처리해 갈 수 있다고 한다. 그러기 위해서는 먼저 마음으로부터 일을 다루어 가기 위한 확신을 지녀야 한다고 하면서 그 같은 방법은 바로 선현들이 나라를 태산반석泰山盤石 위에 놓을 수 있었던 대도大道였다고 한다.

넷째, 어떤 일이든 기분 내킨다고 해서 서둘지 말 것이며 술 마신 뒤 그 술 취한 기분으로 일을 다루겠다는 망동妄動은 절대 경계해야 된다는 것이다[處事, 不可乘快而決]. 모든 일은 급히 서둘지 말아야 하고 자기를 알기 위한 노력을 게을리해서는 안 된다는 것이다[爲政者, 當自知之].

다섯째, 감정이 상기되었을 때 처사결정하는 것은 금물이라고 한다. 기쁨[喜]과 노여움[怒]은 인간의 감정을 표현하는 양극적兩極的인 근원이라 해도 과언이 아니다. 아주 기쁘거나 아주 노여울 때에는[甚喜甚怒] 언제나 중용을 잃기 쉬운 걱정이 뒤따르게 마련이다[常有過中之患]. 때문에 아주 기쁠 때의 처사는 방종해지기 쉬운 염려가 있으며[喜時處事, 慮有放縱], 아주 노여울 때의 처사는 잔혹해지기 쉽다[怒時處事, 慮有殘酷]는 것이다. 그리하여 고현古賢들은 기쁠 때에는 편지를 쓰지 않으며[喜不與信], 노여울 때에는 이미 받았던 편지의 답장도 쓰지 않는다고 하였다[怒不答簡]. 이것이 바로 기쁨과 노여움의 감정을 관리해 가는 기법이라고 안정복 선생은 귀띔해 주고 있다.

다섯째, 어려운 일일수록 시간을 두고 생각해야 한다는 것이다. 거관자로서 해야 할 일 중에는 쉬운 일보다는 쉽지 않은 일이 더 많을 것은 두말할 나위조차 없다. 일의 난이성 문제는 판단에 관한 문제이다. 즉 어느 것이 옳고 어느 것이 그르냐 하는 것을 가려내는 것일 뿐이다[事雖千頭萬緒, 只有是非兩端]. 옳다고 여겨지는 것 가운데에서도 그른 것이 무엇인가를 찾아내려 애쓰고[之是而求其非], 그른 것 가운데에서도 옳은 것이 있는가를 찾아내려 노력하는 것[之非而求其是]처럼 중히 여길 일이 없다고 한다. 왜냐하면 옳고 그름에는 절대적인 것이 있을 수 없기 때문이다. 설령 옳고 그름을 가려냈다 하더라도 거기에는 어느 것을 더 소중히 다루어야 할 것인가 하는 경중의 구분이 있어야 한다는 것을 목민자로서는 깊이 생각해야 한다고 안정복 선생은 밝히고 있다[是非之中, 又有輕重].

그와 같은 거관태도를 지녀야만 어떤 일이든지 경솔히 다루지 않게 된다고 한다. 만약의 경우 관官에서 일시적으로 능란한 처사라 해서 쉽게 처리한다면 그것은 도리어 백성들에게는 오랜 원한으로 남게 될지도 모른다는 것을 특히 경계해야 한다고 지적하고 있다. 그러면서 안정복 선생은 옛 사람의 말을 인용하여 선배가 한 일은 빈틈없이 해놓은 것이 많지만[前輩作事, 多周詳] 후배가 해놓은 일에는 빠트린 것이 많다[後輩作事, 多闕略]. 그러므로 조심해야 할 일은 궐략闕略되는 바 없도록 하는 것이라고 하였다.

여섯째, 일의 근간이 무엇인가를 잘 알아서 싸움을 해결해 가는 지혜를 지녀야 한다고 하였다. 모든 일에는 척량脊梁이 있다[凡事必有脊梁]. 그 척량을 한번 잃게 되면 일을 제대로 처리해 갈 수 없다[脊梁一失, 事不得中]. 따라서 척량을 파악하지 못하고 있으면 시비곡직을 가려서 처사하기란 더욱 어렵게 된다. 만일의 경우 형제간에 서로 싸우는 일이 있다면[假如兄弟爭訟] 형이 비록 잘못했다 하더라도 동생을 먼저 다스려야 한다[兄雖曲, 先治弟, 此名敎爲脊梁也]. 그것이 바로 가르침을 밝혀 가는 척량인 것이다. 그리고 윗사람과 아랫사람 사이에 분쟁이 있을 경우에는[上下相鬪] 윗사람이 비록 잘못했다 하더라도 먼저 아랫사람을 다스려야만 그것이 의義를 분명히 가리는 척량이 된다는 것이다[上雖曲, 先治下, 此分義爲脊梁也]. 그렇기 때문에 일을 처리함에 즈음해서는 반드시 그 본질[脊梁]을 찾아낸다면 현혹될 리도 없거니와 처리하기 어려워해야 할 걱정도 없을 것이다[遇事必占得脊梁, 則無眩惑難處之患失].

일곱째, 무슨 일이든 일을 맞이하게 되거든 먼저 기준을 세우라 하였다[凡當一事, 必先立一綱]. 안정복 선생은 7개 항목에 걸친 기준[綱]을 밝히고 있다. 즉 처사處事 시에는 지공至公을 기준으로 삼으라[公爲綱], 임민臨民 시에는 사랑을 기준으로 삼으라[愛爲綱], 부하를 거느릴 때에는 믿음을 기준으로 삼으라[御下, 信爲綱], 사람을 임용할 때에는 명석한 판단을 기준으로 삼으라[任人, 明爲綱], 돈을 쓸 때에는 절약한다는 것을 기준으로 삼으라[用財, 節爲綱], 부역동원할 때에는 균등함을 기준으로 삼으라[賦役, 均爲綱], 송사에 있어서는 신중함을 기준으로 삼으라[獄訟, 愼爲綱]. 그렇게 하면 일머리가 비록 복잡하다 하더라도 모든 일에는 기준이 있는 것인바[事緒雖多, 各有其綱], 근면성실히 노력한다면 모든 일에 있어서의 기준은 세워져 갈 것이라고 하였다.

안정복 선생은 말하기를 조조曹操는 전쟁터에서 적을 대할 때 언제나 마음을 편히 지니면서 늘 전쟁이 없다는 듯한 태도를 취했으면서도 늘 성공했던 까닭은 모든 일의 본질적인 기준을 잘 알고 있었기 때문이었다고 한다[臨陣對敵, 意思安閑, 常若不戰]. 그런데 어떤 이들은 자신이 지방장관이라 해서 사물의 이치나 원인 등은 살펴보지도 아니하고 먼저 사람을 매도하며[不說事因, 先罵人], 도리道理는 묻지도 않은 채 사람 따라 일을 저지른다[不問道理, 隨人行事]. 이 같은 소행이야말로 삼가야 할 일이다.

거관자의 경우일수록 말 한마디로서 천지의 화기和氣를 깨칠 수 있고[有一言而傷天地之和], 한 가지 일을 그르침으로써 한평생을 망칠 수도 있다[有一言而切終身之福者]. 특히 사회기풍이 타락하고[頹綱汚俗] 그릇된 습벽이 고질화되다시피 하여[積習已痼] 온갖 폐단이 줄지어 터져 가는 때일수록[奸弊隨生] 거관자의 처사는 순리가 무엇이며 일의 본질인 척량脊梁이 무엇이며 처사기준의 정도正道인 강綱이 무엇인가를 명석히 판단 지득하여야 할 것을 지적하고 있다.

이 같은 그의 유훈遺訓은 오늘에 살고 있는 우리에게 하나의 시정施政지표와 처사강령의 본질이 될 수 있는 것을 시사해 준 것임에 틀림이 없다.

5) 주민교화는 곧 작목지도作牧之道

일찍이 율곡栗谷은 그의 양병론養兵論에서 십만양병十萬養兵 못지않게 십년교화十年敎化의 병행을 제창했을 뿐만 아니라 전국적으로 향약鄕約을 실시하기 위한 솔선방법의 일환으로서 파주波州·서원西原·해주海州 등지에서 향약을 입약立約

하여 향민들과 더불어 널리 펴갈 것을 권장하곤 하였다.

안정복 선생은 그 같은 율곡 선생의 뜻을 높이 이어받고자 노력한 분 중의 하나이다. 안정복 선생은 그의 교화장教化章에서 주민교화住民敎化는 무엇보다도 몸소 궁행躬行하여 주민으로부터 신뢰를 세워 가야 한다고 하였다[必須躬行而立信於民]. 그러면서 목자牧者로서는 언제나 인애仁愛의 정신을 가지고 백성들에게 깊이 파고 들어가야 하며[漸民以仁], 그리고 백성을 어루만지는 것은 어디까지나 의로움을 그 바탕에 깔고 있어야 한다고 하였다[摩民以義]. 그래서 점漸과 마摩는 교민흥속敎民興俗의 요결이라고도 한다. 이와 같은 자기관리 방법을 체득하여, 즉 이신작칙以身作則한다는 정신으로 이른바 작목지도作牧之道를 삼아야 한다고 강조한다.

작목지도란 즉 지방자치단체장으로서 제구실을 다해 가기 위한 기본철칙이라는 뜻이다. 작목지도는 쉽기도 한가 하면 어렵기도 하다고 말한다[作牧之道, 亦易亦難]. 쉽다는 뜻은 다름이 아니다. 그 몸가짐을 공명정대하게 한다면 백성들은 명령을 내리지 않아도 목자를 본받아 행하기에 힘쓴다. 때문에 쉽다는 것이다[其身正, 不令而行, 故易]. 어렵다는 것은 목자로서 그 몸가짐이 바르지 못하다면 비록 명령을 내린다 해도 백성들은 따라와 주지 않는다. 때문에 어렵다고 말하는 것이다[其身不正, 雖令不從, 故難].

흔히들 나라의 영을 밝게 하고 형벌을 엄히 하면 국민교화는 될 수 있는 것인 양 이야기한다[政令明而刑罰嚴]. 그러나 사실은 그렇지 않다. 교화와 형벌은 본시 두 가지가 별개로 각각 있는 것이 아니라고 한다[敎化, 刑政, 本無二事]. 왜냐하면 교화는 체體이며 형정은 용用이기 때문이다[敎化, 其體也, 刑政, 其用也]. 용은 행하여지는데 체가 행하여지지 않는다면 이는 이치에 맞지 않는 말이다[用可行, 體不可行者, 無是理]. 그리고 형정만을 앞세우고 교화를 행하지 않는다면 백성들은 따르기는 할 것이지만 마음에서부터 복종하는 것이 아님을 알아야 한다[貌而不以心]. 그것은 어디까지나 위협 때문에 따를 뿐이지 덕망에 힘입음은 아닌 것이다[威而不以德]. 그렇기 때문에 백성을 다스리려는 거관자는 용(형정)보다는 체인 교화를 우선으로 삼아야 한다[爲治者, 必以敎化爲先].

교화의 정사政事는 그 요결이 목자 자신에게 있다. '한몸 바르게 갖기'를 제대로 한다면 교화는 잘 되어 갈 것인바, 그 교화를 폭넓게 펴가기 위한 기본적인 방법은 향약 이상의 것이 없다고 안정복 선생은 거의 확신하고 있었다[教化之政, 其要, 在於一身, 而其法, 自鄕約始]. 특히 안정복 선생은 주민교화 문제는 국가에서만이 맡아서 해야 한다는 생각은 하지 않았다. 사람이 사는 곳에는 으레 어른과 아랫사람이 있게 마련이고 마을마다 고을마다 치덕齒德을 겸비한 지도급인사가 있으므로 그런 사람들이 앞장서서 일상생활을 통하여 교화가 이루어져야 한다는 것이다.

그리고 향리마다 향약을 만들어서 주민 스스로가 주민성속住民成俗의 실효를 거두어 갈 수 있을 때 사회가 안정되고 나라가 융홍해질 수 있다고 그는 믿고 있다. 뿐만 아니라 향리마다 있는 명현사우名賢祠宇와 효열정려孝烈旌閭 등을 서로 찾아 시제時祭를 지내면서 선현들의 유덕遺德을 기리며 한편으로는 자손교육 자료로 삼고 다른 한편으로는 향리의 자랑거리로 선양하여 그곳에 함께 살고 있는 주민들의 자긍심을 높여 가는 사회교육적인 효과를 함께 거두어 가는 가르침을 남기고 있다. 그리고 또 다른 한편으로는 주민들에게 효제孝悌의 예풍禮風을 가르치기 위한 방안의 일환으로서 봄과 가을마다 반상班常의 구별 없이 연로주민을 위한 경로회를 개최하며 거리가 멀어서 참석키 어려운 노인에게는 미육米肉을 마련해서 보내드리도록 할 것을 권장하였다[以米肉量送]. 향리에는 향약을 두고 동리洞里에는 동약洞約을 두어 향인鄕人과 동민洞民들이 스스로 정한 약문約文에 따라 자율적으로 풍속을 순화해 가고 자치적으로 도덕교화의 실효를 거둘 수 있게끔 해야 한다는 것이다.

한편 수령방백은 향민들 가운데서 학덕을 갖춘 선비를 천거하여 그들로 하여금 향음향사지례鄕飮鄕射之禮 등을 방문지도케 하며 동시에 강약회講約會 등을 개최하여 계몽교육적인 활동도 함께 병행해 가도록 해야 한다는 것이 안정복 선생의 주민교화의 정론政論이기도 하다. 특히 주민교화는 말만을 가지고 되는 것이 아니라 실효를 거두어야 한다는 것을 강조하고 있다[教化之政, 不在於空言, 唯在於實效]. 이 밖에도 안정복 선생은 풍화지정風化之政을 이야기하고 있다. 풍화라는 것은 풍속을 아름답게 가꾸어 가자는 것이다.

교화는 사람인 주민을 가르친다는 데 그 주안점이 있는가 하면, 풍화는 그 향토에 넘쳐흐르는 미풍양속을 가꾸어 간다는 데 그 본질이 있다. 즉 풍화문제는 사회적 기강을 다룬다는 측면에서, 송사訟事문제는 풍헌風憲 차원에서 다룬다고 하였다[風化之政, 專爲執綱, 詞訟之類, 專爲風憲].

작은 일들은 주민들의 자치 차원에서 풀어 가도록 하고 큰 일들은 관官에 의뢰한다[小者, 任其自決, 大者, 呈官]. 그러나 큰 일이든 작은 일이든 이를 순리에 따르고 여론에 따라 처리해야 한다는 것을 귀띔해 주고 있다[有武斷操縱, 反爲害民]. 즉 구부러진 나무를 바로잡기에는 아픔이 뒤따른다. 그것은 먹줄을 놓아 굽은 부분을 깎아 냄으로써 재목으로서의 유용함을 만들어 낼 수 있는 것과 같아서 사정私情을 앞세우다 보면 양실兩失을 범하게 된다는 것이다. 즉 그릇된 사람을 더욱 그릇되게 만드는 결과를 빚게 되고 그릇된 일로 말미암아 사회기강을 무너뜨리게 되어 해풍오속害風汚俗의 폐해를 낳게 된다는 것이다. 그러므로 먹줄을 놓아 상처를 도려내는 아픔을 참고 견디면서 자율자치의 뜻을 펴가야 한다는 것이다[痛繩自律].

안정복 선생의 『임관정요』는 그 내용면에서 시사하는 바도 많고 장절章節 편성에 있어서도 방대하지만 그중에서 일부만을 간추려 보았다. 끝으로 몇 가지만 더 부언한다면 그의 독특하고도 설득력 있는 내용은 왠지 그냥 스쳐가기가 어렵다. 용재지도用財之道에서는 상검절용尙儉節用을 강조하고 구한지도救旱之道로서는 수리水利의 중요성을 역설하며[救旱之道, 莫先於水利], 육목지법育木之法으로서는 시월최적성十月最適性을 이야기하고 있다[凡種木, 十月爲上]. 그리고 전가지사田家之事는 일찍 파종하여 조기수확 방법을 강조하였으며[趨時早者, 所得亦早, 用力多者, 所得亦多], 산림녹화는 야생동물보호 면에서 중시하였다[使草木不得生養, 禽獸無所依附].

뿐만 아니라 마을안길 등은 주민자조노력으로 고쳐 가도록 권장하여 오늘의 새마을운동과 환경개선사업의 취지와 맥락을 같이하고 있음을 엿볼 수 있었다[道路橋梁, 不可不及時修飾, 鋤役畢後, 大路, 各其田夫修飾之, 里中委巷, 則里中分力修飾之]. 그리고 공중위생관리에 있어서도 큰 관심을 보여 주었다. 음양 이기二氣가 고르지 못하면 기황飢荒이 오게 되고 질병이 나돌게 됨을 경고하기도 하였다[二氣乖和, 必致飢荒, 疫疾必相並行].

3. 지방조직화와 양민원리론養民原理論

안정복 선생은 다른 실학자와는 달리 「향사법鄕社法」에 이르기까지 깊은 관심을 기울이고 있었다. 향사법이란 한마디로 이야기한다면 지역사회조직법인 동시에 주민조직법이기도 하다. 왜냐하면 사社라는 것은 마을을 의미하며 향鄕이라는 것은 오늘의 읍면 단위 지역사회의 규모를 뜻하는 것이기 때문이다.

신라시대에 '두레'라는 것이 있었다. 두레는 촌락 단위의 주민들이 공동생산활동을 펴가기 위한 '협동생산단위공동체'라는 의미를 지닌다. 그리고 향은 고향이라 이야기할 때 많이 쓰이는 글자이기도 하거니와 그것은 생활권 중심의 교호交互 유통반경을 나타내는 뜻을 지닌다. 때문에 그와 같이 농도 짙은 생활관계를 형성하고 있는 주민들을 일반적으로 향촌 사람들이라 일컫는다. 조선시대에 들어와서 향약이 성행하였거니와 향약을 가리켜 향촌인의 약속 또는 동정지인同井之人의 약속이라고 말했던 것은 바로 소단위 생활유통권의 공동체 성원관계를 의미하는 일종의 조례와도 같은 내용의 것이었다.

안정복 선생은 「향사법」의 서두에서 말하고 있거니와 우리나라의 경우는 향제鄕制가 분명치 않았다. 그렇기 때문에 지방행정을 펴감에 있어서 어려움이 많이 뒤따르게 된다는 것을 지적하고 있다. 향사법을 제정·실시함으로써 산업생산과 양민養民의 일을 해낼 수 있으며[可以遂生養], 교령을 실행해 갈 수 있고[可以行敎令], 풍속을 함께 순화할 수 있으며[可以同風俗], 백성들의 송사를 줄일 수 있고[可以止獄訟], 도적을 없앨 수 있으며[可以彌盜賊], 외적의 침입을 막을 수 있다[可以禦外侮]고 피력하였다. 이는 다른 말로 바꾸어서 이야기한다면 지방자치법이 건재해야만 사회안녕질서의 유지와 치안풍토를 정착시켜 갈 수 있다는 뜻이기도 하다.

「향사법」은 그런 의미에서 일곱 가지의 기본적인 골간을 그 내용으로 한다. 그것에 관하여 개략적으로나마 살펴보고자 한다.

1) 향사의 민적民籍관리

해당 지역의 모든 주민은 그 신분에 따라서 민적民籍을 지닌다. 물론 그 당시의 신분 개념은 오늘과 달랐던 것이 사실이다. 사족士族·품관品官·상고商賈·양민良民·유걸流乞 등 다양하게 분류하고 있는데, 군軍의 경우도 어영군御營軍·금아군禁衙軍·동오군東伍軍·아병牙兵·기공騎共·보병步兵·열읍잡색군列邑雜色軍 등 그 분류함이 자세하다.

그런데 한 가지 놀라운 것은 유걸流乞에 대한 고려이다. 유걸이란 일정한 생활근거지 없이 유랑하면서 걸식하는 사람을 말한다. 유걸 중에는 환과고독鰥寡孤獨에 해당하는 사람도 있는가 하면 거처할 곳이 없는 이도 있으며 빈곤으로 말미암아 계절적으로 유걸하지 않을 수 없는 사람들도 그 개념 속에 포함되어 있다. 「향사법」에서는 그들 유걸인들이 왜 그렇게 되었는가에 대한 내력을 조사하여 각자의 형편에 맞게끔 구제조치하되 겨울철에는 관에서 보살펴 주며 봄이 되면 각기 고향으로 돌려보내어 저마다 농사[家事]에 종사할 수 있도록 조치한다고 하였다. 유걸인 중에서 연고지 없이 죽게 된다면 그들은 의총義塚(공동묘지 등)에 장례 지내 주고 몸이 아파 병든 사람들은 나라에서 경영하는 양제원養濟院으로 보내도록 하였는바, 이는 사회복지 내지는 사회보장제도의 한 단면이라 해도 좋을 것이다.

이와 같이 유걸인에 이르기까지 그들의 신원을 파악할 수 있기 위해서는 민적이 정확해야 한다는 것이 바로 '향사지적鄕社之籍'인 것이다. 민적을 정확히 파악하기 위해서는 향민조직의 기준을 설정할 필요가 있다는 관점에서 안정복 선생은 향사조직의 원리를 뚜렷이 제시하고 있다. 5개 가호家戶를 통統으로 삼고[五家爲統] 통마다 통수統首를 둔다. 이는 지금의 반장에 해당한다. 통수는 통

내에서 양천良賤 중 나이가 지긋하고 집안살림도 좀 넉넉한 사람을 뽑아 통정統政을 이끌어 가도록 한다고 하였다. 통 위에는 갑甲을 둔다. 갑은 2개 통을 기준으로 하여 조직하되 갑에는 갑장甲長을 둔다. 그러니까 갑장은 10개 가호를 관장한다. 1개 통은 5가호이고 2개 통은 10가호이기 때문이다. 오늘의 통장에 해당한다. 갑장도 갑 내에서 뽑되 지혜롭고 사려가 깊으며 근면성실한 사람이어야 할 것을 요구하고 있다. 갑 위에는 사社가 있다. 사는 이미 앞에서 설명하였듯이 마을 단위의 주민집단을 말한다. 십갑위사十甲爲社라 하였으니 이는 100가호 규모의 지역사회를 말한다. 1갑은 10가호이기 때문에 10갑으로 구성되는 사는 당연히 100가호 규모의 마을이 된다. 사에는 사정社正을 두되 사정은 사내의 중서中庶 중에서 공정하게 일을 처리해 갈 수 있는 사람이어야 한다. 오늘의 리동장에 해당한다. 사 위에는 향鄕이 있다. 향은 단위취락으로 되어 있는 마을[社]을 지리적으로 편의대로 모아 하나의 지역단위로 구성함을 의미한다[聚社爲鄕]. 이는 오늘의 읍면의 규모에 해당한다. 향에는 향사鄕師를 둔다. 향사는 향내 인사 중 사족으로서 나이도 지긋하고 덕성도 갖추고 있으며 지도력도 있는 사람을 뽑아 추대한다.

2) 향사에 있어서의 지방행정

안정복 선생은 향사지정鄕社之政이라는 표현을 쓰고 있거니와 이는 요즈음의 자치행정단위의 시정방침과 거의 비슷한 의미로 풀이된다. 6개 강령을 그 기조로 하고 있는데 그것은 종래의 향약조鄕約條 중 특히 율곡 선생의 입약조立約條의 흐름과 유사하다.

첫째는 화촉상계火燭相戒라 하였다. 이는 한마디로 불조심하자는 뜻이다. 사람이 살아감에 있어서 가장 큰 불행스런 재앙이 있다면 그것은 수재水災·화재火災·한재旱災·병재病災 등을 손꼽는다. 비가 많이 내려서 생기는 수재라든가 가뭄이 들어서 생기는 한재, 그리고 괴병怪病 또는 전염병 등에 의한 병재 등은 그 당시 사정으로 보아서는 불가항력이었음이 분명하다. 그러나 수재는 사람들이 조심한다면 예방할 수 있는 재해임이 분명하다. 그래서 안정복 선생은 특히 화촉으로 인한 불을 조심하자고 강조했던 것으로 짐작된다. 그와 같은 짐작을 뒷받침해 주고 있는 것이 안정복 선생의 금송지정禁松之政을 의미하는 금송작계절목禁松作契節目이다. 즉 산림보호정책을 통하여 백성들의 이용후생을 증진한다는 정신이 거기에 담겨 있다. 요즈음처럼 진화鎭火장비가 기술적으로 발달되어 있는 시대에 있어서도 1년 중 발생하는 수백 건의 산화山火사고 예방에 고심하고 있다는 현실을 감안할 때 안정복 선생의 향사지정에서 불조심할 것을 제1순위의 시정강목으로 설정하고 있는 그 의의의 중요성을 알 수 있다.

둘째는 도적상어盜賊相禦라 하였다. 역대 왕조 어느 시대의 역사를 살펴보아도 도적이 없는 사회는 거의 없었다. 도적과 가난은 거의 함수관계를 지닌다 해도 과언이 아니다. 이른바 사회적인 빈곤이 깃들어 있는 곳에는 도적떼가 발호하게 마련이며 사회도의가 무너지게 마련이다. 도적질은 배고픔을 달랠 수 있고 제나름의 욕구충족이 된다면 도벽이 없는 한 스스로 뉘우쳐서 중지할 수도 있다. 그러나 도적질로 인하여 무너져 버린 도덕심은 거의 되찾기 어렵다는 문제점을 지닌다. 때문에 도적을 서로 막자는 것은 재물피탈財物被奪이나 재산침범 등을 사전에 예방하자는 뜻도 있지만 더 중요한 것은 인간의 심성파괴를 하는 일이 없도록 하자는 데 더 큰 의의가 있는 것으로 이해된다.

셋째는 우환상휼憂患相恤이라 하였다. 우憂는 질병 등으로 인한 걱정스러움을 뜻하며 환患은 화禍를 수반하는 재해 등을 의미한다. 우환이란 어떤 경우에도 심신의 건강을 빼앗는 원인이 되고 있다는 점에서 질병의 현상으로 나타나는가 하면, 사회적 건강을 잃게 한다는 점에서도 해악이 아닐 수 없는 것이다. 때문에 우환을 서로 보살피며 부조扶助하자는 것은 인보상조隣保相助하는 미풍양속의 퇴화를 막자는 이른바 사회보장적인 의의가 담겨져 있는 것이다.

넷째는 희경상하喜慶相賀라 하였다. 기쁘고 즐거운 일을 서로 나누어 가며 축하해 주자는 것이다. 예로부터 이르기를 슬픈 일은 나눌수록 작아지고 기쁜 일은 나눌수록 커진다고 하였다. 이는 사회적인 고통을 함께 나눈다는 뜻도 되며 사회적인 문제에 대한 책임을 분담한다는 뜻도 된다. 그 같은 의미를 바탕으로 하여 공동체성원의식을 강화해 갈 수 있다는 데 희경상하의 본질이 있는 것으로 이해된다.

다섯째는 법령상외法令相畏라 하였다. 법령은 그것이 법률이든 명령이든 나라의 의사를 표현하는 방법인 동시에 모든 사람들이 예외 없이 지켜가야 할 규범인 것이다. 법령을 두렵게 여기자는 것은 소극적으로는 법령을 어기는 일이 없도록 하자는 뜻도 있지만, 적극적으로는 적법정신을 가지고 매사에 솔선수범한다는 생활태도의 표현을 의미한다. 법 없이 살 수 있다는 사회는 양심 있는 사람이 대우받아 가며 생활할 수 있는 풍토가 성숙화되어 있음을 뜻한다. 그러나 법 있어도 살기 힘들다는 사회는 권모술수로써 곡학아세하는 폐풍이 가득 차 있는 사회를 표현하는 말이다. 그러므로 법도를 존중하고 법질서를 준행하며 법의 정신을 올바로 이해하여 실로 바르게 살아가자는 것이 법령상외인 것이다.

여섯째는 조부상근租賦相謹이라 하였다. 조부租賦라는 것은 토지 생산소득에 대한 납세를 말하는 것이기도 하거니와 이를 나누어서 말한다면 조租는 전답田畓수입에 대한 세금납입을 의미하여 부賦는 병역을 의미한다. 다시 말하면 납세의 의무와 병역의 의무를 잘 이행하자는 뜻이기도 하다. 이를 좀 더 적극적으로 풀이한다면 자진납세를 여행勵行한다는 뜻이기도 하다. 안정복 선생은 향사지정을 엄정히 해가기 위하여 일통지정一統之政은 통수가 책임지고 처리하며 일갑지정一甲之政은 갑장이, 일사지정一社之政은 사정이, 그리고 일향지정一鄕之政은 향사가 책임지고 자율적으로 다스려 가도록 하였다. 그와 같은 정사를 각자 책임지고 처리해 가되 만약의 경우 일전一錢 이상 뇌물을 받는 일이 있다면 그것은 도적으로 논죄한다 하였다[或因事受賂, 一錢以上, 卽以盜賊論].

3) 향사에 있어서의 주민교육

주민교육은 육민育民 차원에서 주시하여야 할 중대사 중의 하나임에 틀림이 없다. 향사로서 지방자치력을 지니기 위해서는 능력 있는 주민을 거느릴 수 있어야 한다. 향사지정의 지주가 돼야 할 교육 요목은 적어도 다음의 6가지여야 할 것을 안정복 선생은 밝혀 놓고 있다.

첫째는 부모를 잘 받들라는 것이다. 즉 효도하는 주민을 길러야 한다[孝順父母]. 둘째는 이웃 어른에게 예절을 갖출 줄 아는 질서 있는 생활풍토를 익혀 가도록 주민을 가르쳐야 한다는 것이다[尊敬上長]. 셋째는 마을, 즉 지역사회 주민들 사이에 화목하는 협동기풍을 진작하도록 하자는 것이다[和睦鄕里]. 넷째는 자손을 잘 가르치고 기르자는 것이다[教訓子孫]. 즉 각 가정마다 어린이 교육으로부터 예속禮俗을 잘 익혀 따르도록 노력하자는 것이다. 다섯째는 주민 각자가, 그리고 집집마다 제나름의 생산활동에 힘써서 이른바 경제적인 안정을 이룩해 가도록 근면하자는 것이다[各安生利]. 여섯째는 어떤 경우에도 그릇된 일을 범하지 않도록 가르치고 거짓행동을 하지 않도록 가르쳐야 한다는 것을 천명하고 있다[毋作非僞]. 이 같은 주민교육을 보다 효과적으로 추진해 가기 위해서 주민표창제도를 도입하되 효행孝行과 정렬貞烈을 으뜸으로 삼을 것을 밝히고 있다.

4) 향사에서 실행해 가야 할 예풍

관혼상제冠婚喪祭에 관한 예절은 전통적으로 전해 오는 가례家禮에 따르되 다음의 3가지 점에 있어서 특히 주의를 기울이고 있다.

첫째는 향음례鄕飮禮이다. 이는 생활권 단위의 지도자(갑장·사정·향사)가 주민예절을 가르치고 화합을 이룩해 가기 위하여 마련하는 요즈음 말의 간친회懇親會를 연다는 뜻이다. 이러한 기회를 통하여 공동 관심사에 대한 여론수렴과 사회적 제력諸力의 통합 가능성을 높여 간다는 의도를 밝히고 있다.

둘째는 주민훈련을 통한 자위력自衛力의 향상이다. 이를 사례射禮라고 한다. 안정복 선생은 자위력 있는 주민공동체를 기르기 위하여 이른바 군사훈련의 정도精到를 높이고자 노력하였다. 요즈음의 예비군교육처럼 매월 1일과 15일에는 선비부터 농민에 이르기까지 모든 주민들이 활 쏘는 연습과 훈련에 임하도록 하였다. 사류士類의 경우에는 학궁學宮(배움터)에 마련되어 있는 사대射台에서 훈련받고[習于學宮] 일반 주민의 경우에는 별포別圃로 마련되어 있는 곳에서 습사習射하도록 하며 벼슬길에 나아가 있는 서인庶人의 경우에는 근무지에 마련되어 있는 곳에서 습사하며 농민의 경우에는 농사지어 가면서 틈을 내어 이른바 농한기에 훈련을 받도록 한다고 하였다. 이 같은 방식을 농극습사農隙習射라고 하였다. 바꾸어서 말하면 일하며 싸우고 싸우며 일한다는 원리가 바로 그것이다.

셋째는 활쏘기를 익히기 위한 교장教場의 설치문제이다. 안정복 선생으로서는 매 향에 넓직한 빈터를 찾아 그곳을 주민습사의 교장으로 삼고 그곳에 교사를 배정하여 훈련을 실시해 가는 가운데서 무예에 뛰어난 사람들을 선발하여 이를 추천하는 일도 함께 해나갈 것을 제의하고 있었다. 이는 임진왜란과 병자호란 등으로 겪었던 쓰라림을 되밟지 않기 위한 실학자로서의 진성眞誠의 표현임에 틀림이 없다. 이와 곁들여서 가로街路를 통행할 때에는 남자는 좌측통행을 하고 여자는 우측통행을 하도록 권장하기도 하였다[男子由左, 女子由右]. 뿐만 아니라 주민간의 약속인 향약문鄕約文을 서로 읽고 읽히는 독약회讀約會를 정기적으로 개최하여 주민들로 하여금 해이해지지 않도록 하기 위한 최소한의 긴장유지방법을 강구하고 있었다.

5) 향사에 있어서의 생산 장려

향사지양鄕社之養이라고 말하고 있는 것은 농업생산 장려뿐 아니라 작목별作目別 적지適地 선정에 이르기까지 깊은 고려를 기울이고 있다. 예를 들면 농전農田은 적지를 최대로 넓혀 가며[隨土所宜], 수전水田은 그 생산성 보장을 위하여 수리의 이점을 극대화하고 가뭄에 견디기 어려운 한인旱因에 식부植付하기 위한 작목을 찾아 휴경지休耕地가 없도록 하며 나무를 많이 심어 녹화綠化에 보탬이 될 수 있는 방법을 강구하며 춘하추동 4계절에 알맞은 영농정보 내지는 기술을 깨우쳐 주어서 농민들로 하여금, 그리고 주민들로 하여금 실기失機하는 일이 없도록 영농지도를 철저히 한다는 것을 뚜렷이 밝히고 있다.

이와 아울러서 향 단위로 공동묘지를 마련하여 무의탁자無依託者 장례절차까지도 제대로 치를 수 있게 할 뿐만 아니라 양제원(의료기구)을 여러 곳에 세워서 주민보건에 이바지하는 한편, 환과고독 등 부양자가 없는 주민들을 보살펴 주는 사회제도 등을 폭넓게 펴가도록 하였다.

6) 향사에 있어서의 자력방비

율곡의 십만양병론이 지니는 그 구상이나 안정복 선생의 자력방비인 향사지비鄕社之備의 논리구조는 기본적으로 한반도가 삼면이 바다로 에워싸여 있다는 지정학적인 특수성을 고려하고 있음을 알 수 있다. 율곡이 팔도에 일만 명의 병력을 균배하고 수도인 한성의 방위 병력을 이만 명으로 구상하였기에 십만 양병이었던 것이다. 즉 우리나라의 전선은 내륙 일직선으로 형성되는 것이 아니라 '일면 육로 삼면 해로'라는 지리적인 특수성을 감안하여 이른바 36방위전선 개념을 바탕으로 하지 않을 수 없었던 것을 깨닫게 된다.

안정복 선생의 향사지비가 지니는 그 논리도 같은 맥락에서 이루어지고 있다 하겠다. 그 방비기준을 보면 주민의 경우에는 집집마다 활이나 창·검 중 무기 1종을 갖추어 지니고 몽둥이 하나쯤은 다 간직하고 있어야 한다. 그리고 매 통에는 적이나 도적을 체포하기 위한 포승줄과 이웃에 알리기 위한 '징'이 있어야 하며 봉화용烽火用 불방망이 등을 갖추고 매 사에는 북과 나팔, 사기社旗 등을 준비하고 있어야 한다.

그리고 향 단위에서는 대고大鼓와 운반수단으로서의 우거牛車와 추적용 말[馬]

도 최소한 3필은 있어야 한다고 하였다. 그 밖에도 매 각에는 건정健丁 3명을 조직적으로 동원할 수 있어야 하고 매 사에는 예사藝士 2명을 고정배치하며 매 향에는 도략사韜略士 1명을 두어 비상시에 대비하도록 하였다.

7) 향사에서 금지하는 사항

몇 가지 주요 사항만을 열기列記한다면 ① 탈상도 하기 전에 새장가 드는 것, ② 동성동본끼리 혼인하는 것, ③ 사람들을 모아 놓고 노름판 벌리는 것[聚衆賭博], ④ 기녀를 끼고 술타령 하는 것, ⑤ 재산 좀 있다 하여 독단적인 행동을 하는 것, ⑥ 힘께나 쓴다 하여 싸움을 일삼는 일, ⑦ 높은 이자로 돈을 놀리는 것, ⑧ 공사公事를 빙자하여 사사로운 이욕을 차리는 것, ⑨ 이웃사람과 쟁송시비하는 일, ⑩ 일하지 아니하고 놀고 먹는 일[惰農遊食], ⑪ 무속을 좋아하는 것, ⑫ 요괴스러운 언동으로 사람을 속이는 일, ⑬ 호화잔치 벌이는 일 등이 그것이다.

안정복 선생은 이 같은 향사법의 실효성을 뒷받침하기 위하여 치군요법과 금송작계절목 등을 펴내고 있는데 그것들은 모두가 우리에게 시사하는 바가 크다는 것을 부인할 수 없다.

안정복의 사창에 대한 연구

오환일

1. 서론

순암 안정복[숙종 38(1712)~정조 15(1791)]은 조선 후기의 실학자이다. 그의 집안은 전통적인 남인계였기에 부(극極) 이래 당쟁에 희생되어 불우한 생활을 하였다. 그가 제천에서 출생하여 서울 건천동, 영광, 서울 남천동, 울산, 무주로 전전하다가 광주부 경안면 덕곡리에 정착한 것도 당쟁과 무관한 것만은 아니었다.

순암은 어려서부터 학문에 뜻을 세워 경학은 물론 역사・천문・지리・의약 등에 걸쳐 폭넓고 깊은 학문의 경지에 이르렀으나 과거에는 한 번도 응시하지 않았다. 35세(1746)에 이익(성호)의 문하에 들어가 그의 가르침을 받기 시작하였으나 성호의 지식주의와는 달리 주자를 독신篤信하여 성현의 말씀을 성실히 실천에 옮기는 데 학문의 목표를 두었다.

그는 잠시 관직에 진출한 적도 있으나 80세로 세상을 마칠 때까지 꾸준한 학문연구와 선비로서의 몸가짐을 게을리하지 않았다. 그동안 성호의 가르침을 받는 한편 성호학파의 여러 학자들과 학문을 토론하며 실학사상의 영역을 넓히고, 경세치용학 특히 역사학에 훌륭한 업적을 남겼다. 이것은 같은 성호 문하이면서도 권철신權哲身 등이 주자학에 대한 회의와 비판, 서양문화의 급진적 수용 등을 추구한 것과는 대조가 된다.

순암은 조선 후기(18세기)에 살면서 전통적인 성리학 체제가 이완되어 가는 제도적 모순과 서학西學의 전래 등 격동 속에서 우리의 전통적 가치와 유교이념을 유지하기 위하여 고심하던 사상가였다. 그는 『이리동약二里洞約』을 정리하고 목천현감木川縣監 재직 시에는 향약을 실시하여 성리학적 향촌자치를 기대하였고 방역소防役所를 설치하여 주민들의 부담을 덜어 주려는 노력을 하기도 하였다.

순암 안정복에 대하여는 이미 몇 편의 단행본과 논문이 발표되었다.[1] 그러나 그 내용은 대부분 실학과 경학 및 역사학 연구에 치우쳤을 뿐 그가 추구한 향촌자치와 경제학적인 상부상조하는 사창社倉에 대한 연구는 드물다.

이에 본고는 조선 후기 사회변동 속에서 순암이 추구한 향촌관을 살피며 그가 시도하던 동약洞約과 사창을 검토하려고 한다. 이를 통하여 조선 후기(18세기) 재지사족在地士族들이 향촌의 안정을 추구하기 위하여 노력한 한 단면을 살펴볼 수 있을 것으로 생각하기 때문이다.

---

1 황원구(1965), 「안정복」, 『한국의 인물상』 4, 신구문화사; 심우준(1985), 『순암안정복연구』, 일지사; 심우준·정필모(1974), 「순암안정복연구서설」, 『인문학연구』 1, 중앙대학교.

2. 안정복의 생애와 향촌관

1) 생애

안정복의 자字는 백순百順이고 호號는 순암・상헌橡軒・한산병은漢山病隱・우이자虞夷子이다. 안정복은 광주를 본관으로 하는 시조 안방걸安邦傑의 31세손으로 울산부사 서우瑞羽의 손자이며 증贈 호조참판 극의 아들이다. 그의 선조로는 청백리로 알려진 좌찬성左贊成 사간思簡과 삼포三浦의 왜란을 물리친 호조판서 겸 부원수副元帥인 익헌翼憲, 덕흥대원군의 사위인 돈녕도정敦寧都正 황滉 등이 있으며, 영고별검永庫別檢을 지내고 사복사정司僕寺正을 추증받은 신행信行은 그의 증조이다. 조부 서우는 문학과 기절로 유림에 추앙을 받았으나 당시 당파로 인해 배척을 당해서 그 벼슬길에 오르지 못하였다. 이 영향은 안정복에게도 미치었다. 부 극은 호조참판 광평군廣平君을 증직받았고, 사류士類에게 선행하여 칭송을 받았으며 비妣는 정부인貞夫人을 받은 이익령李益齡의 딸로 효녕대군 보補의 후예이다.[2] 그의 가계家系를 살펴보면 〈표 1〉과 같다.

안정복은 1712년(숙종 38) 충북 제천현 유원楡院에서 출생했으며, 1721년(경종 1) 10세에 처음으로 학문의 길에 들어섰다. 그는 어려서부터 영특하여 『소학』을 읽을 때부터 문의에 밝았으며, 천백언千百言을 기록해서 한번 보면 즉시 암송했다.[3] 그는 어릴 적부터 '선비라면 일기예一技藝만을 가져서는 안 된다'고 하여 경・사・시・예 외에 음양・성력星曆・의약醫藥・복서卜筮에서 손오병법孫吳兵法과 불로서佛老書와 패관소승稗官小乘에 이르기까지 서계書契가 생긴 이래 문헌상 고증할 만한 것들은 박람博覽치 않은 것이 거의 없었다고 한다.[4] 15~16세부

---

2 『순암집』, 「順菴先生行狀」.

3 위와 같음.

4 『순암집』, 「順菴先生年譜」.

〈표 1〉 안정복의 가계도家系圖[5]

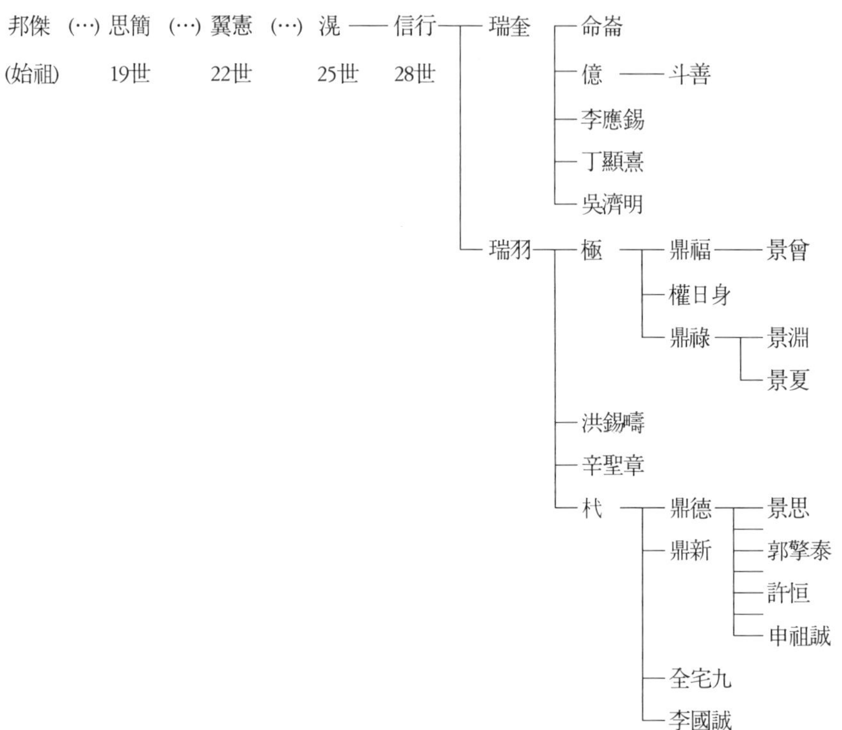

터는 성리학의 중요성을 깨닫고 잠심潛心 연구해서 이를 초록하고 구송口誦도 하였다.[6] 26세 때에는 벌써 『성리대전』의 내용을 분석해서 나름대로 유학의 심성을 깨우쳤고, 30세 이전에 「치통도治統圖」·「도통도道統圖」·『하학지남下學指南』·「정전설井田說」·「내범內範」 등의 저술을 남겼다. 35세 때에는 안산 성촌에 있는 성호 이익의 덕의를 흠모해서 사사했다. 그가 얼마나 독실했는가는 30세 때 성호가 보낸 서찰에서 알 수 있다.

5 『廣州安氏大同譜』 권1·2(국립중앙도서관 소장권).

6 『순암집』, 「順菴先生年譜」.

이제 그대의 글을 보니 속학인俗學人의 모주풍模倣風에는 비할 바가 아니요, 과연 우리들에게도 인물이 있다는 것을 깨닫게 되니 여생의 희망이오, 족히 위로가 되오. 뜻있는 선비라면 반드시 '정靜'과 '경敬'을 주지하는 방향으로부터 힘을 써야 비로소 이것이 수기치인修己治人의 기초가 될 수 있소.[7]

이 답서에서 보이는 것은 순암이 그에게 사사하기 이전에 벌써 학문의 토대가 비범했던 것을 성호에게서 인정받았음을 보여 주고 있다.

38세에 이미 순암의 학문은 널리 알려져서 정관政官이 이를 알고 동몽교관童蒙教官으로 내정까지 하였으나, 정작 후릉참봉厚陵參奉의 벼슬을 주고 경학현주經學懸註의 직책을 맡으라 하였을 때 이를 거절하였다.

그러나 얼마 안 가서 순암에게 다시금 관운官運이 열려 장사랑將士郎 만녕전참봉萬寧殿參奉의 벼슬을 맡게 되었는데, 그는 부임한 지 불과 1년 4개월 만에 종사랑從士郎 조봉대부직朝奉大夫職까지 겸하게 되고, 조산대부朝散大夫 의영고참사義盈庫參事로 승진하여 입경사은入京謝恩하게 되었다. 그가 말단서료에 불과한 직책을 담당했지만 재직 시에는 청렴하고 근신하였으며 사관祠官에 옮겨지자 전직처에서는 그의 청덕을 흠모하여 의영문 밖에 거사비去思碑를 세운 일[8]까지 있던 약관의 청관淸官이었다. 성호가 이를 듣고 "경위비관京衛卑官으로서는 고금에 처음 있는 일이다"[9]라고 격찬하였다.

이후 그는 봉열대부奉列大夫·봉정대부奉正大夫·중훈대부中訓大夫·중직대부中直大夫를 지내다가 41세에 통훈대부정릉직장通訓大夫靖陵直長으로 승진하였고 42세에는 육품六品으로 승진 귀후서별제歸厚署別提가 되었으나, 용산에 우거하던

7 『순암집』, 「順菴先生年譜」. "今見來書 大非俗學撈摸之比 此果吾黨之有其人 而恰慰餘生之望 又云有志之士 必先從主靜持敬上用力 方是脩行立命之基云."

8 위의 책, 「順菴先生年譜」.

9 위와 같음.

그해 10월에 부친의 황두黃痘를 치료하기 위하여 매서妹婿 오석신吳錫信의 집에 머무른 적도 있었고, 익년 4월에는 중부동 외가에 이우移寓하기도 하였다.

그는 말년에 다시금 목천현감으로 부임하였으며, 61세 때에는 왕세손을 전도傳導하는 익위사익찬翊衛司翊贊을 수락하여 세자(정조)를 가르친 일도 있었다. 70세 이후에는 돈녕부주부敦寧府主簿가 되었다가 통정대부通政大夫로, 다시 첨지중추부사僉知中樞府事·가선대부嘉善大夫에 승자昇資하였고 동지중추부사同知中樞府事가 된 것은 모두 고령에 대한 형식적인 예우였다. 그는 1791년 80세 고령으로 죽기 전까지 생활신조로서 고인의 성덕을 숭앙하고 더욱 강명침중剛明沈重한 덕을 쌓고자 노력하였다.

순암은 성호와의 교류 속에서 '경세치용'을 추구하였지만, 그것은 주자의 학에 바탕을 둔 실천궁행이었다. 성호가 서양 학문에서 새로운 지식을 얻고 이를 통하여 종래의 유학적 사고를 과학적 방향으로 전환시키려 했던 것에 대하여 순암은 오직 선현의 학문을 성실히 계승하는 입장을 취했다. 이러한 견해는 당시 정치·사회의 모순을 해결하려는 방법과 시각에서 커다란 차이를 보이고 있다. 특히 천주교에 관해서는 다른 남인계 실학자와는 달리 매우 비판적인 반론을 전개하였는데 이는 주자학적인 견지에서 이해하려 하였기 때문이다.

18세기 말엽에 이르러 천주교는 학문적 대상에서 점차 신앙운동으로 발전하였다. 당시 정치·사회의 모순을 해결하고자 고심하던 실학자들의 일부가 천주교 서적을 읽고 유교의 인륜과 가부장적 가족주의, 신분계급주의를 배격함으로써 조선의 현실을 부정하는 사상으로 받아들였기 때문이다.

이러한 신앙운동에는 안정복의 문하와 혈연·친지들이 많이 참여하였다. 당시 신앙운동을 이끌었던 이가환李家煥은 이익의 후손으로 이학파理學派의 거두인 이승훈李承薰의 외삼촌이고, 핵심인물인 정약종丁若鍾·약용若鏞 형제의 매제가 이치훈李致薰, 치훈의 친형이 이승훈이었다. 또 이수광의 후손인 이윤하李潤夏는 핵심인물인 권일신權日身·권철신權哲身의 매제이고, 권일신은 안정복의 사위이자 수제자이며, 이기양李基讓·이기경李基慶도 역시 안정복의 수제자였다.

이러한 신앙운동은 1783년(정조 7) 이승훈이 북경에서 서양 신부에게 영세를 받고 돌아온 이후로는 남인학자와 중인・상민・부녀자들에게까지 더욱 광범하게 유포되어 갔다.[10] 그런데도 순암은 "순수한 풍속이 점차 흩어지고 성현의 교화가 쇠퇴하여 욕심을 좇는 이가 날로 많아지니 천주가 크게 자비를 베푼 까닭"[11]이라고 하였으며, 특히 천지창조론에서는 "천주가 노제불아輅齊拂兒가 변해서 마귀가 된 것을 노여워해서 지옥에다가 떨어뜨려 이로부터 마치 천지간에는 비로소 마귀가 있고 지옥이 생겼다"고 하는 논에 대해 순암은 "만일 노제불아를 위해서 지옥을 설치했다고 한다면 지옥은 드디어 천주의 사옥私獄일 것"이라면서 신랄하게 비판하고 있다.[12]

순암이 비판하였던 것처럼, 1785년(정조 9)에 정부는 천주교가 현실세계를 부정하고 군신・부자의 의를 경시하는 등 전통적인 유교윤리를 혼란케 한다 하여 드디어 천주교를 사교로 규정하여 금령을 내리기에 이르렀다. 그리고 전라도 진산에서는 천주교 신자 윤지충尹持忠이 모상母喪을 당하여 신주神主를 불사르고 천주교 의식을 행한 사건이 발생하였는데 이는 바로 안정복이 이 세상을 타계하던 1791년(정조 15)에 일어났던 사건이었다.

순암이 살았던 18세기는 '변동'의 시기라 할 수 있다. 이 시기는 농업생산력이 발달함에 따라 유통경제의 일반화와 이로 인한 상공업의 진전 등으로 특징지을 수 있는 사회적 여건 속에서 신분이나 사상 등 모든 면에서도 변화가 추구되었다. 이러한 변화 속에서 순암은 변화에 대한 방파제를 주자학적 질서에서 찾고 있었다. 따라서 주자의 향약이나 사창을 당시 문란했던 향촌질서의 복구책으로 제시했던 점은 매우 자연스런 일이었다.

---

10 김옥희(1973), 「서학의 수용과 그 의식구조」, 『한국사론』 1, 서울대; 홍이섭(1976), 「이벽－한국근대사상의 그의 위치」, 『한국천주교회사논문선집』 1, 한국교회사연구소.

11 『순암집』 권17, 「天學考」. "淳樸漸漓 聖賢化去 從欲日衆 循理日稀 於是天主大發慈悲 親來救世."

12 위의 책, 권2, 「上星湖先生別紙 丁丑」.

2) 향촌관鄕村觀

(1) 향사법鄕社法

순암은 당시 사회적 생산력의 발달에 따른 신분관계의 변화와 이에 대한 향촌민의 대응을 주목하면서 피폐해진 향촌을 복구하기 위한 여러 가지 구상안을 내놓았다. 그의 구상은 '교화'를 통하여 '위정'이 이루어져야 한다는 것으로, 이를 성공적으로 이루기 위해서는 확고한 향촌조직의 기초가 우선 필요하다고 생각하였다. 따라서 그는 이미 반포된 '오가작통법五家作統法'을 기초로 하여 '향사법'을 향촌조직의 강화책으로 제시하였고, 이를 바탕으로 풍약風約[13]·동약[14]·사창[15]·송계松契[16] 등을 시행함으로써 향촌의 안정을 기할 수 있다고 생각하였다.

오가작통은 강도와 절도 방지, 풍속의 교화와 유민 방지, 호적에서의 탈루자 방지 등을 위해 이미 여러 차례 시행된 적이 있었고[17] 『경국대전』에도 법제화되어 있는 제도이다. 즉,

---

13 위의 책, 권16, 「傳令邑內風約諸里任」·「到任初諭各面文 丙申年」; 『숙종실록』 권4, 숙종 원년 을묘 9월 辛亥條.

14 『순암집』 권16, 「廣州府慶安面二里洞約」.

15 위와 같음.

16 『臨官政要』 하, 禁松作契節目(국립한-31-497, 국립중앙도서관).

17 오가작통에 대한 최초의 기록은 1428년(세종 10)의 『세종실록』에서 찾아볼 수 있다. 즉 "주·당의 제도를 모방하여 서울의 5부 각 坊에는 다섯 집을 比로 하여 比長을 두고, 성 밑 각 면에는 서른 집을 里로 하여 권농 한 사람을 둘 것"을 내용으로 하는 한성부의 건의가 있었지만 받아들여지지 않았다. 1455년(단종 3)에는 강도와 절도의 방지를 위해 儒品과 有蔭子弟를 제외하고 평민의 다섯 집을 한 통으로 조직하여 통 내에 강도·절도를 은닉하는 것이 발각되면 통 전체를 변방으로 이주시킬 것을 입법하였다. 이것은 세종 즉위년에도 재차 확인되고 있으며, 1475년(세조 3)에는 지수관개의 利를 감독하기 위하여 8도 각 고을에 統主를 설치하는 등 여러 차례의 시행 논의와 노력이 있어 오다가 『경국대전』에 드디어 법제화되었다.

> 서울과 지방 모두에 다섯 집을 한 통統으로 하여 통에는 통주統主를 두고, 지방에는 매 5통마다 이정異正을, 매 면마다 권농관勸農官을 두며, 서울에는 매 일방一坊마다 관령管領을 둔다.[18]

고 하였다. 그러나 오가작통법은 실제 시행에는 많은 어려움이 있었지만, 1675년(숙종 1)에 윤휴尹鑴의 건의에 따라 비변사에서 「오가작통사목」 21개조를 제정하면서 전국적인 실시가 강행되었다.[19] 「오가작통사목」의 내용은 다섯 집을 한 통으로 하여 통수의 관장을 받고, 5~10통을 소리小里, 11~20통을 중리中里, 21~30통을 대리大里로 하여 이정異正과 이유사異有司 각 1명씩을 두고, 면에는 도윤道尹과 부윤副尹을 각 1명씩 두어 이정을 지휘하게 하였다. 그리고 면윤面尹은 수령의 감독을 받도록 하였다.

오가작통법은 17세기에 이르러 면리제面里制의 정착과 밀접한 관계를 가지면서 정부의 제도적인 뒷받침 아래 시행되었다. 「오가작통사목」에 보이는 시행의 표면적인 이유는 농경을 도우며 환란을 상호 규제하는 데 있었지만 실제로는 유민의 발생을 규제하는 각종 조세의 납부를 독려하는 데 그 목적이 있었다. 그러나 정부의 시책과는 달리 오가작통법이 잘 이루어지지는 않은 것 같다. 그것은 숙종연간의 오가작통법 시행 이후에도 논의가 계속된 데에서도 시행의 어려움을 알 수 있다.

순암은 오가작통법 등의 향리제도가 잘 이루어지지 않은 것은 인호人戶로써 구획하지 않고 지역으로써 구획한 데에 실패 원인이 있다고 생각하였다. 그는,

> 우리나라의 향리제도는 분명치 못하다. 옛적에는 인호를 가지고 향리를 정했던 것이니, 즉 『주례』에 2천 5백 가家로 향鄕을, 『관자』에 2천 가로

18 『經國大典』 卷2, 戶典 戶籍條.

19 『備邊司謄錄』 31책, 숙종 원년 9월 24일조.

향을 삼고, 후세에도 또 1천 호로 향을 삼았던 유와 같은 것에서 찾아볼 수 있다. 우리나라의 면이 즉 옛적의 향과 같은 것인데, 인호로써 설정하지 않고 지역을 정리해서 구획해서 정하게 되었다. 그렇기 때문에 각 면 인호의 다과가 같지 않다.[20]

고 하면서 시의에 맞는 향리제도를 구상하기에 이르렀다.

순암이 구상하였던 향촌 안정책은 향사법으로서, 주대의 향수제鄕遂制를 바탕으로 하여 마련하였다.[21] 그는 향사법이 성립되면,

생양生養을 이룰 수 있고 교령을 행할 수 있으며, 풍속을 동일하게 할 수 있고 옥송獄訟을 그치게 할 수 있으며, 도적을 없앨 수 있고 외적을 방어할 수 있어 성왕의 정치를 부흥시킬 수 있다.[22]

고 하면서, "진실로 나라를 굳게 하고 백성을 편케 하는 중요한 방법으로 교화와 정사의 길이 모두 여기에 있다"[23]고 하였다. 그는 향사법을 구체적으로 향사지적鄕社之籍·향사지정鄕社之政·향사지교鄕社之敎·향사지례鄕社之禮·향사지양鄕社之養·향사지비鄕社之備·향사지금鄕社之禁 등으로 체계화시키고 뒤에 향사패식鄕社牌式을 부가하였다.

향사지적에서는 민民·공장工匠·사족士族·상고商賈·품관品官·승니僧尼·중서中庶·화사化士·서인재관자庶人在官者·창우倡優·양민良民·무격巫覡·공사천

---

20 『臨官政要』, 附錄, 「鄕社法」. "我國鄕制不明 古以人戶定鄕 如周禮 二千五百家爲鄕 管子二千家爲鄕後世又以千戶 爲鄕之類 是也 我國之面卽古之鄕也 不以人戶 而劃地以定 故各面人戶 多寡不同."

21 위의 책, 附錄, 「鄕社法」. "此卽古鄕遂之遺意也."

22 위의 책, 附錄, 「鄕社法」. "此制成而後 可以遂生養 可以行敎令 可以同風俗 可以止獄訟 可以弭盜賊 可以禦外侮 而聖王之治興矣."

23 위의 책, 附錄, 「鄕社法」. "一切敎化 一切政事 皆寓于此."

公私賤・유걸流乞・군軍・아병牙兵・어영군御營軍・기병騎兵・금위군禁衛軍・보병步兵・총융군摠戎軍・열읍잡색군列邑雜色軍 등으로 직역과 신분을 나누었다.

향사법은 오가五家로 통統(수首를 둔다)을 편성하고, 2통으로 갑(장長을 둔다), 10갑으로 사社(정正을 둔다), 사를 모아 향(지금의 면으로 사師를 둔다)을 설치하여 관사의 명령을 받도록 구성하였다.[24] 이러한 향촌조직을 통하여 이단은 서로 경계하고 도적은 서로 방어하며, 우환은 서로 구원하고 희경喜慶은 서로 축하하며, 법령은 서로 두려워하고 조부租賦는 서로 삼갈 수 있는[25] 향사지정을 펼 수 있다고 생각하였다. 즉 1호에 무슨 일이 있을 때에는 4호가 달려가고, 1통에 일이 있을 때에는 9통이 달려가고, 1갑에 일이 있을 때에는 9갑이 달려가고, 1사에 일이 있을 때에는 모든 사가 달려감으로써[26] 일을 해결할 수 있다고 하였다. 반면에 무릇 1호가 범금하면 9호가 드러내고, 1갑이 간인을 숨기면 9갑이 드러내고, 1사가 간인을 숨기면 9사가 드러내고, 1향이 간인을 숨기면 각 향이 드러내고, 사방司坊이 간인을 숨기면 상관이 드러냄으로써[27] 향사지금을 지킬 수 있도록 하였다.

이미 향촌에는 각 면에 풍헌風憲이 있어 관령을 봉행하고 문서를 관찰하고 있었으나, 이와는 별개로 향사는 교화・쟁송에 대한 일만을 담당케 하였고 만

---

24 위의 책, 附錄, 「鄕社法」, 鄕社之籍. "五家爲統 統有首 擇統內良賤中年長産優者 爲之 總一統之政 而聽命于甲長 統必以隣比相次爲之 零戶隨寄 戶有戶票 二統爲甲 甲有長 擇甲內良賤中智慮勤幹者 爲之 擇一甲之政 而聽命于社正 甲必以隣相次爲之 零戶隨寄 統有統票 十甲爲社 社有正 擇社內中庶中公正解事者 爲之 總一社之政 而聽命于鄕師 師必以村里相次爲之零戶隨寄 甲有甲票 取社爲鄕(今之面也) 鄕有師 擇鄕內士族中齒德俱優者 爲之 總一鄕之政 而聽命于官司 衰益隨寄社有社票."

25 위의 책, 附錄, 「鄕社法」, 鄕社之政. "一鄕法之政 一曰 火燭相戒 二曰 盜賊相禦 三曰 憂患相恤 四曰 喜慶相賀 五曰 法令相畏 六曰 租賦相謹."

26 위의 책, 附錄, 「鄕社法」, 鄕社之政. "凡一戶有事 四戶趍之 一統有事 九統趍之 一甲有事 九甲趍之 一社有事 諸社趍之."

27 위의 책, 附錄, 「鄕社法」, 鄕社之政. "凡一戶犯禁 九戶擧之 一甲容奸 九甲擧之 一社容奸 九社擧之 一鄕容奸 各鄕擧之 司坊容奸 上官擧之."

약 관에 보고할 일이 있으면 직접 보고하게 함으로써[28] 지방자치의 실효를 도모하였다.

아울러 향에는 착한 점과 나쁜 점을 문적에 기록하여 삭마다 대중이 모일 때에 선언하고, 무릇 향 중에 효열孝烈과 뛰어난 선덕을 행하는 사실이 있을 때에는 노복을 구비하여 관에 보고하고, 본호는 부역을 면제하며 각 장長은 상을 논하게 하였으나, 간세奸細와 도적 등의 일에는 본호를 엄하게 다스리고, 숨기고 보고하지 않을 때에는 각 장은 폐현용간죄蔽賢容奸罪로 처단하게 하였다.[29] 이러한 선악적善惡籍의 구비와 상선죄악賞善罪惡의 내용은 전적으로 『주자증손여씨향약朱子增損呂氏鄕約』을 내용으로 한 것이 이후 『광주부경안면이리동약』이나 「목천향약」의 구상도 이미 이 시기부터 생각해 온 내용이었음을 알 수 있다.

그는 또한 관·혼·상·제·음·사·교장 등 향사지례의 규약도 『주자증손향약례朱子增損鄕約禮』에 의해 매월 아침 일찍이 회합하여 약례를 읽고,[30] 향사지양인 사창도 또한 주자의 사창법을 참용하였다.[31] 사창에 대해 순암은,

> 지금 국가에서는 환자법을 행하고 있는데, 만약 거기에다 또 사창법을 시행하게 된다면 백성들이 관곡·사곡을 너무 많이 먹게 될 것인즉 봉납捧納할 때에는 분답한 폐단이 반드시 심할 것이다. 국가가 만약 환자법을 없애고 그 곡식을 옮겨 상평창을 마련하며, 각 면에 소장된 환자 모곡耗穀은 민간에 모두 나누어 준 다음 백성으로 하여금 각자 맥속麥粟을 내게 하고, 수나라가 매양 1백 호로 1사를 설정했던 의창제도와 같게 사창을 설립한

28 위의 책, 附錄, 「鄕社法」, 鄕社之政. "列邑旣置各面風憲 則奉行官令官察文書 令風憲掌之 一切敎化爭訟 委鄕師決之 鄕師若有報官者 當具由直報."

29 위의 책, 附錄, 「鄕社法」, 鄕社之敎. "凡每鄕 旌善有錄 記過有籍 每朔會衆時宣之 凡鄕有孝烈卓行之事 條達于官 本戶給復 各長論賞 有奸細盜賊等事 亦爲條達于官 本戶嚴治 匿不以聞者 各長皆有蔽賢容奸之罪."

30 위의 책, 附錄, 「鄕社法」, 鄕社之禮. "讀約 幷依文公增損鄕約禮 月旦會議."

31 위의 책, 附錄, 「鄕社法」, 鄕社之養. "社倉 參用文公法."

> 다면, 흉년에는 의뢰할 수 있고 비상시에는 제재할 수 있으니 공사가 다 편리할 것이다. 그러나 이 법은 반드시 올바른 사람을 얻어야 하고, 관가에서는 수시로 수거修擧의 의의만을 신칙申飭할 뿐 간여하지 않은 다음에라야 폐단이 없을 것이다.[32]

라고 하면서, 1사에 사창을 설립하면 흉년과 비상시에 대비할 수 있으나, 반드시 올바른 사람이 이 법을 수향하여야 하고 관가는 간여하지 말아야 성공할 수 있다고 하였다.

(2)『광주부경안면이리동약』

순암은 영조 12년(1736) 그의 나의 25세 때 광주 경안면 덕곡리에 옮겨 온 이후, 26세 때『성리대전』·『심경』 등의 독서에 몰입하였다. 27세 때에 이미 목민관으로서 수행하여야 할 임무를 적은『임관정요』를 초안하여 자신의 정교를 피력하였고, 이 저서는 20여 년 만인 46세 때 비로소 완성을 보게 되었다.『임관정요』에서 그는 "모든 정교는 반드시 동약이 행해진 후에야 쉽게 행해질 수 있다"[33]고 하면서 동약이 위정과 교화의 바탕임을 예시하였고, 실제로 그는 45세 때 광주 경안면에서 동약을 만들었으며,[34] 54세 때 다시 동약을 중수하였다.[35] 그리고 65세 때 목천현감으로 부임하자마자 교화와 명분을 바로잡기 위

32 위의 책, 附錄,「鄕社法」, 鄕社之養. "今國有還上法 而若又置社倉 則官穀私穀 民所食者甚多 而受捧上際 分斘之弊必甚 國家若罷還上 移其穀爲常平倉 各面所在還上耗穀 劃給民間 令民各出麥粟 如隋義倉之制 每百戶爲一社 立社倉 則凶荒有賴 緩急有制 公私俱便矣 然此法 必須得人 而官家時時飭修擧之義 不爲之干與 然後 無弊矣."

33 위의 책, 續編,「時措」, 教化章.

34『순암집』,「順菴先生年譜」.

35 위와 같음.

해 명 태조 고황제의 「소정육조所定六條」로써 백성을 선유先諭하였다.[36] 또한 68세 때에는 향약을 민간에 권행하여 위정의 방편으로 삼는 등,[37] 순암에게 동약과 향약은 향촌을 다스리는 가장 좋은 방법으로 제시되고 있음을 볼 수 있다.

순암은 동과 향에서 행해지는 규약 이외에도 각 리 단위로 풍속을 구상하였다. 이를 성공적으로 수행하기 위해서는 위에 제시한 향사법과 유사한 향촌조직이 필요하다고 생각하여, 종래의 오가통 제도와 유사한 5가로 비를 삼고, 5비(25가)로 려를 삼아 2려(50가)가 풍약이 되어 여기에 두목 1인을 두고, 두목 가운데 1인으로 풍약장을 삼는다고 하였다.

풍약장이 두목에게 명령하면 두목은 매일 아침 조조早朝에 이민里民을 모아놓고 풍약을 낭독해 주며 약헌約憲의 성격을 설명한 다음, 당시 시의를 반영하여 시범될 만한 일은 추켜서 이민의 사기를 앙양시키고, 오점은 설득을 통하여 미리 방지하도록 하였다.[38]

풍약의 기본 이념은 유교를 바탕으로 하여 국가의 시책에 순응하는 한편 이웃과 화목하게 교린하고 가정에는 충실하자는 데에 있었지만, 풍약의 실시 단위가 가장 하부조직이란 점에서 결코 용이한 것은 아니었다. 즉 관원의 횡포나 양반의 침해에도 영세한 촌락은 쉽게 고통받고 이로 인해 몰락할 수 있기 때문이었다. 이에 순암은 관문에 투서함을 달고 억울한 일을 당한 자들이 직접 투서하면, 풍약장이 이 사실을 상부에 고발하여 징계토록 하였다. 또는 이 중에 간세奸細한 무리들이 풍약을 무시하고 주사酒邪·상투相鬪 등 비위사실非爲事實이 있으면 두목의 권한으로 훈계하여 고치도록 하였다.[39] 이는 항통법缿筩法과 일맥상통한 제도로 관정의 과실을 바로잡고 민폐를 혁파하기 위해 고안해 낸 제

36 위와 같음.

37 위와 같음.

38 『순암집』, 권16, 「到任初諭各面文」, 約節目後錄.

39 위의 책, 권16, 傳令邑風約諸里任條.

도였다.[40] 순암이 구상하였던 풍약은 자연촌을 대상으로 일반적으로 존재하면서 두레와 동제 등을 관장하기도 하였던 촌계류 향촌자치조직[41]을 관 주도 풍약조직으로 재구성함으로써 당시 문란해진 향촌사회를 복구하려는 의도가 내포되어 있었다.

18세기의 향촌사회는 사회적 생산력의 발달에 따라 새로운 사회세력으로 신향新鄕·향족鄕族이 성장하고, 당색에 따른 향론의 불일치 등으로 17세기 사족 지배체제 유지의 한 근간이었던 향안이 파치되는 시기였으며, 향권담임층의 변화, 기존 사족 중심의 동계로부터 하계 분리 그리고 수령을 정점으로 한 관 주도 향촌통제책의 강화 등으로 인하여 사족지배체제가 동요되는 시기였다.[42] 순암은 이러한 향촌사회의 변화에 부합하여 자연촌을 중심으로 하는 풍약조직과는 별개로 반상班常이 함께 거주하는 동에는 반상이 모두 참여하는 동약을 구상하였다. 그가 구상한 『광주부경안면이리동약』은 17세기 이후 동계의 특성인 '상하합계'[43]와 관 주도 향촌통제책으로서 수령 중심의 '주현향약州縣鄕約'[44]의 성

40 『임관정요』, 鄙筒法.

41 촌계를 비롯한 사계·소계·각계·향사계 등의 촌계류 향촌자치조직의 내용에 대해서는 다음의 논문이 참조된다. 김용덕(1990), 「향약신론」, 『조선후기 향약연구』, 향촌사회사연구회, 민음사; 이해준(1991), 「조선시대 행사와 촌계류 촌락조직」, 『역사민속학』 창간호, 한국역사민속학회, 이론과실천사.

42 김인걸(1983), 「조선후기 향안의 성격변화와 재지사족」, 『김철준박사화갑기념사학논총』; 김인걸(1984), 「조선후기 향촌사회통제책의 위기－동계의 성격변화를 중심으로－」, 『진단학보』 58, 진단학회.

43 상하합계는 대개 왜란 후에 나타나는 현상으로, 왜란의 전화는 막대하여 전후 복구를 위해서는 지역사회의 상하를 막론한 전 주민의 협력이 필수적인 생존조건이었다. 또 난 중에 보여 준 하층민의 의병활동도 그들을 재건의 동반자로 인식하게 된 일련의 계기가 되었다. 따라서 난 후 동계는 '상하합계'의 형태를 보여 주고 있으며 이는 전기 사족의 '향규'와 하층민 사이의 '촌계'라는 이원적인 규범을, 지연을 유대로 일원화시킨 것으로 이해되고 있다. 여기에 대해서는 다음 논문이 참조된다. 박경하(1987), 「왜란 직후 향약에 대한 연구」, 『중앙사론』 5; 김용덕(1990), 앞의 논문.

44 州縣鄕約이란 용어는 1706년 홍중삼이 저술한 『향약통변』에서 분류한 향약 명칭 중의 하나로 일부 연구자는 주현향약을 '守令鄕約'이란 용어로도 쓰고 있으나[김무진(1988), 「조선중기

격이 동시에 나타나는 특성을 보이고 있다.

그는 상계원은 향약을 준수하고 하계원은 동약을 준수함으로써 그간 향약이 가진 제 폐단을 극복하고자 하였다. 그는 『주자증손여씨향약』과 퇴계의 「예안향립약조」, 율곡의 「사창계약속」, 한강의 「월삭강계」, 황후천의 「목천동약」을 참조하여 시의에 맞는 동약을 구상하였다.[45]

향약의 임원은 집강執綱 1인, 부임副任 1인, 기로耆老 3인, 유사有司 1인, 장무掌務 1인, 전령傳令 2명, 고직庫直 1명, 색장色掌 1명을 두어 동 중의 일을 해결할 수 있게 하였다.[46] 또한 약 중에 기명적記名籍 2책(상계 1책, 중하계 1책), 기선적記善籍 1책, 기악적記惡籍 1책을 두어 상선벌악賞善罰惡하였다. 동회는 우리 고유의 풍속에 따라 춘 3월 3일과 추 9월 9일에 회집하였고, 이날 계약을 수정하였다.[47] 동회에서는 독약讀約을 주로 하였고, 사창 등의 제반 일들은 날을 따로 잡아 처리하였다.[48] 독약은 부존위가 순암이 만든 동약과 여씨향약·명태조성유明太祖聖諭를 큰 소리로 읽어 약조를 지킬 수 있도록 하였다.[49]

군현통치와 수령향약의 성격」, 『손보기박사정년기념논총』] 19세기에는 수령보다 관찰사들이 향약을 주도하는 형태가 보이므로 시행단위를 기준으로 한 '주현향약'이란 용어가 더 적합한 것으로 생각된다. 주현향약은 심화되어 가는 사회경제적 변동에 대비한 방파제로서, 수령이 앞장서서 지역사회의 상하 전 주민을 의무적으로 참여시키던 18세기를 전성기로 하는 동계의 확대판으로 이해되고 있다[김용덕(1990), 「金圻鄕約硏究」, 『조선후기 향약연구』, 향촌사회사연구회, 민음사].

45 『순암집』 卷15, 「廣州府慶安面二里洞約」, 呂氏鄕約 附條. "按上鄕約四條 本出藍田呂氏 朱子取他書 (…) 我東先輩之居是鄕也 居是洞也 多有倣而行之者 若退溪之禮安鄕約 栗谷之社倉鄕約 寒岡之月朔講契 及黃朽淺木川洞約等類 皆是也 今以呂氏本條爲主 參以東賢之論 酌以今俗之宜 而略爲附條."

46 위의 책, 권15, 「廣州府慶安面二里洞約」.

47 위의 책, 권15, 「廣州府慶安面二里洞約」, 洞會儀. "一. 古者州長一歲四讀法 黨正一歲七讀法 族師一歲十四讀法 呂氏鄕約 月一讀法 大明之制 各甲每日朝 申諭聖敎 (…) 我國鄕俗不同 姑且因舊春秋會集 春以三月三日 秋以九月九日會集 修正契約."

48 위의 책, 권15, 「廣州府慶安面二里洞約」, 洞會儀. "洞會儀 : 洞會 惟以讀約爲重 保米捧受等諸事 別定他日."

순암은 우선 선에 해당하는 16조와 악에 해당하는 16조를 마련하였고, 하계원에게는 '유하계문諭下契文'을 만들어 조목을 좀 더 구체화시켰다. 유하계문은 약조 14조[50]와 벌목 13조[51]로 구성되었는데, 순암의 향촌관이 가장 잘 나타나 있다.

〈約條〉 14조

一. 부모를 보면 나를 낳아 준 은덕을 생각하여 효도를 다할 것

一. 형제를 보면 동기同氣를 생각하여 우애를 다할 것

一. 장자長者를 보면 자기의 연소年少를 생각하여 공경을 다할 것

---

49 위의 책, 권15, 「廣州府慶安面二里洞約」, 洞會儀. "一 當會日 (…) 使副尊位高聲讀約 呂氏鄕約四條 副尊位不能則上契代行亦可 曰德業相勸 曰過失相規 曰禮俗相交 曰患難相恤 下契則解以方言諭之 又讀大明太祖聖諭六條 曰孝順父母 曰尊敬長上 曰和睦鄰里 曰教訓子孫 曰各安生理 曰毋作非爲."

50 위의 책, 권15, 「廣州府慶安面二里洞約」, 諭下契文 約條.

一. 見父母 則思生我之恩而盡孝敬.
一. 見兄弟 則思同氣之分而盡友愛.
一. 見長者 則思己之年少而盡其敬.
一. 見尊貴 則思己之位卑而盡其恭.
一. 見族戚 則思同祖之親而盡敦睦.
一. 見鄰里 則思同居之義而盡和好.
一. 夫婦義重 思盡和順之道.
一. 奴主分嚴 思盡忠誠之節.
一. 男女相見以禮而別嫌.
一. 朋友相交以義而有信.
一. 有非分之心 則曰位有尊卑 不可妄有希覬.
一. 有詐僞之心 則曰事當誠信 不可造作非義.
一. 有鬪狠之心 則曰是將傷我也 豈以父母所生之身 恃勇而樂禍乎.
一. 有偸竊之心 則曰是將殺我也 豈以天賦本善之性 殉慾而忘生乎.

51 위의 책, 권15, 「廣州府慶安面二里洞約」, 諭下契文 罰目.

一. 不孝父母 二. 兄弟不和 三. 家道悖亂 四. 親族不睦 五. 鄰里不和
六. 上典不忠 七. 凌辱尊長 八. 尊前無禮 九. 男女無別 十. 不遵禮法
十一. 豪橫閭里 十二. 多作非爲 十三. 不遵約憲

一. 존귀를 보면 자기의 위치가 낮음을 생각하여 공경할 것

一. 족친族親을 보면 동조同祖를 생각하여 돈목敦睦을 다할 것

一. 이웃 사람을 보면 동린同隣의 의를 생각하여 화목을 다할 것

一. 부부는 의가 중하니 화순의 도를 생각할 것

一. 노주奴主는 서로 자기의 도를 다하고 노비는 주인에게 충성을 다할 것

一. 남녀는 예로써 대하여 혐의되는 일을 피할 것

一. 붕우는 의로써 교제하여 신용을 지킬 것

一. 분수에 넘치는 마음이 있으면 존비 있음을 망각하지 말 것

一. 사기할 마음이 있으면 의로써 정성을 다할 것

一. 싸움할 마음이 생기면 부모가 낳아 준 나라고 생각할 것

一. 도적할 마음이 생기면 하늘이 나를 죽이는 징조라고 생각할 것

〈罰目〉 13조

一. 부모에게 불효하는 일

二. 형제간에 불화하는 일

三. 부부간에 불미스러운 일

四. 친족간에 불목스러운 일

五. 이웃간에 불화하는 일

六. 상전에게 불충하는 일

七. 존장에게 능욕하는 일

八. 부모나 양반・상계・장로 등의 존전尊前에 무례하는 일

九. 남녀간에 분별없는 일

十. 예법을 지키지 않는 일

十一. 동리에서 횡포 일삼는 일

十二. 금지된 일을 하여 피해를 주는 일

十三. 약헌을 지키지 않는 일

순암이 동약의 선악 조목 32조 이외에 따라 '유하계문' 약조 14조와 벌목 13조를 마련했던 것은 당시 향촌민의 통제가 그만큼 힘들었다는 것을 반증해 주고 있다. 벌목의 내용 가운데 10조에는 "제때에 장葬하지 않는 자는 상벌, 기일에 산사에 천재薦齋하는 자는 논벌, 신사를 행하기를 좋아하는 자는 논벌, 요술로 사람을 유혹시키는 자는 상벌, 심한 자는 고관축출"[52]이라 하고 있는데, 여기에서 순암이 동약을 통하여 불교나 무속 등은 터부시하고 유교적 윤리질서를 강조하고 있음을 볼 수 있다. 그의 유교적 윤리질서는 부모・형제・부부・친족・인리隣里・남녀・상하・존비 사이에 명분을 지키는 조목들로 구체화되었고, 신분질서의 강화도 이러한 맥락에서 강조되었다. 벌목 8조의 '양반 앞에서 걸터앉거나 말을 타고' 가면 차상벌, 양반가 앞에서 말 타고 가는 자는 차중벌, 상계원에 절하지 아니한 자는 중벌[53] 등의 조항은 신분질서의 강화를 내용으로 하고 있는 부분이다. 그러나 오로지 유교윤리의 확립과 신분질서의 강화만을 강요하는 것은 아니었다. 벌목 5조에는 '이웃간에 재난이 있을 때 구해주지 않으면 상벌'[54]이라고 하여 환난에 상휼할 것을 약조화하였다. 또한 당시 사회생산력의 발달로 인해 새로운 계층이 대두됨에 따라, "부를 믿고 남을 무시하는 자는 하벌, 권력을 믿고 난을 일으키는 자는 상벌, 공임으로서 관부에 호소함을 숨기거나 소민을 침해하는 자는 중벌, 관리・장교가 민폐를 일으킬 경우는 고발, 고리대금업자는 중벌"[55] 등의 벌목을 두어 새로운 경제력을 바탕으로 부와 권력을 획득한 자로부터 소민을 보호하려 하였다.

---

52 위의 책, 권15, 「廣州府慶安面二里洞約」, 諭下契文. "十日 不遵禮法：喪葬不時(上罰 量勢參定) 忌日薦齋山寺(論罰) 好行神事(論罰) 終年不祭(上罰) 妖術惑人(上罰 甚者告官黜)."

53 위의 책. "八日 尊前無禮：兩班見處 踞坐及騎過(次上罰) 兩班家前騎過(次中罰) 不拜上契(中罰)."

54 위의 책. "五日鄰里不和：患難不救(上罰)."

55 위의 책. "十一日 豪橫閭里：恃富凌人(下罰) 怙勢作亂(上罰) 身爲公任 倚勢侵凌 隨事施罰 重則告官 身爲公任 潛訴官府 暗害小民(中罰 事大告官) 官吏將校憑藉作弊 雖非洞民 摘發罪目 告官科罪 給債過徵(中罰).

순암은 벌을 크게 5등으로 나누고 상벌은 답 30, 차상벌은 답 25, 중벌은 답 20, 차중벌은 답 15, 하벌은 답 10으로 정하고 중벌은 고관정벌하도록 하였다.[56]

이상은 하계원에게 적용되는 조목이고 상계원에게는 여씨향약을 시의에 맞게 통변하여 준수함으로써 그간 향약이 가진 제 폐단을 극복하고자 하였다. 그는 『주자증손여씨향약』과 퇴계의 「예안향립약조」, 율곡의 「사창계약속」, 한강의 「월삭강계」, 황후천의 「목천동약」을 참조하여 시의에 맞게 변통하여 여씨향약을 재구성하였고,[57] 환난상휼조에 사창을 둠으로써 구황救荒의 방도를 삼았다.[58] 사창에 대한 순암의 생각은,

> 살펴보건대 구황에는 사창보다 나은 게 없다. 세상은 고금古今을 구별치 않고, 땅은 중국과 오랑캐를 차별하지 않는다. 만약 사창법을 행하려거든 수감收斂·산출의 규법을 마땅히 참고하여 알맞게 법을 세우되, 지금의 계헌과 같게 한다. 그리하여 규모가 이미 이루어지면 관에 보고하여 수행하되, 향사법과 더불어 일치되게 한다.[59]

라고 하였다. 결국 순암의 향촌사회에 대한 구상은 향사법을 바탕으로 동약과 사창이 함께 이루어지게 하는 것이었다.

실제로 그는 1757년(영조 33)에 경안면을 대상으로 사창을 실시하였고 이때 동약의 집강으로 하여금 사창의 일을 주관하게 함으로써 그의 구상을 실현시

---

56 위의 책, 권15, 「廣州府慶安面二里洞約」, 罰分五等.

57 위의 책, 권15, 「廣州府慶安面二里洞約」, 呂氏鄉約 附條.

58 위의 책, 권15, 「廣州府慶安面二里洞約」, 社倉.

59 『임관정요』, 社倉. "按救荒之術 莫善於社倉 而世無古今 地無華夷 若欲行之 斂散之規 當如朱子舊制 其有合變通者 亦隨參以土俗 隨宜立法 如今契憲 規模旣成 告官遵行 與鄉社法合而爲一."

켰다.[60] 그리고 여기에서 100석을 채운 후에 30석을 취리하여 석마다 8두씩을 취하였다. 그 결과 240두를 확보하였고, 이 중 20두는 춘추 동회의 경비로 쓰고 20두는 장무·고직·사령 등에게 나누어 주며 나머지 200두는 1년의 길흉부조 등에 쓰도록 하였다.[61] 이와 같이 순암은 동 중의 일에 대한 경비를 사창에서 조달하게 하였다.

순암의 향촌관을 요약하면, 순암은 남인계의 출신으로 관로 진출이 평탄하지는 않았으나 오랫동안 조부의 관로를 따라다니면서 향촌사회의 실상을 목격하고 폐단을 바로잡을 수 있는 방법을 강구하였다. 당시 향촌사회는 생산력의 발달에 따라 각 세력 간의 대립이 대두되고 있었으며, 아울러 관 주도의 향촌 통제책이 좀 더 강화되고 있었다. 순암은 이러한 추세에 맞게 주자학적 질서 위에 향촌사회를 재편성하였다. 그는 우선 향촌사회를 향사법을 통해 재구성하였고, 이를 바탕으로 동약과 사창이 이루어져야 한다고 믿었다. 특히 사창은 구황의 방도로서, 그리고 동 중의 일에 대한 경비를 제공해 주는 방도로서 제시되었다. 그의 이러한 생각들은 『광주부경안면이리동약』과 「목천향약」의 시행을 통해 구현되고 있음을 볼 수 있다.

---

60 『순암집』 권15, 「廣州府慶安面二里洞約」, 社倉 約憲. "一. 社倉凡 執綱主之. 一. 自今丁丑(1757)秋 同約納穀 而租粟大小豆 隨其所有 上員則各出十斗 下員則五斗."

61 위의 책, 권15, 「廣州府慶安面二里洞約」, 社倉 約憲. "一. 滿百石後 取利三十石 每石八斗作米 則爲二百四十斗矣 二十斗 春秋洞會 各用十斗 又二十斗 則掌務庫直使令等 分多少差等以給 餘二百斗 爲洞中一年內吉凶扶助所用."

3. 사창 시행의 사회경제적 배경

1) 사회적 생산의 발달

순암이 사창을 구황의 방도로써 구상한 것은 당시 사회경제적 여건과 밀접한 관련이 있었다. 17세기 후반에 집중적으로 나타나는 여러 가지 사회경제적인 변화는 18세기에 이르러 한 단계 증폭되어 사회 전반으로 확산되고 있었다. 이 시기에 달성한 농업생산력의 증대와 상업의 발달은 사회세력간의 갈등과 대립을 증폭시키는 계기로 작용하였다.

18세기에 들어와서 농업생산은 경지면석의 확대와 농업기술의 진보, 상업적 농업의 발전에서 진보를 가져왔다. 새로운 경지의 개간과 간석지 등을 통한 경지면적의 확충, 저수지・보의 신설 등의 관개수리사업, 논밭갈이와 종자의 육성, 농작물 재배법의 개선 등을 통한 농업기술의 발전, 농서의 발간 등은 농업생산의 비약적인 발전을 가져오게 하였다. 특히 당시 급속히 발전되어 가던 상품화폐의 성장은 상업적 농업의 기반을 조성하였다. 상업자본이 성장함에 따라 전국적인 장시망과 새로운 상업도시들도 발전하게 되었다. 새로운 도시들의 성장은 농촌인구의 감소를 전제로 하였다. 이러한 상황 속에서 순암의 향촌법과 동약도 유리流離되는 향촌민을 토지에 집적시키는 한 방편으로 제시되고 있음을 볼 수 있다.

이 시기의 농업생산력의 증대와 상업의 발달은 사회세력간의 대립을 증폭시키는 계기로 작용하였다. 중앙의 권세가나 궁방, 토호, 지방수령 등은 토지로부터 나오는 증대된 생산물을 더욱 확보하기 위해 토지집중을 심화시켜 나갔다. 관 주도 향촌 통제책의 결과로 좀 더 세력이 강화된 수령은 환곡과 재결災結 등을 사용私用하여 자신의 몫을 챙겼으며 이 결과 부세수탈이 강화되었다. 이 시기에는 상공업의 발달에 따라 포구浦口・어살漁煞・은점銀店 등이 새로운 재원으로 나타나 이권침탈의 대상으로 새롭게 부상하였다. 이처럼 사회 전체적으로 재부財富의 총량이 증대하자 이권을 선점하기 위한 사회세력간의 각축

전 또한 치열하게 전개되었다. 한편 생산력 발달을 주도한 생산층은 성과물을 자신의 것으로 확보하기 위해 이를 침탈하는 지배세력과 대립하기도 하였다. 이 결과 18세기에는 사회 각 세력 사이의 갈등과 대립이 더욱 격화되었고 향촌사회는 더욱 문란해졌다. 농민층의 분화로 토지로부터 유리된 농민들은 유망민 또는 도둑집단이 되었고, 이들은 점차 조직화·집단화·무장화되어 지배층과 지배질서에 폭력적인 저항을 하기도 하였다. 반면 생산기반에 뿌리를 내린 농민층들은 격쟁·상언 또는 등소·호소를 통해 자신들의 이익을 지키려고 하거나, 이보다 한 단계 더 나아가 '결당작란結黨作亂'과 같이 대중을 동원하는 폭력투쟁을 전개하기도 하였다.

2) 향촌사회의 문란과 신분관계의 변화

18세기는 농업생산력의 발달로 인한 유통경제의 일반화, 이로 인한 상공업의 진전 등으로 특징지을 수 있는 사회적 여건 속에서 신분관계에서도 일련의 변화가 일어나게 되었다. 이 시기의 신분제 변동의 가장 큰 특징은 양반호의 급격한 증가와 하천민의 감소 현상이다. 이러한 현상은 언양[62]·울산[63]·대구[64] 등지에서 현저하게 나타나고 있고 이는 신분질서가 붕괴해 가는 과정을

62 김석희는 언양현 호적대장의 분석을 통하여, 양반호는 12.42%(1711)에서 53.11%(1796), 80.20%(1861)로 증가하고 있지만, 상천민은 65.32%(1711)에서 29.71%(1796), 12.29%(1861)로 감소하고 있다고 하였다[김석희(1984), 「18·19세기 호구의 실태와 신분변동－新例 언양현 호적대장을 중심으로」, 『인문논총』 26, 부산대].

63 정석종은 울산부 호적대장의 분석을 통하여 양반인구는 19.39%(1729)에서 32.11%(1765), 43.67%(1804), 67.08%(1867)로 증가하는 반면에 상민인구는 49.57%(1729)에서 50.83%(1765), 33.88%(1804), 18.27%(1867)로 점차 감소하는 추세를 보인다고 하였다[정석종(1972), 「조선후기 사회신분제의 변화－울산부 호적대장을 중심으로－」, 『19세기의 한국사회』, 대동문화연구원].

보이고 있다.

양반호의 증가는 전국적인 현상으로 반·상을 중심으로 하는 신분제가 점차 붕괴되어 상층 신분구조에 일대 동요를 초래하였으며, 양반의 계층분화를 초래하였다. 양반호 중에서 유학이 차지하는 비중은 후대로 올수록 증가하여 나중에는 거의 대다수를 차지하고 있으며, 이들 중 상당수는 중인·상민층이 모록冒錄한 것으로 추정된다. 또한 이 시기 하천민의 감소현상으로서 노비의 격감은 타 신분으로 상승이동 내지 하층구조의 신분혼훼身分混毁라는 현상을 초래하는 한편, 양반들의 생활과 지위에 일대 변화를 초래하여 생업에 직접 종사해야 하는 상황의 도래를 시사하며 이에 따라 유업儒業을 통하여 관사에 나가고자 하던 양반들의 특성을 잃게 되었음을 엿볼 수 있다.[65]

양반의 계층분화는 양반하층 또는 평민상층이라 할 수 있는 중간계층의 성장이란 특성을 보이고 있다. 이는 이 시기의 신분제 변동상을 확실히 입증해 주고 있다. 단성[66]과 상주지방[67]의 중간계층의 성장은 이 시기의 변동상을 잘

---

64 사방박은 1690년부터 1858년까지 이 기간의 대구부 호적들을 대략 50년 간격을 두고 4시기로 나누어 전체 호구 중의 각 신분별 비율의 변화상을 추적하여 후대로 내려갈수록 양반호가 증가하는 한편 노비호가 격감하고, 평민호도 19세기에 와서는 양반호의 격증으로 격감하는 현상을 지적하였다. 그중 양반호의 증가에 대한 그의 분석 결과를 참고로 제시하면, 제1기(1690) 9.2%, 제2기(1729~1732) 18.7%, 제3기(1784~1789) 37.5%, 제4기(1858) 70.3%로 나타나고 있다[사방박(1938), 「李朝人口に關する身分階級別的觀察」, 『朝鮮經濟の硏究』 3].

65 이준구(1982·1983), 「조선후기 양반신분 이동에 관한 연구－丹城帳籍을 중심으로－」, 『역사학보』 96·97.

66 이준구는 丹城帳籍의 분석을 통하여 사족품관은 44.8%(1678)에서 35.5%(1717), 16.7%(1786)로 점차 감소하고 있고, 상품관은 55.2%(1678)에서 64.5%(1717), 83.3%(1786)로 증가를, 유학은 5.6%(1678)에서 14.9%(1717), 29.7%(1786)로 변화를 보이고 있다고 하였다. 여기에서 상품관은 양반과 상민의 중간적 존재로서, 중인층의 성장은 이미 양반의 특성을 잃게 하고 있다고 하였다(이준구, 위의 논문).

67 김용섭은 상주군의 중동면·단동면의 경자년(1720) 量案과 무오년(1738)의 호적을 주자료로 하여 양안에 나타난 토지 소유자인 起主와 경작자인 時作들(중동면 1,210명, 단동면 657명)의 신분 직역을 호적을 통해 조사하였다. 그 결과 기주 및 시작 중 직역상 양반에 속하는 자 222명(중동), 225명(단동) 가운데 양반 신분의 호적상 기본적 기재사항인 직역·성명·노

보여 주고 있다.

이와 같은 변동상은 납곡수직納穀授職과 대구속신代口贖身, 노비종모법 등 면천 기회가 구체적으로 부여됨에 따라 더욱 가속되고 있었다. 이는 생산력의 증진에 따라 늘어난 '경제적인 실력자'들의 상급 신분으로의 신분상승 욕구를 국가가 '봉건체제' 유지를 위해 그것을 어느 정도 수용하는 가운데 진행되고 있었다.[68]

1708년(숙종 34) 왕이 부교를 내려 서얼이 업유業儒·업무業武를 칭할 수 있게 할 때 그 자손들에 이르러서는 유학幼學으로 기록해도 무방하겠다는 언급이 있자 유학으로의 신분상승이 모록에 의한 비합법적인 방법 외에 합법적인 길이 제시되기도 하였다.[69] 이러한 결과 18세기 후반에는 50여 년 만에 양인에서 유학으로 신분이 상승되는 변화를 보이기도 하였다.[70] 이러한 신분질서의 이완은 부유 상민층과 빈한 양반층의 혼인으로 더욱 촉진되었다.[71]

한편 신분질서의 문란은 향촌사회의 운영구조에도 변동을 야기시켰다. 향촌사회의 변동은 우선 신분질서가 첨예하게 작용하였던 향안의 입록에서부터 변화를 가져왔다.

향안은 이른바 일향一鄕 현족顯族들의 명단으로서, 향안에 오른 향원들에 의

비명을 모두 기록한 자가 130명, 115명에 불과하였다. 그는 여기에서 노비명을 첨부하지 못한 기주는(중동 92, 단동 140) 양반하층 또는 평민상층에 속하는 계층이라고 보고 18세기 초반에 이미 현저하게 나타나는 양반과 평민 사이의 이 중간대의 형성이 곧 양반 중심의 전기적 신분제의 변동상을 충분히 입증해 주는 것이라고 하였다[김용섭(1976), 「조선후기에 있어서의 신분제의 동요와 농지소유」, 『조선후기농업사연구』, 일조각].

68 김용섭, 『조선후기농업사연구』, 443면.

69 이준구(1985), 「조선후기 신분구조 이해의 제문제 검토」, 『대구사학』 34.

70 최승희는 용궁현 대구백씨가의 분석에서, 1789년의 호구 관계 자료에 德泰(台玉)가 예천으로 이사한 것을 계기로 양인에게 업무로 직역을 바꾸고, 1843년 자료에서부터 다시 모든 후손들이 학생·유학으로 직역 명칭을 바꾼 사례를 보고하였다(최승희(1985), 「조선후기 신분변동의 사례연구－용궁현 대구백씨가의 분석－」, 『변태섭박사화갑기념사학논총』.

71 정석종(1972), 앞의 논문.

해 유향소(향청)가 운영되었다. 따라서 향안 입록자격에 관한 규정은 매우 까다롭게 나타나고 있다.[72] 그런데 이러한 향안의 성격 변화는 1603년 경재소京在所의 혁파와 1655년 영장사목營將事目의 반포로 인해 재지사족의 힘이 약화되면서 일어난 유향분기로 인해 더욱 가속되었다.[73]

따라서 17세기 후반에 이르면 향안 입록의 기준과 절차가 약화되는 추세를 보이게 되며 향안은 향리·서얼·부농 등의 새로운 세력이 입록되면서 기존의 사족 중심의 향안은 파치되기에 이르렀다. 남원지역의 향촌사회에서 용성향안龍城鄕案의 입록과정과 절차는 이를 잘 보여 주고 있으며,[74] 이후 정통 사족에 해당하는 부류는 향안과 직월안이 차례로 퇴색되는 과정 속에서 사마안司馬案을 따로 만들어 폐쇄성을 유지하려 함을 볼 수 있다.[75] 이러한 향안의 파치 현상은 남원뿐 아니라 담양[76]·연기[77]·밀양[78] 지방에서도 확인되었고 도서지역인 제주지역[79]에서도 동일한 시대적 추이가 나타나고 있다.

또한 1712년(숙종 38)의 양역변통절목良役變通節目의 이정법里定法이 시행됨으로써 부세 부과에 미치던 사족의 영향력이 배제되었고, 1713년의 비변사팔도구관당상備邊司八道句管堂上·유사당상제有司堂上制의 반포는 지방의 행정을 중앙의 비변사가 직접 관할함으로써 수령의 절대적 권한이 보장됨에 따라 재지사족의 영향력이 향촌사회에서 크게 배제되는 결과를 보였다. 이러한 새로운 체제의

---

72 김용덕(1978), 「향약과 향규」, 『한국사상』 16, 한국사상연구회.

73 김용덕(1986), 「향규연구」, 『한국사연구』 54, 한국사연구회.

74 김호일(1990), 「17세기 '龍城鄕案'의 입록기준 및 절차에 대하여」, 『조선후기 향약연구』, 향촌사회사연구회, 민음사.

75 김현영(1990), 「조선후기 남원의 사회구조」, 『역사와 현실』 2.

76 전형택(1989), 「17세기 담양의 향회와 향소」, 『한국사연구』 64.

77 김현영(1990), 「17세기 연기지방의 향규와 향촌사회구조」, 『한국학보』 61.

78 최호(1990), 「조선후기 밀양의 사족과 향약」, 『조선후기 향약연구』, 향촌사회사연구회.

79 강창용(1992), 「17·18세기의 제주향촌사회구조와 그 성격 – 제주 향안과 천기를 중심으로 –」, 『제주도연구』 8.

확립 아래 수령권 행사에서 이향층吏鄕層의 역할이 커지는 변화가 동시에 수반되었다. '신향新鄕'이라 불리는 부민층은 사족보다 한 급 낮은 단계로 자처하였지만, 관권에 비호되었기 때문에 사족의 통제 밖에 있었다. 향촌사회의 운영권이 이처럼 신세력에게 넘어가는 과정에서 '향전鄕戰'이 벌어졌다.[80] 한편, 향촌사회에서 재지사족의 영향력을 약화시킨 또 하나의 원인은 당쟁의 영향이었다. 밀양에서는 17세기 말에 향안이 파치되고 또 중앙의 당쟁의 영향으로 향론이 심하게 분열되고 있었다. 향안은 1673년의 '계축변고'로 사족 내부의 갈등이 심하게 일어나 입록자에 대한 철안撤案으로 파치되기에 이르렀으며, 1694년 '갑술환국' 이후 남인이 실각함으로써 남인이 대부분인 이곳 사족들의 활동은 크게 위축될 수밖에 없었다. 남인 실세 후 향안 중수를 통한 사족 규합의 시도가 한 차례 있었으나 노론계 사족의 반대로 포기되는 상황이 벌어졌으며, 1728년의 '무신란' 이후로는 더욱 남인에 대한 탄압이 가중되어 재지사족들의 군현 단위의 향권 확보는 거의 불가능한 상황에 이르게 되었다.[81] 이러한 현상은 삼남지방의 영양현에서도 나타났다. 이곳에서는 '무신란'을 계기로 노론세력이 침탈하여 신향을 결집하여 신·구향 간의 향전이 벌어졌는데 그 결과는 신향의 승리로 돌아갔다.[82]

재지사족은 향안의 파치, 관 주도의 향촌통제책으로 인해 향촌사회에서 군현지배력을 점차 상실하는 추세 속에서 종래 향규나 향안류에서 보였던 지역적·신분적 특권의식이나 대외적 지향의식들을 나타낼 수 없었고, 이제는 동 단위에서 점차 하층민 통제와 직결된 방향으로 전환되고 있었다.[83] 이러한 사실은 향촌사회가 종래의 신분적 권위만으로 지배될 수 없는 상황이 되었음을

80 김인걸(1981), 「조선후기 향권의 추이와 지배층 동향」, 『한국문화』 2.

81 최호, 앞의 논문.

82 고석규, 「19세기 향촌지배세력의 변동과 농민저항의 전개」, 서울대학교 박사학위논문, 1991.

83 이해준, 「조선후기 동계·동약과 촌락공동체 조직의 성격」, 『조선후기 향약연구』, 향촌사회사연구회, 1990.

의미한다 하겠다.

3) 부세 수탈의 강화

18세기에 이르러 향촌사회에서 재지사족들의 지배력이 약화되자 이러한 힘의 공백을 틈타 국가권력이 향촌사회 말단에까지 더 깊숙이 침투하였다. 면리제의 정착과 수령 주도의 '주현향약'의 실시는 이러한 변화를 상징하는 것이다. 수령은 증대된 지배력을 바탕으로 농업생산력 발달의 성과물을 독점하기 위해 각종 비리를 자행하였다.

수령은 우선 부세운영에 적극 개입하여 향촌민을 수탈하였다. 이 시기 부세운영 방식은 전총田摠·군총群叢·환총還摠 등 총액제로 재편되어 군현 단위로 수세 책임이 전가되어 수령은 그 어느 때보다도 부세운영에 적극 개입할 수 있었다. 이 시기 수령들의 부세수탈은 환곡과 재결 두 부문에서 집중적으로 자행되었다. 의금부가 국왕에게,

> 대저 장오지류贓汚之類는 그 단서가 하나가 아닌데 가장 문제가 되는 것은 환곡입본과 재결사용입니다. 혹 조사할 때 발각된다 할지라도 매번 거짓으로 꾸며 대고 비록 범하여도 곧 유용하는 것으로 법을 적용하므로 법을 시행할 수 없으며 사람이 두려워하지 않습니다.[84]

라고 말한 것에서도 알 수 있듯이 환곡입본과 재결사용은 탐학한 수령이 사복을 채우는 주요한 수단임을 지적하였다.

특히 환곡을 통한 수탈로 야기되는 폐해는 매우 심각한 것이었다. 정조는

84 『영조실록』 권38, 영조 17년 12월 癸未條.

평안도 관찰사 홍양호에게,

> 근래 수령 중 청렴한 이가 없어서 대장소탐大臟小貪이 모든 읍에서 나타난다. (…) 이에 덧붙여 경외의 이익의 출처가 매곡에 있어 민식民食이 부족하게 된다. 또 환곡이 많은 고을은 백성들을 대단히 괴롭히니 이와 같은데 백성들이 관장官長 보기를 어찌 원수처럼 여기지 않겠는가.[85]

라고 효론曉論하였는데, 여기에서 수령의 탐장과 환곡매매로 백성들이 수령을 원수처럼 여길 정도로 환곡의 폐해가 심함을 알 수 있다. 이에 정부는 환곡운영에 대한 규제조치를 취하지 않을 수 없었다. 여러 읍의 수령들이 '환곡반작還穀反作'의 법을 범하자 1763년(영조 30)에 범법 수령을 유배시키거나 금고에 처할 것을 명하여 각 도 환곡의 반작反作·나이那移를 거듭 금하였으며,[86] 1767년(영조 43)에는 환곡분류법을 여러 도에 신칙伸勅하였다.[87] 또한 환곡입본이 1,000석 이상이면 나이지율那移之律을 쓰지 말고 각별히 엄히 다스리도록 하였으며,[88] 1796년(정조 20)에는 '환향책문還餉策問'을 내려 좀 더 근본적이고 종합적인 대응책을 강구하였다.[89]

수령의 탐장은 환곡과 함께 토지에서도 자행되어 수령의 재결사용은 농민들의 강한 반발을 받았다.[90] 이처럼 수령의 재결사용을 둘러싸고 농민들이 관장

---

85 『정조실록』 권33, 정조 15년 11월 丙申條.

86 『영조실록』 권101, 영조 39년 4월 癸丑條.

87 위의 책, 권108, 영조 43년 3월 甲申條.

88 『정조실록』 권38, 정조 17년 12월 癸未條.

89 위의 책, 권44, 정조 20년 3월 壬戌條.

90 영암군수 윤하가 재결 1,000여 결을 도용하자 백성들은 '도적과 같은 수령'이라고 지목하여 능멸하였다(『영조실록』 권42, 영조 12년 10월 癸酉條). 또 전라도 홍양현에서는 현감이 外倉에 순행할 때 백성들이 재결 나누어 준 것에 불만을 품고 수령을 모욕하자 분격하여 매질하여 죽인 사건이 발생하기도 하였다(『정조실록』 권30, 정조 14년 4월 癸丑條).

을 침범하는 일이 자주 발생하자 1725년(영조 1) 전결을 사용한 수령을 퇴년금고退年禁錮하는 법을 처음으로 정하여 10결 이상은 5년, 100결 이상은 10년의 금고형에 처하도록 하였다.[91]

수령은 또한 여결餘結을 사용하기도 하였는데, 이에 "매결賣結은 은결隱結보다 더 나쁘니 결수의 다과를 논하지 말고 장율贓律로 다스리도록 하라"[92]는 명을 내려 여결의 사용을 금하였다. 이외에도 은결의 확보를 통해 사복을 채우기도 하였는데, 이에 대해 1768년(영조 44)에 은결의 자수를 명하고 "이를 범하는 이는 종신금고형에 처하며 아울러 그 자식도 관직에 임명하지 말라"[93]는 엄한 조치가 취해진 것은 은결의 성행을 반증하는 것이다.

전결 사용에 대한 금세조치 외에 수령의 재결남용을 통제하기 위하여 비총법比摠法을 실시하였다.[94] 그러나 1793년(정조 17) 의금부에서 '재결 100결 이상 사용 시 각별히 엄히 다스릴 것'을 청하였다는 내용을 통해 볼 때 이후에도 수령이 재결을 몰래 취하는 일이 여전히 대량으로 행해지고 있었음을 알 수 있다.

이상에서 살펴본 바와 같이 18세기 수령들은 환곡과 전결을 중심으로 부세수탈을 강화하여 농민들의 재생산 기반을 침식하고 있음을 볼 수 있다. 이에 대해 농민들은 강한 반발을 하였다. 농민들의 저항이 격렬해지자 수령들은 형장을 남용하여 무력으로 진압하고자 하였다.[95] 이에 정부는 1758년(영조 34) '외방에서 형벌을 함부로 쓰는 것을 엄금'하게 하였고,[96] 1778년(정조 2)의 『흠휼전

91 『영조실록』 권6, 영조 1년 5월 庚戌條.

92 위의 책, 권13, 영조 3년 9월 乙丑條.

93 위의 책, 권111, 영조 44년 10월 癸未條.

94 위의 책, 권85, 영조 31년 9월 乙酉條.

95 곡산부사 변주국은 조정에서 엄히 금지한 圓杖을 함부로 써서 사소한 일로 吏隷를 때려 죽였으며(『영조실록』 권71, 영조 26년 2월 丙子條), 선천부사 이방좌는 법식에도 없는 큰 곤장을 별도로 만들어 형장을 남용하여 무고한 농민을 7명이나 침해하는 잔학성을 보여 주었다(위의 책, 권73, 영조 27년 2월 丁丑條).

칙欽恤典則』에는 '형구지식刑具之式'을 새로 제정하여 반포하는 등[97] 농민과의 긴장관계를 완화시키기 위하여 좀 더 적극적인 대책을 수립하였다. 그리고 부임한 수령을 불러 만나 보는 자리에서 국왕이 직접 형구를 신칙하기도 하였으나,[98] 부세운영을 둘러싸고 자행되는 수령의 탐학이 근본적으로 해결되지 않는 한, 여기에서 파생되는 형장 남용은 피할 수 없는 현실이었다.

18세기에 이르러 부세운영은 삼정三政에만 국한되지 않았다. 이 시기에는 상품화폐경제의 발달에 따라 포구·어살·광산에 대한 수세권, 그리고 공인권·시전권 등의 상업독점권 등 상공업 분야에서 이권이 새롭게 발생하였다. 따라서 이들 부문은 수령을 비롯한 궁방·군문·아문·토호·권세가들이 자신들의 사적 이익을 위한 좋은 침탈 대상이 되었다. 반면에 어민·상인물주·부상대고·시전상인·공물주인·저리邸吏 등의 신흥 상공업 세력은 국가에 대해 상공업세를 부담하고 다시 수령을 비롯한 토호 권세가들에게 침탈당하는 이중의 수탈구조하에 놓이게 되었다.

이와 같이 18세기는 사회생산력의 발달과 함께 생산력 발달의 성과물을 독점하기 위한 각종 비리가 자행되었다. 특히 부세운영 방식이 전총·군총·환총 등 총액제로 재편되어 군현 단위로 수세 책임이 전가되자 수령은 부세운영에 적극 개입하여 수탈을 자행하였다. 아울러 향촌사회에서 재지사족들의 지배력이 약화되자 이러한 힘의 공백을 틈타 국가권력이 향촌사회 말단에까지 깊숙이 침투하였다. 면리제의 정착과 수령 주도의 '주현향약'의 실시는 이러한 변화를 상징하는 것이다. 수령은 증대된 지배력을 바탕으로 농업생산력 발달의 성과물을 독점하기 위해 각종 비리를 자행하였다. 이 시기 수령들의 부세수탈은 화곡과 재결 두 부문에서 집중적으로 자행되었다. 이러한 18세기의 사

96 위의 책, 권91, 영조 34년 4월 丙寅條.
97 『정조실록』 권5, 정조 2년 정월 癸酉條.
98 위의 책, 권12, 정조 5년 7월 壬寅條.

회·경제적 배경하에서 순암의 동약과 사창은 시행되었다.

남인계 출신인 순암은 오랫동안 조부의 관로를 따라다니면서 향촌사회의 실상을 목격하고 폐단을 바로잡을 수 있는 방법을 강구하였다 그의 향촌 복구에 대한 구상은 주자학적 질서 위에서 재편하는 것이다. 이는 직접생산자층인 향촌민을 토지에 집적시키기 위해 우선적으로 향촌을 향사법을 통해 재조직하였고, 이를 바탕으로 동약과 사창이 이루어져야 한다고 믿었기 때문이다. 특히 사창은 당시 몰락해 가는 향촌민에 대한 구황의 방도로서, 그리고 동 중의 공동 경비를 제공해 주는 방도로서 제시되었다.

4. 사창의 조직과 운용

조선시대의 사창은 주자 사창법을 기초로 의창을 충영充盈시켜 구황을 계속하기 위하여 논의된 일종의 구빈책이었다. 그러나 사창론이 대두된 세종 10년(1428) 이후 사창운영에 대해서는 많은 문제점 — 원곡 충당 문제, 서리의 작폐作弊 및 관리 문제, 취식取息의 공정성 문제 — 이 지적되어 오다가 마침내 성종 원년(1470)에 정파停罷되었다.[99] 이때 사창이 정파되었다 하여도 이것은 정부 차원에서 의창곡義倉穀의 지원을 받아 시행되다 사창이 혁파되었다는 것일 뿐, 그 후 사창은 지방의 이상적인 사족들에 의하여 수차례 건의되었고 간헐적으로 실시되기도 하였다. 더구나 16세기 중종 때 향약이 시행된 이후는 향약의 사덕

99 『성종실록』 권3, 성종 원년 2월 癸酉. 이태진 씨는 조선 초 사창 실시에 관련된 인물들은 모두 冶隱 吉再의 문인들로서 세종 때의 문치정치로 관직에 진출하였으나, 이들은 모두 세조 즉위 후 성리학적 절의를 표하면서 관직을 떠나 은거하게 되고, 이후 성리학파의 손에서 떠난 사창은 세조에 의해 확대되지만 그 본질이 크게 상실되어 곧 혁파된다고 설명한다[이태진(1972·1973), 「사림파의 유향소 복위운동」 상·하, 『진단학보』 34·35; 『한국사회사연구』, 지식산업사, 1986, 154~155면 참조.

목四德目 중 특히 환난상휼을 강조하면서 사족들이 향촌에서 소농민에 대한 호강豪强 관속官屬들의 불법적인 침탈을 억압하고 사창을 통하여 구휼책을 펴고자 하였으니 이것은 사창을 향약과 연결시켜[100] 향촌 통제의 방편으로 삼으려고 한 것이다.[101] 사창은 향약과 더불어 주자의 향촌정책의 2대 기간基幹을 이루는 것으로 일정의 향촌 진대제로서 향촌민의 기아를 막아 향촌공동체를 안정시키려는 데 그 목적을 두고 있는 것이다.[102]

순암은 환자제還上制가 구빈(진제賑濟)이라는 본래의 취지를 망각하고 단지 취식을 목적으로 민호에 억배抑配함으로써 생민生民의 수환愁歡과 조채凋瘵의 원인이 될 뿐이며 더구나 의창에도 악영향을 끼칠 수 있는 점을 고려하여 이를 혁파하고[103] 새로이 구빈책으로서 사창을 구상하게 된 것이다.

사창이란 수·당 이래의 '의름지유제義廩之遺制'로 먼저 적저積儲하도록 한 후 변통하여 흉년에 대비하도록 한 것이다. 한나라 때 경수창耿壽昌의 '상평지법常平之法'이나 수나라 때 장손평長孫平의 '의창'은 모두 기민구황饑民救荒의 양법良法으로 상호 표리를 이루고 있었다. 송나라 때 주문공이 이 제도를 모방하여 사창을 설시設施하였으나 이 또한 오래 시행하는 가운데 여러 가지 폐단이 나타

100 향약을 사창과 연결시켜 향촌 안정을 추구한 대표적인 예는 이이이다. 그는 향약의 조직과 실천 덕목을 상세히 규정함으로써 사창의 운영에 향약의 원리를 연결시키려 하였다. 이것은 향약의 도덕적 내용에 사창의 경제적 기능을 연결하려고 한 것이다(『율곡전서』 권16, 社倉契約束 社倉法). 이외에 이유태는 사창을 향약 五家統과 함께 언급하여 正風俗 廣儲蓄의 기능을 추구하였다(『현종개수실록』 권3, 현종 원년 5월 癸亥). 또한 윤휴는 사창을 오가통과 연결하려 하였다(『숙종실록』 권4, 숙종 원년 10월 辛亥).

101 한상권(1984), 「16·17세기 향약의 기능과 성격」, 『진단학보』 58; 김인걸(1984), 「조선후기 사회통제책의 위기」, 『진단학보』 58 참조.

102 한영우(2975), 「조선전기 성리학파의 사회경제사상」, 『한국사상대계』 II, 대동문화연구소, 142면.

103 『순암집』 권15, 社倉. "今國家還上 春散秋斂 抑配民戶 與古社倉法 似同而實異 亦宋時青苗之類矣 生民之愁歎凋瘵 職由於此 此法不罷 則義倉之制 亦有掣肘 何者 公私兩穀受捧之際 益增其紛挐矣(若還上穀少之邑 則行之尤便)."

나게 되었다.[104] 그러나 이것은 법 자체에 문제가 있는 것이 아니라 제도를 운영하는 사람들의 부정으로 말미암은 것이었다.

때문에 순암이 구상하는 사창은 환자제를 폐지하고 그에 소속된 양곡으로 상평창을 만들고 각 향에 소재한 모곡은 백성들에게 획급劃給하여 사곡의 본식本殖을 삼고 또한 백성들도 여기에 곡식을 조금 보탠다면 고법古法(사창)과 같은 내용이 될 것이다. 이렇게 하면 국가나 백성들에게 모두 편리한 제도가 될 것이며 백성들이 소생할 희망을 갖게 될 것으로[105] 기대하면서 사창조를 만들어 구체적으로 실행하고자 하였다.

1) 약원의 구성과 임원의 임무

순암 사창은 영조 32년(1756, 당시 순암 45세) 광주부 경안면 이리에서 순암이 향촌안정을 추구한 내용이다. 그는 근래 풍속이 퇴폐해지고 향촌에 악습이 성행하는 것은 관리들이 횡포를 자행하기 때문이며 그 결과 민생이 곤궁해지고 풍속이 퇴폐한 것으로 보았다.[106] 이 같은 풍속의 퇴폐를 시정하기 위해서는 민심을 순후하게 하는 것이 급선무이며 이를 위해서는 '해정害政'과 '민해民害'를 제거하여 백성들이 귀의할 바를 정하게 한 후에 교화를 시켜야 할 것으로 보았다. 그리고 맹자가 왕정을 실현하기 위하여는 '제민산制民産'과 '거학교지선居學校之先'을 제시한 것을 예로 들었다.

---

104 위의 책, 권15, 社倉.

105 위의 책, 권15, 社倉. "今若罷還上 以其穀爲常平倉 各鄕(今謂之面) 所在耗穀 劃給民間 令爲社穀本殖 而又令民各出粟以助 如古法 則公私俱便 而民有蘇息之望矣 此係朝令 非民庶所可議 故今畧倣古制而酌本洞民戶之形勢 條論于下 如有好古之君子 遇可行之時而行之 則古例具存 玆不復論."

106 위의 책, 권18, 「廣州府慶安面二里洞約 序」. "噫 吾洞數十年來 風斁俗敗 便作互鄕之難言 而猾任頑校 又憑城社而恣橫 如之何民不窮而俗不渝也."

순암이 동약을 실시하려는 의도는 풍속을 순화하고 민생을 안정시키려는 데 있었다. 때문에 여씨향약, 일두一蠹가 안음安陰에서 구상했던 향약, 퇴계가 예안에서, 율곡이 석담에서 시행하던 향약을 참고로 동약을 만들어 실시하고 한편으로는 사창을 여기에 추가하여 민생을 안정시키려고 하였다. 이것은 율곡이 사창계약속에서 우리 고래古來의 계와 향약·사창을 결합하여 그가 평소에 주장하던 양민과 교민을 동시에 추구하여 향촌의 안정을 꾀하려 한 것과 같은 것이다.[107]

사창은 경안면 이리와 사창 소재 10리 이내에 거주하는 원입자願入者[108]를 신분의 제한 없이 모두 참여시키는 동계적 성격을 띠고 있다고 볼 수 있다. 이것은 율곡의 사회계약속에서 고참약자願參約者를 사창 소재 20리 내 거주자로 한정하고 그 외의 사람은 불허한[109] 것과 같은 내용이다. 그러나 신분의 제한 없이 원입자를 모두 참여시켰다고 하여도 그들의 신분은 상원과 하원으로 구분하고 있다. 이리 동약에서는 상계·중계·하계로 세분하였는데 상계원은 사족(양반)을, 중계원은 중서中庶로 불리던 교생校生·서파지류庶派之類를, 또 하계원은 평민·공사천公私賤을 의미하는 것으로 보인다.[110] 사창 조직의 상원은 동약의 상계와 중계를 포함하며 하원은 하계원을 의미하는 것으로 추측된다. 이것은 조선 초기 사창(세종~문종)이나 이단하의 사창, 황익재 등이 추구한 사창은 한결같이 관의 배려 속에서 추진되었기 때문에 단위 지역 주민 모두를 대상으로 한 것과는 차이가 있다.

순암은 동 중에서 상하 각분各分이 무너지고 풍속이 날로 퇴폐해 가는 것을

---

107 오환일(1989), 「율곡의 향약관과 사창계약속의 성격」, 『중앙사론』 6, 118면.

108 『순암집』 권15, 「廣州府慶安面二里洞約」, 社倉 約憲. "雖在洞約之人 力有不給 不願入則從之 雖他洞人 欲入則聽之 其座目與洞內座目 各爲一册(限社倉所在十里地人聽入)."

109 『율곡전서』 권18, 「社倉契約束」, 立約 凡例. "凡願參約者 必有二十里內居人 許之 家在二十里外者則不許(以社倉所在爲限)."

110 김인걸(1981), 「조선후기 향권의 추이와 지배층 동향」, 『한국문화』 2, 서울대, 219면.

약법이 밝혀지지 않는 데 원인이 있다고 보고, 대체로 거주하던 곳에서 하루아침에 이거離居할 수도 없는 상황에서 향촌을 안정시키기 위하여는 상부상조적 협동과 민생의 안정이 필수라고 파악하였다. 물론 활임완교猾任頑校의 관을 빙자한 동민 침어侵漁가 동민을 유산流産시키는 원인이 된 것은 사실이나[111] 동민들도 자구책을 모색하여 부지扶持할 방법을 생각하지 않을 수 없었고 그 대책으로 사창을 개선하여 민생을 안정시키고 동약을 통하여 유교적인 정신적 안정을 회복시키려고 하였다.

순암 사창은 이리 향약과 표리를 이루고 있는 것으로 동약이 향촌의 정신적 안정을 꾀하는 것이라면 사창은 향촌의 경제적 안정을 추구하는 것이라고 하겠다. 순암 사창의 임원구성과 임무를 살피기 위해서는 먼저 경안면 이리 동약의 임원과 그 임무를 살펴볼 필요가 있다. 다음 〈표 2〉는 이리 동약의 임원을 나타낸 것이다.

〈표 2〉 二里 洞約의 임원과 임무[112]

任員	定員	身分	俗稱	資格條件과 選出方法	任期	任 務	備 考
執綱	1	上契	尊位	齒德俱優者推戴	非有大故 則不遞	敦風俗 振紀綱 恤患難公好惡 一切洞事	上位職
副任	1	中契	副尊位	處心公正子, 擇	一年相遞	洞會時 善過籍을 기록하고 諭下契文을 낭독 呂氏鄕約四條 讀約	中間管理者로 實務責任

111 『순암집』 권18, 「廣州府慶安面二里洞約 序」. "而猾任頑校 又憑城社而恣橫 如之何民不窮而俗不渝也."; 권15, 「廣州府慶安面二里洞約」, 諭下契文. "惟我洞中上下契幾百家 則亦可謂不少矣 然而人皆窮困 禮義不生 上下相凌 風俗日頹 人之見者 莫不唾鄙而譏笑焉 此豈俗習然哉 亶由於約法不明 自暴自棄 以至於無所忌憚而然矣 世居此洞 旣不能一朝而離去 則豈可因循舊習 不思所以扶持之道乎 洞中爲民弊者盡除之 今日所欲爲者 只是去惡爲善而已."

112 위의 책, 권15, 「廣州府慶安面二里洞約」, 洞會儀.

耆老	3	中下契	三老	年最高者三人, 擇身死後次老代陞	終身	洞會時 犯約者가 있으면 諸村頭目과 함께 決罪함	
有司	1	下契	公員	剛直能言 辨別是非者, 擇	一年相遞	洞會集日과 장소를 알려줌. 肅靜牌를 꽂고 彰善位 및 糾過位設撤寺 洞會 준비	
掌務	1	下契	〃	公廉能文者, 擇	〃	洞約문서 관장	
使令	2	公私賤	〃	年少勤幹 能遵號令者, 擇	〃	洞會時 過者에게 酌冷水一盞, 笞杖待令 등 洞內 잔심부름	下位職
庫直	1	下契	〃	廉謹者, 擇	非有故不遞	掌保米出納	
色掌	1	下契	〃	영리한 者, 擇	〃	掌喪轝上下裝等物 洞中有喪則裝飾以赴	

이외에 연소강직자年少剛直者를 택하여 동회 시 좌중에 과실이 있는 자를 고하도록 하는 사정司正과 각각 임무를 담당한 소임이 있었으며 제 촌村에 촌장과 보정保正이 있었다. 촌장은 동회 시 범약자가 있으면 삼로와 협의한 후 결죄하고 보정은 담당 마을의 선행과 악행을 책에 기록하였다가 동회 시 집강에게 보고하였다.

사창은 동약과 표리를 이루고 있으므로 사창의 임원은 동약의 임원을 중심으로 하고 사창운영에 필요한 사창소임, 촌소임 및 촌두목(촌장) 등을 추가하였다. 집강은 사창의 주관자이며 이리 동약의 대표로서 동 중에서 '치덕구우자齒德俱優者' 1명을 추대하였다. 또한 '대고大故'가 없는 한 불체不遞하는 등 철저하게 우대하였다. 집강의 임무는 풍속을 돈후하게 하고 기강을 진작시키고 환난을 구휼하는 등 호오好惡 일체의 동사洞事를 공정하게 처리하는 것이다.[113]

---

113 위의 책, 권15, 「廣州府慶安面二里洞約」, 社倉 約憲. "社倉凡事執綱主之."; 권15, 「廣州府

조선 초기의 사창에서는 사장社長의 실적을 수령이 고찰하여 감사에게 보고하고 감사는 이를 심사하여 상주上奏하도록 하였다. 이에 따라 사장의 상직賞職은 병조에서 고사考査하여 구품산관九品散官에 제수하도록 하였다.[114] 또한 이단하가 사창에서는 사창 유사가 6년 간의 실무성과로써 낭계郎階로 포상받는[115] 등 사창운영에 관으로부터의 보상이 따르고 있다. 그러나 순암 사창에서는 집강에 대하여 관으로부터의 어떤 보상이나 간섭은 일체 없었으니 다른 사창에 비하여 향촌자치적인 성격이 강하다고 할 수 있다. 마찬가지로 율곡 사창에서도 약장約長은 중인의 추대로 결정되며 큰 사고가 없는 한 체대遞代되지 않는[116] 등 철저히 사족 중심의 예우를 다하였다. 또한 관의 어떠한 간섭과 지시도 받지 않았다. 이 역시 관 주도적 사창과 민간 주도적 사창의 차이점으로 해석할 수 있다.

사창 소임은 동 내의 장무와 고직을 겸찰하는데, 사창의 업무를 충실히 담당하기 위해서는 동약 문서를 맡아 관리하는 임무를 띠고 있었으며 일년 상체相遞하였고, 고직은 염근자廉勤者로서 보미출납保米出納을 담당하였다. 이 점으로 볼 때 사창 소임의 임무는 사창 관리 및 출납 임무를 갖고 있었던 것으로 생각된다. 또한 자연촌自然村[117]에는 촌 단위로 두목과 소임을 두었다. 두목은 당해當該 촌村의 사창곡 분급과 수납을 책임지고 있었다. 때문에 창곡의 분급시에

慶安面二里洞約」. "執綱一人 俗稱尊位 推洞中齒德俱優者爲之 非有大故則不遞 其爲任 敦風俗振紀綱 恤患難公好惡 一切洞事."

114 『문종실록』 권10, 문종 원년 11월 己未條. "而社長 諸九品散官 自此以後 每滿五百石陞一資 以示褒賞之典 而社長勤慢 令其官守令考察 每當年終 錄其實錄 報于監司置薄 及其敍用 (…) 勿令賞職而其賞職庫 令兵曹磨勘 據此參詳社倉之法…."

115 『숙종실록』 권15, 숙종 10년 3월 己卯條. "其二曰 社倉有司 如有六年遵行 實有成效者 各邑報知賑廳 賞以郎階."

116 『율곡전서』 권16, 「社倉契約束」, 立約 凡例. "衆推一人爲約長 又得一人副之 輪擇可堪任事者爲 有司二員(約長, 副約長 則無大故不遞 有司則一年相遞)."

117 『輿地圖書』, 「廣州邑誌」에 보면 영조 己卯式(영조 35년, 1759) 慶安面 二里의 戶는 201호(남 495, 여 526)로 이리는 몇 개의 자연촌으로 구성되었다.

각촌에서는 반드시 두목을 정하여 지급하였고 가을 추수 후에 환납도 두목이 책임졌다.[118] 촌소임은 해당 촌민의 사창곡 분급 시 촌두목과 함께 현보懸保하는 것은 물론 분급받은 민호가 가을 추수 후에 수납기간을 어기고 납부하지 못했을 경우에는 당호와 함께 촌소임도 벌하도록 책임을 지웠다. 또한 사창곡은 약원들에게 균등 배분하기 위하여 15두 이상은 출급할 수 없는데 이를 어기고 과수過受한다든가 상원이 불법으로 과수할 경우에는 소임에게 벌을 주는[119] 등 촌민의 사창곡 출납에 공동책임을 지웠다. 이것은 사창을 계속 유지하여 향촌민의 민생을 안정시키려는 의도에서 나온 것이다.

순암은 향촌의 안정을 위해서는 민생안정이 우선적인 것으로 보고 동약을 통하여 상휼하고 예속을 진작시키는 한편 사창을 설치하여 구빈과 안민에 역점을 두었던 것이다. 이는 '유산지민流散之民'을 향촌에 안정시키는 한 방법이요, 지주제를 유지시키는 묘책이 될 수 있을 것으로 보았다. 이제까지 구빈책으로 실시되어 온 환자제는 사창법과 유사한 듯하나 전혀 별개의 것으로 많은 폐단만을 남기고 오히려 의창제마저 혼란을 가중시켜 백성들은 이를 거부하는 상태에 이르렀으니 환자는 본래의 취지를 이탈하여 이제 민간 수탈제로 변모한 것이다. 이에 새로운 구빈책(자활책)으로 새로이 사창제를 구상한 것이다.

사창은 동약과 표리를 이루어야 향촌의 안정을 기대할 수 있다. 즉 동약을 통하여 도덕적 예속을 확립하고 그 위에 향촌민의 경제적 안정을 취하게 하는 것이다. 이 때문에 동약의 임원으로 하여금 사창을 관리하며 사창의 업무를 주

---

118 『순암집』 권15, 「廣州府慶安面二里洞約」, 社倉 約憲. "分給之際 各村定一頭目以給 而待秋收斂以納 每年而差 倉穀非同約則不得受食 穀少而民戶多 若有過受者 雖同約 其時下所任及本村頭目 懸保後出給."

119 위의 책, 권15, 「廣州府慶安面二里洞約」, 社倉 約憲. "倉穀非同約則不得受食 (…) 雖同約 其時下所任及本村頭目 懸保後出給 (…) 民戶所受 多不過十五斗 而必量其人口 使可延命 而無使過受 過受則所任論罰 財穀之耗損 恒由於上員之引用 雖上員不得過受 犯則其時所任論罰", "九月晦間 農事垂畢 趁卽收納 違期者當戶論罰(本村所任同罰)."

관하는 사창 소임을 두고 사창의 운영을 영속시키기 위하여 사창 소임에게 공동책임을 지우고 촌두목과 촌소임을 두어 자연촌 단위로 창곡의 수납과 분급을 책임지도록 한 것이다.

2) 원곡 확보책과 이식利息

조선 초기 사창론이 대두될 때부터 항상 문제로 제기된 것이 사창 원곡의 확보와 그 이식利息 문제였다. 사창론이 세종 10년(1428)에 대두된 이래 원곡 충당 문제, 대출 및 수납의 공평성 문제, 서리의 작폐 등 여러 가지로 논란이 거듭되었다.[120] 사창 원곡은 사창운영의 기초가 되며 또한 그 이식은 사창을 영속적으로 지탱하기 위한 필수적인 조건이라 할 수 있다.

순암은 사창 원곡 확보방법을 동약인의 납곡과 매년 상·하인의 가감加斂, 수후원입자隨後願入者의 납곡 등으로 충당하였다. 또한 사창곡은 100석으로 한정하였다. 이것은 당시 환상으로 시달리는 민호들의 경제적 여건을 고려한 조치라고 여겨진다. 동약인의 납곡은 상원 10두, 하원 5두로 신분에 따라 차등을 두었고 매년 상·하인의 가감은 일정한 액수를 정한 것이 아니나 창곡이 100석이 될 때까지 형편을 헤아려 정하였는데 상원은 반드시 하원의 배가 되도록 하였다. 또한 수후원입자의 납곡은 상원은 2석, 하원은 1석으로 정하였다.[121] 다음 〈표 3〉은 조선시대 대표적인 몇 개 사창의 원곡 충당방법을 나타낸 것이다. 이 표를 통하여 각 사창의 원곡 확보책을 살펴보면 조선 초기 사창이나 이단하의 사창, 황익재의 사창 등은 모두 관곡에 전적으로 의존하거나 관곡의 지

---

120 오환일(1988), 「조선초기 사창에 대한 고찰」, 『우인김용덕박사정년기념사학논총』, 188면.

121 『순암집』 권15, 「廣州府慶安面二里洞約」, 約憲. "自今丁丑秋 同約納穀 而租粟大小豆 隨其所有 上員則各出十斗 下員則五斗 (…) 百石未滿之前 每歲上下人負量定加斂 上員每出下員之倍 (…) 隨後願入約者納穀 而上員則二石 下員則一石."

원과 민간 사취곡私聚穀으로 사창 원곡을 충당하였다. 그러나 순암 사창이나 율곡 사창은 전혀 관곡의 지원 없이 동약인의 납곡만으로 원곡을 마련하고 있는 점에서 그 특징을 발견할 수 있고, 이는 민간주도적 사창의 한계이기도 하지만 이 때문에 수령의 간섭을 배제하고 향촌민의 자치적 방법으로 사창을 운영할 수 있었다.

〈표 3〉 사창 원곡 충당방법

사창	사창 원곡		비고
	관곡	사곡	
조선 초기의 사창	의창곡(200석)		社長 賞職 社倉穀 500石이 되면 義倉 借穀 200石還納
율곡 사창		契員造米(下人 5升) 豊年 : 同契之人納穀(下人 10斗) 赴外任者送木(監司五疋 守令三疋) 隨後願入契中者二石(下人 10斗)	豊年時洞契之人納穀
이단하 사창	관곡(賑恤廳穀)	民間私聚穀	賑恤廳穀 十二取耗로 6년 후 상환 助役社倉者西班顯職 포상 社倉有司郎階로 포상
황익재 사창	관곡(官蠲給穀物)	當戶家의 自願出米 設倉入會費	
순암 사창		洞約入納穀 (上員 10斗 下員 5斗) 每年上下人員加斂 (上員은 반드시 夏員의 倍) 隨後願入者納穀 (上員 2石 下員 1石)	

조선 초기의 사창은 본래 의창곡의 감소를 막고 빈핍한 백성들에게 진대하여 구황하려는 데 목적이 있었다. 그러나 호리豪吏들의 농간으로 폐단만 속출하고, 장리長利와 다름없는 사채로 변질되어 사창 본래의 의미를 잃었다. 또한 장리를 일삼던 당호들은 사창으로 피해를 보게 되므로 이를 방해하였고 유력

한 세력가는 사창을 설치하지 못하도록 수령에게 압력을 가하기도 하였다. 이같이 사창이 존재 의미를 상실하고 폐단만 발생하여 원곡의 증가도 기대할 수 없게 됨으로 인하여 성종 원년(1470)에 혁파되기에 이르렀다.[122]

이단하의 사창에서는 관곡과 민간 사취곡으로 사창 원곡을 충당하려 하였다. 그러나 당시의 관곡, 즉 환곡의 절대 부족 현상, 회록상會錄上의 난점으로 사창 대부는 기대할 수 없었고 민간 사취곡이란 향촌 내 당민들의 절대적인 호응과 협조가 요청되는 만큼 그들에 대한 권장과 포상이 뒤따라야 했다. 납곡하는 당민이나 공가公家로서 '조역사회자助役社倉者'는 서반현직西班顯職으로 포상 권장하도록 하였다. 그러나 이것은 민정의 불만요인이 되었다. 이에 진휼창곡을 사창에 대여하고 십이솔什二率에 의한 6년 취모 후 원곡을 반납하는 방법이 강구되었으나 이 역시 조선 초기 사창의 모곡 확보방법과 별 차이가 없는 것으로 반대의 여론에 부딪혀 실행될 수 없었다.[123]

또한 황익재 사창은 자고출미自顧出米는 이단하 사창의 경우와 마찬가지로 크게 기대할 수 없는 것이요, 관곡 역시 여의치 못하였을 것으로 추측된다. 때문에 사창이 효과를 발휘할 수 없어 진휼청을 활성화시키면서 분급 시에 사창의 하부구조를 그대로 이용하였던 것이다.[124]

순암은 관곡을 전차轉借하여 사창을 설립한 경우 효과를 얻지 못한 것을 목격하였다. 더구나 재지사족으로서 관곡을 전차할 수도 없는 형편이었다. 그러나 향촌민의 궁곤을 좌시할 수만은 없어 사창을 개설하고 그 원곡을 동약인의 납곡으로 해결하려고 하였다. 이는 율곡 사창과 같은 형태였다. 이식은 50%로 비교적 높은 편이었다. 그러나 이것은 창곡이 아직 충영充盈되지 못하였을 때의 일시적인 방법이요, 창곡이 계획된 때도 100석에 이르면 마땅히 30%를 취

122 오환일, 「조선초기 사창에 대한 고찰」, 195~197면.

123 김준석(1986), 「畏齋 李端夏의 시국관과 사창론」, 『한남대논문집』 16, 15~18면.

124 조원래(1985), 「18세기 순천부 지방행정 동내」, 『남도문화』 1, 148~150면.

하도록 하였다.[125]

〈표 4〉는 순암 사창의 이식을 조선 초기 사창, 율곡 사창, 이단하 사창, 황익재 사창과 비교해 나타낸 것이다.

아래 표에서 나타난 것과 같이 순암 사창은 17세기 이전의 다른 사창에 비하여 그 이율이 높았다. 특히 조선 초기 사창이나 이단하의 사창은 관 주도의 사창으로 진제적賑濟的 성격을 띤 것이어서 예외로 한다 하더라도 율곡 사창의 이율 30%(창곡이 풍부해지면 20%)보다는 거의 배나 높다고 볼 수 있다. 그러나 18세기의 황익재 사창의 이율(장리 : 50% 이하)과 비교해 볼 때 거의 비슷하다고 하겠다. 황익재의 순천부사 재임시기는 숙종 42년(1726)~숙종 44년(1728)까지로[126] 이때에 환곡은 대여나 구제의 방책이 아니라 회록법會錄法의 시행에 따른 재정구조의 일부로서 기능하였고 사실상 부세로 전환되었다. 따라서 백성들의 필요와는 관계없이 억배抑配하기도 하였고 이 이식도 빈관의 농간으로 실제에 있어서는 장리를 초과하여 100%에 육박하는 형편이었다.[127]

〈표 4〉 각 사창의 이식율

사창	조선 초기 사창	율곡 사창	이단하 사창	황익재 사창	순암 사창
이식	20% 小歛 時 이식의 반감면, 大飢 時 이식은 모두 蠲免	초기 : 30% 창곡이 풍부해지면 20%	20%	장리(50%) 이하	초기 : 50% 창곡이 100석이 되면 30%

이러한 형편에서 사창의 이식율이 50%나 된다 하여도 양촌민들에게는 환곡에 비하여 유리한 것이 될 수 있었다. 순암은 철저하게 약원들의 납곡으로 사

125 『순암집』 권15, 「廣州府慶安面二里洞約」, 社倉 約憲.

126 황익재, 『華齋集』 年譜, 숙종 42년 丙申.

127 오일주(1984), 「조선후기 국가재정과 부세적 기능의 강화」, 연세대학교 사학과 석사학위논문.

창 원곡을 마련함으로써 향촌자치적 사창을 개설하였고 또한 관의 간섭을 배제하였다. 당시 국가재정은 극도로 약화되어 환곡은 본래의 취지를 상실하고 국가재정 보충을 위한 부세적 경향을 띠고 있어 빈민(대부분의 향촌민) 구제의 역할은 기대할 수 없었다. 이때에 사창의 이식률 50%는 실제 빈관들의 농간으로 50~100%나 되는 환곡 이식률에 비하면 저렴한 것이라 할 수 있다.

3) 사창곡의 분급과 환납

사창은 민호(약원)가 스스로 출곡한 창곡으로 빈핍한 경우 상호 구휼하는 데 의미가 있다. 사창운용에는 창곡의 공평한 분급과 정확한 환납이 전제되어야 한다. 그렇지 못할 경우 약원 사이에 불만이 팽배해지고 나아가 사창을 영속적으로 운영할 수 없게 된다. 사창곡은 동약인 이외에는 절대로 분급할 수 없으며[128] 그 시기는 정월~2월부터 시작하여 3~4월까지 계속되었는데 번거로움을 피하기 위하여 매월 세 차례씩 반급頒給하였다. 또한 보리농사가 흉작인 경우에는 창곡의 보유량을 헤아려 7월 중에도 반급하였다. 이때도 세 차례로 나누어 분급하였다.[129]

율곡 사창에서는 정월 11일부터 시작하여 매월 1일, 11일, 21일(월 3회)에 분급하여 창곡이 다할 때까지 계속하였다.[130] 순암 사창과 율곡 사창을 비교해 볼 때 월 3회 분급하는 것은 일치하나 순암 사창은 1~4월까지로 정하였고 맥

128 『순암집』 권15, 「廣州府慶安面二里洞約」, 約憲. "倉穀 非同約 則不得受食."

129 위의 책, 권15, 「廣州府慶安面二里洞約」, 約憲. "本法自正二月始 每月三巡頒給 而本府還穀甚多 不能如例 當三四月間 民間當農艱食之際 擇貧戶給之 又察年事 麥若不斂 則量留若干 七月間頒給(分三巡給之).

130 『율곡전서』 권16, 「社倉契約束」, 社倉法. "社倉分給 自正月十一日爲始 每月初一日 十一日 二十一日 分給以穀盡爲限."

작이 불감不歛일 때를 고려하여 7월 중 분급하도록 하는 등 세밀한 면을 보여준다. 또한 '還穀甚多不能如例'라는 단서를 붙여 환곡과 사창곡 분급시기와는 관계를 갖도록 하였다. 즉 18세기에는 환곡이 증가하였고 본격적으로 부세화하면서 '還穀太多'로 많은 폐단이 발생하였다. 이렇게 된 후부터 환곡은 진휼로서의 의미를 상실하고 부세의 성격을 띠게 되었고 그 이율도 장리를 능가하게 됨으로써 민호는 이를 거부하게 되고 관위에서는 이를 억배하였던 것이다.[131] 때문에 관위의 환곡이 많이 배당되면 자연히 사창곡의 분급시기는 늦추어질 수밖에 없었다. 약원이 분급받을 수 있는 양은 15두로 한정하였으며 반드시 인구(가족 수)를 헤아려 연명할 수 있도록 조치하였다. 이를 어기고 과수할 경우는 당시의 소임을 논벌하게 하여 약민 모두가 '穀少而民多戶'한 상태에서 풍족하지는 못하더라도 두루 연명할 수 있는 혜택을 입도록 하였다.[132]

사창은 빈천한 민호의 형세를 고려하여 이들을 구황하여 소식蘇息할 수 있도록 희망을 갖게 하는 데 의미가 있다. '환상번중還上繁重'으로 표현되는 것같이 환곡에 기대할 수 없고 창곡마저 넉넉하지 못한 형편에 민호들을 두루 구휼하기 위해서는 사창의 관리를 공정히 하고 문서로 그 내용을 분명히 기록하여 뒤에 문제가 발생하지 않도록 하였다. 이 같은 규정을 어기고 소홀히 하게 되면 담당자는 중벌하도록 규정하였다. 더구나 창곡이 부족한 형세에서 특정인에게만 혜택이 미치는 것을 막고 두루 편의를 제공하려고 민호가 받을 수 있는 창곡은 15두로 한정하였다. 이때도 단지 가족수를 고려하여 연명할 정도로만 분급하였다. 이것을 무시하고 과수하는 경우가 있으면 소임이 벌받도록 하였다.[133]

---

131 각주 127) 참조.

132 『순암집』 권15, 「廣州府慶安面二里洞約」, 社倉 約憲. "民戶所受 多不過十五斗 而必量其人口 使可延命而無使過受 過受則所任論罰 倉穀非同約則不得受食 穀少而民戶多 若有過受者 雖同約 其時下所任及本村頭目 懸保後出給."

133 위의 책, 권15, 「廣州府慶安面二里洞約」, 社倉 約憲. "穀限百石(愈多愈好 但本邑還上繁重

창곡을 공평하게 분급하는 것은 빈천한 민호에 두루 혜택을 입히려는 데 뜻이 있는 것이다. 그러나 사창을 영속시키기 위하여는 분급한 창곡을 정확히 수납하는 것이 더욱 중요한 문제였다. 이것은 사창 소임의 역할과 관계가 깊은 것이다. 사창 소임은 장무와 고직을 겸찰하고 있어 사창의 실제 업무를 총괄하는 실권을 갖고 있기 때문에 실호實戶로 근간자勤幹者를 택차擇差하여[134] 운영에 실효를 얻고자 하였다. 이 같은 조치는 조선 초기 사창이나 이단하 사창에서도 엿볼 수 있다. 조선 초기 사창에서 사장상직社長賞職을 병조에서 주관하여 구품 산관에 제수하였고 이단하 사창에서는 유사의 실무 성과를 6년 간 고찰한 다음 낭계로 포상하는 것 등이 이러한 것이다.

분급한 창곡을 수납하는 시기는 9월 말 농사가 끝난 후였다. 그러나 수납시기를 어기는 경우에는 해당 호는 물론 본촌 소임도 논벌하도록 하였다. 이것은 사창을 영속시켜 향촌사회를 안정시키기 위한 공동대응책이라고 하겠다. 창곡을 분급할 때 소임과 본촌 두목을 현보懸保시키고 각 촌에서 두목에게 분급하고 수납할 때 두목이 수렴하여 납부하는 조치는 모두 공동책임제에서 나온 방책이다.[135]

조선 초기 사창에서 10호를 1보로 결성하여 상호간 보증을 서도록 하고 수납 시에는 보원保員이 공동으로 납부하게 하였다. 또한 보원 중에서 도망자가 있으면 보원들이 공동 납부하였다.

율곡 사창에서는 사창곡은 유사가 관장하고 분급 시에는 오장伍長이 하루 전 오가五家 내內의 필요량과 그 용도를 파악하여 보고한 후 부약장과 유사가 상의

民戶貧殘 故限以百石 易爲出納) 每年分給 以周貧乏 收時取息十五(當取十三 而穀少故增爲十五 滿百則當減爲十三之利) 公其取與 明其文記 毋使有後議 犯者論重罰", "民戶所受多不過十五斗 而必量其人口 使可延命而無使過受 過受則所任論罰."

134 위의 책. "社倉所任 洞內 掌務兼察庫直 則擇實戶中勤幹者爲之 而取居于社倉所在之人."

135 위의 책. "九月晦間 農事垂畢 趁卽收納 違期者當戶論罰 本村所任同罰 (…) 雖同約 其時下所任及本村頭目 懸保後出給 分給之際 各村定一頭目以給 而待秋收斂以納 每年而差."

하여 결정하도록 하였다. 또한 수납 시에는 10가를 단위로 통주統主를 두며 통주는 사창곡의 납입을 독촉하고 통주 자신은 물론 통 내 오가의 납입이 끝나면 미납인으로 통주를 교체하여 납입을 독촉하는 책임을 맡겼다. 통주가 견실치 못하면 논벌하였다.

황익재의 사창에서도 수감곡收斂穀은 대장隊長이 보장保長을 지휘해서 각 대장에게 분급하며 대장이 그 대 내의 10호를 요리취식料理取息한다. 수봉收捧할 때 도고逃故나 손실이 있으면 10호가 합심하여 비납備納하도록 하였다. 이 같은 조치는 모두 사창곡의 수납을 공동책임으로 완수하여 사창을 영속시키려는 방책이었다.[136] 또한 순암 사창에서는 사창곡의 모손耗損이 '上員之引用'에 원인이 있음을 지적하고 비록 상원이라 할지라도 과수하면 소임을 논벌하고 기간을 어기고 납부하지 못하면 논벌하여 끝내 불납하였을 경우 본 촌인이 공동 징납하도록 하였다. 상원이란 상계원(사족)이며 이들은 신분적 특권을 누리며 간혹 불법적 과수를 자행하고 있었음을 시사하는 내용이다. 순암이 목천현감으로 부임하여 방역소를 설치하고 운영하면서도 이를 영속화하기 위하여 무분별한 지출과 상계 및 소임이 일체 범용하지 못하도록 규정하였다.[137]

이단하 사창에서는 이 같은 특권층 호호豪戶들의 부당한 관곡편수를 억제하려고 유사를 문죄하기도 하였다. 이는 모두 사창운영을 공정히 하여 창곡의 분급을 균등하게 하고 환납을 철저히 하여 빈천한 민호를 구휼하고 사창을 영속시키려는 뜻에서 나온 것이다.

136 오환일(1990), 「조선시대 사창연구」, 중앙대학교 박사학위논문.

137 『순암집』 권16, 「木州政事」, 防役追後節目. "或多引用而不卽備出 必至難處之境 必如右所言 擇富實戶 戶給一兩 上契及其時所任 切勿犯用 而犯者面奪位覺出致罰."

5. 사창의 성격

18세기는 근대사회로 전환되는 과도기였다. 이때 농업・상업・수공업 등 산업에 일대 변화가 일어났으며 부세체제와 신분제도, 토지소유관계에도 변화가 나타났다. 농업기술의 발달과 상업작물의 재배는 상업발달을 촉진시켰으며 금속화폐의 유통으로 장시場市가 전국적으로 확대되고 새로운 도시가 성장함에 따라 농촌인구의 감소 추세가 나타났다. 이 같은 농촌인구의 감소는 궁방전宮房田・아문둔전衙門屯田의 확대로 인한 토지소유관계의 변화와도 관계되는 것이었으며 군포軍布・환곡・부세 문제와도 밀접한 관계를 갖고 있는 것이었다.

이러한 일련의 변화 속에서 농민들은 극도로 영세화되었고 여기에 서리들은 농간과 착취까지 겹쳐 기아 상태의 고통을 더 이상 견디지 못하고 유리도산流離逃散하거나 고향을 등지고 화전민이 되는 경우도 있어 농촌은 10호 중 9호가 비어 있었으며 100호 마을 중 절반만 남아 있는[138] 형편이었다. 농민들의 유리는 결과적으로 지주제의 유지를 곤란하게 하였고 국역수취에도 영향을 미쳐 이를 억제하지 않을 수 없었다. 호패제 및 오가작통법의 강화와 상업활동을 통제하기 위하여 난전亂廛을 금지하는 것 등은 모두 농민유리 억제와 깊은 관계를 갖고 있는 것이다.

상업의 발달로 부를 축적한 호상豪商과 경영형 부농의 등장은 신분제에도 변화를 가져왔다. 이들은 부를 배경으로 신분을 상승시켜 신향新鄕으로서 향촌에서 사족들과 대립하면서 향전鄕戰을 벌였고 마침내는 관권官權의 비호를 받으며 세력을 펴 나갔다.

향촌의 재지사족들은 이러한 변화—농민유리, 신분제의 변화—속에서 향촌사회를 자치적으로 안정시켜 자신의 특권을 유지하려고 하였다. 동 단위의

138 『숙종실록』 권31, 숙종 23년 7월 甲辰條.

동약(계)과 사창 등은 모두 재지사족 중심의 향촌 안정책으로 제시된 것이다.

1) 구빈책으로서의 사창

사창은 천박한 향촌을 안정시키기 위한 자치적 구빈책이었다. 동민의 유산流散을 방지하고 자포자기하고 있는 백성을 안정시켜 대대로 살던 마을에서 함께 부지扶持할 방법을 모색한 것이다.[139] 토지를 잃고 막심한 수탈을 감당할 수 없어 곤궁한 농민을 관에서 보호할 수도 없는 형세였다. 환자還上나 진휼은 명목만 있을 뿐 통치제제의 문란 속에 원악향리元惡鄕吏들의 '조농관령操弄官令', '음수화뢰陰受貨賂', '침학민인侵虐民人', '횡렴남용橫斂濫用'[140] 등 작폐作弊로 그 실효를 거둘 수 없었다. 이에 빈천한 향촌민은 스스로 자구책을 모색하였다.

순암은 이리 동약을 실시하면서 여씨향약을 시의변통하여 사덕목四德目을 개설한 후 각각 부조를 추가하였다. 4덕목 중 환난상구조를 설치하고 이에 추가하여 사창조 17개 항목을 강조하였고 별도로 부조기扶助記를 첨가하여 동민 상호간 부조의 내용을 상세히 설명하였다. 이는 동약과 사창을 일체화시켜 향촌민의 경제적 안정 위에 도덕적 명분과 기강을 확립하고 사족 중심의 향촌 안정을 추구하려는 뜻을 반영한 것이다.

(1) 사창곡 확보를 위한 자구책

① 사창곡은 약원約員이 각각 상원 10두, 하원 5두씩 납곡하여 마련한다 (『이리동약』 사창 약헌).

---

139 『순암집』 권18, 「廣州府慶安面二里洞約」, 諭下契文.

140 위의 책, 권16, 「木州政事」, 論作廳文.

② 비록 동약지인이라도 경제적 부담이 커서 입납을 원치 않을 경우에는 불가피하게 그의 뜻을 따를 것이며 비록 타 동인이라도 입납을 원하면 가입시킨다. 타 동인은 사창 소재 10리 이내에 한한다(『이리동약』 사창 약헌).

③ 뒤에 입약하려면 입회비로 상원은 2석, 하원은 1석을 납곡한다(『이리동약』 사창 약헌).

④ 사창곡은 많으면 많을수록 좋으나 민호의 빈천한 형편을 고려하여 100석으로 한다(『이리동약』 사창 약헌).

⑤ 사창곡이 100석 미만일 때는 매년 상·하원이 형편을 고려하여 가감加斂한다. 이때에 상원은 반드시 하원의 배를 부담한다(『이리동약』 사창 약헌).

위의 내용은 상·하원을 불문하고 입납을 원하는 모든 동민이 스스로 창곡을 마련하여 약원 상호간에 함께 편의를 추구하는 동계적 성격의 것으로 관의 무상無償 진대賑貸나 환곡에 기대할 수 없는 민호가 자구책으로 사창을 설치하고 사창 원곡 100석을 마련하였다.

불시의 재난으로 가산을 탕신하여 의지할 곳이 없고 또한 식량마저 떨어져 기아에 허덕이는 동민이 있으면 약約 중에서 의논하여 이들을 구제하였다. '수화지재水火之災'를 당했거나 또는 절량絶糧으로 굶주리면 약 중에서 의논하여 구제하였고 실화失火로 집을 잃었으면 집을 지어 주고 도적을 만나 옷이나 양곡을 잃었으면 구제하고 전염병으로 고생하면 함께 위문하고 약을 도와주며 농사를 짓지 못할 경우 협력하여 농사를 지어 주는 것 등은 모두 동민이 합심하여 상부상조하는[141] 아름다운 풍속이다. 이는 구빈책일 뿐만 아니라 생활기반을 상실하고 유리도산하는 민호를 안정시키는 방도로 지주제의 유지 및 부세

---

141 위의 책, 권15, 「廣州府慶安面二里洞約」, 患難相救 附條.

수취賦稅收取와도 관련을 맺을 수 있는 것이다.

(2) 사창의 자치적 운용

① 사창곡은 동약인에게만 분급分給한다(『이리동약』 사창 약헌).

② 사창곡은 반드시 민호 당 15두를 초과할 수 없으며 인구를 헤아려 연명할 정도로만 분급한다. 15두를 초과하여 과수하려면 소임과 본촌두목本村頭目이 현보懸保하여야 한다(『이리동약』 사창 약헌).

③ 사창곡은 정~2월부터 시작하여 3, 4월 간 농간식지제農艱食之際에 분급하며 맥불감시麥不歛時에는 7월에도 반급頒給한다. 반급은 매월 삼순三巡에 실시한다(『이리동약』 사창 약헌).

④ 재곡財穀의 모손은 상원上員의 인용에 원인이 있다. 상원이라도 과수한다면 당시의 소임을 논벌하고 상원이 기한을 어기고 불납하면 논벌하며 끝내 불납하면 본 촌인이 공동 부담한다(『이리동약』 사창 약헌).

⑤ 창곡의 수납은 9월 말 농사가 끝난 때에 실시한다(기간을 어기고 불납하면 당호當戶는 물론 본촌本村 소임所任도 함께 벌한다)(『이리동약』 사창 약헌).

⑥ 사창 소임은 동 내 장무와 고직을 겸찰하며 실호實戶로 사창 소재 마을에 거주하는 자로 택차擇差한다(『이리동약』 사창 약헌).

사창운용에서 기본이 되는 것은 창곡의 분급과 수납이다. 한정된 사창곡(100석)으로 빈천한 많은 민호의 유리도산을 막고 향촌을 안정시키기 위해서는 사창곡의 균분과 철저한 수납이 필수적인 조건이었다. 창곡의 분급을 매호 당 15두로 제한한 것이나 동약인에게만 분급하도록 한 것은 모두 향촌민이 균등하게 혜택을 받도록 하기 위함이다.

사창은 일시적인 조치로 중단될 수는 없었다. 이를 계속하여 향촌민이 스스로 자립기반을 다지고 소식蘇息의 희망을 갖도록 하기 위해서는 사창곡의 편중된 반급도 문제이거니와 분급된 창곡을 철저히 수납하여 사창 원곡(100석)을 계속 유지시켜야 했다. 상원이 창곡을 무분별하게 인용하여 과수했을 경우 소임을 벌하고 끝내 기한을 어기고 불납하면 상원 본인은 물론 촌민이 공동 부담함으로써 원곡의 모손을 방지하려고 하였다. 이 같은 창곡의 반급과 수납에 소임이 책임을 지게 함으로써 사창 원곡을 유지하면서 동민 모두에게 혜택이 두루 미치도록 하였던 것이다. 즉 사창은 동민의 자치적인 방법으로 운용되었고 동약인이 두루 혜택을 입도록 한 것이라 하겠다.

(3) 향촌공동체의 형성

사창은 경제적인 상부상조로 동민의 유리도산을 막고 향촌의 안정에 기여하였다. 처음 사창을 개설할 때는 빈천한 민호의 형편을 고려하여 향원들이 각각 납곡하여 사창 원곡을 100석으로 한정하였다. 원곡이 100석이 된 후에는 매년 이식으로 240두(이때는 30으로 취리取利하고 매 석을 8두로 작미한다)를 받아들인다. 이 중에서 20두는 동약에서 책임을 맡아 일한 장무·고직·사령에게 각각 차등 있게 수고비로 지불하고 20두는 춘추春秋 동회洞會 시의 운영비로 충당하였으며 나머지 200두는 동 중에서 발생하는 길흉사의 부조에 지출하도록 하는 등 동회 공동경비로 지출하며[142] 동민의 부담을 줄일 뿐 아니라 향촌공동체의식을 강화시켰다.

부조는 향리에서 동민들이 상·하 신분을 막론하고 길경흉화를 당했을 때 함께 근심을 나누고 기쁨을 같이하는[143] 아름다운 풍속이요, 환과독고 등 의탁할 곳이 없는 백성들을 고조顧助하여 향촌공동체 유지에도 기여하였다. 부조의 내용은 〈표 5〉와 같다.

---

142 위의 책, 권15, 「廣州府慶安面二里洞約」, 社倉 約憲. "滿百石後 取利三十石 每石八斗作米 則爲二百四十斗矣 二十斗 春秋洞會 各用十斗 又二十斗 則掌務庫直使令等 分多少差等以給 餘二百斗 爲洞中一年內吉凶扶助所用."

143 위의 책. "洞中原約周恤之義 惟及於四喪 其外雖有切己吉凶之事 幷不相問 亦非同鄕里共憂樂之意也 今此義穀一法 勿論上下 吉慶凶禍 皆有所助."

〈표 5〉 扶助의 내용

사건	부조 내용	비고
文 科	白米 4斗	上下齊會致慶
生 進	白米 3斗	齊會致慶
壽 席	白米 4斗	齊會致慶
陞資(80세)	白米 3斗	齊會致慶
冠 子	白米 3斗	
嫁 女	白米 3斗	
迎 婦	白米 3斗	
子女喪(15세 이상)	白米 4斗	
兄弟喪(同居)	白米 4斗	
朝官陞資		齊會致慶或設餞
筮 仕		齊會致慶或設餞
遷官外任		齊會致慶或設餞
年八十不得設壽席		約員具酒果以賀
鰥寡孤獨無依者		隨力顧助
年壯過時不成婚嫁者	助米 4斗	
下契親年高不能設宴	給米 3斗	

*『이리동약』, 사창 부조기에 의거.

이외에 순암이 목천현감으로 재직할 때에는 방역소를 설치하여 쇄마가刷馬價를 충당하였고 그 외의 이전利錢으로는 '민부民賻'와 '방역전'으로 사용하여 '구민지책'으로 활용하였다.[144] 이는 관력官力마저 천박하여 구민에 손쓸 수 없는 상태에서 수령이 구민과 향촌 안정책을 수립한 것으로 사창의 공동부조 내용이 확대된 것이라 하겠다.

향촌의 안정은 동민들의 자치만으로 이룩될 수는 없었다. 관의 협조는 불가

144 위의 책, 권16,「木州政事」, 防役所節目.

피한 조건이었다. '근조부謹租賦'를 명시하고 이것을 백성들이 척념惕念할 것으로 강조하면서[145] 관의 도움을 기대하였다. 그러나 관의 부당한 시책으로 억울한 일을 당했을 때는 동민이 합심하여 이를 풀어 주도록 공동 노력하였다.[146]

한편 동약 내에서는 과실은 우리 자신의 과실이나 친척의 것이나 마찬가지라는 공동체의식을 가지고 있었다. 이를 부끄럽게 생각하지 않고 타 동洞에 전파하는 것은 자신의 허물을 알리는 것과 같은 불미스러운 일로 경중에 따라 논벌하였다.[147] 사창은 향촌민이 공동체를 결성하고 구빈은 물론 공동부조에도 노력하였다. 이것이 확대되어 목천현에서는 방역소를 설치하여 쇄마가를 공동으로 충당하기도 하였던 것이다. 향촌공동체는 향촌 자체의 노력만으로는 유지될 수 없었고 반드시 관의 협조 속에서만 지속될 수 있었다. 그러나 부당한 관의 간섭이나 침어侵漁에 대해서는 공동으로 대응하기도 하였으니 이는 사족중심 향촌공동체의 특징일 수도 있다.

2) 신분질서의 유지

성리학에서는 엄격한 신분제를 규정하고 있어 모든 인간은 절대로 평등하지 않다. 상·하·존·비로 귀천이 구별되며 이들 각 계층은 자신에 합당한 지위를 갖게 된다. 즉 명분의 구분이 확연하고 그 합당한 명분을 바르게 지켜야 한다는 정명正名을 강조한다. 따라서 성리학적 사회에서는 명분론을 바탕으로 질서가 유지되는 것이며 이를 기강이 확립된 질서사회로 설명한다.

---

145 위의 책, 권15, 「廣州府慶安面二里洞約」, 諭下契文·罰分五等 및 呂氏鄉約 附條.

146 위의 책, 권15, 「廣州府慶安面二里洞約」, 呂氏鄉約 附條·患難相救 附條. "上下人中 有以寃枉 陷於囚繫 力不能脫 僉議辨于官司或道主 期於必雪."

147 위의 책, 권15, 「廣州府慶安面二里洞約」, 過失相規 附條. "以同約及親戚過失 傳播他邑他洞者 皆非美行 勿論上下 酌輕重施罰."

율곡은 인간의 상하·존비·귀천의 기준은 '현부賢否'에 있고 현부를 분변하여 상·하의 분이 정하여지는데 이것을 기강이라 하였다. 그렇기에 현사는 반드시 상에 있어야 하고 불초자는 반드시 하에 있어야 한다고[148] 강조하면서 명분을 엄히 하고 기강을 확립하여 향촌의 질서 유지에 노력하였다.

(1) 상하 신분의 차

순암은 신분제를 추구하였다. 상하 신분에는 엄격한 명분이 있음을 강조하였다. 노奴와 주主, 적嫡과 서庶, 양반과 하인 사이에는 명분이 엄격하기 때문에 이에 합당한 도를 다하여야 하며 이를 어겼을 때는 논벌하도록 하였다. 그 내용은 노奴·하인·서庶에게 일방적인 복종과 순종을 강요하는 것들이 대부분이었다. 다음 내용은 이 같은 상·하 신분의 차등을 보여 주는 대표적인 사항이다.

- 노비와 상전 사이에는 명분이 엄격하다. 노비는 충성을 다할 것으로 생각하라(유하계문).
- 노비가 상전에게 불충하거나 가르침이나 명령에 복종하지 않거나 속이거나 자기의 이익을 취하거나 상전을 다른 곳에서 욕하고 원망하는 것은 모두 불충이다. 이 경우는 모두 중벌에 처하며 욕하고 구타하는 경우는 고관告官하여 정벌하도록 한다(유하계문).
- 노비가 충성을 다했을 경우는 동회 회집일에 불러서 상을 내리고 충성되고 게으름을 피우지 않는 노비는 이때 의논한 후 관에 알리고 일체의 동역을 면제시킨다(과실상규 부조).

---

148 『율곡전서』 권25, 「聖學輯要」, 爲政 立紀綱. "朱子奉事曰 (…) 何謂紀綱 辨賢否 以定上下之分 (…) 是以賢者必上 不肖子必下."

- 양반 앞에서 단정치 못하게 걸터앉거나 말을 타고 지나가면 차상벌次上罰하고 양반집 앞을 말 탄 채 지나가면 차중벌에 처한다. 또 상계에 인사[拜]하지 않아도 중벌에 처한다(유하계문).
- 적자와 서자 사이에는 부모로부터 받은 은혜는 비록 같다 하여도 명분은 엄격하다. 서자가 적자를 능멸하는 죄는 국법에도 밝혀 놓은 것이니 이를 어겼을 때는 경중에 따라 벌한다(과실상규 부조).

근래 흔히 하인이 양반을 능욕하고 심하면 구타하는 경우도 있다. 더구나 하인 처녀가 분수에 맞지 않게 가마를 타고 다니는 것[149] 등은 모두 명분에 어긋난 것으로 이것은 풍속이 퇴폐해진 데 원인이 있다고 단언하였다. 때문에 상하에 엄격한 명분을 지켜 기강을 바로잡는 것이 향촌의 질서를 지키는 것이며 이것은 상하 신분에 엄격한 차등 속에서만 가능한 것이요, 하인의 순종을 강요하여 그들을 지배 통제하는 것이다. 이는 사족 중심의 향촌 안정책이며 하인들의 불평은 언제나 숨겨져 있는 상태였다.

(2) 하인의 교화와 설득

순암은 양반(상계)은 상인常人(하계)과는 달리 지식과 염우廉隅가 있어 범과한 일이 있어도 허물을 곧 뉘우치기 때문에 벌할 것까지는 없으나,[150] 상인은 양반과는 달라 벌칙을 강화하여야 벌이 두려워서 약조를 지키게 된다고 하였다.[151] 그렇기 때문이 『이리동약』에서는 '유하계문'을 설정하였고 과실상규 부

149 『순암집』 권15, 「廣州府慶安面二里洞約」, 呂氏鄕約 附條·過失相規 附條. "上下名分截然 而近來風俗頹敗 凌辱兩班者 比比有之 至有毆打者 各從其輕重而罰之 甚者告官科罪黜之 (…) 或下人妻女乘轎 右諸條 皆隨輕重論罰."

150 위의 책, 권15, 「廣州府慶安面二里洞約」, 過失相規 附條. "約中所言 皆古賢訓戒 則兩班雖有犯過者 其知識廉隅 異於常人 必無遂非文過 不受洞罰之理."

조에서는 특별히 하인배에게만 강조하는 조문을 마련해 놓기도 하였다.[152] 그러나 처벌만이 능사는 아니다. 허물이 있을 때 이를 숨기고 고치지 않는 것이 잘못이요 수치가 되는 것이지 이를 고친다면 일시의 허물에 불과한 것으로 간주하면서[153] 벌목을 설정한 까닭도 악을 금하는 데 목적이 있기 때문에 선행이 있으면 마땅히 포상할 것이요, 악행을 반복하든가 누차 범하면서도 뉘우치지 못했을 때에만 고관과죄告官科罪하든가 출동黜洞시키는 것이다. 그러나 곧바로 깨우치고 개선할 경우에는 예로 대접하여 주는 것이니 벌목을 설정한 까닭은 약중인約中人 모두에게 권선규악勸善規惡하는 데 목적이 있는 것[154]으로 교화에 뜻을 둔 것이며 처벌을 강조한 것이 아니다.

잘한 일을 칭찬할 때에는 분명히 여러 사람 앞에 나타내 해도 좋으나 악한 일을 규탄할 때는 은밀히 부드럽게 할 것이요, 반드시 고칠 것을 기대하면서 간절하게 은밀히 선도하여야 한다. 그런 후에도 한교悍傲하게 교계를 따르지 않으면 동약에서 논벌하도록 하는 것이다.[155] 이같이 벌목을 설정한 것은 하인들을 교화시켜 선도하려는 데 목적을 둔 것이다. 양반은 상인(상계)의 표준으로서[156] 하인들은 무지하여 범약하는 경우가 많으므로 동회 시에는 부존위로 하

151 위의 책, 권15, 「廣州府慶安面二里洞約」, 諭下契文. “今具約條罰目于下 惟我同契之人 信能如約而畏罰 則風俗之美 當不日而待矣.”

152 위의 책, “下人輩不可陰奸他人妻女 里中男女 路次相逢 則相避而行 不相親狎.”

153 위의 책, 권15, 「廣州府慶安面二里洞約」, 過失相規 附條. “過而能改 聖人之所貴也 告過則喜 子路之所以爲賢也 惟我約中人 不以有過爲可諱 而以過而不能改爲耻 則今日之過 不過爲一時之少愆 而他日成就 有不可量矣.”

154 위의 책, 권15, 「廣州府慶安面二里洞約」, 諭下契文. “下罰目 皆禁惡之事也 若能爲善大者告官旌褒 小者契中殊禮 別異于人 如復爲惡大者 告官科罪 累次犯過不悛黜 追悔改善者 依爲善例 殊禮之 此外雖非入洞之人 旣居是洞 則其勸善規惡之道 一如約中人.”

155 위의 책, 권15, 「廣州府慶安面二里洞約」, 過失相規 附條. “彰善者其辭顯而決 糾惡者其辭隱而婉 亦忠厚之道也 (…) 同約須先期陰與之言 忠告而善導之 使之自首 姑書之以待其改 若終是悍傲 不率敎戒 衆目難掩然後 相議論罰.”

156 위의 책, 권15, 「廣州府慶安面二里洞約」, 過失相規 附條.

여금 여씨향약 4조와 유하계문을 큰 소리로 읽어 하계가 이해하도록 가르쳐 주었으며[157] 상전上典에게 충성을 다할 것을 강조하였다.[158] 그러나 양반이라고 하여도 억지로 하인·서얼을 과죄科罪하는 것은 패리悖理로서 경계할 것을 지적하였고[159] 풍교가 불명한 것은 명분이 바르지 못한 데 원인이 있으나 그 까닭은 모두 사대부가 권도를 잃었기 때문이라고[160] 하면서 풍교가 어지러운 책임을 사대부에게 돌리기까지 하였다. 무지하여 악행을 범하는 하계에 대한 교화를 양반(사대부 : 상계)에게 책임지도록 한 내용이라 하겠다.

율곡도 노복은 나의 수고로움을 대신하므로 은의恩義를 먼저하고 위엄을 뒤로해야 노비의 마음을 얻을 수 있으며 주인은 노복을 진휼해야 노복이 흩어지지 않아 집안이 유지된다. 때문에 주인은 반드시 노복의 기한飢寒을 진념軫念하고 의식을 자급하여 자기의 소所를 얻도록 조치할 것이다. 또한 허물과 죄가 있으며 먼저 교회敎誨하고 그런 후에도 고치지 않으면 초달楚撻을 쳐야 한다. 이때 주인의 초달이 증오와 질시가 아님을 이해시켜야 한다. 그런 후에야 노복은 마음을 고치게 된다고[161] 하면서 하계를 교화하는 것은 먼저 상계가 은의를 베풀 것이며 부득이하게 초달을 치는 벌을 내릴 때에는 반드시 노복이 자기의 잘못을 이해하도록 할 것을 강조하였다.

---

157 위의 책, 권15, 「廣州府慶安面二里洞約」, 洞會儀.

158 위의 책, 권15, 「廣州府慶安面二里洞約」, 諭下契文. "上典不忠 不從敎令 (…) 皆有重罰", "奴主分嚴思盡忠誠之節."

159 위의 책, 권15, 「廣州府慶安面二里洞約」, 過失相規 附條. "長者之於少者 嫡之於庶 兩班之於下人 各盡其道以待之 如或以非理刦制而怒其不如意 則乃諉以少凌長庶淩嫡 下人淩兩班而強欲科罪 是非自存 衆目難掩 是亦悖理之甚者 不可不戒."

160 위의 책, 권16, 「木州政事」, 到任初諭各面文. "窃聞風敎之不明 名分之不正 皆有於士大夫失其權 而然也."

161 『율곡전서』 권27, 「擊蒙要訣」, 居家章. "婢僕代我之勞 當先恩而後威 乃得其心 (…) 主不恤僕則僕散 僕散則家敗 (…) 其於婢僕 必須軫念飢寒 資給衣食 使得其所 而有過惡 則先須勤敎誨 使之改革敎之 不改然後 乃施楚撻 使其心知 厥主之楚撻 出於敎誨 而非所以憎嫉然後 可使改心革面矣."

이같이 양반이 하인에게 은의를 베풀고 자애로 대하면 노복도 경애하는 마음으로 양반을 대하는 온화한 분위기, 인정이 넘치게 되는 것이다. 이 때문에 양반은 본래 하인상下人喪에 조상弔喪하지 않아도 예에 어긋나지는 않으나 상하지정上下之情(인정)을 표하기 위하여 사람을 시켜 조문하거나 만났을 때 조위의 뜻을 표하도록 하였다.[162]

하인의 교화는 그들의 과오를 엄벌하는 데에서 이루어지는 것이 아니다. 벌하는 것은 권선규악으로 외벌畏罰하는 데 목적이 있는 것일 뿐이요, 최선의 방법은 상전上典이 은의를 베풀어 노복의 마음을 얻는 데 있으며 비록 잘못이 있다 하더라도 은밀히 부드럽게 깨우쳐 선도하는 데 있는 것이다. 더구나 양반이 권도를 잃고 무지한 하계를 억지로 과죄科罪하려고 하는 것은 풍교를 해치는 패리로 경계하였다.

향촌에서 신분질서는 명분에 의한 상・하・존・비의 관계를 분명하게 확립시키는 데 있으며 이들 신분 사이에는 반드시 기강을 확립하여 알맞은 도를 유지하여야 질서가 확립된다. 상・하 신분은 반드시 평등할 수는 없다. 그러나 상계는 무지한 하계를 교화 선도하기 위하여 벌 이전에 자애와 온정을 베푸는 아량이 필요한 것이다. 상계의 보다 넓은 아량과 양보 속에서 향촌의 안정은 이루어지는 것이며 이 가운데 신분질서의 안정과 지주제적 토지제도를 유지하여 유리도산하는 하층민을 향촌에 안정시킬 수가 있었다.

6. 결론

순암은 18세기 사회 변동을 목격하였다. 농업생산력의 발전, 이로 인한 유통

---

162 『순암집』 권15, 「廣州府慶安面二里洞約」, 禮俗相敎 附助. "兩班之於下人 前此雖無弔喪之禮 然死喪人之大變 不可全無節文以助上下之情 或使人或相遇 以致吊慰之意."

경제의 진전과 상공업의 발달, 신분의 이동, 새로운 사상의 대두, 부세체제의 변화 등이 그것이다. 그는 남인계 출신으로서 관로의 진출이 평탄하지는 못하였다. 그러나 오랫동안 조부의 임지를 따라다니면서 향촌사회의 실상을 목격하고 폐단을 바로잡을 수 있는 방법을 강구하였다.

또한 어려서부터 학문에 뜻을 세웠고 이익(성호) 문하에 들어가 그의 가르침을 받는 한편 여러 학자들과 학문을 토론하며 실학사상의 영역을 넓히고 경세치용학에 훌륭한 업적을 남겼다. 그러나 성호의 지식주의와는 달리 주자를 독신하며 성현의 말씀을 실천궁행하는 데 학문의 목표를 두고 있었다. 이것은 같은 성호 문하이면서 주자학에 대한 회의와 비판, 서양 문화의 급진적 수용 등을 추구하는 권신철 등과는 대조적인 면이었다.

순암은 주자학적 질서 위에서 향촌 사회를 재편성하였다. 당시 부세체계가 총액제로 재편되어 군현 단위로 수세 책임이 전가됨에 따라 수령은 이미 적극 개입하여 수탈을 강화시켰다. 이에 따라 향촌민은 생활기반을 잃고 유리도산하게 되었다. 이로써 지주제적地主制的 기반이 무너지기 시작하였다. 또한 재지사족들의 지배력이 점차 약화되고 수령 주도의 주현향약과 면리제가 정착되었다. 이때 수령의 수탈은 환곡과 재결災結 두 부문에서 자행되었다.

그가 주장한 향촌책은 우선 향사법을 통해 향촌을 재구성하고 이를 바탕으로 동약과 사창을 이룩하는 것이었다. 이는 직접 생산층인 향촌민을 토지에 집적시켜 유리를 막고 그들을 성리학적 이념으로 교화시켜 안정을 이룩할 수 있다고 믿었기 때문이다. 특히 사창은 구황의 방도만이 아니라 향촌공동체 결성에 기여할 수 있다고 확신하였다. 그의 이 같은 구상은 『광주부경안면이리동약』과 「목천향약」을 통해 나타냈다.

순암 사창은 『이리동약』과 표리를 이루며 향촌의 안정을 추구한 내용이다. 때문에 동약의 임원을 그대로 사창 임원으로 삼았고, 신분의 제한을 두지 않고 사창 소재 10리 내의 원입자願入者를 대상으로 한 자치조직으로 구성하였다. 이는 조선 초기(15세기) 사창이나 이단하의 사창과 같이 관 주도 사창과는 성격을 달리하고 있다. 또한 이는 재지사족으로서의 한계이며 하나의 특징일 수도 있었다.

때문에 사창 원곡의 확보방법도 철저히 향촌민 위주의 납곡으로만 이루어졌고 관곡의 지원을 기대할 수 없었다. 따라서 이식에 있어서는 30%에서 50%로 17세기 이전의 다른 사창에 비하여 높은 것이었다. 이는 관곡의 지원 없이 향촌민의 자치로 운영되고 있기 때문이지만, 당시 환곡이 대여 구제의 방책이 아니라 회록법의 시행으로 부세적 성격을 띠고 있었고 여기에 탐관의 농간으로 장리長利를 초과하여 100%에 육박하는 상황에서 빈민들을 구제하기 위하여 시행된 사창 이율은 환곡에 비하면 저렴하다고 할 수 있다. 환곡의 폐단을 입증하는 것이기도 하다.

사창은 철저한 공동체의식에서 상호구휼에 의미를 두고 있다. 창곡의 공평한 분급分給과 정확한 환납, 공평한 분급으로 과수를 금지시킨 점, 미환납자의 것은 촌민이 공동 징납하는 점에서 그렇다. 더구나 창곡의 목표 100석이 충만된 후에는 그 이식 30석(8두로 작석作石하여 240두)을 각각 춘추 동회의 비용으로 20두를, 사창운용에 수고한 장무掌務·고직庫直·사령使令에게 차등을 두어 20두를 나누어 주고, 나머지 200두는 동 중 길흉부조로 사용함으로써 공동체의식을 강화시켜 나갔다. 향촌의 안정을 위해서는 신분제의 유지도 중요한 문제였다. 명분에 따른 신분제를 유지하는 한편, 양반으로서 상인·천민에 대한 일정한 양보도 필요한 것이었다.

『이리동약』에서 '유하계문'을 별도로 설정하여 양반에 대한 하인下人의 태도를 강조하고 있었다. 그러나 양반이라도 예법에는 없으나 하인의 상喪에 사람을 보내 도와주고 만났을 때는 조위를 표하여 상하의 정을 나누도록 함으로써 하인에 대한 온정을 표하도록 하였다. 이는 양반의 하인에 대한 양보요, 향촌사회 유지를 위한 불가피한 조처였다.

끝으로 순암 사창의 성격을 다음과 같이 정리할 수 있다.

① 천박한 향촌을 안정시키기 위한 자치적 구빈책이다.

② 향촌공동체를 형성하여 향촌의 안정에 기여하였다.

③ 재지사족이 신분제를 유지하며 향촌 통제책으로 활용하였다.

따라서 순암 사창은 18세기 사회변동 속에서 재지사족이 향촌 안정책으로 제시한 것으로 자치적으로 상부상조하는 자구책이다. 이를 통하여 공동체의 결속을 강화하고 성리학적 신분질서를 유지하며 지주제 유지를 추구하였다.

순암 안정복의 향정론鄕政論

김태영

1. 머리말

순암 안정복(1712~1791 : 숙종 38 임진~정조 15 신해)은 그가 살고 있는 경안慶安 2리에서 스스로 동약洞約이라고 하는 자치규약을 만들어 시행한 일이 있었다. 조선왕조에서는 대체로 각 군현을 단위로 하여 사류士類층이 주도하는 자치규약으로서 향약鄕約이란 것을 운용해 오고 있었는데, 여기서 동약이란 것은 문자 그대로 동리洞里를 단위로 하는 것이므로 우선 향약의 축소판인 것이라고 이해하게 된다. 향약과 동약은 그 시행 범위의 차이는 있지만 대체로 모두가 향정鄕政의 기구였다. 그런데 좀 더 자세히 검토해 보면, 동약과 향약은 그 내용과 역사적 의미가 질적으로 다른 바가 있었던 것으로 이해된다.

주지하듯 순암은 조선 후기 남인南人 계열의 큰 학자였다. 그는 특히 성호星湖 이익李瀷(1681~1763 : 숙종 7~영조 39)의 학통에 연결되어 있으며 이른바 실사구시의 개혁적인 학풍을 창도하는 실학자였다. 성호의 문하에서는 실로 많은 실학자들이 양성되고 있었거니와, 그 가운데서 가령 녹암鹿庵 권철신權哲身 등은 성호의 진보적 사상 측면을 계승 발전시킨 이른바 성호좌파左派였음에 비하여, 순암은 그 보수적 측면을 계승한 이른바 성호우파右派에 속하는 학자인 것으로 이해되고 있다.[1]

순암이 성호의 학통 가운데에서 상대적으로 보수적 입장을 지닌 학자였음은 사실이라 하겠지만, 그러나 역시 실학자로서의 그의 면모는 약여하였다. 실학의 본질은 무엇보다도 비리와 인습으로 적체된 현재의 지배체제를 근본적으로 개혁함으로써 이상적인 왕정을 실현하고자 하는 학풍인 것으로 이해된다.[2] 그런데 순암의 경우 그 학술 사상의 모든 면모가 그와 같이 현 지배체제를 근본적으로 개혁해야 한다는 견지를 취하고 있었던 것 같지는 않은 것으로 이해된다. 그러나 그의 학풍에서는 역시 그와 같은 근본적 개혁론의 성격을 띤 것이 많이 간취된다. 가령 그의 저술 도처에 피력되어 있는 '왕정'에 관한 논조라든가 혹은 그가 젊었을 때 저술한 「정전설井田說」과 같은 것이 그 대표적 사례에 속한다 할 것이다.[3]

그런데 현재의 지배체제 가운데서 순암이 특히 큰 관심을 기울이고 있는 분야의 하나는 '향정'에 관한 개혁론이었던 것으로 이해된다. 그는 비록 6대조가 선조의 매부요, 특히 임진왜란 때의 호성공신扈聖功臣이었으므로 이른바 훈신勳臣의 후예로서 그 자신 습봉襲封되는 처지이기도 하였지만, 남인 계열에 속했던 그의 가계家系는 오랜 당쟁의 끝에 이미 영락泠落한 지가 오래였다. 벌열이 대를 이어 전횡하는 18세기의 현실에서 그는 결코 중앙의 통치체제에 간여할 수 있는 길로 들어설 수는 없었으며, 그래서 중앙의 통치조직 자체를 개혁한다는

1 이우성(1982), 「녹암 권철신의 사상과 그 경전비판」, 『퇴계학보』 28(『한국의 역사상』, 창작과비평사, 1982 재수록).

2 김태영(1998), 『실학의 국가 개혁론』, 서울대학교 출판부.

3 『순암집』 권19, 「정전설」 갑인 및 「연보」 참조.

대과업에는 결코 학문적 관심을 기울이지는 않았던 것으로 보인다.

그러나 그 자신 한 시대의 저명한 유자儒者로서, 그리고 실학자로서의 그의 현실관은 비리로 가득 찬 현실의 지배체제로부터 결코 무관심할 수는 없었던 것으로 이해된다. 「연보」에 의하면, 그는 일찍이 20대 후반에 『치현보治縣譜』라고 하는 지방행정의 지침서를 초함으로써 향정론을 펴둔 바 있는데, 그로부터 20년 후에는 그것을 다시 '증산增刪'하여 『임관정요臨官政要』라고 하는 목민牧民요결서要訣書로 완성하게 되었다. 중앙 통치는 그만두고라도 일상으로 목도하는 지방민의 삶을 두고서 어떻게 해서라도 그것을 좀 더 개선하고자 하는 관심을 끊임없이 기울이고 있었던 것으로 해석된다.

『임관정요』는 뒷날 다산 정약용이 『목민심서』를 편찬하면서도 널리 인용한 책이다. 지방행정 개혁론의 선구를 이루는 중요한 전거로 활용되고 있었던 것이다. 그 『임관정요』의 서문에서 순암은 다음과 같이 말하였다.

> 천덕天德과 왕도王道는 본래가 일체요, 수기修己와 치인治人은 두 가지가 아니다. 학문이 넉넉하면 벼슬살이를 하고 벼슬이 넉넉하게 되면 학문을 한다. 비록 출처는 같지 않다 하더라도 그 도道는 곧 하나인 것이다. (…) 후세에는 학문과 정사가 두 가지로 되고 유리儒吏와 속리俗吏의 구별이 있게 되었으며 더구나 법률이 항상 중요시되기에 이르렀다. 슬프도다. (…) 옛날에 부염傅琰이 『치현보』를 지어 자손에게 상전相傳하면서 다른 사람에게는 보여 주지 않았는데, 관리로서의 치적이 훌륭하다고 『남사南史』에 드러나 있다.[4] 나는 마음속으로 비루하게 여기면서, '이는 혼자서 명성을 독차지하고자 하는 짓이다. 참으로 다른 사람이 나의 소위所爲를 배워서 잘 한다면, 남의 정적政績이 곧 나의 정적인 것이다'라고 생각하였다(『순암집』

4 부염은 중국 남북조시대의 관인. "부염 父子가 모두 특이한 치적으로 유명하였으므로 그때 사람들이 이르기를, '그들에게는 「理縣譜」가 있어 자손에게 상전하면서 다른 사람에게는 보여 주지 않는다'라고 하였다"(『남사』 권70, 「부염열전」).

18, 「임관정요서臨官政要序」 정축).

즉 유자로서의 순암은 학문과 정사가 결코 두 가지가 아니라 '도'를 현실에다 실현시키는 한 가지 일인 것으로 확신하고 있었다. 그러므로 나와 남의 구분 없이 어느 누구에 의해서거나 그 '도'를 실현함으로써 선정이 베풀어져 백성이 살 수 있게 되기를 간구하고 있었다. 그가 관인으로 나서기 전인 20대의 젊은 나이에 『치현보』라는 지방행정 지침서를 초하게 된 까닭이 거기 있었던 것이다. 벌열이 전횡하는 18세기에 살면서 중앙 정계와는 인연이 멀었던 그로서는 자신의 학문을 통해서 함양한 정치적 이상을 현실에서 실현할 길은 없었다. 그래서 향촌사회의 어지러운 실정을 일상으로 목도하게 된 그로서는 아마도 향정론에다 더 깊은 관심을 기울이게 되었던 것으로도 이해된다.

순암의 경우 "인심이 불순하게 됨은 항상 윗사람이 촉발시킴으로 말마암아 그렇게 되는 것이다"[5]라고 하는 것이 그의 평소의 소신이기도 하였다. 그와 같은 소신을 만년의 그는 목천현감木川縣監 재직 시절에 직접 현실의 향정에서 시험적으로 운용해 보기도 하였다. 그리고 그 시험 이전인 중년 시절에 그는 이미 그가 살던 한 동리洞里와 같이 상대적으로 더 작은 지역 주민을 단위로 하여 동약을 시행해 본 일도 있었다. 순암과 같은 유자이면서 실학자인 경우, 아마도 현감으로서의 관정官政과 동약을 시행한 향정과는 동일한 운용의 원리가 동원되고 있었을 것이라는 이해를 하게 된다. '천덕과 왕도는 본래가 일체'라는 것이 그의 평소 소신이었기 때문이다. 비록 작은 동리 단위의 동약이라고 하더라도 그것은 반드시 그 자신의 학문적 소양과 신념에서 우러나온 것일 터이며 또한 그가 살던 18세기라고 하는 조선왕조 후기 당시의 시대적 현실과도 밀접하게 관련된 처사였을 것으로 이해된다.

그래서 이 글에서는 순암이 시행한 동약의 내용을 중심으로 그의 향정론은

5 『임관정요』, 「時措」, 臨民章.

어떠한 것이며, 그 역사적 의미는 무엇이라고 해석해야 하는 것인가를 고찰하기로 한다.

2. 향정鄕政기구로서의 향약鄕約과 동약洞約

조선왕조에서 향약의 시행을 주도한 것은 지배 신분으로서의 양반 사족士族층이었다. 조선왕조의 사족층은 주로 고려 후기 내우외환의 와중에서 새로이 성장한 계층이었다. 즉 각 지역에 거주하는 하급 지배층이 과거나 군공軍功 등을 통하여 중앙으로 진출함으로써 새로이 관품을 취득함에 따라 대거 사족으로 성장할 기회를 갖게 되었다. 국왕의 명의로 관품을 부여받은 자들은 비록 관직을 띠지 않고 향리에서 살더라도 이제 '품관品官'이라고 하는 사족층을 이루게 되었던 것이다. 그래서 신흥 사족은 낙향한 후에도 향리의 개발에 적극 착수하여 자신의 사회경제적 처지를 견실하게 다질 수 있었는데, 사족층으로 일찍 세력을 형성한 지역부터 먼저 그들 스스로 유향소留鄕所(즉 향소)를 설치하여 향鄕 중의 지배층으로 행세하기에 이르렀다.

일단 품관 사족이 된 자들은 낙향해 살면서도 군현 단위로 스스로 유향소를 통하여 중앙의 경재소京在所와 연결을 가지면서 점차 향리에 대한 인사권까지 장악하는 한편, 수령과의 협력 아래 수취收取 행정에도 간여함으로써 농민의 실제 생활에 큰 영향을 미치게 되었다. 사족층은 각 군현 단위로 스스로의 모임인 향회鄕會를 결성하고 그 모임의 규약인 향규鄕規를 제정하며 그 자신들만의 명단과 준수 사항을 기록한 향안鄕案을 마련하여 향풍鄕風·향론鄕論을 주도하게 되었다. 향안에 오르는 자들은 향원鄕員이라 하였다. 그리고 국가 교학으로서의 주자 성리학이 전국적으로 보편화되면서 사족층은 점차 각 군현 단위로 주자 증손增損의 향약을 결성하여 일반 서민에 대한 교화와 지배의 기구로 활용하게 되었다.

향약은 원래 중국 송나라 사류층에서 개발된 사류들의 자치 규약이었으나,

조선왕조 사족층은 그것을 조정에서 논의하여 각 군현 단위로의 시행을 추진하였다. 현실적으로는 물론 향약이 일시에 전국적으로 시행되지는 못하였다. 그러나 16세기 이후 사족층이 주도하는 지역일수록, 그리고 소위 사림士林정치의 확산과 함께 수령들의 권장에 따라 점차 전국적인 시행을 보이게 되었다. 그런데 조선 향약의 특징은 곧 향약을 향소鄕所가 주도하면서 그 모든 주민들을 대상으로 시행하게 되었다는 사실이다. 즉 각 군현 단위로 주민 모두에게 향약을 적용하기에 이르렀던 것이다.

조선 사림士林은 동시에 배타적 국가 교학인 성리학 윤리 규범에도 독특한 해석을 가하면서 전국 향촌사회에 적용시켜 나갔다. 그 해석의 하나는 주노主奴관계를 군신의 분分과 같은 충忠으로 극단화하여 강조하게 된 것인데, 이는 조선왕조 특유의 노비제도와 더불어 이제 사족층의 노비 지배를 삼강오륜의 강상綱常 규범인 것으로까지 보편화하여 정당화시킨다는 의미를 지니는 것이었다. 또 다른 하나는, 사족과 일반 농민의 관계를 역시 오륜 가운데의 하나인 장유長幼의 분分으로까지 확대 해석하여 적용하게 된 것이었다. 나아가서는 사족 신분 상호간의 관계를 역시 오륜의 붕우관계로 해석함에 따라 종래까지의 혈연·학연 따위 좁은 유대관계를 상대적으로 지양하여 이제 국가 체제를 주도해 나가는 보편적 주체로서의 사류士類로서 자신들을 인식하게 되었다. 그래서 이제 비록 관직 없는 사족일지라도 수령과는 상호 예우해야 하는 등질의 사류인 사이로, 비록 나이가 많은 상민일지라도 어린 사족에 대해서는 공경해야 하는 처지로, 그리고 노비는 상전에게 충성을 다해야 하는 존재인 것으로 사회윤리상 순치되어 갔다. 더구나 이 시기 소농민층의 영농 생활은 국가의 환곡이나 지주 사족의 장리長利에 많이 의존하게 마련이었으므로, 농민 일반은 국가와 지주 사족의 중층적 지배와 교화 아래 순응하도록 길들여지게 되었다. 그래서 소농민은 곧 국가의 수취와 사족 지주地主의 수탈을 마침내 등질시하게 되는 생산관계며 지배질서가 구현되기에 이르렀던 것이다.

그런데 조선왕조의 후기, 대략 18세기를 거치면서 그 같은 지배질서에는 큰 변동이 일어나고 있었다. 가령 조선 후기 약 200년 간의 호적이 남아 있는 대구·울산·산음 등지의 호적을 분석한 연구에 의하면, 17세기까지는 대체로 10% 미만이던 양반 사족호가 1850년대까지는 대략 50~70%로 파격적 증가를 보이고 있었다. 그리고 같은 시기의 양민호良民戶 즉 상민호常民戶는 격감하며, 노비호奴婢戶는 사실상 소멸되어 가고 있었다. 물론 자연적 증감이 아니라 호적과 족보의 위조, 모칭冒稱, 공명첩空名帖의 취득 등 여러 가지 방법을 통한 사회적 증감 현상이었던 것이다.

그리고 국가에서도 18세기 이후로는 노비를 될수록 양민으로 전환시켜 가는 방향으로 정책을 유도하지 않을 수가 없었다. 물론 노비 종양從良의 정책은 여러 차례 번복되기도 하였지만, 사회구조의 변동으로 이제 무엇보다도 양민의 군역자를 많이 확보하는 것이 가장 절실한 문제로 되었다. 그래서 영조 7년(1731)부터는 노비 신분을 그 어미 쪽만을 따르도록 하는 노비종모법奴婢從母法을 확정하게 되었다. 그 같은 시대적 조류에서 드디어 1801년(순조 원년)에는 내수사內需司와 각 관방官房 및 각급 관청 소속 약 66,000명의 노비문서를 소각함으로써 그들을 양민화하기에 이르렀다.

이 시기 노비호가 사실상 소멸되어 가고 있었다는 사실은 매우 큰 사회적 변화를 동반하고 있었다. 생산력의 발전, 상품화폐 경제의 전개에 편승하면서 노비층도 이제 주가主家의 속박을 떠나고 벗어나 점차 사회경제적 자립체로 성장해 갔다. 주가의 비호 아래 부유하게 된 사노비층일수록 이제 멀리 떠나거나 공명첩을 사고 속신贖身하여 혹 양인이 되거나 혹 지주 사족으로 등장하기도 하였지만, 요컨대 이제는 자영自營의 생산 주체로 범주적인 성장을 보이게 되었다. 생산력의 발전과 사회 신분의 변동은 상호 인과관계를 이루어 이 시기 사노비층을 범주적으로 해체시켜 가고 말았다. 사노비로서 아직도 당분간 남아 있는 것은 허드렛일을 맡아 하는 사실상의 하인이며, 사족가의 경제적 지반으로서 농장 경영에 동원되던 노비제도는 사실상 거의 전면적·범주적으로 해체되어 가고 말았다. 마치 서양의 농노農奴제도가 그 사회경제적 비효율성 때문에 해체되어 간 현상과 마찬가지였던 것이다.

따라서 조선 후기에는 양반 사족가의 농장 경영도 범주적으로 해체되지 않을 수 없었다. 이 시기에는 농업생산력의 발전에 따라 노비보다도 전지田地의 경제적 비중이 더 커지게 되었다. 이제 양반 지주는 그들의 소유지를 농장으로 경영하는 대신, 빈농에게 대여하고 1/2전조田租를 수취하는 병작반수並作半收라고 하는 생산관계를 그 경제적 지반으로 하고서 그나마 버티어 갈 수가 있었다. 이 시기에 와서 기본적 생산관계가 농장제로부터 병작제로 변동되었던 것이다. 다산 정약용의 관찰에 의하면 19세기 초기 호남지역의 경우 자기 소유지를 병작지並作地로 대여하고 1/2전조를 수취하는 지주가 대략 5%, 자작농은 대략 25%, 남의 전지를 병작하여 1/2전조를 바치는 병작농이 대략 70%라고 하였다.[6]

이와 같은 조선 후기 사회의 사회경제적 변화로 인하여 양반 사족층의 사회적 지배력은 크게 약화되어 갔다. 더구나 조선 후기에는 당쟁이 격렬해지면서 노론 1당의 집권이 영구적으로 지속되고 있었다. 그래서 점차 양반 가운데서도 경화京華 벌열閥閱 수십 가家만이 정권의 핵심을 차지하게 되었으며, 여타 소론당에서도 다소의 사환仕宦을 하고는 있었으나 역시 정권의 핵심을 차지할 수는 없는 형편이었다. 더구나 남인 계열은 비록 사족이라는 반명班名을 유지하고는 있다 하더라도 사환의 길과는 멀어질 수밖에 없었다. 그 같은 정치 정세에 반기를 들고 나온 것이 영조 4년(1728) 이인좌李麟佐·정희량鄭希良 등이 일으킨 소위 무신란戊申亂이었다. 그런데 이 무신란을 두고서는 18세기 후기의 담헌湛軒 홍대용洪大容(1731~1783 : 영조 7~정조 7) 같은 실학자도 다음과 같은 편당적인 인식을 가지게 되었다.

> (남인으로서) 무신의 역변逆變을 당하여 정희량·이인좌의 파당에 들어가 군사를 일으켜 궁궐을 범하는 데에 찬동하지 않은 자는 매우 드물 것이다. 그 자신이 몸소 그 패거리에 들어갔지만 요행스럽게 형벌을 모면하는 자

---

6 『與猶堂全書』 제1집, 시문집 卷9, 「擬嚴禁湖南諸邑佃夫輸租之俗 箚子」.

는 있지만, 몸소 들어가지는 않았다 하더라도 마음으로 동참하지 않은 자는 없는 것이다. 마음으로 동참하지 않은 자는 서인이지 남인이 아니다. 그러므로 나는 일찍이 생각하기를 '조가朝家에서 무신의 역적을 궁치窮治한다면 경외京外를 막론하고 남인이라는 명색을 가진 자를 반드시 모두 다 죽일 것까지야 없지만, 그 지정불고죄知情不告罪에서 빠져 나갈 자는 천에 1, 2도 안 될 것이다'고 하였다. 진실로 충군 애국의 마음을 가진 자라면 저들을 원수로 삼고 배척하더라도 장차 그 분을 다 풀 수가 없을 것이다. 어찌 다시 저들의 안색을 접할 것이며 정의情義를 서로 말할 수 있을 것인가(『담헌집』, 내집內集 3, 「여조광현서與趙光鉉書」).

집권 노론당의 학인 가운데서는 가장 통명通明한 학자의 인식이 이와 같은 것이고 보니, 남인 계열의 정치적 진출은 기대하기가 매우 어려운 편이었다. 이미 언급한 것처럼 순암은 그 6대조가 선조왕의 매부로서 임진왜란의 호성공신으로 책록된 처지였다. 소위 훈신의 후예였던 것이다. 그러나 색목이 남인인 그로서는 결코 18세기의 현실에서 정권의 운용에 참여하는 길, 그래서 현실적으로 왕정의 실현을 기도할 수 있는 길과는 거리가 멀었다. 그는 실로 가난한 학자였다.

선영先塋 아래 수경數頃의 전지는 평년 작황이라도 40곡斛에 차지 않는데 이 같은 흉년에는 다시 그 절반밖에 되지 않는다. 그런데 식구는 22명이나 되며 부세賦稅와 환자還上를 바쳐야 하고, 의복의 마련과 봉제사奉祭祀, 접빈객接賓客의 비용이 모두 여기서 나온다. (…) 아이들에게 가무家務를 모두 맡기고 분부하되 고인의 양입위출量入爲出하는 규정을 써서 일 년을 12개월로, 한 달을 30일로 배치하여 달마다 배정한 몫을 남길지언정 다음달 몫을 침범치 못하도록 한다. 온 집안이 죽을 먹을 수밖에 없으며 장차 반드시 강비糠粃까지 먹어야 할 형세이다. 가인家人이 심히 괴로워하며 나 또한 매우 민망스럽지만, 대체 이같이 하지 않고서는 보존해 갈 수가 없는 것이다(『순암집』 권4, 「여정영년수연서與鄭永年壽延書 을해」).

한편 조선 후기 사회의 변동으로서 또 한 가지 크게 주목되는 것은 상품화폐 경제의 발전 현상을 들 수 있다. 1770년에 편찬된 『동국문헌비고東國文獻備考』에는 전국에 1,074개처, 1808년의 『만기요람萬機要覽』에는 1,061개처, 1830년에 편찬된 『임원십육지林園十六志』에는 1,052개처의 장시場市가 개설되고 있었다는 기록이 있다. 순암이 살았던 18세기 후기쯤이면 대체로 큰 군현의 읍내장을 중심으로 하는 지역단위별 상설 시장권화 현상이 일어나는데 이는 지역내 사회적 분업 관계가 확충되어 나타난 현상이었다. "시골 고을에는 빈터에 장시가 점점 많이 열리고 있는데, 사방 수십 리 사이에 하루도 장시가 열리지 않는 날이 없다"[7]고 하는 것이 순암의 사문師門인 성호의 관찰이었다.

서민들은 장시의 출입을 통하여 상대적으로 종래의 폐쇄적 국지성을 극복하고 사람 사는 이야기를 교환하게 되었으며, 양반 사족이 주도해 온 수직적 사회 편제와 지배 복속의 사회관계를 점차 벗어나고 있었다. 실상 위에 말한 노비제도의 해체는 곧 그 같은 사회 변동 현실의 단적인 모습이었다. 하층의 신분제로부터 먼저 변화가 일어나고 있었으며, 전통적인 공동체적 사회질서는 급격히 무너지게 되었다. 성호는 상품화폐 경제로 인하여 야기되는 사회분화 현상을 다음과 같이 지적하였다.

> 여염집 아이들은 머리털이 아직 채 마르기도 전에 손발을 움직일 만하면 문득 영리를 꾀하며, 귀한 집 총각은 몸이 높은 당에 있으면서도 저자 시세의 높고 낮음을 가늠하는데 이를 모르는 자는 기롱譏弄을 받는다. 그래서 지척의 가까운 곳과 한 줌 되는 작은 물건 사이에도 이욕을 다투는 장소가 아닌 곳이 없으니 백성의 풍속이 드디어 크게 변해 버렸다. 더구나

7 『성호사설』, 「人事門」, 生財.

사람들이 본업을 편안하게 여기지 않아서 일정한 살림이 여러 차례 결단이 나고 도둑이 나날이 번성해지며 나라 부세가 해마다 줄어든다. 누군들 '돈 때문에 이런 극도에 이르렀다'고 하지 않을 것인가(『곽우록藿憂錄』 하, 「전론錢論」).

이 새로운 사회 변동을 맞으면서 향촌의 농민 조직도 많이 달라지고 있었다. 향촌의 농민 조직으로는 고려 시기 이래 불교적 의례나 장례 풍습과 밀접한 관련을 띠고 각 지역에서 운용되어 오던 향도香徒라는 것이 있었다. 그런데 조선 왕조로 들어와서는 사족층이 주도하는 향약이 점차 실시됨에 따라 농민들의 향도 조직은 향약의 하부로 흡수되어서 사실상 독자성을 잃고 말았다.[8]

조선 후기에 와서는 각 지역 양반 사족층이 쇠락하는 한편 서민층의 사회경제적 진출이 활발해지고 그 자립성이 높아지게 되었다. 임진왜란 이후에는 각 지역 사족층의 향권을 중앙 차원에서 옹호해 주던 경재소가 국가 정책으로 전면 혁파되었다. 서민층에 대한 침해 기능이 크다는 것이 그 혁파의 주된 배경이었다. 경재소의 혁파에 따라 각 군현 사족층의 중심 기구인 향소의 지위가 격하되어 수령권에 점차 예속되어 갔다. 거기에 따라 전통적인 사족들은 향소의 임원을 기피하게 되었고, 오히려 새로 사족으로 성장하는 소위 신향新鄕에 의하여 향소가 운용되었다. 향소가 운용하던 향약의 자치력도 17세기 이후 크게 쇠퇴하여 수령의 권한 아래로 점차 예속되었다.

한편 임진왜란 후에는 이전의 사회적 결속이 크게 이원되기에 이르렀는데,

8 한상권(1984), 「16·7세기 향약의 기구와 성격」, 『진단학보』 58; 김인걸(1984), 「조선 후기 향촌 사회 통제책의 위기」, 같은 책 참조. 또 다음의 기사를 참조. "우리나라의 풍속에 안으로는 서울로부터 밖으로 촌에 이르기까지 다 洞隣之契와 香徒之會가 있어 사사로이 약조를 세워서 서로 단속하려 하지만, 각각 자기 뜻에 따랐기 때문에 엉성하여 질서가 없어서 기강을 세우는 데 의지할 만하지 못하고 또 그 약속이 조정에서 나오지 않고 사사로이 만든 것이므로 강한 자가 깔보고 약한 자가 무너뜨려도 끝내 바로잡지 못한다"(『선조실록』, 선조 6년 8월 갑자).

이의 복구를 위하여 사족층은 수 개의 인동隣洞을 단위로 하는 동안洞案이라는 소규모 조직을 결성하고 있었다. 가령 임진왜란 직후인 만력 갑신년(선조 27 : 1604)에 수인數人의 '강개'한 사인士人이 '수복修復'하였다는 밀양의 「귀령동안龜鈴洞案」은 가정(1522~1566) 이래의 '동원洞員' 즉 동안에 참여한 사족들의 성명만을 기록하고 그 뒤에 '동헌洞憲'을 서술해 두고 있는데, 그 서문의 일단을 보면 다음과 같다.

> 흉악한 칼날이 한 번 번뜩이자 모든 촌락이 연소되고 선대의 이름난 기록들이 불탄 잿더미로 변해 버렸다. (…) 난리를 경과한 뒤로 이름난 자취는 매몰되어 버렸으며 세대世代는 점차 멀어져 간다. 만약 일일이 들어 추서해 두지 않는다면 헌면軒冕이 대를 이어 세상을 빛내던 이 동을 천재千載 후에 누가 믿을 것이며 그 후예 된 자들 또한 추감追感의 여지조차 갖지 못하게 될 것이다. 어찌 후세에 전해 주기에 크나큰 흠전欠典이 아니겠는가. 이에 감히 휘자諱字를 일일이 서술하여 불후의 실록을 지어 두는 바이니, 자손으로서 이 기록에 참여하는 자들은 감히 삼가 갈무리하여 공경함으로써 갱장羹墻의 사념을 품지 않아서야 될 것인가. 그 길흉간에 상부하는 의리와 음사飮射 독법讀法의 예는 한결같이 전대의 동헌洞憲에 따를 뿐이다.

즉 왜란을 경과한 후 선대의 자치가 사라지고 따라서 사족들의 권위를 증거해 줄 사회적 결속이 해이해진 때를 만나서, 몇 개의 동을 단위로 하여 사족들의 참여만으로 결성한 소규모 향약의 성격을 띤 동안洞案이 등장하고 있었다. 따라서 그 '동헌' 또한 '춘추강신春秋講信', '춘추사례春秋射禮', '위례慰禮', '전례餞禮', 그리고 길흉사에 '동원' 상호간의 상조하는 일 등 사족들끼리의 자치규약으로 끝나는 것이었다.[9]

향약은 군현 단위 사족들의 자치규약으로 등장한 것이지만, 동시에 그 주민들 모두를 참여시켜 사족들의 지배질서를 관철시켜 가는 규약이었다. 그러나 동안은 사족들만의 규약이었다는 점에 그 특색이 있었다. 그러므로 동안은 향안鄕案의 축소판으로 운용된 것이었음을 알 수 있다.

또 한편으로는 16세기 중기쯤에서부터 '주로 동 단위 사족의 족적 기반을 토대로 하여' 동계洞契·동약洞約이라는 것이 결성되고 있었다. 이것의 기능은 '동족간 또는 촌락 내 사족 상호간의 부조와 상구相救를 우선적으로 목적'하는 것이었다.[10]

그런데 임진왜란을 겪은 후 17세기부터는 양반과 서민이 함께하는 동리 단위 향약 형태로서의 상하합계上下合契라는 동계가 도처에서 출현하게 되었다. 양반층의 상계는 신분의 귀천이 다른 서민층의 하계를 같은 동계 속으로 유도해 들이고자 적극적으로 시도하였다. 순암이 스스로 운용을 시도한 동약은 그 같은 상하합계의 형태에 해당하는 것이었다. 그것은 이미 구성과 규약의 양면에서 사족이 주도하던 이전의 향약이라든가 혹은 사족만이 참여하던 이전의 동안·동계·동약 등과는 질을 달리하는 것으로 등장하게 되었다. 이제 순암이 운용한 동약의 형태를 이해하기 쉬운 사례의 하나로서 순암 자신이 찬한바 백불암百弗菴 최흥원崔興遠의 묘지명에 나타난 대구 부인동의 동계의 모습을 예로 들어보면 다음과 같다.

> 팔공산 아래에 동이 있으니 이름하여 부인扶仁이라 한다. 기미년(영조 15 : 1739) 봄에 동인洞人과 더불어 계를 결성하고 선공전先公田을 설치하여 백성들의 부세 납부에 응하도록 하며 또 휼민고恤民庫를 설치하여 궁민들을

---

9 「귀령동안」은 그 서문 제술자(성균생원 金守訒)의 후손 소장본을 참조하였다. 이 동안은 숭정 9년(1636)의 '수정'으로 끝나고 계속되지 않는다. 그리고 이 동안에는 만력 37년(1608)에 결성한 그 隣洞의 '赤項洞案座目'이 첨부되어 있는데, 그 참여 '동원' 또한 모두 사족들만으로 되어 있다.

10 정진영(1985), 「16세기 안동지방의 동계」, 『교남사학』 창간호, 영남대학교 국사학과[정진영(1998), 『조선시대 향촌사회사』, 한길사 재수록] 참조.

돕도록 하였다. 집 한 간을 세워 봄・가을로 다 모여 향약을 강마하고 효우孝友 목인睦婣의 뜻과 농사 짓고 집안 가꾸는 도리를 거듭 밝히었다. 그래서 이 동에 사는 사람들은 한 해가 다 지나도록 (독촉차 나오는) 관리를 대하지 않게 되었고 흉년에도 기근을 모르게 되었으며 안락하게 생업에 종사할 수 있게 되었으니, 완연히 삼대의 유풍을 보는 듯하였다. (…) (최공崔公이) 비록 궁하여 초야에 산다 하더라도 애군・애국하는 마음은 천성에서 나오는 것이어서, 정령政令의 득실을 보고는 근심과 기쁨이 얼굴에 나타났다. 신유년(영조 17 : 1747)에 임금께서 윤음을 내렸는데 그 말씀의 뜻이 간측懇惻하자 공은 탄복하여 '참으로 임금님의 말씀은 훌륭하구나'라고 하고는 동중洞中의 계인契人 남녀를 다 불러모아 나누어 앉게 하고 윤음의 뜻을 거듭 타일러 깨우치게 하며 또한 거기에 보답하는 도리로 가송歌頌을 지어 춤추게 하니 느껴 우는 사람도 있었다. 전후의 국상國喪이 있을 때마다 인산因山 전에는 소식素食을 행하였고, 문효세자(영조의 첫 세자 : 정조의 백부)의 상사喪事에도 역시 소식하였다. 법령을 삼가 두려워하고 부세와 환곡은 반드시 하호下戶들보다 먼저 내었으며 주금酒禁이 내려지면 가묘에 고하고 단술을 썼으며 비록 약용藥用일지라도 술을 쓰지는 않았다(『순암집』 24, 「백불암최공묘지명병서百弗菴崔公墓誌銘幷序 신해」).

3. 순암이 기초한 동약洞約

순암은 사헌부 감찰직을 맡게 된 43세에 부우父憂를 만나 3년상을 끝낸 후 거가居家하고 있었다. 그는 45세 되는 해(영조 32년 : 1756)에 동리의 사인士人과 상의하여 '광주부 경안면 2리 동약'을 결성하고 그 서문을 지었다. 사족층의 동계인 상계上契와 중・하 신분층의 중하계中下契를 합쳐서 하나의 동약을 구성한 것이었다.

동약의 구성 임원은 다음과 같다.

1) 집강執綱 1인(속칭 존위尊位이니, 동洞 중에서 연령과 덕망이 가장 높은 자를 추대하며, 큰 변고가 일어나지 않는 한 교체하지 않는다. 그 임무는 풍속을 돈독히 하며 기강을 진작시키고 환난을 구휼하며 좋고 나쁘고 간에 일체의 동사洞事를 공번되게 처리하는 것이다).

2) 부임副任 1인(속칭 부존위이니, 중계中契 가운데에서 처심處心이 공정한 자를 택하여 맡긴다. 1년마다 교체한다).

3) 기로耆老 3인(중계와 하계 가운데에서 연령이 가장 높은 자 3인으로 구성하며 삼로三老라고 호칭한다. 사망하는 경우 다음 노인이 대신 그 지위에 오른다. 무릇 동회를 열 때는 범약자犯約者가 있으면, 모두 삼로가 각 촌의 두목과 더불어 죄벌을 결정한다. 이는 뭇 사람과 더불어 함께한다는 뜻에서이다).

4) 유사有司 1인(속칭 공원公員이니, 하계 가운데에서 강직하며 능히 시비를 변별하여 말할 수 있는 자를 택하여 세운다. 1년마다 교체한다).

5) 장무掌務 1인(하계 가운데에서 공렴公廉하고 글에 능한 자를 택하여 세운다. 1년마다 교체한다).

6) 사령使令 2명(공公·사천私賤 가운데에서 젊고 권간勸幹하며 능히 호령을 준수하는 자를 택하여 맡긴다. 1년마다 교체한다).

7) 고직庫直 1명(하계 가운데에서 염근廉謹한 자를 골라 세운다. 보미保米의 출납을 관장하는데, 변고가 일어나지 않으면 교체하지 않는다).

8) 색장色掌 1명(하계 가운데에서 영리한 자를 택하여 맡긴다. 상여 등의 장례 관련 일을 맡는데 동洞 중에 상이 있으면 상여 등을 꾸며 응한다. 변고가 없으면 교체하지 않는다).

그리고 동약에는 기명적記名籍(속칭 좌목坐目)을 2개 비치하는데, 상계의 것이 하나이며 중하계의 것을 하나로 하였다. 모두 연령 차례대로 녹명錄名하도록 하였다(중하계의 경우 다시 상편과 하편으로 나누어 구별하였다). 또한 선행자를 기록하는 기선적記善籍과 과실을 범한 자를 기록하는 기과적記過籍을 비치하였다.

그리고 동약에서 규정하는 '선善'은 다음의 16가지 행위이다.

1) 부모를 잘 섬기는 일
2) 형제 사이에 우애하는 일
3) 제사를 잘 봉행하는 일
4) 상제喪制를 잘 다하는 일
5) 자제들을 잘 교육하는 일
6) 어른을 잘 공경하는 일
7) 처첩과 잘 화합하는 일
8) 이웃과 화목하게 지내는 일
9) 빈객을 잘 접대하는 일
10) 족척族戚과 친하게 지내는 일
11) 시혜施惠를 널리 펴는 일
12) 동약과 같은 약속을 잘 준수하는 일
13) 쟁투를 잘 화해시키는 일
14) 환난을 잘 구휼하는 일
15) 남의 원통하고 억울함을 잘 풀어 주는 일
16) 시비곡직을 잘 분별하는 일

또 동약에서 규정하는 '과실'은 다음의 16가지 행위이다.

1) 부모에게 불효함
2) 형제 사이에 우애하지 않음
3) 남녀 사이에 무례함
4) 정처正妻를 소박함
5) 상을 당해서도 애훼哀毁하지 않음
6) 제사에 불경함
7) 이단을 지키고 받듦
8) 음사淫祀를 숭상함
9) 친척과 화목하게 지내지 않음

10) 거짓을 꾸며 남을 모함함
11) 이웃과 불화함
12) 남의 경조사에 불문함
13) 윗사람으로서 아랫사람을 능멸함
14) 아랫사람으로서 윗사람을 능멸함
15) 강자라고 하여 약자를 능멸함
16) 수령의 정사政事를 시비함

그리고 봄·가을로 동회의洞會議를 열어 선행을 표창하고 과실을 규제하는 의례를 다음과 같이 행하였다.

1) 봄·가을로 동회를 여는데 봄에는 3월 3일, 가을에는 9월 9일에 회집하여 계약을 수정한다.

2) 회집하는 날 약원約員이 다 모이면 하유사下有司가 집강執綱과 여러 상원上員들에게 방을 나오기를 청하고 예에 의거하여 배읍排揖을 행한다. 이때 중·하원도 모두 공수拱手하고 서서 기다리다 유사有司가 북을 3번 울리면 모든 사람들이 계단 아래에 나아가 북쪽을 향하여 꿇어앉아 듣는다(이때 상계도 일어서서 듣는다) 부존위가 큰소리로 동약과 여씨향약呂氏鄕約 4조, 즉 덕업상권德業相勸·과실상규過失相規·예속상교禮俗相交·환난상휼患難相恤을 읽는다. 그리고 명나라 태조의 가르침인 6조 즉 효순부모孝順父母·존경장상尊敬長上·화목인리和睦隣里·교훈자손敎訓子孫·각안생리各安生理·무작비위毋作非爲를 읽는다(하계인으로서 알아듣지 못하는 경우 우리말로 풀어서 일러준다). 읽기를 마치면 집강이 무리를 모아 놓고 타이른다. “지금부터 우리 동계지인洞契之人은 동약의 규약을 공순하게 지켜서 함께 착한 데로 돌아가기로 한다. 만약 그 마음을 여러 갈래로 가져서 겉으로는 선을 하는 척하지만 속으로는 악을 행한다면 밝게는 왕법이 있고 어둡게는 귀신의 책망이 있을 것이다.” 그러면 모두 “옳습니다”라고 대답하고는 절하고 일어나 제자리로 돌아가서 동서로 나누어 위쪽을 향하고 서서 서로 읍

하는 예를 행하고 나이순으로 앉는다.

유사가 미리 나뭇조각에다 '靜肅' 두 자를 크게 써서 뜰에 세우고 '정숙' 이라고 부르면 모두 정숙하여 떠들지 않는다. 다시 연소하고 강직한 2인을 사정司正으로 택하여 뜰의 좌우에다 세우고 좌중의 과실을 살피도록 한다. 각기 읍례로 술 두 잔씩 마신다(지금은 주금酒禁 중이므로 다른 찬으로 대신한다).

유사가 선행을 표창할 사람의 자리를 계단 위에 설치하고 북을 3번 치면 모두가 일어난다(상계는 일어나지 않는다). 유사가 각 촌의 보정保正을 불러 나오도록 한다. 각 보정이 나와 계단 아래 부복하여 지시를 듣는다. 집강이 이에 선행 조항을 들고 묻는다(민民의 일을 논하는 말은 간략해야 하므로 그 말을 줄이고 묻는다). "너의 동네에 부모를 잘 모신 자가 있느냐"(그런 이가 있으면 답하기를 "아무개가 남보다 뛰어나게 부모를 효도로 봉양했습니다"라 하고, 없으면 별로 특별히 말할 것이 없다고 한다. 나머지 조항도 마찬가지다). "형제 사이에 우애한 자가 있느냐, 남보다 뛰어나게 의로운 일을 행한 자가 있느냐, 이웃을 주휼周恤한 자가 있느냐." 그 밖에도 다른 선행을 베푼 자가 있으면 모두 고하게 한다. 그런 경우가 있으면 부존위로 하여금 선적善籍에 기록토록 하되, "모년 모 동회의洞會儀에서 아무개가 어떤 선행을 행한 것을 기록해 둔다"고 하여 이를 권장하고 여러 사람들에게 보인다. 또 부존위로 하여금 선행자에게 읍하고 표창할 자리에 오르도록 하여 북향토록 하고는 집강이 친히 술을 따라 타이르기를, "아무개는 능히 어떠한 선행을 행하였으니, 사람마다 모두 이 같은 풍속을 따른다면 어찌 좋지 않겠는가. 무릇 우리 동약인洞約人은 마땅히 모범으로 삼아야 할 것이다"라고 한다. 드디어 선행자가 부복하여 황괴惶愧하다고 칭하고 사례하면서 술잔을 마시고 재배再拜하면 집강이 손을 들어 답한다. 그리고 선행자가 제자리로 돌아가면 다른 사람들도 앉고 유사는 창선석彰善席을 철폐한다.

그 다음에는 범과犯過자를 위와 같은 방식으로 다스리는데, 그 문의問議 항목에는 다음과 같은 것들이 있다. 부모에게 불순한 자, 형제간에 불화한 자, 사부士夫를 능욕한 자, 장로를 매욕한 자, 이웃에게 불목不睦한 자, 행지行止가 의심스러운 자, 이익을 독차지하여 원성을 산 자, 음간예행陰奸穢行한 자, 공임公任을 맡아 그것을 빙자하여 침릉侵凌한 자.

무릇 선행을 표창하거나 악행을 규제하는 일은 모름지기 삼로와 함께 의논할 것이며 동약에 따라 5등의 벌을 집행하되 삼로와 여러 촌의 촌장이 벌여 앉아 그들로 하여금 치죄治罪하도록 한다. 이는 뭇 사람과 더불어 함께한다는 뜻에서이다(상죄上罪는 태笞 30, 차상죄는 태 25, 하죄는 태 10이다. 최악의 경우에는 출죄黜罪, 즉 속칭 손도損徒를 적용한다).

선행을 표창하고 과실過失을 규제하는 일이 끝나면 점심을 먹는다. 그리고는 부존위가 선약善約 16조와 과약過約 16조를 큰 소리로 읽는다. 다시 집강이 나와 동약洞約을 준행할 일로 타이른다. 모두 부복하여 경청한다.

하계원下契員에게 타이르는 말은 다음과 같다.

"우리 동洞 중의 상하계는 거의 100가家나 되니 또한 적은 숫자라고는 할 수 없다. 그런데도 사람들은 모두 곤궁하고 예의가 생겨나지 않아서 상・하가 서로 능멸하며 풍속이 날로 퇴폐하니, 남들이 보고는 모두 더럽다고 침을 뱉고 조롱하며 웃는다. 어찌 속습俗習이 워낙 그런 것이겠는가. 이는 실로 동약의 법도가 밝지 못함에 따라 사람들이 모두 자포자기하여 아무 기탄이 없는 지경에 이르게 된 탓이다. 대대로 이 동리에 살면서 하루아침에 떠나갈 수는 없는 일이니 어찌 구습舊習에 얽매여 좇아 새로 부지해 갈 도리를 생각하지 않아서야 되겠는가. 동 중의 민폐가 되던 일들은 모두 제거하게 되었으니, 지금 우리가 해야 할 바는 다만 악습을 떠나서 선을 행하는 일뿐이다. 지금 동약의 약조約條와 벌목罰目을 아래에 갖추어 두는 바이니 오직 우리 동계인同契人들은 진실로 약조를 지키고 벌罰을 두려워한다면 풍속의 아름다움이 얼마 안 가서 이루어질 것이다."

그 약조는 다음의 14가지이다.

1) 부모를 대하면 나를 낳아 길러 주신 은혜를 생각하여 효도를 다한다.

2) 형제를 대하면 동기의 분을 생각하여 우애를 다한다.
3) 장자長者를 만나면 자기가 연소하다는 것을 생각하여 공경을 다한다.
4) 존귀한 이를 만나면 자기의 지위가 낮다는 것을 생각하여 공손을 다한다.
5) 족척族戚을 만나면 조상이 같음을 생각하여 돈목敦睦을 다한다.
6) 이웃을 만나면 같은 동리에 산다는 것을 생각하여 화호和好를 다한다.
7) 부부 사이는 은의恩義가 중한 것이니 화순할 도리를 다한다.
8) 노주奴主 사이의 분은 엄한 것이니 충성의 절의를 다한다.
9) 남녀가 서로 만날 때에는 예의를 지킬 것이며 혐의되는 일은 피한다.
10) 붕우가 서로 사귈 때는 의리와 믿음으로 한다.
11) 분수에 맞지 않은 마음이 생길 때는 '지위에는 존·비가 있는 법이니 망녕되이 넘볼 수가 없다"고 생각한다.
12) 남을 속이려는 마음이 생길 때는 '일은 마땅히 성실과 믿음으로 해야 하는 것이며 비의非義를 조작해서는 안 된다'고 생각한다.
13) 싸우려는 마음이 생길 때는 '이는 나를 상하게 하는 일인데 어찌 부모가 낳아 주신 몸에다 용맹만 믿고 화禍를 부를 것인가' 한다.
14) 훔치려는 마음이 생길 때는 '이는 나를 죽이는 일인데 어찌 하늘이 주신 착한 본성을 가지고 있으면서 욕심 때문에 삶을 잊을 것인가' 한다.

그리고 벌목罰目으로서는 불효부모不孝父母·형제불화兄弟不和·가도패란家道悖亂·친족불목親族不睦·인리불화隣里不和·상전불충上典不忠·능욕존장凌辱尊長·존전무례尊前無禮·남녀유별男女有別·불준예법不遵禮法·호횡여리豪橫閭里·다작비위多作非爲·부준약헌不遵約憲의 13조를 각기 자세한 내용으로 나누어 상·중·하 벌罰로 분별해 두었다. 상벌은 태笞 30, 차상벌은 태 25, 중벌은 태 20, 하벌은 태 10이다. 최악의 경우에는 출벌黜罰(속칭 손도損徒)을 적용한다 하였다.

그리고 다음에는 국가의 부세賦稅 납부에 충실해야 함을 당부하는 절차를 거행한다.

위와 같은 절차로 동회洞會 의례儀禮를 끝내고 해질녘에 예를 갖추어 인사하고서 헤어진다 하였다.

순암은 동약 의례의 서술을 끝낸 뒤에 다시 사족士族들이 솔선하여 모범을 보이면서 시행할 『주자증손여씨향약朱子增損呂氏鄕約』 조항에다 당시의 현실적인 시의時宜를 참작하여 부대 조목들을 자세하게 실어 두었다. 그 취지는 다음과 같다.

> 무릇 교화敎化의 법도를 일으켜 실행함은 반드시 윗사람으로부터 시작해야 하는 것이다. 명색이 사부士夫라고 하면서 지신持身 거가居家의 도리와 대인待人 처사處事의 절차에 서민들이 속으로 비난하고 마음으로 웃는 일이 있어가지고야 어찌 중히 여김을 받고 모범이 되겠는가. 이 동리에는 사부로서 동약에 들어온 자가 적고 서민이 많다. 그러므로 위에 말한 절목들은 아랫사람들을 위해 설치한 것이요, 상계가 마땅히 시행해야 하는 것은 여씨향약이 별도로 있는 것이다. 지금 거기에다 시의를 따라 변통한 내용들을 아래에 나열한다.

순암의 향약 변통 '부조附條' 가운데 특히 주목되는 것은 다음의 몇 가지이다.

1-1) '덕업상권'의 부조로 당쟁은 반드시 '망국패가'할 화근임을 역설해 두었다.

1-2) '하인으로서 젊은이는 노자老者나 장자長者를 만나면 반드시 예를 행하고 공경할 것이요, 노자·장자가 길거리에서 짐을 지고 있거든 젊은이가 대신 받아 짐으로써 그 힘을 덜게 해야 한다'는 경로 규정을 두었다.

2-1) '과실상규'의 부조로 "양반은 상인常人의 표준인데 (양반의 과실이 있을 때) 벌을 내리지 않는다면 어떻게 서민을 다스릴 수 있겠는가"라고 하여, 향약의 시행에서 양반에 대한 행벌을 규정해 두었다.

2-2) 마찬가지 '과실상규'의 부조로 양반의 처신을 엄히 규정해 두었다. "(양반이) 어떠한 인연을 빙자하여 마음대로 위복威福을 짓는다든지 민호民戶를 역사役使하여 사리私利를 도모하거나 혹은 언의言議만을 숭상하여 오히려 경박한 풍조를 조장하거나 혹은 관부의 장점과 단점을 알아내어 일을 비뚤어지게 꾸민다든지 하는 등속은 군자가 수치로 여기는 바이다. 이 같은 경우는 일일이 규벌한다."

2-3) 상·천민이 양반을 공경하지 않는 일이 점차 많아지는 세태를 개탄하면서, "상하의 명분은 절연截然한 것인데, 근래에는 풍속이 퇴폐하여 양반을 능욕하는 자들이 많이 있고 심지어 구타하는 일까지 있다. 각기 그 경중에 따라 벌할 것이며, 심한 경우는 고관告官하여 죄를 주고 동네에서 내친다"는 규정을 두었다.

이를 가령 16세기 율곡 이이의 「사창계약속社倉契約束」에 나타난 다음과 같은 규정과 대비해 보면, 순암이 시대의 변화에 어떻게 적응하고 있었는가를 짐작할 수 있다.

> 하인(곧 상민)은 장자長者를 위와 같이 공경할 것이요, 또한 사족에 대해서도 공경해야 한다. 사족을 보면 아는 사이이건 모르는 사이이건 반드시 배례拜禮를 행하며 언어를 공손하게 해야 한다. 우마牛馬를 타고 있는 경우에는 반드시 내려 길가에 꿇어앉을 것이요, 범사에 만홀慢忽함이 없어야 한다. 동계에 속해 있지 않더라도 사족 대하기는 마땅히 이와 같이 한다(『율곡전서』 16, 잡저, 「사창계약속」, 덕업상권).

3-1) '예속상교'의 부조에, '중계 및 하계인으로서 설이 지난 뒤에 양반을 내알內謁하는 습속이 없으면 심히 불경하다. 새해 3일 이내에 양반을 알현하도록 할 것이며 또한 존장尊長에게도 문안한다. 그렇게 하지 않는 자에게는 논벌한다'고 규정하였다.

3-2) 마찬가지 '예속상교'의 부조로 양반이 아랫사람에게도 조상弔喪하는 절차를 규정해 두었다. '이전에는 양반이 아랫사람에게 조상하는 예가 없었다. 그러나 사상死喪은 인간의 큰 변고인즉 의절이 전혀 없어서야 어떻게 상하의 정을 도타이 할 것인가. 사람을 시키거나 혹은 서로 만나서 조위弔慰의 뜻을 전하도록 한다.'

4) '환난상휼'의 부조로는 수재나 화재를 당하거나 도적을 만났을 경우 혹은 매우 곤궁한 자에게는 인력·물력으로 구조해 줄 것과 과년한 남녀의 혼인을 주선해 줄 일을 규정해 두었다. 그리고 '상하를 막론하고 원왕冤枉한 일로 수계되어 풀려나지 못하는 경우 첨의僉議로 관사나 감영에 주선하여 반드시 설원雪冤이 되도록 노력한다'는 공동 대응의 규정도 두었다.

순암이 고안한 바 위와 같이 동약을 중심으로 향약을 시행하고자 하는 조항들에 나타난 특징은 한마디로 양반이 향리에서 어디까지나 일상의 모범을 보여 가면서 상민층을 이끌어 가는 향정론을 펴고 있었다는 사실이다. 살펴본 바와 같이 16세기 율곡의 시대에는 상민층에 대한 거의 일방적인 '공손恭遜'을 강요하는 규정을 둘 수 있었으나, 이미 18세기 말의 순암의 시대에는 그러한 강요가 결코 통하지 않는 세태임을 시사해 주고 있다. 오히려 양반들의 자기 검속이 더 많이 규정되고 있었던 것이다. 그렇게 함으로써만 상민·천민에 대한 그들 양반의 명분이나마 겨우 유지해 갈 수가 있었던 것으로 이해된다.

그리고 순암은 동약을 시행하는 단위에서 사창社倉이라는 물가조절기구를 운용함으로써 주민들이 경제적으로 다소 안정된 삶을 영위할 수 있도록 하는 장치를 고안하였다.

18세기 순암이 고안한 동약은 이미 16세기 율곡 등이 고안한 향약의 지배질서와는 매우 성질을 달리해 가고 있었다. 그중 가장 중요한 현상은 하층민의 위상이 단순한 지배와 복속의 관계로서가 아니라 이제 동참의 관계로 변동하고 있었다는 사실에 있다 할 것이다. 이 시기, 향촌사회 내부에서도 하층민을 중심으로 다양한 사회현상이 독자적으로 전개되고 있으며, 그 같은 현상들을 무시하고서는 결코 동약이 실행될 수 없다는 사실을 반영하는 것이었다고 풀이된다.

그 다양한 현상들 가운데에는 물론 순암과 같은 사족의 입장으로서는 수긍하기 어려운 일들이 많이 빈발하고 있었을 것으로 짐작된다. 그러나 하층민의 그러한 잡다한 독자성을 떠나서는 양반 사족의 존재 양식도 구체적으로 존속할 수 없다는 현실을 그는 잘 인식하고 있었던 것으로 살펴진다. 그가 굳이 동약이라고 하는 자치규약을 기초하고 실행하고자 시도한 까닭이 거기 있었다 할 것이다. 그리고 상하의 동계를 묶어서 하나의 상하합계를 유지・운영하고자 하는 바에야, 거기 참여하는 하층민의 동태를 긍정적으로 수용하지 않을 수는 없으며, 따라서 그들의 '민심' 또한 동계를 유지해 가는 하나의 주체요, 실체인 것으로 긍정하지 않을 수가 없었던 것으로 이해된다. 나중에 다시 살피겠지만, '무릇 정사를 잘하는 것은 왕패王霸를 막론하고 오직 민심에 순응하는 데에 있을 따름'[11]이라고 하는 것이야말로 그의 평소의 소신으로 되어 있었던 것이다.

4. 순암의 향정鄕政 즉 왕정론王政論

순암은 자신이 거처하는 경안 2리의 몇 개 촌락의 주민을 규합하는 동약을 마련하면서 그 취지를 다음과 같이 밝혀 두었다.

> 『주례』를 읽어 보면 성왕이 천하 다스리던 대법을 알게 된다. 성인이 정사를 베푸는 데에는 큰 강령을 마련하기에 힘쓸 일이지 어찌 비比・려閭・족族・당黨의 낮고 작은 단위에까지 번거롭다 여기지 않고 힘썼던 것인가. 대저 떨쳐 일으키지 않으면 일어서지 않고 이끌지 않으면 따라나서

11 『순암집』 卷5, 「與韓咸之書 甲申」.

지 않는 것이 민民의 실정이다. 그런데 진작시키고 이끌어 가는 방법은 모름지기 민이 목격하는 곳에서부터 시작해야만 반드시 느낌이 크고 쉽게 행해질 수 있는 것이다. 그러므로 가깝고 작은 일에서부터 시작해야만 온 천하에 동일한 정교政教를 일으킬 수가 있다. 그렇게 하지 않으면 생양生養할 수가 없고 풍속을 같이할 수도 없으며 정령政令을 시행할 수도 없으니, 비록 성왕이라도 그 교화를 베풀 수가 없을 것이다. (…) 아아, 우리 동리는 수십 년 안에 풍속의 퇴폐가 심해져서 마치 호향互鄕 사람들처럼 말도 꺼내기 어려운 곳이 되어 버렸다. 게다가 간활하고 완악한 향임鄕任과 이교吏教가 나라 일을 핑계 대고 제 뜻대로 횡행하니 어찌 민은 가난해지지 않으며 습속은 박해지지 않겠는가. 그 같은 밖으로부터의 침해는 당장 어쩔 수가 없다. 그런데 예의는 인심에 뿌리를 둔 고유한 것이니 그 고유한 것을 따라 닦고 밝히면 되는 것이다. 이는 정공남鄭孔南이 항상 마음에 간직하고서 나에게 동약의 약조約條 세우기를 부탁해 온 뜻이었다. 대서 법을 만들어 사람을 이끌기 위해서는 먼저 민심에 순응해야 하는 것인데 민심이 불순해지는 것은 항상 유해한 정령政令으로부터 말미암는다. 지금 동중의 일로 민에게 해되는 것들은 모두 빗질하듯 제거하였다. 민심이 귀의할 데가 있은 연후에야 교화 또한 행해질 수 있는 것이다. 맹자가 왕정을 논하면서, 민의 산업을 제도화하는 일이 학교 교육보다 선행되어야 한다고 한 것이 그 때문이다(『순암집』 권18, 「경안이리동약서慶安二里洞約序 병자」).

이때 순암이 정공남이라는 사인士人과 함께 상의하여 경안 2리의 동약을 주도하면서 먼저 해결했다고 한 '빗질하듯 제거'한 '민에게 해되는' '유해한 정령' 사항이 무엇이었는가는 지금으로서 알 수가 없다. 그 일을 두고 『맹자』에 나오는 '민의 산업을 제도화하는 일'에 비유해 둔 것으로 짐작컨대 아마도 하층민에게 가중되는 부당한 부세 등의 물질적 부담이었을 것으로도 해석된다. 그리고 그것은 아마도 그들 사족의 힘으로 변통할 수 있는 범위 내에서의 '유해한' 부담이었을 것으로 이해된다.[12] 그러나 그것은 적어도 사족들이 나서서 서민들에게 부당하고도 유해한 고통 사항들을 혁거해 나가고 있었다는 적극적인 의미를 갖는 일이었다. 그래서 '민심이 귀의'하게 되리라고 기대할 수가 있는 일이었던 것이다.

나아가 왕정의 실현을 반드시 한 동리와 같은 작은 단위에서부터 시작해야 한다는 순암의 이론도 매우 특이한 생각이었다. 그런데 그것은 순암의 오랜 학문적 함양에서 우러난 진정한 신념이었다.

일찍이 정주程朱는 『맹자』에 나오는 중국 전국시대의 사정을 말하면서, 주나라 왕실이 결정적으로 쇠퇴한 당시로서는 제나라 등 제후국으로서도 왕정을 실행하면 천자가 될 수 있다고 하였는데, 순암은 그보다는 차원을 전연 달리하는 왕정론을 피력하고 있었다. 즉 왕정은 한 국가 단위뿐 아니라 작은 동리 단위에서도 시행할 수 있는 것이라는 신념이 그것이었다. 왕자만이 왕정을 실현하는 것이 아니라 누구나 자신의 일을 왕정답게 실현함으로써 왕정 실현의 주체가 될 수 있다는 소신이었다.

> 정자程子는 말하였다. "공자의 시대에는 천하가 아직도 존주尊周의 대의를 알고 있었다. 그러므로 『춘추』는 존주를 근본으로 삼게 되었다. 그런데 맹자 시대에 이르면 천하에 다시 주나라가 있음을 알지 못하게 되었다. 이 때를 당해서는 제후로서 능히 왕도를 행하는 자가 있으면 왕이 될 수 있었다. 그래서 맹자는 제나라와 양나라의 임금들에게 그렇게 하도록 권유한 것이다." 그 소주小註에 주자가 다시 말해 두었다. "공자는 주나라를 높였으나 맹자는 높이지 않았는데, 시대를 달리한다면 양자가 마찬가지인 것이다." 정·주 두 선생이 확연히 그렇게 입론하여 의심치 않았다. 그러나 나는 항상 이들 말씀에 의혹을 품고서 그 바른 뜻을 구하고자 하였다. 어째

12 앞서 살핀 대구 부인동계의 경우 사족인 최흥원이 '동인과 더불어 계를 결성하고 先公田을 설치하여 백성들의 부세 납부에 응하도록' 함에 따라 '이 동에 사는 사람들은 한 해가 다 지나도록 (독촉차 나오는) 관리를 대하지 않게' 되었다고 하는 사실도 참고가 된다.

서인가. 임금을 천리天理에 비유한다면 신하는 인욕人欲이다. 인욕이 비록 방종하게 일어나더라도 1분分의 천리가 없어지지 않았다면 마땅히 그 없어지지 않은 것에다 접속해야 한다. 제후가 비록 횡행한다 하더라도 미미한 천자나마 아직 존재한다면 마땅히 그 남아 있는 존재를 좇아 광부匡扶해야 하는 것이다. 어째서 온 천하가 함닉되어 버린 견지를 좇아 거기에 편승하여 함께한다는 말인가. 또 고인古人은 군신 사이를 부자 사이로 비유하였다. 그 아비가 비록 어리석다 하더라도 자식이 재빨리 아비를 내좇고 집안을 차지할 수는 없는 것이다. 맹자의 시대에는 주나라 왕실이 비록 낮아졌다 하지만 그래도 아직 공동으로 섬기는 종주로서의 이름이 있었다. 그러므로 제나라 위왕은 혼자서도 조현朝見함으로써 현명하다는 이름을 얻었으며 사마착司馬錯은 주나라를 쳤다 하여 악명을 얻었던 것이다. 비록 세력이 궁박해져 스스로 떨치지 못하고 있다 하더라도 천하 사람들이 아직도 천자로 여기고 있었다. 천자로 여기고 있으면 이는 천하의 임금인 것이다. 천하의 임금을 두고서도 제후가 다시 천자의 일을 행하고자 한다면 이는 찬역인 것이다. 어찌 찬역의 일을 가지고서 맹자가 실행하라고 권했을 것인가. 하물며 주나라 왕실이 쇠약해진 것은 제후들이 특히 강해졌기 때문이지 걸·주와 같은 폭정 때문이 아니었다. 한 사람도 죽일 만한 죄를 지음이 없는데 괜스레 등을 돌리고서 드디어 천자의 일을 행한다면 이는 제 환공, 진 문공 등의 (패자로부터도 책벌을 받을) 죄인이다. 공자의 무리는 제환·진문의 소행조차 말하지 않거든 오히려 제환·진문이 행하지 않았던 일을 행하려 한다는 말인가. 소위 왕도라는 것은 오직 천자 혼자만이 행하는 것이 아니다. 그것은 곧 선왕이 천하를 다스리던 도이다. 그 도는 불과 농상農桑·교양敎養 등의 일인 것이다. 문왕이 기岐 땅을 다스리던 것이 곧 왕도이다. 문왕 또한 어찌 일찍이 그 정사를 베풀어서 천하를 차지하고자 하는 이심利心을 품었을 것인가. 왕자의 정사는 진실로 워낙 그러한 것이었다. (…) 스스로를 아끼는 향촌의 선비라도 집에 들어서는 효도하고 나아가서는 공경하며 농사에 힘쓰고 검약하게 살아서 그 행실이 집안에서 성취되고 이름이 주리州里에 드러난다면 이는 일가의 왕정이 시행된 것이다. 이 한 사람의 행실을 본받아 천하 사람들이 행한다면 이는 천하의 왕정이 시행되는 것이다(『순암집』 11, 「경서의의經書疑義」, 『맹자』과인지어국장寡人之於國章).

즉 왕자와 패자의 일에 관한 경전 해석에 있어 순암의 견해는 정·주와는 전혀 이질적인 것이었음이 여기서 확연히 드러난다. 그것은 곧 왕정은 왕자의 지위와 형식을 갖춘 자에 의해서만 실현되는 것이 아니라, 어떠한 처지에 있는 자라도 자기 자신의 소관하는 일을 옛 성왕聖王의 '도道'에 따라 충실히 실행하는 것이 곧 하나의 왕정 실현의 길로 통한다고 하는 새로운 인식이었다. 그 같은 인식은 형식상의 사회정치적 지위보다도 왕정이라는 이상의 가치적인 것을 실현하는 주체가 여럿으로 다양할 수 있다는 이론의 표현이었던 것으로 이해된다. 구체적으로 '천덕과 왕도는 본래 일체'라고 하는 것이 순암의 소신인 것이므로, 왕자의 지위에 있지 않더라도 스스로 천덕을 함양하고 실현해 간다면 이는 곧 왕도를 실현하는 길로 통하는 것이라는 신념을 그는 확고히 견지하고 있었다.

순암은 유자였으므로 그 또한 최고의 사회정치적 가치를 왕정의 실현에 두고 있었음은 다시 말할 필요가 없다. 그런데 그 가치적인 것은 하필 '천덕과 왕도'라는 두 가지 조목만으로 끝나는 것이 아니었음을 주목할 것이다. 그것은 곧 가치 실현의 주체가 왕자에게만 있는 것이 아니라 다양할 수가 있으며, 따라서 가치적인 것도 다양할 수 있다는 이론을 제시한 것이었다. 그것은 사회적 가치의 다양성을 긍정함으로써 장차 전개될 사회질서의 다양성을 긍정할 길을 열어 놓은 이론인 것으로 풀이된다.

왕정·왕도는 왕자의 지위에 있는 자만이 시행하는 것이 아니라고 하는 이 대목에서 순암은 특히 강조하고자 하는 것이 별도로 있었다. 지극히 작은 한 개인 단위에서도 그가 당연히 행할 도리를 실행하면 그것이 곧 왕도라고 하는 해석이다. 그것은 곧 왕도의 성취가 지극히 작은 삶의 단위인 한 동네에서부터 추구되어야 한다는 그의 인식과 직통하는 것이기도 하였다. 그 같은 인식을 반드시 그 자신이 국가 정치의 요로에 앉을 수가 없는 현실에 제약되어 토로하는 것쯤으로 간주하는 것은 결코 올바른 이해가 아닐 것이다.

오히려 왕정은 한 개인이라든가 한 동네에서도 시작할 수 있으며, 또한 그렇게 하는 것이 진정한 왕도를 실현하는 바른 길이라는 그의 신념이야말로 우리가 여기서 특히 주목하고자 하는 것이다. 민심에 순응하기를 새삼 당부하는 말과 함께 그것은 적어도 민생의 말단 현장이야말로 중앙의 정치판 못지않게 중요한 비중을 가질 수 있다는 새로운 실학적 인식의 일단인 것으로 이해되기 때문이다. 그에게는 하나의 작은 향정이 중앙의 거대한 왕정과도 본질적으로 동일한 것이라고 하는 신념이 있었다. 한 동리의 동정은 곧 중앙 국가의 왕정과 직통한다는 소신이었다. 왕도 왕정의 중심이나 그 실현 주체의 다원성을 그는 확신하고 있었던 것이다. 18세기 후기의 현실은 그만큼 다기 다양하였던 것이며, 중앙의 벌열 정치를 통하여 왕정을 실현하기는 이미 불가능한 것이라고 그는 인식하고 있었던 것으로 이해된다.

그는 자신이 살고 있는 경안 2리뿐 아니라 어디서든지 향정을 잘 이끌어 갈 기본 요건은 동약의 시행으로부터 비롯하는 것이라는 사실을 널리 깨우치고 강구하도록 촉구하고 있었다.

> 일체의 정령政令과 교화는 반드시 동약이 시행된 연후에라야 가히 쉽게 실현할 수 있는 것이다. (수령으로) 부임하거든 동네마다 동약이 있는가의 여부를 널리 물어서, 있거든 그 동헌洞憲 약조를 거두어다 그 미비한 것을 손질해 바로잡을 것이다. 폐정弊政으로 남아 있는 것은 덜어 내고 혁파할 것이요, 본동本洞에 거주하는 사족과 의논하여 민심에 순응하도록 힘쓸 것이다. (동약이) 없는 경우에는 약조를 설립하여 시행하도록 권면할 것이다(『임관정요』, 「시조時措」, 교화敎化).
>
> 가만히 듣건대 이곳에는 모두 동계가 있다고 하니, 무릇 한 동리 안에서 선행을 표창하고 악행을 부끄러이 여기게 된다면 곧 한 동리의 정사가 닦여져 교화가 밝아짐이며 명분의 바로잡힘이 이로 말미암아 거의 성취될

것이다. 이는 실로 고인이 시행한 향약의 뜻이요, (『주례』에 나오는) 비·려·족·당의 제도 또한 이와 같은 것이었다(『순암집』 16, 잡저, 「목주정사木州政事」, 도임초유각면문到任初諭各面文).

왕정은 동정洞政을 기반으로 하고서야 제대로 성취될 수 있다는 것이 그의 향정의 기본이론이다. 왕경王京으로부터 하달되는 정교政敎와는 다른, 향촌의 한 동계 동약이 가지는 독자적 위상을 그는 새삼스레 발견하고 있었다. 그래서 순암은 정치라든가 형벌보다도 교화야말로 실체이며 가장 우선해야 하는 것이라는 소신을 간직하고 있었다.

교화와 정형政刑은 본래 두 가지 일이 아니니다. 교화는 그 체體요, 정형은 그 용用이다. 용을 시행할 수 있으면서 체는 시행할 수 없다고들 하는 수가 있는데, 천하에 그런 이치는 없다. 한갓 그 용만 시행하고 체는 시행하지 않는다면 백성으로서 따를 것은 외모뿐이요 마음이 아니니다. 위엄 때문에 복종하는 것이지 그 덕에 복종하는 것이 아니니다. 그러므로 정치에는 반드시 교화가 우선되어야 한다(『임관정요』, 「시조」, 교화).

그러므로 교화를 위한 기초 기구인 동약·향약은 모름지기 관치官治와는 다른 차원에서 독자적으로 시행하지 않으면 안 되는 것이라고 그는 토로하고 있었다.

동네에 민간의 사계私契를 설립하는 일도 역시 향약을 미루어 시행해 가는 단계가 된다. 그런데 근래에는 관가에서 반드시 전정田政과 군정軍政이라든가 환곡을 독촉하는 일 등을 (동계에다) 책임 지우고 있다. 그래서 사부들이 이를 염피厭避하여 동헌이 해이해지고 만다. 이는 실로 염려해야 하는 것이다. 수령은 스스로 허다한 면임面任들을 거느리고 있으니 명령을 시행하고 금령을 지키는 일이야 그 방법이 없다고 근심할 필요가 없다. 그런데도 하필 (동계의) 집강에게 책임을 지워서 한갓 소란스러움만 일으킨단 말인가(『순암집』 4, 「답이유수기진서答李留守箕鎭書 계유」).

왕정은 왕자의 출현을 기다려서가 아니라 오히려 향정과 동정에서부터 착수되어야 한다는 것이 순암의 향정론의 기본이론이었음은 이미 누누이 살핀 바와 같다. 그런데 그는 여기서 동정은 오히려 수령·면임이 주관되는 관정과는 차원을 달리하는 그 주민들의 자치로 시행되어야 한다는 사실을 역설하고 있음을 보게 된다. 물론 순암이 여기서 말하고자 한 것은, 관정에 반대하는 동정을 시행코자 하는 것이 아니었음은 더 말할 필요가 없다. 그 관정과는 차원을 달리하는, 주민들 스스로의 자발에서 우러나는 자치적 동정이야말로 모든 동계·동약·동정을 기초로 함으로써 중앙정치도 개선되고, 또한 왕정의 실현도 기대할 수 있는 것이라는 확신을 가지고 있었다. 그런데 그는 동약·동정을 시행하기 위해서 무엇보다도 민심에 순응하는 일이야말로 기본인 것이라고 거듭해서 강조하고 있었다. 이미 살핀바 경안리의 동약을 기초하면서부터 그는 '법을 만들어 사람을 이끌기 위해서는 먼저 민심에 순응해야 하는 것임'을 전제하고 있었던 것이다.

대저 정사를 잘하는 길은 왕·패를 막론하고 오직 민심에 순응하는 데에 있을 따름이다. 근래에 한 가지 논의가 있으니, 스스로 수신하는 선비는 민심에 순응하는 일을 혹 명예를 구하는 길이라고 염려하여 반드시 이를 피하려 든다는 것이다. 이는 이른바 군자가 명성을 피하면 선을 행할 길이 없다고 하는 일이다. 어찌 그 사이에 별다른 마음을 둘 것인가. 혹자는 말세의 풍속이 완한頑悍하므로 오직 강령으로 겁을 주어야 한다 하여 인심과 힘써 싸우고자 하는 터이지만, 인심을 거스르면서도 정사를 잘할 수 있는 이치가 있을 것인가. 요·순이 성인인 까닭은 이 민심에 순응했기 때문이요, 걸·주가 악인이 된 까닭도 이 민심에 순응하지 않았기 때문이다. (…) 민심과 싸우면 안 된다는 것은 명백한 일이다. 시험 삼아 형이 다스리고 있는 지방을 두고 말한다면, 대가 세족들이 대대로 향권을 잡고 있다. 만약 능히 이들 세족들을 인도하여 모범이 되도록 한다면 하민들이 귀의하고 교화되기는 실로 파죽지세와 같을 것이다. 그런데도 전후로 수령 노릇한 자들은 매양 (당쟁의) 색목色目의 이동異同에 따라 도와주거나 억누르는 술책을 부림으로써 세족들로 하여금 원망하는 마음을 품게 하였으니, 그로 인하여 하민 또한 다스리기가 어려워지게 되었다(『순암집』 5, 「여한함지서與韓咸之書 갑신」).

인심이 불순하게 됨은 항상 윗사람이 촉발시킴으로 말미암아 그렇게 되는 것이다. 선을 좋아하고 악을 싫어함이 인간의 본성이요, 안일을 좋아하고 번거로움과 가혹함을 싫어함이 백성의 정이다. 치수治水를 잘하는 자는 수세水勢를 따라 이끌어 가며 치민治民을 잘하는 자는 민정을 따라 순응한다. 수세를 거스르면 반드시 넘치고 말며 민정을 거스르면 백성이 반드시 원망하고 돌아서게 된다. 『대학』에 "백성의 좋아하는 것을 좋아하고 백성의 싫어하는 것을 싫어하는 것, 이를 일러 백성의 부모라고 한다" 하였다. 정사를 하는 자는 마땅히 먼저 민심이 싫어하는 바를 살펴야 할 것이다(『임관정요』, 「시조」, 임민臨民).

(백성의) 선과 악은 윗사람이 교도敎導하는 데에서 말미암는다. 지금의 위정자는 항상 말하기를, "인심이 좋지 못하다"고 하여 반드시 형벌로써 겁주려 하고 있으며, 인심이 복종하지 않는 데가 있으면 반드시 죽이고 말 것이라 한다. 이는 (자기의) 정교政敎가 아래에까지 미치지 못했음은 알지 못하고 인심을 상대하여 힘써 싸우고자 하는 것이다. 인심이 어찌 더불어 힘써 싸워야 하는 것일 터인가. 오직 나의 정성을 다할 뿐인 것이다(같은 곳).

순암이 살던 18세기 후기는 이른바 '말세'라는 말로 흔히 지칭되는 중세적 사회 구성의 해체기였다. 급격한 변화가 도처에서 진행되고 있었다. 그런데 그러한 급격한 사회적 변화의 한가운데에서 순암은 향정을 펴면서도 항상 '민심에 순응'하는 정사를 펴려고 시도하였다. 그것이 그의 소신이었다.

그런데 순암의 민심 순응론은 여기서 일반 서민의 민심을 위주로 하고 있지는 않았다는 사실 또한 주의를 요한다. 즉 각 지역에서 광범한 영향력을 행사하고 있는 '대가 세족'들의 민심이야말로 위정자가 일차적으로 고려해야 하는 대상인 것이라고 그는 확실히 인식하고 있었다. 그 '대가 세족'들에 의한 교화를 통해서 일반 서민들의 민심은 순응하게 되는 것으로, 계층적 구조를 이루고 있는 것으로 순암은 이해하고 있었다. 실상 그가 자신의 거주 향리에다 동약을 시행하게 된 배경도 그와 같이 사족층에 의한 하층민의 교화라고 하는, 지배질서의 안정을 도모한다는 일에 일차적 관심이 쏠리고 있었던 것으로 이해된다.

그러나 이미 살펴본 것처럼 순암의 민심론은 이미 16세기 사족층만의 지배질서라고 하는 체제와는 이질적 구성을 바탕으로 하는 것이었다. 순암의 경우는 이미 동일한 동약을 구성하는 실체로서의 하층민을 인정하고 그들을 적극적으로 참여하도록 권장하지 않으면 안 되는 현실의 향촌사회 구조를 바탕으로 하는 민심론이었다. 그러므로 순암의 민심론이 비록 사족과 하층민의 동질성을 전제로 하고서 형성된 것이라고는 말할 수 없다 하더라도, 거기 특별히 이질성을 우선적으로 내세움으로써 사족층의 향촌 지배권을 배타적으로, 혹은 일방적으로 유지하려는 것이 아니었다는 사실은 명백하다 할 것이다.

대체 민심에 순응하는 것이 위정의 요체가 된다고 하는 것은 누구나 내세울 수 있는 상투어에 불과하다고도 할 수 있다. '민유방본民維邦本'이라고 하는 위민론은 이미 선진先秦 고경古經에서부터 등장하여 언제나 현안으로 중시되어 오는 항구적인 명제였다. 가령 『관자管子』와 같은 패자의 글에서도, "정사가 흥기하는 것은 민심에 순응함에 있으며, 정사가 피폐하게 되는 것은 민심을 거역함에 있다"[13]고 하지 않았는가. 그러므로 여기 민심 순응론은 결코 순암의 창안에 속하는 말이라고는 할 수 없는 것이다.

그런데 순암은 여기서 이른바 고경古經의 경우라든가 혹은 관자의 의도와는

13 『관자』 1, 「牧民」 1, 經言 1.

결코 동일하지 않은, 그 나름의 독자적인 민심 순응론을 제기하고 있었던 것으로 이해된다. 그것은 곧 위정자의 의도와 민심이라고 하는 구래의 주객관계의 위상으로부터 이제 가능한 전자가 후자의 말에 성심으로 귀를 기울이는 위상으로 변화해야 한다는 것을 주장하는 이론이었다. 그리고 더 나아가서는 위정자의 통치 행위가 민심을 통치 대상으로서의 실체이며 주체인 것으로 생각해야 한다는, 지배질서 위상의 새로운 조정을 주장하는 사실에 있었던 것이라고 이해된다. 막연한 '위민' 정치가 아니라 백성이야말로 통치 대상으로서의 실체인 존재라고 하는 인식을 여기서 그는 확고히 하고 있었던 것이다.

왕·패를 막론하고 민심에 순응하는 것이야말로 위정의 요체가 된다고 하는 그의 소신은 통치의 대상인 민심이야말로 통치자가 상대해야 하는 실체이며 주체인 것이라고 하는 신념에서 나온 것이었다. 오히려 위정자의 촉발로 말미암아 나쁜 인심이 조성되는 것이라는 견지에 서 있는 그로서는 흔히 '말세'의 인심이 나쁘다고 탓하는 위정자의 오랜 인습이야말로 역사적으로 본말을 전도시켜 생각해 온 잘못된 생각에 불과한 것이었음을 역설한다. 위정자 위주의 오랜 통치 관행은 개혁되지 않으면 안 되는 것이었다. 그것은 곧 동약·동정을 바탕으로 하고서야 왕정이 시행되는 것이라는 그의 지론과 바로 직통하는 이론이었다. 동약·동정은 중앙의 왕정 못지않게 중요한 위상을 지닐 수도 있는 일이었다. 그것이 순암의 소신에서 우러난 실학적 향정론이었던 것으로 해석된다.

5. 맺음말

이제 순암의 동약론이 지향하는 주민 생활상은 어떠한 것이었는가.

> 지금부터는 모름지기 같은 첩지에 이름을 적어 놓은 의의를 생각하여 서로간에 선을 권면하고 악을 경계하며 옹목雍睦·화락하기를 마치 한집

안 사람같이 해야 할 것이다. 만약 숙원이 있거든 모름지기 그 원망을 풀 것이요, 혹 옛날부터 잘 지내오는 사이라면 더욱 돈독히 지내도록 할 것이다. 그래서 모두 선으로 돌아가 영세토록 저버리지 않는다면 어찌 모두가 즐겁지 않으리오(『순암집』 19, 「제경안이리하계명첩題慶安二里下契名帖 정축」: 동약을 설립한 다음해).

그는 가까이 살고 있는 주민들 사이에서 일어나는 모든 사회문제를 공동체적 규제와 권면을 통하여 해결하면서 조화롭게 살아가는 길을 모색하고 있었던 것으로 이해된다. 즉 부모, 친족과 이웃 사람을 사랑하여 공경하고 서로 고마워하면서 살아가는 질서를 모색하고 있었다. 그것은 사람이 생각해 낼 수 있는 공동체적 선속善俗의 원형 같은 것이 아닐 수 없다. 그것이야말로 곧 왕정에서의 향정이며 동정의 원형인 것으로 순암은 동약에서 고안하여 실현하고자 노력하고 있었던 것이다.

그런데 순암이 동약을 시행하고자 시도한 18세기 후기라는 이 시기는 중세적 사회 구성이 바야흐로 해체되어 가고 있었다. 그러므로 한편으로 동약은 이 당시 상품화폐 경제의 발전과 더불어 활발한 전개와 진출을 보여 가고 있는 서민생활의 자유로운 분출을 혹 가로막는 장치로 운용될 수도 있는 속성을 지닌 것이었다고도 이해된다. 동약의 도덕적 규제에 따라 서민생활에서 제일의적 의미를 지니게 마련인 사익의 추구가 방해받을 수 있는 것이었음이 명백하다고 이해되기 때문이다. 실제로 이 방면에 관련한 지금의 연구에 의하면, 서민들의 하계가 18세기 중엽 이후 차츰 양반들의 상계로부터 범주적으로 독립해 가는 길을 걷고 있었던 것으로 논증되고 있다.[14] 이 시기 서민들의 삶은 양반들의 향촌 지배질서로부터 더 이상 구속당하지 않고 나름대로 현실과 실속을

14 김인걸(1994), 「조선 후기 재지 사족의 거향관 변화」, 『역사와 현실』 제11호; 정진영(1998), 「18, 9세기 동계 동약 실시와 그 한계」, 『조선 시대 향촌사회사』, 한길사.

추구하는 방향으로 나아가고 있었던 것이다.

그런 의미에서 순암이 시도한 동약은 결코 당시의 역사적 현실과 그대로 부합되는 것이었다고는 해석할 수가 없다. 비록 이 시기 중세적 사회 구성의 해체가 벌열 정권의 전횡과 농단에 따라 오도되고 있었다 하더라도, 순암의 향정론이 반드시 그것을 대체할 만한 개혁론일 수 있었는가에도 적잖은 의문이 제기된다.

그런데 인간은 어차피 이웃과 더불어 살아갈 수밖에 없는 사회적 존재이다. 그러므로 중세적 결속이 해체되어 가는 현실을 목도하면서, 순암은 아마도 동약이라는 향촌공동체의 운영을 통하여 인간 사회가 이웃하여 살아가면서 추구할 수밖에 없는 구원의 이상상을 제시하고자 시도하고 있었던 것으로 해석된다.

순암의 향정론은 물론 아직도 신분제적 제약을 벗어나지 못했다는 비판을 받을 수도 있다. 그의 동약론은 이전의 향약을 상하의 동민 모두에게 확대 시행하려는 속성이 큰 것이었다. 그 본질로 따지자면 양반이 주도하는 향촌 질서를 보수해 가고자 하는 데에 핵심이 있었던 것으로 이해된다. 그것이 시대적 제약이었다. 그러나 가령 하계원인 삼로에게 동약에서의 징벌권을 부여하고 있다든가, 동리의 하민에 가중되는 해정害政을 양반들이 솔선하여 혁거한다거나, 혹은 중하층의 사상死喪에 양반이 조위해야 한다는 등의 전에 없는 약조를 새로 세우는 등 새로운 이상적 가치질서를 추구하는 동약인으로서의 동질성을 구현하기 위한 노력을 다해야 한다는 사실을 그의 동약은 규정하고 있었다. 그것은 동약의 하층민들에 대해서도 같은 인간으로서의 실체, 동약인으로서의 주체성을 긍정하는 규정이었다. 그것이, 양반만이 중심이 되어 일방적으로 운용하던 구래의 향약보다도 역사적으로 진전된 동약 공동체의 의미였다.

성리학의 궁극적 목표는 이 세상에 왕도를 실현하는 일이었다고 말해진다. 조선 후기의 실학도 그 궁극의 목표는 마찬가지였던 것으로 고찰된다. 앞서 살핀바, "천덕과 왕도는 본래 일체인 것이며 수기와 치인은 두 가지가 아니다"라고 하는 것이 순암의 확고한 소신이었다.

그러므로 순암의 경우 왕도는 왕자에게서만 시행되는 것이 아니라 한 개인 단위에서나 혹은 한 동네 단위에서도 실현될 수 있으며, 그것은 중앙정치를 통하여 실현되는 왕정과 동질적인 것이라고 인식하고 있었다. 그보다도 중앙정치의 왕정은 그 최하 지역단위 동정의 왕정화를 통하여 실현되는 것이 가장 바른 길이라고 하는 체계적 인식을 지니고 있었다. 그는 자신이 살고 있는 곳의 동약을 곧 그 같은 동정의 왕정화를 실현하는 교화기구로 설립하면서 추진하고 있었다.

왕정이라고 하는 최고의 가치 있는 사회질서를 그 같은 자신의 거주지에서부터 실현하고자 추구하고 있었다는 사실은 가치 실현 주체의 다양한 성장이라고 하는 18세기의 역사적 현실을 반영한 것이었다고 이해된다. 그것은 중앙정치 권력이 자행해 온 일방적 억압구조로부터 그 저변의 지역단위가 새로운 가치질서를 추구하면서 주체적으로 성장하는, 새로운 역사적 의미를 띠는 것이라고 이해할 수 있을 것이다.

그는 현실의 억압적 통치체제가 내세우고 있는 '위민'이라는 구호의 허구성을 믿지 않고, 백성이야말로 통치 대상으로서의 실체가 되는 존재임을 소신으로 피력하고 있었다. 다양한 가치질서를 추구하면서 성장하는 백성이라고 하는 실체들의 마음을 거슬리고서는 결코 좋은 정치를 기대할 수가 없다는 사실을 그는 경험적으로 깊이 인식하고 있었다. 즉 민심이란 것을 그는 이제 새롭게 인식하게 되었다. 그의 향정론은 그 같은 신념에 바탕을 둔 것이었다.

왕자거나 패자거나를 막론하고 민심에 순응하는 정치야말로 정치의 본질이라고 하는 순암의 신념은 민심이야말로 통치자가 상대해야 하는 실체이며 주체인 것이라고 하는 소신과 동일한 이론의 양면을 이루고 있는 것이었다. 오히려 나쁜 인심이야말로 위정자의 촉발에 따라 역사적으로 조성되는 것이라고 그는 확신하고 있었다. 그러므로 위정자만을 위주로 하는 인습적인 오랜 통치관행은 이제 개혁되지 않으면 안 되는 것이었다. 그것은 곧 동약·동정을 바탕으로 하고서야 왕정이 제대로 시행될 수 있는 것이라는 그의 향정론과 상응하는 것이었다. 그러므로 그의 동약의 시행은, 중앙에서의 왕정 추구 못지않게 그 나름 중요하고도 독자적인 의미를 지닌 것이었다. 즉 자신이 함양한 '천덕'의 이론을 향정이라는 작고도 구체적인 단위에다 적용함으로써 거기서부터 왕정을 실현하리라는 하나의 길을 추구하고 있었던 것이다.

그것은 물론 현실에서 충실히 실현될 수 있는 향정의 이론은 아니었다. 그러나 이 시기 현실의 동태를 직시함에 따라 왕정이라는 전통 가치가 다양하게 추구될 수 있음을 발견하고, 하층민의 동참이라고 하는 다양한 주체들의 동원을 통하여 그것을 확대 실현할 수 있는 길을 그는 애써 고안하며 예비하고 있었다. 그것이 그의 소신에서 우러난 향정론의 역사적 의미였던 것으로 해석된다. 그리고 거기서야말로 그의 향정론의 실학적 의미를 찾을 수 있지 않을까 생각해 본다.

순암 안정복의 토지론

최윤오

1. 서론

순암 안정복(1712~1791)은 격동적인 사회생산력 발달과 그로 인해 심화되어 가던 18세기 사회경제 모순을 목도하고 그것을 해결하기 위해 고민하던 대표적 유자의 한 사람이었다. 순암 토지론의 역사적 성격을 추적하기 위해서는 17, 18세기 체제 위기에 직면하여 그것을 구조적 모순으로 인식하고 타개책을 강구하던 일군의 북인계 남인 학자들의 토지제도 개혁론을 아울러 주목할 필요가 있다. 이들 개혁론의 특징은 당시 집권층의 보수적인 전제개량 논리를 정면으로 돌파하고자 하였다는 점에서 파격적이었다.[1] 주자학에 입각한 집권 노

1 金容燮(1985), 「朱子의 土地論과 朝鮮後期 儒者」, 『延世論叢』 21.

론층의 보수적인 양전균세론量田均稅論에[2] 대해, 이들 남인 학자들이 내세운 반주자 또는 탈주자 방식의 토지제도 개혁론은 실학파 개혁론의 핵심을 이루며, 순암의 개혁론 역시 남인층의 그러한 개혁론과 무관하지 않다는 점에서 같은 계열로 파악할 수 있을 것이다.

순암의 학문과 사상에 대해서는 성호학파에 대한 평가를 통해 이미 우파로서의 성격 규정이 보여 주듯이[3] 성호좌파인 녹암 권철신, 다산 정약용과는 대비되는 인물로 평가되고 있다. 이 같은 구분을 통해 순암의 학문과 사상이 그 상대적 위치가 구분될 수 있는 것은 사실이지만, 반계 유형원의 공전론과 성호 이익의 균전론의 연장선에서 순암의 토지론을 어떻게 위치시키며 나아가 다산과 어떻게 구분될 수 있는가의 문제 등에 대해서는 충분히 검토되지 못했으며 사회경제사 분야의 순암에 대한 연구도 본격적으로 이루어지지 못했다고 할 수 있다.[4] 그 결과 순암의 구체적인 현실개혁 논리는 밝혀지지 못한 채 부분적으로만 평가되기에 이르렀다. 다산과 비교하여 상대적으로 보수적이라고 위치 지은 것도 그러한 평가를 낳은 주요 요인이 되기도 하였다.

본 연구는 토지 개혁론과 전정田政 운영론을 중심으로 순암의 토지론을 검토해 보고자 한다. 토지 개혁론은 토지를 둘러싼 생산관계 전반에 대한 문제제기이기 때문에 이 시기 조선왕조의 구조적 모순이 토지에서부터 유래하고 있다는 것을 잘 알고 있었다. 그에 비해 전정田政 운영론은 농업과 토지 문제를 더

2 崔潤晤(2001), 「朝鮮後期의 量田均稅論」, 『朝鮮時代史學報』 19.

3 李佑成(1979), 「韓國 儒學史上 退溪學派의 形成과 그 展開」, 『退溪學報』 26(『韓國의 歷史像』, 1982 재수록); 李佑成(1982), 「鹿庵 權哲身의 思想과 그 經典 批判－近畿學派에 있어서의 退溪學의 繼承과 展開」, 『退溪學報』 29; 李佑成(1999), 「近畿學派에 있어서의 順庵의 位置」, 『韓國實學研究』 I, 솔출판사.

4 順庵의 土地論에 대해서는 다음의 연구에서 부분적으로 다루어지고 있다.
沈隅俊(1981), 「順庵의 井田制와 貢田制」, 『韓國學』 25(『順菴 安鼎福 研究』, 일지사, 1985 재수록); 한상권(1987), 「순암 안정복의 사회사상－민에 대한 인식을 중심으로－」, 『韓國史論』 17, 서울대.

욱 복잡하게 만들었다는 점에서 함께 거론될 필요가 있다고 보았다. 순암은 이러한 두 가지 문제를 풀어야만 당 시기 사회문제를 해결할 수 있다고 생각했다. 왜냐하면 이 같은 농업문제는 당시에도 여전히 해결되지 못한 채 모순을 드러내고 있었기 때문이다.

지금까지의 순암에 대한 연구는 오히려 역사인식 태도라든지 천주교 문제에 집중되었다. 그러한 결과 순암에 대한 이해는 영역별로 극단화되기에 이르렀고 그에 대한 총체적인 평가를 제한하게 되었다. 이 같은 순암에 대한 평가를 객관화시키고 종합하기 위해 선생先生 성호星湖에 대한 분석뿐 아니라 성호학파 전체에 대한 종합적인 연구가 시도되고 있으며 기존의 연구에서 간과된 순암 학파의 학풍 형성이라든지 학문적 방법론에 관한 연구도 새롭게 모색되기 시작했다.[5] 그러한 가운데 순암에 대한 이해를 새롭게 하고 그 폭을 좀 더 확장시키려는 방법도 검토되고 있다.[6]

본고에서는 이러한 연구에 힘입어 순암이 반계와 성호를 어떠한 방식으로 계승하고 있었는가를 염두에 두면서 토지론을 주로 검토할 예정이다. 현재로는 『잡동산이雜同散異』의 토지제도 관련 글을 중심으로 그의 이상과 현실을 살피는 방법이 유일한 것 같다. 『잡동산이』에 나타난 정전제와 정전법井田法을 검토해 보고, 나아가 『임관정요』의 전정田政 부분을 통해 그의 시변론時變論을 살피기로 한다. 아울러 토지론이 차지하는 역사적 위상을 제대로 평가해 내기 위해 그의 신분관을 검토하고 나아가 그를 통해 중세 극복의 논리가 추출될 수 있는가를 확인해 보고자 한다.

---

5 순암 또는 성호학파에 관한 최근의 연구로 다음과 같은 글이 있다.
강세구(1996), 『순암 안정복의 학문과 사상 연구』, 혜안; 강세구(1999), 『성호학통 연구』, 혜안; 元在麟(2001), 『朝鮮後期 星湖學派의 形成과 學風』, 연세대학교 사학과 박사학위논문.

6 李佑成(1999), 앞의 글; 李基白(1999), 「順庵 安鼎福의 合理主義的 史實 考證」, 『韓國實學研究』 I, 솔; 金泰永(1999), 「順庵 安鼎福의 鄕政論」, 『韓國實學研究』 I, 솔.

2. 순암 정전제와 정전법

1) 순암 정전제의 특징

순암의 정전제에 대한 특징은 29세(1740, 영조 16년) 때 지은 「정전설」에 잘 나타나 있다.[7] 그의 정전제에 대한 관심은 서두에 잘 나타나 있듯이 『주례』를 통해 촉발되었다. 그가 복원한 것은 이상향으로서의 주나라 정전제였다. 그것은 『맹자』나 『공양전』 하휴何休의 주註, 『한서』 「식화지」 및 주자의 설을 취하여 만든 것이다. 순암의 정전설은 주나라 정전제를 단순하게 복원한 이상향에 지나지 않았다.[8]

그렇지만 순암이 복원한 정전제가 조선의 현실에 어떻게 적용될 수 있는가를 확인하기 위해서는 순암이 고민했던 흔적을 추적할 필요가 있다. 『주례』의 「정전설」은 그야말로 이상향이었지 현실 가능한 것이 아니었기 때문이다. 따라서 그의 「정전설」은 『주례』로의 복고復古가 아니라 『주례』로부터의 출발을 의미했다고 할 수 있다.

순암의 『주례』 정전은 하夏·은殷의 제도를 상고하여 만든 것이라는 점을 주목할 필요가 있다.[9] 그의 목표는 『주례』 정전이었으며, 주나라의 정전제를 밝히기 위해 하·은의 제도를 추적하고 있었다. 평양에 설치되었던 기자箕子 정전井田에 대한 관심은 이전부터 없었던 것이 아니었지만,[10] 18세기를 살았던 순

---

7 『順庵集』 卷19, 說, 「井田說」(이하 「井田說」).

8 沈隅俊의 앞의 글은, 순암의 「井田說」을 평야지대에서는 井田制, 산간지역에서는 貢田制라는 형태로 복원했지만(『순암 안정복 연구』, 321면), 그것은 貢法·助法·徹法을 통해 이해되어야 할 것이다. 즉 순암은 주나라 井田制를 貢法과 助法을 통해 徹法으로 이해하고 있었지 井田制와 그에 대비되는 貢田制라고 별도로 이해한 적이 없기 때문이다.

9 「井田說」.

10 천관우(1974), 「기자고」, 『東方學志』 15, 연세대학교; 박광용(1980), 「기자조선에 대한 인식의 변천-고려부터 한말까지의 사서를 중심으로」, 『韓國史論』 6, 서울대학교 국사학과; 한

암에게 있어서도 그것은 역사적으로 존재했고 또 실현 가능한 형태로 보였다. 순암의 기자에 대한 인식은 『반계수록』을 통해서도 계발되었지만,[11] 선생 성호의 가르침을 통해 다시 크게 고무되었다.[12] 그것은 기자 정전에 대한 확신으로 이어졌고 다만 어떠한 방식으로 존재해 왔는가를 확인하는 것만 남아 있었다.

『기자지箕子志』에 실려 있는 평양 외성과 기자사箕子祠에 대해 여러 가지 자료를 소개하면서 그 실체를 추적하였다.[13] 기자궁箕子宮 역시 정양문正陽門 바깥쪽에 흔적이 남아 있으며, 기자정箕子井 역시 정전井田 가운데 존재하고 있음을 확인하면서 기자 정전을 확신하고 있었다. 즉 정전은 외성 안에 있으며 기자가 구획한 정전 유적 역시 완연하다는 것을 『기자지』를 인용하여 다시 정리하였다. 『기자지』란 선조 때의 문신 윤두수의 저술로서 이이의 『기자실기』와 달리 기자의 흔적을 구체적으로 기술하고 있던 것을 보면 그가 얼마나 관심을 가졌는가를 알 수 있다.

뿐만 아니라 기자묘에 대해서도 자세히 적고 있는데, 그에 따르면 계사년 왜倭 때문에 깨진 기자묘 비석을 새로 만들어 세우고 옛 비는 철못으로 뒤쪽에 붙여 옛 흔적을 남겼다는 사실로부터, 그 이후 기자묘나 기자화상을 봉안한 일, 그리고 인현전仁賢殿 서윤당敍倫堂을 세운 사실과 호를 고쳐 홍범으로 한 사실을 상세히 언급하고 있다.[14]

정전제에 대해서도 3무로畝路 9무로畝路가 기준이 되었고 예부터 나무를 세워 그 표시를 해왔다고 하는 사실까지 확인하면서, 또한 전쟁 이후 나무 표시가

영우(1982), 「고려~조선전기의 기자인식」, 『韓國文化』 3, 서울대 한국문화연구소.

11 崔潤晤(2001), 「반계 유형원의 정전법과 공전제」, 『역사와 현실』 42.

12 箕田說에 대한 인식의 촉발은 선생 성호의 「孟子疾書」에서였다고 해도 과언이 아니다. 게다가 평양 외에도 慶州 田制가 秦의 轅田을 근거로 한 것이라는 가르침에 매우 고무되기도 했다(『順庵集』 卷10, 書, 「東史問答」, 丁丑, 12면).

13 『雜同散異』, 「道統」, 箕子事蹟, Ⅳ-322면, 아세아문화사.

14 『雜同散異』, 「道統」, 箕子事蹟, Ⅳ-323면.

사라졌지만 숭정崇禎 신미년(1631, 인조 9) 이후 구획을 손질하고 네 귀퉁이에 나무와 돌을 세워 경계를 표시하였다는 사실까지 자세히 기록하고 있다. 이외에도 『기자지』의 사실을 자세히 검토하면서 기자의 흔적을 더듬고 있었다.[15]

순암이 생각한 기자전은 '정자형井字形'이 아니라 '전자형田字形'이라는 점에서는 선생 성호와 계통을 같이하고 있었다. 그의 생각은 성호가 비판했듯이 억지로 '전자형田字形'을 '정자형井字形'으로 만들려 했던 사건에 대한 기록을 통해서도 잘 나타나고 있다. 즉 을사년(1665, 현종 6) 감사 이정제李廷濟가 기자궁 터에 수천 년 간 봉표封標 하나 제대로 갖추어지지 못한 것이 한스럽다고 하면서 조정에 장계狀啓를 올린 후, 두루 담으로 경계를 막고 터 가운데 흙으로 작은 성을 쌓고 이름하기를 구주九疇라고 하고 남쪽에는 문을 설치하여 팔교책八敎柵[16]으로 하고 서쪽에는 기적비記蹟碑를 세우며 비에는 합문閤門을 설치했으며 바깥쪽에 토지 70무를 사들여 구구九區로 나누어 유사有司를 두고 지키게 한 사실이야말로 전자형田字形 토지를 강제로 정자형井字形으로 잘못 고친 것이 아니냐고 비판하였던 것이다.[17]

순암은 기전箕田을 은전殷田과 동일시했다. 즉 기자가 은나라의 후예라는 점에서 출발했던 것이다. 그리하여 은전의 길이와 넓이가 가지런하지 않은 것은 하제夏制에서 기인하였기 때문이며, 기자가 동방에서 창설하면서 하나라 제도를 따르지 않고 4구區의 전田을 만들어서 방方 70보步[18]로 삼은 것도 그러한 역

15 『雜同散異』, 「道統」, 箕子事蹟, IV-322면.

16 본문에서는 木柵이 아닌 흙으로 만든 것이라는 것을 土와 册을 결합하여 표현하고 있다.

17 星湖는 이 같은 사건에 대해, '감사가 주나라 제도와 맞지 않는 것을 의심하여 인력을 징발하여 1井에 9夫, 1頃 100畝 제도로 바꾸었다고 하니 (…) 어찌 하루아침에 망령된 생각으로 箕子의 자취를 사라지게 하는가'고 개탄하고 있다(『星湖僿說』 권12, 「인사문」, 箕子田).

18 방 70보란 길이 70보, 넓이 70보의 토지를 말한다. 순암의 「정전설」에 따르면 6尺 길이는 1步, 100步(1보 넓이×100보 길이)는 1畝, 100畝(100보 넓이×100보 길이)는 1夫, 3夫는 1屋, 3屋은 1井으로 보고 있다. 즉 1井은 사방 1里로서 900畝가 되며 9夫가 다스리는 땅이다. 1夫는 100畝를 경작하고 있다.

사적 연원으로부터 쉽게 이해될 수 있다고 하고 있다.[19] 그는 이미 이전의 기전설에 대해 자세히 검토하고 있었기 때문에 그것을 부정하지 않았던 것이다. 즉 기도箕都의 기전유제도箕田遺制圖에 대해서 언급하면서,[20] 구암久庵 한백겸韓百謙(1552~1615)의 「기전고箕田考」와 『구암집』, 서경西坰 유근柳根의 정전도설을 인용하고 있을 뿐 아니라 십일지제什一之制에 대해서도 관심을 기울이고 있었던 것이다.

순암은 '십일제'가 지니는 의미를 살피기 위해 『공양전』의 하휴 정전주를 살피고 있는데,[21] 여기에서 그가 주목한 것은 정전의 원리였다. 즉 옛부터 십일을 근거로 하였다는 것은 십 가운데 일을 취하여 공전으로 삼았다는 점을 통해, 공양자를 통해 십일은 천하의 중정中正한 원리라는 사실을 확인하고 있다. 십일보다 많이 거두는 것은 대걸大桀·소걸小桀이고 십일보다 적게 거두는 것은 대맥大貊·소맥小貊의 수취방식이라고 하면서 십일이야말로 천하의 중정한 제도라는 것이다. 한편 순암이 여기서 잠시 주목한 것은 성인이 정전제를 만들 때 구수口數를 기준으로 하였다는 점이다. 일부일부一夫一婦가 전田 100무를 받아 부모처자를 봉양하고 5구口를 일가一家로 삼았다는 것이다. 토지분급과 구수에 대한 관심은 여기서 그치지만 이후 그의 정전법丁田法 구상의 원리와 방법론으로 등장하게 되었다.

한편 순암의 정전제는 하·은·주 삼대의 정전제의 결정체인 『주례』 정전을 이상형으로 설정하고 그것을 복원하려 하였다. 정전제를 통해 주나라는 경계를 바로잡을 수 있었고 봉건封建을 시행할 수 있었으며 학교와 군제까지 확립되었다고 믿었기 때문이다.[22] 순암은 주周나라의 정전제를 주자의 해석에 따라 하나

---

19 『增補文獻備考』 卷141, 「田賦考」 1, 經界 1, 箕子都平壤區劃井田 이하 참조(한국학술진흥원, 中-623면).

20 순암은 「東儒性理說」을 지어 箕田遺制圖를 지었다고 하는데 『雜同散異』에는 실려 있지 않다.

21 『雜同散異』, 「公瑾文」, 公羊傳何休井田注, III-449면.

라 공법貢法과 은나라 조법助法을 결합시킨 것으로 이해하고 있다.[23] 즉 공법과 조법에 대한 이해를 통해 주의 철법徹法을 복원하고 있는 것이다. 『맹자』「등문공장구」의 '夏后氏五十而貢 殷人七十而助 周人百畝而徹 其實皆什一也'[24]에서 나타난 하·은·주의 토지제도와 조세제도를 공조철법으로 파악하고 있었고,[25] 이를 통해 『주례』 철법 정전제를 복원하려 하고 있었던 것이다.

그가 살핀 정전제는 공법과 조법을 동시에 구현한 철법이었다.[26] 즉 향수鄉遂[27]에서는 하나라의 공법을 써서 부夫에게 세를 받되 공전이 없으므로 사전에서 1/10을 받게 하였고, 도비都鄙[28]에서는 은나라의 조법처럼 공전을 제정하여 공전에 해당하는 조세를 거두게 하였다는 것이다.[29] 철법의 특징은 세종이 서

---

22 「井田說」.

23 순암은 貢助徹法의 상호 관련성에 대해 설명하지 않았지만 성호의 설을 통해 이해한 것 같다. "夏后의 井田은 9區로 이루어졌고 區는 4夫이니 모두 합하여 36夫가 되고, 1區는 4夫의 田이 되어 田字 모양과 같다. 殷人은 늘려 70畝로 만들어서 2夫를 합하여 1夫로 하면서 井田은 18夫가 되었다. 周人도 늘리어 100畝로 만들어 殷의 2夫를 합하여 1夫로 만드니 井田이 비로소 9夫가 되었다"(『증보문헌비고』 권141, 「전부고」 1, 경계 1, 기자조선. 李瀷曰 이하 참조). 즉, 하·은·주 시기의 1井 9區 가운데 1區를 하·은·주 때 각각 4夫, 2夫, 1夫가 경작했으며, 따라서 1井 9區의 夫數는 전부 36, 18, 9夫로 줄어든다고 보았다. 또한 하·은·주 시기 1區의 토지면적인 50, 70, 100畝 토지는 시기가 흐를수록 1夫당 경작면적이 확대됨을 나타낸다. 즉 1夫당 각각 方 50무(2500무), 方 70무(4900무), 方 100무(10000무)는 2배씩 확대되어 갔다는 것을 보여 준다.

24 『孟子集註』, 滕文公 章句上.

25 『雜同散異』, 「事文類聚」, 租賦, IV-106면.

26 「井田說」.

27 「井田說」에 따르면 鄉遂란 國中으로 해석하여 100리까지를 6鄉, 200리까지를 6遂로 보고 있다. 즉 王城 200리까지의 畿內 지역에서는 貢法으로서 1/10세가 수취되고 있었다.

28 「井田說」에 따르면 都鄙란 野로서 王城 300리에서 500리까지의 지역을 일컬으며 邦國으로 지칭되고 있다. 助法 井田이 시행되고 있으며 1/9세를 수취하고 있다.

29 助法 井田制라면 公田稅가 1/9이 된다. 순암처럼 1井을 8家가 함께하여 1夫1婦가 각기 私田 100畝를 받고 또 公田 10畝씩을 할당받기에 880畝가 되며, 公田 가운데 나머지 20畝에 廬舍를 짓게 되니 8家에서 각기 2畝 半씩 받게 된다고 생각한다면, 廬舍를 합해 계산할 때는 1/9稅가 되지만 제외하면 80/880 즉 1/11세가 된다.

술한 부분에서 그 전모를 확인할 수 있듯이, 공정한 관리의 손실답험에 모든 성패가 달려 있었다.[30]

그리고 이 같은 정전제 아래에서 토지를 나누는 분전법은 20세가 되면 수전受田하며, 1부夫는 부모처자를 합하여 5~8구를 기준으로 삼는다. 토지는 상중하를 구분하여 100, 200, 300무를 주어 서로 돌려가며 짓도록 하여 토지의 비옥도에 불평이 없도록 한다. 그리고 60세가 되어 토지를 자식에게 전하며 자식이 없으면 관에 반납한다. 동생이나 차남 등과 같은 여부餘夫에게는 16세가 되면 25무(1/4부夫)를 더 지급해 주고 장성하여 가정을 이루면 1부夫의 토지를 받도록 한다. 물론 이 같은 정전제 운용은 봉건을 바탕으로 유지되며, 이때의 봉건은 9복服 지역과 제반 공읍대부公邑大夫의 5등 작위에 의해 지탱된다.[31]

순암의 정전설은 위와 같은 『주례』 정전제를 이상향으로 복원한 것이다. 그러한 주나라 정전제를 조선의 현실에 실현하는 것은 별개의 방법으로 마련되고 있었다.

2) 순암 정전법의 내용과 의의

순암의 토지제도 개혁론은 「정전설」에 드러나 있지 않다. 그가 현실 가능한 정전론으로 검토한 것은 『잡동산이』에서 살핀 정전井田・구혁법溝洫法에서였다.[32] 『주례』와 『맹자』 그리고 이후의 정전・구혁법에 관한 제반 논의를 정리

30 崔潤晤(1999), 「世宗朝 貢法의 原理와 그 性格」, 『韓國史硏究』 106.

31 「井田說」.

32 「井田溝洫諸法」의 저술시기는 「井田說」(29세 때 저술. 1740, 영조 16년) 이후가 될 것이다. 논리적으로 보더라도 그렇고, 또한 자료를 보더라도 그러하다. 뒤에서 살피겠지만 『잡동산이』의 자료가 대체로 그의 말년 저작물이기 때문이다. 이러한 측면에서 순암의 생각이 이상론에서 현실론으로 구체화되었다고 볼 수 있다.

하면서 구상해 낸 방안이었다.

순암은 정전제가 시행된 것을 의심하지 않았으며, 또한 후대에 비록 구혁을 행할 수 없다 하더라도 정전을 폐할 수 없으며 그것을 더럽힐 수 없다고 하였다.[33] 그래서 그는 진나라 이후 삼대의 정전제가 무너지면서 이후 정전을 복구하려는 움직임이 여러 가지 방도로 강구되었다는 것을 알게 되었다. 여기에서 『맹자』 이후 소순蘇洵·섭적葉適·동중서董仲舒의 정전 논의뿐 아니라 당나라 균전제를 살피면서 하나의 의문을 갖게 되었다.[34] 그것은 18세기 조선에 정전제의 이상을 실현시킬 수 있는 방법이 없을까 하는 점이었다.

> 진나라 이후 민전民田은 다시는 관에서 받을 수 없게 되었으며 곳곳마다 서인들이 천단擅斷하는 바가 되어 재산 있는 자가 사들이고, 세력 있는 자들이 점유하면서 힘센 자들만 개간할 수 있었다. 유전자有田者는 경작을 하지 않고 경작자는 모름지기 토지를 갖지 못하게 되면서, 관에서는 십일什一을 받아들이는데 사인私人들은 대반大半이나 거두게 된다. 세상의 유자들은 매번 탄식하기를 세주世主는 삼대三代의 법法을 복구하지 못하고 백성을 다스리기를 호강豪强을 통하니 함부로 겸병하는 이익을 취한다.[35]

이 같은 겸병의 폐단을 막는 방법에 대해 그가 생각한 것은 강제적인 방법이 아니었다. 즉 '인정仁政은 반드시 경계經界로부터 시작된다는 것이다. 빈부가 고르지 않고 교양이 법도가 없으니 비록 치治한다고 하나 대개 구차할 뿐이라고 보았다. 그의 정전제 복구론은 세상의 병이 고쳐지지 않는 이유가 '극탈부인지전亟奪富人之田'하려는 데서 연유하는 것이 아닌가 하는 의문에서 출

33 『雜同散異』, 「論水利」, I-41면.

34 『雜同散異』, 「固邦本」, 論制民之産 井田溝洫諸法(이하 「井田溝洫諸法」), I-38~40면.

35 「井田溝洫諸法」, I-40면.

발한다.[36]

생각건대 정전제를 검토한 후 한전限田에 관한 논의가 있었고, 균전제나 구분세업지법口分世業之法을 강구했으나 모두 의논만 이루어졌지 행해지지 못했고 오래가지 못한 것은 왜인가? 그 법法이란 비록 각각의 경우마다 취하려는 뜻이 있으나 인정을 떨치지 못하고 토속土俗에 맞지 않았으니 잠시 행해질 수 있어도 계속되거나 꼭 이루어질 수 없는 것은 이미 습속이 되어버린 때문이다.[37]

그가 반대한 것은 기존의 토지소유 관행을 무시하고 다시 그것을 강제로 제한하는 방법이다. 과거의 토지개혁 논의에서도 가장 문제가 되었던 것이 '극탈부인지전亟奪富人之田'하는 방법이었다. 그렇게 해서는 정전제의 이상을 다시 실행할 수 없다는 것이다. 따라서 일정 시점을 기준으로 과거의 토지에 대해서는 묻지 않고 이후부터 정전제 이념을 실천해 가는 방법을 생각하게 되었다. 즉 1년을 기한으로 하되 금년 정월부터 시작하여 이전에 민가에서 소유한 토지가 비록 100경에 이른다고 하더라도 관부官府에서는 이를 추궁하지 않는 방법이다.

순암이 생각한 토지개혁 방식은 다음과 같이 정丁과 전田의 관계를 통해 모색되고 있었다.[38]

① 금년 정월 이후부터 1정丁은 오직 점전占田 1경頃(여수餘數는 추가하더라도 50무畝를 넘지 않는다)으로 하고 이에 정丁으로 토지를 나누고 이로써 차역差役

36 그의 생각은 諸說을 소개한 후 자신의 견해('按')를 추가하는 방식으로 소개되고 있다.
37 「井田溝洫諸法」, I-40면.
38 「井田溝洫諸法」, I-40면.

하는 법을 정한다.

② 정다전소자丁多田少者는 사들이는 것을 허용하여 그 수를 채우고,

③ 정전丁田이 서로 맞으면 다시 사들이는 것을 금하며 사들이는 자는 몰수해 들인다.

④ 정소전다자丁少田多者의 경우 당사자에 있어서 한도를 정하기 전이라면 이미 되돌릴 수 없지만, 한도를 정한 이후부터는 육매鬻賣토록 하되 매매를 싫어하는 자는 모두 그 소유를 박탈한다.

⑤ 민가에서 장차 자식이 생겨 정丁을 이룰 경우에는 미리 사들이도록 하여 장성하기를 기다린다.

순암 토지개혁 내 경영규모는 1정丁을 기준으로 1경頃의 토지만을 갖도록 한다는 점에서 『주례』 정전의 1부夫 100무(1경)와 비교된다. 『주례』에서의 1부란 부모처자를 합해 5~8구까지를 말하지만, 순암이 생각한 1정이란 소가족 기준의 노동력 단위로서의 정을 의미했다. 따라서 ①에서 규정했듯이 1정 1경의 토지를 기준으로 한 소경영을 권장하였으며 비록 1정이 넘는 경우에는 최고 1정당 50무까지만 추가로 지급하도록 함으로써 철저하게 소가족 단위의 농업경영을 목표로 하였다. ⑤에서 볼 수 있듯이 자식이 생겨 정을 이룰 경우[39] 미리 사들일 수 있도록 한 것도 그러한 경우에 해당한다. 따라서 대가족인 경우 『주례』에서는 1부 단위의 토지가 기준이 되지만, 순암의 정전법丁田法에서는 20세 이상의 노동력 정의 숫자에 따라 토지를 매입할 수 있도록 한 점에서 차이가 있다. 경영 단위를 대가족이 아니라 소가족 중심으로 한 농업경영을 권장했던 것이다.

39 「井田說」에서는 20세 때 受田한다고 하고 있다. 16세 때부터 1/4畝를 받도록 했던 『주례』의 상황과 달리 미리 受田할 수 있도록 했으며 나이 규정은 없다. 세부적인 규정은 절충할 수 있도록 여지를 남긴 것으로 보인다.

토지소유에도 예외규정을 두고 있는데, 만일 전다인소田多人少한 곳은 매 정丁마다 30, 50무 또는 1, 2경으로 지급 규정을 융통성 있게 많이 적용하고, 인다전소人多田少한 곳에서는 매 정마다 혹 40, 50무 혹은 70, 80무만 적게 지급하도록 하고 있다.[40] 토지의 다과多寡에 따라 정전에 맞추어 토지를 모두 분배토록 한다. 이같이 정전에 맞도록 토지를 분급하며 만일 정전이 서로 맞으면 매매를 금하며 추가로 사들이는 것은 몰수해 들이도록 하고 있다.

순암의 정전법丁田法은 선생 성호의 「균전론」에서 규정했던 영업전永業田 이외에는 자유롭게 매매할 수 있도록 한 것[41]보다 더 철저하다. 순암의 정전법에서는 정丁의 노동력 기준에 맞추어 전田을 지급할 뿐 그 이외는 절대로 사들이지 못하도록 하고 있다. 선생 성호처럼 더 사들인다면 균전이 붕괴된다는 것을 이전에 수없이 보아 왔기 때문에 매매를 금해야 한다고 강경한 입장을 취했다.

대지주의 토지를 어떻게 처리하는가가 가장 커다란 문제였다. 그것을 강제로 빼앗는 방법이 아니라면 방법은 자연스럽게 토지 방매를 유도하는 방법이다. 즉 이들 대토지 소유자들의 경우는 정소전다자丁少田多者이기 때문에 일정 시점 이전의 토지를 몰수할 수 없지만, 매도하도록 권유하고 만일 그것을 싫어하는 자가 있으면 강제권을 발동하여 '삭기소유削其所有'한다는 것이다. 이때 소유를 깎는다는 데 대한 자세한 규정은 없지만 각각의 토지 소유자의 정수丁數에 따라 규정된 양을 제외한 부분에 대한 강제권으로 보아야 할 것 같다.[42]

또한 관료에 대해서는 우대하는 조항을 마련하고 있다. 임관우면任宦優免하는

---

40 「井田溝洫諸法」, I-40면.

41 『藿憂錄』, 「均田論」에서는 1戶의 永業田 몇 負를 한정하되, 돈이 있어 사고자 하는 자는 千, 百結이라도 모두 허가하고, 토지가 많아서 팔고자 하는 자라면 永業田 외에는 허가한다고 하여 永業田을 통해 농민의 파산을 막고 있다. 대신 영업전 외의 토지경영은 자유롭다는 점에서 순암과 다르다.

42 강제권을 발동하는 대상이 丁田인지 대토지소유 그 자체인지 애매하다. 현실적으로 타당한 방법은 일단 대토지소유 자체에 대한 강제권을 발동하는 것으로 보아야 할 것 같다. 그러한 강제권을 통해 대토지소유 자체를 제한함으로써 빠른 시간 내에 토지를 분산시키는 것이다.

법을 보건대 관품에 따라 알맞게 우면優免하되 배정配丁하지 않고 옛 방식대로 납량納糧(녹봉)을 지급받도록 한다. 벼슬하던 당사자가 이미 죽었다면 자손을 우대하는데 이는 세록의 뜻을 살리는 것이다. 만일 경관京官 3품 이상이면 4경을 면하고, 5품 이상이면 3경, 6품 이상이면 1경, 외관이면 차츰 체감한다. 무전자無田者는 전田에 준하여 정丁을 면免하는 것은 '불배정不配丁 납량納糧'하기 때문이다.[43]

순암의 이 같은 '배정전법配丁田法'[44]은 선생 성호의 균전론과[45] 마찬가지로 오래도록 시행하면서 서서히 효과가 드러나게 하는 방법이었다. 선생 성호의 균전론은 1호당 일정 단위의 영업전을 정하여[46] 농민의 항산을 유지케 하자는 방안이었다. 성호가 영업전을 1경 정도로 한정하여 농민의 항산을 보장하는 방법에 초점을 두는 반면, 순암은 노동력 정수丁數에 따라 토지소유를 더 인정하는 방법을 생각하고 있었다. 항산전의 경우 노동력에 따라 더 많은 토지를 경영할 수 있다는 점에서 순암은 제한을 두고 있지 않았다. 대가족인 경우에는 그에 따른 토지소유를 할 수 있었다는 점에서 현실적용이 가능했다.

그러나 순암은 이 같은 정전丁田 외에는 일체의 토지 겸병을 금지했다. 성호가 비록 영업전 내의 토지매매는 일체 금지하더라도 그 이상의 토지에 대해서는 자유매매를 허락하며 천 결, 백 결이라도 허용했다는 점과는 대비된다.[47] 성호는 더 나아가 대토지 소유자의 토지를 성급하게 빼앗을 수는 없더라도 소토지 소유자들이 그들의 토지를 경작케 하여 그 수확의 반을 먹게 한다면 그것

43 「井田溝洫諸法」, I-40면.

44 「井田溝洫諸法」, I-40면.

45 『藿憂錄』, 「均田論」.

46 永業田의 기준을 「均田論」에서는 명시하지 않고 단지 '몇 負'로 한정한다고 하였는데, 대개 1頃 100畝로 볼 수 있을 것 같다. 단지 1頃을 受田하는 기준이 어떻게 정해져야 하는가에 대해서는 자세한 규정을 하고 있지 않다.

47 『藿憂錄』, 「均田論」.

도 좋지 않겠는가[48] 하고 있다. 선생 성호의 생각은 영업전 매매를 금지한다면 자연스럽게 토지매매가 줄어들 것이고 2대代를 넘기지 못해 부자들은 일반 평민과 같이 영업전을 소유하는 상태로 전락할 것이라는 방법이었다.[49] 순암도 1대代만 그렇게 시행한다면 자연스럽게 토지겸병은 사라질 것이라고 보았다.

정전법丁田法에 나타난 소농민 보호방책은 차역 방법에도 적용되고 있는데, 부농과 짝을 이루어 제반 부역을 해결하는 방법에도 잘 나타나고 있다.[50]

① 전田 1경을 1정丁에 배당하되 1정은 1부夫의 차역을 맡도록 한다. 전다정소田多丁少인 집은 전田의 양에 따라 정丁을 배정하되 해당하는 숫자 외에는 전 2경을 1인으로 간주하여 1정에 1부의 차역을 지도록 하고 (해당하는 만큼) 고용하는 대가인 고역전雇役錢을 계산(부자富者가 돈을 염출)한다.

② 전소정다田少丁多한 집에서는 정丁으로 전田을 할당하되, 해당하는 숫자 외에는 2정丁을 전田으로 환산하여 1경頃에 1부夫를 차역하도록 하고 역력力役에 응하는 부세를 계산(빈자貧者가 노동력을 제공)한다.

①과 ②에서 확인할 수 있는 역 부담의 특징은 고용노동에 있었다. 빈자는 노동력을 제공하고 부자는 고역전을 염출하는 방법이다. 토지가 많은 대토지 소유자에게는 역 징발의 기준을 토지에 두고 전 1경을 1정에 배당하고 그보다 토지가 많을 때는 2경을 1인으로 간주하여 고역전을 내는 것이다. 만일 토지가 적고 노동력이 많은 경우에는 역 징발 기준을 정丁에 두어 역 부담을 시킨다는 것이다. 정전丁田의 비율에 맞추어 불만이 없도록 유도하는 것이다. 순암은 소농층과 더불어 부농층도 고려하였다.

---

48 『星湖僿說』 卷7, 「人事門」, 本政書.

49 『藿憂錄』, 「均田論」.

50 「井田溝洫諸法」, I-40면.

이러한 과정을 통해 농촌사회 내 빈부 차이는 조화를 이룰 수 있을 것이고 안정을 이룰 수 있을 것이라고 보는 것이다. 순암이 생각한 당시 지주제의 모순은 따라서 자연스럽게 해소될 수 있는 것에 지나지 않았다. 순암은 정전법丁田法을 다음과 같이 요약하고 있다.[51]

① 정다전소자丁多田少者는 사들이는 것을 허용하여 그 수를 채우고, 민의 소유를 빼앗지 않으니 유전자有田者들은 자손들이 적게 가질까 두려워하여 정丁을 숨기고 보고하지 않는 자가 없을 것이다. 비록 농민들이 상산常産을 갖지 못하더라도 심하게 가난하거나 심하게 부유하여 균일치 못한 것이 없고, 관에서 차역하는 데 역시 인정人丁과 세량稅糧을 헤아려 근거로 삼을 수 있다.

② 관에서 토지매매를 제한하게 되면서 행한 지 수십 년 후 부자들은 다시는 토지를 사들일 수 없어 날로 농업경영을 줄일 수밖에 없고 부실富室들은 재산을 팔지 않을 수 없으니 토지 값은 날로 떨어지고 민산民産은 날로 균등해진다.

순암이 생각한 토지개혁은 비록 정전제井田制가 갑자기 시행되지 않는다 하더라도 1대代만 지난다면 겸병의 폐단은 날이 갈수록 수그러들 것이라는 것이다.[52] 토지매매가 제한되면서 소농小農은 상산常産은 갖지 못하더라도 크게 가난하지 않게 되고 민산은 날로 균등해진다. 게다가 국가도 인정人丁과 토지土地를 병용하여 제반 역 부담을 행할 수 있기 때문에 빈부간의 갈등도 사라질 뿐 아니라 국가의 재정 역시 부강해질 수 있다는 생각을 하고 있었다.

순암 토지론의 목표는 지주제 혁파를 통해 소농경영을 일으키는 방안으로서

51 「井田溝洫諸法」, I-40면.

52 「井田溝洫諸法」, I-40면.

정전법丁田法을 제기한 것이며 그를 통해 민부民富를 유도하려 했다는 데 있다. 예컨대 『주례』 대사도에서 만민을 기르는 방법 가운데 '안부安富'를 주목하고 있다는 점이다. 농민에 대한 휼빈恤貧이나 진궁振窮을 위해 억강부약抑强扶弱할 수 있는 방법을 찾지만, 동시에 부농을 기르는 방법을 생각하는 것이다. 순암은 '안부'에 대해, 오직 부유하고 재물이 있는 자[富而有財者]는 또한 남음이 있는 바로서 기른다는 데서 연유한다고 보았다. 또한 부가거실富家巨室은 소민들이 의뢰하는 바가 되기도 하니 국가에서 재부를 백성에게 감추는 방법의 하나라고 보았던 『주례』의 현실을 다시 한 번 확인하고 있었다.[53] 이 같은 생각은 물론 방법이 문제이겠지만 백성이 부유해지는 길만이 왕이 더불어 부강해질 수 있다는 주자의 말을 인용한 데서도 잘 드러난다.[54]

순암이 생각하던 왕정은 이 같은 정전법丁田法에 의해 정전井田의 이념을 실현하는 것이었고, 그것은 강제적이고 폭력적인 방법이 아니라 점진적으로 자연스럽게 민부를 달성하는 방법이었다. 토지소유라는 측면에서 볼 때 순암의 방법은 사적 소유를 전제로 하면서도 국가 권력을 이용해 정전丁田을 갖도록 유도하는 방식이었고, 농업경영 형태로 볼 때 그 목표는 지주제적인 방식을 부정하면서 노동생산성에 기반을 둔 소농민 경영에 초점을 두고 있었다고 할 수 있다. 순암과 같은 정전법은 따라서 토지를 확대하는 방식보다 집약적으로 농업기술을 촉진시켜 단위 면적당 생산량을 증대시킬 수 있는 계기를 가져올 수 있고, 나아가 지대의 상품화보다는 상품작물 재배를 통해 시장경제를 활성화시키는 방향을 지향하고 있었다고 할 수 있다.

---

53 『雜同散異』, 「論蓄民之生」, I-37면.

54 『臨官政要』, 「政要」, 賦役章(『順菴全集』 3, 104면). 순암이 주자를 인용하고 있지만 입장은 다르다. 주자가 지주제를 인정하고 있지만 순암은 지주제 소멸을 생각하고 있기 때문이다.

3. 순암 시변론時變論의 현실인식

1) 시의론時宜論에 입각한 전정론田政論

순암의 현실인식 태도는 그의 시의時宜 파악 방식을 통해 읽어낼 수 있다. 그가 정전제井田制의 연혁을 살피는 가운데 정전의 뜻을 살리는 방법은 시의에 따르는 것밖에 없다는 점을 재확인하는 장면이 주목된다. 『맹자』「등문공」장에서 필전畢戰에게 정전을 묻는 데서 순암은 선왕의 생각을 정리하면서 자신의 의견을 제시하고 있었는데, 그것은 인시제의因時制宜 즉 시의時宜로서 뜻을 구하는 방법이었다. 인정에 합당하며 토속에 맞고 선왕의 말을 잃지 않는 것이야말로 순리라는 것이다.[55] 주희 역시 그러한 점을 강조하고 있다는 것을 더불어 언급하고 있었다.

순암은 자신의 생각을 고사를 통해 표현하고 있다. 어느 윤종자允從者(필자: 세상의 순리를 따르는 자)가 청묘전青苗錢으로 빈부貧富를 다스리려 하는 것에 대해 비웃으면서, "빈부가 균일치 않은 것은 예로부터 그러하다. 천공天公(하늘님)이더라도 다스릴 수 없을 것인데, 당신이 이를 다스리겠는가? 백성의 빈부는 귀[神]의 후박厚薄과 같다. 당신이 그 후자厚者(필자: 부자)를 채찍질하여 박자薄者(필자: 빈자)와 같아지게 하려면 후자厚者는 거의 변함이 없지만 박자薄者가 먼저 구멍이 뚫린다"고 한 말을 인용하면서[56] 세상의 순리를 말하고 있다. 순암은 윤종자를 가리켜 나무를 지고 가는 자로 보았고, 그런 자가 능히 왕도를 말할 수 있다고 하였다.

시의에 따르면서 목표하는 왕정을 이룰 수 있는 방법을 찾는 것이 순암의 현실개혁 방법론이었다. 그것은 목민관으로서 왕정을 실현시키는 봉건의 방법

55 「井田溝洫諸法」, I-39~40면.

56 『雜同散異』, 「東坡尺牘抄」, 時事, III-114면.

이기도 했다. 임관한 자의 정요는 그야말로 정확한 현실인식 위에 백성을 계도하는 방법론이기도 했다. 순암의 『임관정요』는 따라서 현실을 어떠한 방식으로 이해하고 있었고 그것을 이끌고 목표하는 방향으로 가는 방법을 제시하고 있다.

『임관정요』에 나타난 순암의 지방통치론은 그가 이상향으로 삼고 있던 『주례』 정전제로 가기 위한 18세기적 현실이었다. 때문에 지방통치 과정에서 나타난 그의 토지론은 결국 토지에 대한 수취와 인민에 대한 지배방식으로 요약될 수 있다. 앞에서도 살펴보았듯이 정전법의 실현은 정丁과 전田을 묶어 파악하는 데 있었고, 전정田丁에 대한 수취방식은 천하의 중정中正한 세율인 1/10세를 기반으로 운영하는 것이었다.

순암이 정리한 전정田政 운영은 세종의 공법貢法에 뿌리를 두고 있었다. 세종은 단순한 왕이 아니라 기자箕子의 왕정을 조선이라는 현실에 실현시키려 했던 존재였다. 그는 기자 이후 세종대왕의 치통治統을 언급함으로써[57] 세종 공법을 성인의 반열에 올려 평가하고 있다.

그것은 특히 그가 주목한 공법貢法과 관련이 있다.[58] 세종이 공법을 선택한 과정을 그는 세밀하게 추적하면서 다시 정리하고 있다. 세종은 공법에 대해 다음과 같이 말하였다.

> 삼대의 공부법貢賦法은 공법貢法·조법助法·철법徹法 세 가지에 지나지 않았다. 한·당 이래로 대개 공법을 써왔는데, 그 제도를 가감加減했을 뿐이다. 지금 조정에서 역시 공법을 쓰나 우리나라에서는 산천이 험하고 좁아서 조법과 철법은 행하기 어렵고, 역시 공법만이 행해질 수 있다.[59]

57 『雜同散異』, 「東方道統」, 箕子-世宗大王-太宗大王-仁宗大王, IV-106면.

58 崔潤晤(1999), 앞의 논문.

59 『雜同散異』, 「田賦考」, 租稅, I-428면. 이 기사는 본래 『世宗實錄』 권78, 세종 19년 7월 정유년의 것으로 『增補文獻備考』의 내용과 일치함.

순암은 『문헌비고』를 통해[60] 세종의 위와 같은 공법에 대한 생각을 읽고 있었다.[61] 그는 세종이 생각했던 것처럼 조법과 철법을 행하기 어렵다는 점에 공감하고 있었고 따라서 공법에 입각한 전분 6등과 연분 9등 제정 과정을 자세히 정리하게 되었다.[62]

순암이 「전부고田賦考」를 인용하면서 정리한 내용은 크게 경계經界와 조세租稅로 나누어 볼 수 있다. 우선 경계에서 그가 주목한 부분을 통해 당시 전분田分 즉 토지의 비척도와 전결수를 어떻게 파악하려 했는지를 검토해 보자. 경계經界란 단순히 토지의 경계境界를 바로잡는다는 의미를 넘어서 각 토지의 소유권자를 확인하고 그들에게 조세를 부과하는 과정까지를 포함하며, 예로부터 이 같은 과정은 인정仁政의 출발이라고 여겨져 왔다. 순암이 경계經界 부분에서 정리한 것은 세종 공법 단계의 전분 6등과 그에 따른 수취 내용에 대한 것이다.[63] 이후 선조 37년의 경기・황해・강원・평안・함경 5도 양전 사실과 전결수를 인용하고 있고,[64] 나아가 인조 12년 3남 양전기사[65] 및 효종 4년 준수책遵守冊

60 순암이 1770년(영조 46) 홍봉한에 의해 편찬된 『東國文獻備考』(이후 여러 번 증보하여 『增補文獻備考』로 편찬)를 거의 그대로 『雜同散異』에서 정리하고 있다. 이를 통해 『잡동산이』의 租稅・經界 부분은 1770년대 이후에 정리되었음을 알 수 있다. 더 자세히 보면 1770년의 편찬에 문제가 있어 1782년 이만운에 의해 다시 정리가 되었다는 점을 감안해 볼 때 1782년 이후에 집필된 것일 가능성도 있다.

61 『雜同散異』, 「田賦考(略)」, 經界, I-421~425면; 『增補文獻備考』 卷148, 「田賦考」 8, 租稅 1, 12면(한국학술진흥원, 中-711면).

62 貢法의 역사적 성격은 '校數歲之中'한다고 하여 여러 해의 평균 수확을 헤아려[校=較하여] 수세한다는 점에 있고, 그것을 전분 6등을 확정한 후 연분 9등법에 의해 최종적으로 확인하는 것이다. 이에 대해서는 崔潤晤(1999), 앞의 논문, '1. 孟子 貢法의 원리' 참조.

63 『雜同散異』, 「田賦考(略)」, 經界, I-421~422면; 『增補文獻備考』 卷141, 「田賦考」 1, 經界 1, 10면, 세종 25년(中-626~627면).

64 『雜同散異』, 「田賦考(略)」, 經界, I-422면; 『增補文獻備考』 卷141, 「田賦考」 1, 經界 1, 16면, 선조 37년조 참조(中-629면).

65 『雜同散異』, 「田賦考(略)」, 經界, I-422~423면; 『增補文獻備考』 卷141, 「田賦考」 1, 經界 1, 18면, 인조 12년조 참조(中-630~631면).

반포에 관한 내용[66]과 숙종 35년 강원도 16읍 양전에 관한 내용을 정리하였다.[67]

경계經界에 관한 내용을 정리하면서 주목한 것은 숙종 35년 평천군 신완申琓의 소에 나타난 양전법이다.[68] 신완은 고려 말 이후 조선 초 양전 관련 내용을 체계적으로 정리하였으며 마지막으로 양전법의 새로운 방안으로서 1700년(숙종 26)~1701년(숙종 27)에 시행되었던 유집일兪集一의 방전법方田法에 대해 역설했다.[69] 그 핵심은 양전제도는 해서海西에 시행되었던 방전법方田法에 의하고 재실등제災實等第는 호전戶典의 법규에 따르는 것이 모든 문제를 해결할 수 있다는 것이다.

방전법方田法은 그동안 양전법이 제대로 시행되지 못했던 폐단을 일거에 해결할 수 있는 방안으로서 정전의 계통을 이은 것이라고 파악되었다. 방법 역시 간단하기 이를 데 없다. 방전법은 정전법처럼 토지구획을 하는 것도 아니었고, 단지 측량을 행하는 데 편하게 돈대墩臺를 쌓아 일정 지역을 정밀하게 측정해 내는 방법에 지나지 않았다. 정전제처럼 구혁溝洫을 만들지 않아도 되면서 단지 작은 돈대를 쌓으면 되는 것이었는데 강력한 반대에 부딪쳐 실패로 돌아가고 말았다는 것이다. 황해도 4읍에서 방전법으로 양전을 마친 뒤 소민들은 모두 그 균평함을 칭송하였지만, 호우豪右들은 그 불편함을 비난하며 반대하였던 것이다. 이 같은 반대로 실패로 돌아가게 된 상황을 말하면서 평천군 신완은 숙종의 강력한 결단을 촉구했다. 국왕이 결심하지 않으면 안 된다고 했음에도

---

66 『雜同散異』, 「田賦考(略)」, 經界, I-423면; 『增補文獻備考』 卷141 「田賦考」 1, 經界 1, 20면, 효종 4년조 참조(中-631면).

67 『雜同散異』, 「田賦考(略)」, 經界, I-423~424면; 『增補文獻備考』 卷142 「田賦考」 2, 經界 2, 1면, 숙종 35년조 참조(中-635면).

68 『增補文獻備考』 卷142, 「田賦考」 2, 經界 2, 1면, 숙종 35년 평천군 申琓疏曰 이하 참조(中-635면).

69 崔潤晤(1992), 「肅宗朝 方田法 시행의 역사적 성격」, 『國史館論叢』 38.

방전법은 막을 내리게 되었다.[70] 순암은 이 같은 사실을 자신의 생각을 달지 않고 묵묵히 인용하고 있다.

두 번째의 조세 부분에서는 순암 자신의 의견을 간단히 피력하고 있다. 공법 이후 전분 6등법은 거의 변화가 없었고 양전법 역시 변화가 없었기 때문이다. 그렇지만 연분 9등법은 많은 변화를 거쳤다. 그는 세종대 기사를 『증보문헌비고』의 기사내용을 근거로 자세히 살피는 가운데[71] 이 같은 변화를 정리하고 있었다. 즉 "생각건대 세종조의 연분 9등으로써 조세를 올리고 내리는 법은 인조 12년에 이르러 3남 양전이 시행된 후 상하上下로 분등分等하는 법이 철폐되면서, 삼남은 상지하上之下에서 하지중下之中에 이르기까지 결수結數에 가감이 없이 분등수세分等收稅하게 되었고 그 나머지는 모두 하지하下之下로 정하여 5가지는 단지 하지하 1등만 남게 되었다"고 하여 영정법永定法의 하지하下之下 4두斗로 고정되는 과정을 말하고 있다.[72]

순암이 『임관정요』 전정田政 부분에서 가장 중시한 부분은 연분年分이다. 연분이란 전정에서 수확을 파악하여 조세를 부과하는 과정이기 때문이었다. 그리하여 첫머리부터 이를 강조하고 있다.[73]

행심답험行審踏驗의 과정은 대개 6월이면 각 면의 서원을 분정하여 전결문서를 정돈하고 각 면 풍헌風憲에게 하달한다. 그리고 이들 풍헌은 8월 10일을 전후하여 현지답사를 마치고, 8월 보름 전에 수령에게 보고(혹은 9월에 계산을 끝내는 방법도 있다)하게 되어 있었다. 10월에 작성되는 결안結案에는 요역을 배정할 수 있도록 이미 모든 것이 정리된다.[74]

이같이 8월 보름까지 정리되게 되어 있는 행심답험의 결과는 한 해 농형農形

70 『雜同散異』, 「田賦考」, 經界, I-425면.
71 『雜同散異』, 「田賦考(略)」, 租稅, I-428~431면.
72 『雜同散異』, 「田賦考(略)」, 租稅, I-431면.
73 『臨官政要』, 「時措」, 田政章(『順庵全集』 3, 329면).
74 『臨官政要』, 「時措」, 田政章(『順庵全集』 3, 330면).

의 총결산이기 때문에 정확히 이루어져야 했다. 행심답험은 따라서 재상전災傷田과 진전陳田을 얼마나 정확히 파악해 내느냐에 달려 있었고, 그러한 과정에서 전안田案(속칭 행심상책行審裳册)을 휴대하고 곳곳을 정확히 답험하도록 하는 것은 필수적이었다.

이러한 과정은 고을마다 관행이 달라 백성으로 하여금 단자를 만들게 하거나 혹 서원으로 하여금 해마다 답사하게 하는 방법도 있지만, 두 가지 방법 모두 속일 염려가 있기 때문에 좋은 방법이 못된다고 한다. 이 중 그래도 백성에게 속는 것이 낫다고 보아 전자의 방법을 채용하되, 그것을 보완하는 방법으로 불시에 서원으로 하여금 행심답험하게 하여 농민들이 바친 단자와 비교하는 것이다. 행심책과 단자를 받는 데 선후를 두어 시험한다면 양쪽으로부터 연유하는 농간이 곧 사라질 것이라는 것이다.[75] 물론 토호의 횡포 역시 무시할 수 없는 것이기 때문에 서원배들과의 결탁을 경계할 것을 말하고 있다. 수령으로서 토호배의 무단을 막지 못하여 불미스러운 일이 생기는 것을 막고자 하는 것이다.[76]

전정 운영은 목민관으로서 지방을 다스릴 때 직면할 수밖에 없는 가장 힘들고 어려운 분야였다. 순암은 이러한 전정 운영을 경계經界와 조세租稅로 나누어 살펴보았지만 특별히 자신의 생각을 담은 것은 없었다. 그것은 전통적인 조선왕조의 방법으로서, 세종대왕으로부터 나온 공법이라는 점에서 그것을 운용하는 데 최선을 다하는 방법이라는 점을 무언중에 강조하고 있다. 그것은 『반계수록』에서 보였던 것처럼 결부제가 온갖 폐단을 야기하지만 정전법丁田法에서처럼 경무법으로 고쳐 운영할 수도 없었다.[77] 또한 단지 공법貢法의 취지를 살

75 『臨官政要』, 「時措」, 田政章(『順庵全集』 3, 332~333면).

76 『臨官政要』, 「時措」, 田政章(『順庵全集』 3, 333면).

77 순암 丁田法에서는 頃畝法을 중심으로 토지분급 단위를 생각하고 있지만, 현실적으로는 世宗 貢法에서처럼 결부법을 그대로 인정하고 있었다.

리는 방법으로서 17세기 말엽 비총제가 시행되기 시작하면서 18세기 중엽까지 시행되었지만 폐단은 그치지 않았기 때문에, 결부제에 입각한 전정운영에서도 서리의 중간수탈을 막으며 토호의 횡포를 막는 억강부약의 방법을 채용하지 않을 수 없었다. 그것은 행심답험이 제대로 이루어짐으로써 수세행정이 완결된다는 논리로 『주례』의 완성된 관료체제를 통해 가능한 방법이기도 했다.[78]

2) 민부 중심의 신분관

왕정의 요체는 무농務農에 있으며 그것을 실현하는 방법은 백성을 부유하게 만드는 것이라고 보았다.[79] 「홍범」의 '기부방곡旣富方穀'하다는 구절에서 볼 수 있듯이 부유한 다음에 비로소 선을 행할 수 있는 곡식이 있다고 하였다. 또한 『논어』의 '부유하게 한 후에 가르친다[旣富矣敎之]'에서 볼 수 있듯이 먹을 것이 족해야 가르칠 수 있는 것이니, 의식이 족해야 또한 예절을 안다는 것이다.[80] 순암이 이것을 주목한 것은 예로부터 전해 온 왕정의 급선무로서의 농정이 18세기 조선에서는 어떠한 방식으로 해결되어야 하는가를 고민한 데서 나온 결론이기도 하다. 그것을 해결하는 방법은 권농을 통해 이민利民함으로써 민부를 창출하는 방법이기도 하였다.

---

78 이 같은 점에서 순암의 井田制가 徹法을 이상으로 했던 것처럼, 田政운영 역시 그러한 『주례』 정전제의 이념을 실현하고자 했다. 이것은 世宗과 반대되는 생각이다. 세종은 官吏들의 공정한 踏驗을 통해 운용되었다는 徹法을 비판하고 貢法으로 돌아갔다[崔潤晤(1999), 앞의 논문, 'II-2. 世宗 貢法의 原理' 참조]. 그러나 순암은 세종과 달리 공법의 한계를 다시 살피는 가운데 徹法의 장점을 채용하고자 했다. 그러한 방법은 (뒤에 서술하겠지만) 관료체제 정비를 통해 관리통제를 강화하는 방법으로서 토호나 서리층의 수탈에 대해 抑强하는 방법이기도 하며 힘없는 농민을 구제하는 扶弱 방법이기도 했다.

79 『臨官政要』, 「時措」, 農桑章(『順庵全集』 3, 289면).

80 『臨官政要』, 「時措」, 農桑章(『順庵全集』 3, 289면).

권농의 방법으로서 그가 제시한 것은 각 동마다 권농관 1인을 두는 데서 출발한다.[81] 면이 순검巡檢하기에 너무 넓기 때문에 동 단위로 권농관을 두어야 한다는 점에서 구체적이다. 이때의 권농관은 부실근간자富實勤幹者를 선발한다는 점이 주목된다. 이들은 농업에 경험이 많고 농사지식이 풍부한 인물로서 18세기 상품화폐 경제의 발달과정에서 성장한 부농층이다. 이들 권농관은 물론 제반 요역徭役을 면제해 주어 전심으로 농사에 힘쓰도록 배려했다.

순암은 실질적인 권농의 내용을 말하기 위해 요즈음의 권농정치가 문구만 있을 뿐 실효가 없다고 비판했다. 어느 동인東人의 시에 담긴 왕의 교서敎書가 한낱 허지虛紙처럼 여긴다는 내용을 들어 현실을 개탄하기도 한다. 이들이 할 일은 전답이 황폐화되지 않도록 하고, 경운耕耘의 때를 놓치지 않도록 하며, 종자種子가 없어서 농사를 못 짓는 일이 없도록 종자를 배급하며, 농우農牛를 서로 빌려 농사를 지을 수 있도록 유도하며, 제언이나 도랑 수리 등에 만전을 기할 것 등을 구체적인 조항으로 약조하도록 하고 있다.[82] 만일 권농관이 약조한 조항을 제대로 수행하지 못했을 경우에는 그들의 부지런하지 못함을 따져 징계하도록 하고 있다. 그들이 관여하는 것은 농정 전반에 걸친 것이었다.

또한 농민의 민부를 위해 흥리興利를 유도하였다. 즉 옛 고사를 들어 설명할 때 그가 주목한 것은, 농우를 대여하여 흥리를 꾀하도록 하고 농민과 더불어 부실富實하도록 한 일이나, 수천水泉을 개발하여 수리나 관개灌漑를 전업으로 하여 농민과 함께 이득을 꾀하는 일이었다. 그 외에도 농상農桑을 장려하여 농민과 더불어 소득을 올리도록 유도하고 있는 것은 물론이거니와 수확을 더 확대할 수 있는 농법을 권장함으로써 전가田家에서 소득을 올릴 수 있는 방법도 제시하였다.[83]

81 『臨官政要』, 「時措」, 農桑章(『順庵全集』 3, 289~290면).

82 『臨官政要』, 「時措」, 農桑章(『順庵全集』 3, 290면).

83 『臨官政要』, 「時措」, 農桑章(『順庵全集』 3, 296~298면).

순암이 권농을 통해 달성하려 한 것은 백성의 민부였다. 민부의 방법을 권농에서 찾으려 하였다는 점이 특징적이며, 그리고 순암의 『임관정요』 권농책은 구래의 전통적인 권농정책이 지주층을 중심으로 운용되는 것과는 달리 부농층을 중심으로 모색되고 있다는 점에서 독특하다. 권농의 주체가 이 시기 성장하던 부농층 즉 부실근간자富實勤幹者였다는 점이 주목되는데, 그것은 농촌 통치과정에서 부농층이 차지하는 위치가 그만큼 확대되었다는 것을 말해 주는 것이다.

한편 이 같은 부농층을 주체로 한 향촌운영은 권농에 머물지 않았다. 향사법鄕社法의 운영에도 그러한 양상이 잘 나타나고 있다.[84]

① 5가家로 통統을 편성하고 통에 수首(통수)를 두되, 통 내의 양천인 가운데 연장산우자年長産優者

② 2통統으로 갑甲을 편성하고 갑에 장長(갑장)을 두되, 갑甲 내의 양천인 가운데 지려근간자智慮勤幹者

③ 10갑甲으로 사社를 편성하고 사社에 정正(사정)을 두되, 사社 내의 중서인中庶人 가운데 공정해사자公正解事者

④ 사社를 모아 향鄕(면面)을 편성하고 사師(향사)를 두되, 향鄕 내의 사족 가운데 치덕구우자齒德俱優者

위에서 볼 수 있듯이 사족 출신의 향사를 제외하고는 대부분 양천인 중에서 임명하며 특히 향사 밑의 사정社正은 중서인 가운데 공정해사자公正解事者를 뽑고 있는데 이들이야말로 권농관에 선발될 수 있는 그러한 부농층이기도 했다.

또한 동약을 운영하는 데 있어서도 이들 중계中契의 위치는 확고했다.[85] 집강

84 『臨官政要』, 附錄, 「鄕社法」(『順庵全集』 3, 377~378면).

85 『順庵集』 卷15, 雜著, 「廣州府慶安面二里洞約」.

執綱 1인은 존위尊位라고 하며 사족 가운데 치덕구우자齒德俱優者가 맡지만, 그 밑의 부임副任(부존위副尊位) 1인은 중계中契에서 허심공정자處心公正者를 선발하며, 또한 기노耆老 3인은 중계中契와 하계下契에서 연최고자年最高者를 뽑도록 하고 있다.[86] 이들 중계는 중인층으로서의 부실근간자 즉 부농을 말한다. 이같이 중계를 구성하는 중인에는[87] 중서 또는 서얼이 우선 주목되며,[88] 또한 부민 중에서 상승한 향정・이장과 같은 면리임面里任, 권농관 그리고 파총把摠・선무군관選武軍官과 같은 무임武任들이 서인재관자庶人在官者로서 중요한 사회세력을 이루고 있다.[89] 상계는 사족 중심의 향촌 운영체이고 하계는 단순한 통치 교화대상이지만, 중계는 향촌 내 경제권을 장악하면서 자신들의 위치를 확보하고 있었다. 상계의 양반 사족은 유자로서 제반 전문지식을 가지고 동약을 운영하고 있었다면, 중계의 부농층은 향촌운영의 실무진이었으며 동약의 운영 과정에도 적극적으로 참여하였다고 볼 수 있다.

한편 하계의 구성원들은 비록 통치 교화대상이기는 했지만, 이들 평천민에 대한 순암의 생각은 신분제에 입각한 것이 아니었다. 예컨대 노비법에 대해서 그가 주목한 글을 보더라도 그것을 읽을 수 있다. 즉 "우리나라의 노비법은 천하에서 제일 억울한 법이다. 어떻게 대대로 계속 천민이 되어서 영원히 벗어날 수 없단 말인가" 하면서[90] 억울하게 종이 된 사례나 노비를 추심하면서 벌어진

86 有司(公員) 1인, 掌務 1인, 庫直 1인, 色掌 1인은 下契에서 선발하며, 使令 2인은 公私賤에서 뽑고 있다.

87 「廣州慶安面二里洞約」'洞會議'의 會集坐次圖(『古文書集成』 8, 廣州安氏・慶州金氏編, 한국정신문화연구원)를 보면 상・중・하계의 위계를 구분하고 있다. 특히 會集의 坐次 방식을 상・중・하로 구분하고 있다는 점에서 각 계층간의 위계를 명확히 하려는 점이 확인된다. 신분제를 완전히 부정하지 못한 한계가 보인다.

88 18세기 말~19세기의 역동적인 사회변화 가운데 등장하는 중인층은 대개 부농층이나 요호부민층으로 이루어졌으며, 이들의 향권 참여는 향촌사회의 상층으로 이동하는 방향으로 나타났다. 이러한 상황에 대해서는 「朝鮮後期 鄕村社會 中人層의 動向-庶孼層의 활동을 중심으로」(김현영, 『韓國 近代移行期 中人硏究』, 연세대학교 국학연구원, 1999)가 참고된다.

89 한상권, 앞의 글, 314면.

불행한 일을 통해 노비를 속량할 것을 말하고 있다. 순암은 자손들에게 이르기를 노비를 한결같이 종량從良시키겠다는 마음을 가지고 결코 추핵推覈하는 일이 없도록 타이르고 있다. 그러한 노비종량이야말로 복을 누리고 후손을 넉넉하게 해주는 도리라고까지 하면서 신신부탁을 하고 있다.[91]

또한 일반 하민층에 대해서는 자신의 고용노동을 팔아 상산을 유지할 수 있도록 배려하고 있었던 점이 정전법에서도 보인다.[92] 즉 부자는 고역전을 내고 빈자는 노동력을 제공하여 국가의 역을 해결하게 하는 것이다. 18세기 중반 이후에는 이미 고용노동이 일반화되고 있었기 때문에 하층민들의 경우 대부분 고용노동을 통해 자신의 생계를 유지하고 있었던 것을 알 수 있다.[93]

예컨대 순암이 1776년(영조 52)에 목천木川고을을 맡았을 때 민정民丁을 고용하여 얼음을 뜬 일은 고용노동을 이용함으로써 여러 가지 일을 해결할 수 있다는 것을 예시한 하나의 단서에 지나지 않았다. 단순한 빙정氷政에 관한 일이었지만 관행대로 각 면이 맡아서 했더라면 며칠이 걸려도 제대로 처리되지 못할 것을 하루 만에 완성했던 것이다. 순암이 이러한 일을 기록해 놓은 것은 고용노동의 효율성에 크게 고무되었기 때문이다.

지금까지 살펴보았듯이 부농과 하민층에 대한 순암의 생각은 이 시기 농업경제를 양자를 상호 결합시키는 방향으로 해결하려고 했다는 점을 잘 보여 준다. 그것은 지주제 방식을 부정하면서 부농경영을 통해 민부를 달성하는 것이었다. 특히 부농과 빈농의 고용관계를 통해 사회모순을 해결하려 했다는 점에서 탈중세적인 특징을 지닌다.

또한 순암 신분관의 특징은 각 층의 역할과 직업에 기반을 두었으며, 그것을

---

90 『順庵集』 卷13, 雜著, 「橡軒隨筆」 下, 奴婢法.

91 『順庵集』 卷13, 雜著, 「橡軒隨筆」 下, 奴婢法.

92 「井田溝洫諸法」, I-40면.

93 金容燮(1970), 「朝鮮後期의 經營型 富農과 商業的農業」, 『증보판 朝鮮後期 農業史研究 II』; 崔潤晤(1992), 「18 · 19세기 농업고용노동의 전개와 발달」, 『韓國史研究』 77.

조화시키는 방법을 모색하고 있었다는 점이다. 그러한 방법이야말로 각 층의 역할을 명확히 하는 데서 출발하고 있었다.

순암의 신분제 조화방법론은 동약운영이나 향사법 등에서도 보이듯이 사족이 주도하는 것에서 출발하고 있었다. 이 같은 점에서 순암의 신분관은 불철저한 것처럼 보인다. 그렇지만 순암의 신분관이 동약운영 등에서 나타나듯이 직업관에 기반한 신분질서를 구상하고 있다는 점을 확인할 수 있다면, 그가 구래의 신분적 차별을 전제로 어떻게 극복하려 했는가를 발견할 수 있을 것이다. 순암이 살던 시기는 이미 신분제가 자연스럽게 무너지고 있었기 때문에 그것을 향촌운영에 반영할 수 있는 방법을 찾고 있었다고 할 수 있다.

우선 그가 생각하고 있는 몰락 사족층에 대한 생각을 보더라도 그런 것을 읽을 수 있다. 당시 향촌사회 내 명분이 무너지고 사라지면서 상하上下 모두가 서로 해치고 향촌의 사족들 가운데 약간 자립할 수 있는 자가 있으면 아전과 백성들은 소문을 내기를 호강豪强이라 하는데, 이러한 일이 발생하지 않도록 당부하고 있다.[94] 그가 보호하려고 하는 사족은 근근이 자립할 수 있는 자였고 이들조차 호강으로 몰리는 현실을 기록하고 있었다.

순암은 양반 사족층을 일방적으로 옹호하는 것이 아니라 억강부약하는 방식으로 덕정을 실시하려 하고 있다는 점이 다르다. 그는 토호무단土豪武斷이나 활임농간猾任弄奸을 방지하여 민폐의 근원을 없애려 하였다. 농촌에서의 차역差役의 폐단은 대개 이 같은 토호의 횡포나 중간 서리층의 농간을 통해 나타나기 때문이다. 그래서 그에 대한 대비책으로 강구한 방법이 정간성책井間成冊을 만들어 빠져나가는 사람이 없도록 하는 것이었다.[95] 또한 토호와 서원배들의 결탁도 경계하고 있다. 수령으로서 토호배의 무단을 막지 못하여 불미스러운 일이 생기는 것을 막고자 하는 것이다.[96]

---

94 『臨官政要』, 「時措」, 去奸章(『順庵全集』 3, 370면).

95 『臨官政要』, 「時措」, 敎化章(『順庵全集』 3, 325~326면).

그래서 순암이 만든 것이 항통법缿筒法이다. 항통법이란 민심을 읽는 방법으로서 면리面里마다 항통缿筒을 설치하여 중간배들의 농간을 막는 것이다. 항통을 만들 때는 작은 병을 사용하든가 혹은 죽통을 사용하든가 하여 반드시 밀봉한 다음 밖에서 작은 종이를 투입할 수 있는 구멍을 뚫어 놓고 밖에서 함부로 꺼낼 수 없게 만든다. 각 면에 몇 개씩 보내어 이장들이 관장하도록 하고 한 달마다 거두어들여 민폐를 고쳐 나가는 방법이었다.[97] 항통에서 고발된 내용은 무고誣告도 있지만, 그가 항통을 통해 견제하고자 했던 민폐는 대개 간리奸吏나 토호土豪들에게서 연유하는 것이었다.

지금까지 살펴보았듯이 순암이 생각하고 있던 각 신분층의 조화는 하정下情이 상달上達할 수 있도록 하는 방법에서 출발하고 있었는데, 그것은 신분제 붕괴에 따른 농촌질서 유지책으로서 직업관에 입각한 상·중·하 합계 방식을 통해 추구하고 있었던 것과 일치한다.

옛부터 애민을 말해 왔지만 순암은 구체적인 방법까지 제시하고 있다. 그가 생각하는 애민의 방법은 불가불 구해야 하는 고식적인 방법을 넘어서 영원한 대책을 생각하는 것에 있다.[98] 그러한 방법은 당연히 백성의 하정下情이 위로 통할 수 있는 방법이어야 한다.[99] 하정下情의 상달上達이 막히는 것에 대해서도 살피고 있는데, 그 이유를 간사한 아전과 교활한 소임배들이 중간에서 가로막고 있다고 보았던 것이다.

---

96 『臨官政要』, 「時措」, 田政章(『順庵全集』 3, 325면).

97 『臨官政要』, 附錄, 「缿筒法」(乙酉文庫, 1973).

98 『臨官政要』, 「時措」, 臨民章(『順庵全集』 3, 265면). “古人言治 不過曰愛民 愛民有多般 目前之害 雖不可不求 而當思永遠之圖.”

99 『臨官政要』, 「時措」, 臨民章(『順庵全集』 3, 267면). “爲政 當以通下情 爲先務.”

4. 결론

순암의 토지론이 가지는 특징은 정전제에서 출발하고 있으며 그것으로의 복귀보다는 『주례』로부터의 시작을 의미했다. 따라서 순암의 토지론에서는 이상적인 형태로서의 정전제와 정전법丁田法이 제시되는 가운데 소농경제를 지향하고 있지만, 현실적으로는 『임관정요』에 보이는 것처럼 부실근간자富實勤幹者 또는 부농층을 중심으로 새롭게 성장하는 계층을 사회조직의 실무진으로 배치시키고 그들을 통해 상·중·하민을 조화시키려 하고 있었다.

우선 순암의 정전제와 정전법을 통해 그의 이상과 현실을 읽을 수 있었다. 첫 번째로 순암의 이상사회는 정전제와 정전법을 통해 마련될 수 있다. 『주례』의 정전제는 순암의 이상이었고 그것을 복원함으로써 하·은·주 삼대의 이상적인 토지제도와 조세제도를 확인하였다. 순암은 비록 정전제를 복원하고 있었지만 정전제로 복귀하는 것이 아니라 정전제로부터 시작하되 18세기 조선에서 실현 가능한 토지제도를 만들려 하였다. 그것이 정전법丁田法이었다. 정전법은 주자를 비롯한 그 추종자들의 '정전난행설井田難行說'과 차별성을 두고 있었다. 정丁과 전田의 조화를 통해 소가족 중심의 농업경영과 토지소유를 배경으로 상산常産을 갖도록 하는 것이 그 목표였으며, 지주제는 강제적인 방법이 아니라 자연스럽게 소멸하도록 하였다. 따라서 순암의 토지론은 당시 사회모순의 근본적 원인이었던 지주제 혁파를 꾀하면서 소농경제를 지향하는 방식의 체제 전환을 유도하고 있었다. 지주제가 사라지고 새로운 사회가 출현하는 것은 1대代 정도의 시간이면 되었다. 시행하는 자의 의지가 중요했고 그러한 의지만 있다면 그것은 실현 가능한 것이었다.

두 번째로는 순암의 시변론을 통해 그의 현실인식 태도를 엿볼 수 있었다. 순암의 목민관으로서의 현실정치는 시의에 입각한 현실 분석과 부농층을 주체로 민부를 창출하는 방법론 모색에 초점이 두어졌다. 그의 토지론은 권농관의 역할을 중시하는 데서 알 수 있듯이 농촌사회 내 전정 운영과 민부 창출을 긴밀하게 생각했다. 목민관으로서 가장 힘들고 어려운 부분이 전정田政 운영이었다. 그 이유는 당시 사회모순이 극에 달해 있었고 빈부간의 갈등을 조정할 수 있는 방법이 모색되어야만 했던 시기였기 때문이다. 목민관의 가장 중요한 일은 따라서 장기적인 목적이 정전법이 시행되기까지는 단기적으로는 행심답험行審踏驗을 통한 정확한 수확량 측정을 통해 민심을 안정시키고 민부를 창출하는 것이 최우선의 방법이라고 생각했다. 이에 서리의 중간수탈을 막고 토호의 횡포를 막는 억강부약抑强扶弱의 방법을 강구하게 되었다.

순암 시변론時變論의 핵심은 과연 각 신분층을 어떻게 인식하고 각 계층간의 조화를 어떻게 유도해 내는가에 있다. 순암은 구래의 전통적인 방식의 신분관을 극복할 수 있는 방안을 지방통치의 특징적인 형태로서 동약洞約과 향사법鄕社法에서도 찾고 있는데, 그 내용은 상·중·하민을 어떻게 조화시킬 수 있는가였다. 여기에서 양반 사족의 주도적인 역할을 제시하는 한편, 부실근간자富實勤幹者인 중민(또는 중인)을 실무진으로 흡수하면서 하민을 결합시키는 방식이다.

그는 우선 사족에 대해 자신과 같은 전문지식인 집단으로 이해하며 보호되어야 한다고 보고 있다. 때문에 하민층이 사족을 호강豪强이라고 공격하는 것에 대해서도 경계하고 있다. 그는 사족을 일방적으로 보호하려는 것이 아니라 전문지식인이기 때문에 보호해야 한다고 보았던 것 같다. 이들은 자신과 같이 겨우 자립할 수 있는 정도로 전락하였으며 때문에 사족이라는 신분 때문에 평민들로부터 지탄을 받아서는 안 된다는 것이다. 순암 자신도 이미 수경數頃 정도 경작하여 평년 40곡斛(400두, 곧 20석)에 22명이나 되는 대식구가 생활해야 하는 정도의 형편에 지나지 않았다.[100] 각종 부세를 내고 나면 온 가족이 죽을 쑤어 먹고 강비糠粃까지 먹어야 하는 일개 사족이었다. 그는 이 같은 상황에서 자신과 같은 사족이 할 수 있는 역할을 찾고 싶었던 것이다. 그는 이러한 심정을 표현하기를, 비록 2경頃 도전稻田을 지어 죽을 쑤어 먹으며 가는 곳마다 도를 찾아 구하지만 구하지 못한 채 그것이 쉽게 얻어지지 않는다고 하면서 아쉬워했다.[101]

100 『順菴集』 卷4, 書, 「與鄭永年書 乙亥」.

한편 중계中契를 위치시키는 것이 향촌민을 다스리는 핵심으로 본다는 점이 특징적이다. 신향新鄕으로 새롭게 성장하는 부농층을 흡수하고 그것을 바탕으로 전문지식인으로서의 양반 사족이 향촌자치의 이념을 제공하는 방식이라면 그들간의 조화는 충분히 이루어질 수 있다는 것이다. 하민을 고용함으로써 부농과 빈농을 결합시키는 방식을 통해 체제 내로 흡수되는 방식을 구상했다. 현실적으로 하민에 대한 토지분배가 불가능한 상황에서 구상한 방법이었다. 순암은 『반계수록』에서처럼 국가가 '각득기업各得其業'할 수 있도록 배치시키지는 못했지만, 상·중·하 각 계층의 민을 조화시키는 방법으로서, 각각의 지식과 직업을 바탕으로 운용하는 사회조직을 구상했다. 그렇기 때문에 순암은 하정下情이 상달上達할 수 있는 항통법까지 구상했던 것이다. 이때 장애가 되는 요인으로서 그가 지목한 것이 서리층의 중간수탈이나 토호의 횡포였다. 그들이 이러한 조화를 무너뜨리기 때문이다.

순암의 토지와 신분 개혁론은 명확한 방향제시를 했음에도 몇 가지 한계를 보여 준다. 즉 점진적인 특징을 가진다는 점에서 현실적이지만 그것이 오히려 불철저한 개혁이 될 가능성이 있다는 의미이다.

우선 토지 개혁론 차원에서 순암이 반계에 대해 주목한 것은 사실이지만, 반계의 공전론을 국가론 차원에서 재검토하지 못했고 더 나아가 반계가 비판했던 인정人丁 기준의 균전론 형태를 지향했다는 점에서, 정전제를 실현하는 방법이 반계에 비해 불철저했다고 할 수 있다. 또한 스승 성호가 균전적인 영업전을 통해 농민층의 항산을 마련하고자 했다면 순암은 정전법丁田法을 통해 상산常産을 마련하는 방법을 생각하고 있었다는 점에서 체계적이지 못했다. 성호와 순암, 특히 순암은 반계가 제시했던 공전제와 그것을 기준으로 했던 균전 실현의 방법을 더욱 완화시켜 현실 가능한 방법을 모색하려 했다는 점에 특징이 있다고 할 수 있다.

---

101 『雜同散異』, 雜記, 「書田」, III-73면.

또한 18세기 현실 속에서 상·중·하 각 층의 민들이 조화를 이룰 수 있는 방법을 모색함으로써 중세의 차별적인 질서를 정면으로 돌파하는 급진적인 방법이 아니라 순리에 따르는 점진적인 방법을 모색했다. 비록 그것이 성장하던 부농층을 중심으로 사회조직을 재편성하고 하민층을 고용하여 제반 문제를 해결하는 사회를 구상하고 있었지만, 양반지배체제에 대해서는 사족을 전문인으로서의 지적 특권을 유지시킨다는 명분을 갖고 있다는 점에서 한계를 갖고 있었다. 민부 중심의 사회조직은 순암이 생각했던 것처럼 하민을 위한 조직이 아니고 그 희생을 바탕으로 성립할 수 있기 때문이다.

순암은 이처럼 이상적인 체제를 전제한 후 그것을 실현시킬 수 있는 국왕의 출현이나 국가를 갈망했고, 그런 의지가 있는 자가 나타나기 전까지는 현실의 벽을 돌파하는 방법으로 『임관정요』의 사회조직을 꿈꾸었다고 할 수 있다.

이 같은 점을 종합해 보건대 순암의 사회경제적 개혁논리는 진보적이지만 온건하고 점진적인 방법을 모색하고 있었다.[102] 특히 민부를 중심으로 부농을 선두에 세우고 사회모순을 해결하려 했다는 점에서 부농과 임노동층이 결합된 사회조직을 구상하고 있었다. 이는 계약에 바탕을 둔 농업고용관계를 구상하였다는 점에서 중세적 생산방식을 극복할 수 있는 선진적인 방안이라고 할 수 있다. 또한 순암의 정전법과 같은 실학파의 개혁론이 채택될 수 있는 사회라면 그것은 하정下情이 상달上達할 수 있는 체제였기 때문에 그렇지 못한 폐쇄적이고 특권적인 체제보다 열려 있다고 할 수 있다. 이러한 순암의 사회조직 원리는 조선 후기의 사회모순에 대한 해결방안까지를 고려한 것이었으며, 또한 그러한 것을 자유롭게 검토할 수 있는 것이었다는 점에서 열린 사회를 지향하고 있다. 순암 실학의 이 같은 체제 구상은 사회경제적 토대를 재편하는 가운데 마련된 체제개편 논리였다는 점에서 독창적이다.

---

102 성호학파를 다산과 순암을 중심으로 나누어 파악한다면, 다산에 비해 순암의 개혁론은 진보 우파적인 특징을 지닌다고 할 수 있다.

순암 안정복의 여성관

강명관

1.

박지원(1737~1805)은 「열녀함양박씨전」의 모두冒頭에서 열녀-죽음을 비판적으로 언급한다. 그는 『경국대전』의 개가금지改嫁禁止가 서민 백성에게까지 적용하기 위해 만든 법이 아니라는 점을 지적하고, 건국 이래 4백 년의 '교화敎化'가 양반이건 아니건 수절을 풍습이 되게 했다고 말하고 있다.

> 옛날의 이른바 열녀가 지금 세상의 과부들이다. 농가의 어린 아낙이나 여항의 청상靑孀들까지 부모들이 재가를 강요하지도 않고, 자손들이 벼슬길에 나가지 못하는 부끄러움이 있는 것이 아님에도 수절만으로는 절개를 세울 수 없다 하여, 왕왕 환한 대낮을 버리고 남편을 따라 저승으로 가기를 바란 나머지 물과 불에 뛰어들고 독약을 마시고 목을 매다는 것을 낙지樂地를 밟는 듯하다. 열행烈行이라면 열행이겠지만, 어찌 지나친 일이 아니랴.[1]

개가의 금지는 사족 여성에게 해당하는 것이었다. 그러나 조선 후기에 오면 비사족 여성까지 부모의 강요가 없고 자식들이 관로로 나갈 신분 처지가 아님에도 수절에 만족하지 못하고 자살을 선택한다는 것이다. 여성의 종사從死는 가장 가혹한 여성 억압이다. 종사는 17세기 중반에 확립된 가부장제의 윤리적 억압이 마침내 여성의 생명까지 요구한 것으로 이해된다.

여성이 남편의 죽음을 따라 자살하는 행위에 대한 연암의 비판은 이 당시의 맥락에서는 매우 드문 것이다.[2] 연암의 이 발언과 아울러 다산의 「열부론」은 역시 열녀의 종사를 무의미한 죽음이라고 맹렬히 비판한 바 있다.[3] 연암과 다산, 두 분의 종사從死에 대한 비판은 실학의 맥락에서 해석되었고, 그 결과 실학의 여성관이 주자학적 윤리관을 비판하는, 진보적인 것으로 알려지게 되었다. 예컨대 이우성 선생은 「실학파의 문학과 사회관」에서 '인간성의 긍정'이란 항목 아래 이런 언급을 하고 있다.

> 첫째, 남녀관계에 있어서 남자의 부속물시 되어 오던 여자에게 남자와 동등한 감정을 가진 것을 인정하고 상호간의 감정적 만족을 기준으로 결합되어야 한다고 하였다. 노총각 광문이 장가 안 드는 이유를 말하면서 "미색은 모든 사람이 좋아한다. 남자만이 그런 것이 아니고 여자도 마찬가지다. 그런데 나는 얼굴이 누추하여 모양을 낼 수 없기 때문이다"라고 한

1 『燕巖集』, 『韓國文集叢刊』 252, 29면. "古之所稱烈女, 卽今之所在寡婦也. 至若田舍少婦·委衖青孀, 非有父母不諒之逼, 非有子孫勿敍之恥, 而守寡不足以爲節, 則往往自滅晝燭, 祈殉夜臺, 水火鴆繯, 如蹈樂地, 烈則烈矣, 豈非過歟."

2 조선조 양반 사대부들은 여성의 성적 쾌락과 관련된 욕망은 은폐하고 여성의 성을 오로지 출산(특히 남아)과 관련하여 언급하였던 데 반해, 「열녀함양박씨전」은 여성이 남성의 성적 욕망을 위해 일방적으로 존재하는 것이 아니라 성적 욕망의 주체임을 드러내고 있다.

3 『與猶堂全書(1)』, 『韓國文集叢刊』 281, 248~249면. 다산은 남성의 여성에 대한 성적 지배 자체를 부정한 것은 아니었던 것으로 보인다. 다산은 윤리적 차원으로 규정된 남성의 여성에 대한 성적 지배가 여성의 '신체' 그 자체의 희생을 요구하는 데까지 나아가자 이에 대해 반발했던 것으로 여겨진다.

> 것은 단적으로 이 정신을 표시한 것이다. 그리고 당시 가장 큰 절의로 알아오던 과부의 순사殉死와 수절에 대하여 그 부자연스러움을 지적하고 더욱 그것이 법제적으로 강요된 데 대하여 크게 부당하게 생각하였다. (…) 「열녀함양박씨전」의 서문은 이러한 의미에서 천고의 명문이라고 하겠거니와 그중 늙은 과부가 아들 형제에게 자기의 평생 수절한 눈물겨운 행장과 뼈저린 고통을 고백한 것은 천千 편의 이론보다 더 심각하고 선명하게 인간의 감정과 본능을 이해시켜 주는 것이며 그것의 부당한 왜곡을 강요하는 도덕적·사회적 규범으로부터 해방되어야 할 당연성을 표시해 주고도 남음이 있다.[4]

이 해석은 별 이의 없이 수용되어 왔다. 그러나 "당시 가장 큰 절의로 알아오던 과부의 순사와 수절에 대하여 그 부자연스러움을 지적하고 더욱 그것이 법제적으로 강요된 데 대하여 크게 부당하게 생각하였다"고 한 것은 정확한 지적인가. 『연암집』에는 「박열부사장朴烈婦事狀」·「이열부사장李烈婦事狀」[5] 두 편의 글이 실려 있다. 열행烈行을 실천하여 남편을 따라 죽은 여성의 정려旌閭를 청하는 문자다. 두 편 모두 박지원이 이웃의 주민을 대표해 대신 써서 올린 것이다. 대작代作이니 연암 자신의 의향대로 쓰여진 것이 아니라 할 것인가. 하지만 『연암집』은 연암의 자편自編이니, 그 스스로 이 작품을 자신의 것으로 거두었던 것은 두말할 나위가 없다. 뿐만 아니라 연암은 자신의 친구였던 박경유朴景兪의 누이가 종사한 것을 기려 「열부이씨정려음기烈婦李氏旌閭陰記」[6]를 쓰기도 하였다.

이우성 선생의 「열녀함양박씨전」에 대한 해석은 뒷날 실학 연구에 큰 영향력을 행사했다. 연암의 여성관은 탈중세적인 것으로 이해되었고, 또 이것은 실

4 李佑成(1982), 「실학파의 문학과 사회관」, 『한국의 역사상』, 창작과비평사, 77면.

5 『燕巖集』 卷10, 『韓國文集叢刊』 252, 141~143면.

6 『燕巖集』 卷10, 『韓國文集叢刊』 252, 138면.

학의 한 성격으로 받아들여졌다. 하지만 「열녀함양박씨전」과 위 세 편의 글의 거리를 어떻게 이해해야 할 것인가. 다시 말해 실학과 실학자는 모든 방면에서 균질적으로 진보적인 것인가. 이 자리에서 '실학자' 안정복의 여성관을 검토하여 이 관습적 생각에 약간의 의문을 표한다.

2.

안정복의 저작 목록에 『내범內範』이란 책이 있다.[7] 제목으로 보아 여성교육서이다. 이런 여성교육서는 17세기 중반 송시열의 『(우암선생尤庵先生)계녀서戒女書』 이후 폭발적으로 증가하여 가문마다 특유의 여성교육서가 있었다. 『내범』도 그런 책 중의 하나인 것이다.[8]

『내범』은 현재 전하지 않는다. 하지만 그 내용의 대강을 추측해 볼 수는 있다. 먼저 순암의 시 한 편을 읽어 보자. 「딸아이를 경계하다[警女兒]」[9]라는 작품이다.

> 아녀자 행실로는 네 가지면 되나니
> 잠시도 잊지 말고 조석으로 경계하라.

---

7 沈隅俊(1985), 『순암 안정복 연구』, 일지사, 12면. 30세 이전의 저술이라고 한다.

8 17세기 중반 이후 여성교육서의 폭발적인 증가는 매우 흥미로운 현상이다. 그 이유는 무엇인가. 조선의 가부장제는 17세기 중반부터 본격적으로 성립한다. 가부장제는 의식과 행동의 두 차원에서 남성의 여성에 대한 완벽한 지배, 곧 일상의 모든 영역에 있어서 남성적 욕망의 일방적 관철을 의미한다. 이것을 위해 여성을 의식화할 필요가 있었던 것이고, 이것이 다름아닌 여성교육서의 형태로 현상화되었던 것이다.

9 『국역순암집』(1), 19~20면. 앞으로 『順菴集』에서의 인용은 모두 민족문화추진회에서 1996년부터 1997년에 번역, 간행한 『국역순암집』(1)부터 (5)에 의거한다. 꼭 필요한 경우를 제외하고는 원문은 별도로 부기하지 않는다.

모습은 경근敬謹하고 조용해야 할 것이며
언어는 자상하고 따뜻해야 하느니라.
유순한 덕에다가 정열을 간직하고
주식酒食 장만 길쌈질 그게 할 일 아니더냐?
이 말을 마음속에 새겨 두기만 한다면야
끝없는 복록 이어져 자손이 넉넉하리.
婦行不多只有四, 孜孜不怠警朝曛.
貌存敬謹宜思靜, 言欲周詳更着溫.
德以和柔貞烈最, 工因酒食織紝勤.
若將此語銘心肚, 吉福綿綿裕後昆.

용모와 언어, 덕성, 가사노동에 유의할 것을 당부하고 있는데, 맨 마지막에 '자손' 운운하는 것으로 보아 아마도 딸이 혼인할 때 써 준 것으로 여겨진다. 또 그는 실제 딸이 시집을 갈 때 당부하는 말을 써서 주기도 했다. 「적절히 참작한 혼례의식[婚禮酌宜]」이란 글의 말미에 「덧붙여 딸에게 주는 말[附贈女兒]」[10]이란 글이 부기되어 있는데, 내용을 정리해 줄이면 이렇다.

(1) 「내칙內則」의 "시부모 섬기기를 친부모 섬기듯 하라"는 말을 명심하여 실천할 것.
(2) 남편은 우러러보면서 일생을 사는 사람이기에, 하늘의 도리이며 임금의 도리이다. 남편을 조심스러운 마음으로 공경하며 섬길 것.
(3) 동서지간에 화목할 것.
(4) "시집살이는 소경 3년, 귀머거리 3년, 벙어리 3년"이라는 것은 속언이지만, 그 뜻을 취해 말과 언어를 신중히 할 것.

10 『국역순암집』(3), 93~94면. 사위 權日身을 맞이할 때에 쓴 것이다.

(5) 주식酒食에 관한 일이 맡은 소임이니, 잘못하는 것도 없고 특출난 것도 없어야 합당할 것이다.

정리하면, '시부모를 효성으로 섬길 것', '남편을 하늘처럼 공경할 것', '시집에서 맺게 되는 인간관계에 조심할 것', '시집에서의 언행을 삼갈 것' 그리고 가내의 여성노동에 유의할 것 등 다섯 가지다. 송시열의 『계녀서』 이후 여성교육서의 내용은 대개 두 가지로 요약되는데, 첫째 결혼으로 새로 구성되는 인간관계, 남편을 위시한 시부모・시누이 등 시집의 구성원에 대한 의식과 행위에 있어서의 복종, 둘째 여성에게 부여된 가사노동과 가내 경제를 잘 요리할 것이 그것이다. 우암의 『계녀서』를 위시한 수많은 여성교육서는 이 두 가지를 부연한 것에 지나지 않는다. 이런 점에서 순암의 「딸에게 주는 말」은 여성교육서의 전형적인 내용을 담고 있는 것으로 생각된다.

그런데 바로 「딸에게 주는 말」에 『내범』에 대한 간단한 언급이 있다. "이 밖의 여러 가지는 『내범』에 갖추어져 있다. 부지런히 모시고 봉양하는 여가에 항상 마음에 담아 외우고 생각해서 자신의 마음으로 이를 체득하도록 하여라"는 부분이 그것이다. 글의 내용으로 보아 『내범』은 「딸에게 주는 말」의 큰 원칙을 소상하게 부연한 책자로 보인다.

안정복의 스승이었던 이익은 「내범서內範序」[11]라는 글을 남기고 있는데, 곧 안정복의 『내범』에 붙인 서문이다. 이 서문으로 『내범』의 구체적인 내용을 짐작할 수 있는 것은 아니지만, 책자의 성격을 짐작하는 데는 약간의 도움이 된다. 이익은 『내범』이 거두고 있는 내용에 대해 이렇게 말하고 있다.

그 취한 바는 후부인后夫人의 의칙懿則으로부터 여정閭井의 정신貞信한 행실까지 모두 채집하여 상하가 통행해야 할 법으로 만들었으니, 그 뜻이

11 『星湖全集』(2), 「內範序」, 『韓國文集叢刊』 199, 407~408면.

또한 크다 하겠다.[12]

후부인 곧 지배층 여성의 아름다운 법도부터 민간 부녀자의 정신貞信한 행실을 모두 모아서 사회의 모든 여성이 두루 본받아 실천할 텍스트를 만들었다는 것이다. 본받아야 할 여성들의 모범적 행실을 거두어 모은 전형적인 여성교육서인 것이다.

그런데 흥미로운 것은 이 서문을 통해 드러나는 이익의 여성에 대한 관념이다. 이익의 여성에 관한 규정에 다음과 같은 말이 보인다. "순종하는 것을 정당한 원칙으로 삼아 하늘을 받들어 실천하는 존재."[13] 순종이란 남성에 대한 순종이다. 하늘을 받든다는 것이 흥미를 끈다. 하늘이란 무엇인가.

> 하늘은 건도乾道이고, 부도夫道다. 곤坤은 건乾이 아니면 반드시 함몰하듯, 부인은 남편이 아니면 어지러워진다. 『소학』에서 내・외의 가르침을 구비한 까닭이 무엇인가. 글을 읽고 도를 말하는 것은 필경 바깥의 일이다. 부인은 1년 내내 부지런히 움직여야 하고, 맡은 일이 또한 여럿이니, 어느 겨를에 경전의 가르침을 읽느라 누에치고 베를 짜는 일을 그만둘 수 있으리오?[14]

말할 것도 없이 부인의 하늘은 남편이다. 여성은 독립적인 존재가 아니라 남성이란 주체에 의해서만 존재할 수 있는 종속적 존재다. 여성의 남성에 대한 종속성을 재삼 강조, 부연하고 있는 것이다. 종속적 존재로서의 여성이기에 여

12 위의 책. "其所取自后夫人懿則至閭井一曲貞信, 咸在採拾, 爲上下通行之典, 意亦大矣."

13 위의 책. "夫婦人有寒暑朝晝之需, 鬼神賓客之供, 尊卑異等, 絳殺殊節, 而範行乎其間, 古之人爲之訓, 日使之誦繹服習, 盈耳而充腹, 俾有持循不荒, 其要又不過以順爲正, 承天而施行."

14 위의 책. "天者, 乾道也, 夫道也. 坤非乾, 必陷. 婦非夫則亂. 小學所以備內外之治也. 其故何也. 讀書談道, 畢竟是外位事. 婦人終歲勤動, 職務亦衆, 奚暇閱經訓而休其蠶織?"

성의 역할 역시 기능적인 것이 된다. 독서를 하고 도를 토론하는 세계에 대한 사유와 경영은 남성의 몫이며, 여성은 오로지 가내家內에서 직조와 같은 노동에 전념해야 한다. 이익은 차별적 남녀 정체성과 성역할을 규정한 것이다. 성호는 『사설』에서 강경한 어조로 여성의 성역할을 가사노동으로 한정한다.[15] 그의 여성관은 '실학자'에 대한 우리의 기대와는 달리 강고한 가부장주의·남성중심주의를 조금도 벗어나지 않고 있다.

순암의 여성에 대한 관념 역시 스승인 이익과 다르지 않았을 것이다. 아내 성씨의 제문을 참고한다. 논의의 편의를 위해 단락에 번호를 붙인다.

> (1) 효성스럽고 조심스러운 숙인의 행실은 천성에 근본한 것으로서 우리 집안에 들어온 이후로 어긋난 덕이 없었기에 시부모가 사랑하고 집안사람들이 좋게 생각하였소.
>
> (2) 공경으로 뜻을 받들기를 감히 잠시도 게을리하지 않고 뜻을 거역하는 표정과 주제넘은 일을 일찍이 시부모 앞에서 한 번도 하지 않았소. 이것은 젊어서부터 늙을 때까지 하루와 같이 행하였던 일이었고, 병이 들었을 때는 음식을 마련하는 이외에 약 달이는 등의 일까지를 몸소 하고 남에게 맡기지 아니하였소.
>
> (3) 우리 집이 매우 가난한데다 식구가 많고 제사도 많고 손님도 많아

---

15 『국역성호사설』(6), 「*婦女之敎*」, 민족문화추진회, 1977, 145~146면. "글을 읽고 의리를 강론하는 것은 남자가 할 일이요, 부녀자는 절서에 따라 조석으로 의복·음식을 공양하는 일과 제사와 빈객을 받드는 절차가 있으니, 어느 사이에 서적을 읽을 수 있겠는가? 부녀자로서 고금의 역사를 통달하고 예의를 논설하는 자가 있으나 반드시 몸소 실천하지 못하고 폐단만 많은 것을 흔히 볼 수 있다. 우리나라 풍속은 중국과 달라서 무릇 문자의 공부란 힘을 쓰지 않으면 되지 않으니, 부녀자는 처음부터 유의할 것이 아니다. 『소학』과 『內訓』의 등속도 모두 남자가 익힐 일이니, 부녀자로서는 묵묵히 연구하여 그 논설만을 알고 일에 따라 훈계할 따름이다. 부녀자가 만약 누에치고 길쌈하는 일을 소홀히 하고 먼저 시서에 힘쓴다면 어찌 옳겠는가?" 星湖는 여성용으로 만들어진 『내훈』조차 여성이 읽는 것을 금했다.

해마다 들어오는 수입으로는 그 절반도 충당할 수가 없었는데, 숙인은 마음과 힘을 다하여 좌우로 어려운 살림을 꾸려 나가 자신의 성의를 극진히 하고야 말았소.

(4) 병들어 위태로운 때도 제사드릴 때가 되면 비록 몸소 제기祭器를 잡지는 못하더라도 한밤중까지 잠자리에 들지 않고 물품을 살폈으니, 선조先祖에게로 향한 정성이 남보다 뛰어나지 않았다면 어찌 능히 이와 같이 할 수 있었겠소.

(5) 숙인은 성품이 유순하고 겸손하여 오직 음식을 만드는 일만을 스스로 맡았으니 『시경』에 이른바, "잘못할 것도 없고 잘할 것도 없이 오직 술과 음식만 이에 외논한다"는 것은 숙인을 두고 한 말일 것이오.[16]

아내 성씨의 생애를 평가한 것인데, 그 평가의 기준은 (1) 여성의 순종성, (2) 시부모 봉양, (3) 접빈객, (4) 봉제사, (5) 가사노동 등이다. 『내범』의 내용을 그대로 실천한 여성인 것이다. 요컨대 순암은 여성은 남성의 종속적 존재로, 가부장제에 의해 규정된 여성의 성역할을 충실히 수행해야 하는 존재로 인식했던 것이다.

3.

순암은 열녀에 관한 4편의 글을 남기고 있다. (1) 「정열부 행록의 뒤에 쓰다[題鄭烈婦行錄後]」,[17] (2) 「숙인조씨행장淑人趙氏行狀」,[18] (3) 「열녀숙인조씨정문烈女淑

16 『국역순암집』(4), 「숙인 창녕성씨를 제사하는 글[祭淑人昌寧成氏文]」, 128면.

17 『국역순암집』(4), 54~56면.

人趙氏呈文」,[19] (4) 「열녀여흥이씨의 행록 뒤에 쓰다[題烈女驪興李氏行錄後]」[20]가 그것인데, (2)와 (3)는 동일한 인물에 대한 글이니 모두 3명의 열녀를 다루고 있는 것이다.

'열烈'이란 무엇인가. 남성이 여성에 대한 성적 지배 욕망을 윤리적 차원으로 맥락화한 것이다. '열'은 여성에게 법적으로 사회적으로 용인된 남성 이외의 성적 대상을 갖지 않게 하는 것을 필수적인 실천 장치로 갖는다. 개가금지改嫁禁止가 바로 그것이다. 한편 열의 실천 형태는 역사적인 것이다. 순암이 언급한 3명의 열녀는 모두 남편의 평범한 죽음에 따라 죽음으로써 열녀가 된 경우다. 남편을 따라 죽는 것, 즉 종사從死는 조선 후기에 와서 본격적으로 유행한 현상이다. 조선 정부는 건국 이후 가부장제의 관철을 위해 여성의 남성에 대한 종속성을 여성 스스로 실천할 경우 정문과 복호復戶로 격려했던바, 조선 전기 정문·복호의 대상이 되는 열행烈行의 주류는 종사從死가 아니었다.[21] 종사는 열행烈行의 일부일 뿐이었다. 그런 점에서 임진·병자 양란을 거치면서 정조를 지키기 위한 여성의 죽음이 대량 발생한 뒤 급기야 정문·복호의 대상이 되는 열행은 오로지 여성의 죽음-종사를 의미하게 되었던 것이다.

종사는 남성의 여성에 대한 성적 지배의 극단적인 형태다. 원래 가부장제는 여성에 대한 남성의 성적 지배로부터 시작되는바, 수절은 남성의 여성에 대한 성적 지배가 자신의 죽음 이후에도 관철될 것을 희망하는 남성의 욕망을 도덕의 형태로 구체화한 것이다. 종사는 여성에 대한 성적 지배욕이 극단적으로 강화된 형태로서 곧 여성에 대한 성적 지배욕이 여성의 생명 그 자체를 요구함을 의미하는 것이다. 이런 점에서 종사의 확산은 가부장제의 완벽한 관철을 의미

18 『국역순암집』(5), 16~20면.

19 『국역순암집』(3), 261~263면.

20 『국역순암집』(4), 60~64면.

21 수절과 남편의 장례를 유교식으로 잘 치르는 것이 주류였다.

한다 할 것이다.

그럼에도 남편의 죽음(대체로 노사老死 · 병사病死)을 따라 죽는 여성의 행위는 근원적인 생명 의지에 반하는 참으로 당혹스러운 것이다. 이 행위를 순암은 어떻게 인식하고 있는가. 먼저 「제정열부행록후題鄭烈婦行錄後」부터 살펴보자. 「제정열부행록후」는 제목에서 확인되는 바와 같이 『정열부행록』이란 책자에 붙은 발문이다. 순암은 『정열부행록』에 실린 정씨의 '열행'에 감동하여 발문을 썼던 것이다. 정열부의 '열행'을 간단히 살펴보자. 정씨는 정배걸鄭倍傑의 후손이고, 하계霞溪 권유權愈의 외증손녀로 무안務安 박사억朴思億에게 시집간다.

> 정씨는 재주와 용모가 남달리 뛰어나고 성격과 행실이 얌전하고 집안일도 민첩하였다. 결혼하기 전에는 부모 섬기기를 효성스럽게 하고 형제간에 우애가 있었으며, 시집가서는 남편을 공경하여 예의를 어김이 없고 가난하게 살면서도 의식을 마련하는 일로 남편을 귀찮게 하지 않았으며, 또한 한 가지 일도 남에게 간청하는 적이 없었다.

열녀서사에 그려진 여성이 으레 그렇듯 정씨 역시 가부장적 여성관에 완전히 의식화된 여성이다. 위에서 인용한 부분은 가부장제에 의한 의식화가 열행의 실천을 불러왔다는 것을 암시하기 위한 서술인 셈이다. 순암은 정씨의 평상시 성행性行을 살핀 다음 자살까지의 과정을 서술한다. 남편 박사억은 어느 날 병이 든다. 대부분의 열녀서사에서 남편의 병은 성적 대상자의 소멸(죽음)을 의미하며, 아울러 이것은 성적 대상자의 소멸과 함께 여성의 소멸을 의미한다. 여성은 오로지 남성에 의해서만 존재의 의미가 있기 때문에 남편의 소멸은 곧 아내의 소멸과 연결된다. 과연 정씨는 죽음에 이르게 되는데, 그 과정은 이러하다.

> (1) 정성과 힘을 다하여 병구완을 하느라고 옷도 벗지 않고 잠도 자지 않았으며 밤이슬을 맞으며 기도를 한다.

(2) 여러 달이 지나도록 이렇게 하기를 하루같이 한다.

(3) 남편이 죽자 염습에 쓰일 물건이 모두 미리 갖추어져 있었고, 곡읍哭泣을 예절대로 하여 전도顚倒하거나 정신을 잃는 데까지 이르지는 않았다.

(4) 남편은 죽고 자식도 없다 하여 자결하려 하였으나 형제들의 제지로 하지 못하였다.

(5) 치상과 장례를 몸소 치렀는데 제수가 넉넉하고 정갈하였으며, 이웃 마을에서 와서 일을 도와준 이웃 사람들에게 제사 음식을 고르게 나누어 주었다.

(6) 그 후 장례를 치르고 나서 형제들의 경계가 조금 늦추어지자 약을 먹고 자진하고 말았다.

(7) 죽은 뒤에 베개 속에서 유서가 발견되었는데, '남편의 장례가 끝났으니 의당 내 뜻을 이룰 일입니다. 부디 같은 구덩이에 묻어 주십시오' 하였고, 또 '제가 시어머님을 뵙기도 전에 시어머님이 돌아가신 것이 지극한 아픔이니 시어머님이 남긴 편지 한 장을 내 널에 넣어 주십시오' 하였다 한다.

전형적인 열녀서사의 순서다. 남편의 병에 정성을 다해 병을 간호한다[(1)·(2)], 장례의 절차를 완벽하게 이행한다[(3)·(5)], 자살을 시도하지만 주위의 만류로 뜻을 이루지 못하다가 감시가 소홀한 틈을 타서 죽는다[(4)·(6)], 죽은 뒤 유서가 발견된다[(7)]. 경우에 따라 약간의 증감이 있지만 각 과정들은 모든 열녀서사에 기본적으로 공통적으로 나타나는 것이다.

이 열녀서사는 종사한 여성들이 실제 공통적으로 밟는 과정이었다. 이런 전형은 어떻게 해서 만들어졌던가. 「제정열부행록후」는 그 과정에 대해서 약간의 언급을 하고 있다. 순암의 말을 들어 보자.

임오년 겨울에 어떤 객이 나를 찾아와서 이상한 소문을 전해 주었는데,

그 내용은 이러했다. "전에 여강驪江을 지나가자니 마을 노파 3, 4명이 소복을 입고 눈물을 흘리며 걸어가면서 서로 말하기를, '세상에 이런 사람이 다시 있을까, 세상에 이런 사람이 다시 있을까' 하고, 탄식을 하다 못해 목이 메어 말을 하지 못하였다. 이상한 생각이 들어서 물어보니…."

위 인용에서 '나'는 순암다. 즉 순암이 정열부의 열행을 들은 것은 임오년 겨울 자신을 찾아온 어떤 손으로부터이다. 그리고 이 손은 여강을 지나다가 소복을 입고 울고 가는 노파로부터 정열부의 죽음을 들었던 것이다. 한 여성의 죽음은 이렇게 하여 노파들에게, 객에게, 그리고 다시 순암에게 전해졌던 것이다.

열행에 대한 문인 지식인의 자발적인 문자적 반응은 열녀전을 짓는 것인데, 순암은 열녀전을 짓지 않았다. 순암은 손으로부터 정씨의 열행을 모두 전해 듣고 감동해 마지않았으나 정씨의 가문 내력을 알 수가 없었다. 따라서 그는 전을 지을 수가 없었다. 그런데 얼마 안 있어 자신의 친구 신성연申聖淵이 지은 「열부정씨전」과 정씨의 오빠인 정창신鄭昌新이 찬한 「행록」을 전해주는 사람이 있었다. 순암은 「열부정씨전」을 보고 정씨의 가문 내력과 열행의 실상을 재차 확인한 뒤 「행록」에 발문을 쓰게 된 것이었다. 요컨대 여성의 죽음으로 인한 열행의 발생은 소문(말)에 의해 퍼져 나가는 한편, 사대부들에 의해 전이나 행록行錄으로 지어지고, 다시 그것에 서문과 발문이 덧붙으면서 광파廣播되는 것이었다. 그리고 최종적으로는 정부에 보고되어 정려를 받았다. 이처럼 민간의 구전으로 인한 전파와 기록화, 정부의 표창 등으로 열행은 널리 선전되었고, 이런 과정에서 열행은 거듭 모방되면서 모종의 전형을 갖게 된 것이었다.

어쨌거나 정씨는 29세란 젊은 나이로 자살했다. 이 자살을 순암은 어떻게 평가하는가.

세상에서 일컫는 부인의 절개에 세 가지가 있으니, ① 난難에 임하여 몸을 던짐으로써 의리를 지켜 구차하게 삶을 도모하지 않는 자가 있고, ②

남편이 죽은 뒤에 시부모가 의탁할 곳이 없을 경우 살아서 봉양하는 자가 있고, ③ 남편이 죽은 뒤에 자식들이 어려서 제사를 맡길 데가 없을 경우 살아서 제사를 지내는 사람이 있다.

위의 한 가지 일로 말하자면 일이 급박하게 닥쳐 오직 한 번의 죽음 이외에 다른 것을 따질 겨를이 없는 것이며, 아래 두 가지 일은 평상적인 때에 있는 일로서 핍박이나 욕을 당할 염려가 없는 경우이니, 의당 그 경중을 헤아려 처신함으로써 죽은 사람이 알도록 하고 산 사람이 부족함을 느끼지 않게 해야 하는 것이다. 그러므로 역대의 사씨史氏들이 부인으로서 이 세 가지 일에 잘 처신한 사람들을 모두 정렬전貞烈傳에 넣은 데는 까닭이 있는 것이다.

'난難에 임하여 몸을 던짐으로써 의리를 지켜 구차하게 삶을 도모하지 않는 자'는 성폭력에 저항하여 죽는 경우를 의미한다. 이것은 여성의 사회적 · 법적으로 허용된 성적 상대, 즉 남편 이외(미래의 남편, 혹은 죽은 남편도 포함된다)의 남성이 여성의 의지에 반하여 강제하는 성적 행위에 대해 여성 스스로가 생명을 포기함으로써 강제적 성적 행위를 거부하거나 혹은 성행위가 있었다고 해도 그것이 비자발적인 것이었음을 밝히는 경우다. 이 지점에서 이른바 '여성의 정조'가 과연 생명과 교환할 가치를 갖는가 하는 문제를 근원적으로 따질 필요가 있겠지만, 여기서 말할 수준의 것은 아니다. 어쨌든 적어도 순암의 시대에는 남성이건 여성이건 여성의 남편 이외의 남성과의 성적 행위를 오염된 것으로 판단하였고, 여성은 생명을 버림으로써 그 오염을 정화할 수 있었다.

순암이 말한 ①의 경우는 조선 후기의 사회적 상황 속에서는 일단 죽음의 불가피성이 인정된다. 하지만 ②와 ③은 여성이 수행해야 할 의무가 있는 경우로서 죽음이 용납될 수 없다. 시부모에 대한 봉양과 봉사奉祀가 그것이다. 여기서 각별히 주목해야 하는 것은 후자다. 후자의 경우 어린 자녀의 존재를 말하고는 있지만, 자녀의 양육 의무 혹은 어머니와 어린 자녀 사이의 생물학적 관계에 기초하는 본래적 애정이 강조되는 것이 아니라, 가문의 봉사奉祀가 강조된다는 점에 유의하기 바란다. 즉 자녀에 대한 양육이나 사랑, 모성은 언급되지 않고, 오로지 봉사를 통한 가부장제의 존속만이 강조되고 있는 것이다. ②와 ③ 역시 가부장제의 관철이라는 점에서 본질적으로는 다를 것이 없다. 물론 ②와 ③의 경우는 죽음을 요구하지는 않는다. 그러나 ②와 ③에 해당되지 않는 경우도 있다. 정씨의 경우 자식이 없다는 것이 자살의 결정적인 동기였다. 남편이 사망하고 자식이 없는 경우 자살을 선택한다는 것은 인간의 이성에 비추어 납득할 수 없는 일이지만, 정씨가 29세의 나이로 자살함으로써 이 황당한 사건은 사실이 된 것이다. 원천적으로 이 자살은 조선 건국 이후 남성－국가가 가부장적 사회의 건설을 위해 끊임없이 여성에게 내면화시킨 여성의 남성에 대한 성적 종속성이란 이데올로기의 결과다.

29세 젊은 여성의 자살은 충격적인 것이다. 이 죽음에 대해 순암은 이렇게 말하고 있다. "아, 만약 뒤에 말한 두 가지 일이 없는데도 남편을 잃고 의미 없이 외롭게 홀로 살아간다면 경중을 모르는 한 과부에 지나지 않을 것이니, 그렇다면 차라리 한 번 죽어 남편을 뒤따르는 것이 낫지 않겠는가. 이렇게 보면 열부 정씨와 같은 사람은 제대로 죽었다고 할 수 있다." 시부모의 봉양, 그리고 봉사의 의무가 없다면, 여성의 종사는 용납될 수 있다고 말한다. 순암은 여성의 종사從死를 합리화하고 있는 것이다. 순암이 종사를 합리화한 근거는 무엇인가.

순암의 발언을 다시 세심히 따져 보자. '남편을 잃고 의미 없이 외롭게 홀로 살아가는 존재가 되었을 때 여성의 자살은 용납된다'는 순암의 발언은, 여성은 오로지 남편－남성에 의해 의미를 갖는 종속적인 존재라는 사고를 내포하고 있다.[22] 여성은 남성의 존재에 의해서만 의미를 갖는 종속적 존재라는 순암의 여성관이 종사를 합리화하고 있는 것이다.

22 이것은 아마도 『소학』, 그리고 보다 원천적으로는 『예기』에 근거를 두는 '三從之道'로부터 유래한 것일 터이다.

이제 또 다른 열녀인 숙인 조씨의 경우를 검토해 보자. 「숙인조씨행장」에 의하면 조씨는 성균관사성 정광운鄭廣運의 아내로 1706년(숙종 31)에 나서 1758년(영조 34) 12월 22일 54세로 사망한다. 「숙인조씨행장」에서 조씨는 결혼 이후 시부모를 효성으로 섬기고 남편에게 순종하고 시누이・동서와 화목하고 접빈객을 잘한 사람으로 묘사된다. 「제정열부행록후」의 정씨와 완벽하게 동일한 여성상이다. 정광운이 사신으로 파견되었다가 귀환한 뒤 독감을 앓기 시작하자, 조씨는 하늘에 자신이 죽고 남편을 살려 줄 것을 기도한다. '대신 죽음' 역시 열녀서사에 반복되는 중요한 화소話素다. 정광운은 완쾌되었으나 조씨는 쌓인 피로로 죽을 뻔하다가 살아난다. 정광운은 아내가 죽을까 염려하여 이렇게 당부한다.

> 부인들의 순절은 그 도리가 한결같지 않은 것이다. 위급한 때를 당하여 목숨을 버려 정조를 온전히 하는 것은 당연한 도리이고, 청상으로서 의탁할 자녀가 없는 경우에 순절하는 것은 혹 그렇게 할 수도 있는 것이지만 자녀가 있고 가업을 지켜야 할 경우에 이상과 같은 행위를 하는 것은 부당한 도리이다.

정광운은 조씨가 자신을 따라 죽을 수 있음을 짐작하고 말린 것이다. 하지만 정광운의 열녀관 역시 「제정열부행록후」의 순암의 열녀관과 동일하다. 남편 이외 남성과의 비의도적 성적 접촉이 있을 경우나 청상으로 양육할 자식이 없을 경우 자살이 용인된다는 것이다. 이것은 아마도 당대 양반들의 보편적인 열녀관이었을 것이다.

1756년 정광운의 병이 위독해지자 조씨는 치료가 불가능함을 알고 정광운에게 '따라 죽겠다'고 말한다. 정광운이 1766년 겨울에 사망하자 조씨는 즉시 자결하려고 하였으나, 자녀들이 말려서 죽지 못하고 이렇게 말한다. "3년 안은 모두 죽을 수 있는 날이다."[23]

자살 시도가 실패로 돌아가자 조씨는 고행苦行을 시작한다.

이때 숙인의 나이가 52세였는데, 하루에 쌀 한 줌의 밥도 먹지 않았고 몸에서는 상복을 벗지 않았다. 그리고 공의 시신을 덮었던 이불과 깔았던 자리를 늘 깔고 자면서 말하기를, "내가 죽으면 이 물건들을 같이 묻으라."고 하였다. 그리고 헝클어진 머리에 때 묻은 얼굴로 우는 울음소리가 3년 동안 끊이지 않았다. 또 말하기를, "한 가닥의 목숨을 끊을 수 없다면 나의 마음을 다할 수 있는 것은 제사 지내는 데에 있다"라고 하고, 아침저녁으로 상식上食을 올리고 초하루 보름에 제전祭奠 드리는 제물을 자신이 직접 마련하였는데, 이 일을 3년 동안 하루도 게을리하지 않았다(「숙인조씨행장」).

초상 이후부터 종상終祥에 이르기까지 죽을 먹고 소식素食을 하며 헝클어진 머리를 빗지도 않고 얼굴의 때도 씻지 않으며, 옷에 이가 득실거려도 개의치 않았습니다. 초상 때에 시체를 덮었던 이불과 시체 밑에 깔았던 자리를 항상 덮고 깔면서 말하기를, "죽거든 반드시 이것으로 나를 염斂하여라" 하였습니다. 뭇 자제들이 울면서 평상대로 돌아오기를 권했으나 끝내 듣지 않았습니다(「열녀숙인조씨정문」).

자신의 신체를 가혹하게 다루는 것, 곧 거친 음식과 의복을 먹고 입으며 머리를 빗지 않고 몸을 씻지 않는 행위 등은 『삼강행실도』 「열녀편」이 열기列記하고 있는 열행烈行 중 전형적인 '자기 가학적 행위'다. 뒷날 무수히 모방된 이 자기가학증은 여성의 죄의식에 뿌리를 두고 있으며, 그 죄의식은 『삼강행실도』 등 남성에 의해 여성에게 주어진 텍스트로 인해 여성에게 내면화된 것이다.

조씨는 자학적인 상기喪期를 보내다가 대상大祥 3일 전에 음독飮毒하지만 옆

23 「烈女淑人趙氏呈文」에 의하면, 자결을 시도했으나 옆의 사람들이 여러 번 구출하여 살아났고, 항상 사람들에게 "지금은 비록 죽지 못했지만 3년상 중에 어찌 죽을 수 있는 날이 없겠는가"라고 하였다.

에 있던 사람이 해독약을 투여하여 살린다. 조씨는 자식들을 안심시킨다. "죽으려고 한 것은 차마 혼자 살아 있을 수 없었기 때문인데, 이제는 너희들을 위해 살아야겠다." 이후 언어와 행동을 평상시처럼 하여 사람들을 안심시킨 뒤 대상 15일 후 다시 음독한다. 셋째 아들이 손가락을 잘라 피를 입에 흘려 넣었지만 소용이 없었다.

조씨는 죽을 때 유서를 남긴다. 유서의 내용은 자식들에게 당부하는 말이었고, 그 끝에 자신의 죽음의 이유를 밝혔다. "내가 굳이 죽으려고 한 것은 일찍이 따라 죽겠다는 약속을 했기 때문이다. 그리고 3년상 내에 죽지 않은 것은 직접 제전祭奠을 올려서 부도婦道를 닦고자 함이었다. 이제 이미 상이 끝났으니 약속을 지킬 수 있게 된 것이다"(「열녀숙인조씨정문」). 조씨는 앞서 정광운이 병이 났을 때 자신이 종사할 것을 약속했던바, 이것을 실천한 것이었다.[24]

당시 조씨는 50대이고 네 아들과 두 딸이 있었다. 그의 나이로 보아 자식들은 모두 장성한 경우다. 삶의 노년기에 접어든 여성이 굳이 남편을 따라 죽을 필요가 있었을까? 조씨는 「제정열부행록후」의 정씨와는 의지할 남편이 없는 청상이 아니다. 아들 넷과 딸 둘을 둔 초로初老의 여성이 굳이 죽을 필요는 없다. 그럼에도 순암은 이 초로 여성의 종사를 찬미한다. "숙인이 기어이 정공을 따라 죽으려 하여 세 번이나 목을 매었다가 세 번 모두 다른 사람에게 구조를 당했으니, 숙인의 전일한 성품은 타고난 것이었다"(「숙인조씨행장」). 남편을 따라 죽겠다는 그 섬뜩한 의지를 찬미하고 있는 것이다.

청상이건 아니건, 시부모와 자식이 있건 없건, 봉사奉祀의 의무가 있건 없건, 외적 조건에 구애받지 않고 여성의 죽음은 광범위하게 발생하고 있었다. 남편을 따라 죽는 여성의 모든 형태의 죽음은 찬미의 대상이었고, 과격하면 과격한 대로 온건하면 온건한 대로, 즉 남성들은 모든 경우에 대해 그 죽음을 합리화하고 찬미하고 있었다. 순암 역시 다를 바 없었다. 이런 시각에서 「제열녀여홍

24 남편에게 자신의 從死를 미리 약속하고 실천하는 것 역시 열녀서사에서 반복되는 話素다.

이씨행록후」를 검토해 보자.

「제열녀여홍이씨행록후」의 이씨는 영양永陽 안경시安景時의 아들인 안서중安瑞重의 아내로 명문가 출신이다.[25] 이씨는 예의 열녀들처럼 남편이 죽자 하종下從을 결심하고, 염습이 끝나자 자살한다. 순암이 전하는 이씨가 자살에 이르는 과정은 이렇다.

(1) 이씨는 훌륭한 집안에서 태어나 이름난 문벌로 들어갔으니 시례詩禮의 가르침을 받은 바가 있었다.
(2) 평소 어버이를 섬기고 시부모를 섬기고 남편을 섬기는 도리가 모두 예절에 맞아 종족들과 이웃에서 칭찬을 하였다.
(3) 그러다가 남편의 병이 위독해지자 정성을 다하여 구호를 했는데, 한겨울을 당하여 목욕 재계하고 하늘에 기도하여 자신이 대신 죽기를 원했으며, 그러면서도 늙은 시부모가 상심할 것을 염려하여 억지로 말하고 웃어 위안하고 풀어드렸다.
(4) 변을 당한 뒤에는 몸소 염구斂具를 잡고 조금도 어긋남이 없게 하고 곡은 몇 마디의 소리만 내다가 그쳤다.
(5) 그러다가 염이 끝나고 나자 말하기를, "내가 즉시 죽지 않은 것은 한 집에 두 초상이 나면 남편의 염에 방해가 될 것 같아서였다. 이제는 거의 관에 들어갔을 것이니 죽어도 되겠다. 또 남편의 형제들이 많이 있어 시부모의 봉양도 맡길 데가 있으니 내가 살아서 무엇하겠는가" 하고 드디어 약을 마시고 자진하였다.[26]
(6) 이때에 그 시부가 위로하여도 마찬가지로 대답하고, 동서들이 타일러도 마찬가지로 대답하였으며, 9세의 아들과 14세의 딸이 부여잡고

---

25 "生于華宗, 入于名閥."

26 자살의 변은 이렇다. "我卽不死者, 以一室兩喪, 有妨於斂夫也. 今幾就棺, 可以死矣. 且夫之叔季多存, 奉養有托, 我生何爲?"

슬피 부르짖자 뿌리치고 돌아보지 않으면서, "나의 마음은 이미 정해졌으니 달리 말할 것이 없다" 하고는 숨을 거두었다.[27]

「제정열부행록후」와 동일한 형태의 서술구조를 갖고 있다. (1)・(2)의 단락에서 「제정열부행록후」와 동일한 단락을 쉽게 찾을 수 있을 것이다.[28] 다만 이 작품에서 각별히 문제가 되는 부분이 있으니, 이씨에게 봉양할 시부모와 양육해야 할 자식이 있다는 것이다. 하지만 이씨는 시부모의 봉양은 남편의 형제들에게 떠넘긴다. 이 역시 열녀서사에 종종 나타나는 방식이다. 양육해야 할 자식 둘, 곧 9세의 아들과 14세의 딸이 울며 매달리는 것을 이씨는 뿌리친다. 이씨는 유서에서 자식들에게 이렇게 말한다. "내가 너희들에게 연연하고 있을 수 없어 너희 아버지를 따라간다. 너희들이 잘 커서 뒷날 지하로 와서 아버지와 어머니를 뵈어라."[29]

자식을 뿌리치는 여성의 죽음을 어떻게 이해할 것인가. 순암은 그 죽음을 이렇게 합리화한다.

> 정렬에도 몇 가지가 있으니, ① 사세가 창황한 때를 당하여 오직 몸을 온전히 하는 것만을 귀중하게 여겨 다른 것을 돌아볼 겨를이 없는 경우가 있고, ② 남편이 죽고 의탁할 곳도 없이 홀홀 단신 외롭게 남아 삶을 즐겁게 여기지 않는 경우가 있고, ③ 아들도 있고 딸도 있어 의뢰할 수가 있지만 유독 '부부의 의리'를 중시하여 차마 혼자 살아남아 뒤의 즐거움을 누리지 못하는 경우도 있다. 이 세 가지를 놓고 등차를 매긴다면 마지막의 일이 더욱 어렵다 하겠다.

---

27 "子年九歲, 女年十四, 攀附哀號, 揮之而不顧曰: '我心已定, 他無可言.' 奄然而逝."

28 「題烈女驪興李氏行錄後」의 (3)은 「題鄭烈婦行錄後」의 (1)・(2)와 동일하고, (4)는 (3)・(5)와, (5)는 (4)・(6)과, (6)은 (7)과 동일하다.

29 "吾不得係戀汝輩, 從若爺去, 好爾成立, 異日泉下來見爺孃."

①의 경우 죽음의 불가피성은 이미 언급한 바 있다. ②는 「제정열부행록후」의 경우와 근사近似하다. ③은 「숙인조씨행장」의 조씨의 경우로 볼 수 있다. 하지만 조씨와 이씨가 다른 것은, 이씨에게는 어린 자식 둘이 있다는 것이다. 9세의 아들과 14세의 딸은 자살하려는 어머니를 '부여잡고 슬피 부르짖는다.' 모성에 호소한 것이다.[30] 하지만 이씨는 모성을 넘어서 자살을 선택한다.

이씨의 자살은 여성의 남성에 대한 성적 종속성을 내용으로 하는 인위적 윤리인 '열'이, 남성이 여성에게 주문했던 시부모에 대한 복종(효)과 어머니－자식이라는 생물학적 관계에 기초하는 본래적 애정, 곧 모성까지 넘어서고 있음을 의미한다. 여성에게 있어서 '열'은 모든 윤리에 선행하는 제일의 윤리가 되었던 것이다. 다산과 연암의 열행에 대한 비판은, 여성의 남성에 대한 성적 종속에 대한 근원적인 반성과 비판이 아니라, '열'이 다른 윤리를 넘어서고 있음과 '열'이 가부장제를 실천해야 할 도구인 여성의 신체를 직접 희생물로 바칠 것을 요구하는 '열'의 과잉에 대한 비판인 것이다. 이 과잉의 열행을 순암은 어떻게 인식했던가. 그는 이씨의 자살에 대해 '유독 부부의 의리를 중시하여 차마 혼자 살지 못하는' 경우로 판단하고 있다. 그가 말하는 '부부의 의리'란 남성에 대한 성적 종속성 외에 다른 것이 될 수 없다.

4.

순암은 다산이나 연암과 달리 과잉의 열행에 대한 비판이 없다. 그는 오히려 여성의 모든 죽음에 대한 합리화를 통해, 여성의 종사 자체를 합리화하려 하였다. 이것은 앞에서 이미 언급한 바와 같이 기본적으로 그의 여성

30 시부모와 동서들도 죽음을 만류한다.

관에 기초한다.

> 여자의 행실은 비록 유순한 데 있지만 그 지극한 경지를 말하자면 결국 정렬로 돌아가는데, 유순은 인仁에 속하고 정렬은 의義에 속한다. 인의의 도리는 진실로 사람이 품수한 바로서 본디 경중이 없다. 그러나 유순은 순경順境이요 정렬은 역경逆境이니, 순경에 처하기는 쉽고 역경에 처하기는 어렵다. 그러므로 역대 사전史傳에 사필을 들어 편찬한 부덕婦德이 하나둘이 아니지만 모두가 정렬을 더욱 귀중하게 여겼던 것이다(「제열녀여홍이씨행록후」).

유순과 정렬, 이 두 가지가 순암의 여성관의 기초를 이룬다. 여성은 일상에서 남성중심주의와 가부장제에 대해 복종해야[유순] 하는 존재이며, 위기의 국면에서 남성에 대한 성적 종속성을 죽음을 포함한 자기 희생으로 관철시켜야만[정렬] 하는 존재다. 유순과 정렬의 이면에는 여성은 남성에 의해 정의되는 존재, 남성에 의해서만 존재의 의미를 갖는 종속적 존재라는 여성관이 자리잡고 있다.

순암의 여성관은 당연히 순암의 창작이 아니다. 그는 이렇게 말한다. "생각건대, 사람의 도리 중에서 큰 것으로는 삼강보다 더할 것이 없으며, 나라에서 숭상하여 권장하는 것으로는 절개와 효도만한 것이 없으니, 실로 윤상倫常을 부식扶植하고 풍교를 배양하는 도리가 오로지 여기에 있기 때문입니다." 이 인용에 의하면 국가의 윤리의 선전은 정치적 행위다. 특히 여성에게 강요된 '열'은 동시에 남성적 욕망의 산물이라는 점에서, 조선 후기 여성의 죽음은 남성의 욕망이 국가의 권력을 통해서 집행된 결과라고 말할 수 있다. 국가 권력의 집행으로 가장 대표적인 것이 정려다.

> 그러한 여인들이 골짜기에서 스스로 목매어 죽고 초가집에서 목숨을 끊는 것은 단지 시골 마을에서 일어난 사소한 사건에 불과하다. 그것이 천하

국가의 일에 무슨 관계가 있는 것이기에 당시 임금들은 반드시 마을에 정문을 세워 표창하였으며 역사에서는 반드시 전傳을 기록하여 선양하였겠는가. 그 이유는 참으로 인도의 큰 절의는 오직 삼강에 있고 이 삼강은 부식扶植하고 권장하여 그만둘 수 없는 것이기 때문이다(「숙인조씨행장」).

여성의 죽음에 대해 국가가 정문을 하사하여 표창하는 것은 여성의 남성에 대한 성적 종속성을 국가 권력을 통해 윤리의 선양이란 형태로 선전하는 것이다.[31] 순암의 여성관은 이런 남성-국가의 것을 비판 없이 수용한 결과로 형성된 것이다.

5.

여성의 열행이 죽음-종사와 같은 의미가 된 것은 조선 후기에 와서이며, 특히 17세기 중반 이후다. 조선 건국 이후 남성-국가가 기획했던 여성의 남성에 대한 완전한 성적 종속성이 조선 후기에 와서 완성된 것이다. 여성의 종사從死에 대해 조선 후기의 사대부들은 전·행록·정려기 등 가능한 거의 모든 장르를 통해 기록하고 찬미하였으니, 순암 역시 예외가 아니었던 것이다.

우리는 실학이란 명사가 내포한 진보성에는 당연히 여성에 대한 진보적 견

31 역사에서 열녀전을 쓰는 행위 역시 언어를 통해 그것을 초시간적으로 전승하려는 남성의 욕망의 표현이다. 아울러 남성-국가는 여성의 남성에 대한 성적 종속성을 여성에게 내면화하기 위해 여러 정책을 시행하는데, 서적의 보급도 그중 한 가지이다. 예컨대 「淑人趙氏行狀」의 다음 부분을 보라. "조금 자랐을 때 『女誡』·『三綱行實圖』 등의 글을 가르치자 환히 깨달아 알고 송독하며 익혔고, 명주 길쌈과 삼베 길쌈도 더욱 부지런히 하였다." 『여계』와 『삼강행실도』는 여성의 가부장제에 대한 순종과 여성의 자발적 죽음을 권유하는 책이다. 『삼강행실도』(烈女篇)는 조선조에 민중(여성)에게 가장 널리 보급된 책의 하나이다. 남성-국가가 서적의 보급을 통해 여성을 의식화하고자 한 것이다.

해가 있기를 기대했고, 연암의 「열녀함양박씨전」이나 다산의 「열부론」 등에서 그 기대했던 바를 확인하였다. 하지만 연암과 다산의 글이 갖는 여성관의 정확한 의미와 위상은 무엇인가. 또 나아가 순암과 같은 철저히 보수적인 여성관을 어떻게 이해해야 할 것인가. 순암은 보수적인 실학자라는 간단한 이유로 덮어 버리고 말 것인가. 실학의 개념과 관련하여 보다 근원적인 차원에서 해결되어야 할 문제라 하겠다.

순암 안정복의 여성 인식

18세기 여성 인식사의 한 보수적 얼굴

김보경

1. 왜 '순암'의 '여성 인식'인가

순암 안정복(1712~1791)은 18세기의 실학자이자 역사학자로 널리 알려져 있다. 특히 역사학자로서 그의 위상은 독보적인 위치에 있다. 그가 찬술한 『동사강목東史綱目』은 18세기 실학자의 역사인식을 보여 주는 최고 수준의 통사通史로서, 그 형식 및 내용의 세련성으로 말미암아 후대의 역사학에 지대한 영향을 미치고 있기 때문이다.[1]

그러나 학통으로 볼 때 순암은 이 시기의 대표적인 보수적 학자로 평가된다.

1 한영우(1989), 「18세기 후반 남인 안정복의 사상과 『동사강목』」, 『조선후기사학사연구』, 일지사, 354면 참조.

주지하다시피 조선 후기 실학의 선하를 이룬 사람은 성호星湖 이익李瀷(1681~1763)이다. 그런데 성호의 학문과 사상 내부에는 이미 보수와 진보 양면이 구재되어 있었다. 순암은 바로 성호학통 중에서 보수적인 측면을 계승한 이른바 '성호우파'의 장자였던 것이다.[2]

순암이 18세기를 전적으로 대변하는 학자라고 말하기는 어렵다. 그러나 그가 18세기를 이해하는 데 매우 중요한 학자라는 점에는 이론의 여지가 없을 것이다. 본고는 이 순암을 통하여 18세기를 이해하고자 하는 시도의 일환이다. 그러나 그의 역사인식이나 학문·사상에 대한 본격적인 연구[3]는 아니다. 본고는 순암에 대해 또 다른 주제적 접근을 제안한다. 그것은 바로 '여성 인식'이다.

'여성'은 가장 고답적인 인습의 전통 속에 갇혀 있는 존재였다. '18세기'는 전통과 창신이 교합하고 충돌하던 시대였다. 이 시기에는 중세적 사회 구성이 해체되어 가면서 전통적인 가치관에 큰 변화가 일어나기 시작했다. 바로 이 점에서, '여성 인식'은 18세기 전통과 창신, 교합과 충돌의 양상을 살피는 데 가장 첨예한 주제가 되어 준다. 특히 순암이 보수 계열에 속하는 학자라는 점을 감안할 때 여성 인식은 무엇보다 문제적 주제가 될 수 있을 것이다.

전제해야 할 것은, 당연한 말이기도 하겠지만 '여성'은 순암에게 문제적 주제는 될지언정 1차적 관심 주제는 아니라는 점이다. 본고에서 여성 인식을 고찰하려는 것은 순암을 예기치 않은 틈으로 뒤집어 봄으로써 그의 이면을 들여다보려는 시도이다. 나아가 이를 통하여 18세기 여성 인식사에 대한 조망을 얻고

2 이우성(1999), 「근기학파에 있어서의 순암의 위치」, 『한국실학연구』 창간호, 솔 참조.

3 지금까지 순암에 대한 연구는 대부분 그의 역사인식을 탐구하는 데에 집중되어 있다. 『동사강목』이 18세기 실학자의 역사인식을 이해하는 데에 사료적 가치가 큰 문헌이라는 점을 감안하면 이것은 당연한 결과라고 할 수 있다. 근래에는 순암의 학문과 사상, 예컨대 성리학·경학·예학 및 사회사상 등을 다양한 방법으로 접근하려는 시도가 전개되어, 순암에 대한 이해의 폭이 넓어지고 있다.

자 하는 시도이다.

여성이 1차적 관심 주제는 아니었으나 순암의 저술 가운데에 의외로 여성 관련 글이 많고 형식도 다양한 점에 놀라게 된다. 우선 『내범內範』과 「여용국전女容國傳」을 들 수 있다. 전자는 이름 그대로 여성 교훈서이고, 후자는 화장 도구를 의인화한 가전이다. 그리고 여성 관련 글로 제문 · 행장 · 묘지문 · 행록 후지 등이 20편 남짓 있다. 그 외 그의 문집 곳곳에 여성에 대한 언급이 산견된다. 이와 함께 빼놓을 수 없는 것이 『동사강목』의 여성 관련 기사와 사론이다. 이것은 그가 역사학자의 관점에서 여성을 어떻게 바라보고 다루고 있는가를 보여 주는 중요한 자료이다.

이에 본고에서는 세 가지 방면에서 순암이 여성 인식을 고찰하고자 한다. 먼저 순암의 여성에 대한 인식의 기저를 살피고 『내범』의 저술 동기와 성격을 살피고자 한다. 그리고 일반적인 여성 관련 글들에 나타난 여성의 삶과 죽음의 서사를 분석하여 그 의미를 밝히고, 다음으로 『동사강목』의 여성 관련 기사 및 사론에 나타난 여성 인식을 고찰할 것이다. 이 모든 논의는 최종적으로 18세기 여성 인식사에서 순암의 여성 인식이 갖는 의미 및 위치를 규명하는 작업으로 귀결될 것이다.

2. 여성 인식의 기본 전제

1) 『내범』의 저술 동기와 성격

순암의 저술은 많았을 것으로 추정되나 적지 않은 수가 일실되었다. 『내범』도 그중 하나이다. 『내범』은 여성 교훈서이다. 여성 교훈서는 조선 전기부터 꾸준히 간행, 보급되었다. 중기 이후에는 관찬이 아닌 사찬의 계녀서나 여성 교훈서가 저술, 간행되었다. 순암의 「숙인조씨행장淑人趙氏行狀」에서도 주제 인물인 조씨가 『여계女誡』 · 『삼강행실도』 등을 읽으면서 여공과 부덕을 부지런히 익히고 있다.[4] 그렇다면 이렇게 기존 여성 교훈서들이 읽히고 있던 판에 순암은 왜 다시 『내범』을 지었던 것일까? 이것은 다른 여성 교훈서들과 어떠한 차별성이 있는 것일까?

먼저 순암의 여성 인식의 기저부터 살펴보기로 한다.

> 대개 천도는 양은 귀하고 음은 천하며, 인도는 지아비는 높고 지어미는 낮다. 음은 양기를 받아서 만물을 기르고 지어미는 지아비의 정기를 받아서 자녀를 낳는다. 생장의 공은 비록 여기에 있지만 시화施化의 이치는 오로지 저기로부터 말미암는다. 그러므로 『역』에서 "음은 감히 이루지 못하니 땅의 도이며 지어미의 도이다"라고 하였고, 『시』에서 "아버지 날 낳으시고 어머니 나를 기르셨네" 하였던 것이다.[5]

『동사강목』의 사론이다. 천도는 인도의 형이상학적 필연성이다. 천도의 양귀음천陽貴陰賤과 인도의 부존처비夫尊妻卑는 철저한 유비類比를 이루어 나타난다. 음은 양기를 '받아서' 만물을 기르고, 처는 지아비의 정기를 '받아서' 자녀를 낳는다. 그것은 『주역』에서 이른바 '감히 이루지 못하는[不敢成]' 수동적受動的 존재이다. 이것이 땅의 도이고 지어미의 도이다.[6]

> 대개 건도는 확고하게 굳세고 결단성이 있으므로 분발하여 일을 해냄이 있고, 곤도는 부드럽게 순종하므로 조용하고 진중하게 보존해 지킵니다.[7]

---

4 『순암집』 권25, 「淑人趙氏行狀」. "稍長, 授以女誡 三綱行實等書, 能通曉而誦習之."

5 『동사강목』 제7상, 문종 원년(1047) 동10월조 사론. "夫天道, 陽貴而陰賤, 人道, 夫尊而妻卑. 陰受陽氣, 以長養萬物, 妻受夫精, 以生産子女. 長生之功, 雖在於此, 而施化之理, 專由於彼. 故易曰, 陰不敢成也, 地道也, 妻道也, 詩曰, 父兮生我, 母兮鞠我."

6 『주역』, 「坤卦」, 文言. "陰雖有美, 含之, 以從王事, 弗敢成也, 地道也, 妻道也, 臣道也, 地道, 无成而代有終也."

7 『순암집』 권16, 「壬辰桂坊日記」. "蓋乾道確然剛決, 奮發而有爲, 坤道隤然委順, 靜重而持

건도와 곤도는 확고함[確然] / 부드러움[隤然]이라는 성질로 대비된다. 이 역시 『주역』에서 끌어 온 말이다.[8] 건도와 곤도의 대비는 강결剛決 / 위순委順, 발분이유위奮發而有爲 / 정중이지수靜重而持守로 이어진다. 건도는 능동적이고 적극적이며, 곤도는 수동적이고 소극적이다. 건도는 공을 이루고, 곤도는 보존하여 지킨다. 이러한 대비는 곧 남녀의 본성 차이로 구현된다. 남성의 강건함과 여성의 유순함, 이것이 천도에 부합하는 도덕적 원리이다.

남녀의 본성 차이는 결코 남녀의 동등함에 기초한 차이를 의미하는 것이 아니다. 여성은 남성에 대하여 불완전하며 불안정하기 짝이 없는 열등한 존재로 규정된다.

> 그 편협한 성품이 교화되기 어려워 기쁘고 노여운 감정이 쉽게 생긴다. 지아비 된 자가 혹 거느리는 데에 그 도를 잃어서 살갗을 파고드는 지속적인 소곤거림에 현혹된다면 잠깐 사이에 짐승의 구렁텅이로 떨어지고 말 것이니 가히 두렵지 않겠는가?[9]

순암은 여성을 '그 편협한 성품[偏性]이 교화되기 어려워 기쁘고 노여운 감정이 쉽게 생기는' 존재로 간주한다. 「성정」에서는 "부인의 성질은 단지 눈앞에 미치는 것에만 얽매여서 혹 들리거나 보이지 않는 곳에서는 차마 하기 어려운 짓을 하기도 한다"[10]라고 했다. 그는 더 나아가 여성을 재물, 술과 함께 사람을 미혹시키는 사욕의 근원으로 보기도 했다. 역시 「성정」이란 글에서 "여색이란

守."

8 『주역』, 「繫辭下傳」 제1장. "夫乾確然, 示人易矣, 夫坤隤然, 示之簡矣."

9 『순암집』 권14, 「示弟鼎祿子景曾遺書」. "其偏性難化, 喜怒易生. 爲夫者, 或御之失其道, 而聽瑩於膚受浸潤之際, 則俄頃之間, 墮落於禽獸阬塹, 可不懼哉."

10 『순암집』 권12, 「橡軒隨筆」 上, 性情. "婦人之性, 只區區於目前之所及, 而或施不忍於聞見未到處."

것은 몸을 죽이는 도끼"라고 했다. 그가 제시한 최규서崔奎瑞의 일화는 여성을 사욕의 근원으로 보고 육체적 욕망을 정신적 명상을 통해 이겨 내는 극기克己의 사례로 인용되었다.[11] 요컨대 여성은 단순히 성적인 남/녀의 섹슈얼리티로서만이 아니라 그 자체가 사욕의 근원으로서 극복할 대상으로 인식되고 있는 것이다.

이와 같이 여성은 남성이 거느리는 데에 도를 잃거나 경계를 게을리하면 '짐승의 구렁텅이'로 굴러 떨어지게 하거나 '몸을 죽이는' 위태로운 존재이다. 그렇다면 이에 어떻게 대처해야 하는가? 남성 자신의 수양도 중요하지만,[12] 더 근본적으로는 여성을 제대로 교육하고 올바로 지도해야 한다. 순암은 그 교육과 지도의 책임을 남성에게 지웠다.

> 부부의 의리는 중하다. 그런데 지금 세상의 부녀자는 대부분 배우지 못하여 아는 것이 없으니 어찌 의리가 중하다는 것을 알겠는가. 모든 것은 지아비 된 자가 잘 이끌어서 선도하는 데에 달려 있을 뿐이다. (…) 고금에 복록을 누린 집안들을 두루 살펴보면 늘 전세의 내행이 순후하게 갖추어졌던 가문으로부터 나왔으니 가히 유념하지 않을 수 있겠는가.[13]

세상의 부녀자는 '불학무식不學無識'해서 의리의 중함을 알지 못하기 때문에 지아비 된 자가 그를 선으로써 잘 인도해야 한다. 작은 잘못은 덮어 주어야 하지만 부모와 지친에 대하여 큰 잘못을 저지를 때에는 결단코 용서해서는 안 되

---

11 위의 글. "財者陷身之穽, 色者戕身之斧, 酒者毒腸之藥. (…) 道路遇少艾, 人無不回顧, 可見人慾之難制也. 昔崔奉朝賀奎瑞常言, 少時道逢女人, 如有回顧之念, 則必瞑目自思曰, 是心將殺我也, 念之數遍, 心氣自定. 前輩克己類此."

12 『순암집』 권14, 「示弟鼎祿子景曾遺書」. "苟使我平日立心, 正大光明, 於彜倫日用之常, 無一事之不盡, 則初無是患矣."

13 위의 글. "夫婦義重. 而今世婦女, 多不學無識, 安知義理之爲重乎. 皆在於爲夫者, 導以爲善而已 (…) 歷觀古今人家多福祿者, 恒由於前世內行淳備之家, 可不念哉."

니, '깊이 미워하고 통렬히 물리쳐서 그 조짐이 자라지 못하도록' 해야 하는 것이다.[14] 그는 가문의 복록은 '내행內行'이 순후한 데서 나온다고 했다. 이것은 가문이 잘되고 못되는 것은 여성에게 달려 있다는 말이지만, 더 궁극적으로는 그 여성을 올바로 선도하고 훈육하는 남성에게 책임이 있다는 말이다.

이상과 같은 남존여비적 인식, 여성편성女性偏性에 대한 경계의 기초 위에 설 때 여성의 교육은 필연적으로 요청되는 과제이다. 여기에서 순암이 『내범』을 지은 기본 동기를 발견할 수 있다. 그러나 이것은 여성 교훈서 일반이 공유하는 보편적 동기이다. 순암이 『내범』을 지은 데에는 더 적극적인 동기가 있었다.

> 주부자께서 일찍이 『여계』의 비루하고 천박한 것을 병통으로 여기셔서 옛 말을 모아 한 책을 만들어서 『소학』에 짝이 되게 하려고 하셨으나 그 뜻을 이루지 못하셨다. 선생이 이미 『하학지남』을 찬술하고 또 이 책을 엮었으니 주부자의 유지를 본받고자 한 것이다. 편목은 대략 주부자가 정한 책을 따라서 모두 여섯 편으로 하고 이름은 '내범'이라고 하였다.[15]

순암이 『내범』을 저술한 동기와 그 지향하는 바는 간단치 않다. 그는 『내범』의 저술을 주자朱子의 유지를 잇는 것이라고 생각하고 있었다. 『여계』는 후한後漢 반소班昭(48~117)가 지은 여성 교훈서로서, 당唐 송약소宋若昭의 『여논어』, 명明 인효문황후仁孝文皇后의 『내훈』, 청淸 왕王 절부節婦의 『여범첩록女範捷錄』과 함께 『여사서女四書』라는 이름으로 묶여서 여성 규범서의 전범으로 구실했다.[16] 그런

---

14 위의 글. "其有小過, 當掩覆之, 至若有怨詈父母, 疎間至親之意, 則斷不饒貸, 深惡而痛斥之, 其漸不可長也."

15 『순암집』, 「연보」, 신유(1741). "朱夫子, 嘗病女戒之鄙淺, 欲集古語成一書, 以配小學, 而未遂其意. 先生, 旣撰下學指南, 又編是書, 蓋欲體朱子之遺意. 而篇目略倣朱子所定書, 凡六篇, 名之曰內範."

데 『여계』는 주자로부터 혹평을 받았다. 주자는 『여계』의 '비루하고 천박한 것'을 병통으로 여겼다. 이러한 문제의식에서 주자는 『소학』과 함께 짝을 이루는 여성 교훈서를 만들려고 했으나 뜻을 이루지 못했다. 순암이 『내범』을 지은 것은 바로 이러한 주자의 유지를 이루기 위한 것이었다. 『내범』을 모두 6편으로 만든 것도 물론 『소학』의 체재에 맞춘 것임이 분명하다.

한편, 『내범』의 성격은 순암의 '하학下學' 정신과 연결하여 설명할 때 제대로 파악될 수 있다. 「연보」에서도 그러했거니와, 순암의 저술을 열거하는 자리에서 『내범』은 항상 『하학지남下學指南』과 짝을 이루어 나타난다.[17] 『하학지남』 또한 『소학』의 의례를 본떠서 만든 책으로 남성 교육 지침서이다. 책명에 보이는 '하학'이란 우리 주위에서 쉽게 접할 수 있고 가까운 것으로서 일상생활에서 인간이 지켜야 할 도리를 의미한다. 이 하학은 그의 학문과 사상을 꿰뚫는 기본 정신이다. 『내범』은 기본적으로 『하학지남』에서 다루어져야 할 내용이었으나 아녀자의 생활규범을 대상으로 하였기 때문에 별도로 저술된 것으로 보인다.

다음은 순암의 입으로 직접 『내범』이라는 책이 언급된 귀중한 예이다.

> 이 밖의 여러 조목은 『내범』에 갖추어져 있다. 부지런히 모시고 일하는 여가에 항상 마음에 담아 외우고 생각해서 자신의 마음으로 이를 체득하도록 하려무나.
>
> 네가 슬하에 있던 20년 동안 나를 하늘처럼 생각했는데 지금 그 하늘을 옮겨서 네 남편을 따라가는구나. (…) 이것은 모두 실천할 수 있는 일이므로 말해 주는 것이란다. 만약 그것이 실천하기 어려운 것이라면 내가 왜 실속 없는 말을 하겠느냐.[18]

---

16 이숙인(2003), 「『여사서』 해제」, 『여사서』, 여이연 참조.

17 『순암집』, 「순암선생행장」. "若其著述, 下學指南, 平生用功文路也, 內範, 行諸閨梱者也."

「부증여아附贈女兒」란 글이다. 사위 권일신權日身(1742~1791)[19]을 맞을 때 「혼례작의婚禮酌宜」를 정하고, 그 뒤에 붙여 쓴 것이다. 순암은 이 글 첫머리를 '『내칙內則』에 말하기를'로 시작해서 시부모·남편·동서들을 대하는 태도와 마음가짐을 꼬치꼬치 기술했다. 그리고 오로지 '주식酒食'에만 힘쓸 것을 당부했다. 순암은 그 밖의 자세한 것은 『내범』에 갖추어져 있으니 늘 외우고 체득하라고 했다. 위 글은 그 다음에 이어지는 내용이다.

아버지로부터 남편에게로 '하늘'을 바꾸어 가는 마당에 순암은 딸에게 조목조목 해야 할 일을 일러 주면서 이 모든 것은 '가행지사可行之事'임을 강조했다. 이는 그의 하학 정신이 『내범』에도 관통하고 있음을 보여 주는 증거이다. 즉 순암은 하학 정신을 기저로 하여 일상의 자질구레한 일에서부터 실천역행實踐力行할 수 있도록 여성의 몸과 마음을 세세하게 규정하는 담론을 재구성해 내었던 것이다.

여성 교훈서는 본질적으로 하학이다. 그리고 남성의 규범서 역시 하학을 바탕으로 하고 있다. 그러나 순암의 경우 하학은 그의 학문과 사상을 통관하는 기본정신으로, 일관성과 투철성이라는 점에서 특징적이다. 이에 기초하여 남성 교육 지침서인 『하학지남』을 저술하고 여성 교훈서인 『내범』을 저술한 것이다. 순암은 남성과 여성의 역할을 더욱 명확하게 분획하고 일상생활 차원에서부터 양자가 각각 실천해야 할 일을 세세하게 규정함으로써 차별적 성담론을 더욱 강화했던 것이다.

---

18 『순암집』 권14, 「附贈女兒」. "此外諸條, 內範備之. 使喚服勞之餘, 常常着意誦念, 以驗于吾心. 汝在膝下二十年, 以我爲天, 今移天而從汝夫婿. (…) 此皆可行之事, 故言之. 若其難行者, 則吾豈爲無實之言哉."

19 권일신: 조선 후기의 학자·천주교인. 본관은 안동. 자는 省吾, 호는 稷庵. 權哲身의 아우.

2) 부행婦行의 네 가지 범주

『내범』이 여성이 일상생활에서 실천해야 할 항목을 세세하게 기술한 데 반해, 다음 시는 여성의 덕목을 크게 범주화해서 압축적으로 제시하고 있다.

> 부행은 많지 않으니 단지 네 가지일 뿐
> 부지런히 게을리하지 말고 아침저녁으로 경계하려무나.
> 모습은 공경과 조심스러움을 간직하고 고요해야 하며
> 말은 찬찬하고 자상하고 온화하게 해야 한단다.
> 덕은 온화함과 유순함으로써 하되 정렬이 으뜸이 되느니
> 할 일은 술과 음식을 마련하고 길쌈질에 힘쓰는 것.
> 婦行不多只有四, 孜孜不怠警朝曛.
> 貌存敬謹宜思靜, 言欲周詳更着溫.
> 德以和柔貞烈最, 工因酒食織紝勤.[20]

순암의 「경여아警女兒」이다. 시집가는 딸아이를 경계하기 위해 지은 시이다. 부녀의 행실로 요구되는 것은 많지 않으니, 단지 네 가지일 뿐이다. 그것은 곧 모貌 · 언言 · 덕德 · 공工이다. 이 네 가지는 여성의 삶을 포괄하는 것이자 여성 교육의 4대 영역을 구성하는 것이다.[21] 그러나 이러한 분류는 사실 특별한 것이 아니다. 『예기』에 이미 부덕婦德 · 부언婦言 · 부용婦容 · 부공婦功의 분류가 제시되었으며,[22] 『여계』는 '부행婦行'이라는 표제 아래 이 네 가지에 대해서 자세

---

20 『순암집』 권1, 「警女兒」.

21 박균섭(2000), 「『시경』이 여성 교육에 끼친 영향」, 『교육학연구』 38, 한국교육학회, 41면 참조.

22 『禮記』 권29, 「昏義」. "教以婦德婦言婦容婦功."; 『周禮』, 「天官」, 九嬪. "掌婦學之法, 以教九御婦德婦言婦容婦功."

히 설명하고 있기 때문이다.[23] 그런데 「경여아」는 시라는 형식적 특성에 기인한 것이긴 해도 『여계』보다 그 부행의 내용이 훨씬 간략하고 그만큼 명료하다. 부행이 많지 않다고 했으니 말이 길어질 필요도 없다. '모貌'에서는 '경근사정敬謹思靜'을, '언言'에서는 '주상착온周詳着溫'을, '덕德'에서는 '화유정렬和柔貞烈'을 '공工'에서는 '주식직임酒食織紝'을 들고 있을 뿐이다.

그런데 「경여아」는 『예기』와 『여계』의 네 가지 분류를 받아들이고 '공'의 경우 『여계』에서 제시한 것을 요약한 것이라고 할 정도로 다르지 않으나, 그 외의 것은 눈에 띄는 몇 가지 특징을 보이고 있다. 그중의 하나는 '용容' 대신 '모貌'라고 표제한 것이다. 『여계』에서는 "세수를 깨끗이 하고 의복을 정결히 하며 정기적으로 목욕을 하여 몸에 때를 없게 하는 것"을 '부용'이라고 했다. 그러나 순암이 말하는 부행의 '모'란 이러한 외모의 정결함이 아니다. 그것은 '경근敬謹'이라는 도덕적 단정함이다.

앞서 살펴본바 「부증여아」라는 짧은 글 한 편에도 이 경과 근이 거듭 강조되어 있다.

> 남편이란 자는 우러러보면서 일생을 함께하는 사람이니, 하늘의 도이며 임금의 도이다. 비록 동등한 신분이라고는 하나 그 의리는 지극히 중한 것이다. 신부가 처음 왔을 때는 매사에 공경하고 조심하지만[敬謹] 세월이 오래되어 자녀들이 태어나면 쉬 무람없는 버릇이 생겨서 더러 일을 제 마음대로 하다가 집안의 화목을 깨뜨리는 일이 많다. 그러니 반드시 잠자리에서까지 조심해야[謹] 한다.[24]

23 『여계』에서 제시한 부행의 구체적인 덕목은 다음과 같다. "幽閑貞靜, 守節整齊, 行已有恥, 動靜有法, 是謂婦德. 擇辭而說, 不道惡說, 時然後言, 不厭於人, 是謂婦言. 盥浣塵穢, 服飾鮮潔, 沐浴以時, 身不垢辱, 是謂婦容. 專心紡績, 不好戲笑, 潔齊酒食, 以供賓客, 是謂婦功. 此四者, 女人之大節, 而不可乏無者也. 然爲之甚易, 唯在存心耳."

24 『순암집』 권14, 「附贈女兒」. "良人者, 所仰望而終身者也, 天道也, 君道也. 雖云適體, 其義

남편은 천도天道이며 군도君道이다. 물론 아내는 지도地道이며 신도臣道라는 함의가 있다. 순암은 이 하늘이며 임금인 남편에게 매사에 '경근敬謹'하고 잠자리에서까지 '근謹'할 것을 당부한다. 경근은 남편에게만 적용되는 것은 아니다. 경근은 남성 또는 남성 질서에 대한 순종의 규율이다. 그리하여 시부모에게는 '기경기효起敬起孝'하고 동서들 사이에서도 '무상화경務相和敬'하라고 무던히도 강조하는 것이다.[25] 짧은 글 한 편에 경敬과 근謹이 10회 남짓 나오니, 순암이 이것을 얼마나 중히 여겼는지 알 만하다.

'용容'과 '모貌'는 단순한 수사적 차이가 아니다. 순암은 『여계』의 '부용婦容'의 내용이 '천박하고 비루한 것'을 불만스러워했을 법하다. 그는 여성의 외모의 깨끗함이나 의복의 정결함이 아니라 여성의 도덕적 마음가짐과 몸가짐을 문제 삼았다. 그것이 곧 '경근'이다. 그래서 '용'이라는 전통적 분류 표제를 '모'로 바꾸어서 이 경근을 정면에 내세운 것이다.

한편, '덕'에 대한 언급도 눈여겨볼 필요가 있다. 『여계』에서는 "그윽하고 단정하고 곧고 고요하며 절도를 지켜서 가지런히 다스리되 이미 행한 일에 부끄러움을 가지고 동정에 법도가 있는 것"을 '부덕'이라고 했다. 이에 대해 순암은 "덕은 온화함과 유순함으로써 하되 정렬이 으뜸이 되고"라고 하여, '유순'과 함께 '정렬'을 내걸었다.

> 여자의 행실은 비록 유순에 있으나 그 지극한 경지를 말하면 모두 정렬로 돌아간다.[26]

至重. 新婦初至, 每事敬謹, 及至年歲已久, 子女成列, 狎昵易生, 事或自專, 以致乖和者, 多矣. 必須致謹于衽席之上."

25 위의 글. "舅姑義合, 一失其意, 終爲不孝, 當一念夔夔, 罔或少忽, 起敬起孝, 毋敢怠荒 (…) 娣姒之間, 務相和敬, 俱以他姓之人, 同入一門, 其義顧不重歟."

26 『순암집』 권19, 「題烈女驪興李氏行錄後」. "女子之行, 雖在於柔順, 而言其至致, 率歸于貞烈."

「제열녀여흥이씨행록후題烈女驪興李氏行錄後」이다. 그는 여자의 행실은 본디 유순에 있으나 그 지극한 경지로 따지면 정렬이 최상이라고 했다. 「경여아」의 '덕'과 동일한 내용이다. 위 글은 열부를 주제로 한 글이니 '정렬' 운운은 당연하다 하겠지만, 순암은 지금 시집가는 딸아이를 놓고서 '유순'을 가르치는 데 그치지 않고 '정렬이 으뜸'이라고 말하고 있는 것이다. 정렬에 대해서는 뒤에 논할 것이지만, 이렇게 정렬을 유순보다 우월한 위치에 올려놓는 것은 여성에 대한 억압이 일상적인 차원의 규제를 넘어서 대단히 강박적으로 자행되었음을 시사해 준다.

순암은 음양의 우주 원리를 남녀의 존비 관계에 적용하고, 여성의 유순을 천도에 부합하는 도덕적 원리로 간주했다. 그는 부행을 모・언・덕・공으로 나누어 제시했다. 이 네 가지를 통솔하는 상위 도덕관념은 부덕婦德이다. 부덕은 유순에 기초하여 여성의 삶의 영역을 포괄하는 것이다. 순암은 전통적인 여성관을 답습하되, 부덕에서 유순과 함께 정렬을 특별히 포양하는 특징을 보이고 있다. 그리하여 이 유순과 정렬은 여성의 삶과 죽음이라고 하는 서사를 직조하는 견고한 틀로서 구실하게 된다. 이에 대해서는 다음 장에서 자세히 살펴보기로 한다.

3. 일반적 여성의 삶과 죽음의 서사

일반적 여성에 관련된 글은 제문・행장・묘지문・행록후지 등이 20편 남짓이 있다.[27] 이것들은 딸에게 준 것을 제외하고는 모두 죽은 여성을 대상으로

27 일반적 여성에 관련된 글은 순암과의 관계로 볼 때 크게 가문 내 여성을 대상으로 한 글과 他門 여성을 대상으로 한 글로 나눌 수 있다. 가문 내 여성으로는 아내・어머니・이모・며느리 등이 있다. 아내를 대상으로 한 글에는 제문 「祭淑人昌寧成氏文」과 묘지문 「淑人昌寧

한 것이다. 그러나 죽은 여성을 대상으로 한 글이라 해도 그 여성의 '삶'의 조명에 집중한 것이 있고 '죽음'의 해석에 중점을 둔 것이 있다. 열부에 관련된 글은 단연 후자에 속한다. 여기에서는 일반적 여성 관련 글에 나타난 삶과 죽음의 서사를 분석하되, 삶의 서사에서는 순암과 가장 가까운 여성이었던 아내와 어머니를 중심으로, 죽음의 서사는 열부를 중심으로 살펴보기로 하겠다.

1) 삶의 보편적 원리 : 유순

순암은 부행을 네 가지로 나누었으나, 이것을 포괄하는 한 마디는 '유순'이다. 유순은 부행의 한 분류로서 부덕의 세부 덕목이 아니라 부행과 등가가 될 수 있는 상위 덕목이다. 유순은 곧 여성의 삶을 지배하는 원리이다.

> (가) 성품이 효성스럽고 근중하고 부지런하고 검소하며 단정하고 깨끗하고 겸손했다.[28]
>
> (나) 효성스럽고 자애롭고 총명하고 사리에 통달했으며 부도가 능히 갖

成氏壙記」가 있고, 어머니를 대상으로 한 글에는 행장 「先妣恭人李氏行狀」과 묘지문 「先妣恭人李氏壙誌」가 있다. 며느리에게는 묘지문 「子婦尹氏壙銘」이, 이모에게는 제문 「祭姨母文」이 있다. 그 외에 딸을 대상으로 한 시와 문이 각 1편이 있는데, 하나는 「警女兒」이고, 하나는 「附贈女兒」이다. 他門 여성에 관련된 글은, 일반 여성을 대상으로 한 글로 「孺人竹山安氏墓誌銘」·「淑人全氏墓誌」·「宜寧南氏墓誌銘」·「學生鄭公孺人李氏合窆墓誌銘」·「恭人杞溪兪氏墓誌」·「恭人河東鄭氏墓誌銘」 등 여섯 편이 있다. 이것은 모두 묘지문이다. 나머지는 烈婦에 관련된 글로 「題鄭烈婦行錄後」·「題烈女驪興李氏行錄後」이다. 또 다른 열부로 조씨가 있다. 그에 관련된 글이 세 편이나 있다. 하나는 「故司成鄭公淑人趙氏壙誌」로 남편과 합폄한 묘지문이고, 하나는 행장 「淑人趙氏行狀」, 마지막은 「烈女淑人趙氏呈文」이다. 조씨는 순암과 종친인 安景時의 며느리이므로, 분류하자면 가문 내 여성 쪽으로 보는 게 좋겠다.

28 『순암집』 권22, 「淑人昌寧成氏壙記」. "性孝謹勤儉, 端潔謙下."

추어졌다.[29]

(가)는 아내를 대상으로 한 「숙인창녕성씨광기淑人昌寧成氏壙記」이고, (나)는 어머니를 대상으로 한 「선비공인이씨광지先妣恭人李氏壙誌」이다. 어머니는 순암의 나이 59세인 1770년(영조 46)에, 아내는 이보다 5년 뒤 그의 나이 64세 때 세상을 떴다. 이 광기와 광지에는 아내와 어머니의 성품과 덕이 위와 같이 간명하게 요약되어 있다. 「제숙인창녕성씨문祭淑人昌寧成氏文」과 「선비공인이씨행장先妣恭人李氏行狀」은 일화를 곁들이면서 이것을 곡진하게 풀어 놓은 것이다.

「제숙인창녕성씨문」은 아내를 제사 지낸 글이다. 순암은 아내의 죽음을 절절한 마음으로 애도하면서 아내의 생애와 성품을 회억했다.

> 숙인의 효성스럽고 조심스러운 행실은 천성에 근본한 것이었소. 우리 집안에 들어온 이후로 덕에 어긋난 일이 없었으니 시부모가 사랑하고 집안 사람들이 아름답게 생각하였소. 공경함으로 받들어 모셔서 감히 잠시도 게을리하지 않고 거역하는 기색과 어긋나는 일은 일찍이 시부모 앞에서 한 번도 한 적이 없었소. (…) 숙인은 성품이 유순하고 겸손하여 오직 음식을 만드는 일만을 자임했소. 『시경』에 이른바 "잘못하는 것도 없고 잘하는 것도 없는지라, 오직 술과 밥을 이에 의논한다"라고 한 것이 오직 숙인을 두고 한 말일 것이오.[30]

여기에 언급된 덕목을 단어로 열거하면 효근孝謹·경공敬恭·효순柔順·겸하謙下이다. 제문은 아내가 이러한 덕목을 구체적으로 실천한 내용으로 꾸며져

29 위의 책, 「先妣恭人李氏壙誌」. "孝慈聰達, 婦道克備."

30 『순암집』 권20, 「祭淑人昌寧成氏文」. "淑人孝謹之行, 根于天性. 入門以後, 未有違德, 舅姑愛之, 室家宜之. 敬恭承奉, 不敢暫懈, 咈逆之色, 違越之事, 未嘗一施于舅姑之前. (…) 淑人性度柔順, 謙下爲事, 惟以中饋自任. 詩所謂無非無儀, 惟酒食是議者, 其惟淑人乎."

있다. 아내가 자임한 일은 오직 '중궤中饋'이다. 이것은 본래 『주역』 「가인괘家人卦」 육이六二의 "이루는 바가 없고 규중에 있으면서 음식을 장만하면 곧고 길하리라"[31]에서 나온 말이다. 인용한 『시경』의 뜻도 이와 다르지 않다. 여성은 순종을 정도로 삼으니 잘못함이 있어도 안 되고 너무 잘하는 것도 좋은 일이 아니다. 오직 술과 밥을 일삼아 부모에게 근심을 끼치지 않으면 족한 것이다.[32] 이러한 내용은 순암이 「경여아」와 「부증여아」에서 딸아이에게 일러 준 말과 조금도 차이가 없다. 아내는 순암이 이상적으로 생각하는 부행의 완벽한 실천자로서 현현되어 있는 것이다.

그런데 제문에는 아내가 순암을 경계하는 일화 두 가지가 나온다. 하나는 순암이 성격이 강하고 급해서 부모님의 앞에서 더러 온화한 안색이 부족할 때 경계한 내용이고,[33] 하나는 다음의 일화이다.

> 숙인이 경계하기를, "세상에 험난한 일이 많으니 곧은 도가 용납되기 어렵습니다. 생각하건대 당신께서는 천성이 소활하여 사람을 지나치게 믿으니 말세에 처신하는 도가 아닌 듯합니다. 우리 집안은 본래 선비 집안으로 높은 벼슬이 귀한 줄을 알지 못하니 농사에 힘써서 아침저녁 끼니를 이어가면 이것으로 그만입니다. 지금은 봉양할 부모님도 안 계시는데 벼슬한들 무엇하겠습니까" 하였소. 이것이 어찌 세속의 용렬한 아낙네가 할 수 있는 말이겠소.[34]

31 『주역』, 「家人」. "六二, 无攸遂, 在中饋, 貞吉."

32 『시경』, 「小雅」, 斯干, 朱子註. "蓋女子, 以順爲正, 無非足矣. 有善則亦非其吉祥可願之事也. 唯酒食是議, 而無遺父母之憂則可矣."

33 『순암집』 권20, 「祭淑人昌寧成氏文」. "我性勁急, 雖在父母之前, 或欠愉惋之色, 則淑人必戒之曰, 吾聞古之孝子, 有柔色婉容, 未聞以勁直之氣事親."

34 위의 글. "淑人必戒之曰, 世路多巇, 直道難用. 第念, 丈夫天性疎濶, 信人太過, 恐非處末世之道也. 吾家儒素, 不知軒冕之貴, 不如服田力穡, 以救朝晡之資, 斯已可矣. 今則致養無所, 仕宦何爲. 此豈俗間庸婦所能道哉."

영조 48년(1772) 순암의 나이 61세 되던 해에 소명을 받아 나아가려고 할 때 아내가 경계한 말이다. 아내는 지금 세상을 말세로 판단하고 이런 세상에서는 남편이 올바로 용납되지 못할 것을 염려했다. 아내는 우리 가문이 본래 선비 집안임을 상기시키면서 농사를 지어 조석을 해결할 것을 권유했다. 이에 대해 순암은 이것은 '세속의 용렬한 아낙네'가 말할 수 있는 것이 아니라고 평했다. 그에게 아내는 남편의 부족한 덕을 보완하고 남편의 처세에 올바른 길을 잡아 주는 역할까지 수행하는 여성이었다.

그러나 순암은 아내에게 세속의 아낙네와 구별된다는 칭찬을 허여했지만, 곧이어 순근지질淳謹之質・단결지조端潔之操・겸하지덕謙下之德을 다시 한 번 강조하면서[35] 글의 마무리로 들어가는 데서 볼 수 있듯이, 아내는 어디까지나 유순의 분수를 넘어서는 여성은 아니었다.

한편, 어머니는 광지에서 밝힌 바와 같이 '효자孝慈'와 '총달聰達'을 겸비한 분이었다. 어머니는 아홉 살 때 부친이 돌아가셨는데, 그 어린 나이에 상복을 지어 달라고 간청하여 입고서 조석으로 곡을 하여 사람들로 하여금 감탄을 불러일으켰다.[36] 시집온 뒤에는 시부모에게 효성을 옮겨 조금도 잘못한 것이 없었다. 또한 자녀를 사랑하고 소중하게 여기며, 다른 사람에게도 늘 성의를 다하시는 분이었다.

이와 같은 사례는 바로 '효자'를 증언하는 것이다. 효자는 유순이 실천된 모습이다. 그런데 어머니는 효자와 함께 총달을 겸비한 분이었다. 행장에는 어머니의 총달을 증언하는 일화가 많이 삽입되어 있다.

6세 때에 우리나라 말과 언문을 훤히 알았고, 7, 8세 때에는 어른들을

35 위의 글. "嗚呼痛哉. 淳謹之質, 端潔之操, 謙下之德, 今不得復覩矣."

36 『순암집』 권25, 「先妣恭人李氏行狀」. "九歲, 丁外王考憂, 哀毁踰節, 護喪者, 以其年幼不製衰, 先妣懇乞製服, 朝夕哭參如禮, 觀者無不感歎."

대신해서 편지를 썼는데 안부인사 외에 심정을 서술하고 일을 논하는 것이 각각 그 마땅함을 얻었다. 여공은 정밀하고 솜씨 좋고 넉넉하고 민첩하여 다른 사람보다 뛰어났다.[37]

조부께서 크게 중히 여기시어 큰 일이든 작은 일이든 함께 상의하지 않은 것이 없었다. 벼슬에 나아가고 물러나는 절도 같은 것은 부인들이 가히 아는 바가 아닌데도 반드시 자문하셨다. 조모께서는 본디 준엄하셔서 좀처럼 남을 허여하시지 않았는데 선비께서는 효성과 공경에 크게 힘쓰시어 시종 게을리하시지 않았다.[38]

어머니는 타고난 자질이 총명한 분이었다. 겨우 한 돌이 되었을 때 말을 할 줄 알았고, 하인들이 절구질하면서 노는 것을 보고 하나도 틀림없이 수를 헤아려서 사람들을 놀라게 했다.[39] 여섯 살 때에는 언문을 깨쳤고, 7, 8세 때에는 어른을 대신해서 편지를 썼는데 안부인사 외에 심정을 말하고 일을 서술하는 것이 격식에 맞았다[叙情論事 各得其宜]. 시부는 그런 총달한 어머니를 크게 중히 여겨서 큰 일이든 작은 일이든 함께 상의했고, 심지어는 벼슬에 나아가고 물러나는 일 같은 것은 '부인이 알 바가 아닌데도[非婦人所可知者]' 반드시 자문을 구하실 정도였다.

이러한 총달함은 사실 경계할 만한 것이다. 언문을 깨친 것은 기특하나 어른들을 대신해 편지를 쓰는 것, 편지를 쓰면서 '한훤寒暄'을 묻는 것은 봐줄 만

37 위의 글. "六歲, 通國音諺文, 七八歲, 代長者爲書, 寒暄外叙情論事, 各得其宜. 女工精巧贍敏兼人."

38 위의 글. "王考器重之, 事無大小, 無不與議. 至如仕宦進退之節, 有非婦人所可知者, 必詢問之. 祖妣素嚴峻, 不少假人, 先妣務隆孝敬. 終始不怠."

39 위의 글. "稟質明秀聰悟, 甫晬能言. 見僮婢對杵, 計數以相戲, 先妣效之, 自一至十, 歷數不差. 傍人以爲偶然, 累試如初."

하나 이를 넘어서 '서정논사叙情論事'에까지 이르는 것은 생각해 볼 일이었다. 그러나 순암은 어머니의 총달을 서술한 뒤에 바로 어머니가 여공女工과 같은 여성 본래의 직임에 얼마나 뛰어났는가를 이어 붙여 서술했다. 또 어머니가 시부에게 '부인이 알 바가 아닌' 일에 이르기까지 상담하는, 넘치는 역할을 하면서도 그 엄준한 시모를 효경孝敬으로 섬겼던 일을 일화를 들어 자세히 기술해 놓았다. 이것은 실제 어머니 자신이 효자와 총달의 균형을 맞추는 슬기가 있었던 분이기도 했겠지만, 딴은 순암의 의도적인 서사 기술이라고도 할 수 있다. 이러한 균형이 바로 언문 편지를 대필할 때 발휘되었던 '각득기의各得其宜'의 묘이다.

> 우리나라 풍속은 본래 부녀자들로 하여금 글을 배우지 못하도록 했다. 그런 까닭에 선비께서도 문자를 학습하시지 않았으나 총명이 다른 사람보다 뛰어나셔서 어릴 때부터 옛날 사적 보기를 좋아하셨으므로 중국 상고 시대부터 황명 시대에 이르기까지, 우리나라의 고려 말부터 근세에 이르기까지 나라의 다스려지고 어지러움과 사람의 어질고 사특함을 두루 꿰뚫지 않는 것이 없었다. 언문 소설에 이르러서는 무려 수백 사람의 책을 한 번 보시기만 하면 모두 기억하셔서 종신토록 잊지 않으셨다. 만년에 늘 말씀하시기를, "소설가 따위는 모두 거짓으로 꾸며 내어 이야기를 만든 것이어서 한 가지도 참된 것이 없고 또한 사람들의 심술을 사악한 데에 빠지게 할 만한 것이니 가히 볼 만한 것이 아니다" 하셨다.[40]

어머니의 행적 중 가장 재미있는 에피소드는 소설에 관한 것이다. 우리나라

40 위의 글. "東俗雅不使婦女學文. 故先妣雖不學習文字, 而聰明絶人, 自幼好觀古事, 中國自上古至皇明, 東方自麗末至近世, 國之治亂, 人之賢邪, 無不淹貫. 至於諺傳小說, 無慮累百家, 一覽輒記, 終身不忘. 晩來常曰, 小說家流, 皆假做立說, 無一眞者, 亦足以溺人心術, 不可觀也."

의 풍속에서는 부녀자들에게 글을 배우지 못하도록 했다. 어머니 역시 문자를 익히지 않았다. 그러나 어머니는 중국과 우리나라 역사를 두루 꿰고 있으며, 언문 소설 수백 가지를 모두 기억하는 대단히 총명한 분이었다. 이것은 사실의 기술이다. 그런데 그런 양반이 말년에 "소설은 모두가 거짓으로 꾸며 내어 이야기를 만든 것이어서 한 가지도 진실이 없는 것이고, 또한 사람들의 심술을 사악한 데에 빠지게 할 만한 것이니, 볼 만한 것이 아니다"라고 했다는 것이다.

실제로 어머니가 그런 뼈아픈 반성을 했을까 의심스럽다. 했더라도 그것이 어머니의 본지였을까 궁금하다. 그것은 어쩌면 어머니의 자기 억압 기제였을 것이고, 또는 어머니를 위한 순암의 변명이었을 것으로 보인다. 어쨌든 순암은 이번에도 바로 이어서 어머니가 딸들에게 투기하지 말라, 투기하면 남편에게 누가 된다고 훈계하는 대목을 붙여서 어머니를 엄연한 부덕의 설교자로서 그려 놓았다.[41]

순암은 아내와 마찬가지로 어머니도 '잗달고 편협하고 비루한 습성'의 세속 부녀자와는 명확히 구별해 놓았다. 그는 어머니의 높은 견식과 바른 지행을 '여사女士의 풍도'로서 칭송했다.[42] 세속 부녀자들과 대비되어 어머니는 효자와 총달을 상충되지 않게 겸비한 이상적이고 긍정적인 존재로 돋보이는 것이다.

그러나 아내가 남편을 경계하는 것, 어머니가 총달을 발휘하는 것은 모두 규문閨門 안에서 소화될 때 긍정될 수 있는 것이다. 어머니가 이자놀이 하는 아낙네에게 "부녀자의 행실에는 잘못하는 것도 없고 잘하는 것도 없는지라 오직 술과 음식 만드는 것을 일삼아야 한다"[43]라고 말한 데서 볼 수 있듯이, 어머니는 여성의 역할과 본분을 누구보다 분명하게 인식한 분이었다. 효자와 총달은 '부

---

41 위의 글. "常誡婦女輩曰, 婦人悖德, 妬忌爲首. 妬忌之至, 至於無所不爲, 而終使貽累於丈夫, 可不愼哉."

42 위의 글. "蓋其自幼天性超邁, 無世俗婦女瑣細隘陋之習, 而見識之高, 志行之正, 實有古女士之風."

43 위의 글. "婦女之行, 無非無儀, 惟酒食是事."

도극비婦道克備'로 귀결될 때에 칭송될 수 있는 것이다. 어머니를 예로 들건대, 어머니는 당신이 그렇게 되기 위해 끊임없는 내적인 조정을 거쳐야 했고, 순암은 또 행장을 쓰면서 서사의 기술적 조정을 가했던 것이다.

2) 죽음의 지극한 경지: 정렬

순암의 글에서 열부로 일컬어진 여성은 셋이다. 「제정열부행록후題鄭烈婦行錄後」의 정씨, 「제열녀여흥이씨행록후題烈女驪興李氏行錄後」의 이씨, 그리고 「고사성정공숙인조씨광지故司成鄭公淑人趙氏壙誌」·「숙인조씨행장淑人趙氏行狀」·「열녀숙인조씨정문烈女淑人趙氏呈文」의 조씨이다. 정씨는 29세에 죽었고, 조씨는 54세에 죽었다. 이씨는 밝혀져 있지 않으나 자녀들의 나이로 미루어서 정씨와 비슷한, 서른 안팎이었을 것으로 보인다. 열부에 관련된 글에서는 유순의 삶과 정렬의 죽음이 직조되어 나타나는데, 물론 초점은 후자에 놓여 있다. 특히 순암은 이들 글에서 '정렬론'이라고 일컬을 만한 것을 줄곧 펼치고 있어 주목된다.

「제정열부행록후」는 1762년 순암이 51세에 지은 것이다. 이 글의 주제 인물인 정씨는 남편이 병사하자 '남편은 죽고 자식도 없다' 하여 자결하려 했으나 형제들의 만류로 하지 못했다. 그러다 장례와 졸곡을 마친 뒤에 마침내 자결했다. 이러한 정씨의 행적은 당시에 큰 화제가 되었다. 신광수申光洙(1712~1775)의 「정열부전」과 정범조丁範朝(1723~1801)의 「정씨전」이 모두 이 정씨를 주제로 하여 지어진 것이다. 그런데 순암의 글은 구성면에서나 내용면에서나 신광수·정범조의 글과 대비되는 특이점을 보인다.

먼저 구성을 살펴보자. 이 글은 (가) 정렬론, (나) 객으로부터의 전문傳聞(정씨 행적의 전말), (다) 신광수의 「정열부전」과 정씨 오라비의 행록 입수, (라) 정씨의 생애, (마) 맺음말의 다섯 단계로 구성되어 있다.

순암은 신광수의 「정열부전」과 정씨의 오라비가 지은 행록을 바탕으로 「제정열부행록후」를 썼다. 그런데 이것을 입수하기 전에 순암은 이미 정씨에 관한 이야기를 전해 들은 바 있었다. 어느 객이 여강을 지날 때 노파들로부터 들은 이야기라고 하면서 순암에게 그 '이문異聞'을 전해 준 것이다. 이 부분은 장황하다 싶을 정도로 분량도 많고 내용도 자세하다.

객의 이야기를 듣고 순암은 이렇게 말한다.

> (나) 아, 그 서너 명의 시골 노파는 정씨의 족친도 아니고 비첩도 아닌데도 불쌍히 여기고 슬퍼함이 이와 같았다. 이는 정씨의 곧은 마음과 굳은 절조가 사람의 천성적인 인륜 도덕을 감동시켜서 그런 것이다.[44]

순암은 아무 관련도 없는 시골 노파들이 슬퍼한 것은 정씨의 '곧은 마음과 굳센 지조'가 '병이지천秉彛之天'을 감동시킨 때문이라고 했다. 이것이 바로 장황한 전문傳聞을 굳이 실은 이유이다.

「정열부전」과 행록은 이전에 들은 이야기에서 더한 것도 덜한 것도 없었다.[45] 이 두 글의 입수가 「제정열부행록후」를 짓게 된 직접적인 동인이 되었지만, 이것은 전문이 그 앞에 배치됨으로써 오히려 부차적인 동인으로 내려앉았다. 전과 행록은 한 겹 물러난 문자어이지만, 노파의 말은 생생하고 핍진한 현장어이다. 전자는 식자의 기록이지만, 후자는 시골의 보잘것없는 노파들, 가장 하층 백성의 언어이다. 이 언어야말로 이러한 정렬貞烈이 세교世敎에 미치는 영향과 효력을 직접적으로 증언해 주는 구실을 하는 것이다.

이러한 배치와 함께 주목되는 것은 맨 앞에 펼쳐져 있는 '정렬론'이다. 순암은 세상에서 부인의 '절'로 일컫는 것은 다음 세 가지라고 소개한다.

---

44 『순암집』 권19, 「題鄭烈婦行錄後」. "噫噫, 彼三四村媼, 非鄭氏之族親與婢妾, 憐悲之若是. 是鄭氏之貞心勁操, 能動其秉彛之天而然也."

45 위의 글. "有人携示友人申聖淵烈婦鄭氏傳, 及鄭斯文昌新所撰其女弟行錄, 卽前日客所言鄭氏, 而衆媼之言, 無加減也."

〈A〉

① 위난에 처해서 목숨을 버리는 자

② 남편이 죽었는데 시부모가 의탁할 곳이 없을 경우 살아서 시부모를 봉양하는 자

③ 남편이 죽었는데 자식들이 어릴 경우 살아서 제사를 지내는 자

①의 경우 사세가 급박하여 죽음 이외에는 다른 선택이 없다. ②, ③의 경우는 평상적인 때이니 경중을 헤아려서 처신해야 한다. 그 처신의 관건은 죽은 자로 하여금 알도록 하는 것이고 살아 있는 가족으로 하여금 아무런 유감이 없게 하는 것이다.[46] 그런데 이러한 경우가 아니라면 어떻게 해야 하는가?

아, 만약 뒤의 두 가지 일이 없는데도 남편을 잃고서 의미 없이 홀로 살아간다면 경중을 모르는 일개 과부에 지나지 않을 것이니 그렇다면 한 번 죽어서 시원하게 남편을 따라가는 것보다 못하지 않은가. 정 열부 같은 자는 가히 제대로 죽었다고 이를 만하다.[47]

순암은 ②, ③과 같은 경우가 아닌데도 여성이 살아 있다면 그것은 '주촉晝燭'일 뿐이라고 한다. 대낮에 켜 있는 하릴없는 촛불, 아무 쓸모도 의미도 없는 존재이다. 이러한 여성은 경중을 모르는 일개 과부에 지나지 않으니, 남편을 따라 죽는 것만 못하다. 그렇게 볼 때 정 열부야말로 '제대로 죽은 사람[得其死]'

---

46 위의 글. "世稱婦人節者三, 有臨難捐軀, 義不苟全者, 有夫死而尊章無依, 則生而養之者, 有夫死而遺孤未成, 烝嘗靡托, 則生而祭之者. 由上一事而言之, 事在急迫, 惟有一死, 而他不暇計也. 由下兩事而言之, 在平常之時, 無逼辱之患. 當量其輕重而處之, 使死者有知, 生者無憾, 可也. 是以歷代史氏, 以婦人之善處此三事者, 幷入于貞烈傳, 有以也."

47 위의 글. "噫, 若無後兩事, 而晝燭餘生, 煢然獨存, 不過爲無所輕重之一嫠婦, 則其不愈於一死從夫之爲快乎. 若烈婦鄭氏者, 可謂得其死矣."

으로 칭탄되는 것이다.

정범조는 정씨가 남편도 죽고 자식도 없었으니 죽어도 좋겠지만 조금 더 인내해서 후사를 세울 수는 없었을까 하고 아쉬움을 표했다.[48] 신광수는 정씨가 장례와 졸곡을 마치기를 기다린 뒤에 조용히 죽은 것에 대해 크게 찬탄했다.[49] 순암의 정렬론의 기본적인 논조는 신광수와 다르지 않지만 그보다 훨씬 더 체계적이고 강렬하다. 정범조에 비하면 명쾌하기까지 하다.

「제열녀여흥이씨행록후」는 1781년 순암이 70세에 쓴 글이다. 주제 인물인 이씨는 안경시安景時(1712~1794)[50]의 며느리이다. 이씨는 남편이 병이 들어 위독하자 자신이 대신 죽기를 간청했다. 그러나 늙은 시부모가 상심할까 저어하여 억지로 웃어 위안하고 풀어 드렸다. 염이 끝나자 이씨는 "남편의 형제들이 많이 있어 시부모의 봉양도 맡길 데가 있으니 내가 살아서 무엇하겠는가"[51] 하고 자결했다.

이 글에서도 어김없이 '정렬론'이 펼쳐진다.

> 여자의 행실은 비록 유순에 있으나 그 지극한 경지를 말하면 모두 정렬로 돌아간다. 유순은 인에 속하고 정렬은 의에 속한다. 인의의 도는 진실로 사람이 품부받은 바로서 실제는 경중이 없다. 그러나 유순은 순경이요 정렬은 역경이니 순경에 처신하기는 쉽고 역경에 처신하기는 어렵다. 그러므로 역대의 사전에서 사가들이 편찬한 부덕이 한둘이 아니지만 모두 정렬을 더욱 귀하게 여겼던 것이다.[52]

---

48 丁範朝, 「정씨전」. "如鄭氏固可死. 然無或少自忍, 可以立後嗣如南氏之爲者, 而顧不能歟."

49 申光洙, 「정열부전」. "人從夫死者, 世往往有其人. 然多兵戎倉卒, 奮迫引決者. 平居無事, 夫死而從死者, 亦幾人哉. 至莫難者死也, 死而能自引者, 尤至莫難焉, 而鄭氏何其從容也 (…) 鄭氏欲死於夫喪, 以兄之言而不死. 必待葬又卒哭, 而能不後其日, 居然乃死. 此匪至剛不撓, 定計有素, 終始如一日, 有能以性命從心早晚, 若是其無難耶."

50 안경시: 자 可中, 호 晩悔. 汝履의 아들. 鄭萬陽의 문인.

51 『순암집』 권19, 「題烈女驪興李氏行錄後」. "夫之叔季多存, 奉養有托, 我生何爲."

이 역시 글 맨 앞에 배치되어 있다. 순암은 여자의 행실은 유순에 있지만, 그 지극한 경지는 정렬에 있다고 했다. 그에 의하면 유순은 인仁, 정렬은 의義에 속한다. 인과 의는 모두 사람이 품부받은 바로서 경중이 없다. 그러나 유순은 순경이고 정렬은 역경이니, 정렬이 더욱 어렵고 귀한 것이다.

순암은 '정렬'에도 몇 가지가 있는데 이 중에서도 마지막의 경우가 가장 어렵다고 했다.[53]

〈B〉

① 사세가 창황해서 다른 것은 돌아볼 겨를도 없이 죽는 경우

② 남편이 죽고 의탁할 곳이 없어 홀로 살아가는 것을 즐겁게 여기지 않는 경우

③ 자식이 있기는 하지만 부부의 의리를 중히 여겨 죽는 경우

이씨에게는 아홉 살짜리 아들과 열네 살짜리 딸이 있었다. 그 어린 자식들이 울며불며 매달렸으나 이씨는 "내 마음은 이미 정해졌으니 달리 할 말이 없다"라면서 그들을 뿌리치고 목숨을 끊었다.[54] 정렬 중에서 가장 어려운 세 번째를 실천한 것이다. 순암은 〈A〉 ②, ③의 경우는 경중을 헤아려 처신하되 이러한 경우가 아니면 죽는 것이 마땅하다고 했다. 그런데 이씨는 그 마땅히 죽어야 할 경우가 아닌데도 죽음을 단행한 것이다. 이에 대해 순암은 이렇게 "조용히 의리에 나아가서 죽음을 보기를 돌아가는 것처럼 하는 것은 규방의 부녀

52 위의 글. "女子之行, 雖在於柔順, 而言其至致, 率歸于貞烈. 柔順屬乎仁, 貞烈屬乎義. 仁義之道, 固人所稟, 實無輕重. 然而柔順順境也, 貞烈逆境也, 處順境易, 處逆境難. 是以歷代史傳, 彤管所編婦德非一, 而皆以貞烈爲尤貴也."

53 위의 글. "貞烈亦有數段, 有事値倉黃, 惟以全身爲貴, 而不暇他圖者, 有夫歿無托, 單孑獨存, 而不以生爲樂者, 有有子有女, 可以有賴, 而獨以伉儷義重, 不忍獨生, 而享後樂者. 於此三者, 較其差等, 則末段事爲尤難也."

54 위의 글. "子年九歲, 女年十四, 攀附哀號, 揮之而不顧曰, 我心已定, 他無可言, 奄然而逝."

자가 할 수 있는 일이 아니다"라고 하면서 그 정렬을 높이 칭송했다.[55] 정범조 같았으면 '부모와 자녀가 모두 무양한데 갑자기 자결하여 남편을 따르는' 것은 잘못이 아니냐고 찔렀을 일이다.[56]

숙인 조씨도 이러한 죽음을 실천한 여성이다. 그에 관련된 글은 세 편이나 된다. 하나는 남편 정공과 합폄한 묘지문이고, 하나는 행장이며, 하나는 정려旌閭를 청하는 글이다.

조씨를 염할 때 유서가 발견되었는데, 그 내용은 모두 자녀들을 경계하는 말이고, 유서 끝에는 따라 죽는 뜻에 대해 해명해 놓았다. 조씨는 처음에 남편이 위독할 때 '따라 죽겠다' 약속했고, 그 약속을 지키기 위해 부단히 자결을 시도했다. 3년상 내에 죽지 않은 것은 직접 제사를 올려서 부도를 닦고자 함이었다. 이제 3년상도 끝났으니 비로소 약속을 지킬 수 있게 된 것이다.[57]

조씨는 처음에 남편이 위독할 때 밤낮으로 기도하면서 대신 죽게 해달라고 청했다. 남편은 쾌유했지만 조씨는 쌓인 피로가 누적되어 거의 죽음에 이르렀다가 살아났다. 이때 남편은 아내에게 다음과 같이 말했다.

> 〈C〉
>
> 부인의 순절은 그 도가 하나가 아니오. ① 위급한 때를 당해서 목숨을 버려 정조를 온전히 하는 것은 당연한 것이오. ② 청상으로서 의탁할 데가 없는 경우에 죽는 것은 혹 그럴 수도 있는 것이오. ③ 마땅히 가업을 지켜야 하는데 목숨을 끊는 것은 마땅히 해서는 안 되는 것이오.[58]

---

55 위의 글. "從容就義, 視死如歸, 非閨房婦女所可辦, 而能如是, 豈不烈哉."

56 정범조, 「정씨전」. "或有父母子女皆無恙, 而遽自引以從夫, 誓不欲寡而生者, 非謬歟."

57 『순암집』 권17, 「烈女淑人趙氏呈文」. "余之必欲無生者, 嘗有隨死之約故耳. 不死於三年之內者, 欲躬執祭奠, 恭修婦道. 今喪已畢矣, 可以踐約."

58 『순암집』 권25, 「淑人趙氏行狀」. "婦人殉節, 其道不一. 値危亂之際, 捨命全身者, 其當然者也. 有以靑孀無托而死者, 其或然者也. 有子有女, 當守家業, 而爲一切之行者, 其不當然者也."

「숙인조씨행장」이다. 남편은 부인이 순절하는 경우를 셋으로 나누었다. ①은 '당연한 경우[其當然者]'이고, ②는 '혹 그럴 수도 있는 경우[其或然者]'이며, ③은 '마땅히 해서는 안 되는 경우[其不當然者]'이다. 조씨에게는 네 아들과 두 딸이 있었으니 순절은 마땅히 해서는 안 될 일이었다. 남편이 이렇게 말한 것은 아내 조씨의 성품이 굳고 곧은 것을 잘 알기에 그가 순절할 것을 염려하여 넌지시 타이른 것이었다.[59] 그럼에도 조씨는 이 세상의 즐거움을 즐거움으로 삼지 않고 끝내 자결했다. 〈B〉의 정렬 중에서 조씨는 가장 어려운 세 번째 죽음을 실천한 것이다. 남편의 말에 따르면 조씨의 순절은 '부당'한 것이지만, 순암에게는 '굳이 죽을 필요가 없는데도 죽었으므로' 칭송의 대상이 되는 것이다. 그는 「열녀숙인조씨정문」에서도 "열렬한 기상과 굳센 성품은 평소에 가슴 속에 길러 온 자가 아니면 능히 이와 같을 수 있겠는가!"라면서 조씨를 크게 칭탄했다.[60]

> 부인의 덕은 비록 유순에 있지만 절개를 세워서 이름을 전하는 것은 모두 정렬에 힘입은 것이다. 저들이 골짜기나 도랑에서 스스로 목매어 죽고 초가집 안에서 스스로 목숨을 결딴낸 것은 단지 일개 마을에서 일어난 사소한 사건일 뿐이다. 그것이 천하 국가에 무슨 관련이 있기에 당시 임금들이 반드시 정문을 세워 표창하였으며 역사에서 반드시 전을 지어서 선양했는가. 진실로 인도의 큰 절의는 오직 삼강에 있으니 그것을 붙들어 세우고 권장하고 면려하는 것을 그만둘 수가 없는 것이기 때문이다.[61]

---

59 위의 글. "公嘗知淑人性度堅貞 (…) 蓋諷之也."

60 『순암집』 권17, 「烈女淑人趙氏呈文」. "其烈烈之氣, 剛剛之性, 若無平日素養于中者, 能若是乎."

61 『순암집』 권25, 「淑人趙氏行狀」. "婦人之德, 雖在於柔順, 立節垂名, 咸資於貞烈. 彼自經于溝瀆之中, 辦命于茅屋之下者, 特一委巷細事. 何關於天下國家, 而世主必旌閭而褒之, 歷史必立傳而揚之乎. 誠以人道之大節. 惟在於三綱, 而扶植勸勵, 有不容已者矣."

순암은 부인의 덕은 유순에 있지만 절개를 세워서 명성을 드리우는 것은 모두 정렬에 힘입은 것이라고 말한다. 「제열녀여홍이씨행록후」에서 살펴본 것과 동일한 내용이다.

사실 이와 같은 정렬론은 순암의 특허는 아니다. 『수서隋書』 「열녀전」 서문에는 "부인의 덕은 비록 온순함에 있지만 절개를 세워 그 이름을 드리움은 모두 정렬에 의지하는 것이다. 온순함은 인의 근본이고, 정렬은 의의 바탕이다"[62] 라고 되어 있다. '부인의 덕' 운운은 「숙인조씨행장」에 거의 그대로 인용되어 있고, '인의' 운운은 「제열녀여홍이씨행록후」에서 살펴본 그대로이다. 순암이 줄곧 펼치고 있는 정렬론은 여기에 기조를 두고 있다. 그러나 그의 정렬론은 앞에서 살펴보았듯이 훨씬 더 자세하고 체계적이며 강렬하다. 그리고 집요하기까지 하다. 또한 정렬에 대한 강조는 반드시 세교世敎와 연결되어 나타나는 특징을 보인다.

이러한 여자들의 죽음이야 위 인용문에서 순암도 말했듯이 시골 마을에서 일어난 '사소한 사건'에 불과하다. 그러나 그것은 인간의 기본적인 윤리와 관계된 것이다. 「제정열부행록후」에서 시골 노파들을 끌어들여 정씨의 행적을 '병이秉彛의 천성'을 감동시킨 사례로 해석한 것은 그런 이유에서이다. 그래서 정렬이 있으면 으레 국가에서 정문을 세워 표창하고 역사에서는 전을 지어 선양했다. 인도의 큰 절의는 오직 삼강三綱에 있고 이 삼강은 반드시 부식扶植하고 권려勸勵해야 할 것이기 때문이다.

그가 「열녀숙인조씨정문」을 써서 조씨의 정문을 내려 줄 것을 간원했던 것도 같은 맥락이다. 그러나 이 간원은 즉시 받아들여지지 않았다. 그는 조씨의 훌륭한 절행이 인멸되어 드러나지 못함을 안타까워하면서 세도世道를 위해 한탄했다.[63]

62 『隋書』, 「열녀전」, 서문. "婦人之德, 雖在於溫順, 立節垂名, 咸資於貞烈. 溫柔仁之本也, 貞烈義之資也."

> 지금 그대 며느리의 행적을 두세 번 받들어 읽고는 나도 모르게 마음과 뼛속 깊이 비통하여 곧바로 언문 한 건으로 번역하여 집안의 여자와 아이들에게 보여 주어서 우리 종중에 이러한 정렬이 있다는 것을 알게 하였습니다. (…) 제가 엮은 글이 비록 보잘것은 없지만 다만 고윤의 「유열녀시」를 본받아 지어 바쳐서 제 충심을 펴고자 할 따름입니다.[64]

안경시에게 준 편지이다. 안경시는 전술한 이씨의 시부이다. 그는 안정복과 종친으로 동갑이기도 해서 친밀하게 교유했다.[65] 가문에서는 이씨의 정문을 받기 위해 백방으로 노력했으나 역시 이루지 못했다.

순암은 이씨의 행적을 언문으로 번역해서 집안의 부녀들에게 읽히고, '우리 종중에 이러한 정렬이 있다는 것'을 알게 하고자 했다. 그리고 말미에서는 "고윤高允의 유열녀시劉烈女詩를 본받아 지어 바쳐서 제 충심을 펴고자 할 따름"이라고 했다. 「숙인조씨행장」에서도 "유자정劉子政 같은 사람이 있어서 장차 취하여 상고하기를 바라노라"[66]라고 했다. 순암은 자신의 글을 유향劉向의 『열녀전』과 같은 사업에 일조하는 의미로 받아들이고 있는 것이다.

한편, 「제열녀여흥이씨행록후」를 보면 이씨는 자녀들에게 언문으로 된 작은 책 하나를 남겼다고 한다. 이것은 모두 선행·효도·의리를 가지고 명한 말이었다. 순암은 이씨의 행적을 "삼가 여덟 장으로 엮어서 우리 종중의 교훈으로 삼는다"[67]라고 했다. 행록후에는 그 여덟 장 전문이 수록되어 있다. 그러니까

63 『순암집』 권25, 「淑人趙氏行狀」. "是以士論群起, 籲聞官府. 而知德者鮮, 不卽施行, 使幽光潛德, 掩湮而不彰, 豈不爲世道歎哉."

64 『순암집』 권7, 「與安可中書 辛丑」. "今子婦實蹟, 奉讀再三, 不覺心骨酸寒, 卽譯以諺文一件, 用示家中婦兒, 使知吾宗有此貞烈. (…) 鄙撰文字, 雖無可觀, 而聊效高允劉烈女詩以呈, 欲叙鄙忱耳."

65 안경시 문집 중에 「答李仲贊憲烈」과 「答李景與憲點」 등은 그의 며느리 이씨의 烈行을 기리기 위해 그 사실을 알린 내용이다.

66 『순암집』 권25, 「淑人趙氏行狀」. "庶幾有如劉子政者, 將取以考焉耳."

그는 이씨의 행적을 언문으로 번역하고 또 여덟 장의 훈사를 만들어서 가문의 부녀자, 나아가 종중 전체의 교훈으로 삼고자 한 것이다. 종중의 열부를 포양하는 것은 세교를 위하는 것인 동시에 한 가문의 통합성과 명망과 위세를 제고하기 위한 의도로 해석될 수 있다.

4. 역사적 여성의 소외와 심판의 기사

순암은 무엇보다 역사학자로서 널리 알려진 인물이다. 역사학자로서 그는 역사를 어떻게 규정하고 있는가? 그는 역사란 "임금과 신하의 일을 기록하는 것"[68]이라고 했다. 이러한 규정의 이면에는, 역사가 다스리는 자의 기록이며 또한 당연히 남성의 기록이라는 의미가 함축되어 있다. 여기에서 여성이 역사로부터 소외될 수밖에 없는 필연적인 이유를 발견할 수 있다.

전술한바 순암은 음양의 우주 원리를 남녀의 존비 관계에 적용하고 여성의 유순을 천도에 부합하는 도덕적 원리로서 간주했거니와, 이러한 여성 인식의 기저는 구체적인 역사서술에도 그대로 적용되었다.

> 무릇 임금은 한 사람뿐이고 부인에게는 아들을 따라야 하는 의리가 있습니다. 비록 모후라고 하더라도 곤도로 미루어 볼 때는 마침내 땅의 도요 지어미의 도요 신하의 도입니다. 위로는 종묘를 잇고 아래로는 억조 백성에 임하여 높기가 둘이 없는 존재인데 태후가 그를 독살했으니 여기서는 '죽였다[殺]'고 할 수가 없고 '시해했다[弑]'고 쓰는 의리가 의심할 바 없을 듯합니다.[69]

67 『순암집』 권19, 「題烈女驪興李氏行錄後」. "謹撥爲八章, 以爲吾宗訓辭."

68 『동사강목』 제1하, 신라 남해왕 13년 동10월조. "史者, 記君臣之事."

성호 선생에게 올린 편지이다. 그의 양존음비陽尊陰卑적 사고는 모후와 임금 사이에도 적용된다. 지아비는 건도乾道요 군도君道며, 지어미는 곤도坤道요 신도臣道이다. 그런데 아들이 임금일 경우, 그 아들과 어머니 사이는 어떻게 파악해야 하는가? 순암은 아무리 모후라고 하더라도 "곤도로 미루어 볼 때 지도-처도-신도"라고 했다. 따라서 모후가 임금을 죽였다면 이것은 아랫사람이 윗사람을 죽인 것이니 마땅히 '시弑' 자를 써야 한다는 것이다.

역사학자로서 순암의 업적은 『동사강목』에 집약되어 있다. 이 책은 조선 후기의 대표적인 역사서로서, 특히 사실史實 그 자체를 과학적으로 탐구하는 실증주의 측면에서 조선 후기 통사의 가장 높은 수준을 보여 주는 것으로 평가된다. 그러나 『동사강목』의 기본정신은 책명에서도 드러나듯이 주자의 강목을 계승하여 의례를 더욱 바르게 하는 데 있었다. 순암은 주자의 순정한 계승을 자부하였거니와, 그에게 역사서 편찬목적은 도道의 대용大用을 드러내어 정치에 대해 포폄함으로써 후세를 권계하는 것이었다.[70] 그가 인도人道의 큰 절의는 삼강에 있다면서 열부를 포양하는 목적을 '삼강의 부식扶植·권려'에 두었던 것 역시 이와 동일한 맥락에서 이해된다.

그의 역사적 견해는 특히 『동사강목』의 사론에 잘 드러나 있다. 기성 사론을 전재한 것도 있고 순암 자신이 쓴 것도 있다. 순암 자신이 쓴 사론 가운데에는 비평적 성격을 갖는 것이 절반 가량을 차지한다. 이것은 역사편찬의 기본목적을 권계에 두었던 그의 역사관에서 비롯된 것이다.

순암은 신라의 시조인 박혁거세의 비 알영閼英에 대해 "덕용德容이 있고", "어진 행실이 있어서 잘 내조했으므로 당시 사람들이 두 성인으로 병칭했다"라고

---

69 『순암집』 권2, 「上星湖先生書 甲戌」. "夫君一而已, 婦人有從子之義. 雖爲母后, 以坤道推之, 終是地道也, 妻道也, 臣道也. 上承宗廟, 下臨兆庶, 尊無二上, 而太后酖之, 於此言殺不得, 書弑之義, 似無所疑."

70 최성환(2003), 「영·정조대 안정복의 학문과 『동사강목』 편찬」, 『한국학보』 110, 일지사, 66~67면 참조.

기술했다.[71] 그러나 박혁거세가 알영과 함께 6군을 순무巡撫한 일에 대해서는, “부인은 바깥일에 관계하지 않는 것이니 (…) 왕비가 따라간 것은 예가 아니다”[72]라는 권근權近의 사론을 붙여 놓았다. 한편, 고구려의 10대 산상왕山上王이 형수(선왕이자 형인 고국천왕故國川王의 비 우씨于氏)를 비로 삼은 일에 대해서는, “우씨는 음으로서 양에 앞서고 지어미로서 지아비를 올라타서 한 몸으로 두 번이나 국모가 되었으니 완악하고 음탕하면서도 부끄러워할 줄 모르는 것이 천하고금에 이 한 사람뿐이다”[73]라는 최부崔溥의 사론을 전재했다. 기성의 사론을 그대로 전재한 것은 그 논지를 긍정한다는 뜻이니, 이것은 곧 순암의 비판이기도 한 것이다.

순암 자신이 쓴 사론 가운데에 여성과 관련된 대표적인 글은 신라 여왕에 관한 것과 평강공주에 관한 것이다. 둘 모두 권력층의 여성이라는 점에서 공통된다.

여왕 사론을 살펴보기에 앞서, 여왕에 대한 순암의 기본적 관점을 보여 주는 글을 제시한다.

> 여자가 존귀한 지위를 차지하여 음으로서 양의 위치에 선 것은 정통을 범함이 심하니 가히 정위의 임금과 동일한 예로 칭할 수 없으므로 ‘졸’이라고 썼다.[74]

『동사강목』「범례」에서 인용한 글이다. 우리 역사상 신라시대에만 세 명의

---

71 『동사강목』 제1상, 신라시조 5년 춘정월조. “及長有德容. 王聞之, 納以爲妃, 有賢行, 能內補. 時人, 謂之二聖.”

72 『동사강목』 제1상, 신라시조 17년조. “婦人, 無外事, (…) 而妃從之, 非禮也.”

73 『동사강목』 제2상, 고구려 산상왕 원년 추9월조. “于氏, 以陰先陽, 以婦乘夫, 以一身而再爲國母, 頑淫無恥, 天下古今, 一人而已.”

74 『동사강목』, 「凡例」, 崩葬條. “女居尊位, 陰疑於陽, 干統甚矣, 不可與正尊同稱, 故卒.”

여왕이 존재했다. 순암은 이 신라 여왕을 '여주女主'라고 폄칭했다. 여주는 음으로서 양의 위치에 섰으니 '정통을 범함'이 심하다. 정통이 죽었을 때는 '훙薨'이라고 하지만, 여주는 정통이 아니므로 '졸卒'이라고 쓰는 것이 옳다. 정통이 아닌 '간통干統', 이것이 그가 신라 여왕을 바라보는 기본적 관점이다.

> 이에 음양의 이치를 위반하고 남녀의 의리를 뒤바꾸어서 그 도를 어그러뜨리고 강상을 어지럽힌 것이 이보다 더 지나칠 수가 없었다. 이러므로 인심이 복종하지 않으며 비담 등이 그것을 틈타 난을 일으킨 것이 족히 괴이한 일이 아니니다. (…) 선덕이 서거했을 때에 마땅히 종실의 어진 이를 세웠어야 하는데 그릇된 잘못을 그대로 이어받아 또다시 진덕을 세워 마치 암탉이 새벽에 우는 것을 떳떳한 도리인 양하였다.[75]

647년 선덕'여주'가 '졸'했을 때 순암 자신이 쓴 사론이다. 여자가 왕위에 오른 것은 음양의 이치를 위반하고 남녀의 의리를 뒤바꾼 것이다. 그는 "도를 어그러뜨리고 강상을 어지럽힌 것이 이보다 더 지나칠 수가 없었다"라고 혹독하게 비판했다. 그런데 이러한 잘못을 바로잡지 못하고 뒤를 이어 진덕을 세워서 "암탉이 새벽에 우는 것을 마치 떳떳한 도리인 양"하였다면서 통분했다. 이로써도 흡족하지 않았던 듯 김시습金時習의 「선덕왕릉시」를 추가하면서 "사론에 빠진 것을 보충"하기까지 했다.[76]

기실 이러한 비판은 고려의 『삼국사기』, 조선의 『동국통감』 등에서 줄곧 반복되어 온 것이었다. 순암은 선덕여주 즉위년 기사에는 김부식金富軾의 사론을 그대로 실었고, 선덕여주 4년 당 태종이 왕을 책봉한 기사에는 『동국통감』에

75 『동사강목』 제3하, 진덕여주 원년 춘정월조. "於是, 而反陰陽之理, 易男女之義, 其悖道亂常, 莫過於此矣. 是以人心不服, 毗曇等乘之, 而作亂, 不足怪矣. (…) 善德薨逝之際, 當立宗室之賢者, 而踵謬襲非, 又立眞德, 牝鷄司晨, 有若經常之道."

76 위의 글. "金氏時習, 有善德王陵詩一篇, 亦可以補史論之缺矣."

도 실린 바 있는 권근權近의 사론을 옮겨 적었다. 이들은 유교 또는 성리학적 명분론에 입각해 여왕이라는 존재를 지극히 부정적으로 인식했거니와, 순암의 비판이 강도에서는 더 나아갔을지 몰라도 논지는 다르지 않다.

그러나 평강공주에 대해서는 순암은 김부식과 완전히 관점을 달리하고 있다.

> 고구려 왕의 말은 일시적인 희롱에서 나온 일이요 애초에 온달과 혼인을 약조한 일이 없었으니 왕녀가 비록 신의를 지키고자 했으나 그것은 이른바 가죽이 없으면 털 날 곳도 없다는 것이다. 하물며 스스로 온달에게 시집갔으니 이는 바로 음란한 일이다. 혼례가 갖추어지지 않으면 정숙한 여인으로서는 행하지 못할 일인데 존귀한 왕녀로서 밤중에 이슬을 맞으며 찾아가는 것을 꺼리지 않고 홀로 산과 들판을 가서 본디 알지도 못하는 백성에게 스스로 시집갔으니 어찌 정숙하다 하겠는가. 고구려 왕이 딸 하나를 제대로 가르치지 못하고 그가 가는 대로 내버려 두었으니 국가를 욕되게 하고 풍기를 문란케 하고 윤리를 어지럽히고 도의를 그르친 것이 크도다.[77]

김부식은 '신의'를 중요하게 내세워 서술했다. 그는 평강공주가 온달과의 결혼을 고집하게 된 것은 '왕은 희롱하는 말을 하지 않는다[王者無戲言]'라는 원칙에서 비롯된 것이라고 보았다. 자신의 권력 유지에 도움이 될 권력층과의 결연을 중시한 국왕에게 공주의 입을 통해 언약의 실천이라는 신뢰의 중요성을 환기시키고 있는 것이다.[78]

---

77 『동사강목』 제3상, 577년 11월조. "麗王之語, 出一時調戲之事, 初無與溫達約婚者, 則王女雖欲守信, 所謂皮之不存者也. 況其自歸溫達, 便是淫奔. 婚禮不備, 貞女不行, 以王姬之尊, 不憚厭浥之露, 獨行原野, 自嫁於素不聞之氓庶, 可謂貞乎. 麗王, 不能訓誨一女, 任其所適, 其爲辱國傷風亂倫敗義, 大矣."

그러나 순암은 왕의 말은 '일시적인 희롱'이요 온달과 약혼한 일도 없으니, 공주가 신의를 지켜야 할 하등의 이유가 없다고 했다. 그러면서도 공주가 스스로 시집을 갔으니 이것은 분명한 '음분淫奔'의 행위라고 단정했다. 순암에게 공주는 신의를 지키고 남편에게 순종하여 남편을 출세시킨 여성이 아니라 음행을 저지른 정숙하지 못한 여성으로 폄하되고 만다. 더욱 심각한 것은 이것이 한 가문이 아니라 한 국가에 관련된 문제이기 때문이다. 그리하여 순암은 공주의 '음행'을 '욕국辱國·상풍傷風·난륜亂倫·패의敗義' 즉 국가적 위신의 실추, 사회적 풍기의 손상, 윤리 강상의 문란, 의리 도덕의 망실이라는 국가 사회적 중죄로서 판정한다.

이것은 분명 공주의 잘못이지만, 순암은 그 책임을 아버지에게 돌린다. 전술한 바대로 순암은 양존음비적 인식, 여성편성女性偏性에 대한 경계의 기초 위에 여성 교육의 필요성을 제기하고 그 교육의 책임을 남성에게 부과했거니와, 지금 평강공주의 일에 대해 그는 '딸 하나를 제대로 가르치지' 못한 아버지에게 그 책임을 통렬하게 따져 묻는 것이다.

이상에서 살펴본 바와 같이 순암은 모자 사이에 대해서도 양존음비적 사고를 명확히 가지고 있었다. 여성의 유순에 어긋나는 행위, 남녀의 분의分義를 저버리는 행위를 혹독하게 비판하고, 특히 남성의 독점적 권역인 통치행위와 관련된 행위에 대해서는 가혹한 사필의 심판을 내렸다. 이것은 그의 여성 인식과, 의례義例를 올바르게 하고 포폄을 통해 후세를 권계하는 데 목적을 두었던 그의 역사관이 결합되어 나타난 당연한 결과였다.

78 이혜순(2004), 『고려전기한문학사』, 이화여자대학교 출판부, 300면 참조.

5. 순암과 18세기 여성 인식사

이상에서 본고는 18세기 실학자이자 역사학자인 순암 안정복의 여성 인식을 살펴보았다. 크게는 세 가지 방면이다. 첫째는 순암의 여성 인식의 기본 전제로서 『내범』이라고 하는 여성 교훈서와 부행의 네 가지 범주이고, 둘째는 행장 · 행록후지 · 제문 · 묘지문 등 일반적 여성에 관련된 글에 나타난 여성의 삶과 죽음의 서사이며, 셋째는 역사서술에 나타난 여성의 소외와 심판의 기사이다.

순암은 주자의 유지를 이어서 『소학』의 짝을 이루는 여성 교훈서를 만들고자 했다. 그것은 특별히 순암 자신의 학문과 사상을 꿰뚫는 하학 정신을 기저로 하고 있다. 일상의 자질구레한 일에서부터 실천할 수 있는 여성 규제 담론을 재구성한 것이다. 한편, 여성 관련 글에서는 '유순'이라고 하는 보편적인 삶의 원리와 '정렬'이라고 하는 죽음의 지극한 경지를 형상화해 내었다. 유순과 정렬은 여성의 삶과 죽음이라고 하는 서사를 직조하는 견고한 틀로서 구실했다. 특히 여성의 정렬에 대해서 순암은 누구보다 열렬히 포양했다. 이것은 인도의 대절을 삼강에서 찾고 그 삼강을 부식하고 권장하기 위한 노력의 일환이었다.

그는 이러한 여성 인식을 역사서술에도 투철하게 실천했다. 그에게 여성은 기본적으로 역사로부터 소외된 존재였다. 그는 특히 남성의 독점적 권역인 통치행위와 관련된 행위에 대해서는 가혹한 사필의 심판을 내렸다. 이것은 그의 여성 인식과, 의례를 올바르게 하고 포폄을 통해 후세를 권계하는 데 목적을 두었던 그의 역사관이 결합되어 나타난 필연적인 결과였다.

이와 같은 여성 인식은 어떠한 사상적 배경 위에서 형성된 것인가? 순암의 여성 인식은 그의 학문 및 사상과 떼어 놓고 말할 수 없게 되어 있다. 순암은 성호학통을 이었다. 성호는 18세기 사상계에 새로운 방향을 타개하고 실학의 성립에 결정적인 역할을 한 학자이다. 그러나 그 안에 진보와 보수 양 측면을 동시에 가지고 있었으니, 순암은 그중 보수 쪽의 대표적인 사람이었다. 그의 학통은 멀리는 퇴계에 닿아 있으며, 그 근원은 주자로부터 나왔다. 그는 제자들에게 퇴계를 주主로 삼고 주자를 종宗으로 삼아야 한다고 가르쳤다. 본고에서 다룬 『내범』이 바로 주자의 유지를 계승해 저술된 것이며, 『동사강목』 또한 주자의 강목 정신을 바탕으로 편찬된 것이다.

순암은 성호학파의 장자로서 새로운 학문과 사상의 밀물 속에서 위기감을 가졌다. 좌파의 대표적 인물이 권철신이었거니와, 순암의 사위가 권철신의 아우인 권일신이라고 하는 점은 그가 봉착한 위기감이 얼마나 통절한 것이었을까 충분히 짐작하게 한다. 그는 이러한 새로운 변화의 물결과 그것이 촉발하는 위기감 속에서 본원을 확립하는 하학 공부를 제창했다. 또한 일생에 걸쳐 집안의 가례 규범을 마련했다. 이것은 성리학적 질서를 자신의 처지에 맞추어 재구성하려는 시도였다. 이러한 시도는 탈성리학적 사유와 유교적 질서 자체에서 이탈하는 서학에 대응하면서 더욱 강화되어 나타났다.

그의 여성 인식에서 나타나는 강고한 이념적 규제는 이러한 맥락에서 이해될 수 있다. 즉 그가 『내범』이라는 여성 교훈서를 저술한 것, 여성의 유순을 절대적으로 강조하고 정렬을 열렬히 포양한 것, 역사서술에서 특히 권력층의 여성을 엄혹한 사필로 심판한 것 등은 바로 흔들리는 시대에 '정통'을 존숭하고 '간통'을 엄단하여 성리학적 질서의 문맥 속에서 여성의 규범을 재확립하려는 시도였던 것이다.

순암의 여성 인식은 18세기 여성 인식사에서 결코 새로운 것이 아니다. 18세기 전반에는 전통적 여성관이 이미 정착되었고 중후반 이후에는 교조적으로 경직되어 가고 있었다. 이 시기에 열녀전이 다량 산출되었다는 사실은 전통적 여성관이 일반적 경향으로 지배하고 있었음을 시사해 준다. 여성 차별적 인식은 본고에서 언급한 바 성호도 예외가 아니며 정범조도 신광수도 다를 게 없었다. 이덕무李德懋는 여성 교훈서 『사소절士小節』 「부의婦儀」를 내놓았다. 순암 역시 이러한 일반적 경향을 반영하고 있었다. 그러나 그는 단순히 시대의 경향을 추수追隨하는 데 그치지 않았다. 그는 자신의 학문 및 사상과 통합적인 관계 속에서 여성에 대한 인식을 이념적으로 강고하게 보수화하는 데 앞장섰다. 특히 그는 역사학자로서 자신의 여성 인식을 역사서술에서 구체적으로 실천하는 일관성과 투철함을 보여 주었다.

그러나 18세기 후반 이후 전통적인 여성관이 경직되어 가는 추세 속에서 한편으로 이에 대한 반성과 비판이 제기되고 있다는 사실을 간과할 수 없다. 지식인 내부에서는 다산茶山과 같이 정렬의 허위성을 논박하고 특히 열녀 정표 문제를 공박하는 진보적 학자가 나왔다. 또한 '주식酒食'을 전공으로 해야 할 여성들 중에서 윤지당允摯堂 임씨任氏, 사주당師朱堂 이씨李氏, 영수합令壽閤 서씨徐氏, 빙허각憑虛閣 이씨李氏, 삼의당三宜堂 김씨金氏 등 '글 하는' 심지어 '철학 하는' 사람들이 나오기도 했다. 이러한 변화는 중세적 지배질서가 해체되고 인간에 대한 자각이 성장하면서 필연적으로 발생할 수밖에 없는 건강한 균열이었다.

순암은 18세기 여성 인식사의 극단적인 보수의 영지를 구축했으나, 시대는 그 너머로 서서히 그러나 막을 수 없는 흐름이 되어 나아가고 있었던 것이다.

순암 안정복의 형법관과 향정론

원재린

1. 머리말

조선 후기 성호학파의 등장은 실학의 외연을 확대시켰다는 점에서 사상사적 의미를 찾을 수 있다.[1] 이익(1681~1763)이 경세치용의 학풍을 진작시킨 이래로 윤동규尹東奎·신후담愼後聃·안정복 등 성호문인들은 박학의 견지에서 다양한 학문분야에서 스승이 남긴 학풍을 계승·발전시켜 나아갔던 것이다.[2] 그중에서도 안정복은 『동사강목』을 통해 실학의 역사관을 확립한 인물로 평가되었다.[3] 하지만 동시에 주자학을 추종하면서 천주교와 양명학을 배격한 보수적인

1 천관우(1953), 「반계 유형원－실학발생에서 본 이조사회의 일단면」(하), 『역사학보』 3, 역사학회, 133면; 이우성(1982), 「실학연구서설」, 『한국의 역사상』, 창작과비평사, 13~14면.

2 역사학회 편(1973), 『실학연구입문』, 일조각, 12~13면, 75~80면 참조.

학자로 파악되었다.[4] 여기서 추출된 순암학의 특징은 직계제자로부터 재전再傳 제자에 이르기까지 성호학파를 좌파와 우파로 구분하는 기준으로 활용되었다. 문제는 이 같은 분기의 관점으로 인해 새삼 학파를 대변하는 경세치용의 학풍이 구체적으로 어떤 분야에서 계승·발전되었는지를 파악하기 어렵게 되었다는 사실이다. 따라서 안정복의 경세론 성격에 대한 해명은 사승師承관계 속에서 순암학이 차지하는 위상은 물론 그의 학문·사상에 내재된 보수성을 역사적 맥락에서 이해하는 계기가 될 것이다. 이와 관련하여 주목해 볼 주제가 바로 향촌사회 운영론이다.

향촌사회는 양반 사족의 사회·경제적 활동이 이루어졌던 생활터전이자 통치의 기본단위로서 민인民人과 토지가 편제되어 있는 공간이었다. 이러한 점에서 대민對民지배를 위해 고안된 향정론에 경세치용을 실현하기 위한 구체적인 면모가 잘 담겨져 있다고 생각된다. 직계제자 중 유일하게 관직에 나아가 목민관으로 활동했던 그의 경력을 감안해 볼 때[5] 그 속에 담긴 현실지향은 문인들

---

3 한영우(1988), 『조선후기사학사연구』, 일지사, 276~354면; 강세구(1994), 『동사강목 연구』, 민족문화사; 최성환(2003), 「영·정조대 안정복의 학문과 『동사강목』 편찬」, 『한국학보』 110 참조.

4 이우성(1982), 「이조후기 근기학파에 있어서의 정통론의 전개－역사파악에 있어서 체계성과 현실성」, 『한국의 역사상』, 80면; 이우성, 「녹암 권철신의 사상과 그 경전 비판－근기학파에 있어서의 퇴계학의 계승과 전개」, 같은 책; 최동희(1988), 『서학에 대한 한국실학의 반응』, 고려대 민족문화연구소; 서종태(1995), 「성호학파의 양명학과 서학」, 서강대학교 박사학위논문; 강세구(1996), 「순암 안정복의 학문과 사상연구」, 혜안; 안영상(1996), 「성호학파의 『대학』설」, 『실학의 철학』, 예문서원; 이봉규(2000), 「순암 안정복의 유교관과 경학사상」, 『실학사상연구』 2, 한국실학학회; 차기진(2002), 『조선후기의 서학과 척사론 연구』, 한국교회사연구소 참조.

5 일찍이 이익은 안정복의 출사를 적극 권장하였다. 그는 안정복을 제자들 중에서 仕學兼敎의 능력을 갖춘 인물이라고 평가하였다(『순암집』Ⅱ, 권27, 「행장」, '순암선생행장', 『한국문집총간』(이하 총간) 230권, 398~399면). 또한 관직에 나아가게 되자 관료로서 '尊主裨民'의 본분을 다하여 천하국가의 경영에 기여할 것을 권고하기도 했다(『성호전집』Ⅰ, 권24, 서, 「答安百順 癸酉」, 총간 198권, 494면).

에게 전수된 성호학풍의 일단으로 파악할 수 있을 것이다.[6]

기왕의 연구에서 안정복 향정론의 성격을 둘러싸고 다음과 같이 엇갈린 평가가 내려져 있다.[7] 먼저 민의 성장을 인식하면서도 교화의 대상으로 상정한 계급적 한계가 지적되면서 그가 제시한 경안면 이리 동약(이하 이리동약)은 하민下民의 이익보다는 사족 중심의 사회질서를 재구축하려는 퇴영적인 사고의 결과물로 평가되었다.[8] 반면 민을 막연한 위민정치의 대상으로서가 아니라 통치대상으로서의 실체인 존재로 인정했다는 점에서 동약은 자치적인 동정洞政의 실현과 왕도정치의 이상을 구현하려 했던 실학적 향정론이라는[9] 평가도 제기되었다.

본고에서는 이러한 점들에 유의하면서 먼저 『임관정요臨官政要』에 대한 분석을 통해 향정론이 입안되는 과정에서 활용되었던 통치원리를 살펴보겠다. 『임관정요』에는 국가적 차원에서 향촌사회에 적용될 국정운영 원리가 제시되어 있다. 안정복의 향정론은 '너그럽기만 하면 통치하기 어렵다[寬亂]'는 현실인식에 기초하여 '정과 법의 경중을 헤아려 그 중도를 구해 힘쓴다[情法求中]'는 형법 운영원리에 따라 수립된 것으로 보인다. 다음으로 향정론의 특징과 의미를 향사법과 이리동약에 대한 분석을 통해 구명해 보겠다.[10] 향사법은 집권체제 강화를 목표로 상정된 공적 제도였으며, 동약은 향촌민의 자율성을 최대한 보장하

---

6 안정복의 지방행정관과 동약의 체제 및 그 내용을 구체적으로 분석한 논저로 심우준(1985), 『순암 안정복 연구』, 일지사, 231~307면; 최홍규(1989), 「조선후기 광주와 수원지방의 향약(상)－안정복의 이리동약과 우하영의 향약설을 중심으로」, 『경기문화』 5, 경기향토문화연구회 참조.

7 한상권(1987), 「순암 안정복의 사창사상」, 『한국사론』 17, 서울대학교 국사학과; 김태영(1999), 「순암 안정복의 향정론」, 『한국실학연구』 1, 한국실학학회 참조.

8 한상권, 위의 논문, 292~293면 참조.

9 김태영, 앞의 논문, 95~105면 참조.

10 안정복은 공적 사회제도로서 면리제(향사법)의 실시만을 전적으로 강조하지는 않았으며, 민의 성장과 도전에 직면하여 사족 중심의 기존 향촌질서를 용인하면서 동계·향약과 같은 사회조직을 적극 장려하였다[오영교(2001), 『조선후기 향촌지배정책 연구』, 혜안, 151면].

는 사적 기구로서의 성격이 강하였다. 서로 상반되어 보이는 향정책이 '정법구중'의 원리와는 어떤 관계를 맺고 있으며, 어떤 상관성 속에서 통치의 효율성을 제고시키고자 했는지를 입증해 보겠다.

이상의 분석을 통해 역사인식과 철학사상을 중심으로 정리된 순암학의 특징을 경세의 측면에서 보완함으로써 실학자로서의 면모를 한층 명확히 해명하는 계기를 마련해 보고자 한다.

2. 시의時宜를 고려한 형법운영과 '관난寬難'인식

안정복의 향촌운영 방식을 확인할 수 있는 대표적인 저술로 『임관정요』를 들 수 있다. 『임관정요』는 치자의 입장에서 당시 향촌사회 현실을 고려하는 가운데 민인을 통치하는 구체적인 방안들이 정리된 목민서였다. 따라서 이 책에는 안정복이 설정하고 있는 국가와 민의 관계, 통치에 필요한 운영원리와 이를 실현할 수 있는 공적 사회제도의 면모가 잘 담겨져 있었다.

안정복은 「시조時措」편 '교화'·'형법' 장에서 향촌사회 운영에 필요한 통치수단과 그 운영원리를 제시하였다. 일단 그 체용론의 관점에서 교화와 형법을 각각 체와 용으로 분속시켰는데, 이 중에서도 교화의 역할을 강조하였다.[11] 이때 교화를 구현하는 수단은 향약이었다. 즉 교화의 시작은 향약에서 비롯된다는 것이다.[12] 그는 모든 정교는 반드시 동약이 행해진 후에야 쉽게 이루어질 수 있다고 보고, 수령의 제일 업무로 해당 고을의 동약 구비 여부를 확인하는 일을 상정하였다. 만일 미비할 경우 그 지역 사족들과 의논하여 보완·시행해야

11 『순암전집』 3, 『임관정요』, 「시조」, 教化章, 여강출판사, 1984, 306면.

12 위의 책, 「시조」, 교화장. "教化之政 其要在於一身 而其法 自鄕約始 古者 自比閭族黨 皆有教養之術 盖臨民近 則其效尤速."

하며, 그 적실한 시행 여부 또한 수령이 직접 각 동을 순회하면서 감독해야 한다고 규정하였다.[13]

그렇다면 형법은 어떤 역할을 수행하는 것인가. 안정복은 동약에 대비되는 형법의 기능을 다음과 같이 설명하였다. 위관자爲官者는 교화의 실질적인 효과를 거두기 위해서 풍속을 순미하게 하는 방법을 권면하고, 재황災荒 및 환난구제 시 동약에 입각하여 수행하는 한편, 이를 어긴 자는 엄벌에 처한다는 것이다.[14] 향약이 면리인들을 교화시키는 수단이었다면 용에 해당하는 형법은 그 운영 과정에서 발생하는 각종 범법행위를 처벌하는 수단이었다. 이와 같은 형법의 기능을 감안할 때 애민의 실현을 위해 치정의 방법으로 소인小仁만을 사용한다면 큰 문제가 아닐 수 없었다.[15]

안정복은 체용관에만 집착하여 교화와 형법의 적용 순위를 고식적으로 이해하지 않았다. 각각의 기능이 충분히 발휘될 수 있을 상황을 고려하여 시의적절한 대응을 강구하고자 했다. 그는 향촌사회 안정을 목표로 교화와 형법을 효과적으로 활용하기 위해 '양정경법중量情輕法中 정중법경情重法輕 무구기중務求其中'의 원리를 제시하였다. 즉 정과 법의 경중을 헤아려 그 중도를 구해 힘쓴다는 것이다.[16] 향정 과정에서 정을 계도하는 수단인 교화와 법을 구현하는 수단인 형법의 균형 있는 사용이야말로 치정을 이룰 수 있는 최선의 운영원리였다.

이 같은 교화와 형법의 운영원리는 이익에게서 이미 나타나고 있었다.[17] 그 역시 양자의 관계를 본말・체용론에 입각하여 '선덕체이후정형先德體而後政刑'으로 규정하였다.[18] 그러나 여기서 언급한 본말선후의 순서가 반드시 통치수단의

13 위의 책, 「시조」, 교화장, 310~311면.
14 위의 책, 「시조」, 교화장, 311면.
15 위의 책, 「시조」, 臨民章, 265면.
16 위의 책, 「시조」, 刑法章, 352면.
17 이익의 형법관에 대해서는 원재린(2000), 「성호 이익의 형정관과 '漢法' 수용론」, 『원유한 교수 정년 기념논총(하)』, 혜안 참조.

유효성을 판단하는 기준은 아니었다. 그는 형이란 다스림을 보조하는 기구로서 예교禮敎에 앞설 수 없다고 전제하면서도 형법이 밝지 못하면 예교 또한 시행될 수 없다고 단정지어 말하였다. 뿐만 아니라 형법의 역할을 간과해서는 인심·인정의 효과도 기대하기 어렵다고 보았다.[19] 그는 어진 정치를 실현하기 위해 우선적으로 처벌해야 할 대상으로 호활豪猾과 장리贓吏를 꼽았다. 호활은 간사한 짓을 일삼고 죄를 범하며 법을 업신여기는 무리였다. 따라서 이들에 대한 엄격한 법 집행은 혜민의 차원에서 민생 안정을 도모하는 지름길이었다. 장리는 일선에서 민을 다스리는 중간 지배층으로서 장물을 받고 중간에서 농간을 부리는 무리들이었다. 만약 이들을 너그러운 정사로 대한다면 그 피해가 반드시 민에게 돌아가기 때문에 위법사항이 발견될 경우 엄격한 법 집행은 불가피하였다.[20] 결국 이익이 형법의 중요성을 강조했던 것은 민의 재생산 기반을 안정시키고, 이를 토대로 원활한 국정운영이 이루어지기를 기대했기 때문이었다. 소농의 경제 기반을 유지하기 위해서는 탐학한 지배세력으로부터 민생을 보호하는 것이 가장 시급한 과제였던 것이다.[21]

안정복 역시 동일한 취지와 목적에서 형법 사용을 주장하였다. 그는 형법 적용의 주요 대상으로 민에 대해 자의적인 침탈을 자행하는 이배층吏輩層과 집강執綱·풍헌風憲으로 대표되는 향임층을 들었다.[22] 이들은 국정운영의 급선무인 '통하정通下情'을 중간에서 방해하고 있었다.[23] 따라서 이들에 대한 처벌은 향촌민에 대한 국가의 일민적 지배를 방해하는 세력에 가하는 공적 제재였던 것이다. 그는 '위정지도爲政之道'로서 민에게는 너그러움으로써, 이서에게는 엄

18 『성호사설』(하) 권23, 「經史門」, 呂刑, 경희출판사, 1967, 248면.
19 『성호사설』(하) 권25, 「경사문」, 寬嚴, 329면.
20 『성호사설』(하) 권21, 「경사문」, 寬亂, 144면.
21 『성호사설』(상) 권12, 「인사문」, 法禁, 416면.
22 『순암전집』 3, 『임관정요』, 「시조」, 교화장, 311~312면.
23 위의 책, 「시조」, 임민장, 267면.

격함으로써 속박하는 법은 바꿀 수 없는 대체大體라고 했다. 그렇다고 해서 무조건 엄격한 형법 적용만을 고집한 것은 아니었다. 그는 이서배들 역시 민이며, 폐단을 야기하게 된 근본적인 원인이 업무 수행에 따른 경제적 반대급부가 없이 자력으로 의식을 마련해야 하는 제도적 결함 때문이라고 인식하였다. 따라서 형법의 공정한 집행을 촉구하면서 그 범위도 관을 속이고 민에 폐해를 끼칠 경우로 한정하였다. 객관적인 처벌 규정을 명시함으로써 가혹함과 구별되는 엄의 의미를 강조하였다.[24]

이처럼 이익과 안정복이 민생 안정을 저해하는 세력과 중간지배층에 대해 엄격한 형법 적용을 강조한 것은 다음과 같은 현실인식에서 비롯되었다. 이익은 교화를 잃은 후세에 덕례의 훈계만을 믿고 편안히 앉아 다스려지기를 바라는 것은 밝은 지혜가 아니라고 보았다. 요순시대에 상형象刑이 폐기되지 않았던 사실을 거론하면서 풍속이 흐려진 후대에 그나마 정형政刑이 있었기 때문에 간악한 짓을 제어할 수 있었다고 판단하였다.[25] 이처럼 그가 본말론적 관점에서 벗어나 시세를 고려한 형정 강화를 주장하였던 것은 '관난'인식의 영향 때문이었다.

이익은 정나라 자산子産(?~B.C 522)의 '너그럽기만 하면 다스리기 어렵다'라고 하는 현실인식에 근거하여 말세의 인심이 경박할 때에는 풍속이 순후한 세상에서 적용되었던 관寬을 근본으로 삼기보다는 법금法禁을 수반한 엄격한 통치를 주장하였다. 즉 관과 맹이 시행되는 것은 각각 그 적합한 때가 있다는 논리였다.[26] 따라서 지금처럼 승평세대가 적고 혼란함이 많은 시기에는 마땅히 중형을 적용하여 해이해진 기강을 바로잡고 포악한 자를 제어하는 것이 자연스

24 위의 책, 「시조」, 御吏章, 281, 285면.

25 『성호사설』(상) 권15, 「인사문」, 政刑, 537면.

26 『성호사설』(하) 권25, 「경사문」, 寬嚴, 329면; 『성호사설』(하) 권21, 「경사문」, 寬難, 144면; 『성호사설』(하) 권24, 「경사문」, 漢文重刑, 264~265면.

러운 일이었다.[27] 자연히 당대를 어지러운 세상으로 규정했던 이익은 '관난'인식에 입각하여 관寬보다는 맹猛의 적용, 즉 형정의 강화를 촉구하였다.[28] 자산과 함께 주목했던 인물로 제갈량(181~234)이 있었다. 그는 제갈량을 부드러움과 강함을 때에 따라 알맞게 사용함으로써 시조에 합당하도록 변통한 정치가로 평가하였다. 평화가 이루어진 시대에는 형정을 천하게 여기는 것이 당연하지만, 어지럽고 혼란한 시대에는 형정이 강화되어야만 했다.[29]

이 같은 '관난'인식은 그대로 안정복에게 계승되었다. 이는 『임관정요』에 기록된 자산과 제갈량에 대한 평가에서 찾아볼 수 있다. 안정복은 '위정'장에서 국가를 다스리는 대체로 자산과 제갈량의 국정운영 방식을 소개하였다.[30] 그는 조선왕조가 400여 년 간 지속되는 과정에서 발생한 폐단을 척결하기 위해서는 변법이 불가피하다고 보았다. 그 전범이 되는 역사적 사례로 자산과 제갈량을 들었다. 양자에게서 주목했던 점은 춘추와 삼국시대의 혼란 속에서도 형정을 효과적으로 활용한 것과 변혁・변법 원리에 입각하여 국가 전반에 걸쳐 개혁을 단행한 사실이었다.

자산은 춘추시대 정나라의 재상으로 재임하면서 진晋・초楚 양대 강국 사이에서 국체를 보전하기 위해 대내외 개혁을 단행한 인물이었다. 먼저 그는 대내 분야에서 전제田制개혁을 단행하였다. '작봉혁作封洫'의 시행을 통해 전계田界를 획정하여 탈점하거나 쟁탈하는 폐단을 방지하였다. 또한 그는 향촌 통제책으로 토지를 취득한 농호를 '오가위오五家爲伍'의 원칙에 따라 편제하였다. 자산은 지속적인 개혁을 위해 관과 맹을 제시하면서 '이맹복민以猛服民'하는 통치방식을 천명하였다.[31] 그리고 형서를 제례용 그릇에 주조하여 성문법으로 대중들에게

27 『성호사설』(상) 권16, 「인사문」, 寬猛, 573면.
28 『성호사설』(상) 권15, 「인사문」, 政刑, 536~537면.
29 『성호사설』(하) 권18, 「경사문」, 孔明喜申韓, 35면.
30 『순암전집』 3, 『임관정요』, 「시조」, 爲政章, 250면.
31 『순암전집』 3, 『임관정요』, 「政蹟」, 良吏章, 143~144면.

공포하였다.[32] 또한 안정복은 형법을 중시하는 제갈량의 주장에도 관심을 보였다. 제갈량은 준엄한 형법 사용에 반대하는 여론이 일자 다음과 같이 반박하였다. 유장劉璋 이래로 '문법패미文法覇縻 호상봉승互相奉承 덕정불거德政不擧 위형불숙威刑不肅'한 상황에 직면하여 법이 행해져야만 은혜를 알게 되었고, 이로써 상하의 절도를 확립하는 것만이 통치의 요체라고 하였다.[33]

안정복이 양자의 형법관과 이에 기초한 통치사례를 소개한 이유는 법제의 붕괴로 초래되었던 국정의 혼란상을 극복하기 위해서였다. 이 점에 유념해 볼 때 해당 내용을 소개하고 있는 『임관정요』는 변법의 차원에서 국가체제 정상화를 염두에 두고 작성된 저술로 평가할 수 있다. 동시에 '관난'인식과 정법구중의 원리에 주목할 때 각종 향정책은 현실에서 그 실현 가능성을 제고하기 위해 입안된 것임을 알 수 있다.[34]

---

32 장국화 주편(1982), 『중국법률사상사』, 북경: 법률출판사, 36~41면.

33 『순암전집』 3, 『임관정요』, 「政蹟」, 良吏章, 157~159면.

34 이 같은 향정론을 계승한 성호문인으로 정약용(1762~1836)을 들 수 있다. 그는 수신과 목민을 성현의 가르침이라고 규정하면서 『목민심서』를 통해 지방수령으로서 보민을 실현하기 위해 관장해야 할 구체적인 행정업무를 12편 72조로 편성하여 상세히 정리하였다(『여유당전서』 5, 『목민심서』, '서', 경인문화사, 1969, 299면). 그가 안정복의 향정론을 계승하고 있다는 사실은 『목민심서』에서 인용된 『임관정요』의 내용을 통해 직접적으로 확인할 수 있다(강세구, 앞의 책, 90면 참조). 또한 『목민심서』가 『임관정요』와 함께 전면적인 개혁이 어려워진 상황에서 변법의 기조를 유지하면서도 향촌운영 체계를 개선하기 위해 필요한 지방행정 관련 세무를 집대성한 저술이었다는 점에서 성호학파 향정론의 특징과 성격을 가늠해 볼 수 있다.

3. 집권체제 강화와 향촌자치의 모색

1) 향사법과 '일민一民'적 지배의 실현

안정복이 제기한 '정법구중'의 운영원리는 향촌사회 재편과 관련하여 그가 구상하였던 향정책에 그대로 반영되었다. 우선 살펴볼 내용은 형법을 통한 공적·객관적 통치기준의 확립을 목표로 제안된 향사법이었다. 이 법은 향촌자위단의 성격을 강하게 내포한 명대 유종주劉宗周(1587~1645)의 보갑제保甲制를 참고하여 작성한 것으로서 향촌 통제와 인보隣保조직의 정비를 목적으로 한 공적 사회제도의 성격을 띠고 있다.[35] 그는 향사법을 일체의 교화와 정사의 성패를 좌우할 관건으로 여기고, 이 법이 제대로만 시행된다면 성왕의 정치를 일으킬 수 있다고 확신하였다. 아울러 향사법이 주나라 향수鄕遂제도의 유의遺意이며, 명대에서도 시행되었던 사실을 부각시켜 그 실현 가능성을 한층 높였다. 물론 그 이유는 잘못된 조선의 향리제도를 바로잡기 위해서였다.

그가 볼 때 당대 향리제도는 각면 인호人戶의 다과多寡가 같지 않음에도 일률적으로 면을 획정함으로써 특정 지역에 인구가 편중되는 구조적 문제를 안고 있었다.[36] 이로 인해 백성의 숫자를 제대로 파악할 수 없게 되었고, 치도의 목표는 더욱 달성하기 어려워졌다. 그 피해가 집중된 지역은 삼남지방이었다. 해당 지역에서는 토호 양반과 향소의 가호 아래 거주하는 탈루자들이 발생하였

35 오영교, 앞의 책, 124~125면. 이와 같은 면모는 '향사지례'와 '향사지비'에 잘 반영되어 나타나고 있다. 우선 '향사지례'에서는 향음주례의 시행과 함께 육예의 하나인 射를 강조함으로써 도적의 침입 등 외환에 대비하였다. 여기에는 보갑법에서 지향하는 철저한 隣保조직, 治盜기능을 실현할 목적이 내재되어 있었다(『순암전집』 3, 『임관정요』, 부록, 「향사법」, 383~384면). '향사지비'에는 외적의 침입과 같은 비상시를 대비하여 각 향사 조직별로 구비해야 할 병기와 동원 인원, 그리고 임전전술 및 각 장들의 임무 등이 기술되었다(위의 책, 부록, 「향사법」, 386~387면).

36 위의 책, 부록, 「향사법」, 377면.

다. 이와 같은 현안을 해결하고 정확한 호구를 파악하기 위한 근본 대책이 바로 향사법이었다.[37]

향사법은 '향사지적鄕社之籍 · 향사지정鄕社之政 · 향사지교鄕社之敎 · 향사지례鄕社之禮 · 향사지양鄕社之養 · 향사지비鄕社之備 · 향사지금鄕社之禁' 등 모두 일곱 개의 조목과 향사패식鄕社牌式으로 구성되었다. 이 가운데 집권력 강화를 통한 일민적 지배를 관철시킬 취지에서 마련된 조항을 상호 관련성을 고려하는 가운데 재구성해 보면 다음과 같다.

먼저 '향사지적'에서는 집권체제 강화를 위해 향촌조직을 통統(5가) - 갑甲(2통=10가) - 사社(10갑=20통=100가) - 향鄕(취사위향取社爲鄕)으로 편제하는 방안이 제시되었다. 각 조직의 장으로 통에는 수首, 갑에는 장長, 사에는 정正, 향에는 사師가 선임되었다. 이때 통수統首는 '양천인良賤人 중 연장우산자年長優産者', 갑장甲長은 '양천 중 지려권헌자智慮勸軒者', 사정社正은 '중서인中庶人 중 공정해사자公正解事者'로 규정되었다. 직위가 올라가고 권한이 늘어날수록 조직의 장들이 갖추어야 할 자격에는 우산 · 지려 · 공정 등의 요건이 추가되었다. 이 같은 자격요건은 어디까지나 기능적인 측면에서 분장된 업무를 성실히 수행하는 데 필요한 덕목들이었다. 따라서 각각의 직책은 해당 지역에서 상당한 영향력을 지니고 있는 부민들이 맡을 가능성이 컸다. 다만 향사의 경우 별도로 나이와 덕에 기준한 사족을 임명할 것으로 규정하였다.[38] 여기서 향사의 선임 기준에 문벌 · 가문이 아닌 실제로 향사 내에서 신망을 얻을 수 있는 나이와 덕이 상정된 사실이 주목을 끈다.

이렇게 구비된 향사체제의 실효성은 '향사지정'의 규정을 철저히 준수할 때 발휘될 수 있었다. '향사지정'에서는 향촌민들이 향사 내에서 준수해야 할 '화촉상계火燭相戒 · 도적상어盜賊相禦 · 우환상휼憂患相恤 · 희경상하喜慶相賀 · 법령상

37 『순암전집』 3, 『임관정요』, 「시조」, 戶口章, 301면.
38 『순암전집』 3, 『임관정요』, 부록, 「향사법」, 379면.

외法令相畏・조부상근租賦相謹' 등 여섯 가지 사항이 제시되었다. 만일 향사 내에서 해당 상황이 발생하게 되면 상호 긴밀한 연대를 통해 일사불란하게 조처하며, 이와 관련된 소소한 사안까지도 향사체제에 따라서 단계적으로 상급기관에 보고하게끔 규정되었다. 향사는 최종적으로 업무를 총괄하고, 그 결과를 관에 보고하였다. 결국 6가지 사항으로 대변되는 향촌 내 모든 일들은 향사조직을 통해 일률적으로 중앙에 전달될 수 있었으며, 정부는 향사조직을 통해 일향一鄕에 거주하는 일민의 동향을 파악하고, 이에 필요한 적절한 조처를 취할 수 있었다.

국가가 향사법을 통해 향촌사회 구성원을 일률적으로 파악하고자 했음은 '향사지금'에서 확인할 수 있다. 향촌민들이 지켜야 할 16가지 조항에서 나타난 특징은 준칙사항 가운데 향촌 내 상하 신분관계의 확립을 위한 강상윤리 강화의 의도가 배제되어 있다는 사실이다.[39] 이는 향사법이 국가의 일민적 지배를 관철하기 위해 고안된 제도였다는 사실과 깊은 관련을 맺고 있다. 즉 이 제도하에서는 사족과 상민의 구별 없이 향촌사회 구성원 모두가 민의 범주에 포괄되어 인식되었던 것이다.

동일한 의도는 '향촌패식'에서도 나타나고 있다. 패식에는 출경出京과 이거移去 상황, 가족 구성원의 인적 사항, 기객寄客과 친우의 경우 본인과의 관계를 자세히 기재하도록 되어 있다. 뿐만 아니라 복종僕從・행세行稅・문면門面・월량月糧・호세戶稅・기계器械 등에 대한 항목도 있다. 패식을 통해 해당 호구의 가족 구성과 재산상태 등 소소한 일면까지 면밀히 파악할 수 있었다. 패식의 작성은 향사를 구성하는 조직의 장들이 맡았다. 갑장은 갑 내의 이거 사항을 명시하고, 10개 호의 인명과 본업을 기록하여 서로 경계하고 권면하는 임무를 담당하였다. 사정은 10개 갑을 통섭하면서 갑장과 마찬가지로 동일한 사항을 기록・권면하였다. 향사는 최종적으로 앞서 언급한 사례에 따라 10사를 총괄하였

39 위의 책, 부록, 「향사법」, 387~388면.

다.[40] 이처럼 향사패식에 기재된 가호 관련 최초 정보는 단계별로 조직체계를 거치면서 향사 내 전 민인의 동정을 일목요연하게 파악할 수 있도록 종합되었다. 그리고 패식의 내용은 통치의 기본자료였던 만큼 각 장들이 책임을 지고 그 진위 여부를 확인해야 했다. 그래야만 실질적으로 향촌운영에 유용한 자료로 활용될 수 있기 때문이었다. 결국 향사조직을 활용하여 작성된 패식은 대민 파악의 효율성을 기하고, 이를 토대로 일민적인 지배를 구현할 수 있는 기본자료의 성격을 띠고 있다.

안정복은 일민적 지배 실현을 통해 강화된 집권체제를 관장하는 주체로 국왕을 상정하였다. 이는 '향정지교'에서 소개하고 있는 육유六諭와 이에 대한 분석을 통해 파악할 수 있다. 명나라 태조는 향촌민들의 교화 수단으로 성유聖諭 여섯 가지를 반포하여 각 향촌 단위별로 엄격히 준수할 것을 명하였다.[41] 여기서 관심을 끄는 사실은 육유의 반포 주체가 태조 즉 황제였다는 사실이다. 건국 초 명나라는 항구적인 왕조지배를 관철시켜 나아가기 위해서 오랜 전란으로 흐트러진 향촌사회 질서를 바로잡고 황제를 정점으로 한 '전제專制'체제를 확립하고자 했다. 이를 위해 태조가 홍무 3년(1370) 전국의 부민을 남경에 모아놓고 훈유를 내렸던 것이다. 그 내용 중 인간의 욕망을 억제하기 위한 권위체로 주主=황제가 존재해야 함을 강조한 사실이 주목된다. 만일 주가 존재하지 않으면 사회는 강한 자가 약한 자를 업신여기게 되고, 다수가 소수에게 횡포를 부리는 혼란이 일어날 수밖에 없었다. 인욕을 억제하기 위해서는 황제의 권위가 반드시 필요했다.[42] 결국 육유의 목적은 황제권 강화를 통해 향촌사회의 기강을 확립하여 민생 안정을 이루는 데 있었다.[43] 안정복은 이 같은 취지의 육

---

40 위의 책, 부록, 「향사법」, 향사패식, 388~391면.

41 위의 책, 부록, 「향사법」, 381면. "一日 孝順父母 二日 尊敬長上 三日 和睦鄕里 四日 敎訓子孫 五日 各安生理 六日 毋作非僞…."

42 『명태조실록』 권49, 홍무 3년 2월 경오조.

43 송정수(1997), 『중국근세향촌사회사연구』, 혜안, 39~42면 참조.

유를 향사민들에게 알려서 준수할 것을 당부한 후 불초자를 가려내어 가르칠 것을 촉구하였다.[44]

국왕권을 매개로 강화된 집권체제가 안정적으로 운영되기 위해서는 무엇보다 민의 재생산기반이 확보되어야만 했다. 이 점을 염두에 둔 조항이 '향사지양'이었다. 안정복은 향촌민의 재생산기반 유지를 목적으로 영농방안과 흉년을 대비한 사창제를 소개하였다. 사창제 실시와 관련하여 현행의 환자제도를 폐지하며, 관이 주도하기보다는 득인得人을 통해 향촌 자율에 따라서 운영할 것을 주문하였다. 이와 함께 민생 구제를 위한 보민保民기관으로 의총義塚과 양제원養濟院의 설치가 제시되었다. 또한 유민·환과고독의 구휼에 관련된 제도적 지원책도 마련되었다.[45] 일민적 지배를 통한 집권체제 확립을 위해서는 무엇보다 소농경제의 안정이 선결해야 할 과제였다. 이를 위해 주자의 사창제에 주목하는 것은 관인유자官人儒者로서 자연스러운 일이었다. 하지만 그것이 양반지주의 이해관계를 대변하기보다는 집권체제 안정을 위한 보민의 수단으로 강구된 점에 주목해야 할 것이다.[46] 즉 국가에 의한 일민적 지배를 지향하는 향사법 속에서 수용된 사창제는 집권체제 강화에 필요한 민의 재생산기반의 확보를 우선 과제로 하였다는 점에서 그 역할이 기대되었다.

이상에서와 같이 안정복은 향사법을 통해 통-갑-사-향의 일사불란한 조직체계를 향촌사회에 확립하고, 이를 통해 국가 공권력의 확장을 도모하였다. 물론 그 목적은 재지세력의 사적 지배를 배제하고, 대신 국가 대 민의 직접지배 관계를 수립함으로써 소농경제 안정을 이루기 위해서였다.[47] 이를 '정법구

---

44 『순암전집』 3, 『임관정요』, 부록, 「향사법」, 382면.

45 위의 책, 부록, 「향사법」, 384~385면.

46 안정복은 지주제 혁파를 통해 소농경영을 일으키는 방안으로 정전법을 제기하였다. 정전법은 정전의 이념을 실현하는 것이었고, 그것은 강제적이고 폭력적인 방법이 아니라 점진적으로 자연스럽게 민부를 달성하는 방법이었다[최윤오(2002), 「순암 안정복의 토지론」, 『실학사상연구』 4, 한국실학학회, 97면].

중'의 원리와 관련하여 살펴보면 객관적인 통치수단으로서 향사법은 민정을 헤아리는 공적 기구로서 역할을 담당하도록 기획되었다.

그러나 이를 실제 향촌사회에 적용할 때 나타날 폐단, 관 주도의 지방행정으로 야기될 수 있는 수령권 남용 및 사족층 저항 등의 문제 발생이 예견되는 만큼 이에 대한 제도적 차원의 보완이 필요하였다. '정법구중'의 향촌사회 운영 방식 가운데 법을 보완하는 정의 역할이 요청되었던 것이다. 그 대안은 안정복이 앞서 거론했듯이 교화를 실현할 수 있는 향약의 실시였다. 그는 향사법 말미에 향약법의 규약을 참작하여 서로 비교 수행한다면 짧은 기간 내 그 효과가 나타날 것이라고 전망하였다.[48] 따라서 향정론의 전체적인 성격을 파악하기 위해서는 이리동약을 향사법과 상관성을 고려하는 가운데 분석할 필요가 있다.

2) 동약과 '탕평'의 실현

안정복은 동약 서문에서 법을 만들어 백성을 인도하는 데 먼저 민심이 따라야 함을 천명하였다. 만일 민심이 따르지 않는다면 이것이야말로 해정害政의 원인임을 분명히 밝혔다. 해정의 원인을 없애고 민정을 진작시키기 위해서는 반드시 백성이 눈으로 보는 곳에서부터 시작해야 했다. 민정을 무시한 채 향촌사회를 국가의 입장에서 일방적으로 관리하는 것은 현실적이지 못하다는 판단이 실린 언급이었다. 이 같은 사례로 한·당·송·명대에 시행되었던 삼로三老·이정里正·보장保長·방장坊長의 법을 들었다. 이들 제도는 위로는 도리로써 모범을 보이지 않고, 아래로는 법이 시행되지 않아 향론이 분열되는 문제점을 낳았다. 실제 조선에서도 수십 년 이래로 향촌의 풍속이 퇴폐해지고 교활한 수

---

47 오영교, 앞의 책, 126면.

48 『순암전집』 3, 『임관정요』, 부록, 「향사법」, 390면.

령과 흉악한 아전들이 나라의 권력을 등지고 횡포만 부려 민속이 곤궁해지는 폐해가 발생하였다. 그는 이와 같은 문제를 해결하고 동중 백성의 민산을 안정시키기 위해서 동약을 제정한다고 밝혔다.[49]

이리동약은 '동회의洞會儀·회집좌차도會集坐次圖', '유하계문諭下契文·벌분오등罰分五等', '여씨향약부조呂氏鄕約附條', '사창社倉'으로 구성되었다. 먼저 체제상에서 보이는 특징은 하인약조下人約條인 '유하계문'을 독립시켜 양반약조인 '여씨향약부조'보다 앞에 배치하였다는 점이다. 이는 민의 성장에 따라 동계 운영에 있어서 하민의 의사를 무시할 수 없었던 당대 현실을 반영한 것이다. 이 점은 하민에 대한 포장褒獎 혹은 치죄를 규정하는 조항에서도 그대로 나타나고 있다. 종전처럼 동집강이 독단적으로 결정하지 않으며, 하민의 대표인 삼로와 반드시 상의를 거쳐야만 했다. 처벌의 집행도 하민 대표인 삼로와 촌두목에게 위임하였다.[50] 동약에서 피지배층의 의사가 존중되고 이들의 의견이 반영되기 시작하였다는 사실은 하민들이 동약의 운영과 집행 과정에까지 관여할 수 있을 정도로 성장하였음을 반증하는 것이다.[51]

그렇다고 해서 동약운영이 온전히 하민에게 위임된 것은 아니었다. 양반약조인 '여씨향약부조'에서 알 수 있듯이 사서士庶가 함께 참여하는 방식이었다. 여기서 거론되는 사족은 자신의 사회경제적 기득권만을 유지하려는 구래의 사족이 아니었다. 하민과 함께 향촌사회를 조화롭게 운영해 나갈 수 있는 새로운 사족층이었다. 신흥 사족의 구체적인 면모는 사창의 주관자를 선임하는 문제에서 잘 드러나고 있다. 안정복은 사창의 운영 주체로 토호土豪로서 이권을 오로지 장악하여 가난한 백성을 더욱 궁핍하게 만드는 자를 뽑아서는 안 된다고 했다. 그 대신 행의가 있는 사족을 선임해야 한다는 인사원칙을 내놓았다.[52]

49 『순암집』 II, 권18, 「慶安二里洞約序 丙子」, 총간 230권, 157~158면.
50 『순암집』 II, 권15, 「廣州府慶安面二里洞約」, 총간 230권, 94~95면.
51 한상권, 앞의 논문, 289~290면.

결국 동약의 운영은 조선 후기 사회경제적 변동과 함께 이에 따라 초래되었던 신분질서 변화를 고려하는 가운데 향촌사회의 안정을 실질적으로 구현할 수 있는 새로운 주체들이 맡아야 했던 것이다.

이처럼 현실 변화를 직시하고 이를 반영함으로써 향정 목표를 달성하려는 의지는 정부의 조세정책에 적극적으로 대처하는 태도에서도 엿볼 수 있다. 유하계문에서 안정복은 하민의 주요 책무라 할 수 있는 부세문제를 언급하였다.[53] 그는 조부租賦의 철저한 이행을 촉구하면서 전삼세田三稅로 국가 정공正供이 통일된 이후 모든 잡역이 감면되어 돌아오는 혜택이 커진 사실을 강조하였다. 전지를 기준으로 한 삼세(전세·대동미·군포)의 확정은 동약이 입약된 시점(1756)을 고려해 볼 때 1752년(영조 28) 확정된 균역법을 의미했다.[54]

안정복은 균역법 시행으로 부세가 경감했는데도 조부를 납부하지 않고 관망하면서 감면 받기를 기다리는 행위에 대한 처벌을 주장하였다.[55] 이것은 균역법 실시로 양역문제가 일정 정도 해소되고, 부세 부담이 적어질 것이라는 전망에서 비롯된 시의적절한 판단이었다. 비록 지주제 혁파와 토지개혁을 통해 균산을 실현하는 데에는 이르지 못했지만 군포를 감면해 주고 부족분을 보유 토

52 『순암전집』 3, 『임관정요』, 부록, 「주자사창사목」, 401면. 이 같은 사족관은 안정복의 관료제 개혁안에서도 확인할 수 있다. 그는 과거제의 문제점을 지적하면서 지방제도의 개혁을 전제로 家·黨·州·國의 단계마다 설치된 塾·庠·序·學 등의 교육기관을 통해 엄선된 인재들을 천거하는 鄕擧里選制 실시를 주장했다(『동사강목』 2, 제6상, 광종 8년, 경인문화사, 1975, 22~23면; 『순암집』 I, 권2, 「答上星湖先生書 己卯」, 총간 229권, 375~376면; 『순암집』 II, 권19, 「井田說」 庚申, 총간 230권, 194면). 즉 문벌과 가문을 중시하며 자신들의 이해관계를 지키기에 급급했던 구래의 사족계층보다는 개인의 능력에 기준한 신진 인사의 선발을 열망했던 것이다. 이는 그가 향정책을 마련하는 데 적용했을 사족관으로 이해된다.

53 '租賦'항을 향약에 굳이 덧붙인 사례는 다른 향약에서는 찾아볼 수 없는 독특한 일면으로 조선 후기 문란해진 稅制·糶糴과 病渴된 국가재정 등 제 양상에 대한 사대부로서 취해야 할 적극적인 관심의 표명이라고 할 수 있다(최홍규, 앞의 논문, 150면).

54 『영조실록』 권77, 영조 28년 6월 무오, 43책, 453면.

55 『순암집』 II, 권15, 「광주부경안면이리동약」, 총간 230권, 100면.

지에 기준하여 부과하는 균역법이야말로 균부균세를 실현할 수 있는 현실적 대안이라고 보았던 것이다. 이는 이익의 탕평이념 속에 내재된 균평의 이상을[56] 통치의 최소 단위인 향촌사회에서 구현해 보려 했던 구체적인 노력으로 평가할 수 있다.

이러한 시도는 동약을 탕평 실현의 실질적인 방안으로 인식했던 사실에서 재확인할 수 있다. 안정복은 덕업상권 부조에서 향촌사회 운영과 직접 관계되었다고 보기 어려운 붕당의 폐해를 지적하였다. 즉 사론士論을 빙자하여 나라를 망각하면서까지 자기 당을 편들고 상대 당을 공격하는 정치상황을 비판하였다. 이리동약이 작성되었던 시기는 영조 집권 중반기로서 무신란(1728) 직후 본격적으로 탕평정책이 추진되었음에도 을해옥사(1755) 등 여전히 정파간 대립이 지속되던 때였다. 이러한 정황을 고려할 때 안정복이 동약에서 당쟁의 폐해를 거론한 것은 다음과 같은 이유에서였다. 신하 된 도리로 영조가 탕평을 구현하려는 뜻을 체인하여 약 중에서 당쟁의 폐해를 극복할 것을 책무로 인식하였기 때문이었다.[57] 이는 동약 서문에서 밝힌 '오늘날 우리 마을이 동약을 세우는 것은 참람된 것이 아니라 진실로 윗사람들이 불러일으키고자 하는 것이다[今日吾洞之立約 亦非僭 而固上之人所欲興行者矣]'라는 문장과 결부시켜 볼 때 그 의미를 보다 분명히 파악할 수 있다.[58] 즉 동약은 당대 사회·경제적 모순에 기초하여 발생한 정치적 폐단을 극복하고 탕평을 동 중에서 실현해 보려는 의도에서 마련되었던 것이다.

이와 관련해서 안정복이 동약운영 과정에서 의리를 기준으로 지나치게 동사를 분변하는 태도에 반대한 사실이 주목된다. 그는 과실상규를 논하는 대목에서 과실을 지나치게 규제하는 것이 동약을 실행하기 어렵게 만드는 주요 원인

---

56 『성호사설』(상) 권11, 「인사문」, 탕평, 395면.

57 『순암집』 II, 권15, 「광주부경안면이리동약」, 총간 230권, 101~102면.

58 『순암집』 II, 권18, 「경안이리동약서 병자」, 총간 230권, 158면.

이라고 진단하였다. 그리고 이 같은 빌미를 제공한 장본인으로 '기묘제현己卯諸賢'을 지목하였다. 기묘년(1519) 제현들이 바르게 경계하는 데 있어서 악을 지나치게 미워하고 의리에 대한 분별을 너무 심하게 적용하는 잘못을 저질렀다는 것이다.[59] 향촌민을 대상으로 한 과실상규 조항을 구성하면서 기묘사림의 잘못을 거론한 것은 당쟁을 포함한 모든 사회적 갈등의 원인이 명분의리론에 있다고 보고, 이를 향촌사회 운영에 적용할 경우 동약의 성과를 기대하기 어렵다고 판단했기 때문이다. 당연히 민풍 진작을 위해서는 기왕에서처럼 의리명변을 운영 과정에 전면적으로 적용해서는 안 되었다. 이는 민의 성장으로 더 이상 양반사족의 이해관계를 이념적으로 보장해 주었던 명분의리론을 일방적으로 강요할 수 없게 된 당시 사회 현실을 반영한 것이기도 했다.

안정복은 의리 중심의 향촌사회 운영 방식에서 탈피하고자 했을 때 이를 보완해 줄 수 있는 대안으로 객관적인 통치수단인 법의 역할에 기대를 걸었다. 그는 자율성이 강조되는 동약운영 과정에서 예상되는 문제로 다음과 같은 사례를 들었다. 우선 엄중한 약법의 의미를 악용하여 제멋대로 향촌민을 사역하거나 명예와 이익을 추구하는 경박한 기풍의 조장이었다. 또한 관부의 약점을 들추어서 권위에 손상을 입히고 백성을 동요시켜 정사를 해롭게 하는 일도 예견하였다. 그는 이 같은 행위를 국법에 의거하여 엄격히 처벌할 것을 주장하였다. 특히 조직과 관리에 큰 책임을 분장받은 사족이 자의적 침탈을 주도했을 경우 국법에 따라 엄중히 처벌해야 한다고 했다.[60]

안정복은 영조가 추구했던 탕평 이념을 동중에서 실현하기 위해 동약을 입안하였다. 이를 통해 그는 향촌사회 내 존재하는 차별적 요소를 민의 성장이라는 현실 상황에 맞게 최소화하여 구성원간 갈등을 지양하고 자치력을 제고시켜 향촌사회의 안정을 이루려 노력하였다. 이 같은 사실은 향정론의 성격을 구

59 『순암집』 II, 권15, 「광주경안면이리동약서」, 총간 230권, 103면.
60 『순암집』 II, 권15, 「광주부경안면이리동약」, 총간 230권, 105면.

체적인 역사상황 속에서 이해하는 데 간과해서는 안 될 요소라고 생각된다.

4. 맺음말

안정복은 성호문인들 중에서 누구보다 적극적으로 스승의 유풍을 현실에 적용하여 그 경세지향을 실현해 보고자 노력했던 실학자였다. 이러한 실천성은 당시 사회경제적 변동에 조응하면서 효율적인 대민지배체제를 확립하기 위해 입안했던 향사법과 동약에 잘 반영되었다 이들 향정책은 '관난'의 현실인식에 기초한 '정법구중'의 형법 운영원리에 따라 집권체제 강화와 향촌자치를 실현하기 위해 입안되었다. 이는 이익의 학풍을 계승하여 적용한 결과였다. 이익은 덕교와 형정의 활용 시 시세 변화를 고려하여 양자를 조화롭게 병용할 것을 촉구하였으며, 자산과 제갈량의 정치운영 방식에 깊은 관심을 표명하였다. 안정복 역시 『임관정요』「시조」편에서 국정운영의 모델로 양자의 통치방식을 소개하였다. 이것이 향촌사회에 적용되면서 정법구중의 원리로 표출되었다.

안정복은 향촌사회를 안정적으로 통치해 나아갈 때에 맞는 조처로 향사법을 제시하였다. 이 법이 시행되면 향촌사회는 통－갑－사－향으로 재편되고, 이들 조직은 수령의 통솔 아래 일사불란하게 운영될 수 있었다. 국가는 향사법의 시행으로 향촌민에 대한 일민적 통치를 관철시키며, 이를 통해 중간지배층의 수탈을 배제함으로써 소농경제의 안정을 이룰 수 있었다. 이러한 점에서 볼 때 향사법은 객관적인 통치수단으로서 법의 역할이 기대되었던 향정책으로 평가할 수 있다.

동시에 안정복은 형법과 조화를 이루면서 민정을 헤아릴 수 있는 방안으로 『이리동약』을 입안하였다. 그는 향사법의 말미에 향약과의 병행을 적시해 놓았다. 이는 두 가지 정책이 함께 시행될 때 비로소 지극한 다스림을 이룰 수 있다는 판단에 기초한 것이었다. 『이리동약』은 기본적으로 민의 성장이라고 하는 당대 사회경제 발전을 고려하면서 향촌민의 자율적인 운영을 권면하기 위해 마련된 정책이었다.

이처럼 향정론 입안과정에서 실천을 목표로 현실의 객관적 조건을 반영하는 태도는 순암학의 성격을 이해하는 데 주목해 보아야 할 요소이다. 그는 실학의 경세지향을 구현해 나아가는 과정에서 기존의 사회 제 신분관계에 대해 유연한 자세를 갖고 있었다. 즉 실학의 이념을 시의에 맞게 점진적으로 실현해 나아가기 위해서 향촌 내 엄존하는 사회·경제적 이해관계를 포용하는 데 주저하지 않았다. 바로 이와 같은 실천태도는 보수적으로 평가받는 안정복의 사상 경향을 역사적 상황 속에서 이해할 때 유념해야 할 점이라고 생각된다.

이는 동약을 실시하여 탕평을 향촌사회 내에서 구현해 보고자 했던 의도에서 재확인된다. 당대 관인유자들에게 정치적 과제로 부과된 탕평을 실현하기 위해 사족과 민인 간의 갈등을 유발하는 요소를 최소화하고, 구성원간 합의를 이끌어 냄으로써 자치력을 극대화하여 향촌사회의 안정을 이루려 노력하였다. 현실성을 고려한 동약의 특징은 균역법에 대한 이해에서도 잘 나타나고 있다. 토지개혁이 어려운 상황에서 균부균세를 통해 민산의 안정을 추구했던 균역법을 동 가운데에서 원활히 시행될 수 있도록 조처함으로써 시의를 고려한 경세지향의 일단을 보여 주었다. 이는 향촌사회 운영구조를 재편하는 가운데 제시된 체제 개편 논리가 갖고 있는 특징을 보여 주는 사례로 평가할 수 있을 것이다.

18세기 지방자치의 구조와 기능에 대한 고찰

순암의 경기도 광주부 『이리동약二里洞約』을 중심으로

이명희

1. 머리말

본고는 순암 안정복(1712~1791)이 18세기 경기도 광주부 경안면 이리二里마을 동약 조직을 위해 작성한 계 자료를 중심으로 지식인의 지역사회에서의 역할에 대해 살펴보고자 한다. 이 자료는 조선 후기 근기지방에서 양심적인 사족을 중심으로 피지배 서민의 이익을 대변하고 벌열층閥閱層을 공박하는[1] 지식인의 실천적 모습이 계조직 규범을 통해 지역사회 서민의 일상생활에서 합리성과 효율성을 어떻게 향상시켰는지를 파악할 수 있는 매우 양질의 자료이다.

1 이우성(1982), 「실학연구서설」, 『한국의 역사상』, 창작과비평사 참조.

순암은 1712(숙종 39)년 충북 제천에서 태어났으며 1736(영조 12)년 25세에 광주 안씨 세거지인[2] 광주 경안면 덕곡리로 이사와 살게 되었다. 순암은 퇴계학파 가운데 학문의 원리와 마음수양보다는 응용 위주로 시국을 구제하는 것을 급선무로 한 근기남인 성호 이익(1681~1763)의 학맥을 잇고 있다. 그리고 서울 도시적 분위기보다는 근기 농촌환경을 학문적 배경으로 한 경세치용학파의 급진적 좌파보다는 온건적 우파에 속한다고 할 수 있다.[3] 순암은 당시 권력을 독점하고 있던 서인(노·소론) 측의 벌열정치 지배체제에 대해 근본적으로 부정하지 않았다. 그리고 여말선초 신흥사대부들이 유교의 합리성을 주장하면서 불교를 비판하였듯이 그의 『천학문답』을 보면 유학의 체계가 합리성·논리성 등에서 서학보다 우위라는 신념이 확고했음을 알 수 있다.[4] 순암은 중앙의 벼슬

2 광주 안씨 시조인 邦傑은 고려의 삼국통일 시기 반란을 평정한 것을 王建으로부터 인정받아 廣州의 다른 이름인 廣陵君에 봉해졌고 자손들이 廣州를 본관으로 하게 되었다. 고려 고종(1214~1259) 때 安綏 선조가 영남관찰사를 지내면서 처향인 경상도 함안으로 세거지를 옮겼다가 19대 安省 선조의 묘소를 광주로 옮기면서 다시 광주가 세거지가 되었다. 19대 선조 思簡公 安省은 태종대 강원도관찰사·개성유수 등을 지냈고 조선조 첫 번째 청백리였으며, 25대 선조 安滉(1523~1593)은 扈聖功臣이었다. 울산부사를 지낸 순암의 조부 安瑞羽(1644~1735)는 당쟁과 연류되어 크게 쓰이지 못했지만 문학과 지조로 존경을 받았고, 순암의 부 安極(1695~1754)도 벼슬은 했지만 크게 현달하지 못하였다. 이후 순암에 이르기까지 순암의 집안은 지방에서 강학과 교육을 가문적 전통으로 하였다(안승준, 『고문서집성』 8, 「광주안씨 경주김씨고문서」 해제 참고). 순암은 37세에 將仕郎 萬寧殿참봉에 제수된 후 43세에는 사헌부감찰에 이르렀으나 사직하고 그 이후 의부금도사 등의 임명에 나아가지 않다가 61세(1772, 영조 48) 때 세자 익위사익찬 등을 지냈다. 66세(1776년)에는 목천현감을 지냈고, 72세(1783, 정조 7)에 다시 세자 익위사익찬을 지내다가 80세(1791, 정조 15)에 별세하였다. 광주 안씨 세거지인 이곳은 오늘날 '경기도 廣州市 中岱 1洞'으로 행정주소가 변경되면서 이어지고 있다.

3 이우성(1999), 「근기학파에 있어서의 순암의 위치」, 『한국실학연구』 창간호 참조.

4 이러한 순암의 실학자적 자세를 '실학자적 면모가 약한[김태영(1999), 「순암 안정복의 향정론」, 『한국실학연구』 창간호, 73면 참고]' 것으로 평가하기도 한다. 하지만 부정과 저항보다는 점진적 개혁을 통한 합리적 사회의 지향이라는 순암의 '보수적' 자세가 그 당시 성호좌파의 저항적 방법이 원천적으로 봉쇄된 역사적 사실, 그리고 전통에 대한 긍정과 계승보다는 부정하는 학문자세로 50년 이상을 일관함으로써 전통에 대한 정체가 없어지고 자부심의 상실로 나타나

에 뜻을 두기보다는 지방에서 주자의 가르침을 실천하여 서민에게 표준이 되고[5] 서민의 삶을 보다 합리화함(재친민在親民)으로써 지역사회로부터 신뢰와 존경을 받는 대표적 지식인이었다.

본고는 지식인의 소명감 혹은 역할의 모델을 살피는 데 전통사회 지식인 계층 사족과 계조직에 대해 다음과 같은 시각을 견지하면서 연구를 진행하고자 한다. 이제까지 학계에서는 근대화 과정에서 겪었던 한반도의 역사적 질곡의 책임을 성리학이나 지배자 계층인 사족에게 묻는 시각이 지배적이었다. 본고에서는 조선왕조가 임진왜란・병자호란 등 외침을 물리치면서 1392년부터 1901년까지 존속한 놀랄 만한 안정과 정치적 지속은[6] 그 기저에 근기지방의 비판세력으로서 실학자군과 삼남지방에서 중소 지주로 벼슬에 뜻을 두기보다는 유학의 가르침을 실천하면서 근검절약하면서 생활하고 있었던[7] 재지사족 등 지식인 계층의 행위동기가 작동하고 살아 있었기 때문에 가능했다고 보고자 한다. 또 성문화된 동약 혹은 동계 규범에 대해 수천 년 세월 동안 한반도에서 형성된 공동체적으로 생활하던 계契의 전통[8]이 16세기부터 유교적 향약의

게 된 현실을 보면서 안정감 있고 의미 있게 다가온다.

5 「경안면이리동약」, 여씨향약부조, 과실상규 부조 제2항목. "兩斑爲常人之標準 過而不罰 亦何以糾率庶氓乎."

6 도날드 베이커 저, 김세윤 역(1997), 『조선후기 유교와 천주교의 대립』, 일조각, 130~131면.

7 이우성(1982), 앞의 책, 130~131면.

8 『명종실록』에 "里巷人들이 모여 향약을 하는 것을 時俗에서는 香徒라고 한다(『명종실록』 권29, 명종 18년 9월 丁亥條)" 하였고, 宣祖 때 좌의정 朴淳이 "우리나라 민속에 都下로부터 외방 鄕曲에 이르기까지 모두 洞隣之契와 香徒之會가 있어 사사로이 향약을 세워 서로 검속한다(『선조실록』 권7, 선조 6년 8월 甲子條)"라고 하고 있다. 이러한 향도와 동린지계 등은 유교문화가 유입되기 이전 고려 이래 祈佛 단체[이수건(1989), 『조선시대지방행정사』, 민음사, 361~363면]와 연관이 있기 때문에 중국에서 주자의 향약이 소개되기 이전의 우리 고유의 생활상이라 할 수 있다. 더 나아가 계・향도 등 조직은 7세기 삼국과 통일신라시대에 이미 전국적으로 나타나고 있는 역사적 자료를 많이 볼 수 있다[김필동(1992), 『한국사회조직사연구』, 일조각, 233~236면; 채웅석(2000), 『고려시대의 국가와 지방사회』, 서울대학교 출판부, 43~58면].

틀과 융합되는 과정을 '불문의 관습에서 성문의 규범'으로 합리화되는 과정으로 의미를 부여하고자 한다. 조선 후기 '향약'·'동약'·'동계'·'약속' 등의 명칭을 갖는 향촌의 사회조직은 단순히 중국 주자학을 그대로 모방하거나 관념의 유희[9]로 치부하기보다는 한반도의 전통을 계승하되 그 당시 정치사회적 상황에 맞게 합리화를 추구했던 지식인들의 고민의 산물로[10] 보려고 하는 것이다.

이러한 시각으로 순암 안정복이 주도적으로 참여하여 서민과 연계시킨 이리 동계조직과 동계 자료를 접근했을 때 다음과 같은 사실을 알 수 있을 것으로 기대된다. 순암은 18세기 지역단위에서 문제가 되는 것을 경제·사회적으로 서민들의 성장, 그러한 서민들 대다수가 거주하고 있었던 면 단위를 중심으로 촌·리·동 단위의 사회적 질서와 경제적 안정, 그리고 면 단위 이하는 국가가

---

9 지금까지 계조직에 대한 시각을 정리해 보면 다음과 같다. ① 조선사회정체론(식민지사관) 예를 들면 四方博은 "조선 후기에 이를수록 향약이 내용에 있어서는 독창이 떨어지고 형식에 있어서는 모방을 일삼는다. 그리고 실행의 열의를 결한 관념 유희적 향약이 많이 나온다. 이는 단지 향약에 관한 것만이 아니라 이조사회를 일관한 슬픈 경향이다"라고 주장한다. ② 미풍양속. ③ 중세신분사회상 반영－지배자 계급인 사족들의 기득권 유지 내지는 착취기구, 국가의 공동납을 위한 착취기구 등으로 이해[이상은 정진영(1992), 「영남지역 향약의 형성과 변천」, 『향토사연구』, 493~494면 참조]. ④ 개체성·평등성·합리성의 원리가 작동하는 사회조직[김필동(1992), 앞의 책, 261~266면]. 본고는 이러한 시각과 함께 양심적 사족과 연계된 계조직의 시대적 기능으로 사회질서 유지, 생존보호 기능 등에 주목하고 한다.

10 주자가 增損하여 우리나라에 소개된 향약이 임원조직, 정기적 모임이 있는 것은 계조직과 비슷하지만 공동재산이 없는 점, 환난상휼 중심의 상부상조보다 도덕적·사교적 목적이 강한 점이 다르다. 그리고 계조직은 국가(관)의 허락 아래 계조직 자체 내에서 태형 40대까지 처단할 수 있는 공적인 성격이 있었던 반면, 향약은 사대부만을 대상으로 한 사적인 조직 성격이 강하여 벌칙은 규정되어 있으나 훨씬 미미하다. 퇴계의 예안향약을 이어 작성되었고 이후 경상도 지역 동계나 향약이 모델이 되었다 할 수 있는 金圻의 「향약」 자료를 통해 이러한 면을 확인할 수 있다. "네 약속은 대략 여씨향약을 모델로 하였고, 벌조는 퇴계 선생 것을 오로지 하였으며, 매달 초하루에 1회씩 모이는 것은 주자의 월조회지규를 잃지 않으려 했다. 그리고 기타 길사에 경축해 주고 흉사에 조문하는 것, 환난에 서로 구제하는 것, 그리고 봄·가을에 강신하는 것은 또한 우리나라 민간 풍속에서 통행되는 것이다(四約則略倣呂氏 罰條則專用退溪先生 月朔一會要不失朱子月朝會之規 其他吉凶弔慶 患難相救 春秋講信 亦邦國人民風俗所通行. 金圻, 『北厓先生文集』 권3, 「향약」, 1602년)."

중앙의 관리를 파견하지 못하고 거의 지역적 자치에 의존하고 있었던 당시 상황이라는 세 축을 어떠한 체제로 수용해야 할 것인가를 고민하고 있었던 것 같다. 그는 그 당시 상황에서 지역사회에서 사족과 서민이 연계된 수직구조와 각 계층간의 수평구조가 결합된 구조라 할 수 있는 동계나 향약 등 지역사회의 자치조직을 효율성을 갖는 체계로 보고 있다. 그리고 사족은 지역사회 조직운영에서 서민이 주체가 되게 하되 비합리성을 줄이고 실수를 줄이도록 감독과 자문이 본분이어야 함을 강하게 규정하고 있다. 즉 계조직 운영에서 지배자 계층은 도덕적 교화[11]를 통한 사회질서의 역할, 피지배자 계층은 계 재산과 사창 곡식의 담당으로 그 직분을 구분하여 효율성을 증진시키고자 하면서도, 1년에 2회 정도 공식적으로 전체가 모여서 실시하는 도덕적 교화에서도 총괄하는 계장 1명만 사족이며 도덕적 내용을 가르치거나 읽어 주는 역할을 하는 부집강의 경우도 사족이 아닌 중·서인 중에서 담당토록 하고 있다.

순암은 그 당시 사회가 개별주체를 파악하는 데 능력에 따른 인정체제가 확립되어야 함을 주장하고 있다. 서민들이 각자 노력을 통해 도덕적 능력, 자산증식 능력, 문자해독력 등을 갖출 수 있다면 인정해야 하며, 사족들이 수양과 노력을 통하여 지식인의 위상을 갖추면 모든 사람들은 그 신분을 인정하고 존경해야 함이 마땅하다고 생각한다. 그러나 사족이 지식과 덕을 갖추지 못하고 사족의 직분을 특권으로 남용하려 한다면 비판받아 마땅하다고 주장한다. 사족 신분은 사회로부터 보호와 권리만을 주장하는 위치라기보다는 지적으로 모범을 보이고, 계조직 운영에서 부담을 서민보다 두 배 이상 해야 하는 등 사회적·경제적으로 사회에 기여와 재분배의 주체가 되는 책임감과 의무감이 서민에 비해 막중함을 강조하고 있다. 적어도 이리동계의 조직과 운영에서는 사족의 신분남용의 방기나 강제적 무단행위를 서민들이 묵인하거나 사족이 자행할

11 이리동계 자료는 도덕적 교화를 위한 자료를 거의 완벽하게 갖추고 있다고 할 수 있는데 도덕적 교화는 전체 동민을 대상으로 하면서 주도를 사족이 하고 있다(각주 48 참조).

수 있는 여지를 찾아보기 힘들다는 것을 알 수 있다.

순암은 이리동계를 조직하고 운영하면서 신분의 상하, 관직의 고하, 출생의 선후(연령) 등은 기득권이나 특권이 아님을 강조하고 있다. 이리동계를 합리적으로 조직하고 서민 중심으로 운영한다면 갑자기 발생하여 대비하지 못하는 상喪이나 또 자연기후의 변동으로 인한 흉년을 대비할 수 있으며, 국가 권력의 횡포, 아전의 공적 직임의 망각 등의 사태에 동계조직 차원에서 감독하여 이리 마을 사람들의 경제적 안정과 도덕적 질서를 확보하기를 기약하고 있다고 하고 있다. 이러한 17, 18세기 전국 향촌지역에서 광범위하게 전개된 지역자치조직[12] 성격은 어디까지나 자율적 자치조직이었으므로 그 지역에 파견된 중앙관료인 수령의 동약에 대한 인식과 그 지역 사족의 의식에 따라 다양한 형태로 존재했다고 볼 수 있다.

본고에서는 실학자 계층에 속한 순암 안정복의 자료를 한 사례로 전통사회 자치조직인 계조직과 지식인의 역할에 대해 살펴보고자 한다. 특히 지방행정에 관한 순암이 46세(1757, 영조 33)에 저술한 『임관정요』[13]와 『임관정요』의 논리를 지역사회에 실제로 적용시켰다고 볼 수 있는 1756(영조 32)년 『경안면이리동약』을 중심으로 살펴보고자 한다.

12 하나의 향이 있으면 그 향의 약속이 있고 하나의 마을이 형성되어 있으면 하나의 마을 약속이 있다(鄕而有一鄕之約 一里而有一里之約南夢賚). 『伊溪集』 卷4, 沙村里約重修序(『嶺南鄕約資料集成』, 민족문화연구소자료총서 제6집, 1986, 89면).

13 『임관정요』는 순암이 46세가 되던 해인 1757년에, 즉 「경안면이리동약」을 작성한 다음해에 완성되는데 지방행정 지침서로 27세에 저술한 『治縣譜』를 증삭한 것이라 한다. 『임관정요』는 茶山이 『목민심서』를 저술할 때 전거로 활용하였다고 한다[김태영(1999), 앞의 논문, 74면]. 『임관정요』 편제는 크게 지방장관의 구체적 행정에 대한 지침이라 할 수 있는 '時措'와 지방행정을 위한 전체적 구상이라 할 수 있는 '附錄'으로 나누고 있다. '시조'는 「爲政章」 등 21개의 장으로 구성되어 있고 '부록'편은 「鄕祀法」 「社倉」 「향통법」 「금송작계절목」 「治郡要法」 등의 내용으로 되어 있다.

2. 향촌 지역사회와 지식인 역할

1) 인간과 사회질서

여말선초 신흥사대부들이 불교를 비판하면서 내세운 유교의 우위성은 내세 죽음의 세계보다 현실 삶의 세계를 중시하는 점, 개인의 욕망과 이익보다는 주위 가족・친구・이웃 등 관계와 질서를 우선시하는 데 있다. 유교는 내세를 부정하지 않으며[14] 개인의 욕망도 부정하지 않고 긍정한다.[15] 그러한 신념과 가치관으로 일관했을 때 개인적으로 세대의 단절과 사회적으로 무질서의 초래(無父無君)에 대한 우려를 강하게 표현하고 있다. 타인의 이익을 자신의 이익보다 우선시키는 선한 성향(本然之性, 道心, 四端)보다는 이기적 성향(氣質之性, 人心, 七情)으로 기울려는 특성은 생존의 욕망을 본능으로 하는 인간에게 자연스러운 것이다. 때문에 모든 사람이 충족하고자 한 자원과 가치는 항상 부족할 수밖에 없는 결과를 낳게 되며, 전근대사회와 같은 물질적으로 곤궁한 상황에서는 부족한 자원을 분배하는 데 있어 갈등과 무질서의 가능성이 강하게 내재할 수밖에 없다.

희소한 자원을 놓고 함께 향유할 수 없는 '희소성'의 상태가 발생했을 때 전통사회에서는 어떠한 가치관을 가지고 선택하고 행동했을 때 개인적으로 옳고

---

14 공자는 내세 죽음의 세계를 부정하지는 않지만 삶의 과정에서 가까이할 것도 아니라고 하였으며(『논어』, 「雍也」 22. "子曰 務民之義 敬鬼神而遠之"), 죽음이나 귀신 섬기는 방법에 대해 아는 것보다 삶에 대해 알고 인간과 잘 지내는 것이 훨씬 더 인간에게 당면한 과제라 하였다(『논어』, 「先進」 12. "季路問事鬼神 子曰未能事人 焉能事鬼神. 敢問死. 曰未知生 焉知死").

15 불교에서는 남녀관계를 끊고 암혈에 앉아 草衣木食을 해야 구원을 얻을 수 있다고 하는 등 인간욕구를 부정하지만 유가에서는 배고프면 음식을 먹고 싶은 욕구, 남녀간의 성행위에 대한 욕구를 인간이 타고난 자연스러우며 긍정적인 것으로 인정하고 있다[이우성(1982), 앞의 책, 235~236면].

사회적으로 효율적이라 정당화하고 장려하였는가? 만인의 만인에 대한 투쟁으로 적자생존의 원리를 주장한 홉스는 자신의 이익을 확보하기 위해 타인을 파괴하거나 정복하려는 인간 본능에 대한 절제보다도 그대로를 도덕적으로 옳은 행위로 정당화하고 있다. 공리주의자들은 본래적 가치를 갖는 목적을 달성하는 데 유용한 것으로 '희소성' 상황을 선택하는 기준으로 한다면 옳다고 주장한다. 한반도 전통사회에서는 주위 사람들의 생존위기 상황을 방기하고 자신만의 이익을 추구하는 자는 칭찬받아 마땅한 옳은 행위를 한 것이 아니라 조롱과 비난 그리고 가십거리의 대상이 되어야 마땅하다는 심성이 타인・사회・국가를 평가하는 기준이 되었음을 알 수 있다. 21세기 오늘날까지 이러한 한국인의 심성과 기질은 여전한 것같이 보인다. 성문화된 계 관련 자료의 대부분에서 이러한 내용을 확인할 수 있다.

월봉月峯 구상덕具尙德이 18세기(1725~1761년) 매일의 일상을 하루도 빠짐없이 기록한 일기 『승총명록勝聰明錄』을 보면 부모에 대한 배려, 도움과 위로를 필요로 하는 친족에 대한 관심, 그리고 서로 왕래와 부조 등 끊임없는 상호의존적 행위로 일관하고 있다. 처삼촌 집에 내환이 있다는 소식을 듣고 노비를 보내 돕도록 하고, 매형 집에 끼니를 해결하지 못한다는 소식을 듣고 쌀과 보리를 보내 주고, 생존 위기에 처한 지인에게 위급한 상황에서 벗어나도록 지원을 하고 있으며 전염병을 피해 집으로 찾아온 지인에게 묵을 수 있는 주거와 음식을 제공하고 있다. 저자는 미가가 가장 높게 상승하는 춘궁기에도 이윤극대화를 위해 자신의 곡식을 시장에 매매하기보다는 상당량의 자원을 친족과 마을 빈민을 위한 호혜 분으로 처분하고 있다.[16]

맹자는 인간 존재는 타인의 곤경에 동감하고 구하려는 측은지심, 사회관계에서 나의 노동의 대가인가 아닌가를 구분할 수 있는 시비지심, 함께 거주하는 타인을 배려하고 존중하는 사양지심, 잘못에 대해 반성하고 올바름을 추구하고

16 이명희(2002), 「공동체적 삶의 생존윤리에 관한 연구」, 『국민윤리연구』 50. 387~389면.

자 하는 수오지심의 감정을 타고난 선한 존재로 규정하고 있다.[17] 이처럼 인간은 타인과 사회를 이루어 질서를 지킬 수 있는 능력을 타고났으므로 이러한 잠재력을 교육시키고 수양을 통해 목적에 도달하는 것이 의도적인 제도나 교육을 선행하지 않는 법만으로 질서를 유지하려는 것보다 더 효율적인 것으로 보고 있다.[18] 조선사회의 지배자 계층이 제도와 법보다는 자치와 도덕을 사회질서를 위해 더 합리적인 체제라고 인식한 것은 유교적 가치관과 연관이 있다.

순암은 인간이 금수와 변별성을 갖고 더 존귀하다 할 수 있는 이유는 바로 개체의 생존에 매우 중요한 개인의 욕망을 절제한다거나 타인의 필요를 위해 자신의 이익을 희생할 수 있는 데 있다고 보기 때문이다. 개인의 이익을 추구하는 것은 누구나 타고난 본능에 따라 쉽게 할 수 있기 때문에 굳이 선(good)한 행동이라 할 필요가 없다. 그러나 타인을 배려한다는 것은 깊은 숙고와 힘든 자기제어에 근거해 끊임없는 실천에 의해서만 할 수 있기 때문에 칭찬받아 마땅한 선한 행동으로 칭송하는 것이다. 순암은 부모에게 효도하는 것, 형제 사이에 화목하는 것, 친족 사이에 화목하는 것, 이웃과 화합하는 것, 윗사람을 공경하는 것, 자신이 맡은 직무를 다하는 것 등을 지역사회에서 실천할 것을 촉구하면서 이러한 선한 행동을 하는 사람은 많은 동료들에게 알리고 표창을 해야 한다고 주장한다.[19]

순암은 자신의 교의를 이방인에게 전도한다는 개인의 욕망 때문에 평생 결혼하지 않거나 자식을 낳지 않아 대를 잇지 않는 것, 가족과 친구를 저버리고

---

17 『孟子』, 「公孫丑上」 6.

18 공자가 말하였다. 정치로 계도하여 (그래도 질서 잡히지 않는 것을) 형벌로 규제하고자 하면 백성들은 법망에 걸리지 않으려고만 하지 양심의 부끄러움은 없어지게 된다. 그러나 도덕으로 이끌고 안 될 경우 예절로 규제한다면 백성들이 양심도 갖게 되고 질서도 자연스럽게 잡히게 된다(子曰 道之以政 齊之以刑 民免而無恥 道之以德 齊之以禮 有恥且格). 『論語』, 「爲政」 3.

19 「경안면이리동약」, 諭下契文, 『고문서집성』 8, 209~213면.

면 지방으로 돌아다니는 천주교 신자들을 이해할 수 없었다.[20] 부모에 대한 타고난 도덕적 의무감과 동료・이웃・친척・군주 등 현실생활에서 부딪히게 되는 관계에서 도리를 다하는 것이 내세에 대한 믿음이나 천상의 신을 인식하는 것보다 훨씬 중요하다는 것이다.[21] 대대로 이 마을에서 살아왔으며 떠나갈 수 없는 상황에서 매일 부딪히며 일상을 같이하는 지역사회에서야말로 배려하고 예절을 지켜야 한다고 주장하고 있다(『경안면이리동약』, 유하계문). 서로 친분이 있고 매일 일상생활을 같이 하는 사람들 사이에서 윤리적 실천 즉 지역사회 전체가 한 가족처럼 지내는 대동사회야말로 유교적 이상정치의 기본이 되었다고 해도 과언이 아니다. '이웃을 보면 같이 거주하는 의미를 생각하고 남녀는 예절을 지키며, 친구는 의리를 생각하고, 일을 맡았을 때는 성실하게 처리하며, 문서 등을 위조하면 안 된다는 것을 생각(『경안면이리동약』, 동회의)'하여야 한다. 타인을 모함하거나 훼방하는 것, 남은 열심히 일하는데 혼자 게을리 일하지 않는 것, 같은 마을 사람의 과실을 타동네에 전파하는 것 또한 서로 염두에 두고 지켜야 하는 중요한 예절이라 할 수 있다. 또 같은 지역에 거주하면서도 어려운 이웃을 돕지 않으면 곤장 30대, 이웃과 싸우기를 좋아하는 것 등도 비난받아 마땅할 행위에 해당하였다.

순암을 포함하여 유교문화권에서 인간 개인의 본능적 요구 대신 인위적인 사회규범을 전면으로 끌어내 인간의 행동을 강하게 제어하려는 경향은 당시 유자들의 무지나 계급적 이해라기보다는 차라리 인간의 이익추구적 본능을 사회적 가치관으로 인정하고 장려하였을 때 야기될 수 있는 사회적 무질서와 불안전성에 대한 강한 위기감의 표출이다.[22] 순암의 『임관정요』와 『경안면이리

20 도날드 베이커 저, 앞의 책, 102~105면.

21 도날드 베이커 저, 앞의 책, 23~26면.

22 맹자는 '진실로 정의와 도덕을 뒤로하고 이익을 먼저 추구하고자 한다면 모든 사람들이 빼앗지 않고서는 견디지 못하게 될 것'이라 주장한다(『孟子』, 「梁惠王上」 1).

동약』에 일관되고 있는 사유야말로 가정・지역사회・국가 전체 사회의 도덕적 행동과 분수에 맞는 삶을 통한 질서와 안정의 유지라 할 수 있다. 특히 조선 후기에는 중앙관료가 파견되는 최말단 범위인 군・현의 지역사회에서는 국가와 서민이 연계되는 공적인 성격을 띠는 하나의 생활권이 되었고, 그 아래에는 다시 촌・리・동 등의 범위를 갖는 사적인 생활권이 형성되었다. 전자에서는 법에 의한 관료행정을 추구했다면, 후자의 범위는 도덕에 의한 자치행정을 선호하였다. 면 단위 이하의 촌・동 등의 자치적 행정을 위해 선호되는 것이 바로 동계・동약 등이라 할 수 있다.

2) 향촌사회와 지방 지식인의 역할

조선사회에서 '지역사회'란 수령이 아전과 함께 지방행정을 처리하는 성읍이 있고 향교가 있고, 이곳에서 지방 사족이 모여 학문을 논하며 지역의 풍속을 교화하기 위하여 향회・향음례・향사례 등을 행하는 군・읍 단위 범위[23]를 지칭하기도 하며 적게는 면 단위 정도[24]의 지역을 가리키기도 한다. 중앙관료제를 표방한 조선은 행정구역을 8도道－군현郡縣－면리面里 체제로 정비하여 도道에는 감사 또는 관찰사를, 군・현에는 수령을 관리로 중앙에서 직접 파견하여 군현의 읍리邑吏, 면의 향리鄕吏와 함께 법을 주관하면서 행정실무를 처리토록 하였다.[25] 그러나 동・리・촌・방・곡 등의 자연촌은 중앙관권에 의하기보다는 자치기구를 통하고자 했으며, 건국 이후 지속적으로 성문법을 규정하여 성종연간에 『경국대전』을 완비하는 등 법치주의를 표방하지만, 역시 자연촌은

---

23 정승모, 「농촌정기시장체계와 농민지역사회구조」, 『호남문화연구』 13.

24 『임관정요』, 「교화장」.

25 이수건(1989), 앞의 책 참조.

국가의 실정법보다는 지방의 관습법 혹은 도덕적 교화의 방법을 선호하였다.

조선은 초기부터 중앙집권과 지방자치 사이에 각 지방에 거주하는 재지사족在地士族과 사족이 매개된 동계조직을 활용하고자 하였다. 사족을 매개로 한 지방자치 구조는 군·현 단위에서 사족은 관과의 관계에서 유향소[26]를 통해 '자문의 역할'을 주로 하였다면, 대민관계는 '향약'을 조직하여 각 동·리 단위의 동약을 하부조직으로 두면서 '도덕교화' 내지는 '지역자치의 선봉' 역할을 하였다고 볼 수 있다.[27] 또한 동·리 단위에서는 동계조직의 계장을 사족이 맡고,

26 유향소: 조선 건국과 함께 지방의 사족을 지방풍속과 향리규찰 등 지방자치에 활용하는 과정에서 점차 제도화된 것이 유향소라 할 수 있다. 태종연간(1406)에 폐지된 적도 있으나 세종 10년 1428년부터는 수령과 경재소를 연계시켜 사적인 기구가 아닌 행정기구의 일부로 편입되어 전국적으로 분포하게 되었다. 경재소는 선조(1603) 때에 폐지되지만 유향소는 지방의 서원·향교를 중심으로 자체 세력화되어 조선 말기까지 이어지고 있다. 유향소의 직임은 지방 사족의 추천을 받아 수령이 임명하는데 직임은 좌수·별감·좌별감·창감·고감 등으로 구성되었으며 군에는 3인, 현에는 2인을 두었고 대개 2년 임기로 하였다.

27 전라도 영암향교 자료(MF 006790)인 「향교향약 1(1674)」과 「향교향약 3(1759)」 자료는 이러한 지방행정 시스템의 실제적 운영과 변화를 알 수 있는 고문서 자료이다. 「향교향약 1(1674)」의 '잡조' 22항목 가운데 9항목이 향교를 중심으로 한 지방자치조직의 구성과 운영에 관한 내용이다. 향교에서 '三老 五長 八有司', '直月' 등의 사족으로 구성된 임원조직을 중심으로 다시 각 면 단위의 '계조직'을 관리(제1항목)하며, 각 면 단위 계조직은 집강(계장)을 중심으로 소소한 시비와 길흉의 상부상조를 해결토록 하고 있다(제8-10항목). 향교향약에서는 각 집강들이 논의하여 향소 1~2명, '오장 팔유사'가 1명의 향소를 뽑아 관가에 보고하여 3향소 향임을 선출하며 향임은 절대 관에서 채용해서도 안 되며 관에서 이러한 체제를 무시하고 직접 임명하고자 할 때는 각 마을 대표인 집강이 모여 관에 진정을 하기로 하고 있다(제12항목). 3향소는 선출된 뒤 국가를 위하고 민을 대변해야 하며(제13항목) 향소가 이러한 공무 중 억울하게 관의 처벌을 받는다면 향의 전체 사족 차원에서 연명하여 진정하여 구해 준다(제15항목). 향소는 아전을 규찰하여 아전이 민에게 피해를 주면 관에 보고하며(제17, 18항목), 지역에 문제가 발생하면 향청(유향소)을 통해 관에 보고한다(제19항목). 특히 세금과 요역을 담당한 색리(아전)의 부패를 관에 고발할 것을 약속하고 있다(제21항목). 사족을 중심으로 한 향교향약의 지방행정 자문역할은 그 당시 부임한 수령이 허가하여 가능하다고 기록하고 있다(제22항목). 그러나 「향교향약 3(1759)」에는 이상과 같은 지방에서 사족의 역할에 관한 규정 항목이 모두 보이지 않고 있다. 즉 18세기 후반부터 영암에서는 지방행정에서 사족의 배제가 나타나고 있다고 본다.

사족의 추천을 통해 임명되는 풍헌이 소송이나 행정적인 업무를 처리하는 데 부정과 부패가 있는지를 규찰하는 역할이 주어졌다. 순암은 수령이 동·리 단위의 동약의 약속을 수정할 때나 동약을 설립할 때는 반드시 본 동에 살고 있는 사족들과 상의하여 지방의 민심을 반영할 수 있어야 한다고 했다[與本洞所居士族商議 而務順民心]. 또한 풍헌을 선출할 때는 사족으로 구성된 전임·현임 유향소와 함께 의논하는 등 해당 동·리에 거주하는 사족에게 자문을 구할 것을 촉구하고 있다[與曾經鄕所 及時任者 議選各面風憲]. 또한 동계 차원의 서재를 만들어 훈장을 정하여 지역의 올바른 인재를 육성하는 책임은 훈장에게 전임시키도록 하고 있다.[28]

지역사회의 사족 - 군·현: 유향소 구성(자문, 아전규찰)
향약조직(교화: 동·리 단위 동계조직)
- 동·리: 풍헌 추천(자문, 풍헌규찰)
동계조직(도덕적 교화), 서당 훈장.

국가의 정책을 서민과 접촉하면서 시행하는 풍헌이나 지역 계조직의 장이 되어 자치조직을 운영해 가는 집강에게는 곤장 1개씩을 수령이 직접 줌으로써 지역사회 문제가 발생할 때는 처벌할 수 있는 권한을 주고 있다.[29] 동계조직을 중심으로 풍속의 교화는 집강(계장)에게 맡기고 사송, 관령 전달 등은 풍헌에게 전담시켜 소소한 것은 자치적으로 해결하는 것을 원칙으로 한다. 그러나 자치적으로 해결할 수 없거나 국가의 존립에 문제가 될 정도의 무질서를 야기시키는 사건은 풍헌이 관에 보고하여 법으로 처결토록 하였다.[30] 이러한 구조는 서

28 『임관정요』, 「교화장」. "'且令洞契之人 皆設書齋 擇定訓長 日課教讀."
29 위와 같은 곳. "各給一杖以送曰 如有犯罪者 當以此杖杖之."
30 위와 같은 곳. "風化之政 專委執綱 詞訟之類 專委風憲 小者任其自決 大者呈官 (…) 大者自官依律治之 小者使其洞治之 而可以報官者 執綱 移帖于風憲."

민은 대죄를 지었거나 자치적으로 해결할 문제가 아닐 경우에만 관과 직접 접촉하는 것이었고 나머지 사안은 화해·타협·협조 그리고 반성과 같은 도덕윤리적 생활에 입각한 자치적 질서가 기본이 되게 하고자 하였다.

이에 수령이 부임해서 할 일은 동이나 마을에 동약이 있나 없나를 조사하여 동의 약속이 있는 마을은 동헌을 거두어들여 빠진 규칙은 보충해 주고 잘못된 항목은 수정해 주는 작업을 우선해야 한다. 또 동약이 없는 마을은 약조를 만들고 계조직을 만들어 시행하도록 해야 한다. 즉 자치적으로 지역사회를 운영해 갈 조직의 형성과 조직의 운영원칙을 설립해 주는 작업이 수령이 해야 할 급선무이다.

또한 집강이나 풍헌이 오래도록 직임을 맡는 과정에서 서민을 권세로 억압하거나 마음대로 다룸으로써 도리어 백성을 해롭게 할 경우에는 집강·풍헌을 법률로 심판하는데, 이는 수령을 중심으로 국가가 해야 할 일이다.[31] 지방의 구조는 백성에 대해 수령은 강령을 총관하고 풍헌이나 집강은 조목을 맡는 셈인 것이다(我總紀綱 爾等總其目). 때문에 집강과 풍헌의 신분적 착취와 억압을 감독해야 할 수령이나 국가가 횡포를 자행하거나 부패에 빠져 있다면 지역의 자치적 생활권을 위협받을 수밖에 없을 것이다.[32] 지역에서 동약법을 세우고 교화시키기 위해서는 민심에 의거해야만 가능하기 때문에 민심이 국가의 정책을 신뢰할 수 있어야 한다.[33] 백성의 정서는 자신과 직접적으로 관련이 있고 또한 동감되는 바가 있어야만 따라서 행하려 하기 때문이다.[34]

31 위와 같은 곳. "一洞之政 專委之 時時廉察而警飭之;專委之久 亦必有武斷操縱 反爲民害之人 如此者 痛繩以律."

32 「경안면이리동약」, 洞約序. "猾任頑校 又憑城社 而恣橫 如之何民不窮 而俗自渝也."

33 위와 같은 곳. "夫作法導人先順民心 民心之不順 恒由於害政今洞中爲民害者 梳櫛而除之使民心有所歸依然後 敎亦可行."

34 위와 같은 곳. "振作導行之術 須從民目擊處起 必有興感 而易行者 故自其近者小者 始而擧天下同一敎也 不如是 無以遂生養 無以同風俗 無以行政令 雖聖王不能施其敎矣."

그러나 순암은 지역사회에서 사족의 이러한 역할을 기대할 수 있기 위해서는 절대적으로 국가의 인정체제가 있어야만 가능하다고 보고 있다. '수령은 부임하자마자 지역의 나이가 있고 덕망이 있는 사람, 재주와 학식을 겸비한 사람, 지조와 행실이 뛰어난 사람을 몸소 방문하든가 편지로 문안하든 예의와 공경을 극진히 하고 사표가 되어 줄 것을 간청하여[35] 지식인으로 인정해 주어야 한다. 그리고 국가에서 수령을 견제하고 예를 논하고 서민에게 벌을 주면서 교화의 역할을 하는 사족에 대해 국가에서 참람 즉 월권의 행위로 보지 말아야 가능할 수 있다.[36]

순암은 도덕적 자치가 본本과 체體가 되고 법法과 형정刑政은 용用과 말末[37]이 되는 이러한 시스템에 입각해서 지역사회의 행정을 처리했을 때 도덕적 사회와 범죄 없는 지역사회를 빠른 시일에 건설할 수 있다고 한다[治未半年 風化大行 獄訟自簡 此盖得爲治之本也].

17~18세기 조선 사회는 신분적으로 수직구조만의 작동도 아니며 수평이 확보된 사회도 아닌 수직과 수평이 결합된 구조가 사회적으로 효율적인 체계로 작동하고 있다. 이후 19세기가 되면 수직과 수평구조의 결합을 대체할 수 있는 새로운 결합구조가 다시 요구되면서 사족과 서민이 함께 연계된 계조직이 해체되기도 하고 다른 구성원과 목적을 가진 조직형태가 결성하고 있는 사회적 현상이 나타나고 있다. 지역사회에서 사족의 역할에 대한 기대가 약화되고 사족과 일반 서민들이 함께 참여하여 조직했던 상하합계에서 서민들이 탈락하여 자체 계를 조직하거나 또는 사족들도 사족들만의 또는 같은 종족끼리 계를 조직하는 형태가 많아지는 현상[38]에서 추측해 볼 수 있는 것은 '수평적 구조'로의

35 『임관정요』, 「교화장」. "倒縣日 訪問境內地名之師 誰爲年德俱優 誰爲才學兼人 誰爲操行卓異 或就訪 或書問 盡其禮敬 而請爲師表."

36 「경안면이리동약」, 洞約序. "今日吾洞之立約 亦非僭而固 上之人所欲興行者矣."

37 한상권(1987), 「순암 안정복의 사회사상」, 『한국사론』 17, 서울대 국사학과, 278면.

38 1689년에 경주 良洞의 상하합계는 18세기 후반(「향약안 9」 자료 참고)에 가면 하계원은 거

지향이었다.

조선 후기 근기지방의 실학자 계층과 각 지방의 재지사족 중에는 벼슬에 뜻을 두기보다는 유교경전을 계속 공부하면서 지역사회에서 향사례 등을 행하여 도덕적 모범을 보이고 동계조직 등을 통해 지역민 도덕교화에 참여하는가 하면, 서당 등 강학을 설행하여 후학을 가르치는 등 지역사회의 구심점이 되고자 하는 자들이 있었다.[39] 이들은 진리면에 서 민중의 편에 뿌리를 두고 민중을 대변하면서 현실을 이상으로 이끌어 가려 했으며[40] 사적인 이익을 앞세우는 중앙의 벌열세력을 비판하는 동시에 지방에서는 수령 이하 아전을 감독하면서 민의를 대변하고 또 서민의 생활향상을 위한 여러 기술과 정책을 구상하는 등 시대적 양심으로 존재하였다. 이들이 살아 있었기에 조선사회가 500여 년 이상 지속가능할 수 있었으므로, 현대 지식인의 맥은 이러한 계층의 삶과 역할에서 찾아야 한다고 본다.

순암이 46세(1757년)에 저술한 『임관정요』에 나타난 지방행정에서 지식인의 역할은 크게 군・현 단위의 향소・향교를 통한 자문 역할과 마을 단위에서 동계의 조직과 훈장의 역할로 요약할 수 있다.[41] 이러한 순암의 구상은 거주지 지역사회였던 이리마을에서 1756년 '이리동약' 조직, 1761년 이리마을 덕곡에

의 계에서 탈락하여 하계원 서민들만을 구성원으로 하는 私契를 조직하고, 본래 동계조직은 족계화되는 계조직의 변화를 볼 수 있다(『고문서집성』 32, 경주손씨 고문서).

39 퇴계는 유향소를 거점으로 사대부가 지역사회에서 도덕적 모델로서 지식인의 역할을 해야 한다는 주장(「예안향립약조 서」)을 하고 있다.

40 김충열(1994), 『유가윤리강의』, 예문서원, 120면 참조.

41 1756년 이리동계를 조직한 뒤 9년 후 '동계를 중수했다(『순암집』, 「순암선생연보」 41년 을유년(1765년)조)'는 등 순암이 동계에 지속적으로 참여하였고, 또 순암의 나이 50세인 1761년에 이리마을 덕곡동에 '麗澤齋'를 세워 매달 『소학』을 후학들에게 가르쳤으며, 1780년 목천현감을 그만두고 고향으로 돌아온 후 10여 년 동안 이리마을 유생들과 '鄕射禮'를 행하여 도덕적 교화에 심혈을 기울이는 등 지식인으로서 지역사회에서 참여를 하고 있음을 볼 수 있다. 이리동약도 순암의 영향으로 순암이 생존한 시기 동안은 그 실시가 순조로웠을 것으로 보인다(『순암집』, 「순암선생연보」 37년 신사조, 52년 병자조, 원년 정유조, 3년 기해조).

‘이택재麗澤齋’ 설립·운영 등으로 구체화된 것을 볼 수 있다. 특히 경기도 광주부 이리마을의 동계를 조직하면서 작성한 기록들은 실학자 순암의 ‘민에 대한 인식’, ‘국가에 대한 인식’, ‘신분제도에 대한 인식’ 등에 대해 구체적으로 살필 수 있는 좋은 자료이다.

3. 동약 조직 및 구성의 성격과 특성

1) 동약조직과 구성의 합리성

동계·동약 등의 명칭을 갖는 사회조직은 개인에게 닥친 일에 대해 개인적으로 대처하기보다는 생활권이 같은 사람들끼리 (자신들의 일이건 국가에 대한 일이건) 공동의 일에 대해서는 함께 원칙을 정하여 같이 실행한다는 것이 가장 큰 특징이다.[42] 순암은 지방에서 국가행정, 학교교육, 도덕적 교화 등 공동의 사항은 반드시 동약이 행해진 이후에야 쉽게 처리될 수 있다[43]고 동계조직의 지역사회에서의 기능에 주목하였다.[44] 그리하여 동계조직을 지역사회에서 적극적으로 활용하였다. 다만 국가를 비롯하여 사족은 각 지역사회에서 계조직의 불교적 미신을 제거하고 유교적 윤리규범으로 합리화하면서도 사사로이 조직을 하고 있어, 거칠고 법도가 없어 분쟁의 여지가 있을 수 있는 점, 그리고 조정의

---

42 정약용, 『爾雅』. “契者 合也約也.”

43 『임관정요』, 「교화장」. “一切政教 必待洞約之行而後 可以易行; 興學教 爲教化之先務 而洞里之鄕約成 而學教可興.”

44 이수건, 앞의 책, 338~341면. 조선 후기 계조직 임원의 명칭인 約正·風憲·訓長·鄕約正이 행정적 임원 명칭인 면임과 혼용해서 사용하고, 執綱·尊位·부존위·유사 등을 행정적 역할을 맡았던 里任과 통용하는 현상은 마을 단위, 면 단위의 자치적 조직을 통해서 지방행정을 처리한 역사적 과정에서 나타난 현상으로 볼 수 있겠다.

뒷받침을 통해 공적인 기구로 활용될 수 있도록 해야 한다[45]는 생각을 가지고 있었다.

순암이 동계를 조직하고, 사창을 설립하여 도덕적 교화를 위해 노력한 것 역시 없던 것을 새로이 창안한 것이라기보다는 이리마을 지역의 관행이나 관습적인 조직을 계승하여 기록을 통해 성문화하되 그 시대에 적절하고 현실성을 갖도록 합리화한 것이다.[46] 그 시대적 사회에서 순암에게 계조직이야말로 서민에게 가장 절실한 '항산恒産'과 '항심恒心'을 실현할 수 있는 구체적인 방법인 동시에, 수령과 아전이 나라의 권력을 등지고 횡포의 자행을 막을 수 있는 방법이었다.[47] 순암이 작성한 『경안면이리동약』 자료[48]는 계조직이 지향하는 목적 달성과 원활한 운영을 위한 기록을 담고 있으며 그 당시 사회적 제약 속에서

45 『선조실록』 권7, 선조 6년 8월 甲子條.

46 "지금 옛날의 동헌을 취해 그 유지할 만한 가치가 있는 것은 보존하고 구차한 것은 간략히 하고 조악한 습속은 개혁하고 제거하여 새로이 규약을 만든다"라고 밝히고 있다. 그리고 "1694년에 사창곡의 분쟁이 발생하였다"고 하고 있는 것을 보면 사창제도도 이리마을에서 행해지고 있었던 것을 다시 복구하였다는 것을 알 수 있다(약헌신규, 소서 및 제22항목).

47 「경안면이리동약」, 洞約序. "噫 吾洞數十年來風斁俗敗 便作互鄕之難言 而猾任頑校 又憑城社 而恣橫."

48 「경안면이리동약」 자료는 표제가 없는 '임원 및 임원의 역할규정에 대한 자료', '善籍・惡籍・名籍의 기록방법 및 내용', '선행 16항목', '악행 16항목', 그리고 '序文', '約憲新規', '洞會儀(論下契文・罰分五等)', '呂氏鄕約附條', '社倉 扶助記' 등으로 구성되어 있다. 순암은 이리동계를 조직하는 목적에 대해 序文에서 밝히고 있는데 '먹고사는 것을 돕는 것(遂生養)'과 '풍속을 교화하는 것(同風俗)'을 말하고 있다. '임원 및 임원의 역할규정에 대한 자료', '善籍・惡籍・名籍의 기록방법 및 내용', '約憲新規' 등 자료는 동계를 조직하고 운영하는 방법 등 전체적 내용에 해당한다면, '선행 16항목', '악행 16항목', '洞會儀(論下契文・罰分五等)', '呂氏鄕約附條' 등 자료는 도덕적 교화와 관련된 자료이며, '社倉 扶助記'는 생존보호와 관련된 자료라 할 수 있다[이명희(2004), 「전통사회 도덕적 관습의 성문화 및 합리화과정 연구」, 『국민윤리연구』 57, 298~230면 참조]. 이러한 순암의 「경안면이리동약」 자료는 내용적으로는 차이가 있으나 그 제체는 16세기 후반 율곡이 작성한 「사창계약속」의 체제와 매우 비슷하다. 사족과 서민・천민이 다같이 참여한 상하합계라는 점, 동을 5가를 단위로 五長 중심으로 길흉사를 처리하고자 한 점, 임원조직 구성에서 양천인이 함께 참여하고 있는 점 등이다. 「사창계약속」과 「경안면이리동약」 자료를 아래와 같이 정리 비교해 볼 수 있다.

지역사회 서민의 문제를 해결하고자 한 고민이기 때문에 자료의 구성을 통해 계조직의 실상을 재구성해 보는 것도 의미가 있다고 볼 수 있다.[49]

이리동계는 계조직 구성원들의 자격, 가입과 탈퇴, 재산관리, 권리와 의무 사항에 대해 기록하여 성문화함으로써 그 내용을 명확히 하는 기록을 통한 합리성을 확보하고 있다. 때문에 적어도 이리마을 지역 안에서만은 "향촌에서 약속을 설치하는 것은 높고도 귀중한 것이며 또한 약속한 법항들이 엄하니 혹시라도 빙자하여 함부로 자신의 복리를 위하거나 민호로 하여금 개인적인 일을 처리하도록 하거나 (…) 만약 이와 같은 일이 발생한다면 규찰하여 벌을 주고 심한 경우에는 국법에 잘 갖추어져 있으니 두려워해야 할"[50] 공적이고 법적인 권위를 가질 수 있었다. 이리동계 자료에서는 계조직 구성원의 명단, 가입과 탈퇴에 대한 내용, 임원의 자격과 역할, 모임 방법, 재산출납에 대한 사항 등에 대한 원칙을 기록하여 명시하고 있다.

구분	「사창계약속」	「경안면이리동약」	비고
임원조직 및 운영원칙	입약범례	약헌신규	서문
		임원 조직과 역할규정, 善籍・惡籍・名籍의 기록방법	
도덕교화	약속	여씨향약부조	
	講信儀, 會時座次	동회의	회집좌차도가 동회의에 있음
생존보호	사창법	사창	

49 「경안면이리동약」 자료가 1756년에 작성되지만 이전부터 있던 구헌(1694년부터 사창이 있었다)을 보충한 점(각주 38 참조), 그리고 1765년 동계의 중수, 1761년 이택제 건립, 1780년 목천현감을 그만두고 10년 동안 이리마을에서 후학을 양성했다는 기록(각주 33 참조)을 통해 이리동계 자료는 순암이 생존한 기간 동안인 50여 년 동안은 유지가 잘 되었을 것으로 보이며, 또 이 자료가 담고 있는 시대상은 적어도 17세기 후반에서 18세기 말로 볼 수 있다고 본다.

50 「경안면이리동약」, 呂氏鄕約附條, 과실상규 부조 제14항목. "鄕約之設 旣爲尊重 而約法又嚴 或有因緣憑藉 擅作威福 或役使民戶 以濟其私 (…) 若有如此事 一一規罰 甚者自有 國法 可畏."

계조직에서 조직구성원의 명단을 장부에 기입[51]했다는 것은 상부상조를 목적으로 하면서 조직의 기금을 조성하고 운영되었던 물질적 또는 기타 공동 노역 등의 계조직을 매개로 진행되어야 하는 권리와 의무의 주체를 명확히 한 의미가 있다. 순암은 동계조직의 하부구조로 사창을 운영하되 동계원이 모두 사창의 구성원이 되는 것이 아니며 타동 사람도 사창원이 될 수 있기 때문에 사창원의 명단을 달리 책자로 만들도록 했다(「社倉」 제12항목). 또한 사창곡의 식리를 취하고 나누어 주는 것을 공정하게 문자로 기록하는 것을 명확히 하여 뒷말이 없도록 했다(「社倉」 제3항목). 기록이란 가시화하고 명확하게 하는 것으로 질서와 안정의 기초가 되는 것이다. 계 구성원의 명단을 기입하는 방법에서 상・하를 구분하고 있지만 계조직은 실제 구성원의 개별주체 의식이 뚜렷하고 대등한 관계로 상정할 수 있을 때라야 가능한 것으로 계조직의 기록과 성문화의 의미는 무엇보다도 개별성을 인식함으로써 각 주체행위자들의 책임과 의무의 소재를 분명히 하는 합리성 추구[52]의 단면으로 보아야 할 것이다.

순암은 동계를 운영의 효율성을 위해 소단위로 조직하여야 한다고 주장했다. 하나의 계조직 구성원의 전체는 100여 명(戶)이 적당하다고 보는데[53] 이는 조직이 너무 크면 비효율적이라 여겼기 때문이다. 또 집들이 떨어져 있어 조직이 안 되는 것도 효율성의 문제가 있으므로 다시 백성의 민호의 다과에 조직화

51 계원 명단을 기록하는 장부(記名籍) 2책을 두기로 하고(記名籍二 俗稱座目 上契一冊 中下契一冊 皆以齒序錄 中下契則又分卷 爲上下篇以別之) 있으나 이 두 책자는 현재 전하지 않는다. 하지만 경안이리의 하계원 명단첩에 대한 「題慶安二里下契名帖(1757년 丁丑, 영조 33)」을 기록[이것은 하계원의 이름을 쓴 첩이다 (…) 이제 하나의 첩에 함께 들어 약속을 한 사람이 되었다(此下契題名帖也 (…) 今同一帖 便爲約束之人). 『順庵集』 권19, 「題慶安二里下契名帖」]하고 있는 것을 보면 양반을 기록하는 상계원 명단 1책과 중・하계원을 기록한 명단 1책이 각각 있었을 것으로 보인다.

52 전성호(2004), 「합리주의에 기반한 경제성장 모델의 역사적 기원」, 『정조시대의 재조명』, 한림대학교 태동고전연구소 2004년 학술심포지엄, 60~61면 참조.

53 『임관정요』, 부록, 「鄕社法」. "十甲爲社 (…) 取社爲鄕." 十甲은 100여 호에 해당되며 이 경우 면 단위의 계조직이므로 다시 향의 관리 아래 두고 있다.

하여야[54] 함을 제안하고 있다. 서민의 흉년을 구제하기 위한 사창이 설치되는 단위도 군・현 단위보다는 리里 단위로 구성해야 하는 이유도 해당 지역 서민들을 대상으로 하여 곡식을 옮기고 백성을 이동시키는 폐단을 없애 효율성을 기할 수 있기 때문이다(「사창社倉」 소서小序). 타동 사람이 사창원이 되는 것을 허락하되 사창을 중심으로 10리 안에 거주하는 사람으로 가입을 제한하는 것 등도 역시 곡식 이동이나 부조의 효율성과 관련이 있다(「사창社倉」 제12항목).

이리동약은 구성원을 어떻게 조직하려 하였는가. 행정구역상 '면面'의 하부 구역인 '리里' 단위로 그 당시 이리마을은 8개의 촌・동・곡 등[55]의 작은 자연촌에 민호民戶 100여 호 이상을 포함한 비교적 큰 마을로 보인다.[56] 전체 마을 사람들이 이리동계에 가입한 것이 아니었고 구성원은 90(「약헌신규」 제22항목)~100여 호戶(「유하계문諭下契文」) 정도였다. 조선 후기 하나의 계조직 구성원이 30~40명 정도[57]였던 것에 비하면 매우 큰 계조직인[58] 이리동계는 8개의 작은 마을들을 2개 정도의 작은 마을 즉 20여 호씩 묶어 총 4개의 둔屯으로 나누었다. 그런 다음 각 둔에는 '보정保正' 혹은 '두목頭目'이라는 소임을 두어 관할하도

54 『임관정요』, 「교화장」. "洞契之設 觀本面民戶之多少而定焉 假如一面五百家 則或反之爲二계 或三之爲三契 (…) 必與契中相議 或合或分 不可段段零分裂不齊也."

55 여덟 개 작은 마을은 직동(고든 골), 모곡(띠골), 덕곡(텃골), 옥동(옥터 골), 태촌(태밧), 중리(중마을), 사동(절골), 전지리(앞가지마을) 등의 이름을 가지고 있었다(약헌신규 제22항목). 이러한 이름들은 오늘날에도 대부분 동일하게 불리고 있고 순암이 살았고 현재 순암 및 광주안씨 선영이 위치한 덕곡(텃골)은 지금도 '덕곡'으로 표기하면서 텃골로 통용되고 있다.

56 '京畿道 廣州市 中岱 1洞'이 18세기 순암이 『이리동약』 자료를 작성할 시기 '京畿道 廣州府 慶安面 二里'이다. 경안면 이리동은 廣州 鎭官(城)에서 30리 떨어진 남면에 있었고 編戶가 201호로 기록되고 있다(『輿地圖書』 上, 국사편찬위원회, 111면.)

57 김필동(1992), 앞의 책, 136~137면.

58 이리마을 사람들 모두가 계를 약속하고 참여한 것은 아니다. 이리동약은 하계원 가운데 계에 가입을 원하는 자(自願)만 가입시키고 있고(약헌신규 제13항목), 양반 가운데 친가와 외가의 문벌이 상당해야 가입할 수 있는가 하면, 평소 도적, 악행을 범한 자는 동계 가입을 허락하지 않았던 것(약헌신규 추가항목 제3항목)을 알 수 있기 때문에 마을에 거주하지만 동계에 가입하지 않은 사람이 있었다(유하계문)는 것을 알 수 있다.

록 하였다. 둔보다 작은 자연촌에는 촌장이 촌의 대소사를 관할한다.

리 단위에서 계를 조직하여 집강을 중심으로 자치적으로 지역문제를 해결해야 한다고 하는 것은 집강·부임·기로·유사·장무·사령·고직·색장 등 총 11명의 임원진을 중심으로 봄·가을 두 차례 도덕교화, 계 기금 결산, 여타 계 사업 최종 감독 등 공식적 사업을 추진하지만 그 이하 촌 단위, 둔 단위는 다시 그 범위를 관할하는 그 지역의 대표를 두어 책임 관할하도록 하고 있다. 100호 정도를 대상으로 하는 계조직의 임원진들이 각 민호의 구체적인 정황을 잘 살필 수 없고 그들의 필요를 계조직 운영에 반영할 수 없을 것이다. 촌장은 둔을 관할하는 두목에게 알리고, 두목은 다시 각자의 작은 마을들에서 발생하는 선행·악행·흉사·길사·사망 등에 관한 계조직에서 알아야 할 사항들을 동계의 장長인 집강에게 보고[59]하는(「약헌신규」 제22항목) 체제로 조직을 편제함으로써 각 둔의 실정이 잘 반영되는 동시에 임원들의 책임소재를 분명히 할 수 있었을 것으로 보인다. 또한 계에 처리해야 할 사안을 각자가 계조직과 접촉하는 것보다 촌장이 두목에게 전달하고 두목이 계조직에 보고하는 체계는 일반 구성원과 계조직에 모두 효율성을 가져다줄 수 있는 체계로 볼 수 있겠다.[60]

59 이리마을이라는 지역적·인구적 상황을 고려한 이리동계의 지역적 구획은 순암이 27세에 작성한 『임관정요』의 면 단위 지역적 편제의 기본구상과 연관이 있어 보인다.

〈『임관정요』의 지역편제〉

편제단위	민호수	책임자	책임자 신분	역할
統	5	統首	良賤 / 나이, 재산	1통 전체의 정사 총괄, 갑장의 명령 수령.
甲	10(2갑)	甲長	良賤 / 智慮, 근실	1갑 전체의 정사 처리, 사정의 명령 수령.
社	100(10갑)	社正	中庶人 / 공정, 문제해결력	1사의 정사 총괄, 향사의 명령 수령.
鄕	社의 총괄	鄕師	士族 / 나이, 덕망	1향의 정사 총괄, 관의 명령 수령.

60 『임관정요』(부록, 鄕社之政)에 "무릇 1호가 일이 있을 때는 4호가 달려가고 1통에 일이 있으면 9통이 달려가고 (…) 적은 일은 향사에게 알려 처분토록 하고 대단한 일은 관에 보고한다. (…) 1통의 정사는 통수가 수결하고 1갑의 정사는 갑장이 수결하며 1사의 정사는 사정이

사회경제학자들은 계약과 이기심만으로도 집단을 형성하고 결속하게 할 수 있다고 하지만 공동체가 공통으로 받아들이는 공유된 윤리적 가치가 있다면 이러한 기본적으로 성원들 상호간에 신뢰가 형성되고 그리고 상호 신뢰의 사회에서는 더 이상 계약과 구성원간의 법적인 규제가 불필요하기 때문에 조직의 효율성은 매우 높아진다고 한다.[61]

다산은 「탕론湯論」에서 "다섯 집이 린隣이 되는데 다섯 집에서 장長으로 추천한 자가 인장이 되고, 오린이 리里가 되는데 오린에서 장으로 추대된 자가 이장이 되고, 오비五鄙가 현縣이 되는데 오비에서 장으로 추대된 자가 현장縣長이 되고, 여러 현장이 추대한 자가 제후로 되며, 제후가 함께 추대한 자가 천자로 되니 천자란 대중이 추대하여서 된 자"[62]라 하여 중앙 임금까지 이어지는 자치적 민주체제를 구상하고 있다. 순암은 군・현 단위까지는 중앙에서 파견하는 관료인 수령이 법과 관료체계에 입각하여 통치하되, 그 이하 지역의 마을 단위 지역사회의 범위에서는 지역 주민의 자치가 작동되는 관치와 자치의 분리, 그리고 관료와 지식인의 연합을 통한 법치와 도덕의 조화의 효율성을 말하고 있다. 순암은 '5가가 화합하지 못하면 5가에서 의논하여 인장을 다시 선출하고 오린이 화합하지 않으면 25가에서 의논하여 이장을 개선하는'[63] 정도의 자연촌 서민의 지역사회에서의 주체적 삶을 말하고 있다. 순암이 말하는 민주정치는 서민이 대통령까지 선출하는 것보다 이장을 선출하고 이장이 면장을 선출하며, 군수 정도의 직임은 중앙에서 파견하는 체계라고 할 수 있다.

수결하며 1향의 정사는 향사가 수결한다[凡一戶有事 四戶趨之 一統有事 九統趨之 (…) 小事 聽鄉社處分 大者聞于官 (…) 一統之政 統首署之 一甲之政 甲長署之 一社之政 社政署之 一鄉之政 鄉社署之]"라 한 구상의 연관이 있다.

61 한규석(2005), 『사회심리학의 이해』, 학지사, 396~397면.

62 丁若鏞, 「탕론」. "五家爲隣 推長於五者爲隣長 五隣爲里 推長於五者爲里長 五隣爲縣 推長於五者爲縣長 諸縣長之所共推者爲諸侯 諸侯之所共推者爲天子 天子者 衆推之而成者也."

63 위와 같은 글. "五家不協 五家議之 改隣長 五隣不協 二十五家議之 改里長."

순암이 『이리동약』 자료를 작성할 때는 특히 「약헌신규約憲新規」의 모든 절목은 '상·하 계원의 자문을 참작(「약헌신규約憲新規」 제30항목)'하여 현실성을 도모하는 동시에 '모든 마을 사람들을 모아 놓고 반포'[64]함으로써 참여와 인정을 유도하고 있음을 볼 수 있다. 모든 구성원의 동의와 참여 속에 약속의 내용을 규정하여 성문화하였기 때문에 구성원의 필요를 충족시킬 수 있었고 오랫동안 운행될 수 있었다고 본다.

순암의 지역행정 및 지역자치에 대한 『임관정요』의 구상과 『경안면이리동약』의 실천은 국가 지방정책의 지방에서의 실행이라는 현실 앞에 그것을 구체화시켜 주는 역할을 하고 있음을 알 수 있다.[65]

조선 후기에 집중적으로 '향약'·'동약'·'동헌'·'계헌'·'계약' 등의 명칭을 갖는 규범들이 전국에서 성문화되는 사실을 확인할 수 있다. 각 지역마다 차이와 특색도 나타나지만 일정한 표준화된 틀을 지니는 것을 알 수 있는데, 이는 사족이 참여하면서 향약적 틀이 융합되기 때문이다. 이러한 유교의 향약적 틀에 사족이 매개되어 성문화된 과정이 갖는 역사적 의미는 수천 년 동안 한반도

---

64 『순암집』, 「순암선생연보」 32년 丙子조.

65 이는 순암의 독자적인 지방행정체제 구상이라기보다는 『경국대전』 戶典 戶籍조에 "五戶爲一統 有統主 每五統有里正 每一面有勸農官"의 조항이 숙종 원년 1675에 「5가작통사목」 21개 항목으로 구체화된 것과 연관이 있는 것 같다. 「5가작통사목」 21개 항목 가운데 제1항목과 제2항목은 특히 지역편제와 동계조직과 직접적으로 연관이 있어 보인다. 제1항목 "5가작통은 모여 있는 순서대로 가구의 다과나 재산의 빈부를 가리지 않고 5가를 1통으로 하며 통수는 통 내에서 택하여 통의 일을 장악한다(凡民戶隨其隣聚 不論家口多寡財力貧富 每五家爲一統 以擇統內一人爲統首 以掌統內之事)."; 제2항목 "5가는 모여서 이웃을 형성하여 밭 갈고 김매는 일에 서로 협조하며 출입에 서로 예의를 지키며 질병이 있으면 서로 구제한다. 그 혹시 상황이 좋지 않은 자가 있으면 떨어져 살게 할 수 없고 반드시 닭 우는 소리와 개 짖는 소리가 서로 들릴 수 있고 서로 부르는 소리에 응답할 수 있는 거리에 살아야지 예전처럼 외딴집에서 떨어져 살지 않아 서로 보호하고 도울 수 있도록 해야 한다(五家聚居作隣 耕耘相助 出入相守 疾病相救 其或勢有不便者 雖不得隔離居生 亦必鷄犬相聞 呼召相應 無或如前獨戶離居 以爲相保相資之地"(『숙종실록』 권4, 원년 9월 辛亥, 『증보문헌비고』 권161, 戶口考).

에서 지속되어 온 상부상조하는 생활관습인 계의 전통이 사족에 의해 조직화되고 가시화됨으로써 구성원간 분쟁의 여지를 줄이고 구성원의 권리와 평등을 더욱 합리적으로 보호할 수 있게 되었다는 것이다.

이러한 17~18세기 지방 지식인의 역할이 사회적으로 의미가 있었다면 18세기 후기에는 경제・사회 각 분야의 주체세력으로 서민이 등장하고 있음을 계 자료를 통해 알 수 있다. 순암이 이리마을 자치조직인 동계를 조직하면서 부유하고 세력이 있는 자가 마을에서 횡포를 자행하거나 빼앗거나, 관료가 공권을 이용해 소민을 침해하는 등 특권의 작동을 규제하는[66] 동시에 서민들의 역량과 능력에 대해 인정하고 주체적으로 참여하여 주인의식을 가질 수 있도록 하고 있다.

2) 동약운영과 서민의 역할

이리동약은 이리마을 사람들이 모두 참여한 것은 아니지만 그 마을의 사족・중인・서민・천민 모두를 포함한 '상하합계上下合契'였다. 상하가 모두 참여하였지만 사족보다는 서민이 많았기 때문에 계 자료는 하계원을 위해 만든 것이나 다름없다[67]고 하고 있다. 서민이 대다수를 차지하는 동계조직을 운영하는데 조직과 서민의 역할은 어떻게 규정하고 있는가? 이리동계 임원진의 구성은 몇 가지 의미 있는 점이 있어 주목된다.

66 「경안면이리동약」, 동회의, 유하계문 벌조목. "豪横閭里 恃富凌人(下罰 不悛加等) 奪人買賣(次中罰 買賣還原約人) 怙勢作亂(上罰) 身爲公任 倚勢侵凌 隨事施罰 重則告官 身爲公任 潛訴官府暗害小民(中罰 事大告官)."

67 「경안면이리동약」, 동회의, 벌분오등. "洞士夫入約者少 而庶民多 故右所論節目 皆爲下契設."

『경안면이리동약』의 임원조직[68]

임원	수	신분	자격	임기	역할	기타
執綱	1	상계(사족)	나이, 덕망	반영구적	풍속, 기강, 구휼, 선악 판결 등 주관	尊位와 같음
副任	1	중계(중인)	공정한 처신	1년	동회 때 교화내용 교육	
耆老	3	중계/하계	중·하계원 중 나이 高	영구적	마을 어른으로 도덕교화 시 자문	
有司	1	하계(평민)	강직, 언변, 시비변별	1년	계사 주관, 선악적기록(사창 주관),	公員과 같음
掌務	1	하계(평민)	공정, 청렴, 能文	1년	문서관장(사창 주관)	
使令	2	賤(천인)	어린 자, 근실	1년	심부름, 도덕교화 시 질서 책임	
庫直	1	하계(평민)	청렴, 근면	반영구적	契米 출납관리 보조	
色掌	1	하계(평민)	영리	반영구적	喪物 등 공동집물 관리[69]	

사족이 계조직 운영에 참여하고 있지만 서민이 대다수를 점하고 있는 이리동계는 최고 책임자인 집강 1명만을 사족 중에서 충당하고 나머지 계 사업의 실질적 운영은 서민 중에서 담당하도록 규정하고 있다. 순암이 서민을 주축으

68 '임원 및 임원의 역할' 참조.

執綱一人 俗稱尊位 推洞中齒德俱優者爲之 非有大故 則不遞 其爲任 敦風俗 振紀綱 恤患難 公好惡 一切洞事

副任一人 俗稱副尊位 擇中契中處心公正者爲之 一年相遞

耆老三人 擇中下契中年最高者三人 稱爲三老 見死後次老代陞 凡洞會時有犯約者 皆三老與諸村頭目決罪 是與衆同之意也(盖近來民俗專不誠 其幼之節 若如此在約然後庶幾知敬老之義矣)

有司一人 俗稱公員 擇下契中 剛直能言 辨別是非者爲之 一年相遞

掌務一人 擇下契中公廉能文者爲之 掌洞約文書 一年相遞

使令二名 擇公私賤中 年少勤幹能遵號令者爲之 一年相遞

庫直一名 擇下契中廉勤者爲之 掌保米出納 非有故不遞

色掌一名 擇下契中伶俐者爲之 掌喪轝上下裝等物 洞中有喪則裝?以赴 非有故不遞

69 이명희(2004), 앞의 논문, 303면 참고.

로 계조직 임원진을 구성한 데에는 구성원 성격과 조직의 성격을 고려한 것 같다. 즉 사창의 법이 흉년을 구제하는 양법이 될 수도 있고 백성을 농단하여 좀먹게 하고 오히려 백성에게 폐가 될 수 있는데 그것은 적당한 사람을 임원으로 하지 않는 조직운영의 폐단에서 말미암는 것이다.[70] 조직운영을 잘하기 위한 임원진에 대해 순암은 동계조직이 서민이 대다수를 점하고 있고 또 사창곡의 경우 계원의 각출로 기본금을 형성하고 있는 만큼[71] 서민의 이익과 연관이 큰 조직이라는 점, 그리고 사족은 계곡을 소모시키고 손실을 가져오게 하는 원인이 되고 있는[72] 반면 서민들은 이미 살림이 넉넉하고 근면하고 주관이 있는 자들이 있어 충분이 계곡을 관리할 수 있기[73] 때문에 서민들이 계조직 운영의 주체가 되도록 구성하고 있는 것으로 보인다. 이렇게 구성한다면 백성에서 나온 것을 다시 백성에게 돌려줄 수 있기[74]를 기약할 수 있다고 보았다.

이러한 조직구조에서 사족은 계조직의 운영과 사창운영을 주관하도록 규정하고 있지만 실무보다는 봄·가을 공식모임 때 도덕적 교육의 현장에서의 역할에 치중해 있었던 것 같다. 계곡이나 사창의 운영에서 서민들이 주체가 될 수 있도록 함으로써 서민들의 이익창출을 의도하였다. 이리동계를 조직할 당시 이리마을의 서민들 수준에 대한 순암의 언급을 많이 찾아볼 수 있다. 『임관

70 「경안면이리동약」, 사창, 小序. "豊凶有濟 緩急有權 此以出于民者 還散于民 名曰社倉 仁人之設施 其利博哉 然而行之旣久 不無隴斷蠹民之徒 而反爲之弊 是法弊乃人弊 苟得其人 則雖行之萬世 而無弊者也."

71 「경안면이리동약」, 사창, 제2항목. "自今丁丑秋 同約納穀 而租粟大小豆 隨其所有 上員則各出十斗 下員則五斗."; 「경안면이리동약」, 사창, 제4항목. "百石未滿之前 每歲上下人員 量定加歛 上員每出下員之倍."

72 「경안면이리동약」, 사창, 제84항목. "財穀之耗損 恒由於上員之引用."

73 「경안면이리동약」, 사창, 제14항목. "擇民戶稍實處築倉."; 「경안면이리동약」, 사창, 제15항목. "사창의 所任은 洞의 장무(장무는 서민임)가 겸하여 관찰하고 고직은 實戶 가운데 근면하고 주관이 있는 자로 하되 창고가 있는 곳에서 사는 사람을 취하여 삼는다(杜倉所任 洞內掌務兼察 庫直則擇實戶中勤幹者爲之 而取居于倉所在之人)."

74 「경안면이리동약」, 사창, 小序. "此以出于民者 還散于民 名曰社倉."

정요』에서는 양천인良賤人 가운데 재산이 넉넉하고 지려가 있고 근실하며 공정하고 사리에 밝은 자들이 있어 정사를 주관할 수 있다고 하고 있다.[75] 『경안면이리동약』에서는 서민이 담당하는 직인 유사는 성품이 강직하고 시비를 변별할 수 있고, 장무는 공정하고 청렴하고 글을 할 수 있는 자이며, 다른 서민이 맡는 직임자들도 근실하고 청렴한 역할 수행, 영리하고 문자에 능한 존재로 그 능력을 인정하고 있다. 그리고 순암은 혈연에 의한 신분보다는 그 사람 자체를 본다고 하고 있다.[76]

그 당시에는 서민이 당상·수직·통정이 되고,[77] 관노비·사노비·천인 중에서 과거에 합격하거나 장관이 될 수 있어 중인[78]으로 신분상승을 하고 있었다.[79] 반면 사족인 양반 중에는 계곡을 끌어다 쓰고 갚지 않아(「약헌신규」, 소서) 계조직에 물의를 일으키거나 이름은 사대부이면서 자신의 행동이나 집을 다스리는 방법, 그리고 타인을 상대하고 일을 처리하는 절차에서 서민으로 하여금 마음속으로 비난하고 웃음거리가 되는(「동회의」) 경우가 있었다. 이러한 상황에서 신분의 하극상을 초래하게 되었으며 양반을 능욕하는 것은 다반사이며 심지어는 양반을 구타하는 사람도 있게 되었다.[80] 이전처럼 태어나면서부터 혈연에 의해 정해지는 상·하의 신분이 사회적으로 인정되지 않는, 신분질서 해체라는 충격적 사건을 앞에 두고 사족은 지배자로서의 인격과 자격을 갖추고 능

75 각주 (68) 참조.

76 「경안면이리동약」, 약헌신규, 추약 제3항목. "中契則自有其人."

77 「경안면이리동약」, 약헌신규, 추약 제5항목. "下契爲通政 又陞中座 則行禮後 輪謁于諸上契."

78 「경안면이리동약」, 약헌신규, 추약 제3항목. "中契則自有其人 而雖公私賤 若登科或經將官則許入 下契則素犯盜賊惡行者勿許 若改過爲善 人所共知然後許入."

79 이 당시 중인의 개념은 앞서 반계에게서도 나타난다. '본래는 일반 서인이었는데 관의 서열에 들 수 있게 된 자 및 교생 등과 같은 자로 세속에 이들을 중인이나 또는 한산방외라 칭한다(本庶人之族 而得參官序 及爲校生之類 俗稱中人 又爲閑散方外). 柳馨遠, 「향약」, 鄕約事目.

80 「경안면이리동약」, 여씨향약부조, 과실상규 제7항목. "凌辱兩班者 比比有之 至有歐他者."

력을 갖춘 서민에 대해 경제적으로 인정해 주고, 서민은 국법에 정해진 신분질서를 인정하고 사족이 노력과 수양을 통해 자격을 갖추었다면 그 지적 노동에 대한 존경과 신뢰를 보낼 수 있어야 극복 가능하다고 진단하고 있다. 장유·상하·적서는 그 명분이 엄연이 차이가 나고 국법에서 명백하게 규제하고 있으니 어겨서는 안 되지만 나이 많은 사람이 젊은이에게, 양반이 하민에게, 적자는 서자에게 도의를 다해야[81] 서로 인정하는 분위기 속에서 질서를 찾을 수 있을 것으로 본다. 이리동계에서는 도덕적으로 문제가 있는 양반에 대해서는 서민에까지 공표하지 않고 벌도 가볍게 규정하고, 서민들의 부도덕한 행위에 대해서는 강력한 처벌[82] 즉 태형 30대까지 때리고 있다. 이것을 '민은 (도덕적 행동을) 행하게는 할 수 있지만 그 이론적 근거에 대해서는 알게 할 수 없다[民可使由之 不可使知之]'[83]라는 공자의 인식과 연관해서 본다면 순암 또한 사족은 과실을 범하면 서민과 달리 반성하고 바로 깨달을 수 있는 지적 기초가 있기 때문에 처벌의 방법을 달리하고 있다고 보인다.[84] 그리고 이리동계 자료 곳곳에서 상·하를 막론하고 그 경중에 따라 벌을 시행한다[勿論上下 從輕重罰之]'[85]는 원칙을 표명하고 있음을 볼 수 있다.

---

81 「경안면이리동약」, 여씨향약부조, 과실상규 부조, 제6항목. "嫡庶之間 恩雖同而分則嚴 (…) 明在國典."; 제7항목. "上下名分截然."; 제10항목. "長者之於少者 嫡之於庶 兩班之於下人 各盡其道以待之 如或以非理劫制 而怒其不如意 則乃諉以少凌長 庶凌嫡 下人凌兩班 而强欲科罪 是非自存 衆目難掩 是亦悖理之甚者 不可不戒."

82 한상권(1987), 앞의 글, 284면.

83 『논어』, 「태백」 9.

84 「경안면이리동약」, 여씨향약부조, 과실상규 부조, 제2항목. "동약에서 말한 것은 모두 옛날 현인이 훈계하고 경계한 내용이니 비록 양반 중에 과실을 범한 자가 있을지라도 그 지식의 언저리는 보통 서민과 달라 반드시 잘못을 저지르고서 그 과실을 변명(文)하여 동약에서 약속한 벌을 받지 않는 이치는 없을 것이다(約中所言 皆古賢訓戒 則兩班雖有犯過者 其知識廉隅 異於常人 必無遂非文過 不受洞罰之理 (…) 過而能改 聖人之所貴也 告過則喜 子路之所以爲賢也 惟我約中人 不以有過爲可諱 而以過而不能改爲耻 則今日之過不過 爲一時之少愆 而他日成就 有不可量矣 且兩班爲常人之表準 過而不罰 亦何以糾率庶氓乎)."

85 「경안면이리동약」, 여씨향약부조, 과실상규 부조, 제5항목.

순암은 신분의 상하, 관직의 고하, 출생의 선후(연령) 등 피차의 나뉨에 대해 어떤 기득권이나 우선권으로 해석하는 것을 부정하고, 대신 사회의 질서와 능률과 이익을 가져오도록 하는 '직임의 분업'적 의미로 이해하고 있는 듯하다.[86] 그리고 국가권력의 횡포,[87] 아전의 공적 직임의 망각 등의 사태[88]에 대해 동계조직 차원에서 다스리거나 관에 고발함으로써 이리마을 사람들의 경제적 안정과 도덕적 질서의 확보를 기약하고 있다.[89]

지식인이 지역사회에서 자치조직을 구성하고 운영하는 것에 대해서 국가가 참람하게 여기는 사실이 있었던 것 같고,[90] 순암은 국가가 문제가 있을 때 비판을 할 수 있지만[91] 절대 부정할 수 없다는 것이 기본전제이다. 순암은 국가가 법으로 정하고 있는 상하 신분, 적서 문제, 납세 의무[92] 등에 대해 조

86 이명희(2004), 앞의 논문, 315~317면. 양반의 경우도 '과실을 해 놓고 벌을 받지 않는다면(여씨향약부조, 과실상규, 제2항목)' 문제가 있고, '나이 많은 사람이 젊은 사람에게, 적자가 서자에게, 양반이 하인에게 각각의 의무를 다해 대우해야 한다. 만약 이치가 아닌 것으로 협박하고 제압하려 하고 마음대로 되지 않아 화가 나면 젊은이가 잘못했다고 하고, 서자가 적자를 능멸했다고 하고, 하인이 양반을 능멸했다고 속여 억지로 죄를 주는 경우에는 벌(여씨향약부조, 과실상규 제10항목)'을 주어야 한다고 본다. '하계원으로서 상계원을 능멸'하면 벌을 받지만, '상계원이 하계원을 능멸'하여도 벌을 받는다(과실상규 제13, 14항목). '관리나 공임의 신분으로 폐단을 일으키면 관에 알려 벌을 받도록 하고 세력을 믿고 약자에게 피해를 주는 것(恃强凌弱, 동회의, 과실벌조)'은 곤장 30대의 벌로 계조직에서 규제하고 있다.

87 「경안면이리동약」, 洞約 序.

88 「경안면이리동약」, 약헌신규, 제17항목. "洞無留物 未免徵出於殘民 爲弊多矣 此非官令所存 當勿干預 若面任輩緣此 欲爲生事 當以洞法治之 大者論報官家."

89 「경안면이리동약」, 洞約 序. "自其近者小者 始而擧 天下同一敎也 不如是 無以遂生養 無以同風俗 無以行政令."

90 「경안면이리동약」, 洞約 序. "然則今日吾洞之立約 亦非僭而固上之人所欲興行者矣."

91 국가의 환자곡 문제로 백성들이 탄식하고 병들어 가며(「경안면이리동약」, 약헌신규, 소서), 군정의 실시과정에서 폐단(약헌신규, 제17항목)이 속출하고, 국가 부역이 가정을 파산시키고 도망을 초래(약헌신규, 제29항목)하는가 하면, 교활한 수령과 완악한 아전이 나라의 권력을 등지고 횡포를 자행함으로써 백성이 곤궁해지고 도덕적으로 무질서해지게 된 것(洞約 序) 등.

92 「경안면이리동약」, 동회의, 벌분오등. "謹租賦尤人民之所當惕念者也 田三稅實 國家惟正之

정의 명령 즉 법이나 제도와 관련된 것에 대해서는 시시비비를 따지거나(『경안면이리동약』, 과 제16항목) 끼어들어서는 안 된다고 보고 있다(『경안면이리동약』, 사창, 소서).

18세기 이리마을에 사족·중인·서민·천인이라는 수직적 구조가 작동하고 있었지만 경제적 의미에서는 수평적 구조 또한 강하게 작동하고 있었다는 것을 알 수 있다. 특히 조선 후기 수직구조와 수평구조의 작동은 도덕적 교화라는 면에서 강했으며 경제적 측면에서는 개체의 평등관계를 전제로 해야만 가능한 계조직의 성격에서도 알 수 있듯이 수평구조가 강하게 나타나고 있고, 순암은 이를 사회적으로 명시화하고 구체화하여 주고 있는 것이다. 이 시기 도덕적 질서 확립과 생존 보호라는 두 목적을 달성하는 데 있어서는 사족과 일반 서민의 공조가 있어야 가능하다고 보았으며 수평구조만의 작동보다도 더 효율적인 구조로 인정되고 있었던 것 같다.

3) 동약의 생존 보호와 재분배 기능

농업을 기반으로 한 전통사회는 주기적인 기후변동에 따른 질병과 기근, 국가에 내야 하는 세금 등의 문제로 늘 생존 위기 상황을 맞곤 하였다. 이러한 생존 위기의 불안한 상황에서 '상대를 정하여 거래하면서 약속의 관계를 발전시켜 신뢰를 담보'하는[93] 장치가 바로 전통사회의 '계약'·'계헌'·'향약' 등의 명칭을 갖는 계조직의 기능이다. 그러나 안정을 위해 약속한 관계를 지속함으

供 而雜役蠲減 盡在其中 爲惠大矣 糶糴 尤是儲畜之大法 世亂則爲軍需 時平則恤民 饑所關至重 其可忽哉 當春饑窘 請債不得 而受以生活 當竭力圖償 以報國恩 而或有觀望不納 冀下蠲減之令 亦有逃避至歲 以待封庫之時 雖其中 有情勢可矜有 而終歸於頑民之科 如此者 後日還歸洞中 亦當論罰."

93 한규석(2005), 앞의 책, 397~398면.

로써 보호를 받는 것(이익)보다 기회비용(손해)이 커지면 자기의 이익과 안전 중심의 본능을 가진 인간은 '약속의 관계'를 유지하기보다는 이탈하는 것이 유리할 때 그러한 관계를 유지하지 않는 것은 당연하다. 계조직의 역사에서도 17~18세기까지 서민들에게 보호적 기능을 했던 계조직이 더 이상 순기능을 하지 못할 때 서민들은 사족들과 함께 약속했던 상하합계에서 이탈했던 것을 확인할 수 있다.[94] 이리동계 가입은 스스로 선택해서 가입할 수 있었고 가입한 구성원 중에서도 탈퇴를 하기도 하는 등 각자의 판단 아래 가입과 탈퇴가 빈번했음을 볼 수 있다.[95]

이리동계 구성원들이 서로의 약속을 성문화한 이유는 평상시에는 갹출을 통해 조직운영의 기본금을 형성하고, 비상시에 미처 대비하지 못하는 상喪이나 자연기후의 변동으로 인한 흉년을 대비하는 등 일종의 상호부조 보험행위(Mutual benefit insurance)의 공증력과 신뢰의 근거를 확보하기 위함이었다. 마을 내 임의의 한 구성원이 환난으로 인하여 삶의 균형이 깨지는 것을 방지해 주는 상호부조 체계를 약속의 성문화를 통해 확보해 둠으로써 앞으로 언젠가 본인에게도 발생할 상이나 환난에 대비하는 자기이익 보존의 시스템을 확립하는 것이다. 이것은 전통 농업사회의 일상생활에서 언제든지 발생하는 두 가지 모순인 '타인을 배려해 주어야 한다'는 '호혜의 규범의무(Norm of Recipro city)'와 '자

94 역사학계에서는 이러한 계조직의 역사에 대해 사족이 서민을 신분적으로 착취하는 계의 기능이 지속될 수 없어 해체되어 가는 것으로 보기도 하지만, 향약의 도덕교화에 포함된 신분적 차별내용이 더 이상 시대적 상황에서 긍정적으로 적응하지.못하면서 상하합계에서 서민이 탈퇴하는 것으로 볼 수 있다고 본다. 서민들이 계를 조직한 목적은 본래 상부상조를 통한 생산의 효율과 생존보호에 그 일차적 목적이 있었던 만큼 19세기 말에 그 이전보다 국가로부터 독립된 계조직이 증가한다든지[김필동(1992), 앞의 책, 225~226면], 역시 19세기가 되면 하층민만의 하층민 공동사업을 위한 조직으로 변화하는 것[김필동(1992), 앞의 책, 230면] 등 서민들은 상하합계에서 탈퇴를 하지만 그 후 다시 서민끼리의 계조직을 결성하는 것을 보면 알 수 있다.

95 「경안면이리동약」, 약헌신규, 제13목, 11항목.

기이익'이라는 '생존의 권리(Right to Subsistence)'가 서로 충돌하지 않고 조화롭게 극복되고 발전할 수 있는 탁월한 선택이라 할 수 있다.[96]

모순된 두 가지 원리는 인간의 본성인 내면의 세계에서도 항상 갈등을 일으키는 문제로서 외부에서 국가의 강제력인 법으로 규정한다고 지켜질 문제는 아니고 자율적으로 스스로 해결해야 하는 문제이기 때문에 의무를 모두 수행하면 반드시 그에 상응하는 권리를 주장할 수 있도록 하는 약속의 신뢰성을 성문화를 통해 확보한 것으로 그 현대적 의미가 매우 크다 하겠다.

약속에 규정된 일상과 경제적 행위의 호혜성을 무시하는 사람은 지역공동체를 신뢰와 존경을 잃고 원자화된 개인으로 살아가든지 아니면 지역공동체로 다시 복귀하기 위해 엄청난 부담과 손해를 부담해야만 한다. 극악무도한 살인죄 등은 국가의 법에 고발하기로 하지만 그 이하는 지역공동체인 계조직에서 자치적으로 해결하고 있다. 계조직에서 가할 수 있는 제재는 "최고 곤장 30도를 때리고 있다. 또한 과실을 고치기 전에는 물을 서로 나누어 사용하지 않으며 근심 걱정에 구제해 주지 않으며, 서로 밭갈이나 김매기, 품앗이를 교환하지 않는다. 만약 이웃 중에 손도損徒를 당한 사람과 함께 이러한 것을 서로 나눈다면 벌을 논한다. 손도 즉 제재를 받고 있는 구성원과 교제를 하는 사람까지도 같은 벌을 주기로 하고 있다. 1, 2년을 기다렸다가 현저하게 고쳐서 효과가 뚜렷한 연후에 해당 마을[村]의 보정保正이 동약의 모임이 있을 때에 고하면 그 벌을 면해 주고 모임에 참여하는 것을 허락한다"[97]는 약속을 하고 있다.

지역사회에서 거의 일생을 같이 보내야 하는 사람들끼리 "이웃을 보면 같이

---

96 James C. Scott, *The Moral Economy of the Peasant*, New Haven: Yale University Press, 1976, 9~11면.

97 「경안면이리동약」, 동회의, 罰分五等. "上罰笞三十 次上罰笞二十五 中罰笞二十次中罰笞十五 下罰笞十(年老有病 不堪受笞者 免冠伏地 杖其子 無子者 杖其弟) 黜罰(俗稱損徒) 未改過前 不通水火 不恤憂患 不相耕耘 若隣里與之相通 則論罰 不俊與之 同罰 俟一二年 顯有改 效然後 本村保正 告約中會時 面責許參."

거주하는 의미를 생각하고, 일은 마땅히 성실하고 신실히 하며 위조하면 안 된다는 생각을 해야 한다"는 신뢰를 약속하고 있다.[98] 이처럼 눈앞의 이익추구와 타인의 위기상황이라는 상황모순을 극복하고 장기지속적인 윤리적 삶을 살 수 있을수록 미래 자신의 생존을 확보해 주는 안전망의 구축은 현대사회에서 성찰해야 할 지혜임에 틀림없다.

이리동계에서는 계를 운영하는 데 필요한 비용을 형성된 계기금의 식리를 통한 이자로 충당하고 있다. 1756년 당시 예전에 운영되다 중단된 계조직[舊憲]에서 이어받은 계기금을 기본으로 240두의 쌀을 1년 단위로 10/5로 식리하고 있다.[99] 이리동계는 식리를 의도된 계획과 원칙을 가지고 철저히 하지만 상에 부조하기 위한 목적이 1차적인 것 같고 그 이상의 수익 자체를 위한 식리를 하고 있지 않는 것을 볼 수 있다. 1년 동안의 경비 중 예상 외의 사건이 발생하지 않아 비용이 남은 경우는 의곡義穀(사창곡)으로 돌리기로 하고 있다.[100] 이렇게 형성된 계기금은 상호권리인 동시에 의무인 경제적 부조로 계원 1명마다 부・모・처・자신 등 4번의 상喪・장葬(四望葬)에 부조하고 있다. 일단 상이 발생하면 서민의 경우 쌀 8두, 돈 2냥, 부역 2일, 빈가마니와 함께 계의 공동 기물은 상여・상여장식・차일・휘장 등을 이용할 수 있는 권리가 있다.[101] 이리동계를 보면 생존 위기의 희소성의 상황에서 시장의 수요와 공급을 통한 효율성의 극대화라는 개인주의적 합리성보다는 상호의존적 친족(kinship), 호혜(reciprocity), 선물(gift), 도덕(morality)이 거래와 교역에서 중요한 위치를 차지하는, 즉 도덕적 가치의 극대화를 통해 생존 위기를 벗어나는 합리성이 도출되고

98 「경안면이리동약」, 동회의, 약속 제14항목.

99 이리동계 「사창」은 '義穀'이라 하기도 하는데 계조직의 일부 기구이면서도 다시 다른 구성원 명단과 독립된 기본금을 운영하고 있었다. 사창의 기본금은 구성원의 갹출로 100석을 기본금으로 하고 1년 단위로 식리한 이자액을 가지고 필요한 비용을 마련하고 있다.

100 「경안면이리동약」, 약헌신규, 제12항목.

101 「경안면이리동약」, 약헌신규.

있음을 볼 수 있다.[102]

이리동계는 평상시 상호호혜적 부조기구의 기능을 하다가 비상사태가 발생할 때에는 노인·과부·고아 등 도움이 필요한 사람들을 배려하는 복지의 주체로 기능하고 있었음을 볼 수 있다. "계원 중에 큰 재앙을 만난 자가 있을 때 옛 선례에 의하면 각 계원이 지붕을 이을 집, 나무, 새끼줄 등을 가지고 서로 도운 후 온 동네가 위문하였으나 일이 점점 복잡해져 이를 없앴으나 이렇게 하는 것이 어찌 이웃을 보호하고 서로 긍휼히 여기는 도리이겠는가! 지금 4둔으로 나누었으니 둔의 우두머리인 보정保正은 당한 재해의 크고 작음을 살펴보아 형편의 다소에 따라 분담을 정하여 지붕을 이을 수 있도록 한다"[103]는 것을 규약하고 있다. 상장부조 외에 가난구제를 위해 특별히 만들기로 한 사창에서는 젊은이의 교육, 노인의 수연, 혼인, 의지할 곳 없는 홀아비, 과부, 고아 등에 대한 부조를 하기로 약속하고 있다.[104]

이는 국가적 단위에서는 중앙 행정조직에 의해 상평창처럼 곡물을 저장하였다가 가격을 안정시키거나 빈민을 구제하는 등 재배분을 통해 국가의 안정을 가져오는 것이 지역단위에서 계조직이 중심이 되어 재분배 기능을 하였다는 것을 의미한다. 계조직이 중심이 되어 평상시에 거두었다가 계조직을 통해 재배분되는 시스템을 통해 지역사회에서 개인적 한계를 떠나 생존에 필수적인 구제나 혜택을 모두가 받을 수 있었다.[105] 제임스 스코트는 농업사회에서 친족

---

102 James C. Scott, *op. cit.*, 7~12면.

103 「경안면이리동약」, 약헌신규, 제28항목. "契員大灾者 舊例各員以蓋草椽木藁索相助後 以擧洞致問 事涉紛紜 因以廢之 此豈隣保相恤之道乎 今分四屯 則本屯保正看審 遭灾大小 隨多寡分定 以爲營葺之地."

104 「경안면이리동약」, 사창, 부조기.

105 月峯 具尙德의 『勝聽明錄』을 보면 부민의 위치에 있었던 저자는 미가가 가장 높게 상승하는 춘궁기에 이윤극대화를 위해 매매를 하지 않고 상당량의 곡물을 생계위기에 처한 친족과 마을 빈민들을 구제하는 데 사용하고 있다(『勝聽明錄』 권1, 1726년 11월 5일; 1726년 5월 4일; 1725년 12월 7일 등).

간 제사, 부민富民의 자선행위,[106] 마을 내 다양한 축제 등은 생존 위기의 공동체 구성원의 위기 극복에 실질적으로 도움이 된다[107]고 보았다.[108]

사족, 서민 그리고 천민까지 모두 참여했던 이리동계는 상이 발생했을 때 구성원의 자격으로 받게 되는 부조액이 상계원인 사족과 서민인 하계원 사이에 거의 차등이 보이지 않는다. 특히 서민이 주체가 되었던 사창에서는 사족과 서민의 부조액에서 차등이 보이지 않는다. 그러나 사창곡 기금을 갹출할 때 부담금이나 가입비 등에서는 사족이 서민의 2배 정도가 되도록 훨씬 부담을 많이 하고 있다. 이리동계 계원 상호간의 부조 내용[109]과 부담을 표로 정리해 보면 다음과 같다.

「약헌신규」 중 부조 내용 및 호혜 내용

계원	곡물 및 錢	役夫	현물
상계원	米 8두, 錢 2냥	사환(성복전) 보조	모래와 잔디(사초)
		부역(2일)	빈 가마니

106 조선시대 空名帖의 발행과 같은 납속정책의 시행도 이러한 차원이 있다고 본다[文守弘(1985), 「조선시대 납속제에 관한 연구」, 성균관대학교 박사학위논문 참고]. 그리고 예를 들면 삼남지방에 흉년이 든 1731년 7월 14일의 『備邊司謄錄』을 보면 가을 추수시기에 흉년이 예측되자 각 지방에 총 8,500여 장의 공명첩을 발행하고 영남과 호남에 5,500장을 할당하고 있는 것 등이다.

107 James C. Scott, *op. cit.*, 132~143면.

108 전라도 영암 장암동 남평문씨 문중계 조직은 평상시 보험적 상호호혜에서는 계헌의 규정에 의하지 않는 지출을 엄격히 통제하지만 비상시의 생존위기 상황에서는 조직 차원에서 규정에 없는 분급과 궁핍한 사람 그리고 과부댁에게 원조하고 있다. 더 나아가 계원이 아니더라도 생존위기 상황에서는 배려를 하고 있다. 1756년 봄(春用下)에 "13석 5두 6승을 각 계원에게 나누어 지급하였다(十三石五斗六升 各員分給)", "1석을 야동에 사는 문군통 댁의 궁핍한 상황에 부조했다(一石野洞文君通宅窘扶下)." 1757년 춘 용하기 내용 중에 "9석 16두를 28명의 구성원에게 나누어 지급하였다. 한 명에게 7두씩 분급한 것이다(九石十六斗 二十八員分給下 每員七斗式)," "1석 2두를 계원이 아닌 사람 및 과부댁에 나누어 주었다. 각 3두씩 나누어 주었다(一石二斗 契外及寡宅分給下 各三斗式)"(『고문서집성』 21, 591~594면).

		담지군(사초/상여담지)	
하계원	米 8두, 錢 2냥	사환 없음	사초
		부역(2일)	1일만 부역/1일은 賦役價 가능
		담지군	
			빈 가마니 추가

「사창」 중 부조 내용과 호혜의 양

내용	부조액	참석대상	내용	부조액	참석대상
문과합격	米 4두	상, 하	생원, 진사시	미 3두	상, 하
회갑, 진갑연	미 4두	상, 하	수연	각출	상, 하
승진(80세 이상)	미 3두	상, 하	전별연	미상	상, 하
관례, 혼인	미 3두		자녀상(15세 이상)	미 4두	
환, 과, 고, 독	힘껏		과년미혼자	미 4두	

이리동계 자료 중 상·하계원의 부담금 비교

계 자료	명목	계원	곡물 및 전	비고
「약헌신규」 제8항목	세입례전	상계원	5냥	아버지를 이어 자식이 가입했을 경우 신입례가 아닌 세입례라 함
		하계원	1냥	
「약헌신규」 제9항목	신입례전	상계원	6냥	
		중계원	3냥	
		하계원	1.5냥	
「사창」 제2항목	기본금 각출	상계원	10두	
		하계원	5두	
「사창」 제13항목	후입례전	상계원	2석	
		하계원	1석	

---

109 이명희(2004), 제3장 3절 생존보험적 기능에서 표 재인용(306~307면).

이를 통해 18세기 이리마을의 사족 신분은 특권이라기보다는 견문을 가진 지식인으로 지역사회에서 행동의 모델이나 교육자로서 사회적 기여를 해야 되는 동시에 경제적으로 있는 자이므로 없는 자를 위해 재분배의 주체가 되어야 함을 읽을 수 있다.

순암이 '흥학교興學教'를 위해서 동약이 먼저 조직되어야 한다고 한 점도 국가적인 지원에 한계를 가질 수밖에 없는 상황에서 계조직이 중심이 되어 지역단위 서재나 서당을 자치적으로 운영함으로써 재사회화의 공백을 보충하고 개인적으로 교육을 받을 수 없는 사람들에게까지 교육의 기회가 균등하게 미칠 수 있도록 함이었다고 본다.[110]

이리동계의 이러한 재분배 측면은 지역사회가 보다 평등하고 정의로운 사회로 나아가는 데 기여했다고 본다.

4. 맺음말

21세기 한국사회는 많은 문제를 안고 있다. 본고에서는 그 가운데 심각한 문제 중의 하나로 한국사회 지식인의 시대적 소명감 혹은 정체성에 대해 고민하면서 그 대안모델로 실학자인 순암順菴 안정복安鼎福(1712~1791)의 경안면慶安面 이리二里마을에서의 서민에 대한 인식과 지식인의 역할을 살펴보았다.

순암은 『임관정요』에서 지방행정에서 지식인의 역할을 군현 단위의 향소·

110 전라도 영암 장암동계에서는 辛卯년(1711) 屯德齋 수리, 戊寅년(1758) 講契의 설립, 乙酉년(1765) 후학을 위해 書册具備, 甲申년(1784) 백일장 실시, 庚戌년(1790) 세자탄강 기념으로 書傳 10권 매입(장암동계사적 참조) 등에서 계기금 상당량을 마련하여 洞亭을 교육장소로 제공하는 학교 기능, 책을 비치해 놓고 이용케 하는 도서관 기능, 훈장의 초빙과 과거시험대비, 과거길의 교통비 보조, 장학금 지급 등을 통해 개인적으로 접근하기 어려운 교육의 기회를 공동체적 협력을 통해 해결해 주고 있음을 알 수 있다(『고문서집성』 21, 395~412면).

향교를 통한 자문 역할과 마을 단위에서 동계의 조직과 훈장의 역할로 요약하고 있다. 이러한 순암의 구상은 거주지 이리마을에서 1756년 '이리동약' 조직, 1761년 이리마을 덕곡에 '이택재麗澤齋' 설립 운영 등으로 구체화되었다.

사족·중인·서민·천민이 함께 참여한 '상하합계上下合契' 이리동계는 그 운영목적이 서민을 위한 도덕교화, 서민을 위한 생존보호에 있기 때문에 사족은 잘 운영되도록 자문 역할에 충실하면 되며 직접 관련자인 서민들이 주체가 되어 운영하도록 함으로써 효율성을 기하고 있다. 이러한 조직구성은 그 당시 도덕성이나 사리판단 그리고 지적 능력에서 서민들에게 책임을 주어도 무방하다는 서민의 능력에 대한 신뢰에 바탕하고 있다. 또한 개별 주체를 파악하는 데 특권보다는 개별 노동의 여부에 따라 평가해야 한다는 순암의 인식에 기초한 것이기도 하다.

순암은 지역사회에서 관직의 고하, 출생의 선후(연령) 등을 기득권이나 특권으로 보기보다는 사회의 질서와 능률과 이익을 가져오도록 하는 '직임의 분업'적 의미로 이해하고 있다. 이리동계에서는 국가권력의 횡포, 아전의 공적 직임의 망각 등의 사태에 대해 동계조직 차원에서 다스리거나 관에 고발함으로써 이리마을 사람들의 경제적 안정과 도덕적 질서를 확보하기를 기약하고 있다.

순암은 이리지역에서 예전부터 전래되어 오던 행동과 삶의 원칙을 18세기 사회경제적 상황에 맞게 효율적으로 재구성하고 성문화함으로써 이리마을 사람들이 좀 더 도덕적이고 생존에 유리한 삶을 살 수 있도록 합리화하는 것이야말로 지식인이 담당해야 할 중요한 역할 중의 하나로 인식하고 있었던 것이다.

결론적으로 순암은 지역사회가 원자화된 개인들이 모인 사회보다는 상부상조적일 때 그리고 실정법에 근거한 법치法治보다는 관습법과 도덕에 바탕한 자치自治가 더 효과적이라는 신념을 가지고 있었다. 순암이 동시대의 시대적 전제이자 한계인 독점적 수직논리의 지식인층과 경쟁적 수평논리의 지역 서민들이 서로의 장점을 특화하면서 전념할 수 있도록 하는(division of society and doing best) 동계조직을 만들고 동참한 것은 오늘날 현대사회에 유의미한 유산을 낳은 것으로 평가할 만하다.

순암 안정복의 향정방략鄕政方略

『임관정요』「시조時措」 분석을 중심으로

원재린

1. 머리말

조선 후기 실학의 주요 학풍으로 대변되는 '경세치용'은 성호 이익의 경세론, 그중에서도 토지개혁론에 대한 분석결과로부터 도출된 특징이다.[1] 실학의 성격을 논정함에 있어서 토지개혁론이 차지하는 비중을 감안하더라도 학파를 대표하는 학풍으로 규정하기에 논증 범위와 대상이 폭넓지 못한 점이 있다. 다양

1 이우성(1973), 「실학연구서설」, 『실학연구입문』, 일조각(『한국의 역사상』, 창작과 비평사, 1982, 13~14면 재수록); 한우근(1980), 「성호 이익 연구」, 서울대학교 출판부; 김용섭(1990), 『(증보판) 조선후기 농업사연구Ⅱ』, 일조각; 최윤오(2006), 『조선후기 지주소유권의 발달과 지주제』, 혜안 참조.

한 부면에서 논의를 보강할 때 주목되는 분야가 향정론이다. 향촌사회는 토지 소유를 매개로 양반지주와 양인전호의 생산관계가 형성되고, 차등적 신분체계 위에서 재지사족의 지배가 실현되어 가는 공간이다. 동시에 봉건국가를 구성하는 최소단위로 토지와 민인에 대한 중앙권력의 직접적인 지배가 관철되어야 할 통치공간이다. 따라서 선초鮮初 이래로 향촌문제를 둘러싸고 정치세력간에 갈등이 끊임없이 일어났고, 그 양산은 양란을 경과하면서 더욱 격화되었으며, 이때 집권체제 안정을 위한 대안들이 관인유자官人儒者들에 의해 다양하게 제기되었다.[2] 이익의 직계 문인 가운데 안정복은 향촌사회의 제 문제에 깊은 관심을 갖고 있었으며, 치용 방안으로 '경안면 이리동약'과 '향사법' 등을 입안하였고, 『임관정요』(이하 『정요』)를 통해 구체적인 향정방략을 제시하였다.

그간 적지 않은 연구를 통해서 안정복의 향정론의 내용과 성격이 해명되었다. 조선 후기 사회변동 양상에 대응하는 주요 사례로 주목된 이래 지방행정관에 반영된 고대 현인정치론의 요소를 부각시킨 초기 연구로부터 『정요』를 포함한 『동사강목』·『하학지남』 등의 주요 저술에서 순암학의 성격을 실학사상과 관련하여 정리한 성과, 동약에 반영된 향정론 및 대민인식을 구명하는 작업과 목천현감 재임 시 펼쳤던 대민정책에 이르기까지 여러 방면에 걸쳐 주요 내용들이 검토되었다.[3] 이 같은 성과가 있음에도 향정방략에 내재된 이념과 수립

2 이태진(1986), 『한국 사창사 연구』, 지식산업사; 김인걸(1991), 「조선후기 향촌사창변동에 관한 연구」, 서울대 박사학위논문; 이해준(1996), 『조선시대 촌락사회사』, 민족문화사; 고석규(1998), 『19세기 조선의 향촌사회 연구』, 서울대 출판부; 정진영(1998), 『조선시대 향촌사창사』, 한길사; 오영교(2001), 『조선후기 향촌지배정책 연구』, 혜안; 오영교(2005), 『조선후기 사회사 연구』, 혜안 참조.

3 김인걸(1981), 「조선후기 향권의 추이와 지배층의 동향－충청도 목천현 사례」, 『한국문화』 2, 서울대 한국문화연구소; 반윤홍(1982), 「순암 안정복의 향촌자위론 연구」, 『군사』 5, 국방부 전사편찬위원회; 심우준(1985), 『순암 안정복 연구』, 일지사; 한상권(1987), 「순암 안정복의 사회사상」, 『한국사론』 17, 서울대 한국사학회; 한영우(1988), 「안정복의 사상과 동사강목」, 『한국학보』 53, 일지사; 최홍규(1989), 「조선후기 광주와 수원지방의 향약(상)－안정복의 「이리동약」과 우하영의 향약설을 중심으로」, 『경기문화』 5, 기전향토문화연구회; 오환일

원리를 학풍과 관련하여 『정요』 각 편목 내용 속에서 확인하고 구명하는 작업은 다소 미흡했던 것으로 보인다.

더욱이 안정복의 사회사상이 갖는 의미를 향약을 중심으로 파악하는 과정에서 상대적으로 목민서로서 『정요』의 의미가 잘 드러나지 않고 있는 실정이다. 그중에서도 「시조」편은 안정복의 주요 향정방략이 정리된 편목인데도 그것을 입안하고 내용을 확정하는 과정에서 당연히 고려됐을 향정운영 원리에 대한 사상사적 해명은 이루어지지 않았다. 『정요』가 『목민심서』(이하 『심서』)에 앞서 성호학파 향정론의 면모를 자세히 살필 수 있는 저술이라는 점에서 '때에 적합한 조처'가 담겨진 「시조」편은 다산학의 확립과정에서 학통을 통해 영향 받았을 학풍의 요소를 계통적으로 파악할 수 있는 연구대상이다. 아울러 『정요』 「시조」편에 대한 분석은 비슷한 시기 각기 다른 학연과 당색에서 작성된 목민서들과 함께 18세기 중반 이래 양반 사족들의 현실인식과 향정방략을 상호 비교하여 살펴볼 수 있는 계기를 제공한다는 데에 의미가 있다.

조선 후기에 등장하는 목민서로 『선각先覺』·『칠사문답七事問答』·『정요政要』·『목민고牧民攷』·『목민대방牧民大方』·『거관대요居官大要』·『목강牧綱』·『사정고四政攷』 등이 있었다. 이들 목민서들에 대한 관련 연구가 활성화되지 않은 상황에서 『정요』의 분석은 개별 논저들의 상호 관련성 여부 등을 해명하기 위해서 꼭 필요한 기본연구의 성격을 띠고 있다. 『정요』를 포함한 여러 목민서들의 내용 및 체제 분석이 완료되고 나면 당대 향촌사회 운영을 개선하기 위해 입안되었던

(1993), 「순암 안정복의 사창에 대한 연구」, 『국사관논총』 46, 국사편찬위원회; 강세구(1996), 「순암 안정복의 학문과 사상 연구」, 『무악실학』 5, 무악실학회; 김태영(1999), 「순암 안정복의 향정론」, 『한국실학연구』 I, 한국실학연구회; 원재린(2004), 「순암 안정복의 형법관과 향정론」, 『한국사상사학』 23, 한국사상사학회; 노혜경(2004), 「안정복과 황윤석의 대민정책 비교」, 『한국사상사학』 23, 한국사상사학회; 원재린(2006), 「순암 안정복의 '목민'관」, 『한국사상사학』 26, 한국사상사학회; 원재린(2007), 「「正蹟」편에 반영된 안정복의 '수령'상」, 『역사와 실학』 34, 역사실학회 참조.

향정론의 성격을 사회적 관점에서 본격적으로 해명할 수 있을 것이다.

이상의 관점에 유의하며 본고에서 살펴볼 내용은 다음과 같다. 우선 「시조」편의 체제를 구성상의 특징을 고려하는 가운데 개괄하고, 안정복이 주안점을 두고 해결하려 했던 당대 사회모순과 이를 해소하기 위해 제시했던 향정방략을 여러 편목을 중심으로 정리해 보겠다.

「시조」편을 구성하는 '위정爲政・지신持身・처사處事・풍속風俗・임민臨民・임인任人・접물接物・어리御吏・용재用財・농상農桑・호구戶口・교화敎化・군정軍政・부역賦役・전정田政・조적糶糴・진휼賑恤・형법刑法・사송詞訟・거간去奸・치도治盜' 등 총 21장은 '수령칠사'의 세목에 해당하는 것으로 목민관이라면 반드시 수행해야 할 소임이었다. 또한 안정복이 경세치용의 관점에서 향촌사회에 실현하고자 했던 향정방략의 주요 내용들이기도 했다. 각 장의 주요 내용들이 당대 실정에 비추어 어떤 의미를 지니고 있었는지 살펴보겠다. 다음으로 주요 향정책 속에 내재된 정책 목표와 운영원리를 구명하겠다.

이때 주목되는 것이 「시조」편과 「정어政語」편의 관계이다.[4] 「정어」편은 '논정論政・정기正己・처사・접물・어하御下・지인知人・임민・풍속・명교明敎・농상・호구・부역・이재理財・진제賑濟・형옥刑獄・금간禁奸' 등 총 16장으로 편성되었다. 일견 「시조」편의 그것과 동일한 제목을 가진 장들이 있으며, 다루는 주제를 놓고 볼 때 더 많은 장에서 유사성을 발견할 수 있다. 「정어」편은 안정복이 추구했던 목민지향을 유학경전을 포함한 다양한 전적을 인용하여 밝혀놓

4 『정요』는 「정어」・「政蹟」・「시조」의 3편으로 구성되었다. 「정어」편은 향정이념과 목표를 명시한 장으로 아래 두 편의 綱에 해당된다. 「정적」편에는 역대 목민관들의 치적이 '儒吏・良吏・能吏・決獄・治盜' 등 총 5장으로 나뉘어서 소개되었다. 일종의 행정사례집의 형식을 띠고 있다. 「시조」편은 조선 후기 상황 속에서 시행해야 할 향정방략이 들어 있다. 수령은 「정어」편을 통해 위정의 大綱을 숙지하고, 「정적」편에서 소개하는 다양한 사례를 참조하며, 「시조」편의 세칙을 따른다면 그 소임을 수행하는 데 적지 않은 도움이 되었을 것으로 본다.

은 편으로, 「시조」편의 강綱에 해당한다. 즉 「시조」편의 향정방략은 「정어」편에서 제시된 목표와 이념을 구체화시킨 세목인 셈이다. 양편을 관련지어 분석할 때 목민서로서 『정요』의 특징과 성격이 잘 드러날 수 있다고 본다.

2. '수령칠사'의 세목과 주요 향정책

1) 균평均平의 실현과 하학下學 실천

「시조」편에서 다루는 주요 내용을 주제별로 구별해 보면 크게 3부분으로 나누어 볼 수 있다.

먼저 '위정'은 단일 장이지만 목민관이 지방행정을 총괄하면서 숙지해야 할 책임과 소임을 수기치인의 관점에서 소개하고 있다. 아울러 수령 업무를 원활히 수행하고 대책을 마련할 때 적용할 운영원리와 위정의 방편이 제시되었다.

두 번째 부분은 '지신・처사・풍속・임민・임인・접물・어리'의 7개 장으로 통치에 임하는 목민관의 마음자세와 대인관계 및 대민지배 과정에서 힘써 시행해야 할 향정지침 등이 들어 있다. 우선 '지신・처사' 2개 장은 수령의 수기사안과 몸가짐, 그리고 정사에 대처하는 마음자세에 대한 지침들로 구성되었다. '풍속・임민・임인' 3개 장에는 원활한 통치를 위해서 숙지해야 할 민심 동향이 각 지방의 풍속을 소개하면서 정리되어 있으며, 민의 입장을 고려하는 가운데 인심을 안정시키는 방안이 사례별로 제시되었다. 이때 인재 등용이 인심을 얻기 위한 방편으로 중요하게 다루어지고 있었다. '접물・어리' 2개 장에서는 수령 주변 인물들과의 관계 유지 및 대응 방법과 지방행정의 성패를 좌우할 이서를 다루는 요령이 기술되었다. 각각의 장을 서술하는 방식은 다소 차이는 있지만 목민서의 효용성을 높이기 위해 숙지해야 할 관련 행정지침을 고지하고, 이어서 실제 상황을 통해서 조처해야 할 방안들을 제시하고 있다. 이 같은 형식은 수령들이 해당 업무를 쉽게 숙지하고, 실질적인 성과를 낼 수 있도록 하기 위해 고안된 것으로 보인다.

세 번째 부분은 '용재·농상·호구·교화·군정·부역·전정·조적·진휼·형법·사송·거간·치도' 13개 장으로 목민관이 직접적인 대민통치 과정에서 수행해야 할 구체적인 향정책이 정리된 부분이다. 이를 각 장에서 지향하는 경세목표를 기준으로 분류하면 다시 3부분으로 나뉘진다. 우선 '용재' 이하 4개 장에서는 민산民産을 안정적으로 확보하고 유지해 갈 방안들이 기술되어 있다. 권농의 업무, 효율적인 재정운영, 호구관리 및 교화시행 등은 민이 물적 토대를 안정적으로 유지해 나아가는 데 있어서 꼭 필요한 제산制產 관련 업무였다. 다음 '군정' 이하 4개 장은 군정·전정·조적[환곡]의 삼정三政 관련 조세 업무를 정리한 부분으로 균형을 지향하면서도 토지개혁이 불가능한 상황에서 민생을 유지할 개선안들이 열거되어 있다. 각각의 본문 앞부분에서는 『경국대전』 등 국전에서 해당 주제와 관련된 조항을 인용해 놓고 있으며, 시급히 해결해야 할 현안과 시중에서 거론되고 있는 다양한 방안들이 아울러 소개되어 있다. 이러한 서술체제는 복잡한 조세행정을 번거롭게 여기지 않고 신속하고도 공평무사하게 처리할 수 있도록 하기 위해서 모색된 것으로 보인다. 마지막 '형법' 이하 4개 장에는 수령의 주도 아래 향촌사회를 안정적으로 이끌어 나아가는데 위협이 되는 사회 제 세력들과 빈번히 발생하는 소송 사안들을 명시하고, 이를 공정하게 처리할 방식과 실례를 정리해 두었다. 또한 원활한 행정 처리를 위해 고안된 각종 서식들이 함께 제시되었다.

이상의 구성과 체제는 '수령칠사'의 내용을 확대·재편하면서 마련된 것으로, 그 속에는 안정복이 직면했던 향촌의 실상과 관철하고자 했던 향정이념이 들어 있었다. 그 가운데 주요 내용을 살펴보면 다음과 같다.

안정복은 '위정'장 제일 첫머리에서 『고려사』와 『경국대전』의 본문을 인용하며 '수령칠사'의 중요성을 강조하였다. '수령칠사'는 농상성農桑盛·호구증戶口增·학교흥學校興·군정수軍政修·부역균賦役均·사송간詞訟簡·간활식奸猾息 등으로, 『경국대전』 규정에 따르면 당시 수령의 업무 평가에 중요한 기준이었다. 관련 실적은 정기적으로 중앙에 보고되었을 정도로 수령권 행사의 핵심사항이

자[5] 집권체제 유지의 관건이었다. 안정복은 역사의 맥락에서 수령 소임이 확정되어 가는 과정을 정리해 둠으로써 목민 업무의 막중함과 함께 소명의식을 불러일으키려는 의도를 갖고 있었다. 이어서 고을을 다스릴 원칙으로 '순량循良'의 운영원리를 제시하였다. '순'은 법도를 따르고 기이함을 숭상하지 않는 것, '량'은 자애롭고 어질며, 간편하여 번거로움과 가혹함을 일삼지 않는 것을 의미했다. 이 두 글자의 뜻을 알고 정치를 행한다면 생각하여 얻는 것이 많을 것이라고 했다. '순량'의 시행 여부는 수령을 평가하는 주요 기준 중 하나였다.

다음 대목에서 안정복은 부정한 수령 유형으로 '세력이 있는 수령[勢吏], 능력이 있는 수령[能吏], 탐욕스러운 수령[貪吏]' 등 3가지를 소개하였다. 이들은 향정을 주관해 나아가는 데 있어서 '순량'의 원리에 따르기보다 권력을 멋대로 부리고, 권세가의 힘을 빌리며, 민을 침탈하는 폐단을 자행하는 수령들이었다. 반면 올바른 수령상은 다음과 같았다. 우선 청렴하고 결백함을 으뜸으로 삼고 삼가고 신중함을 견지하며, 사건의 본말을 종합하여 자세히 밝히고 절약을 실천해 가는 인물이었다. 이렇게 자신을 철저히 단속한 뒤에 민산 안정을 위해 위에서 덜어 내어 아래에 보태 주고[損上益下], 재물을 흩어서 은혜를 베푸는[散材爲惠] 정치를 급선무로 삼아야 했다. 그리고 이 같은 원칙에 입각하여 전결田結·가호·군졸·전곡의 총수 파악 등 시급히 수행해야 할 업무를 너그러움과 엄격함을 적절히 활용해 처리해 나아가는 것이다.[6]

'지신'장부터는 앞장에서 제시한 소임들을 각론으로 삼아 그 내용을 상세히 정리하고 있다. 일단 수기와 관련하여 수령으로서 견지해야 할 마음과 일상에서 지키고 실천해야 할 세칙들이 마련되었다. 안정복은 극기와 함양공부를 강조하면서 이를 실천할 구체적인 방안으로 자봉自奉을 가볍게 하는 사례를 들었

5 한국역사연구회 조선시기 사회사 연구반(2000), 『조선은 지방을 어떻게 지배했는가』, 아카넷, 123~124면.

6 『순암전서』 4, 『임관정요』, 「시조」, 위정장, 여강출판사 영인본, 1984, 265~251면.

다. 국가를 대신하여 권력을 부여받은 수령은 민을 잘 다스리기 위해서 도덕수양을 통해 공사를 엄격히 구분하고 청렴을 견지해야 했다. 이 밖에 지신의 대상으로 관아의 음식을 단출하게 차리는 일과 식솔 및 노비를 철저히 관리·감독하는 일을 들었다.[7] 이는 '하학'을 중시했던 순암학의 특징이 목민서를 통해 구체화되어 가고 있음을 잘 보여 주는 사례이다. 즉 심성수양의 목적을 궁리에 따른 천리 획득에 두기보다 일상의 시무를 대상으로 그 속에 내재된 실용을 추구하는 데에 두었다.[8]

'처사'는 일에 대처하는 마음자세를 강조한 장으로 업무처리의 방법과 요령을 소개하고 있다. 안정복이 강조한 것은 정확한 판단기준의 확립과 이에 따라 일을 처리할 수 있는 평상심의 유지였다. 그는 정사를 처리할 때는 '공평함', 백성을 다스릴 때는 '사랑', 아랫사람을 부릴 때는 '믿음', 사람을 임명할 때는 '현명함', 세금을 부과할 때는 '균등함', 옥송을 처리할 때는 중도를 얻을 수 있었다.[9]

안정복이 볼 때 수령은 대민지배의 최일선에서 조선왕조의 통치이념을 체현해 나아가는 주체였다. 그런 수령이 수행해야 할 시급한 과제는 민인들이 항심유지를 할 수 있는 항산을 확보하는 일이었다. 그 대강은 '수령칠사'에 담겨져 있었으며, 부임 초기 기본 책무를 다시 한 번 숙지하는 일은 다른 무엇에 앞서 우선해야 할 사안이었다. 아울러 지방관에게 부여된 권한을 원활히 행사하기 위해서는 무엇보다 도덕적 주체로서 수령의 권위를 확보하는 것이 중요하였다. 이를 위해 철저히 '하학이상달下學而上達'의 원칙에 근거하는 도덕적 생활을 권장하였다. 평상시 몸가짐과 '수령칠사'는 둘이면서 하나로 귀결되는 통일된 영역

7 『임관정요』, 「시조」, 지신장, 252~256면.

8 원재린, 「조선후기 성호학파의 '下學'관과 '道器一致'론」, 『역사학보』 180, 역사학회, 2003 참조.

9 『임관정요』, 「시조」, 처사장, 252~256면.

으로서 민생안정을 위해 수령이 반드시 실천해야 할 업무였다.

2) 민정의 안정과 민산民產 확보

'지신 · 처사'장이 수령 개인의 수기와 관련된 것이라면 '풍속'장부터는 통치 대상인 민인들의 심리상태와 이에 대처하는 방식이 정리되었다. 안정복은 '풍속'장에서 조선 팔도의 인심을 간략하게 요약해 놓고, 풍속의 차이에 따른 적합한 통치방식을 유중영柳仲郢 · 최언崔郾 · 장영張詠 등 중국의 사례를 들어 소개하였다. 그것은 습속과 민풍을 고려하면서 위엄과 사랑, 덕德과 형刑을 시세에 따라 적용하는 것이었다.[10] '임민'장에서는 『대학』을 인용해서 '차마 어찌 못하는 착한 마음[不忍之心]'의 정치, 즉 왕도정치 실현을 위해 민인의 기본 성향을 분석하고 민정을 순하게 만드는 방안을 기술하였다. 민을 다스리는 자로서 가장 먼저 해야 할 일은 민심이 싫어하는 바를 헤아리는 것인데, 그렇게 하지 못한 사례로 '반봉령半捧令'을 들었다. 환곡의 반만 수봉하라는 조정의 명령을 받고서도 민을 속여 독촉하는 사례를 들어서 민으로부터 신뢰를 받을 수 있는 정책시행의 필요성을 강조하였다.[11]

'임인'은 향정운영과 관련하여 인재등용의 기준과 그 역할을 거론해 둔 장이다. 안정복은 좌수座首의 역할과 비중을 중시하면서 조심성 있고 공평한 인물을 임용조건으로 내걸었다. 풍헌風憲의 경우는 공평하고 청렴하며 근신한 사람을, 약정約正과 이장里長은 부민 가운데 근면한 자를 임명의 기준으로 상정하였다. 부민은 법을 두려워하고 일을 판별할 줄 안다고 하여 그 능력을 높이 평가하였다. 이렇게 뽑힌 인재의 활용 원칙으로 주자의 '자가상한自家常閑 이서상망

---

10 『임관정요』, 「시조」, 풍속장, 262~264면.
11 『임관정요』, 「시조」, 임민장, 265~269면.

吏胥常忙'을 소개하였다. 수령은 강령만을 총괄하고, 이서를 부려 바쁘게 행정업무에 종사하게 하는 방식이었다. 대표적인 성공사례로 이원익李元翼(1547~1634)을 들었다. 그가 관서지역을 다스릴 때 향소・장관將官・관청감관官廳監官・연분감관年分監官에 적합한 인재를 선발하여 민사・군정・출납・전정 분야에서 안정을 도모하여 마침내 관찰사로 승진하기에 이르렀다.[12]

'접물'장에서 안정복은 상관・동료・전후임자・친구・친지 등 관장 주변의 인물들을 접대하는 방법을 사례별로 제시하였다. 그는 존비귀천을 막론하고 공경과 믿음으로 사람을 대접해야 한다고 믿었다. 특히 관장에게 아첨하는 사람을 경계하였다. 대인관계에서 사사로운 이해를 억제하는 경향은 상관을 대면하는 상황에서 다시 한 번 나타나고 있다. 평소 상관에 대해 예모를 유지하면서도 국가와 민에게 이익이 되는 일로 다툴 경우 벼슬을 내놓고서라도 옳은 것을 구해야 한다고 했다. 반면 친구들에 대해서는 원칙적으로 사사로운 정으로 돌보아서는 안 된다고 했다. 하지만 절교에 이르지 않는 범위 내에서 공정한 의리와 정이 함께 실행될 수 있어야 한다고 친구 접대의 어려움을 간접적으로 피력하였다.[13]

한편 안정복은 수령 주변 인물 가운데 이서에 대처하는 방법만큼은 별도의 '어리'장을 설정하여 소개하였다. 이서배를 효과적으로 제어하는 방법은 자신을 규율하는 데로부터 출발한다. 예의 하학의 관점이 적용된 대목이다. 관장 자신이 공정하고 청빈하면 어떠한 유혹도 그 사이에 게재되기 어렵다. 이렇게 해서 수령의 체모가 유지되면 위엄이 생겨나고 상벌을 신뢰하게 된다. 이때 '어질고 너그러움(仁恕)'도 함께 베풀어져야만 했다. 그가 가장 경계했던 부류는 수령과 교령을 우습게 보는 노숙하고 간사한 이서들이었다. 이들이 민간에서 멋대로 위엄을 부리고 뇌물을 받는 폐단을 막기 위해 수시로 감시하고 엄하게 처벌할

---

12 『임관정요』, 「시조」, 임인장, 270~273면.
13 『임관정요』, 「시조」, 접물장, 274~278면.

것을 당부하였다. 그리고 면주인面主人을 별도로 거론하며, 명을 받아 고을에 내려보낼 때 시각을 촉박하게 주어서 민폐가 생길 여지를 미연에 방지하고자 했다. 이 밖에 이서들이 대민침탈의 방편으로 악용했던 관패官牌를 철저히 관리하는 내용들도 함께 제시되었다.[14]

'용재'장부터는 민의 재생산기반을 유지·확보하기 위해서 수령이 힘써야 할 임무를 정리해 두었다. 안정복은 앞선 장에서와 마찬가지로 하학의 관점에서 민산 안정의 난제를 풀어가려 했다. 일차적으로 재정분야에서 관장은 몸소 절약을 실천해야 했다. 수령은 낭비를 막기 위해 잡물을 직접 관장하되, 함부로 취하여 사사롭게 사용해서는 안 되었다. 한편 치인의 차원에서 논의된 재용의 원칙은 철저한 회계관리와 장부관리였다. 이렇게 해서 재물을 절약하게 되면 그만큼 간사한 이서들에 의한 민의 침탈을 줄일 수 있기 때문이었다.[15]

'농상'장에서 안정복은 왕도정치 실현의 물적 토대로 농상의 중요성을 강조하면서 권농을 이룰 수 있는 제산방안을 소개하였다. 그 출발은 유능한 권농관을 선임하는 데로부터 시작되었다. 각 동마다 재산이 넉넉하고 근면한 자를 권농관으로 임명하여 무농務農의 책무를 다하게 하고, 우금법牛禁法을 통해 농우의 관리를 철저히 하며, 농사철을 잊지 않고 잘 지키도록 하였다. 한편 한 해 농사의 성패를 좌우할 수리水利 관련 업무를 소개하면서는 수리분야에서 우월성이 확인된 서양 과학기술의 도입을 주장하였다. 수차水車의 기능과 장점을 거론하면서 서학서인 『태서수법泰西水法』을 인용하여 소개하였다. 또한 실학의 교본으로 조선 학계에 널리 알려졌던 유형원(1622~1673)의 『반계수록』을 인용하여 제언堤堰의 중요성을 강조하였다. 이 밖에도 식목植木과 목축牧畜 등 농가 수입을 증진시킬 수 있는 다양한 방안들이 언급되었다.[16]

---

14 『임관정요』, 「시조」, 어리장, 279~285면.
15 『임관정요』, 「시조」, 용재장, 286~288면.
16 『임관정요』, 「시조」, 농상장, 289~298면.

호구의 많고 적음은 민산의 넉넉하고 모자람과 함께 왕도정치 실현의 주요한 기반이었다. 안정복은 '호구'장에서 그 중요성을 재확인하여 국가통치의 근본으로 간주하고 이를 잘 유지 관리해 나아갈 방안들을 소개하였다. 본주本主의 친족관계는 물론 기객寄客과 고공雇工 등 주변 인물의 소재 파악, 소·말·전답 등의 재산 상태까지도 한눈에 파악할 수 있는 호적의 서식을 제시하였다. 호적법의 원활한 시행을 위해 수령은 풍헌과 두두인頭頭人을 통섭하고, 각 면에 비치된 통기統記와 민간의 호적 기재사안이 일치될 수 있도록 관리·감독해야 했다.[17] 호구에 뒤이은 '교화'장은 호구관리 과정에서 자칫 발생할 수 있는 인심이반 현상을 자율적인 교화기능을 통해 해소하려는 의도에서 편성된 것으로 보인다. 교화를 체體에, 정형政刑을 용用에 비유하면서 용만 행하면 민들이 겉으로 따를 뿐 진심으로 복종하지 않기 때문에 민을 다스리기 위해서는 반드시 교화를 우선해야 한다고 했다. 그는 교화를 구체적으로 실현할 기구와 기관으로 향약과 학교를 상정하고, 석존제釋尊祭와 양로례養老禮의 활용방안도 거론하였으며, 실무를 담당할 이서로 집강·풍헌·예리禮吏를 지정하였다.[18]

'군정'장부터는 삼정으로 대변되는 조세행정을 공정하게 처리해야 할 목민관의 책무와 자세한 요령을 소개하였다. 안정복은 우선 국전으로부터 면역의 기준, 복무기간, 처벌기준 등 군정관련 규정을 발췌하였다. 이는 군정업무가 국정운영에서 차지하는 비중을 각성하고, 그 원활한 처리가 얼마나 중요한지를 주지시키기 위한 의도에서 비롯되었다. 주요 업무로는 입역자入役者 파악과 한정閑丁의 수괄收括 및 낙강생落講生·모칭자冒稱者의 색출을 거론하면서 군정보충을 위한 시중의 다양한 견해를 소개하였다. 주요 대책은 풍헌과 면임으로 하여금 탈이 난 자의 진상을 정확히 파악하고 충정할 자의 신상을 확보하며, 이를 수령에게 보고하여 엄정히 관장해서 중간에서 농간을 부릴 여지를 제거하는

17 『임관정요』, 「시조」, 어리장, 299~304면.
18 『임관정요』, 「시조」, 교화장, 305~313면.

것이었다. 이 밖에도 군기軍器의 관리 및 대오편성 방식이 설명되었다.[19]

'부역'장에서도 역시 부와 역의 균평한 과세를 위해 숙지해야 할 조항들을 『경국대전』 등 국전으로부터 발췌해 두었다. 안정적인 국정운영을 위해서 관철되어야 할 균평 과세의 필요성과 그 의미를 법전 조항을 통해 재확인해 둠으로써 공적 과업을 수행할 관장의 책무를 일깨우고 있다. 이어서 선왕대 부세정책 가운데 효종대 대동법을 소개하면서 그 편의성을 부각시켰다. 즉 대동법이 시행되면서 민들이 편해졌고 관수官需의 수급도 원활해졌던 것이다. 앞서와 같이 세간의 여러 설들을 소개하였는데 그 초점은 부역 담당자의 철저한 관리와 이서들의 농간을 수령이 직접 나서서 제어하는 것이었다. 말미에서 "부족함보다는 고르지 못함을 걱정해야 한다"는 공자의 언설을 인용하여 재차 균평의 원리를 강조하였다.[20] 균부균세의 입장은 '전정'장에도 반영되었다. 안정복은 전결세의 공평과세를 위해 주요 대책으로 수령이 서원書員·풍헌을 통해 전결총수를 철저히 관리하며 답험踏驗을 실시하고, 8결작부를 통해 요역을 차출하는 방안을 제시하였다. 앞서와 마찬가지로 시중의 논의를 채록하여 그 장단점을 논평하였다. 그가 긍정적으로 평가한 방법은 수령이 직접 전결실수田結實數를 파악하고, 각 면임이 답험하여 올린 문서와 직접 대조하는 방식이었다.[21]

안정복이 삼정 가운데 특별히 관심을 기울인 세무稅務는 환곡이었다. 그는 '조적'장 앞부분에서 환자還上의 유래와 규정을 기술하였다. 이어서 환곡의 분급과정에서 빚어질 수 있는 각종 폐단과 그 대책을 제시하였다. 나눠 주는 방식에서부터 창고관리, 되질방법, 순영에 보고하는 서목, 관리책임자 선정에 이르기까지 전 과정에 걸쳐 수령의 세심한 배려를 촉구하였다.[22] '진휼'장에서는

19 『임관정요』, 「시조」, 군정장, 314~322면.

20 『임관정요』, 「시조」, 부역장, 323~328면.

21 『임관정요』, 「시조」, 전정장, 329~337면.

22 『임관정요』, 「시조」, 조적장, 338~345면.

황정荒政사업을 위한 관장의 역할을 소개하면서 동시에 읍에 거주하는 사대부와 품관층品官層의 참여를 적극 독려하였다. 이들 가운데 청렴하고 근간한 자를 선택하여 진휼도감에 임명하고, 진휼의 업무를 책임지게 하는 것이다. 또한 각 면에서 부유한 민을 골라 해당 리의 굶주린 민을 구제하고, 공이 인정되면 상을 내리도록 하였다.[23] 진휼은 유리도산遊離逃散하는 백성을 안치시킬 뿐만 아니라 지배층의 참여를 유도하여 인화를 이룰 수 있는 사업이었던 것이다.

마지막 '형법' 이하 3개 장에서는 향촌사회 안정을 해치는 세력들에 대한 제재수단과 그 운영원리가 언급되어 있다. '형법'장에서 안정복은 형정운영의 대원칙을 첫머리에서 소개하였다. 그것은 '양정경법중量情輕法重 정경법중情輕法重 무구기중務求其中'으로 관장은 실정이 무거운지 가벼운지를 잘 헤아려 법을 알맞게 적용해야 했다. 다음으로 일관된 형정 적용을 당부하였다. 무원칙한 시행은 인심의 반발을 초래하기 때문에 국전의 조항을 잘 살펴서 자의적으로 형벌을 남용하지 말아야 했다.[24] 국전은 안정복에게 공변됨을 들어 사사로움을 물리칠 수 있는 전장典章이었으며, 해당 규정들은 향촌사회 전반에 이르기까지 적용되어야 할 객관적 통치기준이었다.

'사송'장에서는 송사의 처리순서와 방법이 진행순서에 따라 알기 쉽도록 일목요연하게 정리되었다. 일단 소지所志를 가지고 오면 공개된 자리에서 민정을 살피며, 발괄의 경우 몇 차례 오든지 모두 들어 준다. 소지에 따라 피고를 잡아 재판을 시작하며, 양측의 주장을 경청하여 판결한 뒤 입지를 첨부하여 이긴 자에게 내려준다. 이와 함께 '청송식聽訟式'을 제시했는데, '시송始訟 - 원정元情 - 기현납記現納 - 교기선후交記先後 - 입적여부入籍與否 - 위격사출違格斜出'의 체계를 갖추고 있어서 공정한 판결을 내리는 데 큰 도움이 될 것으로 기대하였다. 당시 청송이 자주 발생하는 사안으로 노비은접奴婢隱接・산송山訟・살인・재산분

---

23 『임관정요』, 「시조」, 진휼장, 338~345면.
24 『임관정요』, 「시조」, 형법장, 352~358면.

할 등을 열거해 놓고, 개별 사안을 효과적으로 해결할 수 있는 맞춤식 방안들을 간략히 적어 두었다.[25]

'거간'장에서 안정복은 수령권을 위협하는 대상으로 토호대성土豪大姓, 권력을 지닌 면임, 권세를 부려 당을 만드는 이서들을 지목하였다. 이들을 적절히 통제하는 목적은 그 힘을 빌려 '양백성養百姓'의 책무를 이루기 위해서였다.[26] 끝으로 '치도'장에는 도적을 막기 위한 방법들이 사례를 들어 정리되었다. 후위의 이숭李崇은 도적을 막기 위해 각 마을마다 북을 달아 놓아 경계하였으며, 침탈이 발생하면 즉시 해당 지역 인정人丁을 차출하여 요로要路를 지켜 도적을 물리쳤다. 송나라 때 보엄寶儼은 도적을 방비하기 위해 의영義營을 설치하고 장좌長佐를 임명하였으며, 연좌율을 적용함으로써 단 한 곳의 촌에서도 도적이 발생하지 않았다. 남송 때 황간黃幹은 한양에 부임하여 우관법隅官法을 실시했는데 이 법에 따르면 1개 현을 4우로 나누어 매 우마다 여러 향관을 거느리는 우관 1명을 두어 간특함을 살펴 마을을 보호하였다.[27] 중국의 사례에서 나타난 치도의 방법은 목민관의 주도하에 향촌체제를 개편하고, 이렇게 해서 마련된 안정된 지배기반을 토대로 무력을 활용하여 도적을 제어해 나아가는 방식이었다.

「시조」편을 구성하는 21개 장은 '수령칠사'를 확대한 세목이었다. 그 속에 담긴 향정방략은 안정복이 향촌사회 안정을 달성하기 위해 주목했던 경세 주제이자 현실에서 치용을 이루기 위해 궁구해 온 학문성과였다. 그는 『정요』에서 왕명을 대리하는 목민관의 소임과 역할을 보다 체계적이고 알기 쉽게 정리해 둠으로써 지방행정의 편의성을 도모하고자 했다. 그중에서도 「시조」편은 시의를 고려하면서 당대 현실에 적용되기를 기대했던 향촌사회 통치원론과 방략들로 구성되었다. 기본원리와 목표는 하학의 관점에서 위민을 이루고 왕도

25 『임관정요』, 「시조」, 사송장, 359~368면.
26 『임관정요』, 「시조」, 거간장, 369~370면.
27 『임관정요』, 「시조」, 치도장, 371~376면.

정치를 달성하는 것이었다. 보다 세밀하고 구체적인 사안은 「시조」편과 함께 향정이념을 제시했던 「정어」편의 비교를 통해 파악할 수 있다.

3. 왕도정치의 실현과 '순량'의 향정원리

1) 항업恒業 달성과 왕도정치 실현

『정요』의 전체 구성에서 「시조」편과 「정어」편은 강과 목의 관계를 형성하고 있다. 「정어」편은 원론의 측면에서 목민관이 숙지해야 할 기본 통치이념을 경·사·자·집의 각종 문헌에서 인용한 문구들로 구성되었다. 「시조」편은 「정어」편에 담긴 향정이념을 조선의 현실에 맞게 실현하기 위해서 고안된 '때에 적합한 조처'들이었다. 이 점은 양편의 목차를 비교해 보아도 쉽게 알 수 있다.[28]

일단 전체 수를 놓고 볼 때 「정어」편 16장, 「시조」편 21장으로 「시조」편이 5장이 더 많다. 하지만 다루는 주제와 내용을 고려해 볼 때 「정어」편에 포괄되는 「시조」편의 장은 훨씬 늘어난다. 우선 장명이 일치하는 경우로 '처사·접물·임민·풍속·농상·호구·부역'의 7장을 들 수 있다. 제목은 다르지만 동일한 주제를 다루는 장으로 '논정(위정)·정기(지신)·어하(어리)·지인(임인)·명교(교화)·이재(용재)·진제(조적·진휼)·형옥(형법·사송)·금간(거간·치도)'장 등이 있다. 『정요』에 담긴 경세치용의 진면목을 파악하기 위해서는 강·목·

28 양편의 목차를 비교하면 아래와 같다.

정어	논정	정기	처사	접물	어하	지인	임민	풍속	명교	농상	호구	부역	이재	진제	형옥	금간					
시조	위정	지신	처사	풍속	임민	임인	접물	어리	용재	농삼	호구	교화	군정	부역	전정	조적	진휼	형법	사송	거간	치도

체·용의 관계에 있는 양편의 내용을 비교 검토해 볼 필요가 있다.

먼저 안정복은 「정어」편 '논정'장에서 공자의 위민관을 소개하면서 왕도정치 실현을 향정목표로 삼겠다는 의지를 피력하였다. 즉 『논어』의 「위정」·「학이」·「자로」·「안연」·「공야」·「옹야」·「요왈」편으로부터 공자가 구상했던 왕도정치 실현에 필요한 방편들을 차례로 인용해 놓고 있다. 그것은 덕치를 이루기 위해서 지도자로서 몸가짐을 새롭게 하고, 민산 안정을 통해 민을 부유하게 만드는 것이었다.[29] 이 가운데 안정복이 주목했던 사안은 민부의 사안이었고, 이를 실현할 구체적 경세원칙은 「시조」편 '위정'장에서 제시된 '손상익하損上益下'와 '산재위혜散財爲惠'였다. 이것은 「시조」편 '재용·농상·군정·부역·전정·조적·진휼'장에 제시된 방략들의 수립 및 작동 원리였다.

안정복은 재용 방안으로 '벼슬살이는 머슴살이[作官如雇工]'라는 속담을 내세우면서 관아에서 소용되는 재물을 체계적으로 관리하고 효율적으로 운영할 것을 당부하였다. 재물은 1년을 기준으로 매달 사용될 수량을 확정하고 이에 맞춰 소비하며, '중기重記'를 작성하여 일용의 총수를 관리하고, 사적 용도의 재물 사용을 금지하여 이서배들의 침탈을 미연에 방지하였다.[30] '농상'장에서는 근세 권농의 정치가 한갓 문구만을 강조할 뿐 실질적인 효과가 없음을 지적하였다. 자연스럽게 그의 권농방안은 현실에서 실효를 거둔 실례를 중심으로 기술되었으니, 대표적으로 유형원과 주자를 들 수 있다. 유형원은 제언의 수축 논의를 통해 수리사업의 중요성을 일깨웠으며, 주자는 밭 갈고 거름 주고 씨앗을 뿌리며 풀 베는 절차까지를 총괄하여 감독하는 등 적극적인 권농사례[31]를 남겼다.

'군정'장부터는 수령의 관리·감독 아래 조세행정을 개선하여 민산을 안정시킬 방편들이 소개되었다. 안정복은 대동법을 균평 실현에 적합한 부세개혁안

29 『임관정요』, 「정어」, 논정장, 45~49면.

30 『임관정요』, 「시조」, 용재장, 287면.

31 『임관정요』, 「시조」, 농상장, 289~298면.

으로 인식하였으며, 균부균세를 실현하기 위해 결부제結負制의 폐지를 주장하였다. 경무법頃畝法으로의 전환은 당대 농업생산력 발전수준을 고려하는 가운데 전정의 구조적인 모순을 해소하기 위한 일환으로 보인다. 그는 영정법永定法(1635, 인조 13)에 따라 전분법田分法만이 수세 원칙으로 남고 연분年分 9등等이 폐지된 상황에서 과세기준의 객관화는 균부실현을 통해 민생 안정을 이룰 수 있는 주요한 관건이라고 생각하였다. 이에 그는 중국의 경무법과 조선의 결부제를 상호 비교하였다. 그 결과 중국의 것은 경무가 같으면 지면의 대소가 동일한 장점을 지녔다고 평가하였다. 반면 조선의 경우 결부로 등위를 부여하기 때문에 지면의 대소가 큰 차이가 나고 있다고 했다. 따라서 그는 실적 파악이 제대로 안 된 상태에서 전품田品만을 기준으로 하는 결부법을 고수할 경우 구조적 결함으로 인해 이서의 농간이 발생되고, 이로 인해 공평한 과세가 이루어질 수 없을 것으로 내다보았다.[32]

'조적·진휼'장에서도 이 같은 문제의식과 대응방식이 적용되었다. 안정복은 '국민'의 처지를 고려하지 않은 채 환곡 수봉收捧에만 힘쓰는 세태를 비난하면서 민과 곡식 가운데 어떤 것이 무겁고 가벼운지를 형세를 헤아려 처리하는 것이 관장의 능력이라고 했다.[33] 그는 급선무로 재물을 흩어 주며 정세征稅를 낮게 부과하고 민력을 늦추는 일을 들었다. 아울러 주자의 사례를 들어 굶주린 백성을 모집하여 토목공사를 벌이는 방안을 제안하였다.[34] 부세절감과 함께 재산의 방편을 마련해 줌으로써 항업 마련에 도움이 되기를 바랐다. 민생 안정을 위해 '손상익하'와 '산재위혜'의 원칙이 적용된 전형적인 사례였다.

한편 「정어」편에서 제기된 왕도정치 이념 가운데 민부의 확충과 함께 덕치의 실현이 있었다. 「시조」편에서 이는 '순량'의 향정원리로 구체화되었다. '위

32 『임관정요』, 「시조」, 전정장, 336면.
33 『임관정요』, 「시조」, 조적장, 342면.
34 『임관정요』, 「시조」, 진휼장, 348~349면.

정'장에서 안정복은 법도를 따르되 기이함을 일삼지 않고[순], 자애롭고 어질며 간편하여 번거로움과 가혹함을 일삼지 않는[량][35] 위정의 원리를 성실히 수행할 것을 당부하였다. 그렇게 되면 습속에 얽매이지 않아서 국가가 흥하고 민이 기뻐할 것이라고 전망했다. '순'의 세부원리로 '규구規矩에 얽매이지 않고 솜씨를 발휘하는 것'을 제시하였다. 그는 법 가운데 허다하게 나열된 규정들을 규구의 방도에 불과하다고 보고, 위정의 성과는 법을 다루는 자가 때에 맞게 잘 변통하는 데 달려 있다고 했다.[36] 대표적인 정치가로 자산과 제갈공명을 들었다.[37] 양자는 『정요』에서 너그러움과 엄정함을 조화롭게 적용하여 정나라와 촉나라를 잘 다스린 인물로 묘사되었다.[38] '순량'은 객관적 통치기준인 법에 따라 다스려서 자의적인 침탈을 막되, 그 과정에서 빚어질 수 있는 번거로움과 가혹함을 간편하고 너그러운 방편으로써 보완하여 해소해 나가는 방식이었다. 법의 엄정함과 교화의 너그러움을 조화롭게 적용해 나가는 것은 운용자의 능력과 판단에 달렸다.

『정요』의 저술 목적은 당대 향촌사회 현실을 고려하면서 왕도정치의 이념을 실현하는 것이었다. 왕도정치를 주창했던 맹자는 그 실행의 전제로 민산안정을 들었고, 이를 위해 정전제 시행을 주장하였다. 하지만 안정복 단계에서 시의성을 고려할 때 좀 더 현실적인 대안은 농업생산력 제고와 합리적인 조세제도 개선이었다. 이를 효율적으로 관리해 나아가는 것이 수령의 급선무이자 왕도정치 실현의 관건이었다. 시의를 고려한 측면은 '순량'의 향정원리에도 반영되었다. 기왕의 교화 중심의 덕치를 중시하면서도 향정운영에 지장을 초래하는 세력들을 제압하는 수단으로 형정을 활용하는 방식이 그것이었다.

35 『임관정요』, 「시조」, 위정장, 245면.
36 『임관정요』, 「시조」, 위정장, 247~248면.
37 『임관정요』, 「시조」, 위정장, 250면.
38 『임관정요』, 「정어」, 금간장, 123면; 『임관정요』, 「정적」, 양리장, 143, 157~159면.

2) '순량'원리와 향촌사회 안정

'순량'의 향정원리에 입각하여 왕도정치를 실현하고자 할 때 무엇보다 중요한 것은 규구를 가지고 솜씨를 발휘할 수 있는 역량을 목민관이 보유하는 것이었다.

「시조」편 '지신'장은 '순량'의 원리를 때에 맞게 변통시킬 수 있는 수령의 몸가짐에 대해 거론하기 위해 편성된 것으로 보인다. 본장에서 제시된 구체적인 '순량'의 원리는 "지나치게 강하면 꺾이고 지나치게 부드러우면 그만두게 되니 강하고 부드러운 것을 중도에 맞게 해야 정사를 할 수 있을 것[太剛則折 太柔則廢 剛柔得中 斯可以爲政矣]"이라는 것이다. 수령이 지나치게 강건하면 꺾이고, 너무 부드러우면 일이 제대로 이루어지지 않기 때문에 강건함과 부드러움을 알맞게 사용해야만 민을 다스릴 수 있다는 것이다.[39] '순량'의 원리를 체득하는 과정에서 예의 하학의 관점이 적용되었다. 이는 「정어」편 '처사'장과 「시조」편 '처사'장에 잘 반영되었다. 「정어」편에서는 경중을 헤아려 도리에 맞게 처리하되 한편에 치우치지 말아야 한다는 점이 부각되었다. 또한 일상에서 노여움에 사로잡혀 일을 그르치는 폐단을 막기 위해 서두르지 말고 신중하게 정사를 처리할 것을 당부하였다.[40] 「시조」편에서는 일에 대처하는 마음자세로 몹시 기쁘거나 노여울 때도 중용에서 벗어나지 않아야 한다고 했다. 복잡하여 처리하기 곤란한 일을 돌볼 때 심사숙고하고 신중을 기해야만 민의 원망을 받지 않기 때문이다.[41]

「시조」편 '풍속'장에서는 본격적으로 향촌민을 대상으로 민심을 얻기 위해 강구되었던 '순량' 사례가 소개되었다. 안정복은 조선 팔도의 서로 다른 풍속을

---

39 『임관정요』, 「시조」, 지신장, 252면.
40 『임관정요』, 「정어」, 처사장, 62~70면.
41 『임관정요』, 「시조」, 처사장, 257~259면.

설명하면서 각 지역의 특성을 고려한 정교의 방편을 제시하였다. 한 도 안에서도 지형에 따른 습속의 차이가 있고 동일한 읍리에서도 민풍의 차이가 있음을 지적하면서 민을 다스리는 자는 형세를 살펴 사랑보다 위엄을 앞세워야 할 때도 있고, 혹 덕을 먼저 베푼 뒤에 형을 적용해야 할 때가 있음을 언급하였다. 대표적인 사례로 당나라의 유중언과 최언을 들었다.[42]

'순량'의 향정원리에 입각한 덕과 형의 적용은 이미 「정어」편 '풍속장'을 통해 천명되었다. 안정복은 풍속 교정의 당위성과 방법을 설명하기 위해 『전한서』에서 "성왕이 권좌에 있으면서 인륜을 총괄하여 다스린다면 근본이 옮겨지고 그 끝이 바뀐다"는 구절을 인용하였다. 이때 인륜을 총괄해 나아가는 수단으로 형벌을 완전히 배제하지 않았다. 그는 정자의 말을 인용하여 교화를 이루기 위한 전제조건으로 형벌의 확립을 들었다. 그렇게 한 뒤에야 비로소 형벌을 쓰지 않아도 된다고 보았다.[43] 풍속 교정의 주요한 수단으로 교화와 형벌이 단계별로 각각의 기능을 수행하고 있음을 알 수 있다. 상황과 때에 맞는 형법의 활용방식은 「정어」편 '형옥'장에서 『주례』를 인용하여 명시해 두었다. 대사구大司寇가 새로 건국된 나라에서 형을 적용할 때 '가벼운 법전[輕典]'을 사용하고, 평화로운 나라에서 형정을 적용할 때 '평상적인 법전[中典]'을 사용하고, 어지러운 나라에서 형정을 적용할 때 '무거운 법전[重典]'을 사용하였다.[44]

안정복은 관리는 법령을 스승으로 삼으며, 틈나는 대로 법 조목을 보고 사람

42 『임관정요』, 「시조」, 풍속장, 262~264면. 유중영이 京兆 尹이었을 때에는 정령과 호령을 엄히 밝힌 반면 河南 尹이 되어서는 너그럽고 은혜로운 정치를 펼쳤다. 어떤 사람이 통치방식을 달리한 연유를 묻자 "그 인심을 고려할 때 도성에서는 억누르는 것을 우선해야 했지만 지방을 다스릴 때에는 은혜와 사랑을 근본으로 삼아야 한다"고 대답했다. 최언의 사례도 마찬가지였다. 그가 陝지역을 다스릴 때에는 너그럽게 하고, 鄂지역을 다스릴 때에는 엄격하게 다스렸다. 이에 대해 그는 "협은 땅이 척박하고 민들이 가난하기 때문이며, 악은 민들이 표독하기 때문이었다"고 하였다(『당서』 권163, 「열전」).

43 『임관정요』, 「정어」, 풍속장, 90~91면.

44 『임관정요』, 「정어」, 형옥장, 116~122면.

을 다스릴 뿐만 아니라 자신의 몸도 보호해야 한다고 했다.[45] 한 발 더 나아가 입법을 후세에 급선무로 상정했는데, 입법은 '우민優民'의 달성을 목표로 하였다.[46] 이 점은 「시조」편 '임민'장에서 좀 더 분명히 나타나고 있다. 천하만사가 인심의 토대 위에서 안정된다고 할 때 이는 민을 사랑하고 만물을 사랑하며, 상벌과 호령을 공정하게 집행하여 사사로움이 없게 할 때 얻어지는 것이었다.[47] 「정어」편 '임민'장에서는 '순량'의 목표가 민산 확보를 통한 왕도정치의 실현에 있음을 재확인하였다. 안정복은 『관자』를 인용하여 위민정치의 성패가 민심의 향배에 있음을 거론하였고 정자의 말을 인용하여 교화를 통한 풍속 교정의 전제로 민력 확보를 부각시켰다.[48]

「시조」편 '접물·어리'장에서는 하학의 관점에서 어떻게 하면 '순량'의 원리를 평상시 인간관계에서 원활하게 적용시켜 나아갈 수 있는지, 그 요령이 사례별로 정리되었다. 상관이나 전임자를 대할 때, 동료를 대할 때 가급적이면 예모를 잃지 않고 너그럽고 유순한 태도로 처신하며, 친구 사이에 피치 못할 상황이 벌어져도 공정한 의리와 사사로운 정이 함께 실행될 수 있도록 애써야 한다고 했다.[49] 「정어」편 '접물'장에서는 원활한 의사소통을 위해 돈독한 신뢰에 따른 대인관계 개선을 주문하면서 특히 아랫사람을 대할 때 일방적으로 배척하는 태도를 지양할 것을 당부하였다.[50] 공자의 언설에 따라 너그러움을 이서배 통제의 원칙으로 삼되 그렇게 하지 못할 때 초래될 문제점을 고려하여 엄격한 통제가 불가피하다는 입장을 피력하였다.[51]

---

45 『임관정요』, 「시조」, 형법장, 352~353면.
46 『임관정요』, 「시조」, 형법장, 356~357면.
47 『임관정요』, 「시조」, 임민장, 267면.
48 『임관정요』, 「정어」, 임민장, 86~88면.
49 『임관정요』, 「시조」, 접물장, 275~277면.
50 『임관정요』, 「정어」, 접물장, 72~74면.
51 『임관정요』, 「정어」, 어하장, 78~80면.

먼저 너그러움의 필요성을 거론한 것은 지방행정체계의 구조적인 문제점 때문이었다. 안정복은 이서배들이 수탈을 자행하는 원인으로 늠료廩料 없이 관문官門을 부담하는 제도의 모순을 지적하였다. 이 같은 법의 미비함을 감안해서 상벌과 인서仁恕의 정치가 병행되는 대책을 입안하였다. 그것은 향약 의례와 같은 성격의 문기를 만들어 악행을 저지르지 않도록 압박하고, 기록된 내용에 따라 착한 일을 행한 자에게는 상을, 나쁜 일을 저지른 자에게는 벌을 주어 '선교화후살지정先敎化後殺之政'을 펼쳐야 한다고 했다. 그럼에도 이서배의 목숨을 빼앗는 강력한 처벌을 내놓은 이유는 너그럽기만 하면 권병權柄이 아래로 내려가 이서들이 이를 농단할 우려가 있기 때문이었다.[52]

「시조」편 '거간'장에서 형법 적용의 대상을 분명히 고지하였다. 그들은 토호대성大姓이고, 권력을 지닌 면임이며, 권세를 부려 당을 만드는 이서들이었다 송나라 오불吳芾이 대성을 제압하고, 동괴董槐가 이서의 침탈을 제거한 사례를 보여 줌으로써 간사한 자를 제거하는 목적이 선량한 민의 보호에 있음을 분명히 밝혔다.[53] 이는 「정어」편 '금간'장의 내용과 일치한다. 안정복은 『주례』·『관자』를 인용하여 향촌 내에서 형벌이 적용되는 다양한 사례를 예시하면서 목민자로서 작은 사특함을 금지하지 않을 수 없는 이유로 '민을 바르게 하기 위함'을 들었다.[54]

'순량'은 「시조」편을 관통하여 현실에 적용되는 향정원리였다. 조선 후기 향촌사회에서 왕도정치 이념을 구현하고자 할 때 엄격함과 너그러움의 조화로운 시행은 불가피했다. 선진유학에서 표방했던 위민의 방편은 덕치였지만 토대변화에 따른 사회세력간의 갈등이 심화되는 향촌의 현실을 고려할 때 경세치용의 목표를 이루기 위해서 목민관은 시의를 고려하여 너그러움과 엄격함을 조

52 『임관정요』, 「시조」, 어하장, 279~281면.
53 『임관정요』, 「시조」, 거간장, 369면.
54 『임관정요』, 「정어」, 금간장, 121~122면.

화롭게 적용할 수 있어야만 했다.

4. 맺음말

조선시대 유학자들에게 왕도정치의 실현은 경세목표였으며, 위민은 구체적인 실현 방편이자 치요의 성과로 인식되었다. 관인유자들은 경전공부를 통해 다양한 위정의 원리와 사례들을 검토하고, 출사를 통해 그 현실 적용에 힘썼다. 이때 적용되는 학문 원칙은 수기치인이었다. 군자로서 도덕적 체모를 갖추고 덕치를 펼칠 때 비로소 바람에 풀이 눕듯이 자연스럽게 왕도정치의 이념이 실현될 수 있다고 보았다. 안정복 역시 양반 지식인으로서 본분을 다하기 위해 하학의 관점에서 학문활동을 펼쳤으며, 그 대표적인 학술성과가 바로 『정요』였다. 그는 「정어」편을 통해 위정의 목표로 균형을 상정하고, 항업을 보장하여 왕도정치를 구현하는 데 필요한 항목들을 설정하였다. 그리고 「시조」편에서 앞서 제기한 이념과 목표를 실천할 방안을 기술해 두었다. 「시조」편에는 선진유학의 이념을 실현하기 위해서 반드시 고려해야 할 조선 후기 현실이 전제되었다. 그렇게 마련된 '때에 적합한 조처들'은 학파를 통해 전수받은 경세치용의 학풍을 진작시키는 구현물이었다. 이 점은 '순량'의 향정원리를 통해 확인해 볼 수 있다.

수령은 시의를 고려하면서 '순'의 원리에 따라 법도를 엄격히 준수하여 공정성을 확보하고, '량'을 통해 너그러움을 발휘하여 민을 보살펴 나아갔다. 객관적인 통치수단의 확립은 시의적절한 방안으로 자의적인 침탈이 만연되어 있던 향촌사회 현실에서 효용성이 기대되는 대책이었다. 동시에 일방적인 법 집행 과정에서 빚어질 수 있는 갈등과 마찰을 동약이나 교화에 내재된 너그러움을 통해 최소화하려 했다. 이는 향촌 내 제 사회세력간의 조화를 염두에 둔 조처로서 경세치용의 성패를 좌우할 관건이었다.

이 원리에 입각하여 마련된 '수령칠사'는 '지신'장으로부터 '거간'장에 이르기까지 주제별로 세분화되어 체계적으로 분장되었다. 각 장에서는 당대 정상적인 향정운영을 저해하는 폐정들이 열거되어 있으며, 동시에 모순을 타개하여 인화와 균평을 이룰 수 있는 개선책들이 제시되어 있었다. 특히 '군정'장 이하 조세행정의 개선을 언급한 부분에서는 문제 해결을 위한 구조적 접근이 주목된다. 공평과세를 이루기 위해 선결되어야 할 조건으로 불균등한 토지소유 문제에 유념하면서 현실을 감안하여 균평을 이룰 수 있는 최선의 방안을 모색하였다. 경무법을 전제로 하는 균부균세는 지주제 확대에 따른 사회적 불균등을 최소화시킬 수 있는 대안이었다. 이를 통해 항업 달성이라고 하는 치용의 성과를 기대할 수 있었다. 또한 '형법'장 이하에서는 향정운영 주체로서 수령의 권한을 형정을 매개로 강화시켜 나아가는 방안이 조심스럽게 제기되었다. 향권을 둘러싸고 수령과 갈등을 일으킬 수 있는 향촌 내 지배세력의 실체를 명기하고, 이들을 합법적으로 제어해 나아갈 수 있는 방도를 마련해 둠으로써 민폐를 최소화시키고자 했다.

조선 후기 목민서는 집권체제 안정을 위해 수령의 위상과 역할을 제고하는 과정에서 등장하였다. 양란 이후 야기된 향촌사회의 동요는 수령의 책무와 소임을 체계적으로 인식하고 효율적으로 수행하게 만드는 전기를 마련하였다. 『정요』는 안정복이 사회모순을 구조적으로 파악하되, 시의성을 고려하여 그 대책을 모색하면서 작성된 저술이었다. 그 속에는 자신이 몸담고 있었던 향촌사회의 현실이 반영되어 있었으며, '순량'의 향정원리와 각종 향정방략들을 통해 경세치용의 학풍을 진작시키려는 의도가 담겨 있었다.

18세기 향촌사회와 유교공동체

순암 안정복을 중심으로

김보경

1. 들어가는 말

본고는 18세기 향촌사회에서 유교공동체가 어떻게 구상되고 실현되었는지 고찰함을 목적으로 한다. 이를 위해서 '18세기', '향촌사회', '유교공동체'라는 세 단위의 개념을 가장 선명하게 보여 주는 순암 안정복(1712~1791)을 연구 대상으로 선택했다.

18세기는 중세 지배질서가 크게 동요하면서 사회 전반에 걸쳐 각종 모순이 첨예한 형태로 표출되고 있었다. 순암은 이 18세기의 한가운데를 살면서 자기 시대의 모순을 핍절하게 체험하며 그 해결 방안을 찾고자 끊임없이 노력한 학자였다.

순암은 광주廣州 안씨安氏 가문의 후손이다. 이 가문은 고려 초부터 대대로 고급 관료를 배출했고 조선시대 초·중기에도 비교적 현달했다. 그러나 순암의 가까운 선조부터 영락하여, 조부대에 이르면 남인이라는 정치적 입지로 인하여 정치권력의 중심에서 소외되었다.

순암 자신도 중앙 정계와는 거리가 멀었다. 과거 출신이 아니었던데다가, 40세 가까워서 하급 관료로 봉직했으나 곧 물러났다. 60대에 당시 동궁東宮으로 있던 정조의 서연에 입참하고, 60대 후반에 목천현감木川縣監을 역임하기도 했으나 그것이 마지막 실직實職이었다.[1] 정치적으로 불우함과 동시에 경제적 토대도 늘 불안정했다. 그는 자신을 '궁박하여 아래에 있는 군자[窮而在下之君子]'로 인식했다.[2]

이와 같은 불우한 환경은 그의 학문적 관심과 정치적 시선을 형이상학이 아닌 '형이하학形而下學'으로, 중앙이 아닌 '향촌鄕村'으로 향하게 했다. 형이하학에 대한 학문적 관심은 이른바 '하학'의 실용지학實用之學으로 구체화되고, 향촌을 향한 정치적 시선은 향촌교화론과 지방행정론으로 발전되었다.[3]

바로 이 '형이하학'과 '향촌'이 순암을 이해하는 중요한 키워드가 된다. 본고는 이 둘을 축으로 삼되, 그의 생각과 실천 내용을 다른 방향에서 살펴보고자 한다. 즉 본고에서 유의하는 것은 순암의 학문관이나 향촌교화론·지방행정론 그 자체가 아니라, 그가 향촌이라는 생활권을 단위로 하여 구상 또는 시도한 유교공동체이다. 향촌을 단위로 하는 유교공동체는 중앙 정계에 진입하지 못한 사대부가 자신의 학문 또는 경세사상을 실질적으로 행사할 수 있는 상한선이다. 순암의 유교공동체에 대한 본고의 관심은 이로부터 비롯된다.

유교공동체는 크게 가정공동체·지역공동체·학문공동체 세 차원으로 구성

1 순암의 생애와 저술 전반에 대해서는 심우준(1985), 『순암 안정복 연구』, 일지사, 10~38면 참조.

2 『순암집』 권18, 「慶安二里洞約序」. "是以窮而在下之君子, 或推其修齊之餘, 及於鄕里, 以淑諸人, 而無僭上議禮之嫌."

3 순암의 하학의 학문관, 향촌교화론 및 지방행정론에 대해서는 이미 선행 연구가 많이 축적되어 있다. 연구 성과 목록은 참고문헌으로 대신한다.

된다.[4] 본고에서는 이 중 지역공동체와 학문공동체 두 가지를 대상으로 한다. 논의는 세 단계로 진행한다. 우선 예비작업으로 순암의 생애와 향촌관을 검토한다. 이어서 '향촌교화론과 지역공동체 구상', 그리고 '독서와 강학을 통한 학문공동체 기획'을 차례로 살펴본다.

2. 순암의 생애와 향촌관

본장에서는 순암의 생애를 향촌 경험을 중심으로 검토하고,[5] 그의 향촌에 대한 기본 인식을 살펴보기로 한다.

순암의 향촌 경험은 세 가지 측면에서 접근할 수 있다. 첫 번째는 유년과 청년 시절 경험한 각처의 향촌 경험이다. 순암 가문의 세거지는 경기도 광주였으나, 그가 태어난 곳은 조부가 가속을 거느리고 우거하던 충청도 제천의 친척집이었다. 4세에는 모친을 따라 서울 외가에서 2년을 살았고, 6세에는 외가의 농장이 있는 전라도 영광으로 내려갔다. 9세에 다시 상경해서 5년 동안 살았다.

---

4 금장태(2000), 『유교의 사상과 의례』, 예문서원, 192~195면 참조.

5 순암의 생애 구분은 관점에 따라 달라질 수 있다. 한상권은 ① 1기(1712~1754): 수학기인 동시에 초기 사환기, ② 2기(1755~1771): 향촌에 복거하면서 저술활동에 몰두한 시기, ③ 3기(1772~1779): 당시 東宮으로 있던 정조의 書筵에 입참하고 木川縣監을 역임한 시기, ④ 4기(1780~1791): 향리에 은퇴하여 서학의 배척에 주력한 시기 등 네 시기로 구분했다. 한상권(1987), 『순암 안정복의 사회사상－민에 대한 인식을 중심으로』, 『한국사론』 17, 서울대학교 국사학과, 273면 참조. 강세구는 ① 청년기: 35세(1746)까지. 下學으로 다져진 實學問과 농촌생활을 통하여 얻어진 경험적 사상이 형성된 시기, ② 중・장년기: 52세(1763)까지. 星湖 문인으로서 성리학과 역사학, 그리고 실학사상이 정착된 시기, ③ 노년기: 80세(1791)까지. 이단사상을 배격하고 하학을 장려하면서 성호학파의 유지에 심혈을 기울인 노년기 등 셋으로 구분했다. 강세구(1996), 『순암 안정복의 학문과 사상 연구』, 혜안, 271~278면 참조. 본고에서는 순암의 학문이나 사상보다 '향촌 경험'을 중심으로 그 생애를 전반적으로 검토함을 밝혀 둔다.

14세에는 울산부사로 나가는 조부를 따라서 온 가족이 이사했다. 조부가 1년 만에 해임되자 전라도 무주에서 약 10년 간 살았다. 조부가 돌아가신 이듬해인 25세 때 경기도 광주 경안면 덕곡리에 집을 짓고 살고, 한 해 뒤에는 온 가족이 이곳으로 이사했다.

이처럼 광주에 정착하기까지 경향京鄕 각지를 전전하는 불안정한 생활이 연속되었다. 그로 인해 순암은 체계적인 공부를 할 기회를 갖지 못했다.[6] 그러나 대신, 중앙에서 소외된 가문의 자손으로서 18세기 조선사회의 현실 특히 향촌의 실정을 가장 가까이서 목도한 체험은 그의 학문적 관심과 사상적 바탕을 형성하는 중요한 자산이 되었다. 광주에 정착한 몇 년 사이에 『하학지남』과 『임관정요』 등 주요 저서가 편찬되거나 초고가 만들어진 것은 이를 반증한다.[7] 이들은 '사대부는 어떻게 공부하고 행동해야 하는가', '수령은 어떻게 정치를 해야 하는가'라는 절급한 문제의식을 다룬 책으로, 일상과 실용을 중시하는 실천적인 학문관 및 경세론을 담고 있다.[8]

> 정치를 할 때에는 마땅히 먼저 인심과 습속이 어떠한가를 살펴서 그 교화를 베풀어야 한다. 산천이 구별됨에 따라 풍기도 달라지니, 세상일에 마음을 둔 자는 나라 전체의 풍속을 파악해서 다스리는 방도를 생각하지 않을 수 없다.[9]

『임관정요』에서 순암은, 지역적 특성에 따라 인심과 습속, 풍기의 '다름'을

6 『下學指南』, 「題下學指南書面」. "余少而失學, 長無師友之助."

7 『하학지남』은 순암의 나이 29세(영조 16, 1740)에 지어졌다. 『임관정요』는 초고는 27세(영조 14, 1738)에, 수정 보완본은 46세(영조 33, 1757)에 이루어졌다.

8 『하학지남』과 『임관정요』에 대해서는 강세구(1996), 『순암 안정복의 학문과 사상 연구』, 혜안 참조.

9 『臨官政要』, 「時措」, 風俗章. "爲政, 當先察人心習俗之如何, 而施其敎. 山川區別, 風氣殊異, 則留心世務者, 不可不知一國八方風俗, 思所以治之."

인정하고, 정치를 할 때는 각 지역의 풍속을 관찰한 뒤에 정치의 방도를 생각할 것을 제안했다. 이는 그의 유년과 청년 시절 경향 각처에서의 '지역 경험'이 충실히 반영된 예라고 할 수 있다.

두 번째는 광주에서의 향촌생활이다. 순암은 25세에 광주에 정착한 뒤로 관직 때문에 나간 때를 제외하고는 줄곧 이곳에서 생활했고 이곳에서 여생을 마쳤다. 광주는 순암의 중심적인 생활공간으로서 학문과 저술, 그리고 실천 전반에 걸쳐 가장 넓고 깊은 경험면을 제공한다.

우선 순암에게 광주는 '고향'으로서 일차적인 의미를 갖는다.

> 옛날에는 죽거나 이사하는 것이 고향을 벗어나지 않았기 때문에 부조의 무덤이 거주하는 고향과 떨어져 있지 않았다. 그래서 수시로 성묘하여 신과 사람이 서로 의지했으니 참으로 인간 도리에 있어서 지극한 낙이었다.[10]

「구묘지향丘墓之鄕」이란 제목의 글이다. 그에게 고향은 인간의 일생이 시작되고 지속되고 완결되는 공간이며, 조상/후손, 신/사람이 서로 의지하는 공간으로서 이해되었다. 그는 시내 북면에 새 집을 지었을 때를 회상하며 '선영이 가까워 성묫길이 편해짐'을 기뻐하며 자손 백대까지 이어지기를 소원하는 시를 지었다.[11] 광주는 가문의 고향이고 비록 그가 태어난 곳은 아니었으나 그의 실질적인 고향이었다.

이곳에서 그는 한 사람의 생활인으로서 일상의 삶을 영위했다. 그는 일반 백성들과 다름없는 소박한 집을 짓고 살면서, 책 읽고[讀書] 밭갈이하고[耕田] 나

10 『순암집』 권2, 「丘墓之鄕」. "古者死徙無出鄕, 故父祖丘壠, 不離所居之鄕. 省掃有時, 神人相依, 誠人道之至樂也."

11 『순암집』 권1, 「溪北新舍」. "溪北風煙一壑專, 經營卅載夢魂牽. 緣吾計拙空籌度, 喜汝謀深奠棟椽. 丘木森羅看護易, 先塋密邇展省便. 傍人錯比平泉宅, 秪願雲仍百代傳."

무하고[採山] 낚시하고[釣水] 약초 재배하고[種藥] 채마밭 가꾸고[蒔圃] 거친 밥 먹고[飯疏] 베옷 입고 사는 일[衣布]을 즐겼다.[12]

또한 광주는 그가 평생을 걸쳐서 학문과 사상을 연찬하고 실천하는 공간이기도 했다. 그중 향촌과 관련된 행적을 추려 보면 다음과 같다. 42세(영조 29, 1753)에는 광주의 군읍지인 『광주부지廣州府志』 편찬에 착수해서 46세에 서문을 붙여 완성했다. 45세(영조 32, 1756)에 광주 경안 2리에 동약을 실시했다. 이 동약은 54세(영조 41, 1765)에 중수되었다. 50세(영조 37, 1761)에는 덕곡에 이택재麗澤齋를 설치하여 향촌의 제생들과 강학했다. 그 25년 뒤인 75세(정조 10, 1786)에 덕곡에 재사齋舍를 세웠는데, 평소에는 '이택재'라는 이름을 붙여서 향촌의 강학 장소로 삼았다. 69세(정조 4, 1780)에는 향사홀기鄕射笏記를 만들어서 향사례를 행한 기록이 있다.

세 번째는 지방관으로서 경험한 향촌사회이다. 순암은 65세(정조 즉위년, 1779)에 목천현감으로 나가서 4년 동안 재임했다. 이것이 그가 역임한 마지막 실직이다. 사임하던 해에 목천의 군읍지인 『대록지大麓志』를 편찬하고 고을에 향약을 시행했다. 눈에 띄는 것은 목천에서 행한 사업이 광주의 그것과 일정하게 대응하고 있다는 점이다. 즉 광주에서 『광주부지』를 편찬하고 동약을 시행한 것에 짝하여, 목천에서도 『대록지』를 편찬하고 향약을 시행한 것이다. 이는 순암이 향리에서 구상하고 시도했던 사업을 목민관의 위치에서 시현하고자 했음을 보여 주는 단적인 예이다.

이상에서 살펴본 바와 같이 순암의 향촌 경험은 각기 심중한 의미를 가지고 있으며 또 서로 긴밀하게 연계되어 있다. 유년과 청년 시절 경험한 각처의 향촌사회가 그에게 향촌에 대한 문제의식을 제공해 주었다면, 광주는 그 문제의

12 『순암집』 권1, 「分宜堂(八詠)」. "余營室于楸下, 立高柱三而前後開八間屋, 盖東北峽民之制也. 雖似樸陋, 其用甚廣, 於分爲宜. 故扁以分宜, 而廣其義爲八事, 曰讀書耕田採山釣水種藥蒔圃飯疏衣布, 莫非分宜之事, 而余所樂爲者也."

식을 자원으로 삼아서 학문과 저술의 형태로 구체화 또는 발전시키고 자신의 구상을 현실에 직접 실천해 보는 공간이었다. 그리고 목천현감 시절은 자신이 직접 지방관의 위치에서 이를 행정으로 시현해 본 단계였다.

순암은 중앙에서 소외된 사대부로서 향촌에 머무를 수밖에 없는 궁박한 처지였다. 목천현감도 실은 작은 시골의 원님에 불과했다. 그러나 그에게 향촌은 수동적이고 소극적인 공간에 머물지 않았다.

> 시골의 자중자애하는 선비가 집에 들어오면 부모에게 효도하고 밖에 나가면 어른을 공경하며 농사에 힘쓰고 재물을 절약하여 집에서 행실이 이루어지고 고을에 이름이 드러나면, 이것은 한 집안의 왕정王政이 행해지는 것이다. 이 한 사람의 하는 일을 미루어 천하 사람들이 이를 행한다면 이것은 천하의 왕정이 행해지는 것이다.[13]

그는 향촌의 사대부가 효제孝悌라는 기본적인 인간 윤리의 실천, 그리고 농업사회의 기초적인 생산활동, 절제와 검약의 생활태도를 통해서 제가齊家를 이룩하여 고을에 이름을 알리면 이것이 곧 '일가지왕정一家之王政'이라고 했다. 또 이것을 미루어 천하 사람들이 행한다면 이는 곧 '천하지왕정天下之王政'이라고 했다. 비록 중앙 조정에 등용되지 못한 처지이나 "문을 닫고 앉아서 신발을 만들어도 대체는 비슷하다"[14]라는 진술도 흥미롭다. 즉 그는 수신·제가와 치평治平 사이의 연결고리로서 향촌사회를 상정하고, '향정이 곧 왕정'이라는 적극적인 주장을 내놓고 있는 것이다.[15]

---

13 『순암집』 권11, 「經書疑義」, 孟子寡人之於國章. "鄕曲自好之士, 入孝出弟, 務農節嗇, 行成于家而名彰州里, 是一家之王政行也. 推此一人之爲, 而天下人行之, 則是天下之王政行也."

14 『순암집』 권18, 「臨官政要序」. "余少時爲是書, 雖有出位之嫌, 而亦有爲爲之者也. 在亂藁中, 未嘗出而示人, 然而相識中, 或有爲政而請教者, 亦必以是投之, 盖附古人贈言之意也. 余未試者也, 撫鑰疑日, 其用或錯, 閉戶爲屨, 大體斯存."

이와 같이 순암은 향촌을 생활공간, 민생의 현장으로서뿐 아니라 국가 사회적으로 확대되는 정치의 원심적 구심으로 파악했다. 이러한 인식을 기본으로 하여 그는 향촌사회를 단위로 하는 유교공동체를 구상하고 시도했다. 다음에서 지역공동체와 학문공동체를 중심으로 그의 향촌 유교공동체 구상을 구체적으로 고찰하고자 한다.

3. 향촌교화론과 지역공동체 구상

1) 향촌교화론과 향약 : 인간 윤리와 예의 회복

18세기는 중세 지배질서가 크게 동요하면서 사회 전반에 걸쳐 각종 모순이 첨예한 형태로 표출되고 있었다. 순암은 이런 시대적 풍상을 향촌이라는 민생의 현장에서 일상으로 체험했다. 먼저 그가 당시 향촌사회의 현실을 어떻게 인식했는지 살펴본다.

순암은 유년과 청년 시절 이미 각처의 향촌사회를 경험했으나 가장 핍절하게 경험한 향촌사회는 가문의 세거지이고 그가 정착해 살았던 광주 덕곡 경안리였다.

> 아, 우리 동이 수십 년 이래로 풍속이 퇴폐하여 선을 함께 말하기 어려운 호향互鄕으로 전락했는데 간활한 수령과 완악한 아전들이 또 나라의 권력을 업고 횡포를 부리니 어떻게 백성이 곤궁해지지 않고 풍속이 야박해지지 않을 수 있겠는가? (…) 법을 만들어 사람을 인도할 때는 먼저 민심이

15 순암의 향정론에 대해서는 김태영(1999), 「순암 안정복의 향정론」, 『한국실학연구』 1, 한국실학학회 참조.

따르게 해야 하는데, 민심이 따르지 않는 것은 언제나 해정害政에 원인이 있다. 이제 동洞 안에서 백성에게 해가 되는 것들을 빗질하듯 깨끗이 제거하여 민심이 귀의할 바가 있게 한 뒤에라야 가르침 또한 행해질 수가 있는 것이다. 맹자가 왕정王政을 논하면서 민산民産의 제정을 학교보다 먼저 말한 것은 진실로 이 때문이었다.[16]

경안리의 실정은 '호향互鄕'이라는 말로 압축된다. 자신의 향리를 나쁜 고향의 대명사인 '호향'이라고까지 말한 이유는 무엇일까? 그것은 '백성의 곤궁함[民窮]'과 '풍속의 야박함[俗渝]' 때문이다. 이런 문제적 현실을 해결하기 위해 그가 우선적으로 제시한 것은, 수령과 아전들의 권력 남용, 수탈과 착취와 같은 '해정害政'을 혁파하는 일이다. 이는 맹자가 말한 바 '민산民産' 즉 백성의 기초적인 생활 안정을 보장하기 위한 제도적 조처라고 할 수 있다. 그러나 해정의 혁파를 근본적인 해결책으로 본 것은 아니었다. 해정의 혁파는 '교화敎化'의 선결적 조건이다. 그는 우선 해정을 제거하여 백성의 생활을 안정시켜야 민심이 수습되어 교화가 행해질 수 있다고 생각했다.

교화론은 목천현감으로 있을 때 더욱 두드러지게 나타난다. 그는 목천의 실정을 '잔열하고 척박하다'라고 진단하고, 향청에 하첩을 내려서 백성을 편안하게 하고 폐단을 개혁하도록 지시했다.[17] 그러나 그가 궁극적으로 추구한 것은

---

16 『순암집』 권18, 「慶安二里洞約序」. "噫, 吾洞數十年來, 風斁俗敗, 便作互鄕之難言, 而猾任頑校, 又憑城社而恣橫, 如之何民不窮而俗不渝也? (…) 作法導人, 先順民心, 民心之不順, 恒由於害政. 今洞中爲民害者, 梳櫛而除之, 使民心有所歸依, 然後敎亦可行. 孟子論王政, 制民産, 居學校之先, 良以此也."

17 『순암집』 권16, 「木州政事」, 鄕廳下帖 丙申. "本邑雖是殘薄, 旣置縣監, 又設鄕所, 則便民革弊之道, 所當竭力圖之, 以副我聖上慈恤元元之至意, 毋徒爲剝民自肥之歸, 其義當然矣, 本邑弊政所在, 官無以知之, 鄕所則本邑土人, 其於民弊所存及官家弊政, 萬無不知之理, 爲先論列諸般弊政以報, 又急急知委于各面風憲輩, 聚其本面父老, 當面內弊政, 一一詳問馳報, 官未赴任前, 星火來告."

폐단의 개혁이 아닌 더 '근원적인 다스림[本源之治]'이었다.[18]

> 정치의 근본은 진실로 교화를 돈독히 하고 명분을 바로잡는 데 있다. 이 두 가지가 행해진다면 나머지 소소한 절목들은 조리가 잡혀서 다스리기 어렵지 않을 것이다.[19]

순암은 '돈교화敦教化'와 '정명분正名分'을 정치의 근본으로 파악했다. 당시 목천에는 풍속과 명분을 무너뜨린 송사가 몰려들고 도처에 음란하고 추악한 말들이 횡행했다. 세도와 인심이 타락하여 금수의 세계에 빠질 것이 우려되는 상황이었다.[20] 이에 그는 교화와 명분의 확립을 가장 근본적이고 시급한 과제로 삼았다. 이 두 가지를 이룩한다면 나머지는 저절로 질서가 잡혀 다스리기가 어렵지 않을 것이라 생각한 것이다.

교화와 명분에 대한 언급은 목천현감 시절 더욱 강한 어조로 표명되었다. 이는 갈수록 풍속이 더욱 타락해 가는 현실과 그의 목민관이라는 위치 때문이기도 하지만, 정조 즉위라는 변화된 정치상황과도 관련이 있다. 그가 정조 즉위 사실을 환기하면서 '유신維新의 치화治化'를 따를 것을 역설한 것은 이를 시사한다.[21]

18 『순암집』 권16, 「木州政事」, 諭各面結洞文 丁酉. "官到任後, 觀邑風不好, 妄有意於本源之治."

19 『순암집』 권16, 「木州政事」, 到任初論各面文 丙申. "爲政之本, 亶在於敦教化正名分. 二者行, 則小小節目, 自當就緒而不難治矣."

20 위의 글. "當職到官未浹一旬, 而民訟之沓至者, 莫非敗俗犯分之類, 而間多有猥說醜談驚心駭聽之事, 此實由於教化之不明, 名分之不正而然也. 若此不已, 則世道愈下, 人心愈渝, 古所謂駸駸然入於禽獸之域者, 不幸近之矣. 此非但爲官長者之憂, 爲其士民者, 豈不赧然而羞悶哉? 當職謬膺朝命, 來守玆土, 雖無才無能, 老病昏劣, 其於承流宣化, 奉副我聖上委任之意, 豈敢少忽? 而其道亦不外於敦教化正名分而已."

21 『순암집』 권16, 「木州政事」, 諭各面結洞文 丁酉. "今年, 是聖明卽位之元年, 而歲且新矣. 惟願大小民人, 革去舊習, 以從維新之化也." 순암은 60세가 넘어서 樊巖 蔡濟恭의 추천으

그렇다면 교화와 명분의 확립이라는 과제는 어떻게 실현될 수 있는가? 순암은 그 방법으로 향약을 제시했다. 그는 "모든 정교政教는 반드시 동약洞約이 행해진 뒤에야 쉽게 행할 수 있다"[22]라고 하여, 일찌감치 향약을 정교의 중요한 방안으로 생각했다.

> 아, 민심이 비록 각박하더라도 제나라가 변하면 노나라에 이를 수 있고, 세도가 비록 떨어졌으나 은나라의 예를 송나라에서 충분히 징험할 수 있으니, 향약의 시행은 실로 오늘에 있어 시급한 일인 것이다. 지금 듣건대 동면東面에 이를 시행하는 동이 있다고 하니, 각 면과 각 동이 차차 이를 본받아서 점진적으로 일으켜 행한다면 예속禮俗의 시행이 머지않아 이루어질 것이다.[23]

순암은 '예의禮義는 사람의 고유한 마음에 근거한 것'이라는 확신을 가지고 있었고, 이 고유한 마음을 갈고 닦으면 풍속을 회복시킬 수 있다고 보았다.[24] 그리고 이 예속의 시행은 향약을 통해서 이루어진다고 생각했다. 40대에 자신의 향리에 동약을 만들어 시행하고, 60대에는 목민관으로서 향약을 시행한 것이 모두 이 뜻이다.

경안리 동약은 주자 향약을 기본으로 하되 우리 선현들의 의론을 참작해서 만든 것이고,[25] 목천 향약은 기본적으로 이 동약을 모범으로 한 것이다. 순암

로, 왕세손이던 정조를 輔導하는 世子翊衛司翊贊으로서 지우를 입은 바 있다. 정조 즉위년에 곧바로 순암이 목천현감에 임명된 것도 그런 인연이 작용했을 것이다.

22 『임관정요』, 「時措」, 教化章. "一切政教, 必待洞約之行而後, 可以易行."

23 『순암집』 권16, 「洞會儀」, 勸行鄕約八面下帖 己亥. "噫, 民心雖漓, 而齊變可至於魯, 世道雖降, 而殷禮足徵於宋, 則鄕約之行, 實爲今日之急務矣. 今聞東面有興行之洞, 各面各洞, 次次效習, 排日興行, 則禮俗之行, 不日而成."

24 『순암집』 권18, 「慶安二里洞約序」. "禮義根於人心之固有, 若因其固有者而修明之則可矣."

25 『순암집』 권15, 「廣州府慶安面二里洞約」. "我東先輩之居是鄕也, 居是洞也, 多有倣而行之

은 그 「부조附條」에서 "상하의 명분은 현격히 다르다",[26] "어른은 젊은이에 대하여, 적자는 서자에 대하여, 양반은 하인에 대하여 각각 그 도리를 다하여 대해야 한다"[27]라고 하여 장/소, 적/서, 반/하의 명분을 엄격히 구분하고 각자의 명분을 준수할 것을 강조했다.

> 풍교가 밝아지지 않고 명분이 바로잡히지 않는 것은 모두 사대부들이 그 권위를 잃어버려서 그런 것이다. 대개 근래에는 강자를 억누르고 약자를 보호해야 한다는 주장이 우세하여 아랫사람은 기어오르고 윗사람은 제 권위를 지키지 못한다. 그래서 무지한 상한常漢들이 사대부에게 대드는가 하면 심지어 능욕하고 욕지거리하는 경우까지 있으니, 이것은 모두 동헌洞憲이 밝지 못하고 풍교가 행해지지 않은 데서 연유하는 것이다. 이에 관장官長이 이 동헌을 정비하여 시행하고자 하니 만약 각 동에서 위반함이 없이 동헌을 준행한다면 변화의 계기가 될 수도 있을 것이다.[28]

순암은 상하의 위계질서가 무너져서[下凌上替] 심지어 상한들이 사대부에게 대들고 욕지거리까지 하는 사태를 개탄했다. 그는 이처럼 풍교와 명분이 바로잡히지 않은 원인을 '사대부의 권위 실추'에서 찾았다. 이에 동헌을 재정비하여

者, 若退溪之禮安鄕約, 栗谷之社倉鄕約, 寒岡之月朔講契, 及黃朽淺木川洞約等類, 皆是也. 今以呂氏本條爲主, 參以東賢之論, 酌以今俗之宜, 而略爲附條如右."

26 위의 글. "上下名分截然, 而近來風俗頹敗, 凌辱兩班者, 比比有之, 至有毆打者, 各從其輕重而罰之, 甚者告官科罪黜之."

27 위의 글. "長者之於少者, 嫡之於庶, 兩班之於下人, 各盡其道以待之. 如或以非理刦制而怒其不如意, 則乃諉以少凌長庶凌嫡, 下人凌兩班, 而強欲科罪, 是非自存, 衆目難掩, 是亦悖理之甚者, 不可不戒."

28 『순암집』 권16, 「木州政事」, 到任初論各面文 丙申. "風教之不明, 名分之不正, 皆由於士大夫失其權而然也. 大抵近來抑強扶弱之論勝, 而下凌上替. 無知常漢, 與士大夫抗衡, 甚至於凌辱詬罵之境, 此都由於洞憲之不明而風教之不行也. 官長欲修擧洞憲, 使各洞之內遵憲無違, 則庶幾有轉移之機耳."

상황을 전환하는 계기[轉移之機]를 마련하기를 희구했다. 이러한 점을 감안할 때 그가 시행한 향약은 기본적으로 향촌 사대부의 시각에서 인간 윤리와 예의 실천을 통해 유교적 향촌질서를 수립하고자 했던 의도였다고 파악된다.

2) 협력과 조화를 통한 향촌질서의 수립

일반적으로 향약은 향촌 통치구조와 신분 지배라는 관점에서 파악할 수 있다. 그러나 이를 하층민의 지배를 위한 사대부의 전략으로만 이해하기에는 어려운 측면이 한편으로 존재한다. 순암이 시행한 향약의 경우는 더욱 그러하다.

순암은 상/하의 명분을 강조하고 있으나 그것이 상층의 일방적인 지배 또는 하층의 무조건적인 복종을 의미하는 것은 아니었다. 이것은 우선 향약의 형태적 구조를 통해서도 확인된다. 경안리 동약의 경우 하인下人의 약조인 「유하계문諭下契文」을 따로 독립시켜 양반의 약조인 「여씨향약부조」보다 앞에 배치한 것에 유의할 필요가 있다. 이것은 다른 동약에서는 찾아보기 힘든 면으로, 하층민에 대한 인식 변화가 반영된 것으로 해석된다.[29]

그의 향약은 상하 동참의 형식으로 구성되어 있을 뿐만 아니라 백성에 대한 인식과 태도에서도 두드러지는 점을 보인다.

> 옛사람이 말하기를 "큰 나라를 다스리는 것은 작은 생선을 조리하듯 해야 하니, 반드시 점차적으로 길들여서 백성들로 하여금 기꺼이 나아가게 함으로써 갑작스레 서둘러 거부감을 일으키는 폐단이 없도록 해야 한다" 하였다. 전일에 반포한 동회의洞會儀는 간략하고 쉬워서 쉽게 행할 수 있

29 한상권(1987), 『순암 안정복의 사회사상-민에 대한 인식을 중심으로』, 『한국사론』 17, 서울대 국사학과, 286~287면 참조.

> 는 것이니, 이를 통해서 차츰 단결하여 민심이 어느 정도 안정된 다음에 비로소 『여씨향약』의 본조를 참작해서 흥기하여 시행하도록 한다면 어찌 아름답지 않겠는가?[30]

순암은 『노자』의 말을 인용하여 백성은 '작은 생선을 조리하듯' 다루어야 한다고 했다. 이것은 백성에 대한 일방적이고 폭력적인 힘의 행사가 아니라 그 민의를 살펴서 점진적으로 교화해 나가야 한다는 뜻이다. 그는 "왕패를 막론하고 민심을 따를 뿐이다" 하고, 민심과 싸워서는 안 되며 민심에 순응하는 정치를 펼 것을 강조했다.[31] 민심 존중와 민의에 대한 순응은 통례적인 구호가 아니라 순암의 일관된 신념이었다. 그는 또한 백성들을 고려하여 '간략하고 쉬워서 쉽게 행할 수 있는[簡易易行]' 실천 항목들을 제시했다. 그의 학문과 사상을 관철하는 하학 정신이 대민인식과 위정관에도 그대로 적용되고 있는 것이다.

한편, 그는 민심 순응에 짝하여 사대부 자신의 자기 검속과 솔선수범을 당부했다.

> 무릇 교법의 성행은 반드시 위에 있는 사람으로부터 시작된다. 명색이 사대부이면서 자신을 관리하고 집에 거하는 도리와 사람을 대하고 일을 처리하는 절도에 있어서 서민들로 하여금 속으로 비난하고 마음으로 비웃게 한다면, 어떻게 모범을 취하여 본받을 수 있겠는가?[32]

---

30 『순암집』 권16, 「洞會儀」, 勸行鄕約八面下帖 己亥. "古人曰, 治大國, 若烹小鮮, 必也漸馴而擾之, 使民樂趨, 無卒遽生澁之患而後可矣. 前日所頒洞會儀, 簡易易行, 以此漸摩團結, 民心稍定然後, 始以呂氏本條, 參酌興行, 豈不美哉?"

31 『순암집』 권15, 「與韓咸之書 甲申」. "無論王伯, 惟在順民心而已. (…) 或者以爲末俗頑悍, 惟以威令脅之, 欲與人心力戰, 拂人心而有爲政之理耶?"

32 『순암집』 권15, 「廣州府慶安面二里洞約」. "凡敎法之興行, 必自在上者始. 名爲士夫, 而持身居家之道, 待人處事之節, 有使庶民腹非而心笑者, 則豈能取重而觀法哉?"

순암은 교법이란 '위에 있는 사람'으로부터 시작되는 것이라고 했다. 사대부가 '지신거가지도持身居家之道'와 '대인처사지절待人處事之節'에서 모범을 보여야 비로소 백성들의 호응을 얻을 수 있기 때문이다. 향촌사회의 공동체적 질서 유지와 조화를 위해서는 무엇보다 사대부 자신의 수신과 윤리가 선행되어야 함을 분명히 밝힌 것이다.

다음 시는 향촌 사대부의 처신에 대한 그의 생각을 잘 드러내고 있다.

居家如釋子　집에서는 중처럼 지내고
處鄕如閨婦　향리에선 아낙처럼 처신하거라.
閨婦恒畏人　아낙은 늘 남을 두려워하고
釋子不嫌窶　중은 가난을 싫다 않는단다.
淡泊而謹愼　담박하고 또 근신해야
出入免憂懼　안이건 밖이건 근심걱정 면하느니.
戒爾又自警　너도 경계하고 나도 경계하여
聊欲代矇瞽　소경이나 면해 보자꾸나.[33]

아들 경증景曾에게 준 시이다. '집에서 중처럼 지내라'는 것은 가난함 때문이고, '향리에서 아낙처럼 처신하라'는 것은 타인과의 마찰을 피하라는 뜻이다. 이것은 조선 후기에 점점 위축되어 가는 향촌 사대부의 처지를 단적으로 보여준다. 그와 동시에 '담박'·'근신' 그리고 '자경'이라는, 향촌 사대부의 자기 절제와 검속의 자세를 엿보게 한다.

악에는 여러 가지가 있지만 부형에게 효제하지 않고 나라의 정령을 따르지 않고 동약을 지키지 않는 것이 그중에서도 특히 큰 것이다. (…) 이

33 『순암집』 권1, 「示家兒」 제2수.

마음을 잃지 않아서 행하기를 마지않는다면 집의 어진 아들이 되고 나라의 좋은 백성이 되며 향리의 착한 사람이 되어서 선을 권하는 정사가 행해질 것이요, 그렇지 않으면 집의 패륜아가 되고 나라의 완악한 백성이 되며 향리의 버려진 사람이 되어서 징계하는 벌이 뒤따를 것이니 힘쓰고 삼가지 않을 수 있겠는가? 지금 이후로는 마땅히 같은 첩에다 이름을 쓴 뜻을 생각하여 서로 선을 권하고 서로 악을 경계하여 한 집안 식구처럼 화목하고 화락하게 지내야 할 것이다. 만약 묵은 원한이 있다면 그 원한을 풀고 혹 전부터 좋은 사이였다면 더욱 호의를 돈독히 하여 다 함께 선으로 돌아가서 영원히 변하지 말아야 할 것이니, 그렇게 된다면 어찌 즐겁지 않겠는가?[34]

18세기는 '말속末俗'의 풍상이 만연하던 시대였다.[35] 그러나 순암은 사람 마음의 고유한 '예의'를 확신했고, 이것을 회복하는 길을 모색하는 노력을 접지 않았다. 그가 가장 관심을 기울인 것은 일상생활을 영위하는 인간관계 혹은 그 관계에 최선의 질서를 부여하는 문제였다.[36] 그가 시행한 향약은 바로 효제와 같은 일상적인 인간 윤리와 예의 실천을 통해서 유교적 향촌질서를 재정비함을 목적으로 한 것이었다.

주의할 것은, 그가 교화와 명분 확립을 중대한 과제로 여기고 향촌사회에서 사대부의 주도적 위치를 포기하지는 않았으나, 상 / 하를 일방적인 지배와 복종의 관계로서만 파악하지는 않았다는 점이다. 이것은 민民의 성장이라는 시대

---

34 『순암집』 권19, 「題慶安二里下契名帖」. "惡有多般, 而不孝悌於父兄, 不從國家之政令, 不遵洞約, 是其尤者也. (…) 不失此心而行之不已, 則爲家之賢子, 國之良民, 鄉里之善人, 勸善之政行焉. 否則爲家之悖子, 國之頑民, 鄉里之棄人, 懲惡之罰隨之, 可不勉而愼之哉? 自今以後, 宜思同帖題名之義, 相勸以善, 相戒以惡, 雍睦和樂, 如一家之人. 如有宿怨, 宜釋其怨, 或有舊好, 益篤厥好, 同歸于善, 永世勿替, 則豈不樂哉?"

35 『순암집』 권15, 「與韓戚之書 甲申」. "或者以爲末俗頑悍."

36 정순우(2007), 『공부의 발견』, 현암사, 325면 참조.

현실을 일정하게 반영한 것이면서, 동시에 순암 자신의 기본 신념에서 비롯된 것이기도 했다. 그는 상/하를 향촌이라는 한 생활공간의 구성원으로서 파악하고, 각자 일상의 기본 윤리를 실천하고 또 상호 권면과 규계, 협력과 조화를 통해서 '한 집안 식구처럼 화목하고 화락한 공동체[雍睦和樂 如一家之人]'를 이룩할 것을 기대했다. 이런 점에서 그의 향약은 신분 지배기구를 넘어서 긍정적 의미의 지역공동체를 구현하기 위한 노력이었다고 평가할 수 있다.

4. 독서와 강학을 통한 학문공동체 기획

1) 서재의 설치와 덕사학약德社學約 : 독서와 일상의 실천

순암이 기획하고 시도한 또 하나의 유교공동체는 학문공동체이다. 학문공동체는 유교공동체에서 큰 비중을 차지하는 특징적인 조직으로서, 우리나라의 경우 조선 중기부터 번성한 서원이 그 학문공동체의 중심 역할을 수행했다.[37] 그런데 그의 특징적인 점은 '서재'를 향촌 교학의 중심 기구로 활용하고자 했다는 것이다.

서재에 대한 관심은 일찍이 『임관정요』에서 드러난다. 그는 수령이 부임하면 먼저 나이와 덕망, 재주와 학식, 지조와 행실이 뛰어난 사람을 찾아서 예의와 공경을 극진히 하여 사표가 되어 줄 것을 청해야 한다고 했다.[38] 그리고 이어서 다음과 같은 교학 방책을 제시했다.

---

37 금장태, 앞의 책, 194면 참조.

38 『임관정요』, 「時措」, 敎化章. "到縣日, 訪問境內知名之士, 誰爲年德俱優, 誰爲才學兼人, 誰爲操行卓異, 或就訪, 或書問, 盡其禮敬, 而請爲師表."

> 동계洞契 사람들로 하여금 모두 서재를 설치하고 훈장을 선택하여 일과를 교육하게 하되 매월 초하루마다 2~3명씩 돌아가며 뽑아서 향교로 보낸다. 고을 수령은 그들과 함께 알성례를 행하고, 예를 마치면 강연을 열어서 각자 읽은 것을 시험하고 의리를 강론하여 장려하는 방법을 시행한다. 재주가 부족한 사람도 엄하게 벌주지 아니하고 성심으로 권유하되, 공부를 완성하는 책임은 전적으로 훈장에게 위임한다.[39]

그는 "학교를 진흥시키는 것은 교화의 급선무"라고 하여 흥학을 교화의 중대한 과제로 여겼다. 그런데 이어서 "동리의 향약이 이루어져야 학교를 진흥시킬 수 있다"라고 하여 동약의 실시를 흥학의 전제 조건으로 삼았다.[40] 교화론의 측면과 향약을 전제조건으로 세운다는 점에서 지역공동체 구상과 큰 맥락을 같이한다.

이미 임란 이전에도 유성룡柳成龍이나 정구鄭逑 등이 '면' 단위의 교학체제를 추진했고, 18세기 전반 조현명趙顯命 등도 '면' 훈장제를 운영한 바 있었다. 그런데 순암은 면보다 더 작은 동을 기본단위로 해서 그 당시 지역별로 약간씩 보급되고 있던 서당제를 도입하여 이를 동계 내의 교학기구로 확립하고자 한 것이다.[41] 이 서재를 향교와 연계시키고자 한 것도 주목된다. 그런데 이는 관의 관여와 규제를 통한 향교 중심 교육체제를 지향한 것이라기보다,[42] 교육담당자 즉 훈장에게 전적인 책임을 부과한 데서도 알 수 있듯이 기본적으로 동 단위의 서재 교육을 중추로 하고 이를 향교와 연계함으로써 향촌 교육체제를

---

39 위의 글. "令洞契之人, 皆設書齋, 擇定訓將, 日課敎督, 每月朔, 輪選二三人, 詣鄕校. 主倅與之同行謁聖禮, 禮畢, 設講筵, 課其所讀, 講論義理, 以行奬勵之術. 才不足者, 不必嚴譴, 誠心誘掖, 而作成之責, 專委訓長."

40 위의 글. "興學校, 爲敎化之先務, 而洞里之鄕約成, 而學校可興."

41 정만조(1997), 『조선시대 서원연구』, 집문당, 312~314면 참조.

42 위의 책, 314면 참조.

조직적이고 통일적으로 운영하고자 했던 것으로 이해하는 편이 타당할 것이다.

수령으로서는 아니지만,[43] 순암은 자신의 향리인 덕곡에 서재를 설치하고 강학과 교육 활동을 전개했다. 「연보」에 의하면 이에 관련한 기록이 50세와 75세 두 차례 나타난다.

먼저 50세 때 기록을 살펴보자. 그는 이때 향리의 후배들과 함께 의논하여 덕곡 안에 서재를 세우고 그 이름을 '이택재麗澤齋'라 붙이고, 매월 모여서 『소학』을 강독했다.[44] 『소학』은 효제의 실천을 근간으로 하는 수신서이다. 순암은 『소학』을 '독서차제'에 넣지 않고 『대학』에 앞서 매일 외고 익히도록 할 만큼 중시했다.[45] 스승 성호를 만난 뒤에는 성호의 권유에 따라 『소학』을 늘 책상 위에 두고 있었다.[46]

> 횡거橫渠가 남을 가르칠 때는 반드시 먼저 예로써 했다. 예는 근거할 바가 있는 것으로서 일상생활에서의 절실함이 이보다 더한 것이 없다. 그러므로 공자가 "예에서 선다[立於禮]"라고 하신 것이다. 주자의 『소학』은 곧 횡거의 뜻이다. 반드시 먼저 『소학』에 힘써서 완전히 익혀 체득하여 행한

---

43 순암이 목천현감 재임 시절 이런 방안을 직접 실천했는지는 자세치 않다. 다만 그가 현감직에서 떠나던 해에 고을에 司馬所가 다시 설치되었는데, 이때 그가 學規를 만드는 데 참여한 것으로 보인다. 사마소는 고을 안의 선비들이 학업을 익히는 곳으로, 국초에 창설되었다가 중도에 폐지되었던 것을 관에서 경제적인 지원을 하여 이때 다시 설치한 것이다. 이는 향촌의 자제·사대부의 결집과 교육을 통해 기반을 마련하고자 한 노력의 일단으로 해석된다. 「順菴先生年譜」, 정조 3년(1779), 68세. "復設司馬所. 司馬所, 卽邑中士子肄業之所也, 自國初刱設而中廢, 故乃自官助其財力, 又立條約諭諸生, 復設之." 김인걸(1981), 「조선후기 향권의 추이와 지배층 동향－충청도 목천현 사례」, 『한국문화』 2, 서울대 규장각 한국학연구원, 238면 참조.

44 「順菴先生年譜」, 영조 37년(1761), 50세. "與鄕里從學後進, 議建書齋于德谷洞中, 名之曰麗澤齋, 自五月以後, 逐月相會講小學."

45 『순암집』 권6, 「書贈鄭君顯」. "日玩[小學家禮]."

46 『순암집』 권2, 「上星湖先生書 己巳」. "小學聞命以來, 常置案上."

> 다면 함양에 바탕이 생기고 덕성이 저절로 확고해질 것이니, 이것이 사람을 만드는 가장 중요한 근간인 것이다. 앞으로 나아가는 길은 모두 이로부터 극복하여 확충해 나가는 것일 뿐이다.[47]

성호와 나눈 대담을 기록한 『함장록函丈錄』의 일부이다. 성호는 "주자의 『소학』은 곧 횡거의 뜻"이라고 하여 『소학』도 예서로 간주했다. 이 『소학』이야말로 '사람을 만드는 가장 중요한 근간'이며 다른 것은 이로부터 확충해 나가는 것이라고 했다. 이러한 지침은 순암이 아우 정록과 아들 경증景曾에게 준 유서에서도 반복된다. 그는 『소학』을 "사람의 모양을 만들고 성인이 되는 근간"이라 하고 종신토록 추구할 것을 당부했다.[48] '사람을 만드는 근간'이란 구체적으로 말하면 인자人子·인제人弟·인신人臣·인소人少의 예를 알아서 효孝·제悌·충忠·순順의 행실을 독실히 하는 것이다.[49]

'이택재'라는 이름은 그 뒤 25년이 지나서 75세(정조 10, 1786) 되는 해에 다시 보인다. 이해에 순암은 덕곡에 재사를 세웠는데, 평소에는 '이택재'라는 이름을 붙여서 이곳을 향촌의 강학 장소로 삼았다. 이때 월강月講의 규정을 정하고 덕사학약德社學約을 만들어서 강학과 교육 내용을 더욱 자세하고 체계적으로 정비했다.[50]

---

47 『순암집』 권16, 「函丈錄」. "橫渠教人, 必先以禮. 禮有所據, 而日用之切, 莫過於是. 故孔子曰, 立於禮. 朱子小學書, 卽橫渠之意也. 必先於小學中, 爛熟體行, 涵養有素, 德性自固, 此最是作人根基. 向前一路, 皆自此克拓耳."

48 『순암집』 권14, 「示弟鼎祿子景曾遺書 己卯」. "小學一書, 是做人樣子, 作聖根基. 常常念誦, 使古人言行, 若身自親承而目擊然, 則積累之久, 我之心界, 亦漸開濶, 善端油然, 受用不盡. 此爲終身究竟之所."

49 『순암집』 권19, 「孫甥韓致健字辭 戊申」. "先從事於小學之功, 知爲人子爲人弟爲人臣爲人少者之禮, 篤工於孝悌忠順之行, 以立其本."

50 「順菴先生年譜」, 정조 10년(1786), 75세. "建齋舍于德谷洞中. (…) 平時則爲後進講學之所, 故亦名麗澤齋. 因定月講之規. ○作德社學約."

「약규」에 의하면, 재장齋長 1인과 부장副長 2인을 두었는데, 재장은 '사석師席을 감당할 만한 자', 부장은 '나이가 많고 문학이 있는 자'를 추천에 의해서 선정하도록 했다.[51] 특히 약원約員에는 "사자士子나 서인庶人을 막론하고 문학이 있는 자는 모두 들어오는 것을 허락"함으로써,[52] 신분에 제한을 두지 않은 개방적인 성격을 보이고 있다.

> 살펴보건대 삼대가 사람을 가르치고 풍속을 이룩한 것은 모두 학문에 있었는데, 후세에는 교학이 밝혀지지 않게 되었다. 우리나라에서 학문에 대한 정책을 정비하여 시행하지 않은 것은 아니지만 지금은 점차 무너져서 이른바 문교란 것이 단지 과거 공부에 그치고 조정에서 권장하는 것도 사부 변려의 문장에 불과하니, 그것이 실제적으로 쓰일 곳을 찾는다면 말할 만한 것이 없다. 우리 유자의 학문이란 자신을 수양하여 남을 다스리는 일에 불과하니, 여기에서 얻는 것이 없다면 비록 자연을 읊조린 아름다운 구절이라 한들 어느 곳에서 실용을 취할 수 있겠는가? 나라가 이미 이것으로 사람을 취하고 출세하는 방도도 여기에서 벗어나지 않으니 어쩔 수 없이 세속을 따라서 해야겠지만, 사군자가 뜻을 세우는 일이야 어찌 이런 데에 있겠는가? 오늘의 약헌은 오직 옛 성현의 실용의 학문을 추구해야 할 뿐이다. 주자가 개정한 향약은 만세를 두고 반드시 행해야 할 규준이니 의당 이를 지켜 실천해야 할 것이로되, 이제 별도로 학약 한 조목을 마련하여 아래에 조목조목 나열하는 바이다.[53]

---

51 『순암집』 권14, 「德谷書齋月朔講會約」. "齋長一人, 約中堪當師席者爲之. (…) 副長二人, 推約中年長有文學者爲之."

52 위의 글. "記名籍, 俗所謂座目也. 約員姓貫名字年紀, 皆當入錄. 勿論士庶, 有文學者, 皆當許入."

53 위의 글. "按三代之所以敎人成俗, 皆在於學, 而後世敎學不明. 我朝學政非不修擧, 今則漸致頹廢, 所謂文敎, 不過科學, 朝廷所以勸督, 亦不過於詞賦騈侶之文, 求其實用, 無可言者. 吾儒之學, 不過修己治人, 於此而無得焉, 則雖風雲月露之句, 何所取於實用乎? 國家旣以此取

순암은 과거 공부나 사부辭賦 변려문騈儷文만 일삼는 당시 교육 실태를 통렬히 비판했다. 비판의 초점은 이것이 '실용'적이지 못하다는 데 있다. '실용' 두 글자에 그의 학문과 철학의 요체가 다 들어 있다. 유자의 학문이란 수기치인에 불과하며, 이것이야말로 참 실용이다. 이에 약헌은 오직 '고성현실용지학古聖賢實用之學'에 근본을 두고 있다 하고, 주자가 가감 증보한 「여씨향약」과 함께 별도로 마련한 학약을 붙였다.

별도로 마련한 학약이란, 삼외三畏·삼계三戒·사물四勿·삼귀三貴·구용九容·구사九思, 그리고 주자의 「백록동규白鹿洞規」 및 진덕수眞德秀·동수董銖·정단몽程端蒙·정개청鄭介淸·정구鄭逑 등의 글에서 학문의 요체가 되는 글을 뽑아서 제시하고, 주자와 정단몽의 독서법 등을 붙인 것이다. 주자와 정단몽의 독서법은 『하학지남』에도 실려 있다. 삼외 등은 주로 『논어』에 근거한 것이다. 순암은 "성인의 언행은 『논어』 한 책에 갖추어져 있다. 그 말은 모두 하학의 비근한 것으로서 알기 쉽고 행하기 쉬운 일이며, 차원이 매우 높거나 행하기 어려운 일은 없다"[54] 하여, 『논어』를 통해 하학을 설명했다. 한편, 구용은 『예기』「옥조玉藻」에 있는 말로, 그가 사물四勿과 더불어 특히 중요하게 생각한 예 실천 방법이다.[55]

독서의 서목과 차례는 구체적으로 밝혀져 있지 않으나, '독서차제讀書次第'에 의하건대 사서삼경을 주된 서목으로 하여 먼저 읽게 하고, 다음으로 사서史書를 읽게 했을 듯하다.[56]

人, 而拔身之資, 亦無過於此, 則只當應俗隨行, 而士君子立心, 豈在於是乎? 今日約憲, 唯當求古聖賢實用之學而已. 朱子增損鄕約, 爲萬世必可行之規, 此當服行, 而今別具學約一條, 條列于下."

54 『하학지남』, 「題下學指南書面」. "聖人言行, 具於論語一書. 其言皆是下學卑近處易知易行之事, 而無甚高難行之事矣."

55 『순암집』 권14, 「示弟鼎祿子景曾遺書 己卯」. "四勿九容, 造次當念."

56 『순암집』 권6, 「書贈鄭君顯」. "大學·論語·孟子·中庸·心經·近思錄·性理諸書[兼致其功]. 詩·書·春秋·綱目[諸史及經綸諸說, 兼用功]. 易·禮右二書, 自爲別般工夫."

순암은 서재를 설치하여 향리의 교육공간으로 만들고, 이곳에서 『소학』을 강학함으로써 향촌 자제들에게 '사람을 만드는 가장 중요한 근간'이 되는 효·제·충·순의 실천을 독려했다. 그리고 말년에는 학약을 체계적으로 마련하고 교육 내용을 확대하여 학문공동체로서 완비된 틀을 갖추었다. 학약의 내용은 '일상의 인간 윤리 가운데 가장 긴급하고 절실한 것[人倫日用之最急切]'[57]을 비롯하여 학문의 요체와 독서법 등이다. 그것은 모두 인간의 기본 윤리와 일상생활에서의 예의 실천, 독서와 실천의 일치를 중시하는 것으로, 순암의 실천적 학문관을 전면적으로 반영하고 있다.

2) 사회적 확장 가능성 : 미천서원眉泉書院의 사례

흥미로운 점은 순암의 덕사 학약이 뒤에 서원에서도 적용, 시행되었다는 것이다. 순암의 생애에서 그다지 주목되지 않은 사실이지만, 그는 73세(정조 8, 1784)에 전라남도 나주羅州 유생들의 청으로 미천서원의 부원장직을 맡았다.

미천서원은 나주의 대표적인 남인계 서원으로 숙종조 기호남인의 영수인 미수眉叟 허목許穆을 배향하는 서원이다. 이 서원은 당쟁에 직결되어 정치적으로 민감한 반응과 견제를 받았는데, 정조 2년(1778) 기호남인의 영수인 번암樊巖 채제공蔡濟恭이 원장으로 임명되어 약 20년 간 종신 재임하면서 규모가 크게 확대되었다.[58] 여기에 순암이 부원장으로 임명되면서 번암－순암의 체제가 형성된 것이다.[59]

---

57 『순암집』 권14, 「德谷書齋月朔講會約」. "(困齋學令) 小學家禮及增損呂氏鄉約, 乃人倫日用之最急切, 須先講磨力行, 以爲入孝出悌之地." 이 부분은 순암이 정개청의 글을 인용한 것으로, 원 출전은 『愚得錄』 권2, 「講義契序」이다.

58 미천서원에 대해서는 정승모(1989), 「서원·사우 및 향교조직과 지역사회체계(하)」, 『태동고전연구』 5, 한림대 태동고전연구소 참조.

순암은 78세(정조 13, 1789)에 서원에 편지를 보내서 사임의 뜻을 밝혔다. 다음은 그 편지의 내용이다.

> 서원을 건립하는 것은 어진 이를 존중하고 도를 강론하기 위한 것입니다. 그런데 어진 이가 존중되지 않으면 도가 존중되지 않고 학문을 강론하지 않으면 도가 밝혀지지 않습니다. 이 때문에 고을 안이나 이웃 고을 또는 도에서 연세와 덕이 높고 문학이 있는 분을 추대하여 원장과 부원장으로 모시고 표준과 모범으로 삼고 있으니 그 뜻이 대단히 좋습니다.[60]

서원의 중요한 기능은 '존현尊賢' 즉 어진 이를 존숭하는 것과 '강도講道' 즉 도를 강론하는 것이다. 이때 존현은 '사현祀賢' 즉 선현의 제향이라는 구체적인 형태로 시행되었다. 조선 후기에는 제향자가 정쟁 희생자에 대한 신원의 성격이나 자파의 학문적 정통성을 현양하는 수단으로 활용됨으로써 서원은 점차 제향기구로 변모해 갔다.[61] 순암 역시 남인계 학자로서 미천서원의 부원장직을 맡았으므로 허목의 배향 사실을 운위했을 법도 하다. 그러나 그는 언급을 삼갔다. 그는 존현을 '사현祀賢'으로 보지 않고, '연덕유문학자年德有文學者'로서 모범이 되는 사람을 추대하여 원장-부원장으로 모시는 것으로 이해했다. 이는 그가

59 번암과 순암이 실제 나주에 내려가 서원 일을 주관한 것은 아니었다. 전술한 바와 같이 순암은 번암의 추천으로 왕세손이던 정조를 輔導하는 世子翊衛司翊贊이 되었고, 천주교 배척과 관련하여 번암의 협조를 구하는 등 각별한 관계를 유지했다. 이 두 사람이 정조 즉위 후 이름으로나마 허목을 배향한 서원의 원장과 부원장직을 맡은 사실에서, 당시 남인 세력의 동향을 파악하는 데 중요한 시사를 받을 수 있다. 李家煥은 미천서원 題名案의 서문을 쓰기도 했다. 李家煥, 『錦帶詩文抄』 下, 「眉泉書院長貳有司題名案序」. 이 글은 『미천선생실기』(권6)에 「眉泉書院先生題名案序」라는 제목으로 실려 있다.

60 『순암집』 권9, 「與眉泉書院諸生書 己酉」. "書院之設, 爲尊賢講道而設. 賢不尊則道不尊, 學不講則道不明. 是以推境內或鄰邑或道中年德有文學者, 爲長爲貳, 以爲標率矜式之地, 其意至甚善也."

61 이해준(2008), 『조선후기 문중서원 연구』, 경인문화사, 39면 참조.

서원의 제향 기능보다 강학講學·명도明道 측면을 더 중요하게 인식했음을 알려준다.

> 나라가 백성을 교화하고 풍속을 이루는 도리와 선비들이 학문을 강론하고 도를 밝히는 일은 오로지 글을 읽는 데에 있습니다. 제가 평소 일찍이 한 부의 당조약을 제정하여 향리의 자제들과 시행했는데, 이는 모두 옛날 현인이 만드신 가르침이었습니다. 제 고루함을 잊고 삭제할 것은 삭제하여 하나의 책자를 만들어 올림으로써 여러 해 동안 직무를 유기한 허물을 갚고자 합니다. 만약 이를 버리지 않으신다면 영광과 감격이 클 것이고 또한 덕업을 닦고 진취하는 데도 도움이 없지는 않을 것입니다.[62]

순암은 '화민성속지도化民成俗之道'와 '강학명도지업講學明道之業'은 전적으로 독서에 있다 하고, 그리고 자신이 일찍이 만들어서 시행했던 덕사학약을 수정해서 강학 규정을 보내노라 했다. 그는 이 강학 규정 끝에 명 고반룡高攀龍이 친우들에게 보낸 편지를 덧붙였다.[63] 고반룡의 편지 또한 독서법에 관한 것이다. 성현의 글은 '천하 만세로 하여금 사람을 만드는 방법'이라 전제한 뒤, 글과 내가 분리되는[書自書 我自我] 독서 실태를 비판하고 글을 읽을 때는 반드시 '자기 신상'과 관련지어 사색思索 체인體認하고 반궁反躬 실천實踐해야 한다는 내용을 담고 있다.[64] 독서와 실천의 일치를 중시하는 순암의 생각과 가장 부합하는 글

62 『순암집』 권9, 「與眉泉書院諸生書 己酉」. "國家化民成俗之道, 儒者講學明道之業, 專在讀書. 僕平日嘗定一副當條約, 與鄉里子弟行之, 此皆古賢成訓也. 忘其固陋, 刪作一冊子以上, 欲贖許多年尸位之過. 若蒙不棄則榮感大矣, 亦不無進德脩業之益."

63 「順菴先生年譜」, 정조 13년(1789), 78세. "貽書眉泉院儒, 辭院貳, 且勸行講學之規(書德社學約, 末增高梁溪與揭陽諸友書, 以遺之)."

64 『高子遺書』 권3, 「讀書法示揭陽諸友」. "聖賢之書, 不是教人專學作文字求取富貴, 乃是教天下萬世做人的方法. 今人都不曾依那書上做得一句, 所以書自書我自我, 都不相關, 都無意味. 學者讀書, 須要句句反到自己身上來看. (…) 但依那書上勉強做得一兩句, 便漸漸我與書

이라고 할 수 있다.

> 원에 강의講儀가 있으니 바로 순암 안정복 어른이 「백록동규」를 기술하여 원생에게 준 것이다. 첫머리에는 서립진퇴序立進退의 글과 그림이 있고 이어서 경전강습의 서문이 있어 절목이 아주 자상하고 본말을 구비하여 후학을 성취시키는 계제로 만들어졌다. 임자년(정조 16, 1792) 겨울에 오사五沙 이정운李鼎運[65] 영공이 원근의 생도를 거느리고 원루에서 『대학』을 함께 강하려고 했는데 일이 생겨서 하지 못하니, 부암 나경이 듣고 애석하게 여겨 「대학해」를 지었다. 다음해 계축년(정조 17, 1793) 입춘일에 상사 김지린이 사문 나민희와 함께 모든 친구들을 불러 모아 그 일을 이룩했으니 읍양하고 주선하는 예와 어려운 대목을 묻고 대답하는 모습이 아름다워 볼만했다. 군자들이 말하기를 "선생의 도요, 순장의 덕이다"라고 했다. 옛날 호안정胡安定이 호주에 있을 때 학식學式을 만들었는데 유사가 국학에서도 미루어서 쓰자고 청했다. 이제 이 강의도 어찌 한갓 일원一院의 규식만 되겠는가? 또한 일세에 미루어서 쓸 수 있다.[66]

『미천서원실기』의 「상읍예홀相揖禮笏」에 의하면 독법은 「소학제사」 및 『대학』·『중용』의 각 머릿장, 「백록동규」·「여씨향약」을 창하고, 제생들이 당으로 차례로 올라갔다가 자기 자리로 돌아오면, 동반수東班首와 서반수西班首가 『논

相交涉, 意味漸漸浹洽, 一面思索體認, 一面反躬實踐, 這纔是讀書."

65 李鼎運(1743~1801)의 부친은 李徵大로 한때 星湖의 문하에 출입했다. 이정운은 번암의 정치적 代子로, 번암을 도와 華城城役에서도 큰 공을 세웠다.

66 『眉泉書院實記』 권2, 「本院講會實記」. "院有講儀, 卽順菴安丈鼎福述白鹿洞規, 以遺院生者也. 首爲序立進退文圖, 繼以經傳講習之序, 節目詳盡, 本末俱備, 着爲後學作成之階. 壬子冬五沙李令公鼎運, 議率遠近生徒, 會講大學於院樓, 有事未果. 浮庵羅炅, 聞而惜之, 爲作大學解. 越癸丑立春日, 金上舍之麟, 與羅斯文民熺, 倡諸益, 遂其事, 邑樣周旋之禮, 難疑答問之儀, 彬彬可觀. 君子曰, 先生道也, 順丈賜也. 昔胡安定在湖, 有學式, 有司請推用於國學. 今此講儀, 豈徒爲一院之規? 抑可推用於一世矣."

어』의 구사九思, 『예기』의 구용九容, 안자의 사물四勿, 증자의 일관장一貫章을 외우는 것으로 되어 있다. 이러한 강의講儀와 독법讀法은 순암이 정한 바를 따른 것이다.

이에 대해 사람들은, 옛날 송宋 호원胡瑗의 학식學式이 천자의 명으로 태학太學에 적용되었던 것처럼, 순암이 정한 강의도 이 서원뿐 아니라 일세에 미루어 쓸 수 있노라고 그 가치와 의의를 높이 평가했다. 의례적인 칭송이라는 측면이 없지 않겠으나, 순암의 학문관과 강학 규정 그리고 그에 토대한 학문공동체 기획의 사회적 확장 가능성을 보여 주는 사례라고 판단된다.

5. 나오는 말

본고는 순암 안정복의 향촌공동체 구상을 지역공동체와 학문공동체 두 측면에서 살펴보았다. 순암은 중앙 정치권력에서 소외된 남인계 학자였다. 유년과 청년 시절 향촌 각처를 전전했고, 20대 중반 광주 덕곡에 정착한 뒤로는 관직 때문에 잠시 나간 것을 제외하고는 줄곧 이곳에 머물며 수양과 저술에 전념했다. 60대 후반 목천현감을 마지막으로 실직에서 물러났다.

이러한 불우한 환경은 그의 학문적 관심과 정치적 시선을 형이상학이 아닌 '형이하학'으로, 중앙이 아닌 '향촌'으로 향하게 했다. 그는 향촌을 가家와 국國을 매개하는 연결고리로 파악하고, 향촌을 기반으로 하여 인간의 기본 윤리와 일상생활에서의 예의 실천을 강조하는 유교공동체를 구상했다.

먼저, 그가 구상한 유교공동체는 향촌을 단위로 하는 지역공동체이다. 그는 향촌사회의 문제를 해결하기 위하여 교화를 최우선의 과제로 삼고, 향약을 그 방안으로 제시했다. 자신의 향리에 동약을 실시했고, 목천현감 시절에는 향약을 시행했다. 이것은 사대부 중심의 향촌질서를 재구축하고자 한 의도로 파악된다. 그러나 이 향약은 상하 동참의 형태를 취하고 있을 뿐만 아니라, 민심에 대한 순응과 사대부의 솔선수범을 강조하고 일상생활에서 윤리의 실천을 통해 구성원간의 조화와 질서를 추구한다는 점에서 지역공동체적인 성격을 지닌다.

한편, 그는 향촌의 학문공동체를 기획했다. 그는 학교 진흥을 교화의 급선무로 인식하고, 서재를 중심으로 향촌 자제들과 강학 활동을 전개했다. 자신의 향리에 이택재를 설치하여 『소학』을 강독했고, 70대 후반에는 『여씨향약』을 표준으로 하고 일상의 윤리와 독서법을 덧붙인 학약을 마련하여 시행했다. 이 학약은 뒤에 전라남도 나주의 미천서원에 적용되었다. 이는 강학과 명도의 중시, 독서와 실천의 일치를 강조하는 그의 학문관과 학문공동체 기획의 사회적 확장 가능성을 보여 주는 사례라고 판단된다.

순암이 구상 또는 시도한 지역공동체와 학문공동체는 별개의 차원으로 존립하는 것이 아니다. 이들은 그 범위와 주 구성원, 구체적인 내용에서는 차이가 있으나 향촌이라는 생활권을 단위로 하여 일상생활에서 기본 윤리와 예를 실천하고 상호 권면과 규계, 협력과 조화를 통해 이상적인 향촌 유교공동체 수립을 목적으로 한다는 점에서는 큰 맥락을 같이한다. 한편 순암은 향촌을 국가사회적으로 확대되는 원심적 구심으로 그 의미를 적극화했거니와, 그가 향촌에 구상한 지역공동체와 학문공동체 역시 사회적 확장 가능성을 담지하고 있었다.

그러나 그중 지역공동체의 경우, 이것이 과연 얼마나 사회적 실효를 거두었는가는 의문이다. 이런 의문 상황은 순암의 정치적 입지로 인한 한계, 더 근본적으로는 18세기 중세 지배질서가 해체되어 가는 시대적 제약에서 그 원인을 찾을 수 있을 것이다.

원문 수록 서지

이 책에 실린 논문이 게재된 책과 저널을 아래와 같이 밝힙니다.

제1부 경학 · 성리학 분야

1. 최봉영(1983), 「順菴 安鼎福의 性理論 硏究」, 『論文集』 21, 한국항공대.
2. 이봉규(2000), 「순암 안정복의 유교관과 경학사상」, 『한국실학연구』 2, 한국실학학회
3. 안영상(2001), 「순암 안정복의 사단칠정설－성호학파 내부 논쟁을 중심으로」, 『한국실학연구』. 3, 한국실학학회.
4. 이동환(2004), 「도학과 실학 그 이분법의 극복－순암 안정복은 실학자인가」, 『한국실학연구』 8, 한국실학학회.
5. 김인규(2005), 「순암 안정복의 학문적 연원과 그 특징」, 『韓國思想과 文化』 29, 한국사상문화학회.
6. 함영대(2008), 「순암 안정복의 학문적 지향과 『孟子疑義』」, 『한국실학연구』 16, 한국실학학회.
7. 엄연석(2009), 「순암 안정복의 『周易』 인식과 象數義理論」, 『철학사상』 34, 서울대 철학사상연구소.

제2부 사회사상

1. 반윤홍(1982), 「순암 안정복의 鄕村自衛論 연구」, 『軍史』 5, 국방부 군사문제연구소.
2. 김수태(1987), 「안정복의 大麓誌」, 『백제연구』 18, 충남대 백제연구소.
3. 한상권(1987), 「順庵 安鼎福의 社會思想－民에 대한 인식을 중심으로」, 『韓國史論』 17, 서울대학교.
4. 김유혁(1993), 「안정복의 지방자치 사상」, 『자치행정』 59~61, 64, 지방행정연구소.

5. 오환일(1993), 「안정복의 社倉에 대한 연구」, 『국사관논총』 46, 국사편찬위원회.
6. 김태영(1999), 「순암 안정복의 鄕政論」 『한국실학연구』 1, 한국실학학회.
7. 최윤오(2002), 「순암 안정복의 토지론」, 『한국실학연구』 4, 한국실학학회.
8. 강명관(2004), 「순암 안정복의 여성관」, 『한국실학연구』 8, 한국실학학회.
9. 김보경(2004), 「순암 안정복의 여성 인식」, 『한국고전여성문학연구』 8, 한국고전여성문학회.
10. 원재린(2004), 「순암 안정복의 형법관과 향정론」, 『韓國思想史學』 23, 한국사상사학회.
11. 이명희(2005), 「18세기 지방자치의 구조와 기능에 대한 고찰-순암의 경기도 광주부 二里洞約을 중심으로」, 『한국실학연구』 9, 한국실학학회.
12. 원재린(2008), 「순암 안정복의 鄕政方略-『임관정요』 「時措」 분석을 중심으로」, 『大東文化硏究』 64, 대동문화연구원.
13. 김보경(2009), 「18세기 향촌사회와 유교공동체-순암 안정복을 중심으로」, 『東洋古典硏究』 35, 한림대학교 태동고전연구소.

찾아보기

| ㄴ |

| ㄷ |

| ㅅ |

| ㅇ |

| ㅈ |

| ㅌ |

| ㅍ |

| ㅎ |

집필진(원고 게재 순)

최봉영 · 한국항공대 교수
이봉규 · 인하대 교수
안영상 · 안동대 연구원
이동환 · 한국고전번역원 원장
김인규 · 영산대 교수
함영대 · 고려대 연구교수
엄연석 · 한림대 교수
반윤홍 · 전 조선대 교수
김수태 · 충남대 교수
한상권 · 덕성여대 교수
김유혁 · 단국대 명예교수
오환일 · 전 유한대 교수
김태영 · 경희대 명예교수
최윤오 · 연세대 교수
강명관 · 부산대 교수
김보경 · 인제대 교수
원재린 · 덕성여대 연구교수
이명희 · 서곶중학교 교사

순암연구총서 04

순암 안정복의 경학과 사회사상

1판 1쇄 인쇄 2012년 10월 20일
1판 1쇄 발행 2012년 11월 20일

집필진 | 김태영 · 이동환 외
편집인 | 순암선생 탄신 300주년 기념사업회

펴낸이 | 김준영
출판부장 | 박광민
편집 | 신철호 · 현상철 · 구남희
디자인 | 이민영
마케팅 | 박정수 · 유인근
관리 | 조승현 · 김지현
외주디자인 | 김상보 · 김영이

펴낸곳 | 성균관대학교 출판부
등록 | 1975년 5월 21일 제1975-9호
주소 | 110-745 서울특별시 종로구 성균관로 25-2
전화 | 02)760-1252~4 팩스 | 02)762-7452
홈페이지 | http://press.skku.edu

ISBN 978-89-7986-959-0 94150
978-89-7986-955-2 (세트)
값 32,000원

* 잘못된 책은 구입한 곳에서 교환해 드립니다.